●収録内容一覧

■2025年度中学受験用

芝中学校

5年間(＋3年間HP掲載)スーパー過去問

入試問題と解説・解答の収録内容

2024年度　１回	算数・社会・理科・国語　実物解答用紙DL
2024年度　２回	算数・社会・理科・国語　実物解答用紙DL
2023年度　１回	算数・社会・理科・国語　実物解答用紙DL
2023年度　２回	算数・社会・理科・国語　実物解答用紙DL
2022年度　１回	算数・社会・理科・国語　実物解答用紙DL
2022年度　２回	算数・社会・理科・国語　実物解答用紙DL
2021年度　１回	算数・社会・理科・国語
2021年度　２回	算数・社会・理科・国語
2020年度　１回	算数・社会・理科・国語
2020年度　２回	算数・社会・理科・国語
2019～2017年度(HP掲載) 「カコ過去問」 (ユーザー名) koe (パスワード) w8ga5a1o	問題・解答用紙・解説解答DL ◇著作権の都合により国語と一部の問題を削除しております。 ◇一部解答のみ（解説なし）となります。 ◇９月下旬までに全校アップロード予定です。 ◇掲載期限以降は予告なく削除される場合があります。

～本書ご利用上の注意～　以下の点について，あらかじめご了承ください。

★別冊解答用紙は巻末にございます。実物解答用紙は，弊社サイトの各校商品情報ページより，一部または全部をダウンロードできます。

★編集の都合上，学校実施のすべての試験を掲載していない場合がございます。

★当問題集のバックナンバーは，弊社には在庫がございません（ネット書店などに一部在庫あり）。

合格を勝ち取るための

『スーパー過去問』の使い方

本書に掲載されている過去問をご覧になって，「難しそう」と感じたかもしれません。でも，多くの受験生が同じように感じているはずです。なぜなら，中学入試で出題される問題は，小学校で習う内容よりも高度なものが多く，たくさんの知識や解き方のコツを身につけることも必要だからです。ですから，初めて本書に取り組むさいには，点数を気にしすぎないようにしましょう。本番でしっかり点数を取れることが大事なのです。

過去問で重要なのは「まちがえること」です。自分の弱点を知るために，過去問に取り組むのです。当然，まちがえた問題をそのままにしておいては意味がありません。

本書には，長年にわたって中学入試にたずさわっているスタッフによるていねいな解説がついています。まちがえた問題はしっかりと解説を読み，できるようになるまで何度も解き直しをしてください。理解できていないと感じた分野については，参考書や資料集などを活用し，改めて整理しておきましょう。

このページも参考にしてみましょう！

◆どの年度から解こうかな　「入試問題と解説・解答の収録内容一覧」

本書のはじめには収録内容が掲載されていますので，収録年度や収録されている入試回などを確認できます。

※著作権上の都合によって掲載できない問題が収録されている場合は，最新年度の問題の前に，ピンク色の紙を差しこんでご案内しています。

◆学校の情報を知ろう‼ 「学校紹介ページ」

このページのあとに，各学校の基本情報などを掲載しています。問題を解くのに疲れたら息ぬきに読んで，志望校合格への気持ちを新たにし，再び過去問に挑戦してみるのもよいでしょう。なお，最新の情報につきましては，学校のホームページなどでご確認ください。

◆入試に向けてどんな対策をしよう？「出題傾向＆対策」

「学校紹介ページ」に続いて，「出題傾向＆対策」ページがあります。過去にどのような分野の問題が出題され，どのように対策すればよいかをアドバイスしていますので，参考にしてください。

◇別冊「入試問題解答用紙編」

本書の巻末には，ぬき取って使える別冊の解答用紙が収録してあります。解答用紙が非公表の場合などを除き，（注）が記載されたページの指定倍率にしたがって拡大コピーをとれば，実際の入試問題とほぼ同じ解答欄の大きさで，何度でも過去問に取り組むことができます。このように，入試本番に近い条件で練習できるのも，本書の強みです。また，データが公表されている学校は別冊の１ページ目に過去の「入試結果表」を掲載しています。合格に必要な得点の目安として活用してください。

本書がみなさんの志望校合格の助けとなることを，心より願っています。

株式会社　声の教育社　編集部

芝中学校

所在地	〒105-0011 東京都港区芝公園3-5-37
電　話	03-3431-2629（代）
ホームページ	https://www.shiba.ac.jp/
交通案内	東京メトロ日比谷線「神谷町駅」3番出口より徒歩5分 都営三田線「御成門駅」A5出口より徒歩7分

くわしい情報は
ホームページへ

トピックス

★試験後は受験番号順に誘導され，13時頃までに解散となる（参考：昨年度）。
★「大門駅」「赤羽橋駅」「浜松町駅」から本校まで徒歩10～18分。

創立年
明治39年

男子校

高校募集
なし

応募状況

年度	募集数	応募数	受験数	合格数	倍率
2024	①150名	600名	530名	188名	2.8倍
	②130名	1192名	860名	256名	3.4倍
2023	①150名	564名	489名	193名	2.5倍
	②130名	1231名	867名	258名	3.4倍
2022	①150名	525名	482名	193名	2.5倍
	②130名	1092名	757名	282名	2.7倍
2021	①150名	491名	445名	187名	2.4倍
	②130名	1114名	715名	293名	2.4倍
2020	①150名	488名	432名	188名	2.3倍
	②130名	1229名	756名	268名	2.8倍

本校の教育

生徒一人ひとりの個性を発揮させるため，「わかりやすい授業」と「きめ細かい指導」を徹底しています。英数国の３教科は大学受験に対応するために先取り授業を実施し，高３では演習中心に授業が展開されています。また理社では実験・実習での学びを大切にしています。単に大学受験のためではないとの考えから，音楽・美術・家庭など全てが主要教科という認識に立ち，創造力，情操面を高める教育にも力を入れています。

入試情報（参考：昨年度）

【第１回】
出願方法：Web出願
出願期間：2024年１月10日９時～26日12時
試 験 日：2024年２月１日　８時までに入室
試験科目：国語・算数（各50分，100点満点）
　　　　　理科・社会（各40分，75点満点）
合格発表：2024年２月１日　20時頃～
【第２回】
出願方法：Web出願
出願期間：2024年１月10日９時～２月３日12時
試 験 日：2024年２月４日　８時までに入室
試験科目：国語・算数（各50分，100点満点）
　　　　　理科・社会（各40分，75点満点）
合格発表：2024年２月４日　21時頃～
＊各回とも，合格発表は志願者サイトで行います。

2023年度の主な大学合格実績（現役生のみ）

＜国公立大学・大学校＞
東京大，京都大，東京工業大，一橋大，東北大，北海道大，筑波大，東京外国語大，千葉大，横浜国立大，東京医科歯科大，防衛医科大，東京都立大，横浜市立大

＜私立大学＞
慶應義塾大，早稲田大，上智大，国際基督教大，東京理科大，明治大，青山学院大，立教大，中央大，法政大，学習院大，成蹊大，成城大，明治学院大，東京慈恵会医科大，順天堂大，昭和大

編集部注―本書の内容は2024年4月現在のものであり，変更されている場合があります。正式な情報は，学校のホームページ等で必ずご確認ください。

算数 出題傾向＆対策

◆基本データ（2024年度１回）

試験時間／満点	50分／100点
問　題　構　成	・大問数…８題 計算問題１題（２問）／応用問題７題 ・小問数…18問
解　答　形　式	解答のみを記入する形式となっている。必要な単位などは解答用紙にあらかじめ印刷されている。
実際の問題用紙	Ｂ５サイズ，小冊子形式
実際の解答用紙	Ｂ４サイズ

◆過去５年間の出題率トップ５

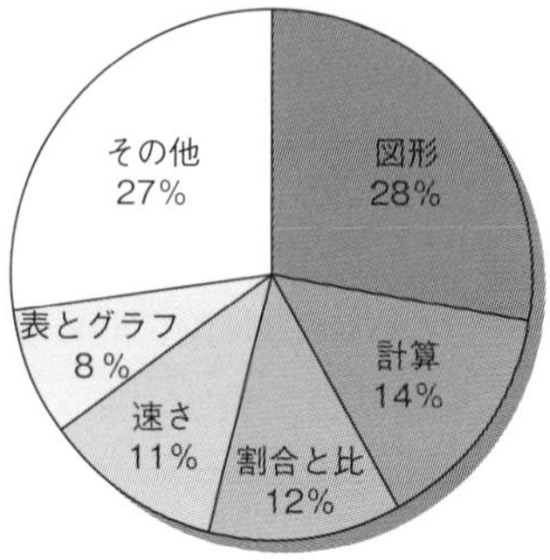

※　配点（推定ふくむ）をもとに算出

◆近年の出題内容

【 2024年度１回 】			【 2023年度１回 】		
大問	1	四則計算，計算のくふう，逆算	大問	1	四則計算，計算のくふう，逆算
	2	相当算，消去算，集まり		2	濃度
	3	平面図形－相似，辺の比と面積の比		3	割合と比
	4	場合の数		4	整数の性質，数列
	5	図形と規則		5	平面図形－辺の比と面積の比
	6	旅人算，整数の性質		6	グラフ－速さと比，旅人算
	7	場合の数		7	平面図形－構成，場合の数
	8	グラフ－図形上の点の移動，面積		8	グラフ－流水算，旅人算

◆出題傾向と内容

計算問題は例年２問程度で，四則計算や，□を求める逆算などが出されます。**分数や小数が複雑に入りくんだやっかいなもの**が目につきます。

応用問題は，数の性質に関するもの，簡単な特殊算，濃度（割合），面積などいろいろな分野から出題されていますが，いずれも**基本的な解法がわかっていれば解ける標準的なもの**です。また，図形では，面積比を用いるもの，折り返しによる求積問題，面積の差を求めるものなど実に多彩です。特殊算は，仕事算，旅人算，つるかめ算など，毎年４～５問は出題されます。なお，図形と特殊算を組み合わせた複合問題が出されることもあります。

◆対策～合格点を取るには？～

まず，計算力は算数の基礎力養成の最低条件ですから，反復練習することが大切です。逆算やくふうの仕方にも注意しましょう。

図形は，面積や体積ばかりでなく，長さ，角度，展開図，縮尺，相似比と面積比，体積比などの考え方や解き方をはば広く身につけ，割合や比を使ってすばやく解けるようになること。また，立体図形に関しては，図形をいろいろな方向から見たり分割してみたりして，図形の性質もおさえておきましょう。

数量分野では，特に数の性質，規則性，場合の数などをマスターしましょう。まず公式などの重要事項を整理し，さらに類題を数多くこなして基本から応用までさまざまなパターンを身につけてください。

なお，算数では答えを導くまでの考え方や式がもっとも大切ですから，**ふだんからノートに自分の考え方，線分図，式を見やすくかく習慣をつけておきましょう。**

算数　出題分野分析表

分野 ＼ 年度		2024		2023		2022		2021		2020	
		1回	2回	1回	2回	1回	2回	1回	2回	1回	2回
計算	四則計算・逆算	○	○	○	○	○	○	◎	◎	◎	◎
	計算のくふう	○	○	○	○	○	○				
	単位の計算										
和と差	和差算・分配算										
	消去算	○								○	
	つるかめ算								○	○	
	平均とのべ										
	過不足算・差集め算				○	○					
	集まり	○									
	年齢算						○				
割合と比	割合と比			○							
	正比例と反比例										
	還元算・相当算	○	○							○	
	比の性質										
	倍数算										
	売買損益						○	○		○	
	濃度			○		○		○	○		
	仕事算				○		○			○	
	ニュートン算					○		○			○
速さ	速さ								○	○	○
	旅人算	○	○	◎	○	○	○				
	通過算										
	流水算			○							
	時計算				○						
	速さと比		○	○		○			○		
図形	角度・面積・長さ	○	◎		○	◎		○		○	◎
	辺の比と面積の比・相似	○	○	○	◎	○	○	◎	◎	◎	◎
	体積・表面積										○
	水の深さと体積						○	○	○		
	展開図										
	構成・分割			○		○			○		○
	図形・点の移動	○	○		○		○		○		◎
表とグラフ		○	○	◎	◎	○	○	○	○	○	○
数の性質	約数と倍数										
	N進数										
	約束記号・文字式							○			
	整数・小数・分数の性質	○		○				○	○	◎	○
規則性	植木算										
	周期算		○					○		○	○
	数列			○	○			○	◎		
	方陣算										
	図形と規則	○									
場合の数		◎	○	○	○	○	○	○	○	○	
調べ・推理・条件の整理											○
その他											

※ ○印はその分野の問題が１題，◎印は２題，●印は３題以上出題されたことをしめします。

社会 出題傾向＆対策

◆基本データ(2024年度1回)

試験時間／満点	40分／75点
問題構成	・大問数…4題 ・小問数…34問
解答形式	記号の選択・用語記入・論述など，バラエティーに富んでいる。論述は最後の大問にあり，指定された3語を用いて100字以内で述べる形式となっている。
実際の問題用紙	B5サイズ，小冊子形式
実際の解答用紙	B4サイズ

◆過去5年間の分野別出題率

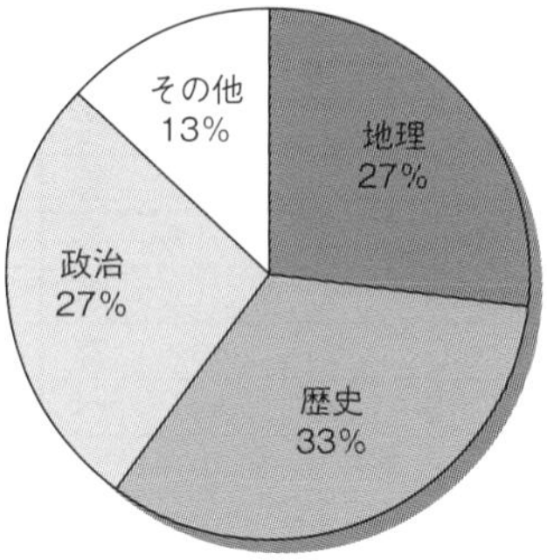

※　配点(推定ふくむ)をもとに算出

◆近年の出題内容

【 2024年度1回 】		【 2023年度1回 】	
大問	1 〔地理〕日本の地形や気候，産業，人口などについての問題	大問	1 〔地理〕日本の地形や気候，産業などについての問題
	2 〔歴史〕各時代の歴史的なことがら		2 〔歴史〕各時代の歴史的なことがら
	3 〔総合〕介護を題材とした問題		3 〔政治〕二院制を題材にした問題
	4 〔総合〕箱根駅伝を題材にした問題		4 〔総合〕経済活動を題材にした問題

◆出題傾向と内容

出題量が多めで，政治・時事問題の比重がやや高いのが本校の特ちょうです。かなり深い内容を問う設問が多く，**知識はもちろん思考力も必要とする出題**といえるでしょう。

地理では，各地方の自然や文化，日本の交通環境，社会問題として取り上げられる人口問題，国の農業政策，公害，各産業別の問題点などが出題されています。産業関係では，輸出入量と貿易の相手国などについてのはば広い問いが見られます。

歴史では，各時代にわたっての政治・外交・文化などの重要事項について問うものや年代順が主な設問対象とされているもの，近代外交史や政治史，文化などを関連させて答えさせるものなど，本校独特のスタイルのものが目立っています。

政治・時事問題では，日本国憲法の三大原則や国会のしくみ，財政が頻出です。これに加えて，日本国憲法第9条や，比例代表制・小選挙区制などの選挙に関するものなど，教科書よりもさらに深く掘り下げた問題がたびたび出題されており，実際の政治に対する関心や知識も要求されています。

◆対策～合格点を取るには？～

地理では，日本の産業(工業・農業・漁業)を自然的条件や世界とのむすびつき(貿易など)と合わせておさえておく必要があります。**産業分布図，雨温図，貿易についての表やグラフ**はよく見ておきましょう。

歴史では，日本の歴史上のふし目となった重要なできごとは，起きた**年号や時代名**，関連する人名などを，制度や改革については，それらが生まれた原因やもたらした結果などをおさえておく必要があります。

政治では，日本国憲法の基本原則，旧帝国憲法とのちがい，三権分立と選挙のしくみ，環境・エネルギー問題，国連などをおさえておく必要があります。この分野は時事問題もよく出されるので，**話題となった出来事については，日頃からよく関心を持っておく**ことが必要です。

社会 出題分野分析表

分野			2024		2023		2022		2021		2020	
		年度	1回	2回	1回	2回	1回	2回	1回	2回	1回	2回
日本の地理	地図の見方						○		○			○
	国土・自然・気候		○	○	○	○	○	○	○	○	○	○
	資源		○		○					○		
	農林水産業		○		○	○	○	○	○	○	○	○
	工業			○		○	○	○		○	○	
	交通・通信・貿易		○		○	○		○			○	
	人口・生活・文化		○	○		○	○	○			○	○
	各地方の特色		○	○			○	○	○	○		
	地理総合		★	★	★	★	★	★	★	★	★	★
世界の地理				○	○		○			○	○	○
日本の歴史	時代	原始～古代	○	○	○	○	○	○	○	○	○	○
		中世～近世	○	○	○	○	○	○	○	○	○	○
		近代～現代	○	○	○	○	○	○	○	○	○	○
	テーマ	政治・法律史										
		産業・経済史										
		文化・宗教史										
		外交・戦争史										
		歴史総合	★	★	★	★	★	★	★	★	★	★
世界の歴史												
政治	憲法		○	○	○	○			○			○
	国会・内閣・裁判所			○	○	○	○	○	○	○		○
	地方自治		○	○	○					○		
	経済		○		○	○			○		○	○
	生活と福祉		○				○		○		○	
	国際関係・国際政治					○	★		○			
	政治総合			★	★	★		★	★	★	★	★
環境問題				○								
時事問題			○	○				○				
世界遺産						○						
複数分野総合			★	★	★	★	★	★	★	★	★	★

※ 原始～古代…平安時代以前，中世～近世…鎌倉時代～江戸時代，近代～現代…明治時代以降
※ ★印は大問の中心となる分野をしめします。

理科　出題傾向＆対策

◆基本データ（2024年度１回）

試験時間／満点	40分／75点
問　題　構　成	・大問数…５題 ・小問数…26問
解　答　形　式	記号選択や短文記述，数値記入など解答形式は多彩である。記号選択は，あてはまるものを複数選択するものもある。グラフの完成や作図などは見られない。
実際の問題用紙	Ｂ５サイズ，小冊子形式
実際の解答用紙	Ｂ４サイズ

◆過去５年間の分野別出題率

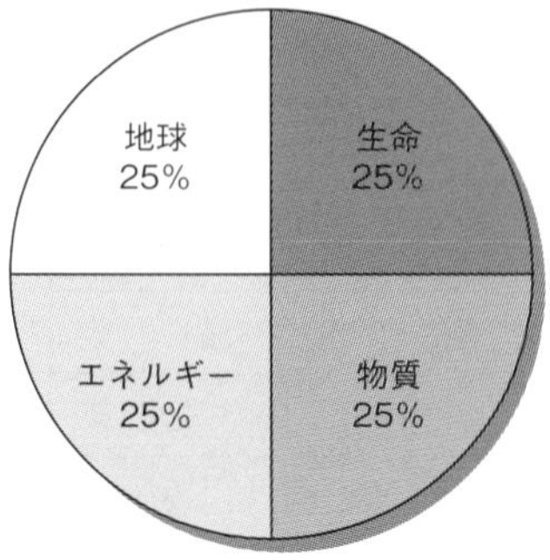

※　配点（推定ふくむ）をもとに算出

◆近年の出題内容

【 2024年度１回 】			【 2023年度１回 】		
大問	1	〔**総合**〕小問集合	大問	1	〔**総合**〕小問集合
	2	〔**地球**〕天体，気象，岩石		2	〔**地球**〕地層と化石
	3	〔**生命**〕心臓のつくりとはたらき		3	〔**エネルギー**〕とつレンズ
	4	〔**エネルギー**〕電熱線の発熱		4	〔**生命**〕生物のつながり
	5	〔**物質**〕ものの溶け方		5	〔**物質**〕酸素の発生

◆出題傾向と内容

出題される問題の多くは**実験や観察を中心にした総合問題**で，図やグラフ，表をふんだんに使って実験・観察の過程や結果について考えさせるものとなっており，各分野とも**かなり深い知識が要求されています**。

全分野からもれなく出題されていますが，これまで比較的よく出題され，これからも登場が予想されるのは，「生命」では植物（光合成・呼吸・蒸散，発芽，成長），環境（食物連鎖，炭素のじゅんかん），「物質」では気体・水溶液の性質，燃焼，「エネルギー」では力のつり合い（ばね，てこなど），電気（電気回路，電熱線の発熱），光，「地球」では太陽や星の動き，気温，流水のはたらきなどです。そのほか，動植物では観察問題が，力のつり合いではグラフを利用して計算させる問題が多く出されています。

全範囲にわたる基本的な事項の正確ではば広い知識・理解と，実験・観察問題に見られるように，**科学的な思考力が必要とされる問題**といえるでしょう。

◆対策～合格点を取るには？～

出題の多くは知識だけで答えられるものではなく，実験・観察・観測の結果を総合的に分析して，筋道を立てて思考していく必要のあるものばかりです。したがって，対策としては以下の４点があげられます。①自分で実験や観察を積極的に行い，表やグラフなども活用してその結果をまとめておく。②基本的な知識を確実にするために教科書をよく読み，ノートにきちんと整理しておく。③問題はできるだけ多くこなし，法則や公式を覚えるだけでなく，それをどのように使えばよいかという応用力を身につけておく。④過去に出題された実験・観察問題を分類・整理して，今後の出題の可能性を考えてみる。

全問題とも，実験・観察がらみが多いということから，**学校での授業をおろそかにしない**ようにし，実験・観察には進んで取り組み，基礎的な原理や法則を確実に身につけておく必要があります。**身近な自然現象にはつねに深い関心をもつ**ように心がけましょう。

理科

出題分野分析表

分野	年度	2024		2023		2022		2021		2020	
		1回	2回	1回	2回	1回	2回	1回	2回	1回	2回
生命	植物	○		○		★		★	○		
	動物				○	○	★	○	○	○	○
	人体	★		○							★
	生物と環境	○		★	★				★	★	○
	季節と生物				○						
	生命総合										
物質	物質のすがた	○			○						
	気体の性質		★	★		★					
	水溶液の性質			○	★			★			○
	ものの溶け方	★				○					○
	金属の性質		○								
	ものの燃え方		○				★			○	
	物質総合								★	★	★
エネルギー	てこ・滑車・輪軸							★		○	
	ばねののび方						★				
	ふりこ・物体の運動	○								○	
	浮力と密度・圧力		★		★						
	光の進み方			★				○		○	
	ものの温まり方							○	○		○
	音の伝わり方								○		
	電気回路	★	★	○		★			★		★
	磁石・電磁石										★
	エネルギー総合									★	
地球	地球・月・太陽系	○			★		★	○	○	○	★
	星と星座	○							★		
	風・雲と天候	○		○		★					
	気温・地温・湿度					○				○	
	流水のはたらき・地層と岩石		★	★				★		○	
	火山・地震				○						
	地球総合	★								★	
実験器具			★			○					
観察											
環境問題		○						○	○		
時事問題		○							○		
複数分野総合		★	★	★	★	★	★	★	★	★	★

※ ★印は大問の中心となる分野をしめします。

国語　出題傾向＆対策

◆基本データ（2024年度１回）

試験時間／満点	50分／100点
問題構成	・大問数…４題 文章読解題２題／知識問題２題 ・小問数…18問
解答形式	すべて記述問題である。そのうえ，書きぬきではなく，本格的な自由記述ばかりとなっている。
実際の問題用紙	Ｂ５サイズ，小冊子形式
実際の解答用紙	Ｂ４サイズ

◆過去５年間の分野別出題率

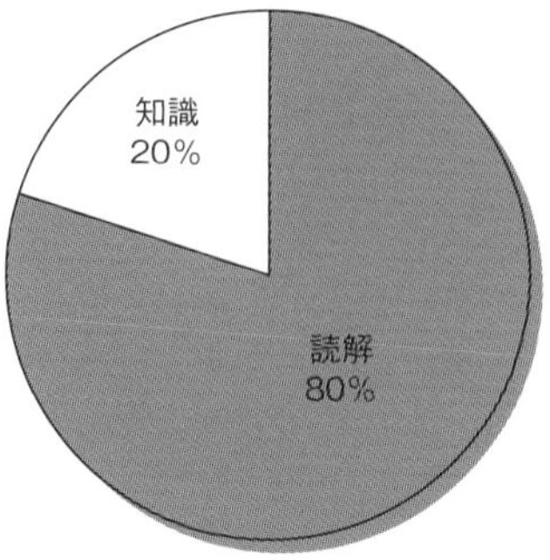

※　配点（推定ふくむ）をもとに算出

◆近年の出題内容

【 2024年度１回 】			【 2023年度１回 】		
大問	一	〔知識〕熟語の完成	大問	一	〔知識〕熟語の完成
	二	〔知識〕漢字の書き取り		二	〔知識〕漢字の書き取り
	三	〔説明文〕山竹伸二『ひとはなぜ「認められたい」のか―承認不安を生きる知恵』（約3100字）		三	〔説明文〕古田徹也『いつもの言葉を哲学する』（約1800字）
	四	〔小説〕尾崎英子『きみの鐘が鳴る』（約3600字）		四	〔小説〕『短編復活』所収「回想電車（赤川次郎作）」（約3800字）

◆出題傾向と内容

漢字の問題は１，２題めに，あわせて10問出題されており，□にあてはまる漢字を考え書かせる問題などが見られます。特別な読み方をする熟語のほか，読み・書き取りとも訓読みが必出である点が特ちょうです。

読解問題に目を向けると，取り上げられる素材文は，小説・物語文と説明文・論説文という組み合わせが最も多くなっています。小説・物語文では主人公が同世代の少年少女である作品がよく出されていて，説明文・論説文では歴史や科学，自然などに関することがらをテーマにした作品を好んで取り上げる傾向にあるようです。

設問内容は，文脈のはあくと細部の理解を問うものが主になっていて，知識問題はあまり出されません。小説・物語文では登場人物の心情，説明文・論説文では内容・文脈の理解と文章の組み立て（段落構成など）に重点がおかれており，**文章のポイントをつかまないと答えられないような練られた問題**になっています。

◆対策～合格点を取るには？～

本校の国語は長文の読解問題がメインであり，この読解問題にいかに対処するかが，本校の入試のポイントになってきます。**読解力を養成するには，何よりもまず，多くの文章に接する必要があります。**読書は読解力養成の基礎ですから，あらゆるジャンルの本を読んでください。新聞のコラムや社説などを毎日読むようにするのもよいでしょう。また，表現力を身につけるために，理解した内容をまとめてみるのもよいでしょう。

次に，ことばのきまり・知識に関しては，参考書を１冊仕上げておけばよいでしょう。ことわざ・慣用句は体の一部を用いたもの，動物の名前を用いたものなどに分類して覚えましょう。また，漢字や熟語については，読み書きはもちろん，同音（訓）異義語，その意味などについても辞書で調べておきましょう。

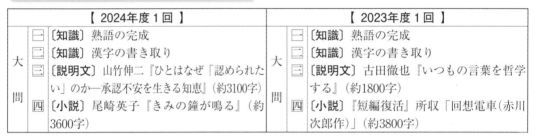

国語 出題分野分析表

分野＼年度			2024		2023		2022		2021		2020	
			1回	2回	1回	2回	1回	2回	1回	2回	1回	2回
読解	文章の種類	説明文・論説文	★	★	★	★	★	★	★	★	★	★
		小説・物語・伝記	★	★	★	★	★	★	★	★	★	★
		随筆・紀行・日記										
		会話・戯曲										
		詩										
		短歌・俳句										
	内容の分類	主題・要旨										
		内容理解	○	○	○	○	○	○	○	○	○	○
		文脈・段落構成										
		指示語・接続語	○	○								
		その他										
知識	漢字	漢字の読み										
		漢字の書き取り	★	★	★	★	★	★	★	★	★	★
		部首・画数・筆順										
	語句	語句の意味										
		かなづかい										
		熟語	★	★	★	★	★	★	★	★	★	★
		慣用句・ことわざ										
	文法	文の組み立て										
		品詞・用法										
		敬語										
	形式・技法											
	文学作品の知識											
	その他										○	
	知識総合											
表現	作文											
	短文記述											
	その他											
放送問題												

※ ★印は大問の中心となる分野をしめします。

2024年度　芝中学校

【算　数】〈第１回試験〉（50分）〈満点：100点〉

次の問いの □ をうめなさい。

1　次の計算をしなさい。

(1)　$5.3\times1.25+96\times0.125+125\times0.152+0.83\times12.5=$ □

(2)　$\left\{2\frac{4}{5}\times2-1.75\times(1.85-\square)\div\frac{1}{3}\right\}\div\left(1\frac{1}{3}-\frac{3}{4}\right)=6$

2　今年のＳ中学校の学園祭に小学５年生と小学６年生あわせて4200人が参加しました。この参加人数は昨年より12％増え，小学５年生は昨年より16％増えて，小学６年生は昨年より８％減りました。

(1)　昨年の学園祭に参加した小学５年生は □ 人です。

(2)　今年の学園祭に参加した小学６年生は □ 人です。

(3)　毎年，学園祭では焼きそばとカレーライスを販売しています。今年の学園祭に参加した小学６年生全員にアンケートをとったところ，焼きそばを買った人は210人，カレーライスを買った人は180人，焼きそばもカレーライスも買わなかった人は200人でした。焼きそばとカレーライスの両方を買った人は □ 人です。

3　四角形ABCDはAB＝６cm，AD＝８cmの長方形で，点E，F，Gは辺BCを４等分する点，点H，Ｉは辺CDを３等分する点とします。また，BDとAE，AIとの交わる点をそれぞれＪ，Ｋとします。

(1)　BJ：KDを最も簡単な整数の比であらわすと □ ： □ です。

(2)　三角形AJKの面積は □ cm^2 です。

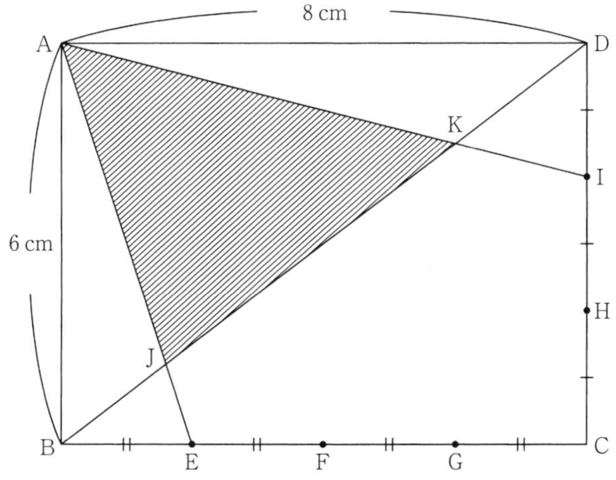

4　チョコレートが150個あります。150個すべてを使って，３個入りと５個入りの袋をどちらも少なくとも１袋は作るとき，袋の作り方は全部で□通りあります。

また，３個入りと５個入りの袋の数の差が一番小さくなるのは，３個入りが□袋，５個入りが□袋のときです。

5　１つの円を，何本かの弦を引いて分けます。ただし，どの２本の弦も重ならないこととします。たとえば下の【図】は２本の弦によって，４個の部分に分けられています。

【図】

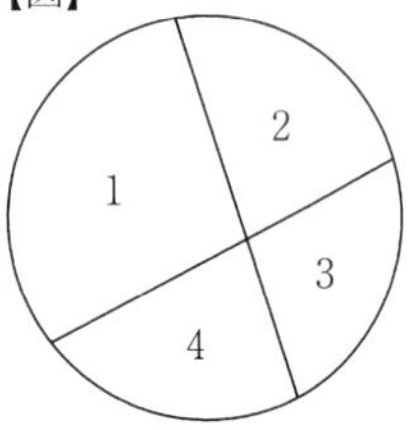

(1)　５本の弦を引いたとき，分けられた部分の個数が最も少ない場合は□個に分けられました。分けられた部分の個数が最も多い場合は□個に分けられました。

(2)　□本の弦を引いたら，分けられた部分の個数が最も多い場合は46個に分けられました。

6　Ａさん，Ｂさん，Ｃさんの３人は一定の速さで池のまわりの道を何周もジョギングします。３人とも同じ場所から同時に出発し，ＡさんとＢさんは同じ向きに，ＣさんはＡさんとＢさんとは反対の向きに進みます。

出発してから１分12秒後にＡさんとＣさんがはじめてすれちがい，その18秒後にＢさんとＣさんがはじめてすれちがいました。

Ａさんは出発してから２分15秒後にはじめて出発した地点に戻りました。

(1)　Ｂさんがはじめて出発した地点に戻るのは，出発してから□分□秒後です。

(2)　ＡさんがＢさんにはじめて追いつくのは，出発してから□分後です。

(3)　３人がはじめて同時に出発した地点に戻るのは，出発してから□分後です。

7　赤，白，青の３種類の玉を左から横一列に，以下のルールで並べていきます。

（ルール１）　赤の右にはどの色の玉も置くことができる。
（ルール２）　白の右には青の玉だけ置くことができる。
（ルール３）　青の右には赤の玉だけ置くことができる。

(1)　５個の玉を並べる方法は全部で□通りです。

(2)　９個の玉を並べる方法は全部で□通りです。

8　下の図のように，BC の長さが 60cm の長方形 ABCD があります。

対角線 AC と BD の交わる点をＯとします。

点Ｐは，Ａを出発し長方形の辺上を時計回りに一定の速さで進み，Ｂに18秒後に到着して止まります。点Ｑは，点Ｐと同時にＤを出発し長方形の辺上を反時計回りに一定の速さで進み，点Ｐが止まると同時に点Ｑも止まります。

グラフは，点ＰがＡを出発してからの時間と，OP と OQ と長方形 ABCD の周で囲まれた図形のうち，小さい方の面積の関係を表したものです。

(1)　点Ｑの速さは毎秒［　　　］cm です。

(2)　グラフの［ア］は［　　　］cm², ［イ］は［　　　］秒です。

(3)　OP と OQ と長方形 ABCD の周で囲まれた図形のうち，点ＰがＡを出発してから，小さい方の面積が最初に 500cm² になるのは［　　　］秒後で，次に 500cm² になるのは［　　　］秒後です。

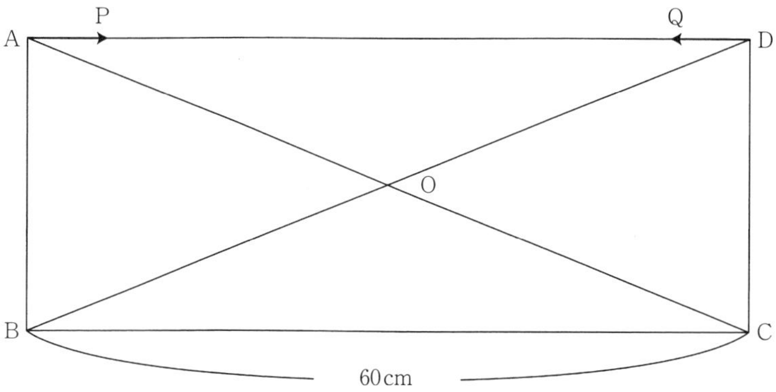

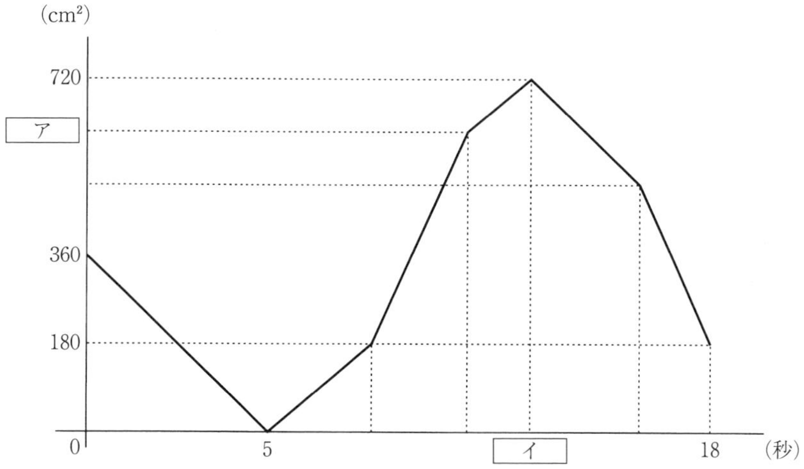

【社　会】〈第１回試験〉（40分）〈満点：75点〉

1　次の地図，および日本に関する以下の各問いに答えなさい。

問１　次のＡ～Ｄの文は，地図中のＡ～Ｄについてそれぞれ述べたものです。Ａ～Ｄに当てはまる名称をそれぞれ答えなさい。

Ａ．農業に使う水を引く水路が発達した，２つの県にまたがる稲作のさかんな平野。

Ｂ．温暖な気候により，ピーマンなどの野菜の促成栽培が行われている平野。

Ｃ．20世紀に，西に位置する島と火山噴火の影響によって陸続きとなった半島。

Ｄ．沿岸にはリアス海岸が発達しており，鯛《たい》や真珠《しんじゅ》などの養殖がさかんな海。

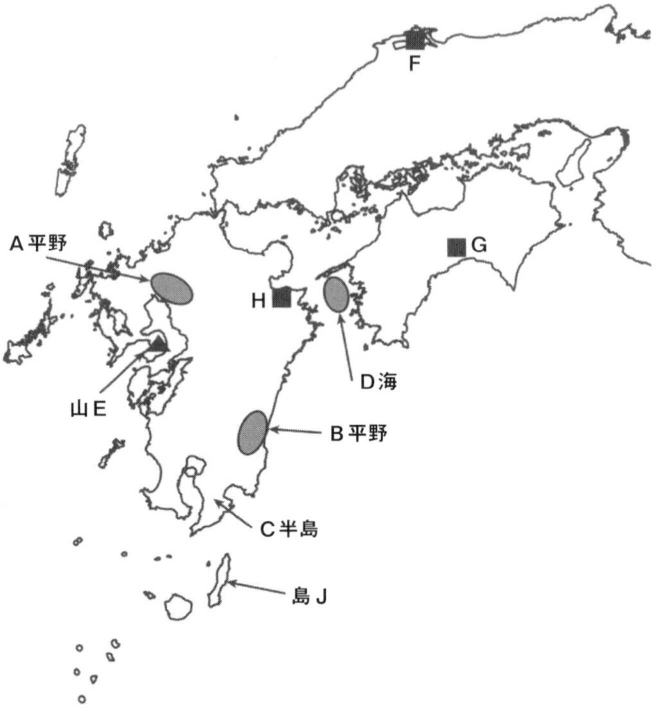

地図

問２　地図中の山Ｅは，過去の火山噴火の際に高温の火山灰や岩石，火山ガス，空気，水蒸気が一体となり，時速数十キロメートルから数百キロメートルの高速で山を流れおりる現象が発生しました。この現象を何といいますか。

問３　地図中の県の中で，2015年の時点ですでに県内に新幹線の停車駅が設置されており，その後2024年１月までの間に新たに新幹線の停車駅が設置された県はどこですか。

問４　次の図１中の①～③は，地図中のＦ～Ｈのいずれかの地点の降水量の変化を示したものです。①～③とＦ～Ｈの組み合わせとして正しいものを以下のア～カのうちから一つ選び，記号で答えなさい。

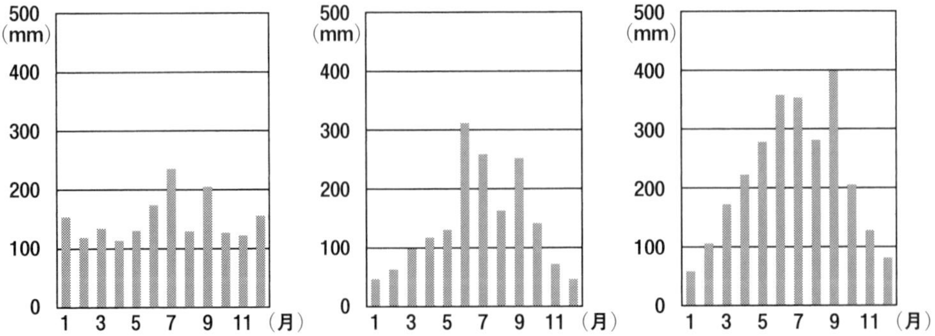

図１

気象庁 web サイトより作成

	ア	イ	ウ	エ	オ	カ
①	F	F	G	G	H	H
②	G	H	F	H	F	G
③	H	G	H	F	G	F

問５　地図中の島Ｊについて述べた文として，内容が最も適当なものを次のア～エのうちから一つ選び，記号で答えなさい。

ア．温暖な気候による農業や，付近を流れる黒潮の影響で漁業がさかんである。

イ．サンゴ礁《しょう》やマングローブ林が発達しており，沖縄県に属している。

ウ．島全体が世界自然遺産に指定されており，多くの観光客が訪れている。

エ．火山活動が非常に活発であり，九州地方で最も高い山が位置する。

問６　次の表１は，太陽光発電，地熱発電，風力発電の都道府県別発電電力量の上位５位までを表したものです。④～⑥に当てはまる発電方法の組み合わせとして正しいものを以下のア～カのうちから一つ選び，記号で答えなさい。

表１

④	
青森	1253
北海道	1130
秋田	926
三重	409
岩手	404

⑤	
大分	823
秋田	399
鹿児島	376
岩手	204
北海道	87

⑥	
福島	1547
茨城	1372
岡山	1346
北海道	1187
宮城	1129

単位は百万 kWh(電気事業者のみ)，統計年次は2021年度
『データでみる県勢 2023』より作成

	ア	イ	ウ	エ	オ	カ
④	太陽光発電	太陽光発電	地熱発電	地熱発電	風力発電	風力発電
⑤	地熱発電	風力発電	太陽光発電	風力発電	太陽光発電	地熱発電
⑥	風力発電	地熱発電	風力発電	太陽光発電	地熱発電	太陽光発電

問７　次のア～エは，日本の国立公園について述べた文です。内容が**あやまっているもの**を一つ選び，記号で答えなさい。

ア．２つ以上の都道府県にまたがっている国立公園はない。

イ．すぐれた自然の風景地を保護・保全することが目的の一つである。

ウ．国立公園は広大であり，公園内に私有地が存在することもある。

エ．公園内で開発を行う場合には，各種法令に従う必要がある。

問８　次の図２は，日本の品目別の食料自給率の変化を示しており，図２中のア～オは果実，牛乳・乳製品，米，肉類，野菜のいずれかです。牛乳・乳製品に当てはまるものをア～オのうちから一つ選び，記号で答えなさい。

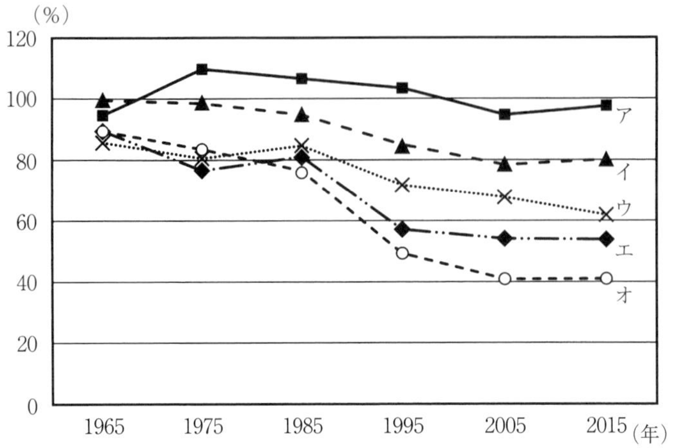

図２
「食料需給表(農林水産省)」より作成

問９　次の表２は，北海道，長野県，神奈川県，京都府，大阪府におけるキャンプ場，旅館・ホテル，林野率を比べたものです。京都府に当てはまるものを表２中のア～オのうちから一つ選び，記号で答えなさい。

表２

	キャンプ場	旅館・ホテル	林野率
ア	4	1520	30.0
イ	52	1349	38.7
ウ	40	1017	74.2
エ	149	2602	75.9
オ	222	2877	70.2

キャンプ場，旅館・ホテルは施設数，林野率
(総面積に対する林野面積の割合)は％
統計年次は2020または2021年，
『データでみる県勢 2023』より作成

2　日本の歴史における争いと人々の生活について説明した次の文章を読んで，あとの設問に答えなさい。

A　1稲作が日本列島各地に広まり，暮らしが安定すると，人々は共同作業を行うため集落を拡大させました。集落のなかでは貧富の差や身分の差がみられるようになり，2集落どうしの争いもおこるようになりました。

問１　下線部１について，この時期について説明した次の文Ｘ・Ｙの正誤の組み合わせとして正しいものを，下のア～エより選び，記号で答えなさい。

Ｘ．石の基礎の上に柱を立てた住居が個人の住まいとして数多くつくられました。

Ｙ．農業用水が豊富で稲作の行いやすい台地の上に多くの集落がつくられました。

ア．Ｘ―正　Ｙ―正　　イ．Ｘ―正　Ｙ―誤

ウ．Ｘ―誤　Ｙ―正　　エ．Ｘ―誤　Ｙ―誤

問２　下線部２について，福岡県の板付遺跡では，水田に必要となる用水路を一部にめぐらせることで防衛力を高めていたことが確認されています。このように，まわりに人為的な工夫をこらしたり，設備をもうけたりして防衛力を高めた集落を何といいますか。

Ｂ　７世紀にはいり，中国大陸で強大な統一王朝が出現すると，その影響は日本列島にもおよびました。当時強大な勢力をもっていたと考えられるヤマト政権は，3大陸の国々と関係を結ぶ一方で，ときには対立することもありました。4争いに参加したり，備えたりするために多くの人々が動員されました。

問３　下線部３について，右の図①は６世紀末の朝鮮半島の勢力をあらわしたものです。図中のＸ～Ｚにあてはまる語の組み合わせとして正しいものを，次のア～カより選び，記号で答えなさい。

図①

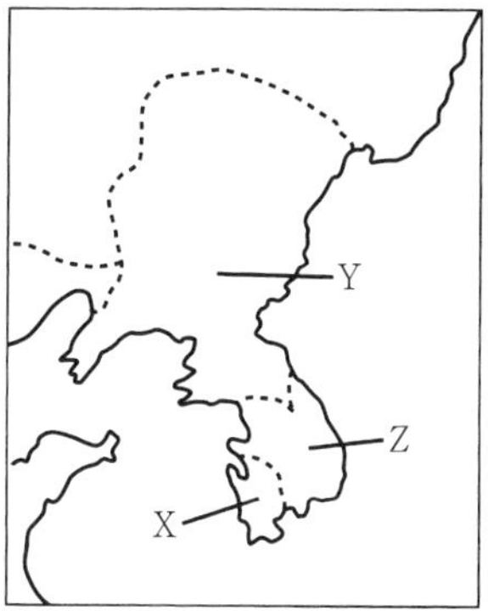

	X	Y	Z
ア	新羅	高句麗	百済
イ	新羅	百済	高句麗
ウ	高句麗	新羅	百済
エ	高句麗	百済	新羅
オ	百済	新羅	高句麗
カ	百済	高句麗	新羅

問４　下線部４について，663年におこった他国との争いに敗北したことをきっかけに，北九州に集められるようになった兵を何といいますか。

Ｃ　朝廷の律令に基づいた支配がゆらぐと，5武士が台頭して各地で争いがおこるようになりました。自然災害も多く発生して人々の生活が不安定になったことを背景に，阿弥陀仏にすがれば死後に極楽[6]へ生まれ変わることができるという[6]教が流行しました。のちに法然上人が開いた[6]宗も，この流れをくむものです。

問５　下線部５について述べた次の文Ⅰ～Ⅲを，古いものから順に並べかえた場合，正しいものはどれですか。下のア～カより選び，記号で答えなさい。

Ⅰ．源義家が清原氏を助けて東北地方の争乱を平定しました。

Ⅱ．源義朝が平清盛とともに戦い，崇徳上皇の勢力に勝利しました。

Ⅲ．元国司であった藤原純友が瀬戸内地方の海賊を率いて反乱をおこしました。

ア．Ⅰ－Ⅱ－Ⅲ　　イ．Ⅰ－Ⅲ－Ⅱ　　ウ．Ⅱ－Ⅰ－Ⅲ

エ．Ⅱ－Ⅲ－Ⅰ　　オ．Ⅲ－Ⅰ－Ⅱ　　カ．Ⅲ－Ⅱ－Ⅰ

問６　空欄[6]にあてはまる語を答えなさい。

Ｄ　鎌倉時代から室町時代にかけて，朝廷は全国を実際に支配する力を失い，7人々はみずからの財産や権利をみずからの力で守らなければいけなくなりました。8各地に出現した戦国大名たちは，みずからの方法で特定の領域を支配しましたが，一方で，戦国大名たちは領内の人々からそれぞれのもつ財産や権利を安定させることを期待されました。

問７　下線部７について，当時の世の中の様子を説明した文ａ～ｄについて，正しいものの組み合わせを，下のア～エより選び，記号で答えなさい。

ａ．人々の間で土地をめぐる争いがおこった際には幕府が裁判を行いましたが，室町時代になると守護大名が幕府の意向を無視して裁判を行うようになりました。

ｂ．鎌倉時代初期の武士の家における相続をみると，土地の相続は当主の子どもに分割して行われ，女性にも相続の権利がありました。

ｃ．各地の都市では商人たちによる自治が行われ，商人の多くが寄合と呼ばれる同業者組合をつくるようになりました。

ｄ．農村部では惣村と呼ばれる自治組織がつくられ，領主への年貢納入などの負担を村単位でうけおうものも現れました。

ア．ａ・ｃ　　イ．ａ・ｄ　　ウ．ｂ・ｃ　　エ．ｂ・ｄ

問８　下線部８について，次のＸ・Ｙとそれぞれ最も関係の深い人物は①～④のどれですか。組み合わせとして正しいものを，下のア～エより選び，記号で答えなさい。

Ｘ．キリスト教宣教師の国外追放を命じた。

Ｙ．分国法に喧嘩《けんか》両成敗を明記した。

①　豊臣秀吉　　②　織田信長　　③　上杉謙信　　④　武田信玄

ア．Ｘ―①　Ｙ―③　　イ．Ｘ―①　Ｙ―④

ウ．Ｘ―②　Ｙ―③　　エ．Ｘ―②　Ｙ―④

Ｅ　江戸幕府が成立すると，各地の争いは徳川将軍と諸大名によっておさえられるようになりました。大きな争いがなくなっていく中で，人々は，新たな生産技術を生み出して生活を豊かにしていく一方で，9身分に応じた制限をうけることもありました。

問９　下線部９について説明した次の文Ｘ・Ｙの正誤の組み合わせとして正しいものを，下のア～エより選び，記号で答えなさい。

Ｘ．百姓は，稲作を行うことと，全員で村の運営に関わることを義務付けられました。

Ｙ．都市に集められた商人や武士は，それぞれ居住できる地区が指定されていました。

ア．Ｘ―正　Ｙ―正　　イ．Ｘ―正　Ｙ―誤

ウ．Ｘ―誤　Ｙ―正　　エ．Ｘ―誤　Ｙ―誤

Ｆ　明治新政府は，欧米列強に対抗するため，富国強兵をかかげて政治や社会の改革を進めていきました。10この大きな変化によって人々の生活も様変わりした一方で，人々はこれまでになかった負担を強いられることとなりました。明治時代後期には，国家の利益のためにある程度の負担を受け入れるという考えが，人々の中に少しずつ広まっていきました。しかし，日露戦争の結果，11日本が賠償金を手に入れられずに終わると，この考えに疑問をもつ人々も増えていきました。

問10　下線部10について述べた文として**あやまっているもの**を，次のア～ウより一つ選び，記号で答えなさい。なお，**すべて正しい場合はエと答えなさい**。

ア．農民や商人は平民とされ，兵役を義務付けられましたが，それによって働き手がとられたため政府への不満が高まりました。

イ．武士はすべて華族とされ，政府から住居や収入などを保障された一方で，銀行の設立にあたって資金を提供することもありました。

ウ．えた・ひにんと呼ばれた人々は平民と同じ立場であるとされましたが，職業選択などの場面で不平等に扱われることもありました。

問11　下線部11について，この結果をもたらした講和条約を何といいますか。

Ｇ　12大正から昭和初期にかけて，国民の考えを政治に生かそうとするデモクラシーの考えが人々に広まり，比較的好景気な状態も重なって都市部に住む人々の生活水準は向上しました。

しかし，昭和の初めに不景気となると失業者が増え，また農村部は凶作が重なり生活に大打撃を受けました。人々の生活の不安定さや格差に対する不満は，少しずつ政治にも影響を与え，それらを背景に軍部が力を持つようになりました。そのような背景により，日中戦争やアジア・太平洋戦争がおこり，13長期化する戦争の中で，人々には平均化された最低限度の生活と，大きな負担が求められるようになっていきました。

問12　下線部12について述べた次の文ａ～ｄについて，正しいものの組み合わせを，下のア～エより選び，記号で答えなさい。

ａ．第三次桂太郎内閣が退陣すると，次に成立した加藤高明内閣のもとで，普通選挙法が成立しました。

ｂ．デモクラシーの風潮をうけて，市川房江らは女性参政権獲得を目指しましたが，この時期には達成されませんでした。

ｃ．大戦景気によって物価が急激に下落したことで，高い給料をもらえるようになった都市の人々の購買意欲が増進されました。

ｄ．大学や師範学校などで高等教育をうけたサラリーマンが安定した収入を得られるようになると，子どもにも高水準の教育をうけさせようとする人々が増えました。

ア．ａ・ｃ　　イ．ａ・ｄ　　ウ．ｂ・ｃ　　エ．ｂ・ｄ

問13　下線部13について説明した次の文Ｘ・Ｙの正誤の組み合わせとして正しいものを，下のア～エより選び，記号で答えなさい。

Ｘ．国家総動員法が成立して政府が議会の承認なく物資の供給に介入できるようになりました。

Ｙ．大政翼賛会のもとに隣組が結成され，近所の住民どうしの助け合いや監視の役割を果たしました。

ア．Ｘ―正　Ｙ―正　　イ．Ｘ―正　Ｙ―誤
ウ．Ｘ―誤　Ｙ―正　　エ．Ｘ―誤　Ｙ―誤

3　次の文章を読んで，以下の問いに答えなさい。

> **“老いた親につくせ”**
>
> **人の子として生まれた以上，「親を養う道」を知らないというのは通用しない。親の心が楽しくなるようにし，親の気持ちを裏切らず，怒りを買う言動はひかえて，余計な心配をさせないようにする。居室や寝室は，暑さ寒さに応じて過ごしやすいようにし，食べものや飲みものは味を工夫するなど，真心をつくして養わなければならない。**
>
> **城島明彦訳『養生訓《ようじょうくん》』より**

これは，江戸時代，1貝原益軒《かいばらえきけん》という人物が著した書物の一節です。このなかで語られているように年老いた親を養うのは子供の義務と考えられていました。家族がいないお年寄りについては，近所の人たちが協力して面倒を見ていたそうです。

現在，日本が直面している介護の問題は，今に始まったことではなく，古くから日常生活の一部として存在していました。ただ，今と違って，明治の時代の2家制度のように，長子が親の老後の面倒を見なければならないという価値観がありました。ところが現代では，（ 1 ）家

族化や非婚化など，家族のありかたが変わったことや，3少子化によってお年寄りを支える人たちが少なくなったことなどにより，老老介護や独居老人世帯が増えています。

近年，国は介護を取り巻く問題に対処しようと，様々な制度を整備しました。例えば，(　２　)歳以上のすべての人が加入する4介護保険制度があります。これは，〈　Ａ　〉が運営主体となって，将来自分が介護を必要としたときにサービスを受けることができる制度です。また，家族の介護のために仕事を休まなければならなくなった場合には介護休業という制度もあります。これは，休んでいる期間も雇用が継続され，さらに一定の給与が保障されるというものであり，安心して家族の介護をすることができます。

しかし，これら介護に関わる制度には問題点もあります。一つ目は，制度の維持にはお金がかかるということです。今の5国の財政は赤字続きで，介護だけに予算をあてることが難しいのが現状です。そのため，介護保険制度の保険料は年々上がり続けていて，保険料を払うことが困難な人々も出てきています。

二つ目に，介護に関わっている人たちに対する理解が広がっていないという問題があります。介護休業制度があっても，仕事を休みづらくて制度を利用できないというケースが少なくありません。厚生労働省の調査によると，介護休業を取得した人がいた事業所の割合は，令和元年度には2.2％でしたが，令和４年度には1.4％と減少してしまっています。

単純に制度を作ったからと言って，それが問題の解決にすべてつながるというわけではありません。制度の意味をしっかりと理解したうえで，利用しやすいように相互理解をする雰囲気を作ることが大切だと考えます。10年ほど前に，介護をする人が介護中であることを周囲の人に知らせるための6「介護マーク」が静岡県で作成されました。現在，このマークは政府の号令で全国に広がり，芝中学校がある東京都港区でも利用促進が呼びかけられています。このような標識マークには様々な種類がありますが，マークを見かけた人に，相手に対して思いやりを持って接しようという気持ちが生まれるのでとても良い取り組みであると感じます。

江戸時代もそうでしたが，助け合いの精神は，社会生活の根幹を成しています。現代においては，自分一人で解決できない問題を抱えている人を，政府や自治体のサポートとともに，周囲の人たちの理解や地域のボランティアなど，いろいろな方法で支えていくことが社会生活を送っていくうえで大切なことだと感じます。

介護マーク

問１　文中の空欄(１)と(２)に適する語を以下の指示に従って答えなさい。

※空欄(１)は漢字一字

※空欄(２)は数字

問２　文中の空欄〈Ａ〉に最もふさわしいものを次から選び，記号で答えなさい。

ア．国　　イ．都道府県　　ウ．市区町村　　エ．企業

問３　下線部１に関連して，貝原益軒は江戸時代の儒学者として知られています。益軒が生きていた時代，５代将軍徳川綱吉は，「文武忠孝を励し，礼儀を正すべき事」と武士たちに求めています。これは，儒学に基づいた考え方ですが，後に幕府が公式の学問とした儒学の一派を何といいますか。次から選び，記号で答えなさい。

ア．朱子学　　イ．心学　　ウ．古学　　エ．陽明学

問4　下線部2に関連して，日本国憲法の成立によって，家制度は廃止されました。その根拠となる条文，第13条と，第14条の一部を以下に示してあります。空欄に適する語を補充して条文を完成させなさい。

> **日本国憲法**
> **〈第13条〉**
> **すべて国民は，（　Ⅰ　）として尊重される。生命，自由及び幸福追求に対する国民の権利については，公共の福祉に反しない限り，立法その他の国政の上で，最大の尊重を必要とする。**
> **〈第14条〉**
> **すべて国民は，法の下に（　Ⅱ　）であつて，人種，信条，性別，社会的身分又は門地により，政治的，経済的又は社会的関係において，差別されない。**

問5　下線部3に関連して，以下の4つのグラフは，2010年～2020年までの完全失業率・合計特殊出生率・*1男性の育児休業取得率・有効求人倍率の推移を表しています。この中で，合計特殊出生率と男性の育児休業取得率を表したものを選び，それぞれ記号で答えなさい。

＊1　2011年は岩手県，福島県及び宮城県を除く全国の結果

ア

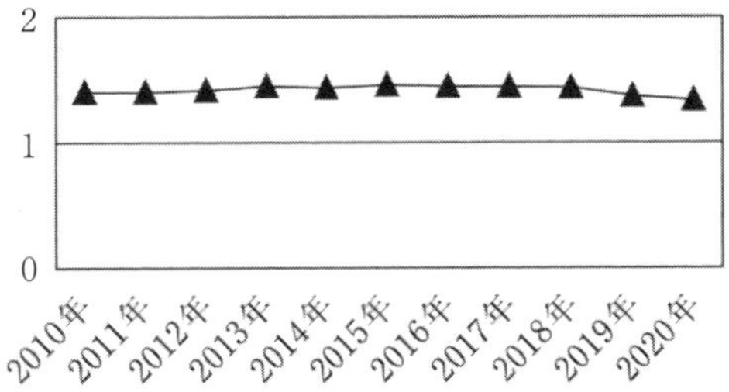

イ

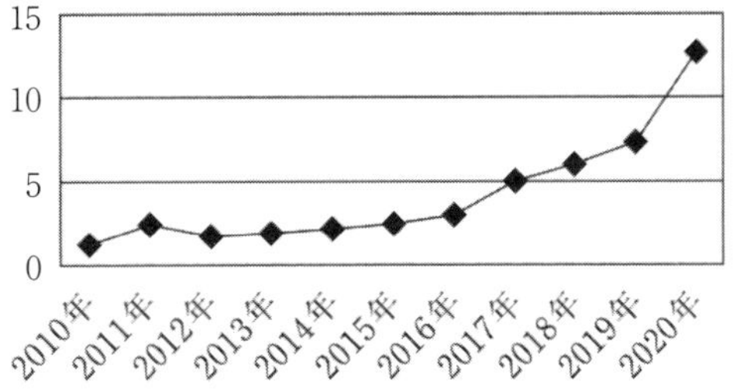

ウ

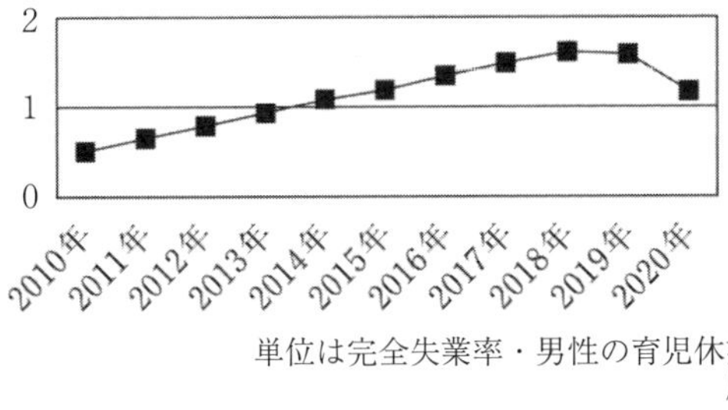

エ

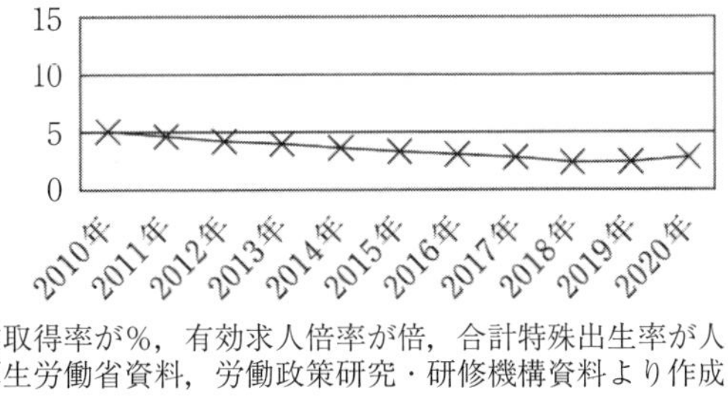

単位は完全失業率・男性の育児休業取得率が%，有効求人倍率が倍，合計特殊出生率が人
厚生労働省資料，労働政策研究・研修機構資料より作成

問6　下線部4について，介護保険制度は日本国憲法第25条の「健康で文化的な最低限度の生活を営む権利を有する」に由来します。憲法第25条に書かれている権利を何といいますか。次のア～エから選び，記号で答えなさい。

ア．生存権　　イ．財産権
ウ．平等権　　エ．勤労権

問7　下線部5について，次の一般会計税収の推移に関する資料を参考に，以下の設問に答えなさい。

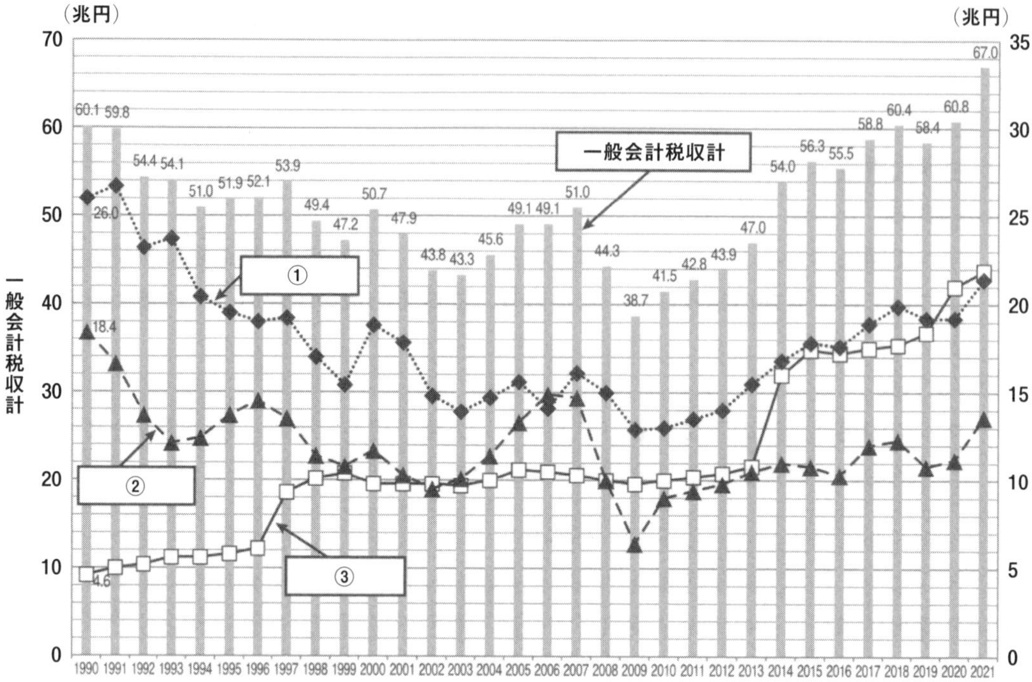

（　X　）崩壊以降の約30年間，一般会計の税収は横ばい，もしくは時期によっては減少傾向にありました。とくに，2008年に起きたリーマンショックによってもたらされた不景気によって，税収は大きく落ち込みました。しかし，その後は景気が回復傾向にある中で，二度の消費税率引き上げも影響し，税収は（　X　）期を越えてさらに増加傾向にあります。

(1)　文中の空欄(X)に適する語をカタカナで答えなさい。

(2)　資料中のグラフ①～③は，消費税・所得税・法人税のいずれかを表しています。これらは，国の税収を支える基幹三税として重要な位置付けがされています。それぞれの組み合わせとして正しいものを次から選び，記号で答えなさい。

	消費税	所得税	法人税
ア	①	②	③
イ	①	③	②
ウ	②	①	③
エ	②	③	①
オ	③	①	②
カ	③	②	①

問８　下線部６について，このマークは，介護をする人が周囲に対して介護をしていることを知らせるために使いますが，具体的にはどのような場面で必要とされるでしょうか。次のア～エをよく読んで，**当てはまらないもの**を一つ選び，記号で答えなさい。

ア．介護をする人が，認知症の方と外出したときに，周囲の人の協力を求めなければならない場面で，周囲の人からの誤解や偏見を生まないようにするために必要となる。

イ．駅やサービスエリアなどのトイレで要介護者を介助しているときに，周囲の人からの誤解や偏見を生まないようにするために必要となる。

ウ．バスや電車の中で，介護をする人が優先席を利用する要介護者を見守るために，優先席近くで立っていたりすることが誤解や偏見を生まないようにするために必要となる。

エ．介護をする人は体力を必要とするため，要介護者に付き添っていないときでも席を譲ってもらったり，列に並ばなかったりすることが誤解や偏見につながらないようにするために必要となる。

4　次の文章を読んで，あとの設問に答えなさい。

箱根駅伝の通称で親しまれる東京箱根間往復大学駅伝競走は，2024年１月２日・３日の開催で100回を迎えました。東京の大手町を出発し，川崎，戸塚，平塚，小田原という，1東海道の宿場を中継点として箱根の芦ノ湖を目指し，翌日に戻ってくる，全10区間の駅伝競走は，多くのランナーのあこがれのイベントです。また，この競技会を主催する関東学生陸上競技連盟(関東学連)は，1919年の設立で陸上競技では日本で最も古い連盟組織であり，大学生が中心となって運営されています。お正月の風物詩ともなっているこのイベントは，多くの大学生の熱意によって動いています。

さて，箱根駅伝の第１回大会は1920年のことですから，毎年行われていれば2019年の開催で100回を迎えるはずでした。５回分の空白，すなわち開催されなかった年は，1941年，1942年，1944年，1945年，1946年です。原因は言わずもがなでしょう。箱根にあこがれ，箱根をめざして走ってきた多くの学生ランナーにとって，その夢が絶たれることへのショックは想像しきれないものだったと思われます。

ただし，この期間の中で1943年が「欠番」になっていないことに着目しなければなりません。この年，「東京箱根間往復大学駅伝競走」は「靖国神社・箱根神社間往復関東学徒鍛錬継走大会」という名称で実施されました。大会運営をになう関東学連は，なんとか競技の機会を得ようと努力し，軍部との交渉を重ね，「学徒鍛錬」すなわち，学生たちが戦争に備えて体をきたえることの一環と位置づけることで，開催にこぎつけたのです。

戦争が多くの人の平穏な生活を壊す事例は枚挙にいとまがありません。戦争を起こさないように，2参政権の行使を通じて慎重に代表者を選んだり，表現の自由にもとづいてさまざまな場面で意見を表明したりすることはできますが，領土や宗教をめぐる対立をもとに他国が攻めてくるような事態を，一般の市民がにわかに止めることはできません。ですから，わたしたちにとって戦争とは，いわば自然災害のように，自分ではどうすることもできない状況の一つであるとも言えます。

みなさんが生まれたころに起こった3東日本大震災では，津波によって多くの被害が出たばかりでなく，原子力発電所の事故とあいまって，現在でも多くの人が以前の生活を取り戻せないでいます。また，昨今の新型コロナウイルス感染症の広まりに際して，ことに2020年は年度のはじめには社会が大きく混乱しました。みなさんも，学校が休みになり，再開が見通せない不安のなかで日々を送ったのではないでしょうか。

しかし，過去を振り返ることで，そのような状況におちいっても，できることを探して，前向きに取り組む人がいたことに気づくはずです。箱根駅伝が再開されるときに備えて練習を積んでいた選手や，「競走」ではなく「鍛錬」ならば実施できるのではないかと考えて懸命に軍部とかけあった陸連の学生がそうでした。それが先日の第100回大会につながったことは，わたしたちにも大きな希望を与えてくれます。

これから先も，ある日突然，困難に直面することがあるでしょう。そんなときに，駅伝を走る選手がタスキを受け継いでいくように，箱根駅伝をなんとか開催しようと尽力した人びとのありようを，自分の未来をひらく原動力にしたいものですね。

問１　下線部１に関連して，江戸時代に整えられた「五街道」について，江戸から出発したときに中山道と甲州街道が合流する場所は，現在のどの県ですか。次のア～エから選びなさい。

ア．群馬県　　イ．静岡県　　ウ．長野県　　エ．山梨県

問２　下線部２について，この権利の一部と考えられている，署名運動などによって人びとの意見を集約し，法律や制度の設置を議会に働きかける権利を何といいますか。

問３　下線部３について，この災害で大きな被害を受けた三陸鉄道は，地方公共団体と民間が資本を出し合って経営されています。このような経営の方法を何と言いますか。数字の一つ入ることばで答えなさい。ただし，解答には漢数字・算用数字のどちらを用いてもかまいません。

問４　二重線部について，この比喩をもちいて，筆者はどのようなことを伝えようとしていますか。次の条件に従って100字以内で答えなさい。

《条件》

次のことばを必ず使い，使ったことばには下線を引くこと。同じことばは何回使ってもかまわないが，そのたびに下線を引くこと。また，句読点や記号は１字と数えること。

［過去　　状況　　原動力］

【理　科】〈**第１回試験**〉（40分）〈満点：75点〉

1　次の文を読み，問いに答えなさい。

芝太郎君は，家族旅行でメジャーリーグの野球観戦に行くため，①成田空港を出発しました。

まずは日本人メジャーリーガーの活躍《かつやく》を楽しみに，エンゼルスタジアムに行きました。この日は幸運なことに豪快《ごうかい》なホームランを見ることができ，胸が熱くなった芝太郎君は，②打球の軌道《きどう》に興味を持ちました。

翌日はヨセミテ国立公園です。芝太郎君は「世界一高い木」として保護されている木を見に行けることにワクワクしています。

芝太郎君「世界で一番高い木って何ていう木なの？」

お父さん「③セコイアという木だよ。セコイアは，高さや大きさだけでなく，その樹齢《じゅれい》の長さでも知られていて，長いものでは2000年をこえると推定されているんだよ。日本でも近いなかまであるスギには，鹿児島県の屋久島で見られる『縄文杉《じょうもんすぎ》』のように，長い年月のたったものやからだの大きなものが見られるね。」

芝太郎君「そうか，縄文杉に近いなかまなんだね。縄文杉も大きいもんね。楽しみだなぁ。」

お父さん「そうだ，せっかくだから本場の④ブラックバスをつりに行こうか。」

車で移動する途中《とちゅう》で，芝太郎君はあることに気が付きました。

芝太郎君「お父さん，このあたり太陽光パネルがいっぱいだよ。」

お父さん「そうだね。カリフォルニア州の海岸地域は以前から⑤半導体産業が盛んで，シリコンバレーと呼ばれていたんだ。シリコンというのは半導体の原料のことだよ。現在でも半導体産業は盛んで半導体を利用した太陽光発電の設備の普及《ふきゅう》も進んでいるらしいよ。化石燃料のような，将来的になくなるエネルギーとはちがい，太陽光に代表されるような絶えず補充《ほじゅう》されるエネルギーのことを（　⑥　）エネルギーといって注目されているんだ。これらの多くは脱《だつ》炭素社会を目指す意味でも重要なんだよ。」

家族旅行で初めての海外でしたが，新しい文化にふれ，いろいろなことを考えられて充実した夏休みになりました。

(1)　下線部①について。次の表は成田空港とロサンゼルス空港をつなぐＡ社からＥ社までの航空便の時刻表です。所要時間が行きと帰りで異なります。このちがいがおきる理由を，下の(ア)～(キ)から１つ選んで，記号で答えなさい。

成田空港　→　ロサンゼルス空港

航空会社	便名	出発時刻	到着《とうちゃく》時刻(現地時間)	所要時間	機種
A社	SG24	14：40	08：25	9時間45分	787-8
B社	SH6	17：00	11：00	10時間00分	787-9
C社	SG6092	17：00	11：00	10時間00分	787-9
D社	SA7946	17：00	11：00	10時間00分	787-9
E社	SS7310	17：20	11：00	9時間40分	787-8

ロサンゼルス空港　→　成田空港

航空会社	便名	出発時刻（現地時間）	到着《とうちゃく》時刻	所要時間	機種
A社	SG23	10：25	14:10（翌日）	11時間45分	787-8
B社	SH5	12：45	16:30（翌日）	11時間45分	787-9
C社	SG6093	12：45	16:30（翌日）	11時間45分	787-9
D社	SA7945	12：45	16:30（翌日）	11時間45分	787-9
E社	SS7311	13：05	16:40（翌日）	11時間35分	787-8

(ア)　飛行機の種類(機種)がちがうため，飛行速度がちがうから。

(イ)　航空会社がちがうと，飛行機の速度がちがうから。

(ウ)　地球が北極の上空から見ると反時計まわりに自転しているので，東向きに飛ぶ時と西向きに飛ぶ時では，移動距離《きょり》がちがうから。

(エ)　地球が北極の上空から見ると時計まわりに自転しているので，東向きに飛ぶ時と西向きに飛ぶ時では，移動距離がちがうから。

(オ)　中緯度《いど》の上空では西風が吹いているため，東向きに飛ぶ時と西向きに飛ぶ時では，かかる時間がちがうから。

(カ)　中緯度の上空では東風が吹いているため，東向きに飛ぶ時と西向きに飛ぶ時では，かかる時間がちがうから。

(キ)　行きは日付変更線《へんこうせん》を西から東へ越《こ》えるが，帰りは日付変更線を東から西へ越えるため。

(2)　下線部②について。「バットから離れた直後のボールの速さ」のことを「初速度」と呼ぶことにします。いま，あらゆる方向に同じ初速度でボールを打つことのできる強打者がいたとします。ここでは，ホームベースからセンター方向(ピッチャーの上や後方)に飛んだボールについて考えます。ボールは空気の抵抗《ていこう》を受けないものとします。また，打点はホームベースの上ですが，打点の高さはないものとします。

図１は点Oを打点とし，ボールの初速度が水平方向となす角を5°刻みで5°～85°まで変化したときのボールの軌道を示しています。45°の軌道は他の線より太くかいてあります。図中の灰色の部分は外野後方のフェンス(壁《かべ》)で，フェンスの上を越えた打球はホームランになります。図では，ホームランにならなかったボールの軌道もフェンスがないものとしてかいてあります。

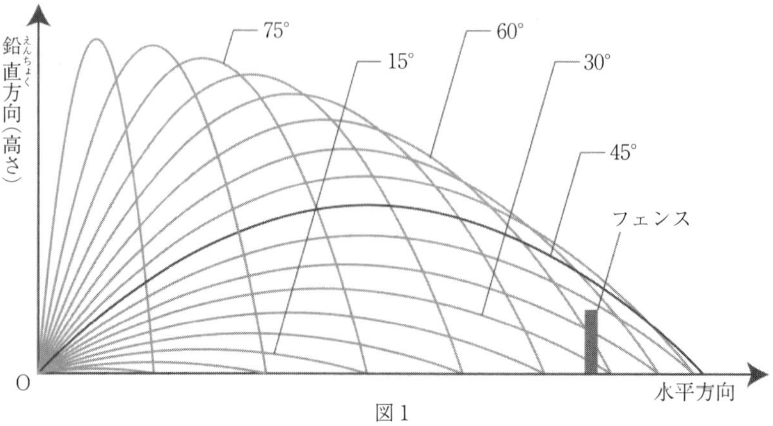

図１

実際は角度によって打球の初速度が異なり，しかもボールは空気の抵抗力を受けるため図１のような軌道になりませんが，以下では図１をもとに考えて答えること。

(a)　図１で外野後方のフェンスを越えてホームランになるのはどれですか。水平方向と初速度のなす角 5°，10°，…，85° からすべて選んで答えなさい。小さい値から順に答えること。

(b)　図１のうち滞空《たいくう》時間が最も長いのはどれですか。水平方向と初速度のなす角 5°，10°，…，85° から１つ選んで答えなさい。

(3)　下線部③について。次の図**あ**～**え**の中からセコイアの葉をかいたイラストとして正しいものを，文章**お**～**く**の中からセコイアの特ちょうを述べた文として正しいものを，それぞれ１つずつ選んだ組み合わせを，下の(ア)～(タ)から１つ選んで記号で答えなさい。

あ

い

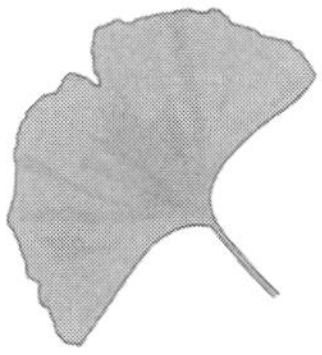

う

え

お：受粉した後，種子の周りに果実を作る。

か：春から秋にかけて細い針のような葉を作り，冬には葉を落とす。

き：葉の裏にほう子を作り，風で飛ばして受粉する。

く：お花とめ花がある。

(ア)　**あ，お**	(イ)　**あ，か**	(ウ)　**あ，き**	(エ)　**あ，く**
(オ)　**い，お**	(カ)　**い，か**	(キ)　**い，き**	(ク)　**い，く**
(ケ)　**う，お**	(コ)　**う，か**	(サ)　**う，き**	(シ)　**う，く**
(ス)　**え，お**	(セ)　**え，か**	(ソ)　**え，き**	(タ)　**え，く**

(4)　下線部④について。ブラックバスのように，元々日本に生息していなかった生物が入りこみ，定着したものを外来種といいます。外来種のうち，もともとの生態系や人間の生活にひ害をおよぼすおそれのあるものは，「特定外来生物」に指定され，きびしい制限がもうけられています。2023年６月１日に，新たに２種の生物が，「条件付き特定外来生物」に指定されました。その２種の生物を次の中から２つ選んで記号で答えなさい。

(ア)　ウシガエル　　(イ)　アカミミガメ

(ウ)　セイタカアワダチソウ　　(エ)　キョン

(オ)　ヒグマ　　(カ)　ヒアリ

(キ)　アメリカザリガニ　　(ク)　オオサンショウウオ

(5)　下線部⑤について。電気を良く通すものを導体，電気をほとんど通さないものを絶えん体，その中間の性質を持つものを半導体といいます。次の中から導体をすべて選んで記号で答えなさい。

(ア)　ガラス　　(イ)　ゴム　　(ウ)　アルミニウム

(エ)　ポリエチレン　　(オ)　水　　(カ)　ダイヤモンド

(キ)　黒鉛《こくえん》　　(ク)　紙

(6)　空らん⑥について。空らんに当てはまる語を，漢字４文字で答えなさい。

2　次の文を読み，問いに答えなさい。

ある年の８月11日，芝太郎君は家族と富士登山に行きました。富士山は円すい形をしています。芝太郎君は，その形から富士山は安山岩の溶岩《ようがん》でできていると思っていましたが，主な溶岩の種類はちがうのだそうです。①色が黒くて流れやすい種類の溶岩だそうです。

富士山は日本一の高さの山なので，２日かけて登りました。１日目は８合目まで登って山小屋に泊《と》まりました。泊まったと言っても真夜中の０時には再び山小屋を出発しました。山頂で日の出(ご来光)を見るためです。富士山の上では②星が良く見えました。③星座早見盤《ばん》と合わせてみると，夏の大三角が頭の上に見えることがわかりました。④日の出は午前５時でした。そのころにはとても寒かったですが，太陽が顔を出すと，一面の⑤雲海にオレンジの光が反射してとてもきれいでした。

(1)　下線部①について。次の(a)，(b)に答えなさい。

(a)　この岩石の名前をカタカナで答えなさい。

(b)　登山道で見たこの溶岩には，たくさんの小さな穴があいているものがありました。この穴はどうしてできたのでしょうか。15文字以内で簡単に説明しなさい。

(2)　下線部②について。星が良く見えた理由を，次の中から２つ選んで記号で答えなさい。

(ア)　富士山の上は，市街地から遠いため，街の灯りの影響《えいきょう》が少ないから。

(イ)　光の強さは距離の２乗に反比例し，富士山の上は，星との距離がより近くなるから。

(ウ)　富士山の上は，雲ができる限界の高さより高いため，雲にさえぎられずに星が見えるから。

(エ)　富士山の上は，それより上にある空気が少ないため，星の光が届きやすいから。

(オ)　富士山の上は，気圧が低いため眼の水晶《すいしょう》体が大きくなり，遠くにピントが合いやすくなるから。

(カ)　富士山の上は，気温が低いため山頂付近の湿度《しつど》が高いから。

(3)　下線部③について。次の図１は星座早見盤で，図２はその一部を拡大したものです。観測している日付と時刻を合わせると，そのときの星空がわかるようになっています。

(a)　東の方角は図１の(ア)～(エ)のどれですか。１つ選んで記号で答えなさい。

(b)　図１，図２は８月12日の０時の星空を示しています。このときと同じ星空が見られるのは，９月12日ではおよそ何時でしょう。下の中から１つ選んで記号で答えなさい。

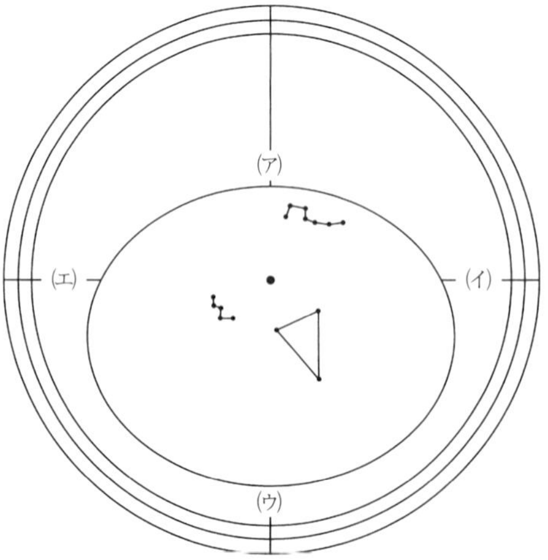

図１

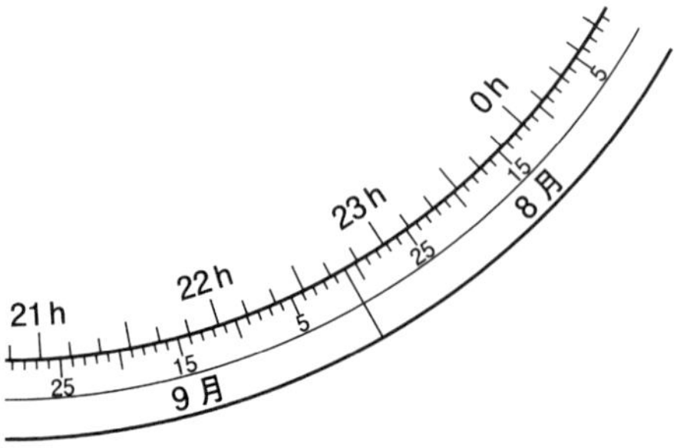

図２

(ア)　18時　　(イ)　20時　　(ウ)　22時

(エ)　０時　　(オ)　２時　　(カ)　４時

(c)　６月12日に同じ星空が見られるのはおよそ何時でしょう。次の中から１つ選んで記号で答えなさい。

(ア)　18時　　(イ)　20時　　(ウ)　22時

(エ)　０時　　(オ)　２時　　(カ)　４時

(4)　下線部④について。次の(a)，(b)に答えなさい。

(a)　この日の日の出の方角について，最も適当なものを次の中から１つ選んで記号で答えなさい。

(ア)　真東　　(イ)　真東より北側　　(ウ)　真東より南側

(エ)　真西　　(オ)　真西より北側　　(カ)　真西より南側

(b)　この日は日の入りから日の出まで月が見られませんでした。この日，月は地球から見てどの方向にあったでしょうか。15文字以内で簡単に説明しなさい。

(5)　下線部⑤について。この雲海をつくっていた雲の名前として最も適当なものを次の中から１つ選んで記号で答えなさい。

(ア)　積乱雲　　(イ)　巻積雲　　(ウ)　層雲　　(エ)　高積雲　　(オ)　巻層雲

3　次の文を読み，問いに答えなさい。

ヒトの心臓は主に筋肉でできていて，２つの心ぼうと２つの心室，合計４つの部屋があります。図１は正面から見たヒトの心臓の内部を模式的に示した図です。４つの部屋を数字**1**～**4**で示し，４カ所の血管を**あ**～**え**で示しています。血液は心臓から肺に向かい，そこで酸素を多く受け取った後，また心臓にもどり，その後全身に送り出されます。

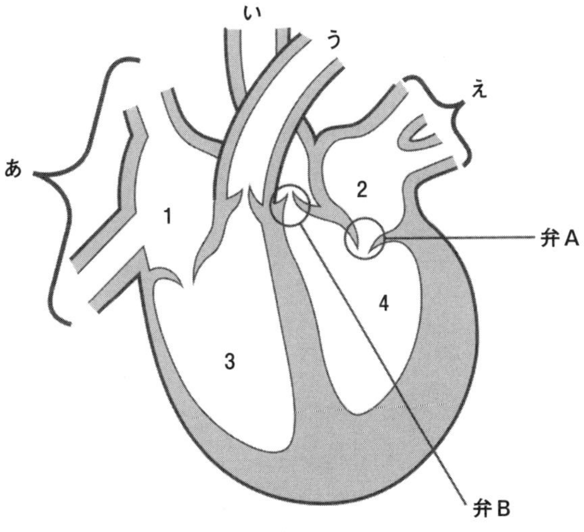

図１

(1)　血液を心臓から肺へ送り出す血管を，図１の血管**あ**～**え**から１つ選んで記号で答えなさい。

(2)　**(1)**で選んだ血管の名しょうをひらがなで答えなさい。

(3)　図１の部屋**1**～**4**，血管**あ**～**え**のうち，静脈血(ふくまれる酸素が比かく的少ない血液)が流れている場所として正しい組み合わせを，(ア)～(ク)の中からすべて選んで，記号で答えなさい。

(ア)　**1，あ**　　(イ)　**2，あ**

(ウ)　**3，う**　　(エ)　**4，う**

(オ)　**1，い**　　(カ)　**2，い**

(キ)　**3，え**　　(ク)　**4，え**

(4)　心臓の各部屋どうしや，部屋と血管をつなぐ部分には血液の出入りを調節する弁《べん》があります。図１の部屋**2**と部屋**4**の間には**弁A**が，部屋**4**と血管**い**の間には**弁B**があります。

弁は，閉じているときは血液を通さず，一定以上の力がかからないと開かないようになっています。心臓のはく動に合わせて弁が閉じたり開いたりして，血液を移動させています。

図2のグラフは，ある人の心臓で，1回のはく動の間の部屋**4**の容積の変化と，内部の圧力(部屋のかべを内側から外に向かっておす力)の変化を示したものです。

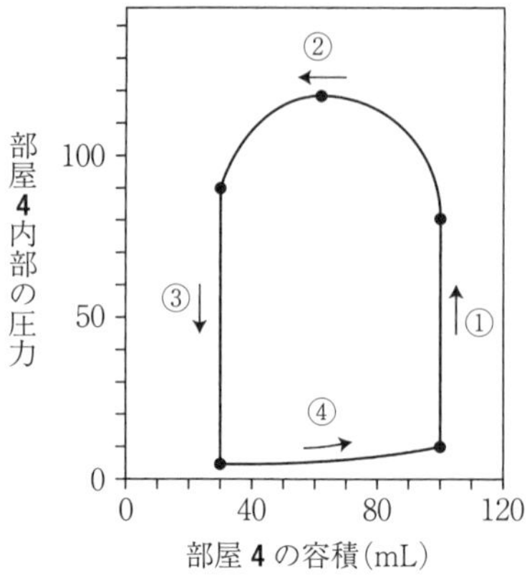

図2

心臓が1回はく動する間に，部屋**4**の容積と内部の圧力は，グラフの矢印①→②→③→④の順番で変化します。

①の段階では部屋**4**の容積は変化していないので，血液の出入りが無く，**弁A**と**弁B**はどちらも閉じていると考えられます。また，内部の圧力が大きくなっているのは，筋肉が収縮しているためです。

(a)　グラフの矢印②，矢印③，矢印④の時点では，**弁A**と**弁B**はそれぞれどうなっていると考えられますか。次の(ア)～(エ)から適当なものをそれぞれ1つ選んで記号で答えなさい。なお，同じ記号を何度選んでも良いとします。

	(ア)	(イ)	(ウ)	(エ)
弁A	開いている	開いている	閉じている	閉じている
弁B	開いている	閉じている	開いている	閉じている

(b)　グラフから，この人の心臓が1分間に65回のペースではく動し続けるとすると，1時間に心臓が送り出す血液の量は何Lになりますか。整数で答えなさい。なお，①の段階での部屋**4**の容積を100mL，③の段階での部屋**4**の容積を30mLとして求めること。

4　次の文を読み，問いに答えなさい。

図1～図6のように容器に同じ量の水(10.0℃)を入れ，容器にフタをして電熱線**P**と電熱線**Q**に電流を流す実験をしました。ただし，図には電熱線**P**と電熱線**Q**を同じ形でかいてあります。図中のⒶは電流計です。実験では，「電流計に流れる電流の値」と「電流を5分間流した後の水温」を測定しました。表1はその実験結果です。

かん電池は時間が経過しても性能は変化しないとします。また，水の蒸発はなく，電熱線で発生した熱は全て水温を高くするのに使われるものとします。

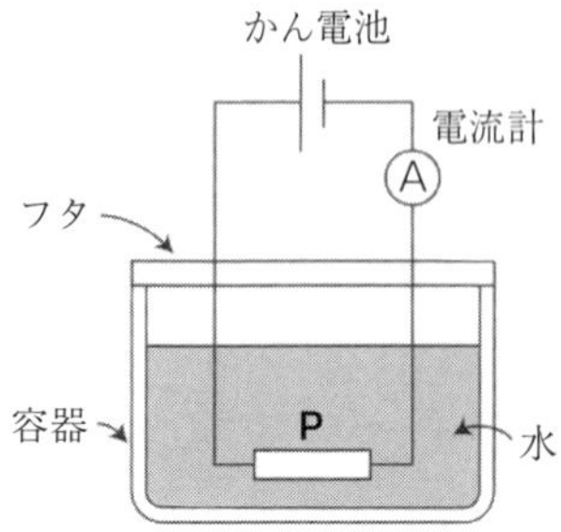

図1

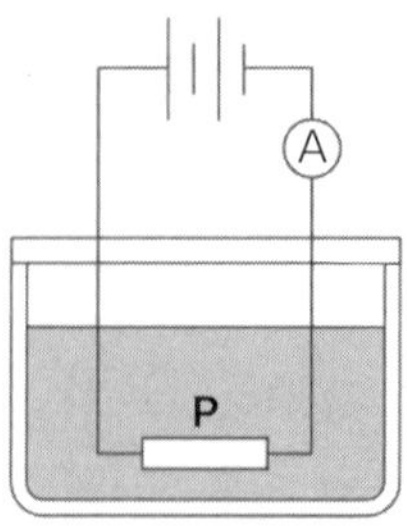

図2

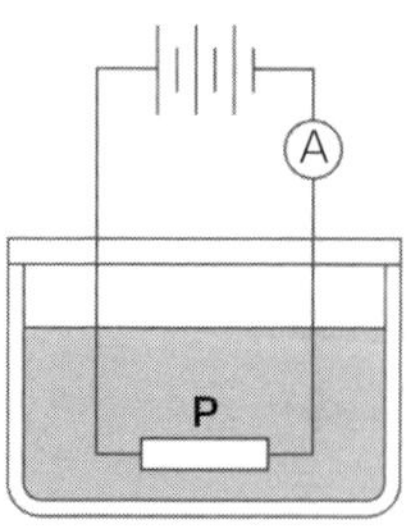

図3

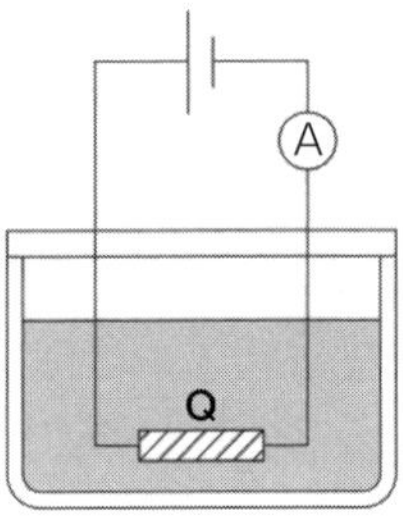

図４

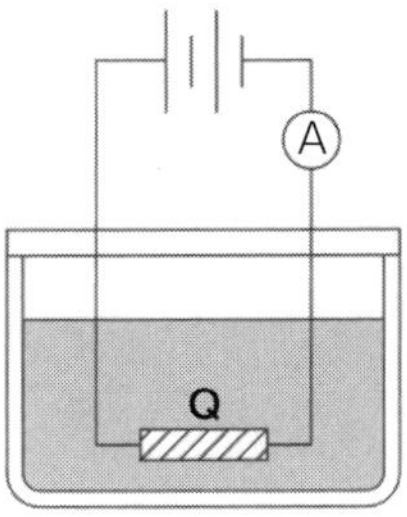

図５

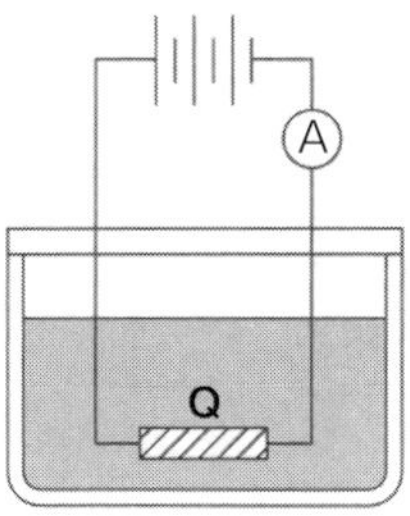

図６

表１

	電流[mA]	電流を５分間流した後の水温[℃]
図１	30	10.4
図２	60	11.6
図３	90	13.6
図４	60	10.8
図５	120	13.2
図６	180	17.2

(1)　電熱線**P**と電熱線**Q**はどちらもニクロム線で材質は同じですが，形状(断面積や長さ)にちがいがあります。**P**と**Q**の断面積と長さの関係として正しいものを，次の中から２つ選んで記号で答えなさい。

(ア)　**P**と**Q**の断面積は同じで，**P**の長さは**Q**の長さの２倍

(イ)　**P**と**Q**の断面積は同じで，**P**の長さは**Q**の長さの $\frac{1}{2}$ 倍

(ウ)　**P**と**Q**の長さは同じで，**P**の断面積は**Q**の断面積の２倍

(エ)　**P**と**Q**の長さは同じで，**P**の断面積は**Q**の断面積の $\frac{1}{2}$ 倍

(オ)　**P**の断面積は**Q**の断面積の２倍で，**P**の長さは**Q**の長さの２倍

(カ)　**P**の断面積は**Q**の断面積の $\frac{1}{2}$ 倍で，**P**の長さは**Q**の長さの $\frac{1}{2}$ 倍

次に，図７～図９のように配線して電流を５分間流しました。容器，フタ，水の量，かん電池は図３，図６と同じものを用い，電流を流す前の水温はいずれも10.0℃でした。下の問いに答えなさい。ただし，答えが小数を含むときは小数第２位を四捨五入して，小数第１位まで書くこと。

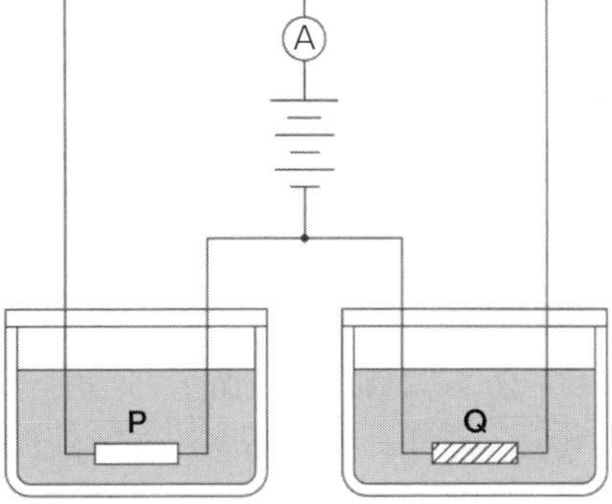

図７

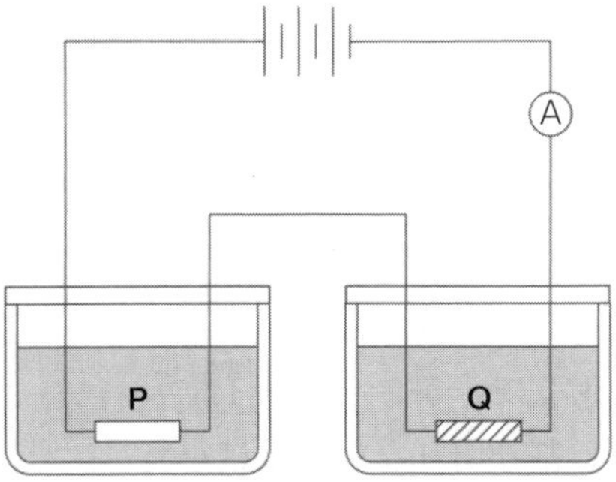

図８

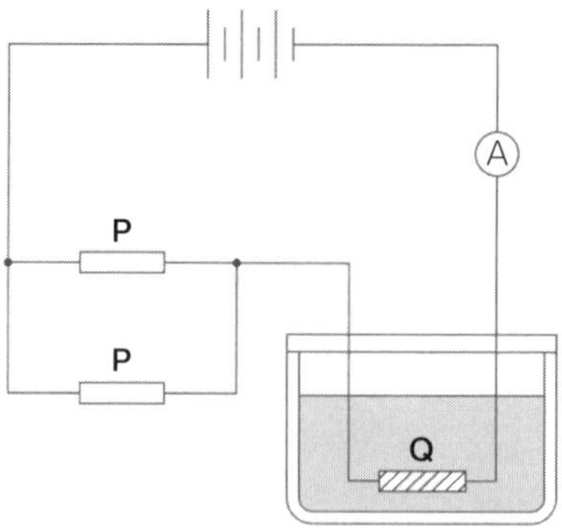

図９

(2)　図７の結果を次のようにまとめるとき，(ア)と(ウ)には適する数値を，(イ)には**P**または**Q**を補いなさい。

「電流計に流れる電流は(　ア　)mA でした。また，電流を５分間流した後の水温は，(　イ　)の入った方が(　ウ　)℃だけ高かった。」

(3)　図８の結果を次のようにまとめるとき，(ア)と(ウ)には適する数値を，(イ)には**P**または**Q**を補いなさい。

「電流計に流れる電流は(　ア　)mA でした。また，電流を５分間流した後の水温は，(　イ　)の入った方が(　ウ　)℃だけ高かった。」

(4)　図９において，電流計に流れる電流は何 mA ですか。また，電流を５分間流した後の水温は何℃ですか。

5　次の文を読み，問いに答えなさい。

図１は常温で固体の物質(ア)～(エ)について 100g の水にとける重さと温度の関係を示したものです。これらの物質に関する次の(1)～(3)に答えなさい。

(1)　(ア)～(エ)を 50g ずつとり，それぞれを 50℃で 100g の水に入れて十分にかき混ぜました。このとき，固体が完全にとけるものを(ア)～(エ)から<u>すべて</u>選んで記号で答えなさい。

(2)　(イ)の 50℃におけるほう和水よう液 100g を 30℃まで冷やすと，とけきれなくなった結しょうが出てきました。この結しょうを 30℃に保ったままろ過し，乾《かん》燥《そう》させてから重さをはかりました。得られた結しょうは何 g ですか。<u>小数第１位まで</u>答えなさい。割り切れない場合は小数第２位を四捨五入すること。

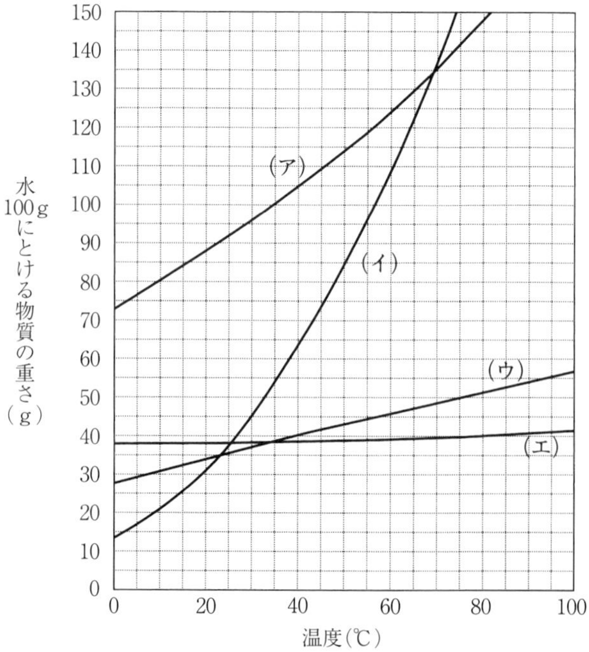

図１

(3)　水 200ｇに(ウ)を加えて得られる20℃と80℃の水よう液について，加えた(ウ)の重さと水よう液のこさの関係を示したものを，次の①～⑧から選んで番号で答えなさい。なお，①～⑧では実線が20℃，破線が80℃におけるグラフです。

①

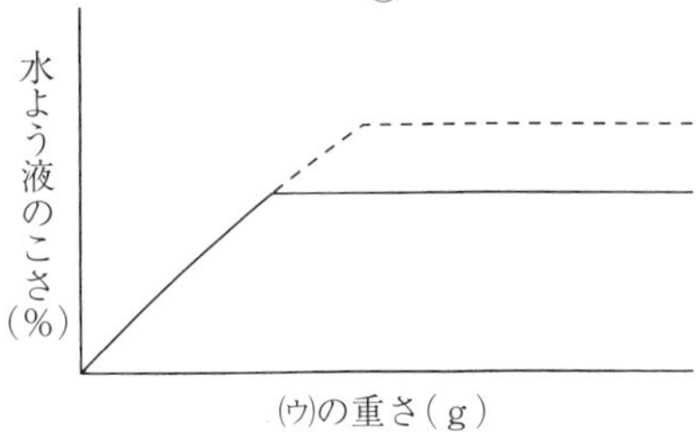

②

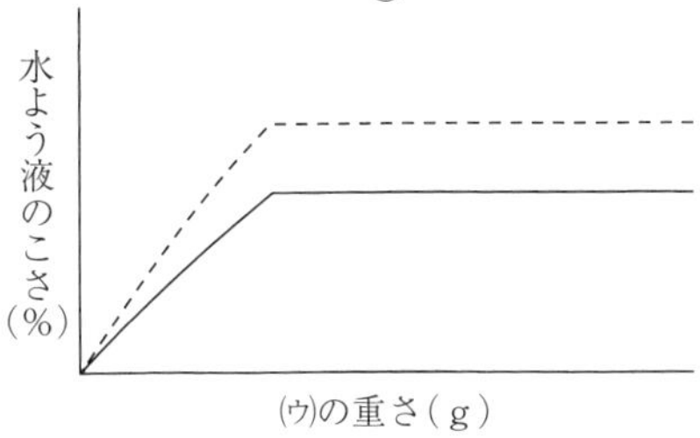

③

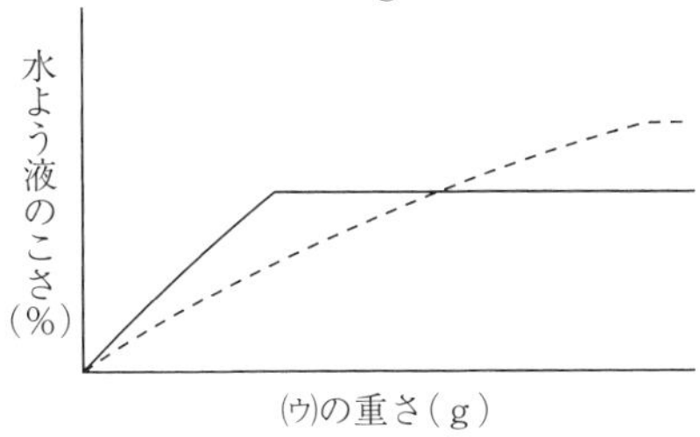

④

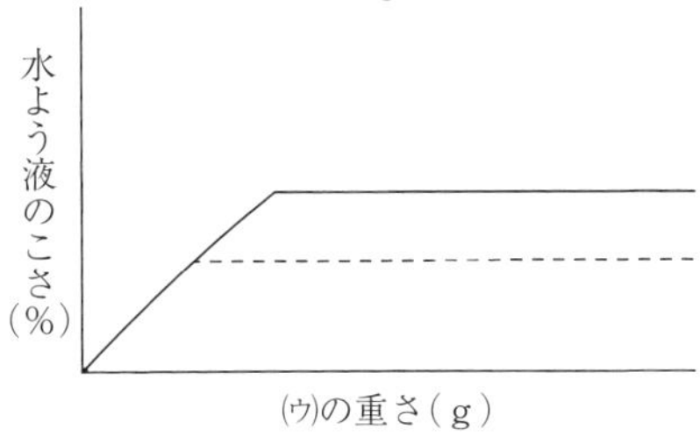

⑤

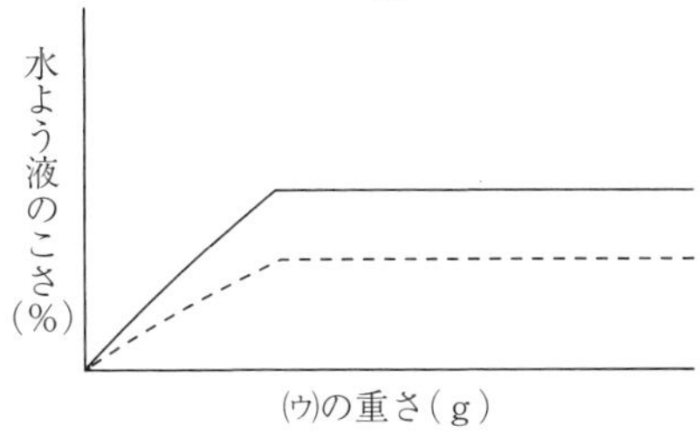

⑥

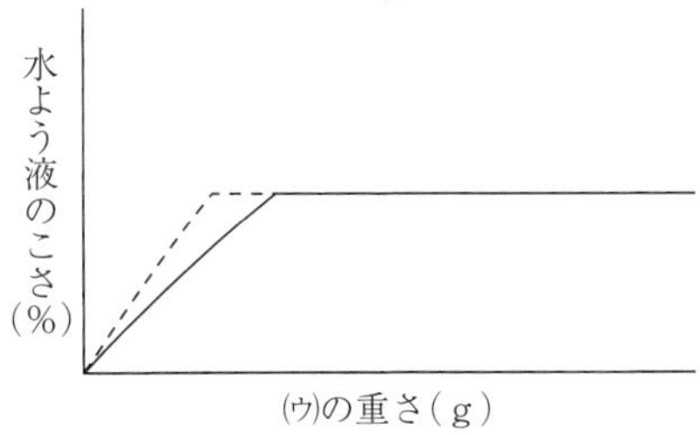

⑦

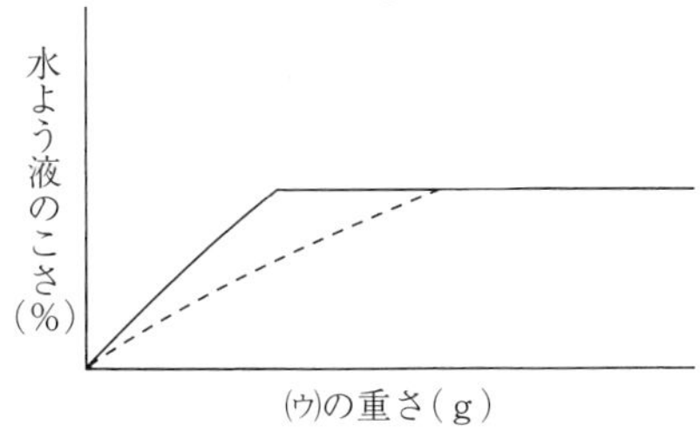

⑧

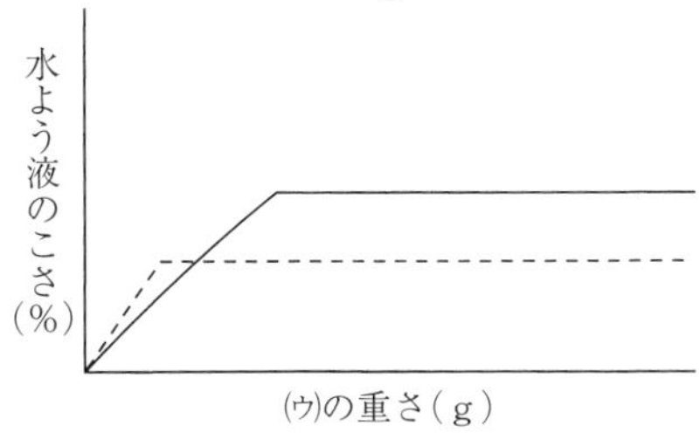

エタノールは常温で液体の物質で，水によくとけて，水よう液は消毒などに利用されています。エタノール水よう液(試料とする)を図２のような装置でじょうりゅうすると，じょう発した気体を冷きゃくして得られる水よう液(じょうりゅう液とする)とじょう発せずに残った水よう液(残液とする)が得られます。じょうりゅう液のエタノールのこさと試料のエタノールのこさとの関係を調べるために【実験１】と【実験２】を行いました。これらの実験について下の**(4)**～**(7)**に答えなさい。

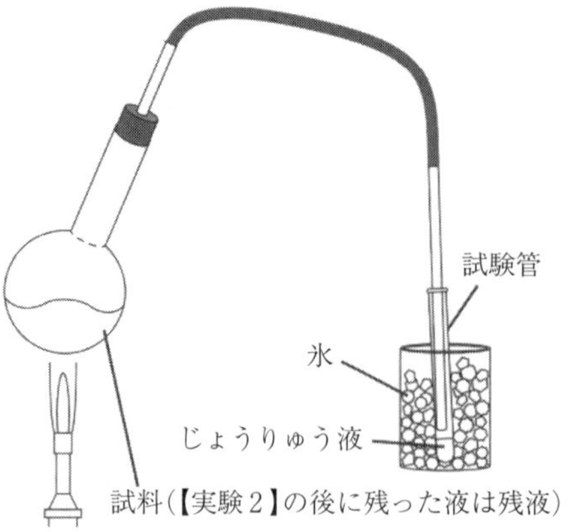

図２

【実験１】　エタノールのこさが10％から90％までの９種類のエタノール水よう液をつくり，これをそれぞれ試料Ａ～Ｉとした。このとき，水，エタノール，メスシリンダーを用いたが，水とエタノールとでは１cm³あたりの重さが異なるので，エタノール水よう液のこさと１cm³あたりの重さの関係を示した表１の値を利用した。

表１

試料	※	A	B	C	D	E	F	G	H	I	※
エタノールのこさ(％)	0	10	20	30	40	50	60	70	80	90	100
１cm³あたりの重さ(ｇ)	1.00	0.98	0.97	0.95	0.93	0.91	0.89	0.86	0.84	0.81	0.78

※エタノールのこさ０％は水を，100％はエタノールを意味する。

【実験２】　じょうりゅう装置を用いて試料Ａ～Ｉを100ｇそれぞれ加熱して，じょうりゅう液を10ｇ得たところでじょうりゅうをやめてじょうりゅう液のエタノールのこさを測定すると，図３のような結果が得られた。

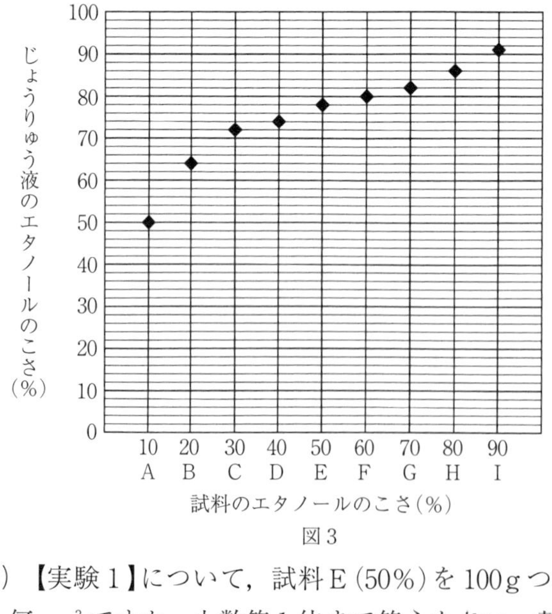

図３

(4)　【実験１】について，試料Ｅ(50％)を100ｇつくるために必要な水とエタノールはそれぞれ何cm³ですか。小数第１位まで答えなさい。割り切れないときは小数第２位を四捨五入すること。

(5)　水とエタノールを混ぜると，混ぜる前の体積の和よりも体積は小さくなる。(4)で得られた100ｇの試料Ｅの体積は混合前の水とエタノールの体積の和よりも何 cm^3 小さくなっていますか。小数第１位まで答えなさい。割り切れないときは小数第２位を四捨五入すること。

(6)　【実験２】に関する次の記述①～⑤のうち，まちがいをふくむものを１つ選んで番号で答えなさい。

①　エタノールの方が水よりもふっ点が低いため，先に気体になる。

②　常に試料よりもじょうりゅう液の方がエタノールのこさが大きい。

③　試料とじょうりゅう液のこさの差が最も小さいのは試料Ｉを用いた場合である。

④　試料とじょうりゅう液のこさの差が最も大きいのは試料Ａを用いた場合である。

⑤　エタノール水よう液を加熱し続けると，最終的には何も残らない。

(7)　試料Ｆを用いて【実験２】を行ったとき，残液のエタノールのこさは何％ですか。小数第１位まで答えなさい。割り切れないときは小数第２位を四捨五入すること。

たぶん、ちょっとしたことなんだ。なかなか気づけないけど、ほんのちょっとしたことで、見えないものが見えてくるんだ。

（尾崎英子『きみの鐘が鳴る』より。）

注1　ドラゴン―塾の名前。
注2　八女先生―塾の先生の名前。

※解答の際、「伽凜」は「かりん」、「杏珠」は「あんじゅ」と書いても構いません。

問一　――線部①〈そう〉とありますが、〈そう〉が指す内容とはどのようなことですか。**30**字以上**40**字以内で説明しなさい。

問二　――線部②〈この喉の奥のほうを強く締め付けられるような痛み〉とありますが、これはどういうことですか。**50**字以上**60**字以内で説明しなさい。

問三　――線部③〈同じこと思ってるんだ〉とありますが、これはどういうことですか。**25**字以上**35**字以内で説明しなさい。

問四　――線部④〈たった一本の線によって、さっきまで見えなかった新しい図形がわかるようになっている〉とありますが、これは、〈図形〉だけではなく、〈伽凜〉が自分の本心に気づいたとも考えられます。では、それはどのようなことですか。気づく前の気持ち、きっかけ、気づいた内容の三つがよく分かるように、**80**字以上**100**字以内で説明しなさい。

「どれ？」
姉だった。おもむろに跪《ひざまず》いて、伽凛の手元を覗き込んだ。
「えっ」
「わかんない問題、どれ？」
そう訊《き》かれて、伽凛は平面図形を指さした。
「ああ、これ。よく出るよね。補助線、二本引かなくちゃいけないのはわかる？」
机の上に転がっていた鉛筆《えんぴつ》を手に取り、伽凛は一本の線を図形の中に引いた。うん、そう、と姉が頷く。
「……お姉ちゃん」
「お母さん、わたしさ、中学受験楽しかったんだよ。大変だったけど、その時は勉強好きだったし、できる問題が増えると自信がついたし、なによりさ、お母さんの期待に応《こた》えたかったから、いい点数取って、偏差値が上がって、お母さんが喜んでくれたら最高に嬉《うれ》しかったんだよ。結果的には、力が足りなかったから、期待に応えられなかったんだけど」
姉は淡々《たんたん》と言いながら、平面図形にもう一本の補助線を引いた。
「杏珠、そんなふうに思わないで」
「たぶん、わたしと伽凛、③同じこと思ってるんだ」
同じ？　伽凛は姉の横顔を見た。姉もこちらを見て、少し笑って、目を伏《ふ》せた。
「お母さん、ずっと杏珠に申し訳ないって思ってるの。プレッシャーをかけすぎちゃったせいで、知らないうちにあなたを追《お》い詰《つ》めていたんだよね」
「それ、違うよ」
「違う？」
母は姉に訊き返した。
「たしかにプレッシャーはきつかった。でも、期待されないのはもっとつらい。だから、お母さんにお願いがある。こんなわたしだけどさ、もう少しだけ期待してくれないかな。わたし、お母さんに期待してもらえないと、頑張れないみたい。わかってるよ、親のためじゃなく、自分のために頑張らないといけないんだって。自分のための勉強、すべて自分のためって、わかってる。来年には高校生になるのに、何を子供みたいなことを言ってるんだってことも、わかってる。だから言えなかったけど、やっぱり、本当のところ、そうなんだよ……お母さんに期待してほしいんだってこと」
「……杏珠」
「そのうち見つけるから。自分のために頑張れること、必ず見つけるから、だからもうちょっとだけ、期待して」
「もう！　バカね……あんたってば」
母の呆《あき》れたような声が、姉を遮《さえぎ》った。
「期待しているに決まってるでしょう。ずっと期待してるわよ。あなたが……あなたたちが、あなたたちらしい人生を送って、楽しみ尽《つ》くしてくれること、生まれた時から、ずっと、ずっと」
母は強い口調でそう言ってから、なんだろうね、と額に手を当てて、ため息を吐《つ》いた。
「……難問だな、人を育てるって」
母の声が、少し笑って、でも苦しげに掠《かす》れた。
大人になっても、難問にぶつかることがあるんだ。そんなことを思いながら、伽凛は平面図形に目を向ける。これも難問だけど……あっ。
姉が引いた補助線。そっか、ここに引けばいいんだ。④たった一本の線によって、さっきまで見えなかった新しい図形がわかるようになっている。

「受験ってそういうものなのよ。お母さん自身も、経験してきた。前に話したことがあったと思うけど、お母さんも中学受験したでしょう。桜鳳《おうほう》中学を受けて、自分ではけっこうできたと思ったけどダメだったって。杏珠だってそう……どこかで杏珠に期待しすぎてたのよね……あの子には申し訳ないことしちゃった。何が言いたいかっていうと」

「もういい！　時間ないんだから！」

伽凛はリュックを持って、受験部屋である和室に入った。ライトをつけて、リュックからさっきまで塾でやっていたテキストを引っ張り出す。

「帰ってきたばっかりじゃない。お風呂《ふろ》に入ったら」

「ほっといて」

さっき塾で解けなかった平面図形、これをやっておこう。

「ショックかもしれないけど、一月に練習できてよかったよ。でも、次は本番だから。第一志望、女子学芸中のままでいい？　正直、過去問との相性《あいしょう》を考えると、埼玉境のほうがよかったくらいなのよね？　それでもダメだったっていうのは……あ、そうだ、第一志望の女子学芸中は変えなくてもいいとして、一日《ついたち》の午後校や二日校は練り直したほうが」

「ああ、えっと、なんだっけ、これって補助線を引くんだよね……直線ＡＢを延長させて、直線ＣＤと交差する点がここで」

「無理しすぎるとダメなの。受験って、最終的にはメンタルに左右されるの。とくに中学受験なんて、①そうなの。だって、子供がすることなんだもの。注1ドラゴンの先生も注2八女《やめ》先生も、受験をよくわかっている人はみんな口を揃《そろ》えて言うわ。お母さんも杏珠の時に、よくわかった、だから」

「うっさい！　静かにして、問題解いてるんだから！」

「大事な話でしょう。杏珠だって、ずっと強気だったけど」

「杏珠、杏珠って！　あたしはお姉ちゃんとは違う！」

握っていたシャーペンを壁《かべ》に投げつけると同時に、「伽凛！」母親の声が一瞬《いっしゅん》にして怒声《どせい》に変わった。

「そういう言い方しないで。杏珠だって頑張《がんば》ってきたんだから、バカにするような言い方はやめて」

「違うよ！　バカになんかしてない！」

伽凛は母を鋭《するど》い目で睨《にら》んだ。

「いい加減にして」

「それ、こっちが言いたいよ。伽凛、お姉ちゃんのことをバカにしたことなんてないよ。お母さんでしょ、お姉ちゃんのこと、失敗したって思ったり……。あたしはお姉ちゃんとは違うってこと！　お姉ちゃんはお姉ちゃん、あたしはあたし……それを言いたいだけなのに、お母さんは」

全然わかってくれないじゃん。

視界がプールの中みたいに揺《ゆ》らいだ。目からぼろぼろと涙《なみだ》が溢《あふ》れて、鼻水が流れ出てくる。

「伽凛」

「無理してないんだから、無理って言わないで。女子学芸に行きたいの……全力出すから、もっと必死になるから、お願いだから、頑張らせてよ。勝手にブレーキかけないでよ」

喋《しゃべ》っているうちに嗚咽《おえつ》になって、伽凛はしゃくり上げながら、両手で顔を覆《おお》った。悲しいんじゃない。悔《くや》しいとも違う。②この喉《のど》の奥《おく》のほうを強く締《し》め付《つ》けられるような痛みを、四十字以内で説明しなさいって問題が出たら、どう答えたらいいんだろう。

すぐそばに人の気配がする。

お母さん？　違う？

目を塞《ふさ》いでいた両手を外した。伽凛は顔を上げた。

四　次の文章を読んで、後の問いに答えなさい。

伽凛《かりん》は小学六年生の女の子で、中学入試の時期を迎えています。三つ年上の姉の杏珠《あんじゅ》は、中学受験に失敗し、不登校になっています。

埼玉境《さいたまさかい》学園特進コースと東大宮《ひがしおおみや》女子学園の合格発表は同日だった。その日は塾《じゅく》で、伽凛はいつもどおり夜九時半に帰宅した。電車の中、心の中でずっと自分と話していた。

東大宮女子は手応《てごた》えがあったから、きっと合格してるって。埼玉境は少し不安だけど、六割取れていれば合格のはず。うん、大丈夫《だいじょうぶ》。万が一落ちていたとしても、いいじゃん。だって、受かっていたとしても通う学校じゃないんだから。

「ただいまー」

スニーカーを脱《ぬ》ぐと、伽凛はまっさきにダイニングへ入った。母は食卓《しょくたく》の椅子《いす》に座《すわ》って、おかえり、と振《ふ》り返《かえ》る。あれ？　と思う。その表情が、笑っているけど、こわばっているように見えた。

「結果出てんでしょ？　どうだった？」

背負っていた重いリュックを下ろしてフローリングに放《ほう》り出《だ》し、伽凛は母の隣《となり》に座った。

「うん、出たよ」

「見たんでしょ？　受かってた？」

「えっとね、伽凛」

背中がゾクッとした。これってダメなフラグ？

「わかった、埼玉境がダメだった？　そうでしょ？」

聞くのが怖《こわ》いから、先に言った。そんなの想定内だと言うように。

すると、母は一つ頷《うなず》いた。

やっぱり……。

そっか、やっぱり落ちたんだ。でも、でも。

「東大宮女子は……合格してたよね？」

「それがね、ダメだったみたい」

「えっ？　嘘《うそ》でしょ？」

「何度も確認《かくにん》した」

「待って、ちょっと待って。おかしいよ、それ。絶対におかしい。もう一回ちゃんと見て。番号、ほんとに間違《まちが》えてない？」

「じゃ、一緒《いっしょ》に」

母の手にはすでにスマホが握《にぎ》られていた。テーブルの上の東大宮女子学園で保護者に配られた合格発表の案内のプリントのＱＲコードを読み取って、サイトを開いた。伽凛も小さな画面を覗《のぞ》き込《こ》み、受験番号が入力されていくのを確認した。

クリックを押《お》すと、あっさりと画面が切《き》り替《か》わった。まだ心の準備が、と言う間もなく、『不合格』という大きな文字が目に飛び込んできた。

埼玉境学園特進コースも確認したが、不合格だった。

「伽凛、気持ち変えていこう。どっちも難しい学校だもの。簡単ではないのはわかっていて受験したんじゃない。埼玉境の本科ならまだしも、特進コースは、女子学芸中と同じくらいの偏差値《へんさち》だし、東大宮女子だって」

「なんでなの⁉　こんなことってある？　だってＡ判定だったんだよ？　まあまあ手応えだってあったの！　そりゃ……ちょっと自信なかったところもあったけど」

いったいどこで点数を落としたんだろう。埼玉境学園は……捨て問だと思った時計算ができなかったのがまずかったのか。平面図形かもしれない。やり方はあっているはずだから、計算をミスった？　理科は、社会は、そうだ国語の物語文で躓《つまず》いたのかも……。

属さなければ学校で居場所がなくなるため、グループの仲間からの承認は優先事項《じこう》となります。こうしたグループには、閉鎖的《へいさてき》で排他的《はいたてき》な傾向が強いものも多いため、後から入《はい》り込《こ》むのは容易ではありません。

しかも最近のグループ化には、おしゃれでいけてるグループから地味でオタクなグループまで、いくつかの差別的な階層があり、グループ間での交流はほとんどないという、スクール・カーストと呼ばれる現象がしばしば見られます。こうなると、ますます所属グループの承認だけが大事になってくるのです。

このような空虚な承認ゲームには、承認を得るための明確な価値基準がありません。仲間で共有している価値観は曖昧《あいまい》で流動的なものであり、リーダー格の人間の気ままな言動に左右されやすいのです。

そのため、仲間の注5集団的承認を維持《いじ》するには、同調し、忖度した行動を取るしかありません。それは別に価値ある行為《こうい》ではないので、達成感もありませんし、求められるキャラを演じ続け、自己不全感に苦しむ子もいます。また、ちょっとしたきっかけで仲間外れになったり、いじめにあうこともあり、その結果、不登校になったり、心を病《や》んでしまうことさえあるのです。

こうした危機を乗《の》り越《こ》え、思春期を注6サバイブできたとしても、他人の顔色ばかりうかがって、自分の「したい」ことを十分にしてこなかったツケが回ってきます。④主体的な意志が未成熟で、自分のしたいことがわからなくなってしまうのです。昨今《さっこん》、「したい」ことがわからない若者が増えている背景には、家庭における過度の要求や期待の影響だけでなく、同質性が求められがちな学校生活の影響もかなり大きいような気がします。

（山竹伸二『ひとはなぜ「認められたい」のか
――承認不安を生きる知恵』より。）

注１　承認不安―自分が周囲の人たちに認められているのか、認めてもらえるのか、という不安。

注２　親和的承認―家族などの親密で信頼《しんらい》できる人に認められること。

注３　アイデンティティ―自分が自分であると自覚すること。また、その自分の価値を他者に認められること。

注４　空虚な承認ゲーム―周囲からの承認を得るために、一定のルールの中でかけひきをする状況《じょうきょう》を、ゲームに例えている。また、閉じた集団における独特なルールや雰囲気に本来価値はないので、「空虚」と表現している。

注５　集団的承認―自分が所属する集団の人に認められること。

注６　サバイブ―生き残る・耐《た》え抜《ぬ》く、という意味。

問一　――線部①〈周囲の人にも認められ、承認不安に苦しむことなく、「したい」こともできるはずです〉とありますが、そのために必要なことは何ですか。**30**字以上**35**字以内で説明しなさい。

問二　――線部②〈「したい」という思いを回避するようになり、「したい」ことがわからなくなるかもしれません〉とありますが、家庭において、このような状況が生じる原因を、誰が、誰に対して、どうすることかの三つを明らかにして、**25**字以上**30**字以内で説明しなさい。

問三　――線部③〈本来、学校は多様な人間が集う場所なので、さまざまな価値観や考え方、感受性に出会い、多様なあり方を学べます〉とありますが、筆者は、その学びが十分に達成されていない現状があると考えています。その理由を、**30**字以上**40**字以内で説明しなさい。

問四　――線部④〈主体的な意志が未成熟で、自分のしたいことがわからなくなってしまう〉とありますが、このような状態にならないためには、どのような生活を送る必要がありますか。本文全体をふまえて、**80**字以上**100**字以内で説明しなさい。

現しようと邁進《まいしん》できる人間になる可能性もあるでしょう。

　もちろん、自分のしたいことだけに没頭するわけにはいきません。他人の迷惑《めいわく》にならないように、周囲と協調して生きることも必要です。それが適度にできれば、①周囲の人にも認められ、承認不安に苦しむことなく、「したい」こともできるはずです。しかし、必要以上に他人の目を気にし、周囲に配慮《はいりょ》しすぎれば、自由の実感は失われてしまいます。

　したがって、子どもがなにか関心のあること、興味のあることを試そうとしたとき、十分にさせてあげたほうがよいでしょう。少なくとも、幼児期から小学校低学年頃《ごろ》までは、こうした体験を十分にすることが必要です。そうでなければ「したい」ことは増えないし、「しなければならない」ことばかりが雪だるま式に増えていき、それは強い承認不安と過度の自意識を生んでしまいます。

　たとえば、親の期待や要求、命令が多すぎれば、子どもは「したい」ことをあきらめ、「しなければならない」ことだけで頭が一杯《ぱい》になります。子どもが「したい」と思ったことをしようとする度《たび》に、親に注意され、止められ、勝手にやろうとすれば不機嫌《ふきげん》になるようなら、やがて「したい」という思いが生じても、同時に不安が生じてブレーキがかかるようになり、親の顔色をうかがうようになるでしょう。こうなると②「したい」という思いを回避《かいひ》するようになり、「したい」ことがわからなくなるかもしれません。

　幼稚園《ようちえん》や保育園、小学校などで集団行動を優先しすぎたり、根拠《こんきょ》の不明確なルールを頑《かたく》なに守らせれば、やはり同じような問題を生み出します。そして、相手の要求に従わなければ認められない、愛されない、という不安を抱《かか》えた人間となるのです。

　このような子どもは、親や学校の要求を最優先するため、表面的には「いい子」で優等生になりがちですが、心の奥底《おくそこ》に不安を抱えており、後年、自己不全感に苦しむようになります。そう考えると、自分のしたいことを自覚し、主体的に行動できる、そんな人間に育てるためには、やはり「したい」ことに没頭できる時間が必要なのです。

　思春期は最も承認不安の嵐《あらし》が吹《ふ》き荒《あ》れる時代と言えます。それは、自意識が強くなり、注3アイデンティティを気にしはじめる時期でもあるからです。

　③本来、学校は多様な人間が集《つど》う場所なので、さまざまな価値観や考え方、感受性に出会い、多様なあり方を学べます。それはお互《たが》いの考えや感じ方を認め合い、自由に生きる上で、とても重要な経験となるでしょう。自由を認め合い、自由に生きる能力を身につける場として、学校は重要な役割を担《にな》っているのです。

　ところが、現在の学校は多様性よりも同一性が重視されています。同じような考え、行動、価値観が求められ、同調せざるを得ない雰囲《ふんい》気《き》に満ちているのです。

　もちろん、社会で共に生きていくためには、最低限のルールや価値の共有は必要ですが、学校がルールの根拠を示さないまま、無意味な校則を守らせたり、平等性を強調して同じような行動ばかりさせていれば、子どもたち同士の間でも同質性を求めあい、異質な言動を排除《はいじょ》する傾向《けいこう》が生まれてくるかもしれません。周囲に忖度《そんたく》し、横並びを重視する大人の姿勢は、子どもにも影響《えいきょう》を与えてしまう可能性があるのです。

　そもそも思春期の子どもは自意識が強いため、承認されるための安定した評価基準にすがりやすい傾向を持っています。その結果、学校内の価値基準に同調したり、場の空気を過剰《かじょう》に読みこみ、異質な存在でないことを示そうとします。思春期はもっとも注4空虚《くうきょ》な承認ゲームにはまりやすい時期なのです。

　この時期はクラス内でも小グループに分かれ、どこかのグループに

2024年度 芝中学校

【国　語】〈第一回試験〉（五〇分）〈満点：一〇〇点〉

一　次の①～⑤の□に当てはまる言葉を語群から選び、漢字で答えなさい。

① □場感のある映像作品だ。
② 他人の意見を無□判に取り入れてはいけない。
③ あの人は□力がある。
④ その差は□然としている。
⑤ そこは□線道路である。

《語群》　バ　カン　リン　レキ　ヒ

二　次の①～⑤の□に当てはまる漢字一字を自分で考えて答えなさい。

① 母は□いまれな才能を持っている。
② この役目は私には□が重い。
③ 思案に□れる。
④ この部屋は掃除《そうじ》が行き□いている。
⑤ 地道な努力が事業を成功に□いた。

三　次の文章を読んで、後の問いに答えなさい。

最近、「したい」ことがわからない、という若者が増えています。おそらく注1承認《しょうにん》不安があるために、自分のしたいことをがまんし、他人に対して同調ばかりしてきたため、「したい」という欲望が見えなくなり、意欲も生じにくくなっているのでしょう。しかし、そのような人であっても、幼児期にさかのぼれば、きっと「したい」こともいろいろあったにちがいありません。

もともと子どもは好奇心旺盛《こうきしんおうせい》で、なんでも「やってみたい」「試《ため》してみたい」という欲望を持っているものです。少なくとも、身体が自由に動かせるようになり、外界のさまざまな対象に目を向けるようになれば、世界は未知なる興味深い場所として目に映ります。道端《みちばた》に咲《さ》く花や虫、得体のしれない物など、なんでも関心を抱《いだ》き、不思議そうな顔で凝視《ぎょうし》したり、つかんで母親のところへ持ってきますし、見知らぬ場所にさえ、ずんずんと進んで探索《たんさく》しようとするでしょう。

このような行動ができる子どもは、注2親和的承認が満たされている可能性が高いと思います。やったことのない行動は、どうなるかわからない怖《こわ》さ、スリルをはらんでいますし、それをすれば叱《しか》られるかもしれない、という不安もある。ですから、そのような行動をしても大丈夫《だいじょうぶ》、という安心感が必要なのです。親密な大人による親和的承認は、この安心感を与《あた》えてくれるため、子どもたちは未知なる世界へと飛び出していけるのです。

自分の「したい」遊びを思う存分にしている子どもは、他人の目を気にすることなく、その遊びに没頭《ぼっとう》します。いくら話しかけても、まるで聞こえていないかのように、こちらを見向きもせず、自分の取り組んでいることに夢中になるのです。

こうした「したい」ことに没頭することは、子どもが自分の「したい」ことを拡《ひろ》げ、主体的な意志をもった人間になる上で、とても貴重な体験と言えます。「したい」ことを存分にすることは、したいことを増やし、本当にしたいことを自覚していく力になるからです。たとえば、大人になったとき、自分のしたいことを楽しみ、集中して問題に取り組める人間になるかもしれないし、夢や理想を抱き、それを実

2024年度

芝　中　学　校

▶解説と解答

算　数　＜第１回試験＞（50分）＜満点：100点＞

解　答

[1] (1)　48　(2)　1.45　[2] (1)　3125人　(2)　575人　(3)　15人　[3] (1)　4：5　(2)　13.2cm^2　[4] 9通り／**3個入り**…20袋，**5個入り**…18袋　[5] (1)　**少ない場合**…6個，**多い場合**…16個　(2)　9本　[6] (1)　3分36秒後　(2)　6分後　(3)　18分後　[7] (1)　31通り　(2)　355通り　[8] (1)　毎秒4cm　(2)　612cm^2，12秒　(3)　**最初に**…$9\frac{13}{18}$秒後，**次に**…$15\frac{1}{27}$秒後

解　説

[1] 四則計算，計算のくふう，逆算

(1)　$A\times C+B\times C=(A+B)\times C$となることを利用すると，$5.3\times1.25+96\times0.125+125\times0.152+0.83\times12.5=5.3\times1.25+96\times0.1\times1.25+1.25\times100\times0.152+0.83\times10\times1.25=5.3\times1.25+9.6\times1.25+15.2\times1.25+8.3\times1.25=(5.3+9.6+15.2+8.3)\times1.25=38.4\times1.25=48$

(2)　$2\frac{4}{5}\times2=2.8\times2=5.6$，$1\frac{1}{3}-\frac{3}{4}=\frac{4}{3}-\frac{3}{4}=\frac{16}{12}-\frac{9}{12}=\frac{7}{12}$より，$\left\{5.6-1.75\times(1.85-\square)\div\frac{1}{3}\right\}\div\frac{7}{12}=6$，$5.6-1.75\times(1.85-\square)\div\frac{1}{3}=6\times\frac{7}{12}=3.5$，$1.75\times(1.85-\square)\div\frac{1}{3}=5.6-3.5=2.1$，$1.85-\square=2.1\times\frac{1}{3}\div1.75=0.7\div1.75=\frac{0.7}{1.75}=\frac{70}{175}=\frac{2}{5}=0.4$　よって，$\square=1.85-0.4=1.45$

[2] 相当算，消去算，集まり

(1)　昨年の参加人数は，4200÷(1＋0.12)＝3750(人)である。また，今年の5年生の人数は昨年の，1＋0.16＝1.16(倍)，今年の6年生の人数は昨年の，1－0.08＝0.92(倍)だから，昨年の5年生の人数を□人，昨年の6年生の人数を△人として式に表すと，右上の図1のア，イのようになる。次に，アの式の等号の両側を0.92倍するとウのようになり，イの式からウの式を引くと，□×1.16－□×0.92＝□×0.24にあたる人数が，4200－3450＝750(人)とわかる。よって，昨年の5年生の人数は，□＝750÷0.24＝3125(人)と求められる。

図1

□×1＋△×1＝3750(人)…ア
□×1.16＋△×0.92＝4200(人)…イ
□×0.92＋△×0.92＝3450(人)…ウ

(2)　アの式に，□＝3125をあてはめると，昨年の6年生の人数は，△＝3750－3125＝625(人)とわかる。よって，今年の6年生の人数は，625×0.92＝575(人)である。

(3)　わかっていることを図に表すと右の図2のようになる。図2で，焼きそばだけを買った人数は，575－(180＋200)＝195(人)なので，両方を買った人数は，210－195＝15(人)と求められる。

図2

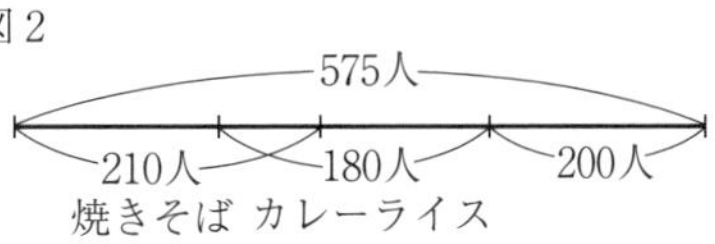

[3] 平面図形―相似，辺の比と面積の比

(1)　下の図で，三角形BEJと三角形DAJは相似であり，相似比は，BE：DA＝1：4だから，BJ：

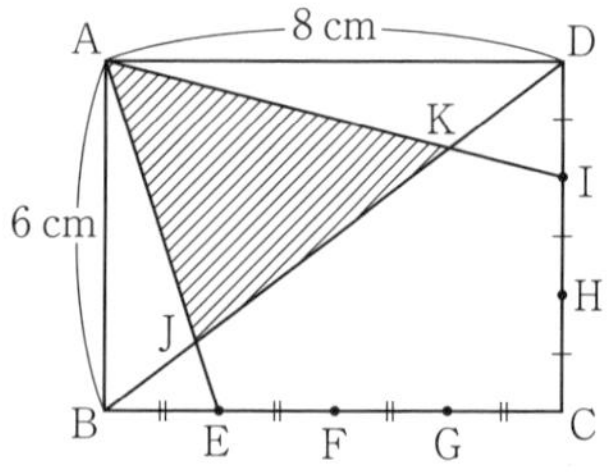

JD＝１：４となる。また，三角形ABKと三角形IDKも相似であり，相似比は，AB：ID＝３：１なので，BK：KD＝３：１とわかる。よって，BDの長さを１とすると，BJ＝$1\times\frac{1}{1+4}=\frac{1}{5}$，KD＝$1\times\frac{1}{3+1}=\frac{1}{4}$となるから，BJ：KD＝$\frac{1}{5}:\frac{1}{4}$＝４：５と求められる。

(2)　BD＝１とすると，JK＝$1-\left(\frac{1}{5}+\frac{1}{4}\right)=\frac{11}{20}$なので，三角形AJKの面積は三角形ABDの面積の$\frac{11}{20}$倍である。また，三角形ABDの面積は，６×８÷２＝24(cm^2)だから，三角形AJKの面積は，$24\times\frac{11}{20}$＝13.2(cm^2)とわかる。

4　場合の数

３個入りの袋《ふくろ》の数を□袋，５個入りの袋の数を△袋とすると，３×□＋５×△＝150となる。この式を満たす□と△の組み合わせは，右のかげの部分を除いた９通りある。また，袋の数の差が一番小さくなるのは，３個入りが20袋，５個入りが18袋のときである。

	+5	+5	+5	+5	+5	+5	+5	+5	+5	+5
□	0	5	10	15	20	25	30	35	40	45	50
△	30	27	24	21	18	15	12	9	6	3	0

−3　−3　−3　−3　−3　−3　−3　−3　−3　−3

5　図形と規則

(1)　最も少ないのは，右の図１のように５本の弦《げん》がお互《たが》いに交わらないように引く場合であり，６個の部分に分けられる。また，最も多くなるのは，５本の弦すべてがお互いに交わるように引く場合である。たとえば，右の図２のように２本引いた状態に３本目の弦(点線)を引くとき，それまでに引いた２本の弦と２か所で交わり，３本目の弦が●印をつけた３か所に分かれる。すると，●印のある部分がそれぞれ２つに分けられるから，分けられた部分の数は３個増える。同様に考えると上の図３のようになるので，５本引いたときは最多で16個の部分に分けられる。

図１

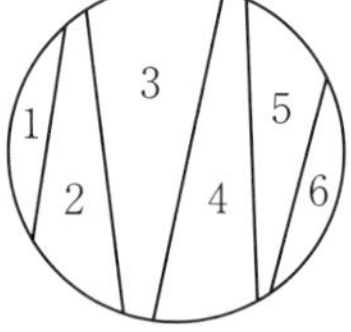

図２

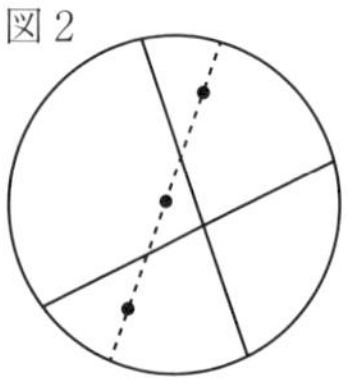

図３

弦の数	1	2	3	4	5	6	7	8	9
部分の数	2	4	7	11	16	22	29	37	46

+2　+3　+4　+5　+6　+7　+8　+9

(2)　図３から，最多で46個の部分に分けられるのは９本の弦を引いたときとわかる。

6　旅人算，整数の性質

(1)　２分15秒は，60×２＋15＝135(秒)だから，Ａさんの速さを毎秒１とすると，池のまわりの長さは，１×135＝135となる。また，ＡさんとＣさんがはじめてすれちがったのは，60×１＋12＝72(秒後)なので，ＡさんとＣさんの速さの和は毎秒，135÷72＝$1\frac{7}{8}$となり，Ｃさんの速さは毎秒，$1\frac{7}{8}-1=\frac{7}{8}$とわかる。さらに，ＢさんとＣさんがはじめてすれちがったのは，72＋18＝90(秒後)だから，ＢさんとＣさんの速さの和は毎秒，135÷90＝$1\frac{1}{2}$となり，Ｂさんの速さは毎秒，$1\frac{1}{2}-\frac{7}{8}=\frac{5}{8}$と求められる。よって，Ｂさんがはじめて出発地点に戻《もど》るのは，$135\div\frac{5}{8}$＝216(秒後)である。216÷60＝３余り36より，これは３分36秒後となる。

(2)　ＡさんとＢさんの速さの差は毎秒，$1-\frac{5}{8}=\frac{3}{8}$なので，ＡさんがＢさんにはじめて追いつくのは出発してから，$135\div\frac{3}{8}$＝360(秒後)とわかる。360÷60＝６より，これは６分後となる。

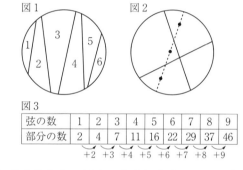

(3)　Ａさん，Ｂさん，Ｃさんの速さの比は，$1：\frac{5}{8}：\frac{7}{8}=8：5：7$だから，３人がはじめて同時に出発地点に戻るのは，Ａさんが８周，Ｂさんが５周，Ｃさんが７周したときである。また，Ａさんが１周するのにかかる時間は２分15秒なので，Ａさんが８周するのは，$2\frac{15}{60}\times 8=18$(分後)と求められる。

7　場合の数

(1)　２個目までの並べ方は，(赤，赤)(赤，白)(赤，青)(白，青)(青，赤)の５通りあり，このうち右端《みぎはし》が赤のものは２通り，白のものは１通り，青のものは２通りある。

個数	1	2	3	4	5	6	7	8	9
右端が赤	1	2	4	7	13	24	44	81	149
右端が白	1	1	2	4	7	13	24	44	81
右端が青	1	2	3	6	11	20	37	68	125
合計	3	5	9	17	31	57	105	193	355

これに３個目を追加するとき，赤を追加することができるのは右端が赤と青の場合，白を追加することができるのは右端が赤の場合，青を追加することができるのは右端が赤と白の場合だから，３個目まで並べたときに右端が赤のものは，$2+2=4$(通り)，右端が白のものは２通り，右端が青のものは，$2+1=3$(通り)となる。つまり，上の図の矢印のように加えればよいので，５個の並べ方は31通りとわかる。

(2)　図から，９個の並べ方は355通りとわかる。

8　グラフ―図形上の点の移動，面積

(1)　最初の三角形OPQの面積は360cm^{2}である。これは長方形ABCDの面積の$\frac{1}{4}$にあたるから，長方形ABCDの面積は，$360\times 4=1440$(cm^2)となり，DCの長さは，$1440\div 60=24$(cm)とわかる。よって，点Ｐは18秒で，$60+24+60=144$(cm)動くので，点Ｐの速さは毎秒，$144\div 18=8$(cm)と求められる。また，５秒後に面積が０cm^{2}になるから，このとき点Ｐと点ＱがAD上で出会ったことがわかる。したがって，点Ｐと点Ｑの速さの和は毎秒，$60\div 5=12$(cm)なので，点Ｑの速さは毎秒，$12-8=4$(cm)である。

(2)　点Ｐと点Ｑが出会った後は，下の図１～図４のように変化する。図２のようになるのは，$(60+24)\div 8=10.5$(秒後)だから，このときのDQの長さは，$4\times 10.5=42$(cm)であり，三角形ODQの面積は，$42\times(24\div 2)\div 2=252$(cm^2)とわかる。また，三角形OPDの面積は360cm^{2}なので，ア＝$252+360=612$(cm^2)と求められる。次に，イ秒後の面積は720cm^{2}であり，これは長方形ABCDの面積の半分だから，イ秒後には図３のようになる。図３で，AQとCPの長さは等しいので，図３のようになるのは点Ｐと点Ｑが動いた長さの和が，$60\times 2+24=144$(cm)になるときとわかる。したがって，イ＝$144\div 12=12$(秒)と求められる。

図１

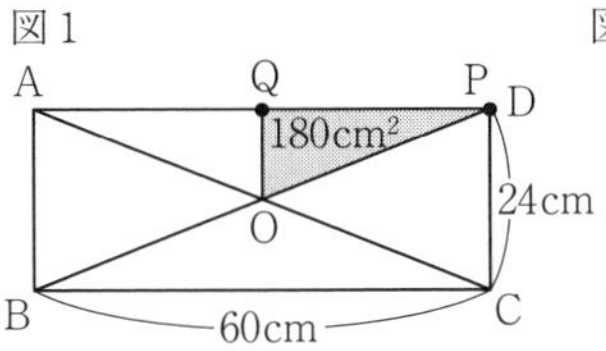

図３（イ秒後）

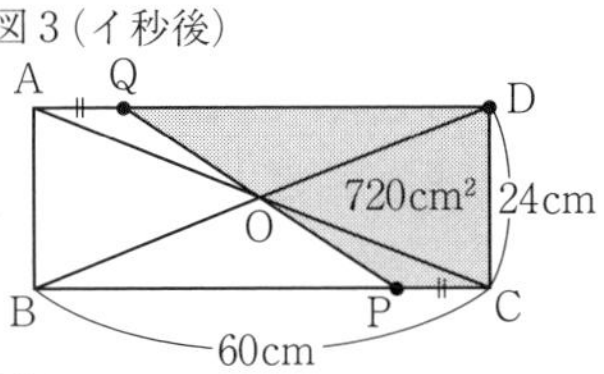

図５

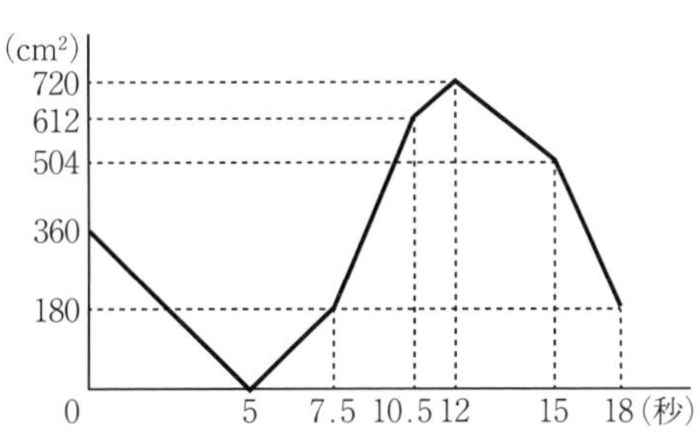

図２

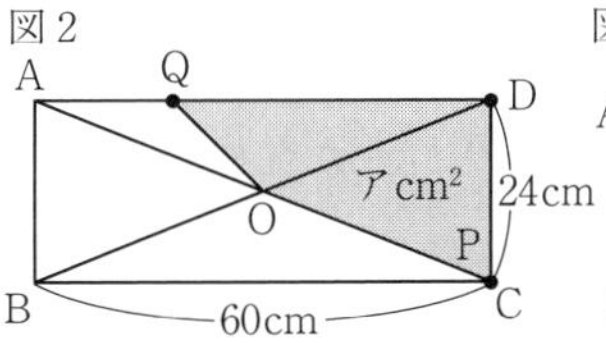

図４

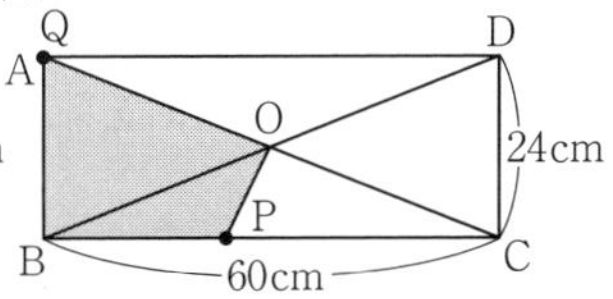

(3)　図１のようになるのは，60÷８＝7.5(秒後)である。また，図４のようになるのは，60÷４＝15(秒後)であり，このときのCPの長さは，８×15－60－24＝36(cm)だから，三角形OBPの面積は，(60－36)×(24÷２)÷２＝144(cm^2)となる。よって，15秒後の面積は，144＋360＝504(cm^2)なので，グラフは上の図５のようになる。したがって，最初に500cm^{2}になるのは7.5秒後と10.5秒後の間であり，このとき毎秒，(612－180)÷(10.5－7.5)＝144(cm^2)の割合で増えるから，最初の時間は，7.5＋(500－180)÷144＝$9\frac{13}{18}$(秒後)とわかる。また，次に500cm^{2}になるのは15秒後と18秒後の間であり，このとき毎秒，(504－180)÷(18－15)＝108(cm^2)の割合で減るので，その時間は，15＋(504－500)÷108＝$15\frac{1}{27}$(秒後)と求められる。

社　会　＜第１回試験＞（40分）＜満点：75点＞

解　答

1　**問１**　**A**　筑紫　**B**　宮崎　**C**　大隅　**D**　宇和　**問２**　火砕流　**問３**　佐賀　**問４**　イ　**問５**　ア　**問６**　カ　**問７**　ア　**問８**　ウ　**問９**　ウ　**2**　**問１**　エ　**問２**　環濠集落　**問３**　カ　**問４**　防人　**問５**　オ　**問６**　浄土　**問７**　エ　**問８**　イ　**問９**　ウ　**問10**　イ　**問11**　ポーツマス条約　**問12**　エ　**問13**　ア　**3**　**問１**　**1**　核　**2**　40　**問２**　ウ　**問３**　ア　**問４**　Ⅰ　個人　Ⅱ　平等　**問５**　**合計特殊出生率**…ア　**男性の育児休業取得率**…イ　**問６**　ア　**問７**　(1)　バブル　(2)　オ　**問８**　エ　**4**　**問１**　ウ　**問２**　請願権　**問３**　第３セクター方式　**問４**　（例）　戦争や自然災害，伝染病の流行といった困難な状況にあっても，過去を振り返ることで，先人たちの自分ができることを探して前向きに取り組むという姿勢を学び，自分の未来をひらく原動力にしてほしいということ。

解　説

1　**日本の地理についての問題**

問１　**A**　筑後《ちくご》川下流域の有明海に面した平野は筑紫《つくし》平野である。筑紫平野の沿岸部は古くからの干拓《かんたく》地で，米の裏作に麦などを作付ける二毛作がさかんで，九州の穀倉地帯となっている。　**B**　宮崎平野は沖合を暖流の日本海流(黒潮)が流れているため，冬でも比較《ひかく》的暖かい気候とビニールハウスなどの施設を利用して，旬よりも早い時期に野菜をつくる促成栽培《そくせいさいばい》がさかんである。　**C**　大隅《おおすみ》半島は錦江湾《きんこうわん》(鹿児島湾)をはさんで西側の薩摩《さつま》半島と向き合う半島で，シラス台地が広がっており，さつまいもや茶の栽培，畜産がさかんである。　**D**　宇和海は四国と九州の間に広がる海である。愛媛県の沿岸では，山地が沈《しず》みこんだところに海水が浸入《しんにゅう》してできた複雑なリアス海岸が見られ，たいやぶり，真珠《しんじゅ》の養殖《ようしょく》がさかんで，海に面したゆるやかな傾斜《けいしゃ》地ではみかんの栽培がさかんである。

問２　地図のＥは雲仙普賢《うんぜんふげん》岳(長崎県)で，1990年から噴火《ふんか》活動が始まり，翌年には山頂付近に形成された溶岩《ようがん》ドームが崩落《ほうらく》して高温の火山ガスなどとともに斜面を流れ下る火砕流が発生し，43人の死者・行方不明者を出した。

問３　2011年３月，博多駅(福岡県)―鹿児島中央駅で九州新幹線が全通したが，このとき佐賀県には新鳥栖《とす》駅が設けられた。また，2022年９月，長崎駅―武雄温泉駅(佐賀県)間で西九州新幹線が開業した。

問４　地図のＦは松江市(島根県)で，冬の降水量(積雪量)の多い日本海側の気候である。Ｇは高知市で，夏の降水量が多い太平洋側の気候である。Ｈは大分市で，年間降水量の少ない瀬戸内の気候である。

問５　地図のＪは種子《たねが》島(鹿児島県)で，温暖な気候を利用した農業や漁業がさかんである。また，国産ロケットの打ち上げが行われる宇宙センターが置かれていることでも知られる(ア…〇)。

問６　風力発電所は，強い風が安定して吹《ふ》く北海道や北東北に多い。地熱発電所は火山地帯に立地し，九州と東北の山岳地帯に集中している。太陽光発電所は，全国に広く分布し，発電電力量が多い。

問７　国立公園は環境《かんきょう》省が指定・管理する自然公園で，全国に34か所ある(2023年末現在)。指定地域が２つ以上の都道府県にまたがるものも多い(ア…×)。

問８　日本の食料自給率はカロリーベースで37％である(2020年)。牛乳・乳製品の自給率は2015年の時点で62％となっている(ウ…〇)。なお，アは米，イは野菜，エは肉類，オは果実である。

問９　表２において林野率の低いアとイには大阪府か神奈川県が当てはまる。林野率の高いウ～オのうち，キャンプ場と旅館・ホテルの多いエとオには長野県か北海道が当てはまるので，残ったウが京都府となる。なお，アは大阪府，イは神奈川県，エは長野県，オは北海道を示している。

２　日本の歴史における争いと人々の生活についての問題

問１　稲作が広まった弥生時代には，人々の住まいは竪穴《たてあな》住居が一般的であった(Ｘ…誤)。また，農業用水を得やすく稲作に適しているのは，低地や湿地《しっち》帯である(Ｙ…誤)。

問２　外敵の侵入《しんにゅう》を防ぐために，周りを柵《さく》や濠《ほり》で囲んだ集落を環濠《かんごう》集落という。中でも，吉野ケ里遺跡(佐賀県)は，弥生時代としては最大級の環濠集落として知られる。

問３　６世紀末の朝鮮半島は，北部に高句麗，南東部に新羅，南西部に日本と友好関係にあった百済の３国に分かれていた。

問４　663年，新羅にほろぼされた百済を救援するため半島に派遣された日本の水軍が，新羅と唐(中国)の連合軍に白村江《はくすきのえ》の戦いで敗北した。その後，新羅や唐の侵攻に備えて北九州に大宰府が置かれ，主に東国の農民を防人《さきもり》として動員した。

問５　Ⅰは後三年の役(1083～87年)，Ⅱは保元の乱(1156年)，Ⅲは藤原純友の乱(939～41年)であるので，年代の古い順にⅢ→Ⅰ→Ⅱとなる。

問６　平安時代後半，阿弥陀《あみだ》仏を信仰して極楽浄土に往生するという浄土教信仰が，皇族や貴族の間に広まった。その後，法然が「南無阿弥陀仏」と念仏を唱えることで救われると説き，浄土宗が開かれた。

問７　1346年，室町幕府は幕府の権威を表すものとして守護に幕府が行った裁判の判決内容を執行する権利である使節遵行《しせつじゅんぎょう》の権限をあたえた(ａ…×)。商人らによる同業組合は座と呼ばれる。なお，寄合とは惣(惣村)の正規の構成員が集まって行う会議のことである(ｃ…×)。

問８　キリスト教宣教師の国外追放はバテレン追放令(1587年)で，豊臣秀吉が発した(Ｘ…①)。分国法で喧嘩《けんか》両成敗を明記したものに，武田信玄が定めた「甲州法度《はっと》之次第(信玄家法)」がある(Ｙ…④)。

問９　江戸時代，農村では，検地帳に登録され年貢負担の主体となる本百姓は，農村の運営に関わることができた。ただし，自分の耕作地を持たない水呑《みずのみ》百姓（小作人）は農村の運営に関われなかった（Ｘ…誤）。また，都市では，町人地と武家地が住み分けられていた（Ｙ…正）。

問10　明治維新後，四民平等により一般武士は士族となり，農民・町人と同じ平民と同様の身分とされた。華族はそれまでの大名や公家にあたえられた身分である（イ…×）。

問11　日露戦争（1904～05年）のポーツマス条約では，ロシアから南満州鉄道の権利や樺太《からふと》の南半分を得たが，賠償《ばいしょう》金は得られなかった。そのため，国内では条約の調印に反対する日比谷焼き打ち事件が起こった。

問12　大正時代，市川房江が女性参政権の実現を目指し，1924年に婦人参政権獲得《かくとく》期成同盟会を結成するが，実現に至らなかった（ｂ…○）。また，産業・経済の発展過程で，高等教育を受けたサラリーマンによる裕福な都市中間層が形成された（ｄ…○）。なお，1924年の加藤高明内閣の成立は，第二次護憲運動で清浦奎吾《けいご》内閣が総辞職した後（ａ…×），大戦景気では物価が上昇し，特に米価の高騰《こうとう》は米騒動（1918年）を起こすことになった（ｃ…×）。

問13　国家総動員法（1938年）は，日中戦争が長引く中，政府が議会の承認なしに戦争に必要な物資や人の動員を行えるようにした法律である（Ｘ…正）。また，1940年につくられた大政翼賛《よくさん》会のもとで隣組《となりぐみ》が国民どうしの助け合いや監視の役割を果たした（Ｙ…正）。

３　介護保険制度についての問題

問１　**１**　現在の日本では核家族世帯が増えている。核家族世帯とは，夫婦のみ，夫婦とその未婚の子ども，ひとり親とその未婚の子どもからなる世帯をいう。　**２**　介護保険制度は，介護を社会全体で支えることを目的とした制度で，40歳以上の国民が加入して納めた保険料を，介護が必要な人への給付にあてている。

問２　介護保険制度は，国が制度を設計し，市町村や東京都特別区（23区）が運営主体となって運用されている。

問３　儒学のうち，南宋（中国）の朱熹《しゅき》によって大成された，上下の秩序《ちつじょ》を重んじる学問を朱子学といい，江戸幕府の御用学問となった。なお，イの心学は18世紀初めに石田梅岩が始めた学問，ウの古学は儒教の原典を重視する学問，エの陽明学は明（中国）の王陽明が始めた学問である。

問４　Ⅰ　日本国憲法第13条では，「すべて国民は，個人として尊重される」と定めている。
Ⅱ　日本国憲法第14条では，「すべて国民は，法の下に平等」であると定めている。

問５　合計特殊出生率は１人の女性が生涯に産む子どもの数の平均のことで，2010～20年には１人台前半で推移しており，2020年には1.33であった（…ア）。また，男性の育児休業取得率は女性に比べ著しく低かったが，民間企業では2020年には約12.7％まで上がった（…イ）。なお，ウは有効求人倍率，エは完全失業率を示したグラフである。

問６　介護保険制度は社会保障制度の１つで，日本国憲法第25条の生存権の規定にもとづいている。生存権は，教育を受ける権利や働く権利とともに社会権にふくまれる。

問７　(1)　1980年代後半から1990年代初めにかけて，地価や株価が実体よりふくらむバブル景気が起こった。バブル景気が崩壊すると，以後30年間は景気の低迷が続いた。　(2)　消費税は間接税（税の納入者と税の負担者が異なる税）で，1989年に税率３％で初めて導入されて以来，税率が５％・８％・10％と上がるにしたがい税収も段階的に増えている。所得税は個人の収入，法人税は企業の利益にかかる直接税(税の納入者と税の負担者が同じ税)で，かつては所得税が税収の大きな割合を占《し》めていた。法人税は景気の変動で，税収に変動があり，2008年に起こったリーマンショックの影響《えいきょう》を受けて企業の業績が下がると，税収も大きく落ちこんだ。

問８　「介護マーク」は，介護を受ける人も介護する人も，介護をしていることを周囲に知らせ，協力を受けられるようにするために用いる。ただし，介護をする人が要介護者に付き添っていないときには使わないので，エが正しくない。

４ 「箱根駅伝」を題材にした問題

問１　江戸時代，江戸日本橋を起点として「五街道」が整備された。このうち中山道は下諏訪《しもすわ》宿(長野県)で甲州街道と，中央高地を経て草津宿(滋賀県)で東海道と接続した。

問２　国民に保障されている権利のうち，日本国憲法第16条で，署名運動などを通じて，国や地方公共団体に苦情や希望・要請を申し立てる請願権があると定められている。

問３　地方公共団体と民間企業が出資して，事業を経営するやり方を第３セクター方式という。

問４　文章の第３段落で，太平洋戦争中にもかかわらず，1943年だけは箱根駅伝が開催《かいさい》されたことが述べられている。第５段落では，東日本大震災と原子力発電所の事故，昨今の新型コロナウイルス感染症で，社会が大きく混乱したことに触れられている。第６段落初めに「しかし，過去を振り返ることで，そのような状況におちいっても，できることを探して，前向きに取り組む人がいたことに気づくはずです」とあり，1943年に箱根駅伝を開催に導いた学生の情熱が第100回大会につながったとしている。最終段落の最後で「箱根駅伝を何とか開催しようと尽力した人々のありようを，自分の未来をひらく原動力にしたいものですね」と締めくくっている。以上のことから，戦争や災害，パンデミックといった社会が大きく混乱する状況にあっても，過去を振り返って先人たちの努力のありようを学び，駅伝の選手がタスキを受け継いでいくように，自分の未来をひらく原動力にしてほしいという筆者の思いが読み取れる。

理　科　＜第１回試験＞（40分）＜満点：75点＞

解　答

１ (1)　(オ)　　(2)　(a)　40°，45°，50°，55°　　(b)　85°　　(3)　(エ)　　(4)　(イ)，(キ)　　(5)　(ウ)，(キ)　　(6)　再生可能　　**２** (1)　(a)　ゲンブ(岩)　　(b)　(例)　固まるときに気体が抜けたから。　　(2)　(ア)，(エ)　　(3)　(a)　(エ)　　(b)　(ウ)　　(c)　(カ)　　(4)　(a)　(イ)　　(b)　(例)　太陽と同じ方向にあった。　　(5)　(ウ)　　**３** (1)　う　　(2)　はいどうみゃく　　(3)　(ア)，(ウ)　　(4)　(a)　②　(ウ)　　③　(エ)　　④　(イ)　　(b)　273 L　　**４** (1)　(ア)，(エ)　　(2)　**ア**　270　　**イ**　Q　　**ウ**　3.6　　(3)　**ア**　60　　**イ**　P　　**ウ**　0.8　　(4)　**電流**…90mA　　**水温**…11.8℃　　**５** (1)　(ア)，(イ)　　(2)　21.6 g　　(3)　①　　(4)　**水**…50.0cm^3　　**エタノール**…64.1cm^3　　(5)　4.2cm^3　　(6)　④　　(7)　57.8%

解　説

１ 小問集合

(1)　北緯《い》約30度～60度の範囲《はんい》の上空では，常に西から東に向かって偏西《へんせい》風が吹《ふ》いている。そのため，日本から東向きに飛行機が飛ぶときは，飛行機の進む向きと風の向きが同じになり，日本に向かって西向きに飛ぶときは進む向きが風と逆向きになる。よって，東向きに飛ぶときの方が西向きに飛ぶときより所要時間が短くなる。

⑵ (a) 図１で，フェンスの上を越《こ》えているものがホームランなので，40°，45°，50°，55°が選べる。 (b) ボールが高く上がるほど地面に落ちてくるまでの時間が長くなるので，滞空《たいくう》時間が長いことになる。よって，ボールが最も高くまで上がっている85°とわかる。

⑶ セコイアは，北アメリカの西海岸近くなどに分布しているヒノキのなかまの常緑針葉樹で，高さが100mほどにもなる高木である。葉は平たくて細長く，先のほうがとがっている。セコイアにはお花とめ花があり，裸子《らし》植物なので果実のない種子をつくる。よって，(エ)が選べる。なお，「い」はイチョウ，「う」はシダ，「え」はアサガオの葉である。

⑷ 2023年６月に，条件付特定外来生物に指定された生物はアカミミガメとアメリカザリガニである。特定外来生物は飼育等，野外への放出，輸入，販売，購入《こうにゅう》，はんぷ(広く分けて配ること)が禁止されるが，条件付特定外来生物であるアカミミガメとアメリカザリガニについては，一部が適用外とされ，一般《いっぱん》家庭でペットとしてこれまで通り飼うことができる。

⑸ アルミニウムと黒鉛《こくえん》は電気を通す導体である。ガラス，ゴム，ポリエチレン，(純すいな)水，ダイヤモンド，紙は絶えん体である。

⑹ 再生可能エネルギーは，太陽光や風力，地熱などのように，自然に常に存在するエネルギーのことで，枯渇《こかつ》せず，発電時に二酸化炭素を排出《はいしゅつ》しないという特徴《とくちょう》がある。

2 天体や気象，岩石についての問題

⑴ (a) 富士山の地表近くで見られる岩石なので，マグマが地表近くで急に冷やされてできた火山岩とわかる。火山岩のうち，ねばり気の弱いマグマが地表近くで固まった岩石で，黒色をしているのはゲンブ岩である。 (b) マグマが地上に出て冷え固まるときに，マグマに含《ふく》まれていた水蒸気や二酸化炭素などの気体がよう岩から抜《ぬ》け出るため，固まったよう岩にはたくさんの小さな穴があいているものが多い。

⑵ (イ)について，地球から星までの距離《きょり》に比べて，市街地から富士山の山頂までの距離は非常に小さいので，ほとんど関係ないと考えられる。(ウ)について，雲は地表からおよそ13000mまでの高さにできる。富士山の高さは3776mのため，正しくない。(オ)について，水晶体《すいしょうたい》は富士山の山頂とふもとの気圧の変化程度ではその大きさにほとんど影響《えいきょう》はない。(カ)について，富士山の山頂付近の湿度《しつど》は天候によって大きく異なるため，誤っている。

⑶ (a) 星座早見盤《ばん》のだ円形の窓の中に見えている星が，その時刻に空に見えている星で，だ円形の縁《ふち》が地平線にあたる。回転の中心(図１の●)に北極星があり，(ア)の方角が北，(ウ)の方角が南になる。また，星座早見盤は天にかざして使うので，東西の方向は地図の向きとは逆になっている。よって，(イ)が西，(エ)が東の方角となる。 (b) 図２より，８月12日の午前０時と同じ星空は，９月12日の22時ごろに見られるとわかる。 (c) (b)より，同じ場所で，同じ星空は，１か月前には２時間遅《おそ》くに見られる。６月12日は８月12日の２か月前なので，８月12日０時と同じ星空は，２×２＝４より，０時の４時間後の午前４時ごろに見られる。

⑷ (a) 北半球では，夏至(６月21日ごろ)に太陽が１年で最も北寄りからのぼり，春分(３月20日ごろ)・秋分(９月23日ごろ)に真東からのぼる。この日(８月11日)は，夏至と秋分の間なので，太

陽は真東より北側から出るとわかる。　(b)　一晩中月が見られないのは，月が太陽と同じ方向にある新月のときである。新月は，日の出ごろのぼり，日の入りごろしずむ。

(5)　雲海をつくる雲は，富士山山頂から見下ろせる位置にあり，うすく広がる雲なので層雲が選べる。層雲はきり雲ともよばれ，きりが空に浮《う》かんでいるように見える雲である。

3　心臓のつくりとはたらきについての問題

(1)～(3)　全身をめぐってきた酸素が少なく，二酸化炭素を多く含んだ血液は，「あ」の大静脈を通って１の右心房《しんぼう》，３の右心室と流れ，「う」の肺動脈を通して肺に送られる。肺で血液中の二酸化炭素を放出し，酸素を取り入れた血液は，「え」の肺静脈を通って２の左心房，４の左心室へと送られ，「い」の大動脈を通じて全身に送られる。

(4)　(a)　②　①の段階で部屋４(左心室)のかべの筋肉が収縮したあと，弁Ａは閉じたまま弁Ｂが開き，血液が大動脈へ押《お》し出されるので，左心室の容積が小さくなる。　③　血液を大動脈へ押し出したあと，左心室のかべの筋肉がゆるみ，左心室内部の圧力が小さくなる。しかし，容積が変化していないので，弁Ａと弁Ｂはどちらも閉じているとわかる。　④　左心室内部の圧力が下がると，弁Ａが開き，血液が左心室内に入ってくる。そのため，左心室の容積が大きくなる。なお，このとき弁Ｂは閉じている。　(b)　１回のはく動で心臓が送り出す血液の量は，100－30＝70(mL)となる。よって，１分間に65回はく動する場合，１時間に心臓が送り出す血液の量は，70×65×60÷1000＝273(Ｌ)と求められる。

4　電熱線の発熱についての問題

(1)　材質が同じ電熱線の電気抵抗《ていこう》の大きさは，電熱線の長さに比例し，断面積の大きさに反比例する。そのため，電熱線を流れる電流の大きさは，電熱線の長さに反比例し，断面積の大きさに比例することがわかる。図１と図４を比べると，電熱線Ｐには電熱線Ｑの$\frac{1}{2}$倍の大きさの電流が流れている。よって，ＰとＱの断面積が同じ場合，Ｐの長さはＱの２倍になる。また，ＰとＱの長さが同じ場合，Ｐの断面積はＱの断面積の$\frac{1}{2}$倍となる。

(2)　**ア**　直列つなぎになった３個のかん電池に，ＰとＱが並列につながっているので，Ｐ，Ｑに流れる電流の大きさは，それぞれの電熱線にかん電池を３個つないだときと同じになる。また，電流計には，ＰとＱを流れる電流を合わせた大きさの電流が流れるので，電流計に流れる電流の大きさは，90＋180＝270(mA)とわかる。　**イ，ウ**　このときの水温の上がり方は，それぞれ図３，図６と同じになるので，Ｐの入った容器の水温は13.6℃になり，Ｑの入った容器の水温は17.2℃になる。よって，Ｑの入った方が，17.2－13.6＝3.6(℃)高くなる。

(3)　**ア**　回路全体の電気抵抗は，Ｑの電気抵抗を１とすると，２＋１＝３になる。図６より，直列つなぎになった３個のかん電池に，電気抵抗の大きさが１のＱをつなげると180mAの電流が流れるので，図８で電流計(回路全体)に流れる電流は，180÷３＝60(mA)とわかる。　**イ，ウ**　それぞれの電熱線には60mAの電流が流れているので，Ｐの入った容器の水温は図２と同じ11.6℃になり，Ｑの入った容器の水温は図４と同じ10.8℃になる。よって，Ｐの入った方が，11.6－10.8＝0.8(℃)高くなる。

(4)　Ｐが２本並列つなぎになっている部分の電気抵抗の大きさは，２÷２＝１になる。これが，Ｑと直列つなぎになっているので，回路全体の電気抵抗の大きさは，１＋１＝２である。すると，電流計に流れる電流の大きさは図３と同じ90mAとなる。また，このときＱには90mAの電流が流れる。ここで，表１から，Ｑを流れる電流の大きさが，120÷60＝２（倍）になると，水の温度上昇《じょうしょう》は，(13.2－10.0)÷(10.8－10.0)＝４（倍）になるので，Ｑに90mAの電流を５分間流したときの温度上昇は，180mAの電流を流したときの$\frac{1}{4}$倍の，(17.2－10)×$\frac{1}{4}$＝1.8(℃)となる。よって，水の温度は，10.0+1.8＝11.8(℃)と求められる。

5 もののとけ方についての問題

⑴　図１で，50℃の水100ｇにとける重さが50ｇより大きい物質は，(ア)と(イ)である。

⑵　図１より，水100ｇにとける(イ)の重さは，50℃のとき85ｇ，30℃のとき45ｇである。50℃の水100ｇに(イ)を限界までとかした水よう液（ほう和水よう液）を30℃まで冷やすと，85－45＝40(ｇ)の結しょうが出てくるので，50℃の(イ)のほう和水よう液100ｇを30℃まで冷やしたときに出てくる結しょうの重さは，40×$\frac{100}{100+85}$＝21.62…より，21.6ｇと求められる。

⑶　水200ｇに(ウ)をとかした水溶液のこさは，とけた(ウ)の重さで決まるので，20℃の水よう液も80℃の水よう液も同じ傾《かたむ》きで増えていく。また，(ウ)をそれ以上とかすことができなくなると，それ以上こさは増えないため，グラフは水平になる。よって，物質(ウ)は20℃より80℃のときの方がとける重さが大きいので，①のグラフが選べる。

⑷　試料Ｅはこさが50％なので，試料Ｅを100ｇつくるには，水，100×0.5＝50(ｇ)と，エタノール，100－50＝50(ｇ)を混ぜ合わせればよい。表１より，水１cm^{3}あたりの重さは1.00ｇなので，水50ｇの体積は，50÷1.00＝50.0(cm^3)となる。また，エタノールの１cm^{3}あたりの重さは0.78ｇなので，エタノール50ｇは，50÷0.78＝64.10…より，64.1cm^{3}になる。

⑸　表１より，50％のこさのエタノール水よう液１cm^{3}あたりの重さは0.91ｇなので，試料Ｅ100ｇの体積は，100÷0.91＝109.89…より，109.9cm^{3}である。混合前の水とエタノールの体積の和は，50.0＋64.1＝114.1(cm^3)なので，試料Ｅ100ｇの体積は混合前の水とエタノールの体積の和よりも，114.1－109.9＝4.2(cm^3)小さくなる。

⑹　①，②　じょうりゅう液には，水とエタノールのうち先に気体に変わるものからたまっていく。実験２では，いずれの試料でも，試料のこさよりもじょうりゅう液のこさの方がこいので，エタノールの方が水より蒸発しやすいとわかる。　③，④　試料とじょうりゅう液のこさの差は，試料Ａが，50－10＝40(％)，試料Ｂが，64－20＝44(％)，試料Ｃが，72－30＝42(％)，試料Ｄが，74－40＝34(％)，試料Ｅが，78－50＝28(％)，試料Ｆが，80－60＝20(％)，試料Ｇが，82－70＝12(％)，試料Ｈでは，86－80＝６(％)，試料Ｉが，91－90＝１(％)となっている。よって，試料Ｉを用いた場合が最も小さく，試料Ｂを用いた場合が最も大きい。　⑤　エタノールは液体なので，エタノール水よう液を加熱し続けると，最終的には何も残らない。

⑺　試料Ｆはこさが60％なので，試料Ｆ100ｇには，100×0.6＝60(ｇ)のエタノールが含まれている。また，試料Ｆから得られたじょうりゅう液のこさは80％だったので，じょうりゅう液10ｇに含まれているエタノールの重さは，10×0.8＝８(ｇ)となる。したがって，残液，100－10＝90(ｇ)の中に含まれているエタノールの重さは，60－８＝52(ｇ)だから，そのこさは，52÷90×100＝57.77…より，57.8％となる。

国　語　＜第１回試験＞（50分）＜満点：100点＞

解　答

一　下記を参照のこと。　　二　下記を参照のこと。　　三　**問１**　（例）　したいことだけに没頭せず周囲と協調して他人に迷惑をかけずに生きること。　**問２**　（例）　親が子どもに対して多すぎるほどの期待や要求，命令をすること。　**問３**　（例）　現在の学校は同一性が重視され，同じような考え，行動，価値観が求められているから。　**問４**　（例）　子どものころは親からの親和的承認が満たされることで「したいこと」を存分に行える生活を送り，思春期には，周囲と最低限のルールや価値の共有をしながら自分の「したい」ことを十分に行う生活を送る必要がある。　四　**問１**　（例）　中学受験は最終的にはメンタルに左右されるので，無理しすぎるのはダメだということ。　**問２**　（例）　母が応援してくれるどころか志望校を変えるように言い，頑張っている自分に寄りそってくれないのがやりきれなかったということ。　**問３**　（例）　伽凛も杏珠も母に期待をしてもらい，その期待に応えたいと思っていること。　**問４**　（例）　気づく前は，受験勉強は自分自身のためにしていると伽凛は思っていたが，母親に期待してほしいと願っているという姉の発言をきっかけにして，母の期待に応えたくて勉強を頑張っていたことに気づいたということ。

●漢字の書き取り

一　①　臨　②　批　③　馬　④　歴　⑤　幹　　二　①　類　②　荷　③　暮　④　届　⑤　導

解　説

一　熟語の完成

①　「臨場感」は，実際にその場に身を置いているかのような生き生きとした感じ。　②　「無批判」は，何かに対して批判をすることなく受け入れること。　③　「馬力」は，ここでは仕事などを精力的にこなす力。　④　「歴然」は，まぎれもなくはっきりとしているようす。　⑤　「幹線道路」は，国道や高速自動車道路などの国内の主要な地点を結ぶ道路。

二　漢字の書き取り

①　「類《たぐ》いまれ」は，“ひじょうに数が少ない”“めったにない”という意味。　②　「荷が重い」は，自分の力量に比べて責任や負担が大きすぎて負いきれないようす。　③　「思案に暮れる」は，“どうしようかと迷って考えが定まらない”という意味。　④　「行き届く」は，“全体にもれなく気が配られている”という意味。　⑤　音読みは「ドウ」で，「導入」などの熟語がある。

三　**出典：山竹伸二《やまたけしんじ》『ひとはなぜ「認められたい」のか―承認《しょうにん》不安を生きる知恵《ちえ》』**。子どものころに親から過度の要求や期待を受けたり，思春期のころに同質性を求められがちな学校生活を送ったりする影響《えいきょう》で，主体的な意思が未成熟で自分のしたいことがわからなくなってしまう若者が増えていると指摘《してき》している。

問１　傍線《ぼうせん》部①をふくむ文の最初に「それ」とあるので，前の部分に注目する。「自分のしたいことだけに没頭《ぼっとう》する」のではなく，「他人の迷惑にならないように，周囲と協調して生きること」ができれば，「周囲の人にも認められ，承認不安に苦しむことなく，『したい』こともできるはず」だというのである。

問２　将来，本当に「したい」ことを自覚し，主体的に行動できる人間に育てるためには，特に幼少期には子どもを尊重し，興味・関心を持ったものごとに対して十分に取り組ませるのが大切だが，「親の期待や要求，命令が多すぎ」ると，子どもは「親の顔色をうかがうように」なって自分の「したい」ことにブレーキをかけ，「『しなければならない』ことだけで頭が一杯《いっぱい》に」なってしまうと述べられている。

問３　「さまざまな価値観や考え方，感受性」を持った人間の集う学校は本来，「多様性」に満ちた場であり，子どもたちはそこで「自由を認め合い，自由に生きる能力を身につける」ことができる。ところが，教育の現場では「多様性よりも同一性が重視され」，「同じような考え，行動，価値観が求められ，同調せざるを得ない雰囲気《ふんいき》に満ちている」というのである。こうした現状が，「多様性」に満ちた学びが十分に達成されていない原因であると筆者は考えている。

問４　「主体的な意志が未成熟で，自分のしたいことがわからなくなってしまう」若者の増加の背景として，「家庭における過度の要求や期待の影響」と「同質性が求められがちな学校生活の影響」があると指摘したうえで，筆者は，家庭では子どもが「親和的承認が満たされている」状態で「『したい』ことを存分に」し，学校では「最低限のルールや価値」を共有しながら「自分の『したい』ことを十分に」することが，「したいことを自覚し，主体的に行動できる」（「本当にしたいことを自覚」できる）人間を育てると述べている。

四　**出典：尾崎英子《おざきえいこ》『きみの鐘《かね》が鳴る』**。中学受験をひかえた小学校六年生の「伽凛《かりん》」と家族のようすが描《えが》かれている。

問１　直前の部分で母が「無理しすぎるとダメなの。受験って，最終的にはメンタルに左右されるの」と話していることに着目する。「中学受験なんて」特に，最終的にはメンタルの強さが合否をわけるのだから無理はよくないというのである。

問２　伽凛が，「無理してないんだから，無理って言わないで。女子学芸に行きたいの……全力出すから，もっと必死になるから，お願いだから，頑張《がんば》らせてよ。勝手にブレーキかけないでよ」と訴《うった》えたことに注目する。埼玉境学園特進コースや東大宮女子学園の入試に失敗したとたん，母から志望校の変更《へんこう》を持ち出されたことで，伽凛は頑張っている自分に寄りそってくれないと感じ，やりきれない思いを抱《いだ》いたのである。直前に，「悲しいんじゃない。悔《くや》しいとも違《ちが》う」とあることもふまえてまとめる。

問３　続く部分で杏珠《あんじゅ》は，「お母さんにお願いがある。こんなわたしだけどさ，もう少しだけ期待してくれないかな。わたし，お母さんに期待してもらえないと，頑張れないみたい」と話している。母の期待に応えたいという思いでいるのは自分も伽凛も「同じ」だろうというのである。

問４　伽凛は，最初の受験に失敗した後，母に対して「無理してないんだから，無理って言わないで。女子学芸に行きたいの……全力出すから，もっと必死になるから，お願いだから，頑張らせてよ」と話している。このときの伽凛は，受験勉強は自分自身のためにしていると思っていたが，姉である杏珠の「お母さんにお願いがある。こんなわたしだけどさ，もう少しだけ期待してくれないかな。わたし，お母さんに期待してもらえないと，頑張れないみたい」という発言を聞いたことで，自分も姉と同じように母親の期待に応えたいと思うから頑張っていたということに気づかされたのである。

2024年度　芝中学校

【算　数】〈**第２回試験**〉（50分）〈満点：100点〉

次の問いの □ をうめなさい。

1　次の計算をしなさい。

(1)　$21\times45+56\times65+143\times144+35\times78+21\times33=\square$

(2)　$\frac{15}{16}-\frac{9}{32}\div0.375+\left(1\frac{1}{9}-\frac{7}{24}\right)\times\left(\square+6\frac{3}{10}\right)=6\frac{1}{3}$

2　A，B，Cがそれぞれビー玉をいくつか持っています。Cが一番多く持っていたので，持っている $\frac{1}{5}$ の数のビー玉をAとBそれぞれに渡しました。すると，Bの持っているビー玉の数が一番多くなりました。

そこで，Bは持っている $\frac{1}{12}$ の数のビー玉をAとCそれぞれに渡したところ，３人の持っているビー玉の数が400個ずつで等しくなりました。

最初にAは □ 個，Cは □ 個のビー玉を持っていました。

3　直径６cmの円を図のように分けました。図の中の最も小さい四角形はすべて１辺が１cmの正方形で，点Oは円の中心です。このとき，影を付けた部分の面積の和は □ cm^2 です。

ただし，円周率を使うときには3.14とします。

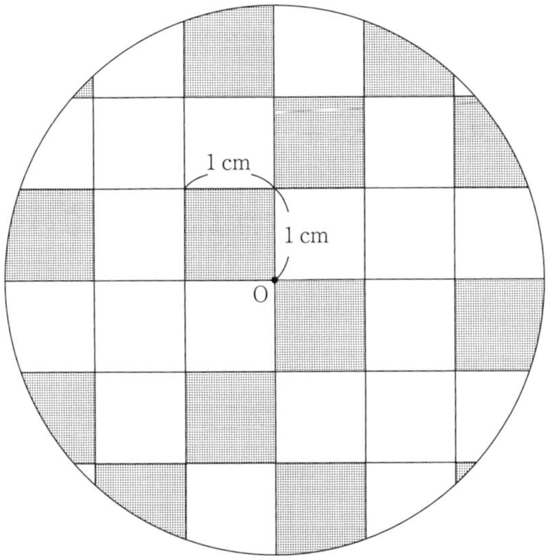

4　芝太郎君の家から駅に向かう途中に図書館があります。芝太郎君のお父さんは家から出発して駅まで歩きます。芝太郎君は図書館で勉強していましたが，お父さんが家を出発してから10分後に自転車で駅に向かったところ，お父さんよりも４分早く駅に着きました。グラフは，お父さんが家を出発してからの時間と２人の間の距離の関係を表しています。

(1)　お父さんが図書館に着くのは，家を出発してから□分後です。

(2)　芝太郎君の自転車での速さは分速□mです。

(3)　芝太郎君は家から□mの地点でお父さんを追い越します。

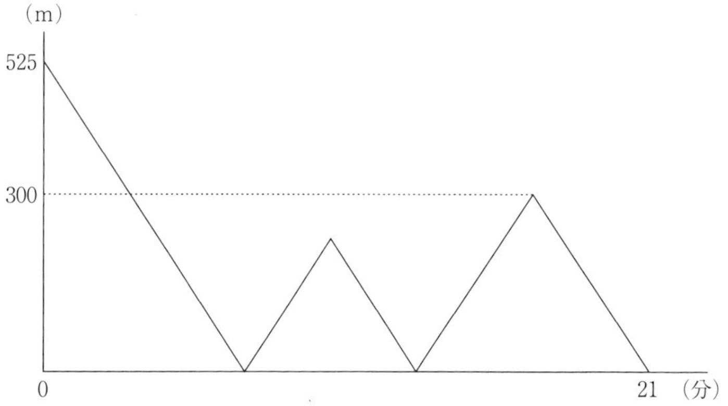

5　３種類の商品A，B，Cがあり，１個の値段はそれぞれ50円，85円，96円です。３種類の商品をそれぞれいくつか買ったときの合計金額は2024円でした。

(1)　A，B，Cをそれぞれ少なくとも１個ずつは買うとき，３種類の買い方は全部で□通りです。

(2)　A，B，Cのうち買わない商品があってもよいとするとき，買った商品の合計個数が最も少なくなるのは，Aを□個，Bを□個，Cを□個買ったときです。

6　次のページの図のように，長方形ABCDと直角三角形BCEがあります。

長方形の対角線ACとBDの交わる点を点Fとします。

点Gは長方形の辺AD上に，点Hは直角三角形の辺BE上にあり，GHはADと垂直に交わり，点Fを通ります。

また，点Iは長方形の辺CD上にあり，HIとBCの交わった点を点J，HIとACの交わった点を点Kとします。

EC：CD＝1：4，AK：KC＝5：2です。

次の問いについて，最も簡単な整数の比で答えなさい。

(1)　FK：KC＝□：□です。

(2)　HJ：JK：KI＝□：□：□です。

(3)　四角形DFKIと四角形CKHEの面積の比は□：□です。

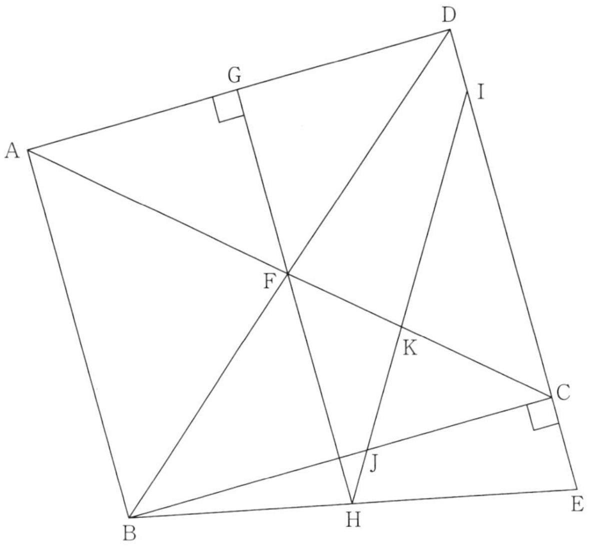

7　点Oを中心とする半径4.5cmの円周上に点P，半径1.8cmの円周上に点Qがあります。図のように，はじめは３点O，P，Qは一直線上に並んでいて，点Pは時計回りに，点Qは反時計回りに，円周上を点Pは点Qの２倍の速さで進みます。

点P，Qが同時にはじめの位置に戻ったとき止まります。

ただし，円周率を使うときには3.14とします。

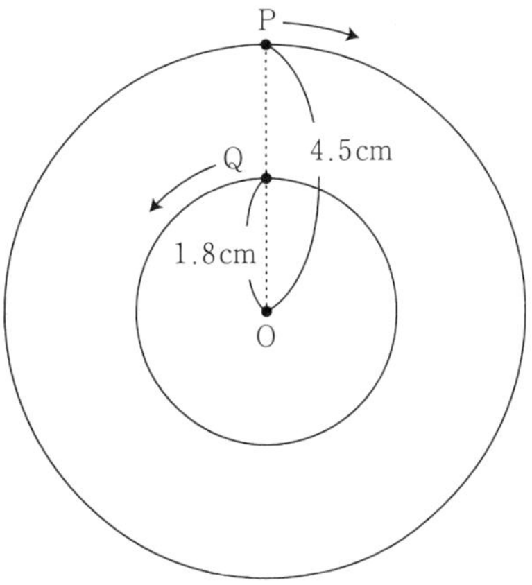

(1)　点P，Qが進み始めてからはじめて３点O，P，Qが一直線上に並ぶとき，点Pが進んだ道のりは□cmです。

(2)　三角形OPQの面積が最も大きくなるときの面積は□cm^2です。

(3)　点P，Qが止まるまでに，三角形OPQの面積が最も大きくなるときは□回あります。

【社　会】〈第２回試験〉（40分）〈満点：75点〉

1　次の地図，および日本に関する以下の各問いに答えなさい。

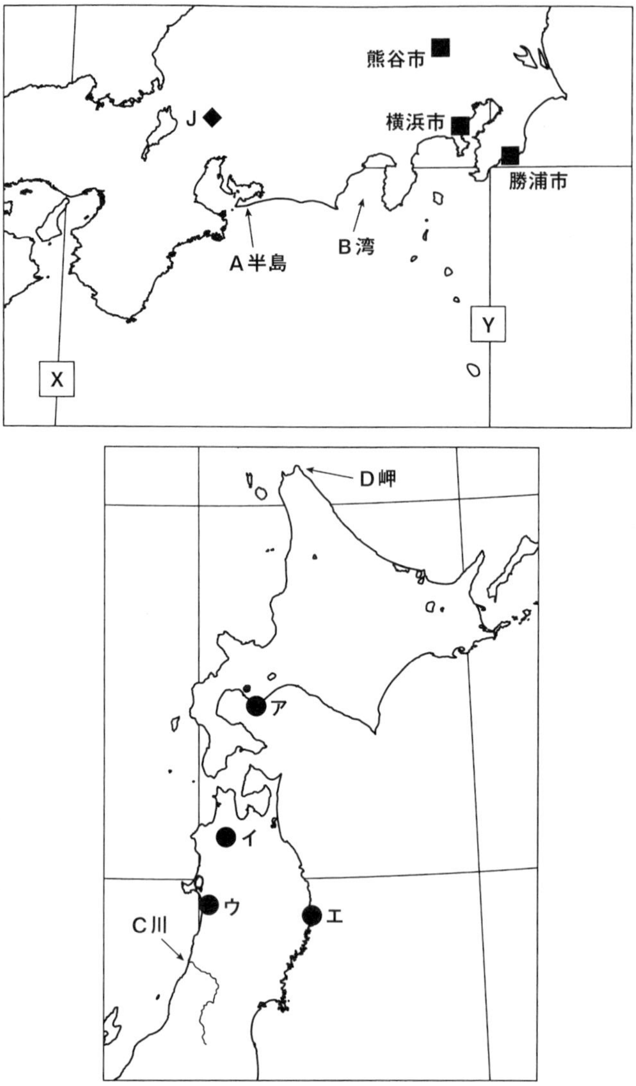

地図

問１　次のＡ～Ｄの文は，地図中のＡ～Ｄについてそれぞれ述べたものです。Ａ～Ｄに当てはまる名称をそれぞれ答えなさい。

Ａ．出荷時期を調整した菊や，メロンの栽培がさかんな半島

Ｂ．沿岸に遠洋漁業の拠点となる港があり，最深部は2500ｍにも達する湾

Ｃ．中流域の盆地ではおうとう，下流域の平野では米の生産がさかんな川

Ｄ．年間を通して風が強い，北海道本島の最北端に位置する岬

問２　日本全国では各地で様々な夏祭りが開催されており，同じような形式であっても少しずつ形態《けいたい》や名称が異なることがあります。次の写真１・２は，城下町を起源とする，ある都市の祭りの様子を撮影したものです。写真１・２が撮影された場所として最も適当な都市を，地図中のア～エのうちから一つ選び，記号で答えなさい。

写真１

写真２

問３　次の表１中の①～③は，地図中の熊谷市，横浜市，勝浦市のいずれかの地点の月別平均気温を示したものです。①～③と都市の組み合わせとして正しいものを以下のア～カのうちから一つ選び，記号で答えなさい。

表１

	1月	2月	3月	4月	5月	6月	7月	8月	9月	10月	11月	12月
①	6.8	7.2	10.0	14.2	18.0	20.8	23.9	25.9	23.5	18.8	14.2	9.3
②	6.1	6.7	9.7	14.5	18.8	21.8	25.6	27.0	23.7	18.5	13.4	8.7
③	4.3	5.1	8.6	13.9	18.8	22.3	26.0	27.1	23.3	17.6	11.7	6.5

単位は℃，気象庁 web サイトより作成

	ア	イ	ウ	エ	オ	カ
①	熊谷市	熊谷市	横浜市	横浜市	勝浦市	勝浦市
②	横浜市	勝浦市	熊谷市	勝浦市	熊谷市	横浜市
③	勝浦市	横浜市	勝浦市	熊谷市	横浜市	熊谷市

問４　地図中のＸとＹはそれぞれ，５の倍数の経度を示す経線です。赤道と経線Ｘの交点となる地点の日の出は，赤道と経線Ｙの交点となる地点の日の出の何分後になると考えられますか。最も適当なものを次のア～エのうちから一つ選び，記号で答えなさい。

ア．約20分後　　イ．約40分後

ウ．約60分後　　エ．約80分後

問５　地図中のＪは県庁所在地を示しています。Ｊに県庁所在地がある県について述べた文として，内容が最も適当なものを次のア～エのうちから一つ選び，記号で答えなさい。

ア．美濃焼や西陣織，輪島塗などの伝統工芸品の産地が位置しているが，いずれも後継者不足などに悩まされている。

イ．自動車など輸送用機関の生産額が最も多い都道府県であり，全国での生産額の約60％を占めている。

ウ．海に面する都市では石油化学工業などが発達しているが，かつては工場から排出される煙による公害問題が発生した。

エ．木の梁《はり》を山形に組み合わせて建てられた伝統的な家屋があり，世界文化遺産に登録されている。

問６　今年，フランスのパリで夏季オリンピック・パラリンピック大会が開催されます。東京か

らパリまでの最短経路を示しているものとして，最も適当なものを図１中のア～エのうちから一つ選び，記号で答えなさい。

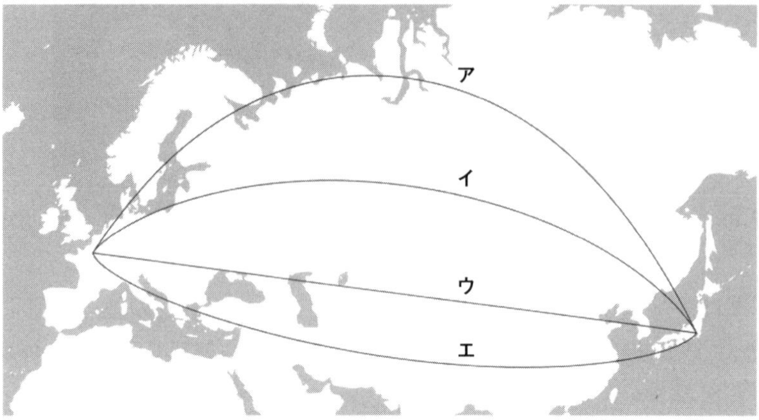

図１

『地理院地図』などにより作成

問７　近年，海洋ごみによるさまざまな問題に注目が集まっており，2019年に開催されたG20大阪サミットでも取り扱われました。このことについて述べた以下の文章中の［Z］に当てはまることばをカタカナで答えなさい。

> 世界全体で日々大量に発生する「海洋プラスチックごみ」は長期にわたり海に残存し，地球規模での対策が必要となっています。その中でも［　Z　］プラスチックと呼ばれる５mm 未満のものについて，近年，海洋生態系への影響が心配されており，発生と流出を少なくするための取り組みが求められています。

問８　次の表２は，２つの期間における都道府県別の年平均＊1人口増減率を示したものであり，表２中のＬ～Ｎは愛知県，高知県，宮城県のいずれかです。Ｌ～Ｎと県名の組み合わせとして正しいものを以下のア～カのうちから一つ選び，記号で答えなさい。

表２

	1995～2000年	2015～2020年
L	−0.07	−1.03
M	0.50	0.16
N	0.31	−0.27

＊１　人口増減率は一定期間内に増加した人口の割合

『データでみる県勢 2023』より作成

	ア	イ	ウ	エ	オ	カ
L	愛知県	愛知県	高知県	高知県	宮城県	宮城県
M	高知県	宮城県	愛知県	宮城県	愛知県	高知県
N	宮城県	高知県	宮城県	愛知県	高知県	愛知県

問９　次の表３は，関東地方に位置する県を比べたもので，表３中のア～エは神奈川県，埼玉県，茨城県，千葉県のいずれかです。埼玉県に当てはまるものを一つ選び，記号で答えなさい。

表3

	＊1 耕地率(%)	鉄鋼業製造品出荷額等(億円)	＊2 昼夜間人口比率
ア	23.8	16288	88.3
イ	7.5	6806	89.9
ウ	26.6	8333	97.6
エ	19.4	3801	87.6

＊1　総土地面積のうち，耕地面積(田畑計)が占める割合

＊2　昼夜間人口比率は，【昼間の人口÷夜間の人口×100】で算出される。

統計年次は鉄鋼業製造品出荷額等が2019年，昼夜間人口比率が2020年，耕地率が2021年

『データでみる県勢 2023』より作成

2　日本の木造建築についてまとめた次の略年表を見て，あとの設問に答えなさい。

	≪A≫
607年	飛鳥に法隆寺が建立される
	≪B≫
1052年	宇治に平等院が創建される
	≪C≫
1203年	1 再建された東大寺南大門に，金剛力士像がおさめられる
	≪D≫
1482年	京都東山にて足利義政の山荘建築が始まる
	≪E≫
1657年	2 明暦の大火で江戸城天守が焼失する
	≪F≫
1873年	3 芝増上寺の大殿が放火により焼失する
	≪G≫
1921年	芝増上寺の大殿が再建される
	≪H≫
1974年	再度焼失した芝増上寺の大殿が再建され，現在に至る

問1　下線部1について，①この出来事に関わった人物と，②これより前に東大寺が被害を受けた出来事の組み合わせとして正しいものを，次のア～エより選び，記号で答えなさい。

ア．①―行基　②―承久の乱　　イ．①―行基　②―源平の争乱

ウ．①―運慶　②―承久の乱　　エ．①―運慶　②―源平の争乱

問2　下線部2について，次の文中の空欄［P］・［Q］に当てはまる語をそれぞれの指示にしたがって答えなさい。

明暦の大火によって江戸の町の大半が焼失したため，幕府は長年にわたり復興事業を進めましたが，それには膨大な量の木材が必要になりました。木材の運搬には［P　(人名)］が整備した航路が活用され，そのうち，日本海側から津軽海峡を通過して房総半島を経由する

航路は［Q　（漢字一文字）］まわり航路と呼ばれました。

問3　下線部3について，その背景にあったと考えられる，明治政府のすすめた宗教政策を説明した文X・Yの正誤の組み合わせとして正しいものを，下のア～エより選び，記号で答えなさい。

X．明治政府は神道をさかんにするため，豊臣秀吉によって整えられた寺請制度で人々の生活に根づいた仏教をおりまぜ，布教政策をすすめました。

Y．明治政府は欧米からの要望にこたえて，江戸時代には禁止されていたキリスト教の布教を，五箇条の御誓文のなかで認めました。

ア．X－正　Y－正　　イ．X－正　Y－誤
ウ．X－誤　Y－正　　エ．X－誤　Y－誤

問4　≪A≫の時期におきた次の出来事ア～オを，年代の古いものから順に並べかえた場合，2番目と5番目にくるものはどれとどれですか。それぞれ記号で答えなさい。

ア．百済が倭国に仏教を伝える。
イ．高句麗好太王が倭国を撃退する。
ウ．倭の奴国の王が後漢の皇帝から金印を授かる。
エ．倭王の武が宋に使節を送る。
オ．倭国の王が後漢の皇帝に奴隷160人を献上する。

問5　≪B≫の時期について述べた次の文a～dについて，正しいものの組み合わせを，下のア～エより選び，記号で答えなさい。

a．遣隋使に随行した高向玄理は，大陸の政治制度などを伝えて政治改革に影響を与えました。

b．遣唐使として派遣された阿倍仲麻呂は，帰国後右大臣にまで昇進して朝廷を支えました。

c．聖武天皇は伝染病の流行など国内の混乱をうけて，都を転々と移しました。

d．桓武天皇は国司の不正を取りしまるなど律令制の再建につとめ，都を藤原京へ移しました。

ア．a・c　　イ．a・d　　ウ．b・c　　エ．b・d

問6　≪C≫の時期の出来事について説明した次の文X・Yの正誤の組み合わせとして正しいものを，下のア～エより選び，記号で答えなさい。

X．平将門が関東地方で反乱をおこし，自らを新皇と称しました。

Y．鎌倉幕府は京都に六波羅探題を設置して，朝廷や西国御家人を監視させました。

ア．X－正　Y－正　　イ．X－正　Y－誤
ウ．X－誤　Y－正　　エ．X－誤　Y－誤

問7　≪D≫の時期について述べた文として**誤っているもの**を，次のア～エより一つ選び，記号で答えなさい。

ア．鎌倉時代の中ごろから，幕府が天皇の皇位継承に影響力をもつようになりましたが，これに反発した後醍醐天皇が倒幕を呼びかけた結果，鎌倉幕府は滅亡しました。

イ．鎌倉時代に北条泰時のもとで作成された御成敗式目は，室町幕府のもとでも政治運営や紛争解決の方針として継承され，利用されました。

ウ．鎌倉時代に西国でみられるようになった二毛作の技術が，室町時代にも引きつづいて広

まり，増産した生産物は各地の定期市に運ばれました。

エ．鎌倉時代には，実在の人物や風景を写実的に描くことは避けられていましたが，室町時代には，写実的な肖像画である似絵や，風景を描いた水墨画が発展しました。

問８　≪Ｅ≫の時期におきた次の出来事ア～カを，年代の古いものから順に並べかえた場合，２番目と５番目にくるものはどれとどれですか。それぞれ記号で答えなさい。

ア．禁中並公家諸法度が出される。

イ．オランダ商館を長崎の出島に移す。

ウ．山城の国一揆がおこる。

エ．フランシスコ＝ザビエルが鹿児島に上陸する。

オ．バテレン追放令が出される。

カ．慶長の役がおこる。

問９　≪Ｆ≫の時期の出来事について述べた次の文Ⅰ～Ⅲを，古いものから順に並べかえた場合，正しいものはどれですか。下のア～カより選び，記号で答えなさい。

Ⅰ．冷害と浅間山の噴火により天明のききんがおこる。

Ⅱ．江戸で初めて大規模な打ちこわしがおこる。

Ⅲ．幕府の元役人であった大塩平八郎が反乱をおこす。

ア．Ⅰ－Ⅱ－Ⅲ　　イ．Ⅰ－Ⅲ－Ⅱ　　ウ．Ⅱ－Ⅰ－Ⅲ

エ．Ⅱ－Ⅲ－Ⅰ　　オ．Ⅲ－Ⅰ－Ⅱ　　カ．Ⅲ－Ⅱ－Ⅰ

問10　≪Ｇ≫の時期になると，歴史的木造建築物の修復に必要な巨大な木材が日本国内で不足するようになり，のちには植民地化した朝鮮に木材を求めるようになっていきました。韓国併合が行われて以降，植民地経営の中心となった統治機関を何といいますか。

問11　≪Ｈ≫の時期について，次の出来事Ｘ・Ｙと，その際に内閣総理大臣を務めていた人物①～④の組み合わせとして正しいものを，下のア～エより選び，記号で答えなさい。

Ｘ．日米新安全保障条約の締結　　Ｙ．特需景気の発生

①　佐藤栄作　　②　岸信介　　③　吉田茂　　④　鳩山一郎

ア．Ｘ－①　Ｙ－③　　イ．Ｘ－①　Ｙ－④

ウ．Ｘ－②　Ｙ－③　　エ．Ｘ－②　Ｙ－④

3　次の文章を読んで，以下の問いに答えなさい。

コロナによる様々な制限が解除されつつある中で，甲子園(高校野球)で声を出しての応援が解禁されたことが話題となりました。スポーツに限らず，地域のお祭りや花火大会なども再開となったところが多く，街に賑わいが戻ってきているように思います。

様々なことがコロナ禍《か》前に戻ってよかった反面，互いの権利がぶつかり合ってトラブルに発展してしまう場面も増えてきています。たとえば，子どもの声は１騒音か否かという問題が，以前から議論されていましたが，近年実際に，近隣住民の要望により，公園が閉鎖となってしまったり，保育園の建設が取りやめになったりなどしています。確かに，子どもたちの遊んでいる声は，２落ち着いた静かな生活を求める人たちにとっては邪魔になるかもしれません。ただ一方で，子どもたちの居場所がなくなってしまうことを懸念する声があるのも理解できます。

こういった問題を解決するためにはどのような方法があるのでしょうか。３国や自治体には，

利害関係者の言い分を聞いたうえで，たとえば，公園の利用時間に制限を設けたり，保育園に防音壁の設置を義務付けたりして，お互いの落としどころを見出せるよう，導いていくことが求められています。そのための法律や条例などのルールが規定されることがありますが，その内容は最高法規である憲法の考えに沿うものであることが条件となっています。また，憲法には人権同士がぶつかり合ってしまった場合は，調整することがある，ということが示されています。ですから，場合によっては，双方またはどちらかに必要最低限の制限を求めることがあります。

政治的な解決方法の他に，上記のようなケースでは事前に当事者同士の相互理解を築くことで，トラブルを未然に防いだり，解決に導いたりすることができます。相互理解を深めるための例として，地域の交流や助け合いを目的とした，町内会のお祭りや子供会，清掃活動などがあげられますが，これらの活動は，人と人とが面と向かってコミュニケーションを取ることで信頼関係を築き，安心感が得られることから，これまで大切にされてきました。また近年，核家族化や少子高齢化が進み，〔　X　〕や独居老人世帯の問題が出てくる中で，地域コミュニティの果たす，「見守り」という役割が再評価されてきています。

しかし，4個人を尊重する立場から，地域のつながりよりもプライベートを大切にし，静かな生活環境を求める人も増えていて，住民同士の直接の交流や助け合いがしづらい状況になってきています。そのために，最初の方で述べたような住民同士のトラブルが起こってしまい，結局は5司法機関に解決を求めることも少なくありません。

コロナ後の新しい社会を築いていくうえで，6SNSなどがこれまで以上に活用されることになるでしょう。今後は，新しいツールを利用し，別の方法で人と人とのつながりを構築することで問題が解決するかもしれません。そうした新しいコミュニティと今までのような地域のコミュニティのそれぞれの良さを生かして，よりよい社会を築いていくことが必要だと考えます。

問１　文中の空欄Xに入る語は，家族と一緒に暮らしているにも関わらず，子どもが一人で食事をとらざるを得ない状況のことを指しています。空欄Xに入る語としてもっともふさわしいものを次から選び，記号で答えなさい。

ア．小食　　イ．孤食　　ウ．単食　　エ．独食

問２　下線部１について，次の文を読んで以下の設問に答えなさい。

環境基本法に規定されている典型七公害には，大気汚染・（　A　）・土壌汚染・騒音・振動・地盤沈下・（　B　）が指定されています。高度経済成長によって経済的な豊かさを得た反面，公害が社会問題となりました。例えば，1950年代，熊本県で確認された水俣病は，典型七公害のうちの（　A　）にあたり，工場から排出された（　C　）により多くの人が被害を受けました。国や自治体，企業を相手取った裁判は各地で起こされ，長期間続きました。

近年は，大規模な開発行為を行う場合，その開発が自然環境にどれほど影響があるかを事前に調査・予測・評価する環境（　D　）が実施されるようになり，環境保全に対する意識は高まりつつあります。

(1)　文中の空欄Ａ・Ｂに当てはまる語を次から選び，それぞれ記号で答えなさい。

ア．悪臭　　イ．オゾン層破壊　　ウ．温暖化　　エ．水質汚濁

オ．光害　　カ．不法占拠　　　　キ．不法投棄

(2)　文中の空欄Cに当てはまる語を次から選び，記号で答えなさい。

ア．亜硫酸ガス　　イ．カドミウム　　ウ．鉱毒　　エ．有機水銀

(3)　文中の空欄Dに適する語をカタカナで答えなさい。

問３　下線部２に関連して，私たち一人ひとりには，個人の自由が与えられていると同時に，他者への配慮も求められています。保育園を設置する場合，近隣の人々に対する影響はどのようなものがあるでしょうか。**適切でないもの**を次から選び，記号で答えなさい。

ア．近隣住民に不眠などの健康被害が生じること

イ．保育園への人の出入りが多くなることで，近隣住民のプライバシーが守られなくなること

ウ．園児を送迎する車の出入りが激しくなることで，交通事故のリスクが上がること

エ．保育園が新たに建設されることで，住民の所得税が増税され，経済的負担が増すこと

問４　下線部３に関連して，以下の設問に答えなさい。

(1)　国会が定めた法律について述べた文として正しいものを次から選び，記号で答えなさい。

ア．内閣も法律案を提出できるが，本会議で３分の２以上の賛成を得なければならない。

イ．臨時国会で可決された法案は，次の通常国会で改めて過半数の賛成を得なければならない。

ウ．衆参両院で可決された法案は，天皇が国民に向けて公布することになっている。

エ．法案を審議する際は，専門家や学者などの意見を聴くための特別国会を開くことがある。

(2)　地方自治体の条例について述べた文として**誤っているもの**を次から選び，記号で答えなさい。

ア．ある自治体の条例で定められた内容が，他の自治体の条例では定められていないことがある。

イ．住民は有権者の３分の１以上の署名を集めれば，条例の廃止を求めることができる。

ウ．地域の重要な問題についての賛否を住民投票で問う条例が，住民の求めによって定められることがある。

エ．議会で制定された条例について，首長は拒否し，議会へ再議を求めることができる。

問５　下線部４について，基本的人権に関する以下の規定について，空欄Ｅ・Ｆに適する語を入れなさい。

日本国憲法　第13条

すべて国民は，個人として尊重される。生命，自由及び（　Ｅ　）追求に対する国民の権利については，（　Ｆ　）の福祉に反しない限り，立法その他の国政の上で，最大の尊重を必要とする。

問６　下線部５について，裁判所は，人権を侵害していると判断した法律について，改正するよう国会に対して求めることができます。この権限を何といいますか。次から選び，記号で答えなさい。

ア．違憲審査権　　イ．検察審査権　　ウ．国政調査権　　エ．国民審査権

問7　下線部6について，次の文を読んで以下の設問に答えなさい。

> **情報技術の発展により，ソーシャル・ネットワーキング・サービス(SNS)などの活用により，遠く離れた人とのコミュニケーションが円滑になり，便利になりました。**
>
> **しかしながら，SNSの利用が進むにつれて，著作権や特許権などの(　G　)財産権の侵害や，サイバー犯罪などといった問題が浮上してきていて，利用する一人ひとりに高い倫理観と判断力が求められています。**

(1)　文中の空欄Gに適する語を入れなさい。

(2)　波線部について，SNSなどで得られる多くの情報を無批判に受け入れることなく，正しく判断し活用する能力を何といいますか。次の空欄に適する語を入れなさい。

インターネット□□□□□

4

次の文章を読み，あとの問いに答えなさい。

ひところ，東京近郊の駅で降りると，どこに行っても同じような風景に出会う印象がありました。よく知っているAハンバーガーショップ，喫茶店，コンビニエンスストア，カラオケ施設などが，改札を出るとすぐ目に入ってきます。電車ではなく，自家用車での移動が主となる地域に行くと，古くからの町なみから離れたところに，渋滞解消のためのバイパス道路がひかれ，その両側に，やはり同じような店が，東京の駅前からするとはるかに大きな店がまえでならんでいます。

ある意味，これは企業努力の結果です。経済活動の自由が認められていますから，企業はあらゆる町に支店を出して，少しでも多くの消費者に利用してもらおうとします。一方その地域の消費者にとっても，全国的に有名な店が自分の住んでいる地域にできれば，どこにでもある店が自分の町にもあるという安心感や，都会にしかなかった店が自分の町にもできたという満足感が生まれます。両者の思いが一致した結果，このようなことになるのでしょう。

自由にふるまうことで景観が画一的になってしまったと言えそうですが，B旅行者や仕事で訪れた人のように，その町なみを初めて見る人からすると，どこに行っても同じような景観ばかりを目にすることになり，その町の持つ本来の魅力に気づきにくくなってしまいます。こうした問題に早くから取り組んできたのが京都市です。2014年には，京都市屋外広告物条例が完全施行され，広告物の色や大きさ，伝統的な風景と調和しているかどうかなどが規制されています。京都市に行ったことのある人なら誰でも，全国にチェーン店のあるお店が，他の都市と異なるデザインや色の看板を用いているのを見たことがあるでしょう。同じような動きは，C歴史的な町なみが残る各地の都市にも広がっています。

こうした規制は企業の側に，デザインを考えたり他の都市とは違う素材を用意したりといった，時間や金銭面でのコストを求めることになります。一方で，規制に合うように考え出された店名表示や看板，お店の建物の外観などは，他の都市では見たことのない独特なものとなります。京都市で規制が強められたとき，多くの人たちの心のなかには驚きと，いくらかの違和感が生まれたことでしょう。ですが，そこから10年が経過しようとする現在では，都市の魅力の一つが新たに生み出され，定着しつつあるとも言えます。規制が創意工夫の原動力となった

事例です。

規制は，自由を制限するものですから，多くの場合マイナスのイメージを持たれます。しかしながら，ルールを守るという前提の中で，どうやったら自分の力を発揮できるだろうと知恵を働かせるとき，思ってもいなかった面白いものが生まれることがあるのだと思います。逆にまったく制限がない中で，誰もが自由にふるまうとき，最初に挙げたような，どこもかしこも同じ風景になってしまうということも起こります。そのような，一見するとあべこべなことが起こるのですから，この世界はまことに不思議で，面白いものだというほかありません。

問１　下線部Ａについて，2006年に，世界的なハンバーガーショップの日本国内におけるチェーン店で働くアルバイトやパートの人たちが，労働条件の改善を求めるために労働組合を結成しました。こうした動きを保障する，憲法第28条に定められている権利の名称を，解答欄に合うように答えなさい。

問２　下線部Ｂについて，ある観光地に多数の旅行者が一度に訪れることで，地域の住民が公共交通機関を利用できなかったり，自然環境がそこなわれたりするなどの問題が，近年生じています。こうした問題は「観光公害」と呼ばれますが，これと同じような内容を表すことばに含まれるものを，次のア～エから一つ選び，記号で答えなさい。

ア．アンダー　　イ．ウルトラ　　ウ．オーバー　　エ．スーパー

問３　下線部Ｃについて，**誤りを含むもの**を次のア～エから一つ選び，記号で答えなさい。

ア．金沢市は，安土・桃山から江戸時代にかけて，大名である前田氏の城下町として成立し，九谷焼などの伝統工芸がさかんである。

イ．萩市は，戦国大名の毛利氏が江戸時代に居城を移してきたことで発展した城下町で，萩焼などの伝統工芸がさかんである。

ウ．鎌倉市は，源頼朝が幕府を開いたのち，室町幕府の関東支配の拠点ともなり，鎌倉彫などの伝統工芸がさかんである。

エ．川越市は，江戸時代に大名の城下町としてさかえて「小江戸」と呼ばれ，清水焼などの伝統工芸がさかんである。

問４　本文全体について，以下の問いに答えなさい。

(a)　次の文は，筆者が述べている，全国で同じような町なみが見られる理由をまとめたものです。空欄に当てはまる文中のことばを答えなさい。

〇〇〇〇〇〇〇にもとづいた企業努力と，消費者の△△△や◇◇◇が一致したこと。

(b)　二重線部について，筆者がそのように考えるのはなぜでしょうか。(a)をふまえた上で，以下の条件に合うように答えなさい。

①　「□□□□□するものである規制が☆☆☆☆☆☆☆☆となり，」と書き始める。空欄に当てはまることばは，問題文中から抜きだして答える。なお，□部分は５字，☆部分は８字。

②　①につづき，かつ「～が起こるから。」ということばが後ろにつづくように，45字以内で答える。

③　途中に句点(。)を用いない。

④　読点(，)は１字と数える。

【理　科】〈第２回試験〉（40分）〈満点：75点〉

1　次の文を読み，問いに答えなさい。

芝太郎君は，お父さんが家庭菜園のための肥料を買うというので一緒《いっしょ》にホームセンターに出かけました。肥料のそばには，①赤玉土，鹿沼土《かぬまつち》，荒木田土《あらきだつち》，洗い砂，バーミキュライトなどといった土も売っていました。このうち赤玉土について聞くとお父さんが次のように教えてくれました。

お父さん「赤玉土は風化した火山灰層をフルイに通して数ミリの粒《つぶ》を集めたものなんだ。通気性，保水性があるためガーデニングでよく利用されるんだよ。」

園芸売り場には他にも，②石材，野菜や果物の種，害虫用の農薬を売っていました。農薬に目がとまった芝太郎君は「③虫にとっては，生きるために食べているだけなのに，害虫と言われてしまうなんて。」と複雑な気持ちになりました。

最近，金魚を飼い始めた芝太郎君は，水槽《すいそう》の水をかえるための道具が欲しくなり，お父さんに相談しました。すると，右の図のような④ポンプを提案されたので，買うことにしました。

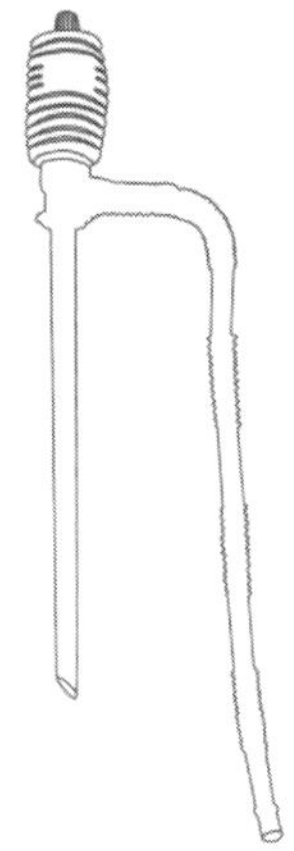

他にも夏休みの宿題で，モーターを使った自動車作りをしようと思っていたので，電子部品のコーナーに行きました。スイッチを探していると，液体がガラス管に入っているスイッチを見つけました。

お父さん「これは⑤水銀スイッチといって，家具がたおれたりしたときにスイッチがオフになる仕組みになっているんだ。水銀は金属だけど常温で液体であることを利用しているんだよ。温度の変化によってスイッチが切りかわる⑥バイメタルスイッチもあるよ。これは暖ぼう器具やドライヤーなどに使われていて，決まった温度で自動的にスイッチがオフになったりオンになったりする仕組みに利用されているんだ。」

面白いものがたくさん見つかり，すっかりホームセンターが好きになりました。

(1)　下線部①について。この風化した火山灰層は東京の台地の上に今でもあり，名前がついています。この地層の名前を答えなさい。

(2)　下線部②について。石材は次の(ア)～(オ)の５種類がありました。これらの石材の中で，石英・長石・黒雲母をふくむものはどれですか。次の中から１つ選んで記号で答えなさい。

(ア)　うすい板状で灰色の火山岩

(イ)　六角形や五角形の柱状で色の黒い火山岩

(ウ)　白っぽくて点々と黒い粒のある直方体の深成岩

(エ)　緑色でうすくはがれやすい変成岩

(オ)　白くてざらざらして，酸でとける変成岩

(3)　下線部③について。畑に植えられている野菜や，植物の葉を主に食べる生き物を，次の中からすべて選んで記号で答えなさい。

(ア)　ナナホシテントウ

(イ)　コガネムシ

(ウ)　オオカマキリ

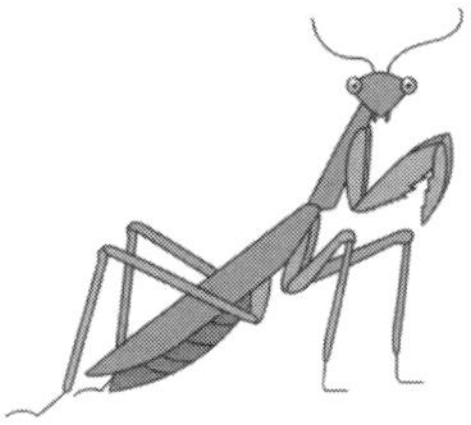

(エ)　モンシロチョウの幼虫

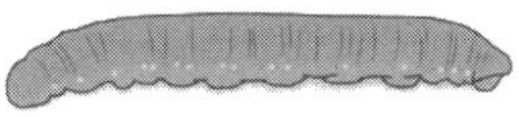

(オ)　ジョロウグモ

(カ)　トノサマバッタ

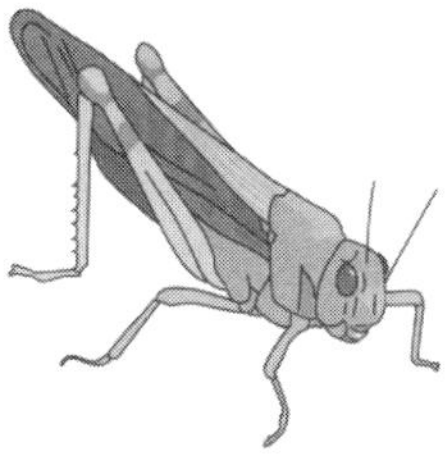

(4)　下線部④について。次の文はポンプの仕組みを説明したものです。下の問いに答えなさい。

図１のように，水の吸い込み口をＡ，水が出てくるホースの先端《せんたん》をＢ，上部をＣとします。Ｃは柔《やわら》かい素材でできていて，手で握《にぎ》るとつぶれ，手をはなすと元の形に戻ります。Ｃを手で握ったり，はなしたりを繰《く》り返すと，やがて水がＢから出てきます。

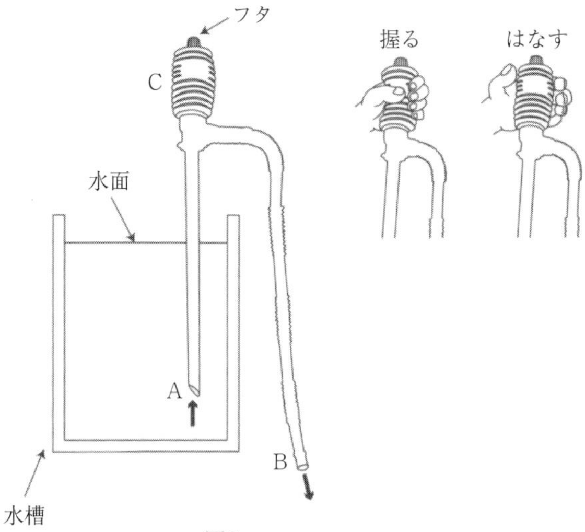

図１

(a)　このポンプには弁《べん》が２つ付いていました。弁は空気や水を一方向にのみ通すはたらきをします。図２のように流れてくるとき，弁が開いて空気や水を通します。逆に図３のように流れてくると，弁は閉じたまま空気や水を通しません。

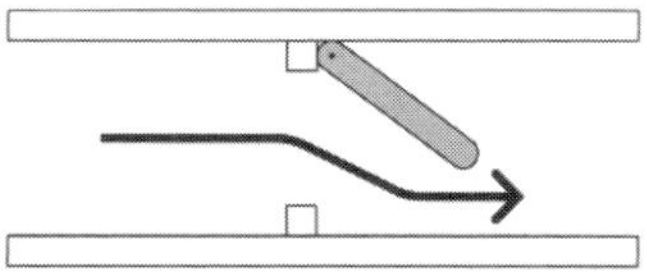

図２

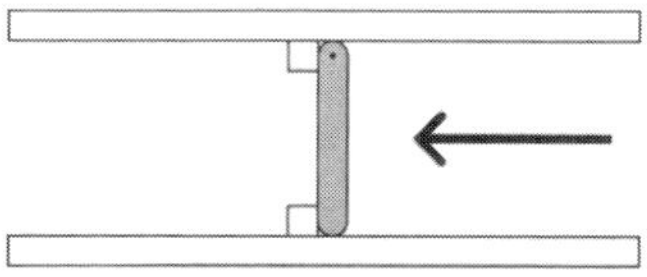

図３

このポンプに弁はどのように付いていますか。次の図(ア)～(エ)から適するものを１つ選んで記号で答えなさい。ただし，図では弁は開いた状態でかいてあります。

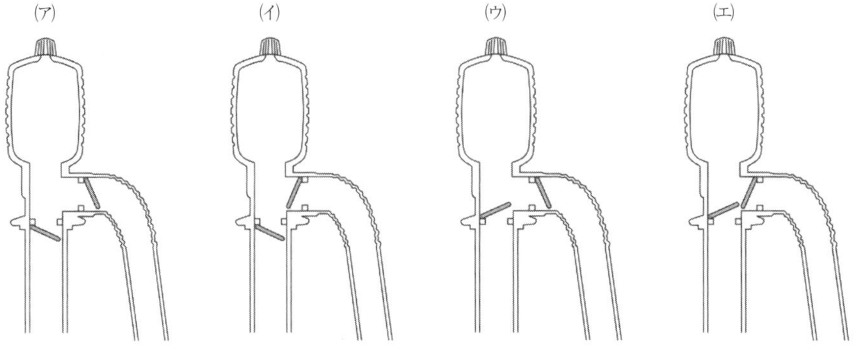

(b)　図1のポンプを用いて水槽の水を抜く作業をしました。次の断面図(あ)～(お)は，作業のようすを左から順に並べたものです。(あ)～(え)ではポンプの上部Cのフタは閉じていて，(お)でCのフタを外しました。ただし，(あ)～(お)の図中に弁はかいてありません。下の文(ア)～(キ)の中で正しいものはどれですか。3つ選んで記号で答えなさい。

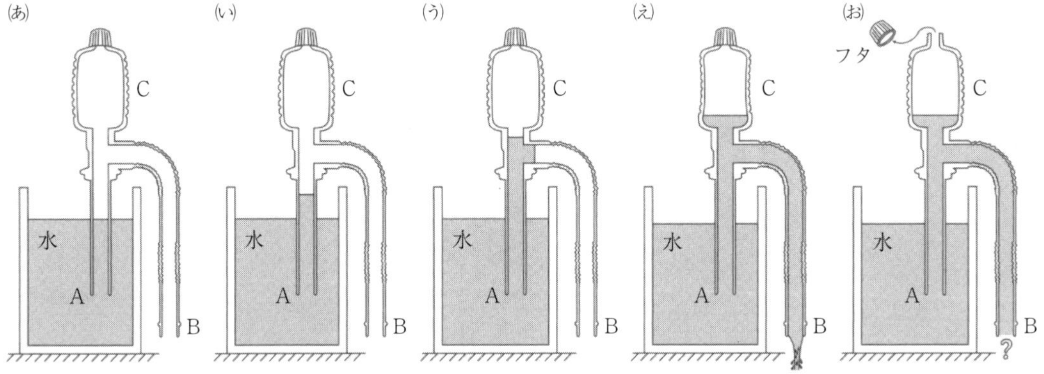

(ア)　(あ)→(い)→(う)では，Cを握ったりはなしたりを繰り返さないと水を吸い上げることはできない。

(イ)　(え)のようになったら，Cを握ったりはなしたりしなくても水はBから出続ける。

(ウ)　(え)のようになったら，ホースの先端Bを水槽の水面より高くしても水は外に出続ける。

(エ)　(お)でCのフタを外すと，ポンプ内にあった水は水槽の外側にだけ向かって落ちる。

(オ)　(お)でCのフタを外すと，ポンプ内にあった水は水槽の内側にだけ向かって落ちる。

(カ)　(お)でCのフタを外すと，ポンプ内にあった水は水槽の外側と内側にそれぞれ落ちる。

(キ)　(お)でCのフタを外してもポンプ内にあった水はそのままで落ちない。

(5)　下線部⑤について。水銀スイッチは図4のように，スイッチがかたむくと水銀が流れてスイッチがオフになる仕組みです。表1はいくつかの異なる物質の性質を示した表で，物質のうち水だけが明らかになっています。これを参考にして水銀を(ア)～(エ)のうちから1つ選んで記号で答えなさい。

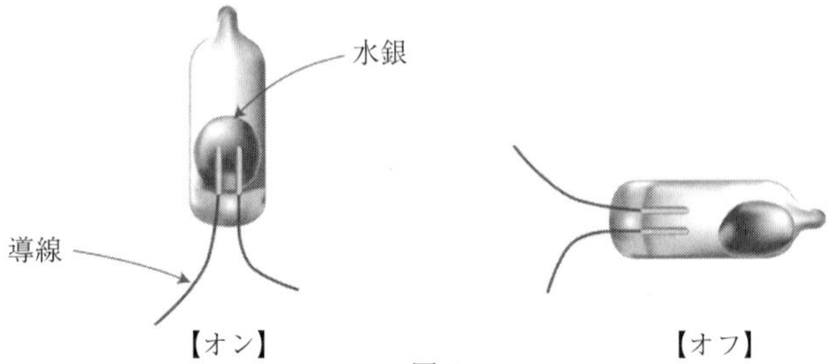

図4

表１

物質	融《ゆう》点[℃]	沸《ふっ》点[℃]	電気伝導率	体ぼうちょう率
水	0	100	0.001	210
(ア)	962	2162	62900000	56.7
(イ)	232	2603	8700000	80.7
(ウ)	−39	357	1000000	180
(エ)	−114	78	0.0000001	112

(6)　下線部⑥について。バイメタルスイッチは２種類の金属をはり合わせてつくります。鉄とあえんを用いて，常温でオン(図５)，高温でオフ(図６)となるバイメタルスイッチを作成する場合について，表２の鉄とあえんの性質を参考にして次の【説明】の(ア)〜(ウ)に適する語句を書きなさい。

【説明】

金属Ａには(　ア　)を用います。その理由は，金属Ａの方が(　イ　)の値が(　ウ　)いためです。

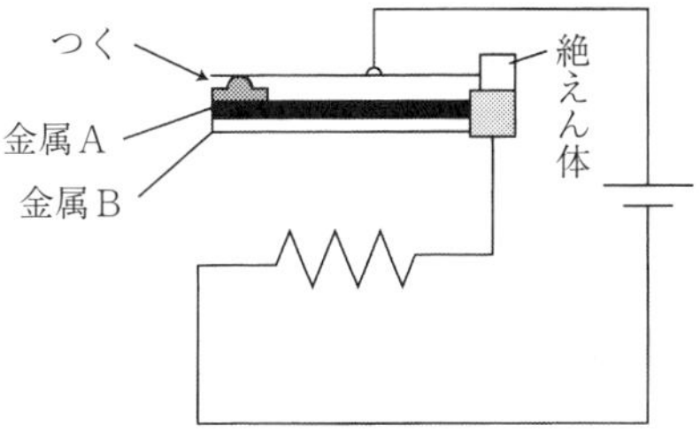

【オン】
図５

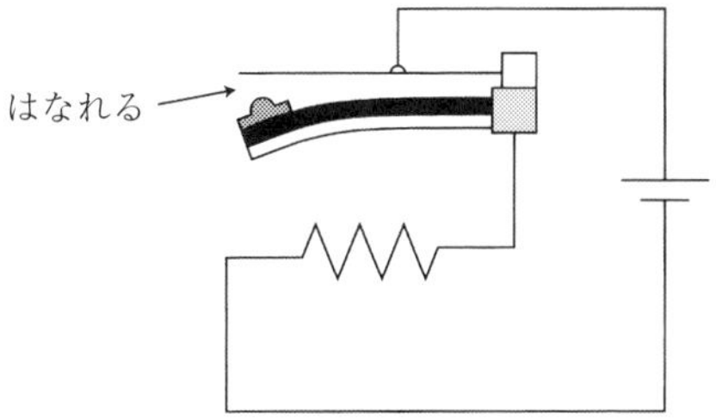

【オフ】
図６

表２

物質	融点[℃]	沸点[℃]	電気伝導率	体ぼうちょう率
鉄	1535	3235	4850000	36.3
あえん	420	907	16900000	90.6

2　次の文を読み，問いに答えなさい。

芝太郎君は旅行に行って右のような形の山をみました。この山では石灰岩《せっかいがん》をとっているとのことです。

(1)　石灰岩は生物の死がいが堆積《たいせき》してできることがあります。石灰岩のもととなった生物として適当なものを，次の中から２つ選んで記号で答えなさい。

(ア)　広葉樹　　(イ)　針葉樹
(ウ)　サンゴ　　(エ)　カニ
(オ)　エビ　　(カ)　サメ
(キ)　二枚貝　　(ク)　シダ植物

(2)　石灰岩を電気炉《でんきろ》で高温に熱したところ，白色の物質Ａになりました。これに水をかけると激しく反応して高温になった後，物質Ｂになりました。

(a)　物質Ａを利用しているものとして適当なものを，次の中から１つ選んで記号で答えなさい。

(ア)　海苔《のり》の袋《ふくろ》の中の乾燥剤《かんそうざい》　　(イ)　ホットケーキミックス　　(ウ)　入浴剤
(エ)　粉末の漂白《ひょうはく》剤　　(オ)　使い捨てのカイロ　　(カ)　ミョウバン

(b)　物質Ｂを使っているものとして適当なものを，次の中から２つ選んで記号で答えなさい。
(ア)　石灰水　　(イ)　歯みがき粉
(ウ)　発泡《はっぽう》スチロール　　(エ)　畑の酸度中和剤
(オ)　ミョウバン　　(カ)　片栗《かたくり》粉
(キ)　瞬間冷却《れいきゃく》剤

(3)　石灰岩とねん土と石こうを混ぜて焼いて作る工業原料は何ですか。カタカナ４文字で答えなさい。

(4)　ここではフズリナ(右図)の化石も見つかっているそうです。フズリナと同じ時代に生きていた生物を，次の中から１つ選んで記号で答えなさい。

(ア)

(イ)
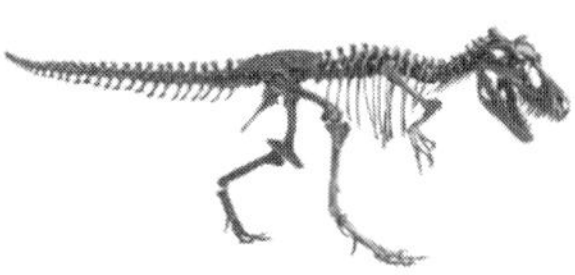
(ウ)

(エ)

(オ)

(5)　このようにその化石が出ると，その地層の時代がわかる化石を○○化石といいます。○○に当てはまる漢字を答えなさい。

(6)　**(5)**で答えた化石として使いやすいのは，次のどの条件を満たす場合ですか。すべて選んで記号で答えなさい。
(ア)　生息していた時代が短い
(イ)　生息していた時代が長い
(ウ)　分布範囲《はんい》が広い
(エ)　分布範囲がせまい
(オ)　体が大きい
(カ)　体が小さい
(キ)　特定の環境《かんきょう》にのみ生息していた

3　酸素に関する実験の説明を読んで，問いに答えなさい。

【実験１】

試験管に少量のつぶ状の二酸化マンガン 0.1g を入れ，そこに２％の過酸化水素水 $10cm^3$ を入れて一定温度20℃で反応させました。発生した酸素を水上置かんでメスシリンダーに集め，

1分ごとに目盛りを読んで，それまでに発生した酸素の体積をはかりました。反応開始から16分までの結果は表1および図1のグラフのようになりました。

表1

反応開始からの時間(分)	発生した酸素の体積(cm^3)
0	0.0
1	12.8
2	22.9
3	30.9
4	37.3
5	42.2
6	46.2
7	49.3
8	51.7
9	53.8
10	55.4
11	56.6
12	57.5
13	58.3
14	59.0
15	59.7
16	59.9

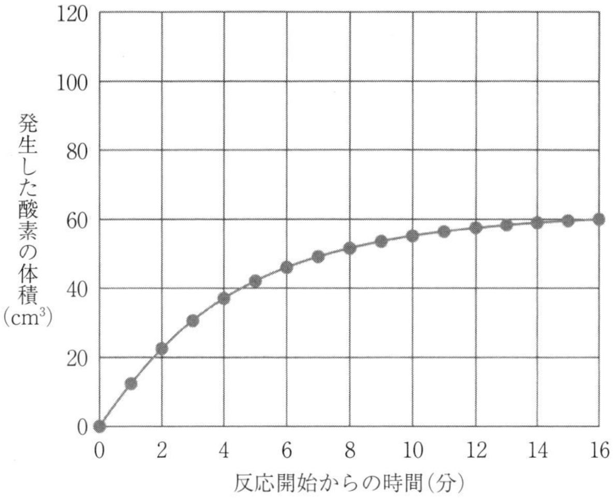

図1

(1)　酸素は過酸化水素が分解することで発生します。二酸化マンガンはこのとき過酸化水素の分解を速くするはたらきをしていて，この反応の前と後で変化していません。このような物質を何といいますか。<u>ひらがな</u>で答えなさい。

(2)　この過酸化水素の分解反応について，表1および図1のグラフから読み取れる内容として正しい記述を次の(ア)～(エ)から1つ選んで記号で答えなさい。

(ア)　1分間に発生する酸素の量は，反応開始直後が最も多く，次第に減少する。

(イ)　1分間に発生する酸素の量は，反応開始直後が最も少なく，次第に増加する。

(ウ)　1分間に発生する酸素の量は，反応開始直後は少なく，次第に増加するが，途《と》中から再び減少する。

(エ)　1分間に発生する酸素の量は常に一定である。

(3)　【実験1】を次の①～⑤のように試薬を変えて同様に実験を行うと，図2の(ア)～(オ)の実線のグラフが得られました。①，③，⑤の試薬で行った実験の結果として当てはまるグラフを(ア)～(オ)からそれぞれ選んで記号で答えなさい。なお，図2には図1のグラフも比かくのために記してあります。

①　4％の過酸化水素水 10 cm^3 と二酸化マンガン 0.1 g を用いる

②　2％の過酸化水素水 20 cm^3 と二酸化マンガン 0.1 g を用いる

③　1％の過酸化水素水 10 cm^3 と二酸化マンガン 0.1 g を用いる

④　1％の過酸化水素水 20 cm^3 と二酸化マンガン 0.1 g を用いる

⑤　２％の過酸化水素水 10cm³ と二酸化マンガン 0.5g を用いる

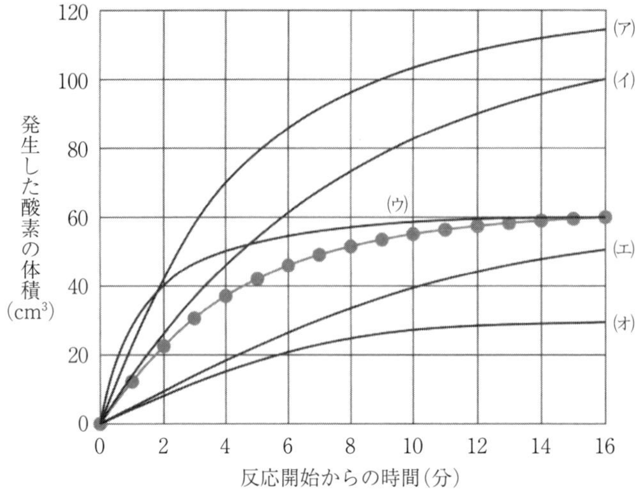

図２

【実験２】

マグネシウム粉末をステンレス皿の上にのせて加熱し，空気中の酸素と反応させる実験を行いました。図３はその装置です。マグネシウムを加熱すると，明るく光りながら燃焼します。燃焼する前の重さと，十分に燃焼した後の重さをそれぞれはかると，結果は表２のようになりました。

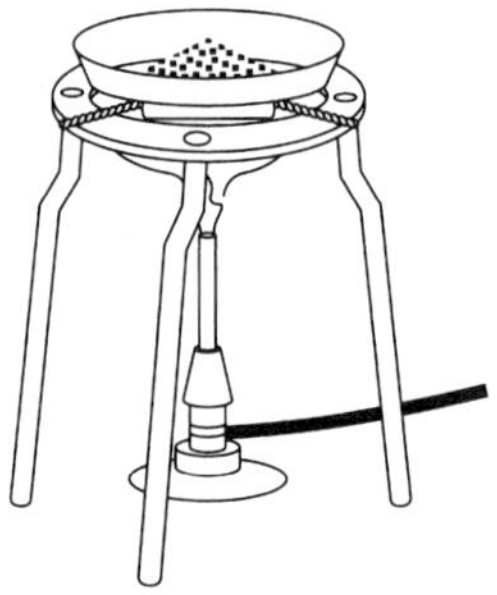
図３

表２

燃焼前の重さ(g)	0.6	0.9	1.2	1.5	1.8
燃焼後の重さ(g)	1.0	1.5	2.0	2.5	3.0

(4)　3.3g のマグネシウムで実験をしたときに結びつく酸素の重さは何 g ですか。小数第１位まで答えなさい。割り切れない場合は小数第２位を四捨五入すること。

(5)　6.0g のマグネシウムを加熱し，燃焼していないマグネシウムが残っている状態で重さを測ったところ，8.6g でした。この実験で燃焼したマグネシウムはもとのマグネシウムの何％ですか。整数で答えなさい。割り切れない場合は小数第１位を四捨五入すること。

【実験３】

図４のように大きなドライアイスの上にマグネシウム粉末を置き，マグネシウム粉末に点火しました。点火してすぐにドライアイスのふたをして密閉し，空気を断ちましたが，マグネシウムは明るく光りながら燃焼し続けました。燃焼がおさまってからふたを開けてみると，中には酸化マグネシウムと黒い炭素の粉末が残っていました。

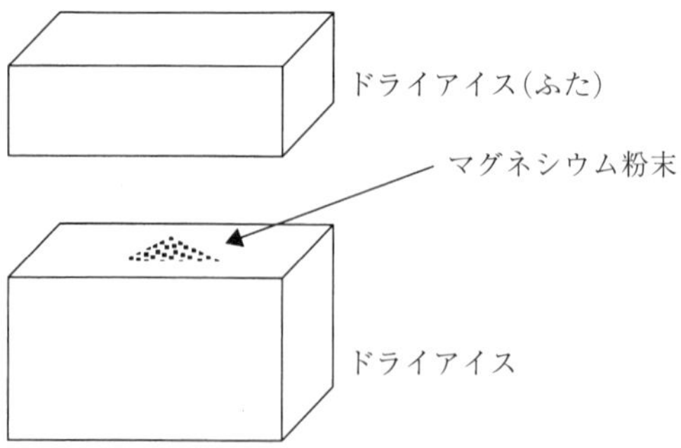

図４

(6)　この実験でマグネシウムが空気のない状態で燃焼し続けることができる理由を25字以内で書きなさい。

4　次の文を読み，問いに答えなさい。

今日は芝中学理科の最初の授業です。先生の指示で，シバオ君とミナト君は２種類のけんび鏡を机の上に取り出しました。（図１）

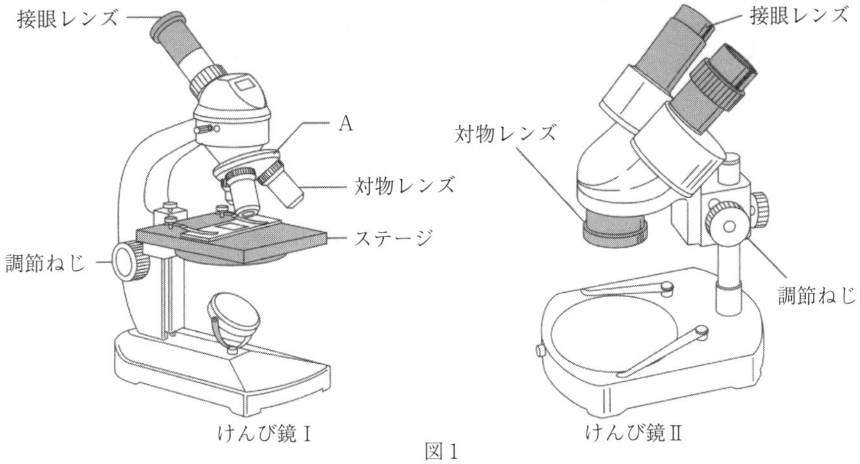

図１

先　生：芝中学の理科の授業ではこの２種類のけんび鏡を使います。それぞれ，見たいものの大きさや，目的に応じて使い分けるようになっているよ。

シバオ：けんび鏡Ⅰは，接眼レンズと，対物レンズを交かんすることで倍率を変えることができますね。

先　生：そうだね，接眼レンズは２種類，対物レンズは３種類の倍率があるから組み合わせると６通りの倍率で観察ができるんだ。

ミナト：けんび鏡Ⅱは，倍率は低いけれど，両目でのぞくことができるので，生きたままの生物を立体的に見ることができますね。

先　生：そう。プレパラートをつくる必要も無いしね。だけど，けんび鏡Ⅱは20倍か40倍の低い倍率でしか観察することはできないんだ。

(1)　けんび鏡ⅠではＡの部分を操作して倍率を変えます。Ａの部分の名しょうを答えなさい。

(2)　けんび鏡Ⅰを使った観察について述べた次の文章のうち，正しいものを<u>２つ</u>選んで記号で答えなさい。

(ア)　観察の際，はじめは低い倍率で観察し，その後倍率を上げていく。

(イ)　ピントを合わせるときには，接眼レンズをのぞきながら，調節ねじを回して対物レンズとプレパラートとのきょりをゆっくりと近づけていく。

(ウ)　倍率を高くすると，視野の明るさは明るくなり，細かい部分が見えるようになる。

(エ)　対物レンズを倍率の低いものに変えると，対物レンズとプレパラートとのきょりは遠くなる。

(3)　けんび鏡Ⅱを使用するのが適当であるものを，次の中から<u>２つ</u>選んで記号で答えなさい。

(ア)　ジャガイモのデンプン粒《りゅう》を観察する。

(イ)　トンボの複眼を観察する。

(ウ)　池の水にいる，ケイソウやミカヅキモなどを観察する。

(エ)　メダカの卵がふ化するまでを観察する。

(4)　紙に小さく漢字で「芝」と書き，けんび鏡Ⅰとけんび鏡Ⅱでそれぞれ観察しました。見える像は次の(ア)～(エ)のどれになりますか。それぞれ1つ選んで記号で答えなさい。なお，同じ記号を2度選んでもよいとします。

(ア) 　(イ) 　(ウ) 　(エ) 

けんび鏡Iを用いた観察で，観察物の長さを測りたいときには，「けんび鏡のものさし」と呼ばれるミクロメーターという道具を使います。ミクロメーターは，接眼ミクロメーター(以下，「**接眼M**」)と対物ミクロメーター(以下，「**対物M**」)があります。**接眼M**は円形のガラスに一定の間かくで肉眼では読み取れないくらい細かい目盛りが刻んであります(図2)。**対物M**はプレパラートと同じ形と大きさのガラスの中央に目盛りが刻んであるもので，その目盛りの間かくは0.01mmになっています。(図3)

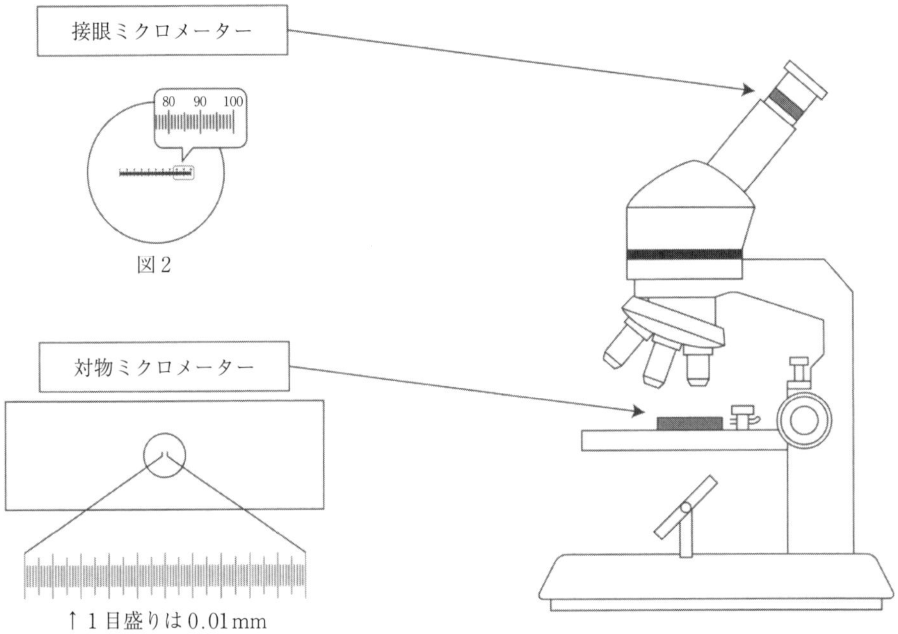

図2
図3
図4

実際に使用するには，図4のように2つをセットします。まず**接眼M**を接眼レンズの内部に入れて，けんび鏡をのぞくと，**接眼M**の目盛りが視野内に見えるようになります。つぎに，**対物M**をステージにのせてけんび鏡で見ると，**接眼M**の目盛りと**対物M**の目盛りが重なって見えるようになります。

この時，**対物M**の目盛りは0.01mmと決まっているので，**接眼M**の目盛りと重ねることによってこの倍率における**接眼M**の1目盛り分の長さがわかります。

その後，**対物M**を取り外し，観察したいプレパラートをステージにのせて観察すると，視野内の観察物の上に**接眼M**の目盛りが重なって見えます。**接眼M**の目盛り1目盛り分の長さはすでに求めているので，目盛りを数えれば，観察物の長さがわかります。

シバオ君が，ある植物の葉の先端を観察したところ，たくさんの細ぼうが見えました。そこで，ミクロメーターを使ってその大きさを測ってみました。**接眼M**と**対物M**をけんび鏡にセットして，接眼レンズを10倍，対物レンズを40倍にしてのぞいてみると，図5のように目盛りが重なって見えました。

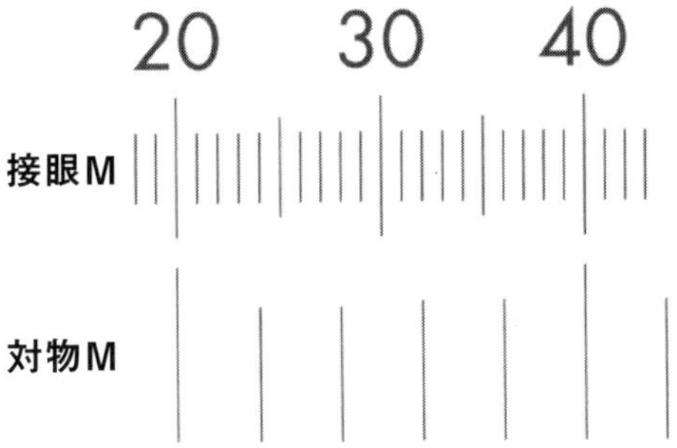

図5

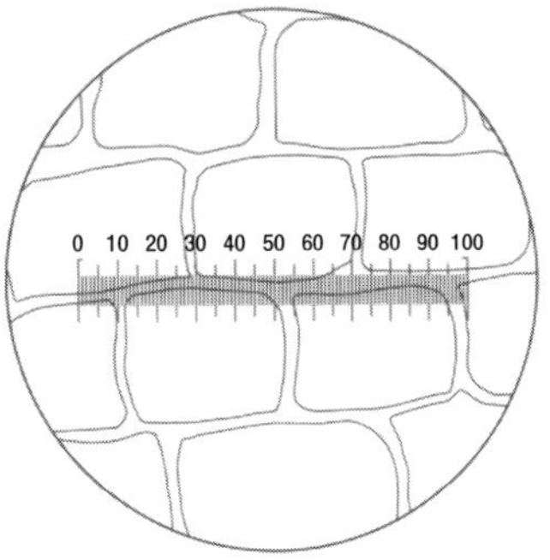

図6

シバオ：この倍率で，**接眼M**の目盛り1つ当たりの長さは〔 あ 〕mmだね。

次に，ミナト君が**対物M**をステージから取り除き，葉を観察したところ，図6のように細ぼうと**接眼M**の目盛りが重なって見えました。

ミナト：この倍率だと，視野内に細ぼうがだいたい10個見えるよ。目盛りと細ぼうの長辺を重ねてみるとちょうど40目盛りだ。つまり，この細ぼう1つの長辺の長さは〔 い 〕mmだね。

シバオ：いったん倍率を下げてみよう。接眼レンズはそのままで，対物レンズを10倍にしてみたよ。こうすると見え方はどうなるかな。

ミナト：**接眼M**の目盛り1つ当たりの長さは〔 う 〕mmになるはずだね。うわあ，細ぼうがものすごくたくさん見えて数えきれないくらいだよ。

シバオ：細ぼうの大きさがみんな同じで一様に見えているとすれば，視野内に細ぼうは約〔 え 〕個くらい見えているはずだね。

(5) 上の会話文〔あ〕～〔え〕に入る数字を，次の中からそれぞれ1つ選んで記号で答えなさい。

(ア) 0.0025	(イ) 0.004	(ウ) 0.00625	(エ) 0.01	(オ) 0.025
(カ) 0.04	(キ) 0.0625	(ク) 0.1	(ケ) 0.25	(コ) 0.4
(サ) 0.625	(シ) 1	(ス) 1.6	(セ) 4	(ソ) 10
(タ) 16	(チ) 40	(ツ) 80	(テ) 120	(ト) 160

5 次の文を読み，問いに答えなさい。

物体に糸を付けてばねはかりでつり下げたところ，ばねはかりは75gを示しました。図1のように底に定滑車《ていかっしゃ》を取り付けた容器を用意し，容器に水を入れて台はかりの上に置くと，台はかりは1000gを示しました。次に，図2のようにばねはかりを持つ手を下ろしていったところ，物体は水に浮《う》かび，物体をつり下げていた糸はたるんでしまいました。さらに，図3のように物体とばねはかりをつないでいる糸を定滑車に通して物体が水中にあるようにしたところ，ばねはかりは42gを示しました。図1～3において，水の量は等しいものとします。

水1cm^3の重さは1gであり，物体は水を押《お》しのけると，押しのけた体積に比例した大きさの浮力《ふりょく》を水から受けます。糸は細くて軽いため，糸の太さや重さはないものとします。割り切れない場合は，小数第1位を四捨五入して，整数で答えること。

(1) 図2において，台はかりは何gを示しますか。

(2) 図3において，台はかりは何gを示しますか。

(3) 物体の体積は何 cm^3 ですか。

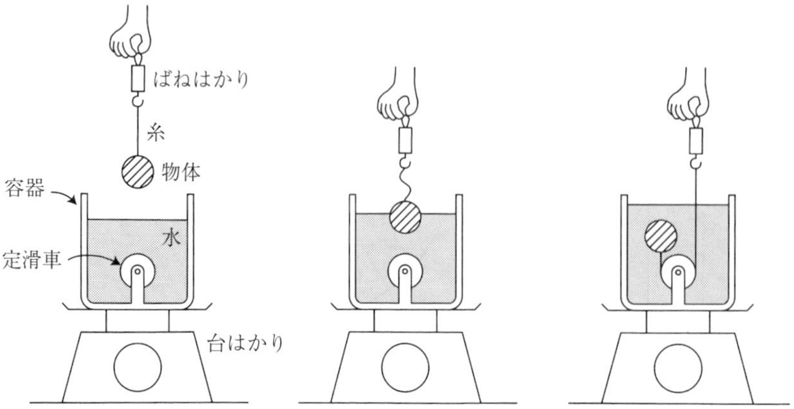

図１　　図２　　図３

6　次の文を読み，問いに答えなさい。

同じ５個の豆電球(ア)～(オ)があります。かん電池のかわりに電源装置を用いて豆電球の明るさを調べる実験をしました。電源装置はかん電池を３個直列につないだときと同じはたらきをするように設定してあります。

図１では豆電球(オ)を点Aと点Cの間につなぎました。さらに図２では点Cと点Dを導線でつなぎました。図３では豆電球(オ)を点Aと点Dの間につなぎました。

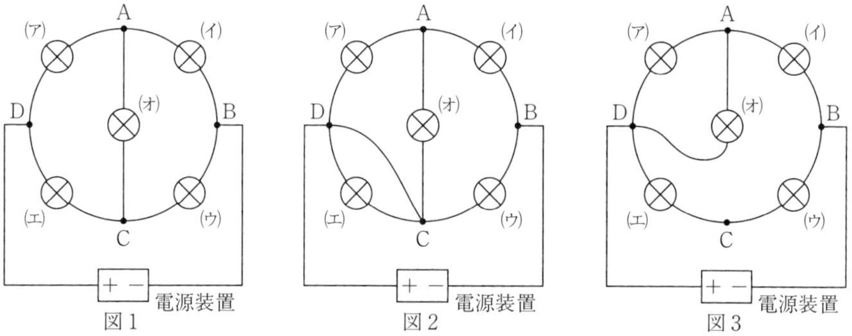

図１　　図２　　図３

(1) 図１において，豆電球(ア)と同じ明るさで点灯する豆電球はどれですか。(イ)～(オ)からすべて選んで記号で答えなさい。答えはアイウエオ順で書くこと。

(2) 各豆電球の明るさを図１と図２で比べたとき，図１より図２の方が明るい豆電球はどれですか。(ア)～(オ)からすべて選んで記号で答えなさい。答えはアイウエオ順で書くこと。

(3) 図３において，豆電球(ア)～(オ)には明るさにちがいがあります。(ア)～(オ)を明るいものから順に左から並べて答えなさい。同じ明るさのものがある場合は，例１，例２にならって答えること。

例１　「(ア)，(ウ)，(エ)，(オ)の順で，(ア)と(イ)が同じ明るさのとき，ア＝イ，ウ，エ，オ」

例２　「(ア)，(ウ)，(エ)の順で，(ア)と(イ)が同じ明るさで，(エ)と(オ)が同じ明るさのとき，ア＝イ，ウ，エ＝オ」

「勇哉くんと？」

口をぽかんと開けているスグルくんに、ぼくはうなずく。

「ぼくも走るの苦手だから、正しいフォームとか教えることはできないけど……一緒に走ったら、楽しいかもって思ったんだ」

スグルくんは「ひゃあ」と変な声で叫《さけ》んで、両手をぶんぶんと振《ふ》った。

「ほんとに？　うれしいなあ！」

小躍《こおど》りしているスグルくんを見て、ほっとした。迷惑《めいわく》がられたらどうしようと思っていたけど、思い切って言ってよかった。

スグルくんは振《ふ》り回《まわ》していた手をふと止めて、心配そうに訊ねてくる。

「でも勇哉くん、ねんざはもう大丈夫《だいじょうぶ》なの？　それに走るのイヤって言ってたよなぁ」

ぼくはきっぱりと答えた。

「大丈夫、リカバリーしたんだ。④もう、前と同じぼくじゃない」

（青山美智子『リカバリー・カバヒコ』より。）

問一　――線部①〈それ〉とは、どのようなことですか。**30**字以上**40**字以内で説明しなさい。

問二　――線部②〈そんなこと〉とは、どのようなことですか。「ぼくがランナーになってしまったら、」に続く形で、**45**字以上**55**字以内で説明しなさい。

問三　――線部③〈意外な効果〉とありますが、「足から意識を飛ばす練習」の〈意外な効果〉とは、どういうことですか。**40**字以上**50**字以内で説明しなさい。

問四　――線部④〈もう、前と同じぼくじゃない〉とありますが、〈ぼく〉の走ることへの向き合い方は、何をきっかけに、どのように変化しましたか。「**前の自分**」「**回復した後の自分**」という二つの言葉を使って、**80**字以上**100**字以内で説明しなさい。

そして伊勢崎さんのところに行くころにはもう、足にとらわれなくなっていた。あんなに悩《なや》んでいたのに、いつのまにか痛みを忘れて、なんだか体がほかほかしていた。

　前と同じようにふたりきりになった部屋で、うつぶせのぼくの体に手を当てた伊勢崎さんは「おぅ」と息をもらした。

「すごいな。一週間でこんなに整えてくるなんて、びっくりしたよ。体のこわばりもずいぶん取れて、やわらかくなってる」

　ぼくはうれしくなって、顔だけ伊勢崎さんのほうに向けて得意げに言った。

「ぼくの足、リカバリーしましたか」

　伊勢崎さんは「ええ？」とちょっと笑ったあと、大きくうなずいた。

「そうだね、リカバリーしたよ。お見事だ」

「じゃ、これで元どおりですね」

　カバヒコにお礼を言いに行かなくちゃ。

　にやにやしながらベッドの穴に顔をうずめると、伊勢崎さんは穏《おだ》やかに言った。

「ちょっと違うかな。人間の体はね、回復したあと、前とまったく同じ状態に戻《もど》るというわけじゃないんだ」

「えっ」

「病気や怪我《けが》をしたっていう、その経験と記憶《きおく》がつく。体にも心にも頭にもね。回復したあと、前とは違う自分になってるんだよ」

　ぼくは戸惑《とまど》った。

　穴から少しだけ顔を抜《ぬ》き、伊勢崎さんに訊ねる。

「前とは違うって、良い自分なんですか、悪い自分なんですか」

「それは僕《ぼく》には決められない。ただ、その人が良い方向に行くようにと願いながら、僕はこの仕事をしてる。少なくとも勇哉くんは、足が痛くなる前にはわからなかったことが、わかってきたんじゃないかな。だから、それをこれから良いほうに活《い》かしていってくれたらいいな」

　伊勢崎さんはそれから黙《だま》って、ぼくの体をていねいに押し続けた。

　ぼくは伊勢崎さんの指を背中に感じながら、ぼんやりと、リカバリーのそのあとのことを考えていた。

　翌朝、ぼくはまた早起きをして、日の出公園に向かった。

　そしてカバヒコにひとこと、心を込めてお礼を言うと、背中に座《すわ》ってスグルくんが通るのを待った。

　ブランコ、すべり台、砂場、ベンチ。小さな公園に置かれたそれらは、どれも古くなっている。

　この公園、何年前からあるんだろう。カバヒコって何歳《なんさい》なのかな。

　そんなことを思っているうち寒くなってきて両腕《りょううで》をさすり始めたころ、公園の植え込みの向こうを走っているスグルくんの姿を見つけた。

　ぼくはカバヒコから飛び降りる。

　公園の外に出ようとすると、中に入ってきたスグルくんと向かい合う形になった。

「あれえ、勇哉くん」

「お、おはよう」

「おはよう。またここで会ったねえ」

　スグルくんは息を切らしながら、うれしそうにそう言った。

「スグルくんが来るかなと思って、待ってたんだ」

「ええー？　おれのこと待ってたの？　なんで」

　ぼくはぎゅっとこぶしを握《にぎ》り、スグルくんを正面から見る。

「あの、あのさ。駅伝まであと一週間だろ。自主練、ぼくと一緒にやらないか」

思うかなんて。

他の誰もやりたがらなかったランナーを、文句ひとつ言わず引き受けたスグルくん。

得意じゃなくても、やるからには全力で取り組もうとしているスグルくん。

ぼくが足を引きずっていることに、気がついてくれたスグルくん。

ぼくはスグルくんの強さも優《やさ》しさも、まったくわかっていなかった。

カバヒコに頭を押《お》しつけながら、ぼくはこらえきれずに泣いた。

涙《なみだ》と一緒《いっしょ》に、勝手に言葉がこぼれてくる。

心と体が、カバヒコに聞いてもらおうとしているみたいだった。

「ぼくは……ぼくは、どうやったら自分が駅伝に出なくてすむかってことばかりで……嘘をついて…それが思い通りにいったことで、ますます苦しくなって……」

そこではっとした。

今ぼくは、なんて言った?

ああ、そうか。そういうことなんだ。

体が緊張《きんちょう》しているのは、ずるいことしたって罪悪感でびくびくしているからだ。

頭が、間違えちゃったんだ。

ホントのホントは、嘘なんてつきたくなかったんだ、そうだ、ぼくは……。

そういう自分のことが、イヤなんだ……。

次の週、ぼくはまたお母さんと一緒に伊勢崎整体院を訪《おとず》れた。

伊勢崎さんからの「ふたつの宿題」は、ぼくなりに仕上げてきたつもりだ。

体のバランスを整える体操は、朝、学校に行く前と、夜、お風呂《ふろ》に入ったあとの二回、毎日こなした。

そして「足から意識を飛ばす練習」は、伊勢崎さんの言うとおり、目の前のことに集中するように心がけた。

びっくりした。③意外な効果の連続だった。

たとえば、ごはんを食べるとき、何が入っていて、どんなふうに調理されているかをちょっと注意して見るだけで、前よりもおいしく感じた。歯をみがくとき、歯のことだけを考えていたら一本ずつていねいにブラシを当てようという気になった。授業中、黒板に書かれていることをノートに写すとき、なるべくきれいな字で書くようにしたら内容をすごく覚えやすくなった。

あたりまえのことかもしれない。

でも今までのぼくは、出された食事を特に気に留《と》めずに口に入れていたし、歯磨《はみが》きなんてささっと適当にブラシをくわえるだけだったし、黒板をろくに見ていないときさえあったのだ。

そしてその「練習」は、そのときだけじゃなく、普段《ふだん》の生活の中で意識が変わっていくことにつながった。

お母さんがいつもどうやって献立《こんだて》を決めているのか想像したり、歯ブラシの形や大きさにいろんな種類があることを知ったり、今まで好きじゃなかった教科にちょっと興味を覚えたり。

爪《つめ》を切るときの自分の指の曲がり方、鉛筆《えんぴつ》の芯《しん》のにおい、傘《かさ》にあたる雨音。目の前のいろんなことに集中してみると、それまで気がつかなかった発見がたくさんある。そうしているうちに、足のことを気に病《や》む時間が少しずつ減っていった。

そしてぼくはくじ引きからうまく逃れて、ただ道の端《はし》で応援《おうえん》するだけなのに……「イヤなこと」はもう、しなくてよくなったのに。

ほんとは痛くないのに痛いって、頭はなんで間違えちゃうのかな。

ああ、結局足のことを考えている。意識を飛ばすのって、難しい。

ぼくはカバヒコの前にしゃがみ、カバヒコの後ろの右足をすりすりとなでながら、思わず話しかけた。

「走るのがこんなにイヤなんて、ぼくはほんとに弱虫でダメだな……」

すると、「ダメじゃないぞ」と声がした。

びっくりした。

カバヒコが、しゃべった？

あたりを見回すと、いつのまにか、ブランコのそばにスグルくんがいた。

「走るのがイヤだと思うことなんて、ぜんぜんダメじゃない。イヤなもんはイヤだろ」

スグルくんはそう言って、上着の袖口《そでぐち》で鼻水をぬぐった。何度もそうしているのか、袖口はもう、かぴかぴになっている。

ぼくはしゃがんだまま訊《たず》ねる。

「スグルくんも、本当は走るのイヤなんじゃないの？　駅伝なんか、出たくないって思わないの？」

うーん、とスグルくんは首を傾《かたむ》けた。

「べつに、イヤじゃないよ」

「でもスグルくん、走るのそんなに得意そうじゃないし……」

「そう、おれ、足遅《おそ》いんだよなあ」

だよね？　走るの遅いってわかってるのに、どうして平気なんだ？

ぼくはその言葉を飲《の》み込《こ》みながら訊ねた。

「……だって、みんなが見てる中を走らなきゃいけないんだよ？」

「うん？　ああ、そうだねえ」

スグルくんは、へへへ、と笑った。

「駅伝、やったことないからさ。おれに番が回ってきたから、まずはやってみるっていう、それだけ。もしかしたら楽しいかもしれないし、やっぱりすごくつらいだけかもしれないし、でもそれってやらないとわかんないじゃん」

①それを聞いてぼくは、なんだか息が止まるみたいな思いがした。

言葉も出ず、動くこともできず、まるでカバヒコと一体になったみたいに固まっていると、スグルくんは急にちょこちょこと足踏《あしぶ》みをし始めた。

「じゃ、おれ、ここから走っていくから。自主練、自主練。この公園を折り返し地点にしてるんだ。あとで学校でね！」

スグルくんは公園を去っていく。

自主練として、登校のときに遠回りして走ってるんだ。

ひとりで、ランドセルをしょったまま。

やっと、わかった。

ぼくの体と心が本当にイヤだったのは、走ること自体じゃない。

ただ、みんなにカッコ悪いところを見られるのがイヤだったんだ。

走るのが得意な子たちの中、もしもランナーになってしまったら、ぼくが出たとたん、あっというまにビリになってしまうだろう。

全学年の同じ組の子たちの怒《いか》りを買い、見ている人たち全員から笑われ、駅伝当日だけじゃなくこれからのぼくの学校生活は絶望的になるだろう。

ぼくの頭は、そう考えたんだ。

だから②そんなこと、どうにかして避《さ》けなくちゃって。

スグルくんは、そんなことちっとも気にしていない。みんながどうきである、ということです。そしてそのとき、アーレントの示唆《しさ》した許しと約束の力は、SNS上の連帯においても重要な役割を演じるのではないでしょうか。

注1　SNS―ソーシャル・ネットワーキング・サービス（Social Networking Service）の略。インターネット上でのユーザー同士の交流が可能なサービスのこと。代表的なものとしてX［旧Twitter（ツイッター）］やInstagram（インスタグラム）などがある。

注2　アーレント―政治思想家、ハンナ・アーレントのこと。

注3　ハッシュタグ―主にSNS上で利用され、「#」記号とともにキーワードを入力して検索《けんさく》することで、同様のキーワードを主題とする投稿だけがまとめて表示される機能。近年では、「#」記号に続けて投稿者の政治的な主張を入力するなど、政治的な場面でも活用されている。

注4　先ほど確認した―この前の部分で筆者は、二〇一三年にアメリカで広まった、アフリカ系アメリカ人に対する差別への抗議《こうぎ》を表明する「ブラック・ライブズ・マター運動」において、ハッシュタグを用いた投稿が活用された事例を紹介《しょうかい》している。

問一　――線部①〈本当の意味で自由を獲得し、他者との議論の場に加わる〉とありますが、そのために必要なのはどうすることですか。**25**字以上**35**字以内で説明しなさい。

問二　――線部②〈「活動」を不安定にもします〉とありますが、それはなぜですか。**30**字以上**40**字以内で説明しなさい。

問三　――線部③〈そうした人間の本質を前提にしながら、他者とともに持続できる活動をしていくためには、何が必要なのでしょうか〉とありますが、アーレントの考えでは、〈必要〉なのはどうすることですか。**50**字以上**60**字以内で説明しなさい。

問四　――線部④〈SNSを活用して行われる政治的な活動〉のために必要なのはどうすることですか。**80**字以上**100**字以内で説明しなさい。

四

次の文章を読んで、後の問いに答えなさい。

小学四年生の勇哉《ゆうや》（ぼく）は、駅伝大会のランナーになりたくなかったので、足をねんざしたと嘘《うそ》をついて駅伝メンバーを決めるくじ引きを逃《のが》れました。ところが、数日後、本当に右足が痛くなってしまいます。勇哉はお母さんに連れられて、伊勢崎《いせざき》さんという整体師のところに通うことになりました。そんなある日、勇哉は公園にある遊具（カバヒコ）に会いに行きます。

翌日の朝、少し早起きするとぼくは、登校の前に遠回りをして、ひとりで日の出公園に向かった。

カバヒコに会うためだ。

「楽しいこと」なんてすぐには思いつかなかったけど、カバヒコのことを考えるとちょっと安らいだ気持ちになる。

誰《だれ》もいない公園に着くと、ぼくはカバヒコのところまでまっすぐ歩いていく。カバヒコがぼくを見て笑ってくれたように思えた。

なんだかまるで、約束して待ち合わせしたみたいに。

伊勢崎さんの言うとおり、整体院に一度行ったからってたちまち足の痛みがなくなったわけじゃない。だけど昨日はぐっすり眠《ねむ》れて、気分がすっきりしていた。

体と話をするって、どうやってやればいいんだろう。

走るのがイヤで、駅伝に出たくなかったっていうことは、間違《まちが》いない。それは体も心も、そして頭だって、みんな同じだったはずだ。

在であるから。それゆえ、ひとりひとりがそれぞれに、世界に新しい始まりをもたらす存在であるから」です。アーレントはこうした人間の本質を「複数性」と呼びます。

　この世界に、自分と同じ人はひとりとして存在しません。だからこそ、私たちはひとりひとりが新しい存在なのです。そしてそれは、言い換《か》えるなら「人間は誰しも前例のない存在である」ということでもあり、前例がない以上、私たちは誰もが予測不可能な存在です。

　こうした人間の予測不可能性は、②「活動」を不安定にもします。何しろ人間は誰もが前例のない存在です。「私」が他者と連帯し、活動を始めようとしても、その他者は「私」の思いもしないことをしたり、期待を裏切る行動をしたりするかもしれません。とはいえ、そうした予測不可能性こそが、新しい活動を始める原動力なのです。

　では、③そうした人間の本質を前提にしながら、他者とともに持続できる活動をしていくためには、何が必要なのでしょうか。

　アーレントは、二つの要素を挙げています。

　一つは、「許し」です。「活動」は、予測不可能な人間が行うものである以上、本質的に予測不可能です。その活動を行うことでどのような結末に至るのかは、誰にもわかりません。だからこそ、私たちは、他者と連帯して行う活動がどのような結末に終わるのだとしても、その結末をもたらした仲間を許すことができなければなりません。

　もし、活動の結末に対して常に重い責任を負わないといけないとしたら、活動を始めることのハードルは非常に高くなるでしょう。そうなると、この世界に変革は容易にはもたらされません。もちろん責任を負うことは大切です。しかし同時に、望ましくない結果をある程度は許す寛容《かんよう》さがなければ、活動はそもそも不可能になるのです。

　そして、もう一つの要素は「約束」です。私たちは活動において誰しもが予測不可能な存在である。だから、他者とともに行う活動のなかでこれから何が起こるのか、どのような変化が生じるのかは、完全には見通すことができません。そして、だからこそ、自分が行う活動について約束をすることが、他者とともに活動をする上では重要になります。

　もちろん、その約束を完全に履行《りこう》できるとは限りません。しかし、何の約束もしていなければ、活動は不安定で滅茶苦茶《めちゃくちゃ》なものになってしまうでしょう。活動が何らかの目的を達成するためには、私たちは互《たが》いの不確実な未来について、約束を交《か》わさなければならないのです。

　④ＳＮＳを活用して行われる政治的な活動は、アーレントの言う「私的領域」と「公的領域」の区別をとり払《はら》っていくものであるように思います。もちろん、ひとりひとりの私的な生活は大切です。しかし、そこから距離《きょり》をとり、自由になって、「私」の問題を「みんな」の問題として語ることができなければ、本来の政治は成り立ちません。

　注3ハッシュタグは、この問題に一つの解決をもたらすシステムかもしれません。つまり、ハッシュタグを使えば、私的な生活に根ざした私的な言葉がそのまま、「みんな」の問題を語る言葉になるのです。そして、それを活用したハッシュタグ的連帯が、実際に社会を変えるために有効であることは、注4先ほど確認《かくにん》したとおりです。

　しかし、そこにはひとりひとりが向かい合い、話し合い、互いを理解し合うというプロセスがなく、直接に顔を合わせて作られるリアルな運動体にあるようなメンバーシップが欠けています。

　ここで言える大切なことは、次のようなことでしょう。

　すなわち、ＳＮＳでの政治的な活動が望ましい形で社会を変えていくことができるのは、「ハッシュタグをつけて投稿《とうこう》して終わり」ではなく、ハッシュタグの向こうにかけがえのない個人がいるということが自覚され、リアルな運動体とは異なるとしても、ＳＮＳ上の連帯ならではのメンバーシップを作りだし、継続《けいぞく》していこうと努力されると

2024年度 芝中学校

一【国語】〈第二回試験〉（五〇分）〈満点：一〇〇点〉

一 次の①～⑤の□に当てはまる言葉を語群から選び、漢字で答えなさい。

① 兄は度□がある。
② 彼《かれ》は調理師の資□を持っている。
③ 彼の演説は□に入《い》っている。
④ ここの□園ではりんごを栽培《さいばい》している。
⑤ みんなで「カエルの歌」を□唱する。

《語群》　リン　キョウ　ドウ　ノウ　カク

二 次の①～⑤の□に当てはまる漢字一字を自分で考えて答えなさい。

① 彼は改革の□振《ふ》り役となった。
② 時間を持て□している。
③ 二人の話し合いの機会を、明日の十時に□けることにした。
④ あの人の言ったことが本当かどうかは□わしい。
⑤ 各地から花の便りが□せられた。

三 次の文章は、戸谷洋志『注1 SNSの哲学《てつがく》 リアルとオンラインのあいだ』の一部です。本文で筆者は、SNS上で出会う多様な人々との連帯によって政治的な活動のあり方がどのように変わったかを考察しています。以下の文章を読んで、後の問いに答えなさい。

自分の生活にとらわれている限り、人は自由ではありません。誰《だれ》かと議論しているときでも、自分の生活ばかりに目を向けているなら、その議論は平行線をたどってしまうでしょうし、そもそもそんな議論には誰も参加してくれないでしょう。「それって結局自分のことでしょ？　私には関係ないでしょ？」と、まわりの人々は思うだろうからです。

だからこそ、他者と議論するためには、自分の生活にこだわることをやめなければなりません。自分にとって利益があるかどうかとは関係なく、「みんな」にとって望ましいのかどうか。そうした視点から物事を考えられるようになったとき、はじめて人は①本当の意味で自由を獲得《かくとく》し、他者との議論の場に加わることができます。注2アーレントは、そうした議論こそが公共性を形づくる、と考えていました。

もっとも、ただ話し合いをすることだけが政治ではありません。政治とは、先ほども述べたとおり、現実に対して働きかけ、何かを変えていく運動です。そうである以上、他者と議論を重ねながらも、他者と連帯し、ともに活動することが必要になります。

アーレントは、このような意味での政治的な「活動 action」を、新しいことを始める営みとして説明しました。それまで誰も予想していなかったこと、誰もやったことがなかったことを開始すること。それがアーレントの考える「活動」にほかなりません。

では、なぜ人間にはこうした「活動」が可能なのでしょうか。なぜ人間は、新しい「活動」を始め、それまでの社会に新しい風を吹《ふ》きこむことができるのでしょうか。

アーレントはその答えを次のように説明します。それは、「この世界にはひとりとして同じ人間が存在せず、ひとりひとりがちがった存

2024年度
芝 中 学 校　▶解説と解答

算　数　＜第２回試験＞（50分）＜満点：100点＞

解　答

[1] (1)　28600　(2)　1.2　[2] A…240個，C…600個　[3] 10.13cm²　[4] (1)　7分後　(2)　分速150m　(3)　975m　[5] (1)　3通り　(2)　A…0個，B…8個，C…14個　[6] (1)　3：4　(2)　21：48：92　(3)　44：51　[7] (1)　6.28cm　(2)　4.05cm²　(3)　18回

解　説

[1] 四則計算，計算のくふう，逆算

(1)　$A\times B+A\times C=A\times(B+C)$となることを利用すると，$21\times45+21\times33=21\times(45+33)=21\times78$となる。さらに，$21\times78+35\times78=(21+35)\times78=56\times78$，$56\times78+56\times65=56\times(78+65)=56\times143$，$56\times143+143\times144=143\times(56+144)=143\times200=28600$と求められる。

(2)　$\frac{15}{16}-\frac{9}{32}\div0.375=\frac{15}{16}-\frac{9}{32}\div\frac{3}{8}=\frac{15}{16}-\frac{9}{32}\times\frac{8}{3}=\frac{15}{16}-\frac{3}{4}=\frac{15}{16}-\frac{12}{16}=\frac{3}{16}$，$1\frac{1}{9}-\frac{7}{24}=\frac{10}{9}-\frac{7}{24}=\frac{80}{72}-\frac{21}{72}=\frac{59}{72}$より，$\frac{3}{16}+\frac{59}{72}\times\left(□+6\frac{3}{10}\right)=6\frac{1}{3}$，$\frac{59}{72}\times\left(□+6\frac{3}{10}\right)=6\frac{1}{3}-\frac{3}{16}=6\frac{16}{48}-\frac{9}{48}=6\frac{7}{48}$，$□+6\frac{3}{10}=6\frac{7}{48}\div\frac{59}{72}=\frac{295}{48}\times\frac{72}{59}=\frac{15}{2}$　よって，$□=\frac{15}{2}-6\frac{3}{10}=7.5-6.3=1.2$

[2] 相当算

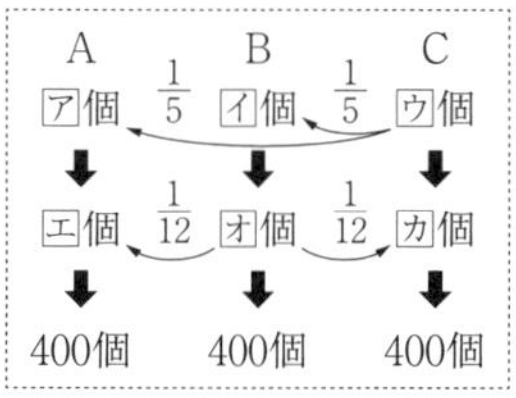

わかっていることをまとめると，右の図のようになる。[オ]の，$1-\frac{1}{12}\times2=\frac{5}{6}$(倍)が400個だから，[オ]$=400\div\frac{5}{6}=480$(個)とわかる。すると，BがAとCに渡《わた》した数は，$480\times\frac{1}{12}=40$(個)ずつなので，[エ]＝[カ]$=400-40=360$(個)となる。次に，[ウ]の，$1-\frac{1}{5}\times2=\frac{3}{5}$(倍)が360個だから，[ウ]$=360\div\frac{3}{5}=600$(個)と求められる。すると，CがAとBに渡した数は，$600\times\frac{1}{5}=120$(個)ずつなので，[ア]$=360-120=240$(個)とわかる。よって，最初に持っていた数は，Aが240個，Cが600個である。

[3] 平面図形─面積

右の図１で，アの部分を㋐に，イの部分を㋑に，…のように同じ文字の部分に移動すると，右の図２のようになる。よって，影《かげ》を付けた部分の面積の和は，半径が３cmの半円から１辺が１cmの正方形を４個取り除いた図形の面積と等しいから，$3\times3\times3.14\div2-1\times1\times4=10.13(\text{cm}^2)$と求められる。

図１
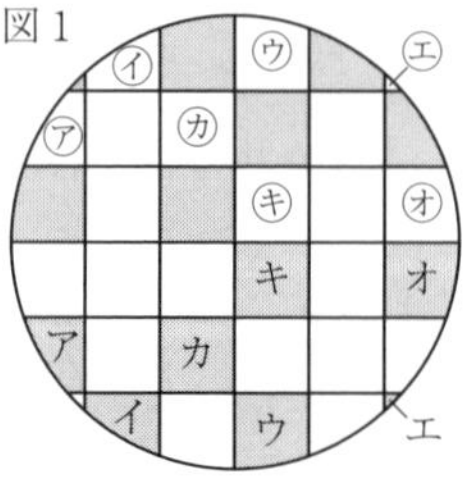

図２
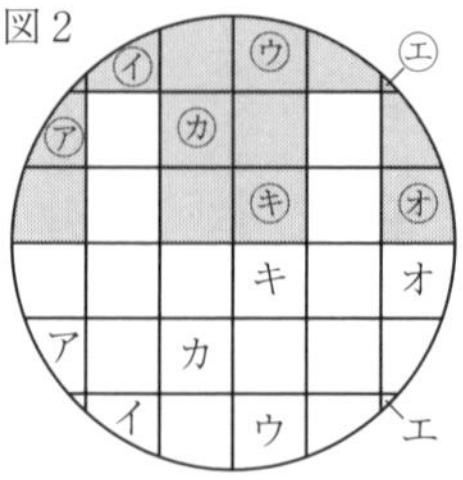

[4] グラフ―旅人算

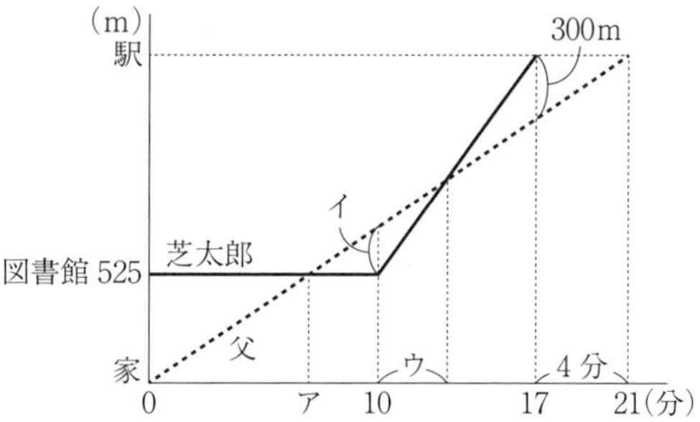

(1)　２人の進行のようすをグラフに表すと，右のようになる。お父さんが300m進むのにかかる時間が４分なので，お父さんの速さは分速，300÷４＝75(m)とわかる。よって，お父さんが図書館に着く時間(ア)は，525÷75＝７(分後)と求められる。

(2)　お父さんが図書館から駅まで進むのにかかる時間は，21－７＝14(分)なので，図書館から駅までの道のりは，75×14＝1050(m)とわかる。また，芝太郎君が自転車でこの道のりを進むのにかかる時間は，17－10＝７(分)である。よって，芝太郎君の自転車での速さは分速，1050÷７＝150(m)と求められる。

(3)　イの道のりは，75×(10－７)＝225(m)なので，ウの時間は，225÷(150－75)＝３(分)とわかる。よって，芝太郎君は家から，75×(10＋３)＝975(m)の地点でお父さんを追い越《こ》す。

[5] 場合の数

(1)　A，B，Cの個数をそれぞれⒶ個，Ⓑ個，Ⓒ個とすると，50×Ⓐ＋85×Ⓑ＋96×Ⓒ＝2024(円)と表すことができる。ここで，＿部分の一の位は０または５だから，＝部分の一の位は４または９となるが，９になることはないので，＝部分の一の位は４と決まる。また，2024÷96＝21余り８より，Ⓒの値は21以下とわかるから，考えられるⒸの値は{４，９，14，19}である。Ⓒ＝４のとき，50×Ⓐ＋85×Ⓑ＝2024－96×４＝1640となり，等号の両側を５で割って簡単にすると，10×Ⓐ＋17×Ⓑ＝328となる。このとき，17×Ⓑの一の位が８になることから，この式を満たす(Ⓐ，Ⓑ)の組み合わせは(26，４)，(９，14)とわかる。同様に考えると右の図のようになるので，条件に合う買い方は㋐，㋑，㋒の３通りある。

Ⓒ＝４	50×Ⓐ＋85×Ⓑ＝2024－96×４＝1640	
	10×Ⓐ＋17×Ⓑ＝328	→㋐(26，４)，㋑(９，14)
Ⓒ＝９	50×Ⓐ＋85×Ⓑ＝2024－96×９＝1160	
	10×Ⓐ＋17×Ⓑ＝232	→㋒(13，６)
Ⓒ＝14	50×Ⓐ＋85×Ⓑ＝2024－96×14＝680	
	10×Ⓐ＋17×Ⓑ＝136	→㋓(０，８)
Ⓒ＝19	50×Ⓐ＋85×Ⓑ＝2024－96×19＝200	
	10×Ⓐ＋17×Ⓑ＝40	→㋔(４，０)

(2)　合計個数は，㋐の場合は，４＋26＋４＝34(個)，㋑の場合は，４＋９＋14＝27(個)，㋒の場合は，９＋13＋６＝28(個)，㋓の場合は，14＋０＋８＝22(個)，㋔の場合は，19＋４＋０＝23(個)だから，合計個数が最も少なくなるのは㋓の場合であり，Aを０個，Bを８個，Cを14個買ったときとわかる。

[6] 平面図形―相似，辺の比と面積の比

図１

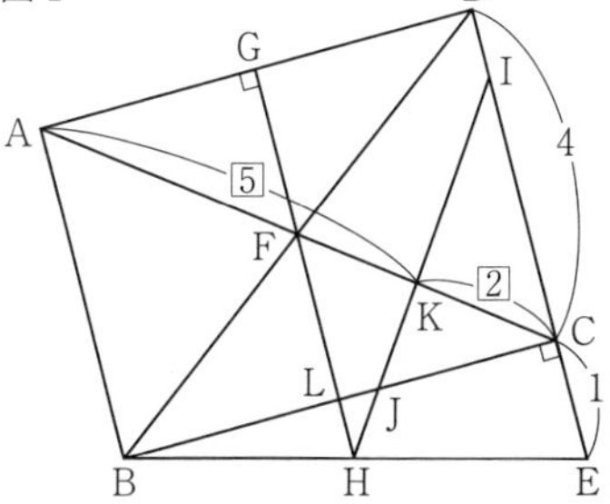

(1)　右の図１で，AC＝[5]＋[2]＝[7]だから，FC＝[7]÷２＝[3.5]となる。よって，FK：KC＝([3.5]－[2])：[2]＝３：４とわかる。

(2)　三角形FHKと三角形CIKは相似であり，相似比は，FK：CK＝３：４なので，HK：KI＝３：４となる。また，三角形BECと三角形BHLは相似であり，相似比は，BC：BL＝２：１より，LH＝１×$\frac{1}{2}$＝$\frac{1}{2}$になる。さらに，Fは長方形ABCDの

対角線の交点なので，FL＝４÷２＝２となり，FH＝２＋$\frac{1}{2}$＝$\frac{5}{2}$と求められる。よって，三角形FHKと三角形CIKの相似（相似比は３：４）より，CI＝$\frac{5}{2}$×$\frac{4}{3}$＝$\frac{10}{3}$となる。次に，三角形HJLと三角形IJCは相似であり，相似比は，LH：CI＝$\frac{1}{2}$：$\frac{10}{3}$＝３：20だから，HJ：JI＝３：20とわかり，右下の図２のように表すことができる。したがって，HJはHIの，$\frac{3}{3+20}$＝$\frac{3}{23}$（倍），JKはHIの，$\frac{3}{3+4}$－$\frac{3}{23}$＝$\frac{3}{7}$－$\frac{3}{23}$＝$\frac{48}{161}$（倍），KIはHIの，１－$\frac{3}{7}$＝$\frac{4}{7}$（倍）なので，HJ：JK：KI＝$\frac{3}{23}$：$\frac{48}{161}$：$\frac{4}{7}$＝21：48：92と求められる。

図２

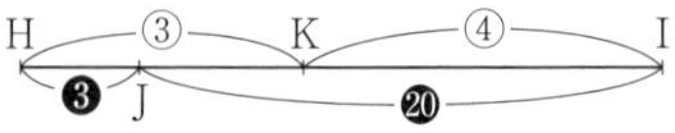

⑶　EC：CI：ID＝１：$\frac{10}{3}$：$\left(4-\frac{10}{3}\right)$＝３：10：２より，比を書き直すと右の図３のようになる。図３で，三角形CDFの面積を１とすると，三角形CIKの面積は，１×$\frac{10}{10+2}$×$\frac{4}{4+3}$＝$\frac{10}{21}$となるから，四角形DFKIの面積は，１－$\frac{10}{21}$＝$\frac{11}{21}$とわかる。また，三角形CDFと三角形EIHは，底辺の比が，CD：EI＝(10＋２)：(３＋10)＝12：13であり，高さが等しいので，三角形EIHの面積は，１×$\frac{13}{12}$＝$\frac{13}{12}$と求められ，四角形CKHEの面積は，$\frac{13}{12}$－$\frac{10}{21}$＝$\frac{17}{28}$とわかる。よって，四角形DFKIと四角形CKHEの面積の比は，$\frac{11}{21}$：$\frac{17}{28}$＝44：51である。

図３

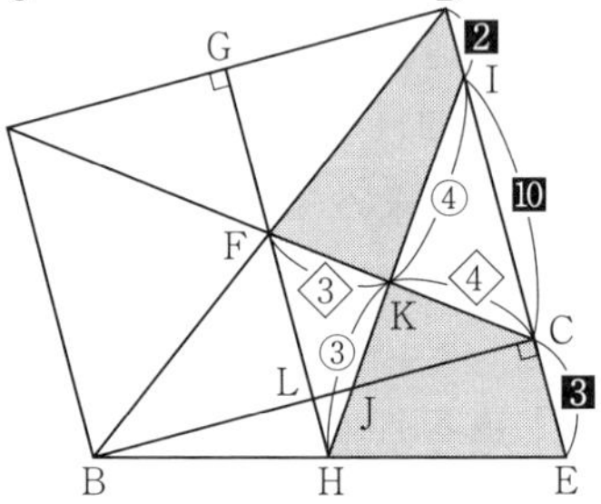

7　平面図形―図形上の点の移動，速さと比，面積，周期算

⑴　右の図１のように，角POP′の大きさを□度，角QOQ′の大きさを△度とする。このとき，点Ｐと点Ｑが動く円の半径の比は，4.5：1.8＝５：２である。また，円周上を点Ｐは点Ｑの２倍の速さで進むから，弧《こ》PP′と弧QQ′の長さの比は２：１であり，$\left(5\times2\times3.14\times\frac{\square}{360}\right)$：$\left(2\times2\times3.14\times\frac{\triangle}{360}\right)$＝(５×□)：(２×△)＝２：１となる。よって，□：△＝$\frac{2}{5}$：$\frac{1}{2}$＝４：５であり，この比の和が180度なので，□＝180×$\frac{4}{4+5}$＝80（度）とわかる。したがって，図１のようになるまでに点Ｐが進んだ道のりは，4.5×２×3.14×$\frac{80}{360}$＝２×3.14＝6.28(cm)と求められる。

図１

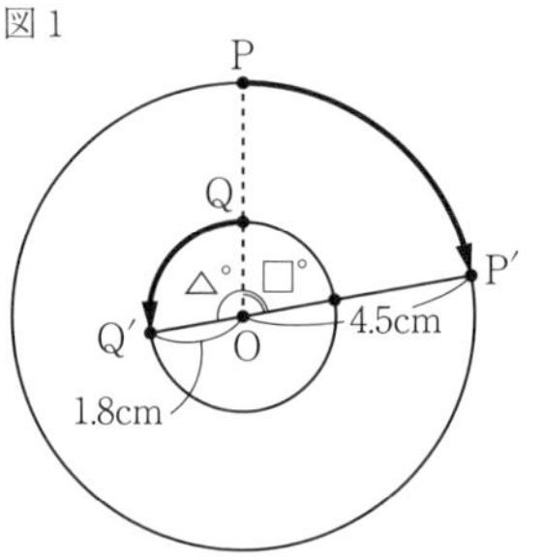

⑵　三角形OPQの面積が最も大きくなるのは，右の図２のように，OPとOQが垂直になるときである。よって，そのときの三角形OPQの面積は，4.5×1.8÷２＝4.05(cm^2)とわかる。

図２

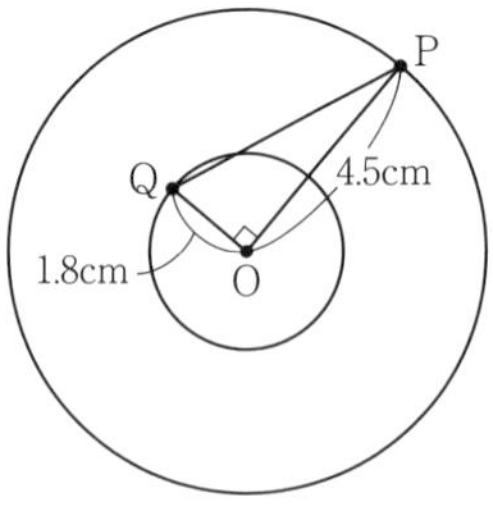

⑶　⑴より，OP，OQが回転する速さをそれぞれ秒速４度，秒速５度とすると，点Ｐは，360÷４＝90（秒）ごと，点Ｑは，360÷５＝72（秒）ごとにはじめの位置に戻《もど》る。また，90と72の最小公倍数は360なので，点Ｐ，Ｑが止まるのは360秒後である。次に，OPとOQがはじめて垂直になるのはOPとOQが合わせて90度回転するときだから，90÷(４＋５)＝10（秒後）である。また，２回目はOPとOQが合わせて，360－90＝270（度）回転するときなので，270÷(４＋５)＝30（秒後）である。さらに，OPとOQがはじめて重なるのは，360÷(４＋５)＝40（秒後）だから，OPとOQが垂直になるのは40秒間で２回あることがわかる。360秒後までにはこれが，360÷40＝９（回）くり返されるの

で，点Ｐ，Ｑが止まるまでに三角形OPQの面積が最も大きくなるときは，２×９＝18(回)ある。

社　会　＜第２回試験＞（40分）＜満点：75点＞

解　答

1　問１　A　渥美　B　駿河　C　最上　D　宗谷　問２　イ　問３　カ　問４　ア　問５　エ　問６　ア　問７　マイクロ　問８　ウ　問９　エ　2　問１　エ　問２　P　河村瑞賢　Q　東　問３　エ　問４　２番目…オ　５番目…ア　問５　ア　問６　エ　問７　エ　問８　２番目…エ　５番目…ア　問９　ウ　問10　朝鮮総督府　問11　ウ　3　問１　イ　問２　(1)　A　エ　B　ア　(2)　エ　(3)　アセスメント　問３　エ　問４　(1)　ウ　(2)　イ　問５　E　幸福　F　公共　問６　ア　問７　(1)　知的　(2)　リテラシー　4　問１　団結　問２　ウ　問３　エ　問４　(a)　経済活動の自由／安心感／満足感　(b)　自由を制限／創意工夫の原動力／(例)　どうやったら自分の力を発揮できるだろうと知恵を働かせるとき，思ってもいなかった面白いこと

解　説

1　日本の地理についての問題

問１　A　三河《みかわ》湾(愛知県)の東には渥美《あつみ》半島があり，三河湾の西側にある知多半島と向かい合っている。渥美半島では園芸農業がさかんで，出荷時期を調整した「電照菊」やメロンの栽培《さいばい》がさかんである。　**B**　伊豆半島(静岡県)の西には駿河《するが》湾があり，湾に面した清水港や焼津《やいづ》港は遠洋漁業の基地として知られる。　**C**　山形県内をおおむね北へ向かって流れる最上《もがみ》川は，西洋なしの産地である米沢盆地，おうとう(さくらんぼ)の産地である山形盆地を流れた後，米どころの庄内平野を経て日本海に注ぐ。最上川は，富士川(長野県，山梨県，静岡県)，球磨《くま》川(熊本県)とともに日本三急流の１つに数えられている。　**D**　北海道本島の最北端《たん》に位置する宗谷《そうや》岬は，宗谷海峡をへだててサハリン(樺太《からふと》)と向かい合っている。

問２　写真１，２は，地図中のイの弘前《ひろさき》市(青森県)で行われる「弘前ねぷたまつり」の様子を撮影《さつえい》したものである。山車《だし》(かざりたてた大きな車)を引いて市内を練り歩く点では青森市の「青森ねぶた祭」と似ていて，開催時期もほぼ同じだが，人形の形をした「組ねぷた」のほかに写真１，２のような扇形《おうぎがた》の「扇ねぷた」があるのが特徴《とくちょう》である。なお，アは室蘭《むろらん》市(北海道)，ウは秋田市，エは宮古《みやこ》市(岩手県)である。

問３　熊谷《くまがや》市(埼玉県)は内陸部にあるため夏と冬の気温の差が大きく，夏は全国でも暑い町として知られるので，③とわかる。残った①，②のうち，夏と冬の気温の差がより小さい①が，太平洋に面しているため夏と冬の気温の差が小さい勝浦市(千葉県)で，もう一方の②が横浜市(神奈川県)と判断できる。なお，勝浦市は過去100年以上にわたって猛暑《もうしょ》日がなく，夏がすずしい市として知られる。

問４　地図中のＸは兵庫県明石《あかし》市を通る東経135度の経線(日本標準時子午線)，Ｙは東経140度の経線である。経度差１度分を地球が回転するのにおよそ，60×24÷360＝４(分)かかるので，日の出の時刻の差はおよそ，４×(140−135)＝20(分)と考えられる。

問５　地図中のＪは岐阜市である。岐阜県北部の白川郷と，隣接《りんせつ》する富山県南部の五箇山《ごかやま》地方には，ユネスコ(国連教育科学文化機関)の世界文化遺産「白川郷・五箇山の合掌《がっしょう》造り集落」があるので，エが正しい。なお，アについて，美濃《みの》焼は岐阜県の伝統的工芸品だが，西陣織《にしじんおり》は京都府，輪島塗《ぬり》は石川県の伝統的工芸品である。イについて，輸送用機械の生産額が最も多いのは愛知県である。ウについて，石油化学工業がさかんで，公害問題(四日市ぜんそく)が発生したのは，三重県である。

問６　ほぼ球体である地球の姿を地図に表す時には，ゆがみが出てしまう。図１の地図は赤道から離れて高緯度になるほど距離が大きく示されるゆがみのある方法で描かれている。そのため，図１で示された経路では一番距離が長く見えるアが，実際に移動する際には最短経路となる。

問７　近年，直径が５mm以下のマイクロプラスチックによる海洋汚染《おせん》が国際問題になっている。

問８　近年は，三大都市圏《けん》(東京・大阪・名古屋)への人口集中と過疎《かそ》地域の人口減少が進んでいるので，表２のＭ(1995～2000年と2015～2020年の値が２つともプラス)は名古屋市を県庁所在地とする愛知県，Ｌ(1995～2000年と2015～2020年の値が２つともマイナス)は過疎化が進む高知県と判断できる。残ったＮが宮城県である。

問９　製鉄所は原料と製品の輸送に便利な臨海部に立地していることが多いので，海に面している神奈川県，茨城県，千葉県に比べて，内陸県である埼玉県は鉄鋼業がさかんでないと考えられる。よって，表３の鉄鋼業製造品出荷額等が最も少ないエが埼玉県と判断できる。なお，鉄鋼業製造品出荷額等が多いアは千葉県，耕地率が低いイは神奈川県，耕地率と昼夜間人口比率が高いウは茨城県である。

2　日本の木造建築についてまとめた年表を題材とした問題

問１　①　東大寺(奈良県)の南大門に安置されている金剛《こんごう》力士像は，鎌倉時代に運慶《うんけい》・快慶《かいけい》ら慶派一門によってつくられた。なお，行基は東大寺の大仏づくりに協力した奈良時代の僧である。

②　平清盛は源平の争乱期に，反平氏の動きを見せた興福寺(奈良県)や東大寺を焼き討ちした。承久《じょうきゅう》の乱は1221年の出来事である。なお，東大寺は戦国時代にも火災で焼失しており，現在に残る大仏殿は江戸時代に再建されたものである。

問２　Ｐ，Ｑ　江戸時代前半には，日本海沿岸から津軽《つがる》海峡経由で江戸にいたる東まわり航路と，日本海沿岸から下関経由で大阪にいたる西まわり航路が，江戸の商人河村瑞賢《ずいけん》によって開かれた。

問３　Ｘ　寺請《てらうけ》制度は，豊臣秀吉ではなく江戸幕府が定めた制度である。また，平安時代以降，神仏習合(神と仏を同じものととらえる風習)が広まっていたが，明治政府は神仏習合を否定し，神道を仏教から独立させて国教とすることを目指していた(神仏分離《ぶんり》)。　Ｙ　1868年，明治政府は五箇条の御誓文を発表した翌日，庶民《しょみん》に向けて五榜《ごぼう》の掲示を出し，その中でキリスト教を邪教《じゃきょう》であるとして禁止した。しかし，諸外国の抗議を受けたため，後にキリスト教を認めた。なお，五箇条の御誓文は，政治の基本方針を示したものである。

問４　アの仏教伝来は538年(一説に552年)，イの高句麗好太王《こうくりこうたいおう》が倭軍《わぐん》を撃退《げきたい》したのは400年ごろ，ウの奴国《なこく》王の金印拝受は57年，エの倭王武《ぶ》(雄略《ゆうりゃく》天皇)が中国(南北朝時代の南朝・宋)に使いを送ったのは478年，オの倭国王が中国(後漢)に奴隷《どれい》160人を献上《けんじょう》したのは107年の出来事である。よって，年代の古い順にウ→オ→イ→エ→アとなる。

問５　ａの高向玄理《たかむこのくろまろ》は遣隋使《けんずいし》の留学生として中国に渡って隋・唐で学び，大化の改新(645年)後，国博士《くにはかせ》として政権に加わった。また，ｃの聖武天皇は伝染病の流行による国内の混乱を収拾するため，何度か遷都《せんと》(都をうつすこと)を行っている(ア…○)。なお，ｂの阿倍仲麻呂《あべのなかまろ》は帰国を果たせず，唐の都・長安で亡くなった。また，ｄの藤原京(奈良県)に遷都したのは持統天皇で，桓武《かんむ》天皇は長岡京(京都府)と平安京(京都府)に遷都した。

問６　Ｘ(平将門の乱)は935～940年，Ｙ(六波羅探題《ろくはらたんだい》の設置)は1221年の出来事なので，組み合わせはエが正しい。

問７　大和絵様式による写実的な肖像《しょうぞう》画である似絵《にせえ》は，鎌倉時代から南北朝時代にかけて流行した(エ…×)。

問８　アの禁中《きんちゅう》並《ならびに》公家諸法度《くげしょはっと》の制定は1615年，イのオランダ商館を長崎の出島に移したのは1641年，ウの山城の国一揆《いっき》は1485～93年，エのフランシスコ＝ザビエルが鹿児島に来航したのは1549年，オのバテレン追放令が出されたのは1587年，カの慶長《けいちょう》の役は1597～98年の出来事である。よって，年代の古い順にウ→エ→オ→カ→ア→イとなる。

問９　Ⅰの天明のききんは1782～87年，Ⅱの江戸で初めて起こった大規模な打ちこわし(享保《きょうほう》のききんの影響《えいきょう》によるもの)は1733年，Ⅲの大塩平八郎の乱は1837年の出来事である。よって，年代の古い順にⅡ→Ⅰ→Ⅲとなる。

問10　1910年，日本は韓国併合《へいごう》を行って朝鮮を植民地とし，それまでの(韓国)統監《とうかん》府に代わる統治機関として朝鮮総督《そうとく》府を置いた。

問11　Ｘの日米新安全保障条約が結ばれたのは1960年で，岸信介《のぶすけ》内閣のときである。また，Ｙの朝鮮戦争による特需《とくじゅ》景気が始まったのは1950年で，吉田茂《しげる》内閣のときである(ウ…○)。なお，①の佐藤栄作はＸより後，④の鳩山《はとやま》一郎はＸとＹの間に組閣している。また，日米安全保障条約は1951年，吉田茂内閣により最初に締結《ていけつ》された。

3　コロナ後の新しい社会についての問題

問１　家族がいるにもかかわらず一人で食事をすることや，家族がおらず一人で食事をとることを，孤独《こどく》な食事という意味で「孤食」という。核家族化や少子高齢化が進んだことが大きな要因である。

問２　(1)　**Ａ，Ｂ**　環境《かんきょう》基本法では大気汚染，水質汚濁《おだく》(…Ａ)，土壌《どじょう》汚染，騒音《そうおん》，振動《しんどう》，地盤沈《じばんちん》下《か》，悪臭《あくしゅう》(…Ｂ)の７つが公害として定められている(これらは典型七公害とも呼ばれる)。　(2)　有機水銀を原因とする水俣《みなまた》病(熊本県水俣市周辺)，新潟(第二)水俣病(新潟県阿賀野《あがの》川流域)，カドミウムを原因とするイタイイタイ病(富山県神通《じんずう》川流域)，亜硫酸《ありゅうさん》ガス(二酸化硫黄《いおう》)などを原因とする四日市ぜんそく(三重県四日市市)を四大公害病といい，いずれも主に高度経済成長期(1950年代半ば～1970年代前半)に発生した。　(3)　公害などの社会的影響を防ぐため，大規模開発のさいには環境への影響を事前に調査・予測することが義務づけられている。これを環境アセスメント(環境影響評価)という。

問３　所得税は国税なので，近隣の人々に対する影響としてはエが適切でない。

問４　(1)　ア　通常，国会における議決は出席議員の過半数の賛成により可決されるので，誤っている。なお，衆議院が可決した法律案を参議院が否決した場合，衆議院が出席議員の３分の２以上の賛成でこれを再可決すれば，法律として成立する。　イ　いったん可決された法律案を，内容が変わらないまま再可決することはないので，誤っている。　ウ　法律の成立および公布の説明として正しい。　エ　「特別国会」ではなく「公聴《こうちょう》会」が正しい。なお，公聴会は委員会での審議のさいに必要に応じて開かれ，予算の審議や予算をともなう議案の審議のさいには必ず開かれる。

(2)　地方自治において，条例の制定・改正・廃止については，住民は有権者の50分の１以上の署名により，首長にこれを請求《せいきゅう》することができる(イ…×)。なお，３分の１以上の署名が必要なのは，首長や議員の解職請求(リコール)，地方議会の解散請求である。

問５　**Ｅ，Ｆ**　日本国憲法第13条では，「すべて国民は，個人として尊重される。生命，自由及《およ》び幸福追求に対する国民の権利については，公共の福祉《ふくし》に反しない限り，立法その他の国政の上で，最大の尊重を必要とする」と定められている。

問６　裁判所は，法律や内閣の行為などが憲法に違反していないかどうかを，具体的な裁判を通して判断する権限を持つ。これを違憲審査権といい，裁判所が違憲と判断した法律や行為などは無効とされる。

問７　(1)　知的な創作活動によって何かをつくり出した人に対して与《あた》えられる「他人に無断で利用されない権利」のことを，知的財産権という。著作物に対する権利を保護する著作権のほか，発明に対する特許権，マークなどの営業標識に対する商標権などがある。　(2)　インターネットから得られる大量の情報の中から価値のあるもの，信頼できるものを選択《せんたく》し，活用できる能力を，インターネットリテラシーという。リテラシーは「読み書きできる能力」を意味する英語で，文字を読み書きできるのと同じように情報を使いこなせる能力という意味から，こう呼ばれるようになった。新聞やテレビなどからの情報を正しく選択・活用できる能力であるメディアリテラシーも，ほぼ同じ意味で用いられている。

4　**都市の景観についての問題**

問１　労働者が労働組合をつくり加入することのできる権利を団結権，労働条件の改善のために労働者が雇用《こよう》者(会社)と話し合うことのできる権利を団体交渉《こうしょう》権，雇用者に要求を認めさせるために労働者がストライキなどを行うことのできる権利を団体行動権(争議権)という。これらは労働三権と呼ばれ，いずれも日本国憲法第28条で保障されている。

問２　十分な受け入れ態勢が整っていない地域に多くの観光客が訪れる状況のことをオーバーツーリズムといい，交通の混雑や騒音，観光客によるマナー違反などの，地域住民の生活環境に害をおよぼす「観光公害」につながることがある。

問３　川越市は埼玉県に位置するが，清水《きよみず》焼は京都府の伝統的工芸品なので，エが誤りをふくんでいる。

問４　(a)　全国で同じような町なみが見られる理由については，本文の第２段落で，企業側と消費者側の「両者の思いが一致した結果」だろうと説明されている。「企業努力」が「経済活動の自由」にもとづいていることと，「消費者」の「思い」が「安心感」「満足感」という言葉で表現されていることに注意する。　(b)　本文の第３段落以降では，京都市の「規制が創意工夫の原動力となった事例」について，「規制は，自由を制限するもの」という特徴にふれながら説明されている。筆者が二重線部のように考える理由は，「ルールを守るという前提の中で，どうやったら自分の力を発揮《はっき》できるだろうと知恵を働かせるとき，思ってもいなかった面白いものが生まれることがあるのだと思います」の部分に，最もよく表れている。

理　科　＜第２回試験＞（40分）＜満点：75点＞

解　答

[1] (1)　関東ローム(層)　(2)　(ウ)　(3)　(イ)，(エ)，(カ)　(4)　(a)　(ウ)　(b)　(ア)，(イ)，(カ)　(5)　(ウ)　(6)　**ア**　あえん　**イ**　体ぼうちょう率　**ウ**　大き　[2] (1)　(ウ)，(キ)　(2)　(a)　(ア)　(b)　(ア)，(エ)　(3)　セメント　(4)　(ア)　(5)　示準(化石)　(6)　(ア)，(ウ)　[3] (1)　しょくばい　(2)　(ア)　(3)　①　(ア)　③　(オ)　⑤　(ウ)　(4)　2.2 g　(5)　65 %　(6)　(例)　二酸化炭素から酸素をうばうから。　[4] (1)　レボルバー　(2)　(ア)，(エ)　(3)　(イ)，(エ)　(4)　**けんび鏡Ⅰ**…(エ)　**けんび鏡Ⅱ**…(ア)　(5)　**あ**　(ア)　**い**　(ク)　**う**　(エ)　**え**　(ト)　[5] (1)　1075 g　(2)　1033 g　(3)　117cm³　[6] (1)　(イ)，(ウ)，(エ)　(2)　(イ)，(ウ)，(オ)　(3)　イ，ウ＝エ，ア＝オ

解　説

[1] 小問集合

(1)　関東平野の台地に広く分布する赤土(赤褐色《せっかっしょく》のねん土質の土)の層は，関東ローム(層)と呼ばれる。数万年前に富士山，箱根山，浅間山，榛名《はるな》山，赤城山などの火山から噴出《ふんしゅつ》した火山灰が積もったもので，表面は黒土でおおわれており，水を通しやすいため水田には適さず，多くは畑作地帯となっている。

(2)　(ア)はアンザン岩，(イ)はゲンブ岩，(ウ)はカコウ岩，(エ)は緑色片岩，(オ)は大理石である。これらの石材の中で，石英・長石・黒雲母《うんも》をふくむものはカコウ岩である。

(3)　(ア)のナナホシテントウは，アブラムシを食べる。(イ)のコガネムシは，サクラやケヤキなどの広葉樹の葉や，大豆などマメ科の植物の葉などを食べる。(ウ)のオオカマキリは，ほかの昆虫《こんちゅう》をつかまえて食べる。(エ)のモンシロチョウの幼虫は，キャベツなどのアブラナ科の植物の葉を食べる。(オ)のジョロウグモは，網《あみ》をはり，網にかかった昆虫などを食べる。(カ)のトノサマバッタは，イネ科の植物の葉をかじって食べる。よって，(イ)，(エ)，(カ)が選べる。

(4)　(a)　図１のポンプには弁が(ウ)のようについており，液体がＡからＢに逆流せずに流れるようになっている。　(b)　(ア)　Ｃを握《にぎ》ると，Ａ側の弁が閉じてＢ側の弁が開くので，Ｃの中の空気がＢから出て行く。握った手をはなすと，Ｃが元の形に戻《もど》ってＣの中の気圧が下がるので，Ｂ側の弁が閉じてＡ側の弁が開き，水がＡから吸い上げられる。これを何回か繰《く》り返すと，(う)の状態になる。(イ)　(え)の状態になると，水がＢから外に出て行く。このとき，Ａ側の弁とＢ側の弁は両方とも開いており，Ａからは水が吸い上げられる。これが続くので，Ｃを握ったりはなしたりしなくても，水はＢから出続ける。　(ウ)　(え)の状態からＢを水槽《すいそう》の水面より高くすると，(う)の状態に戻ってしまう。そのため，Ｂから出る水は止まってしまう。　(エ)～(キ)　(お)でＣのフタを外すと，Ｃの中に空気が入るようになるので，水が水槽の外側と内側にそれぞれ落ちる。

(5)　水銀は，常温(普通の部屋の温度)で液体である金属として知られる。また，融点《ゆうてん》は固体が液体になるときの温度，沸点《ふってん》は液体が気体になるときの温度であり，金属は電気をよく通す(電気伝導率が大きい)。よって，(ウ)が水銀と判断できる。なお，(ア)は銀，(イ)はスズ，(エ)はエタノールである。

(6)　図６は図５より温度が高い状態で，金属Ａの方が金属Ｂより長くなっている。これは，金属Ａ

の方が金属Ｂより体ぼうちょう率が大きいためである。表２より，あえんは鉄よりも体ぼうちょう率が大きいことがわかるので，金属Ａにはあえん，金属Ｂには鉄がふさわしい。

2 岩石と化石についての問題

(1)　石灰岩の主な成分は炭酸カルシウムで，これはサンゴや二枚貝に多くふくまれている。

(2)　(a)　石灰岩を約900℃に加熱すると，二酸化炭素が発生し，生石灰(酸化カルシウム)ができる。生石灰は水分を吸収する性質があるので，海苔《のり》の袋《ふくろ》の中の乾燥剤《かんそうざい》などに利用されている。　(b)　生石灰が水と反応すると，消石灰(水酸化カルシウム)ができる。石灰水は，水酸化カルシウムの水《すい》溶液《ようえき》である。また，消石灰は，水に溶《と》けるとアルカリ性を示すので，畑の酸度中和剤として用いられる。

(3)　石灰岩とねん土と石こうなどを混ぜて焼いて作る工業原料は，セメントである。このセメントに砂やじゃりを混ぜるとコンクリートができる。

(4)　フズリナは古生代に生きていた生物なので，同じ古生代に生きていた(ア)のサンヨウチュウが選べる。なお，(イ)の恐竜《きょうりゅう》(ティラノサウルス)は中生代，(ウ)のナウマン象(の歯)は新生代，(エ)のアンモナイトは中生代，(オ)のビカリアは新生代に生きていた生物である。

(5)　地層ができた時代を知る手がかりになる化石を示準化石という。なお，地層ができた当時の環《かん》境《きょう》を知る手がかりになる化石を示相化石という。

(6)　化石となった生物が生息していた時代が短ければ，より正確な時代を特定できる。また，分布範囲《はんい》が広い生物の化石であれば，離《はな》れた地域における地層でも年代の比かくが行いやすい。したがって，(ア)と(ウ)がふさわしい。

3 酸素に関する実験についての問題

(1)　二酸化マンガンに過酸化水素水を加えると，過酸化水素水に溶けている過酸化水素が分解して，酸素と水ができる。このとき，二酸化マンガンは過酸化水素が分解するのを助けるはたらきをするだけで，それ自身は変化しない。このような物質を触媒《しょくばい》という。

(2)　図１のグラフの傾《かたむ》き(発生した酸素の体積の変化)は，反応開始直後が最も大きく，その後，次第に小さくなっている。よって，(ア)が正しい。

(3)　時間が十分にたったとき，発生する酸素の量は，過酸化水素の量に比例する。また，過酸化水素水の濃度《のうど》が高かったり，二酸化マンガンの量が多かったりすると，反応が速くなる。過酸化水素水１cm^3の重さを１ｇとすると，最初の実験１では，時間が十分にたったとき，10×0.02＝0.2(ｇ)の過酸化水素から，酸素がおよそ60cm^3発生している。そして，①～⑤にふくまれる過酸化水素の量は，①が，10×0.04＝0.4(ｇ)，②が，20×0.02＝0.4(ｇ)，③が，10×0.01＝0.1(ｇ)，④が，20×0.01＝0.2(ｇ)，⑤が，10×0.02＝0.2(ｇ)である。したがって，時間が十分にたったとき，発生する酸素の量は，①，②がおよそ，$60\times\frac{0.4}{0.2}=120(cm^3)$，③がおよそ，$60\times\frac{0.1}{0.2}=30(cm^3)$，④，⑤がおよそ60$cm^3$であり，①は②より反応が速く，⑤は実験１や④より反応が速いので，①は(ア)，②は(イ)，③は(オ)，④は(エ)，⑤は(ウ)となる。

(4)　表２より，0.6ｇのマグネシウムは，1.0－0.6＝0.4(ｇ)の酸素と結びつくことがわかる。よって，3.3ｇのマグネシウムで実験をしたときに結びつく酸素の重さは，$0.4\times\frac{3.3}{0.6}=2.2$(ｇ)と求められる。

(5)　燃焼したマグネシウムに結びついている酸素の重さは，8.6－6.0＝2.6(ｇ)なので，燃焼したマグネシウムの重さは，$0.6\times\frac{2.6}{0.4}=3.9$(ｇ)である。この重さは，もとのマグネシウムの重さの，3.9

÷6.0×100＝65(％)である。

⑹　ドライアイスは，二酸化炭素が冷やされて固体の状態になったものである。二酸化炭素は炭素と酸素が結びついた物質だが，酸素は炭素よりもマグネシウムと結びつきやすい。そのため，ドライアイス(二酸化炭素)の中でマグネシウムを燃やすと，マグネシウムが二酸化炭素から酸素をうばって酸化マグネシウム(白い固体)になり，あとに炭素(黒い粉)が残る。

4　けんび鏡を使った観察についての問題

⑴　Ａの部分をレボルバーという。対物レンズの倍率を変えるときは，レボルバーを回す。

⑵　(ア)　観察のときには，はじめは低倍率のレンズを使って見たいものが視野の中心にくるように調節し，それから高倍率のレンズに変えて観察する。　(イ)　けんび鏡Ⅰのピントを合わせるときには，横から見ながら調節ねじを回し，対物レンズをプレパラートにぎりぎりまで近づけてから，接眼レンズをのぞきながら調節ねじを回し，対物レンズとプレパラートを遠ざけていく。これは，接眼レンズをのぞきながら対物レンズをプレパラートに近づけていくと，対物レンズがプレパラートにぶつかって，対物レンズをいためたり，プレパラートのカバーガラスが割れてしまったりするおそれがあるからである。　(ウ)　倍率を高くすると，それだけせまい範囲を拡大して見ることになる。そのため，入ってくる光の量が減り，視野の明るさは暗くなる。　(エ)　対物レンズは，倍率の低いものほど短く，ピントが合ったときのプラパラートとのきょりが長い。

⑶　(ア)，(ウ)　ジャガイモのデンプン粒《りゅう》は0.05mm程度，ケイソウは0.01～0.1mm程度，ミカヅキモは0.1mm程度の大きさで，100～400倍で観察する必要があるので，けんび鏡Ⅰがふさわしい。(イ)，(エ)　けんび鏡Ⅱ(双眼《そうがん》実体けんび鏡)を使うと，トンボの複眼やメダカの卵がふ化するまでを，生きたまま立体的に観察することができる。

⑷　けんび鏡Ⅰでは，物体の上下左右が逆になった大きな像が見えるので，(エ)があてはまる。一方，けんび鏡Ⅱでは，物体と同じ向きの大きな像が見えるので，(ア)が選べる。

⑸　**あ**　接眼Ｍの４目盛りが対物Ｍの１目盛り(0.01mm)と同じ長さなので，接眼Ｍの目盛り１つ当たりの長さは，0.01÷４＝0.0025(mm)となる。　**い**　細ぼう１つの長辺の長さは，0.0025×40＝0.1(mm)と求められる。　**う**　対物レンズを40倍から10倍に変えると，40倍のときに見えていた物体の長さが，10÷40＝$\frac{1}{4}$(倍)になるので，接眼Ｍの目盛り１つ当たりの長さは40倍のときの，１÷$\frac{1}{4}$＝４(倍)の，0.0025×４＝0.01(mm)になる。　**え**　対物レンズを40倍から10倍に変えると，視野の左右方向の長さと上下方向の長さがどちらも４倍に広がるので，視野の面積が，４×４＝16(倍)に広がる。したがって，視野内に細ぼうはおよそ，10×16＝160(個)見えるはずである。

5　力のつり合いについての問題

⑴　図２では，糸がたるんでいたので，ばねはかりは物体を持ち上げていない。よって，台はかりは，容器と水と物体の重さの合計の，1000＋75＝1075(ｇ)を示す。

⑵　図３では，容器と水と物体の重さを，台はかりとばねはかりが支えている。容器と水と物体の重さは1075ｇで，このうちの42ｇをばねはかりが支えているので，台はかりは，1075－42＝1033(ｇ)を示す。

⑶　図３で，物体が水中で静止しているのは，物体に下向きにはたらく力(物体の重さと糸で引く力の和)と，物体にはたらく浮力《ふりょく》がつり合っているからである。したがって，物体にはたらく浮力

は，75＋42＝117(ｇ)なので，物体の体積は，117÷１＝117(cm^3)と求められる。

6 豆電球の明るさについての問題

⑴　図１で，点A，点Cはどちらも点D，点Bの真ん中にあるので，点Aと点Cの間には電圧がかからず，電流が流れない(つまり，豆電球(オ)は点灯しない)。よって，図１の回路は，「豆電球(ア)と豆電球(イ)を直列につないだもの」と「豆電球(エ)と豆電球(ウ)を直列につないだもの」を電源装置に並列につないだ回路と同じものと考えてよいので，豆電球(ア)～豆電球(エ)が同じ明るさで点灯する。

⑵　図２で，点Dから点Cの間は，電流が導線にほとんどすべて流れ，豆電球(エ)にはほとんど流れないので，豆電球どうしのつながり方に気をつけて図２を書き直すと，右の図Ⅰのようになる。ここで，豆電球１個の抵抗《ていこう》(電流の流れにくさ)の大きさを[1]とすると，点Dと点Aの間の抵抗は，[1]÷２＝[0.5]，点Dと点Bの間の抵抗は，[0.5]＋[1]＝[1.5]となるので，電源装置に流れる電流の大きさを１とすると，豆電球(イ)には，１÷1.5＝$\frac{2}{3}$，豆電球(ア)と豆電球(オ)にはどちらも，$\frac{2}{3}$÷２＝$\frac{1}{3}$，豆電球(ウ)には１の電流が流れる。また，図１の豆電球(ア)～豆電球(エ)にはそれぞれ，１÷２＝$\frac{1}{2}$の電流が流れる。したがって，図１より図２の方が明るい豆電球は，豆電球(イ)，豆電球(ウ)，豆電球(オ)とわかる。

図Ⅰ

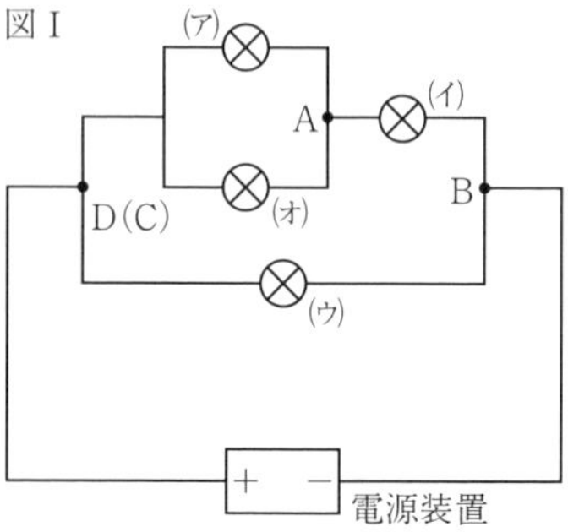

⑶　豆電球どうしのつながり方に気をつけて図３を書き直すと，右の図Ⅱのようになる。⑵と同様に考えると，豆電球(ア)と豆電球(オ)にはどちらも$\frac{1}{3}$，豆電球(イ)には$\frac{2}{3}$，豆電球(ウ)と豆電球(エ)にはどちらも$\frac{1}{2}$の電流が流れるので，明るさは「イ，ウ＝エ，ア＝オ」となる。

図Ⅱ

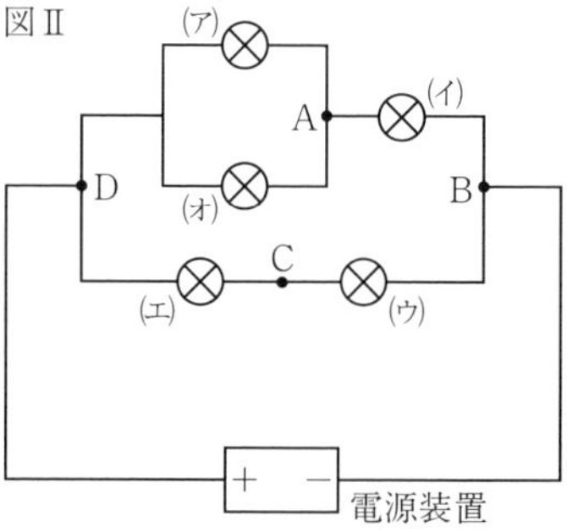

国　語　＜第２回試験＞（50分）＜満点：100点＞

解　答

一　下記を参照のこと。　二　下記を参照のこと。　三　**問１**　(例)「みんな」にとって望ましいのかどうかという視点から物事を考えること。　**問２**　(例)他者が思いもしないことをしたり，期待を裏切る行動をしたりするかもしれないから。　**問３**　(例)望ましくない結果をある程度は許す寛容さを持つことと，活動が何らかの目的を達成するために他者と互いに約束を交わすこと。　**問４**　(例)「ハッシュタグをつけて投稿して終わり」ではなく，ハッシュタグの向こうにかけがえのない個人がいるということを自覚し，SNS上の連帯ならではのメンバーシップを作りだし，継続していこうと努力すること。　四　**問１**　(例)楽しいかつらいかわからないことならば，まずはやってみるというスグルくんの言葉。　**問２**　(例)(ぼくがランナーになってしまったら，)あっというまにビリになって，みんなの怒りを買ったり全員から笑われたりして，学校生活が絶望的なものになること。　**問３**　(例)「練習」以外の普段の生活の中での意識が変わり，それまで気がつかなかった発見がたくさんできること。

問４　（例）　前の自分は，みんなにカッコ悪いところを見られるのがイヤで，走ることには消極的だったが，回復した後の自分は，みんながどう思うかなんて気にしないスグルくんの態度をきっかけに，走ることに積極的になっている。

●漢字の書き取り

㊀ ①　胸　②　格　③　堂　④　農　⑤　輪　㊁ ①　旗　②　余　③　設　④　疑　⑤　寄

解　説

㊀　**熟語の完成**

①　「度胸」は，ものごとに動じない心。　②　「資格」は，ある仕事につくために必要な条件。　③　「堂に入る」は，あるものごとにすっかり慣れて，それがよく身についていること。　④　「農園」は，野菜や果樹などを栽培《さいばい》する農場。　⑤　「輪唱」は，合唱に参加する人を複数の集団に分け，同じ旋律《せんりつ》と歌詞をずらして歌わせる歌い方。

㊁　**漢字の書き取り**

①　音読みは「キ」で，「旗手」などの熟語がある。「旗《はた》振《ふ》り役」は，大勢の人を導く役割を担《にな》う人。リーダー。　②　音読みは「ヨ」で，「余白」などの熟語がある。「持て余す」は，取り扱《あつか》いや処理がうまくできなくて困ること。　③　音読みは「セツ」で，「設定」などの熟語がある。　④　音読みは「ギ」で，「疑問」などの熟語がある。　⑤　音読みは「キ」で，「寄《き》稿《こう》」などの熟語がある。

㊂　**出典：戸《と》谷《や》洋《ひろ》志《し》『SNSの哲学《てつがく》―リアルとオンラインのあいだ』**。筆者は，政治的な活動とはどのようなものであるかを明らかにしたうえで，SNSを活用した政治的活動に必要なことは何かを解説している。

問１　前の，「そうした視点から物事を考えられるようになったとき」と述べられている部分に注目する。「そうした」が直前の「自分にとって利益があるかどうかとは関係なく，『みんな』にとって望ましいのかどうか」を指していることをふまえ，「『みんな』の利益になるのかどうかという視点から物事を考えること」のようにまとめる。

問２　「人間の予測不可能性」が「活動」を不安定にしていることをおさえる。続く部分で，「その他者は『私』の思いもしないことをしたり，期待を裏切る行動をしたりするかもしれません」という例があげられている。これをもとに，「『私』の思いもしないことや期待を裏切る行動を，他者がするかもしれないから」のようにまとめる。

問３　アーレントの考えは，続く部分で説明されている。アーレントがあげている「二つの要素」，つまり，必要なこととは，「許し」と「約束」である。また，これらの言葉について，「望ましくない結果をある程度は許す寛容《かんよう》さがなければ，活動はそもそも不可能になる」，「活動が何らかの目的を達成するためには，私たちは互《たが》いの不確実な未来について，約束を交《か》わさなければならない」と述べられている。これをふまえ，「望ましくない結果をある程度は許す寛容さを持ち，活動の目的を達成するため互いの不確実な未来について約束を交わすこと」のようにまとめる。

問４　最後の部分に注目する。SNSでの政治的活動において「大切なこと」は，「『ハッシュタグをつけて投稿して終わり』ではなく，ハッシュタグの向こうにかけがえのない個人がいるということが自覚され」ることと，「SNS上の連帯ならではのメンバーシップを作りだし，継続《けいぞく》していこうと努力される」ことが必要だというものなので，これをもとにまとめる。

四 **出典：青山《あおやま》美智子《みちこ》『リカバリー・カバヒコ』**。駅伝に出ることでカッコ悪いところを見られるのがイヤだと思っていた「ぼく」（勇哉《ゆうや》）は，足をねんざしたと嘘《うそ》をついて，メンバーを決めるくじ引きから逃《のが》れたが，そのことで苦しい思いにとらわれる。

問１　「それ」は，直前のスグルくんの言葉を指している。その内容は「もしかしたら楽しいかもしれないし，やっぱりすごくつらいだけかもしれないし，でもそれってやらないとわかんない」ので，「まずはやってみる」というものである。これをもとに，「駅伝は楽しいかつらいかわからないが，まずはやってみるというスグルくんの言葉」のようにまとめる。

問２　「ぼく」がランナーになってしまったときに予想されることがらについては，前の「もしもランナーになってしまったら」に続く部分で描《えが》かれている。「ぼくが出たとたん，あっというまにビリになってしまうだろう。全学年の同じ組の子たちの怒《いか》りを買い，見ている人たち全員から笑われ，駅伝当日だけじゃなくこれからのぼくの学校生活は絶望的になるだろう」とあるので，これをもとに，「（ぼくがランナーになってしまったら，）すぐにビリになり，ほかのメンバーの怒りを買ったり観客から笑われたりして，学校生活が絶望的なものになること」のようにまとめる。

問３　「足から意識を飛ばす練習」とその「意外な効果」については，続く部分で描かれている。「その『練習』は，そのときだけじゃなく，普段《ふだん》の生活の中で意識が変わっていくことにつながった」，「それまで気がつかなかった発見がたくさんある」とあるので，これをもとに，「普段の生活の中での意識が変わり，勇哉がそれまで気がつかなかった発見がたくさんできること」のようにまとめる。

問４　「ぼく」の走ることへの向き合い方は，「スグルくんは，そんなことちっとも気にしていない。みんながどう思うかなんて」と知ったことをきっかけに，消極的なものから積極的なものへと変化している。前の「ぼく」が「みんなにカッコ悪いところを見られるのがイヤだ」と思っていたことと，回復した後の「ぼく」の態度がスグルくんと同じく，周囲の目を気にせず，新しいことに挑《ちょう》戦《せん》してみようという考えに変化していることを中心にまとめる。

2023年度　芝中学校

【算　数】〈第１回試験〉（50分）〈満点：100点〉

次の問いの□をうめなさい。

1　次の計算をしなさい。

(1)　$11.1\times22.2+33.3\times44.4+55.5\times66.6+77.7\times88.8=\square$

(2)　$72\times\left\{\left(\square\div\frac{1}{7}\times\frac{1}{2}\right)\div\frac{1}{14}+2\div3\div3\right\}=79$

2　３つのビーカーに以下のような液体が入っています。

Ａの液体は８％の食塩水，Ｂの液体は７％の食塩水，Ｃの液体は水です。

(1)　３種類の液体の量をＡ：Ｂ：Ｃ＝１：１：１の割合で混ぜると□％の食塩水になります。

(2)　３種類の液体の量をＡ：Ｂ：Ｃ＝１：２：□の割合で混ぜると２％の食塩水になります。

3　はじめにＡ君とＢ君あわせて52本の鉛筆を持っています。

Ａ君がＢ君に持っている鉛筆の本数のちょうど $\frac{1}{3}$ をあげてもまだＡ君の方が多かったので，さらに，［ア］本あげるとＡ君の持っている鉛筆の本数とＢ君の持っている鉛筆の本数が等しくなります。

ただし，［ア］本は，はじめにＢ君が持っていた鉛筆の本数のちょうど $\frac{1}{5}$ です。このとき，Ａ君がはじめに持っていた鉛筆の本数は［イ］本です。

4　(1)　分母が80で $\frac{4}{5}$ と $\frac{23}{24}$ の間にある分数のうち，約分できない分数は［ア］個あり，それらすべての和は［イ］です。

(2)　$\frac{1}{80}$，$\frac{2}{80}$，$\frac{3}{80}$，…，$\frac{78}{80}$，$\frac{79}{80}$ の79個の分数のうち，約分できない分数の和は□です。

5　図の三角形ABCについて，辺AB，BC，CA上に点D，E，Fをとります。AEとDFの交点をPとします。

AD：DB＝1：1，AF：FC＝1：2，DP：PF＝1：1です。

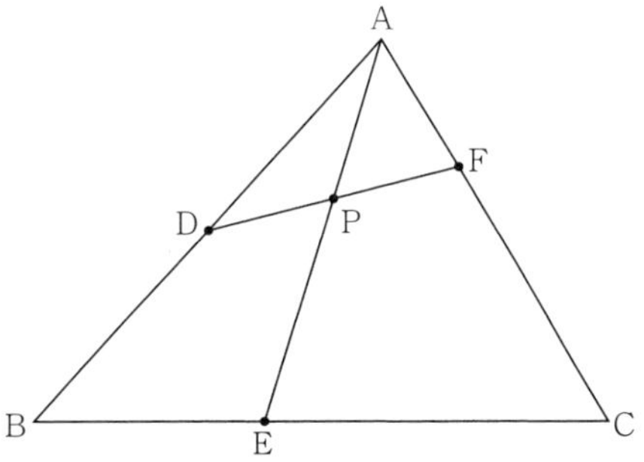

(1)　AP：PE＝□：□です。もっとも簡単な整数の比で答えなさい。

(2)　三角形DEFの面積は三角形ABCの面積の□倍です。

6　太郎君と次郎君は公園と丘の間を散歩します。太郎君は丘から，次郎君は公園から同時に出発し，出発してから11分後にはじめて出会いました。

２人の，公園から丘へ歩く速さと丘から公園へ歩く速さはそれぞれ一定です。グラフは２人の出発してからの時間と公園からの距離を表しています。

(1)　２人は公園から［　　　］m のところではじめて出会います。

(2)　太郎君と次郎君の公園から丘へ歩く速さの比は［　　　］：［　　　］です。もっとも簡単な整数の比で答えなさい。

(3)　２回目に２人が出会うのは出発してから［　　　］分後です。

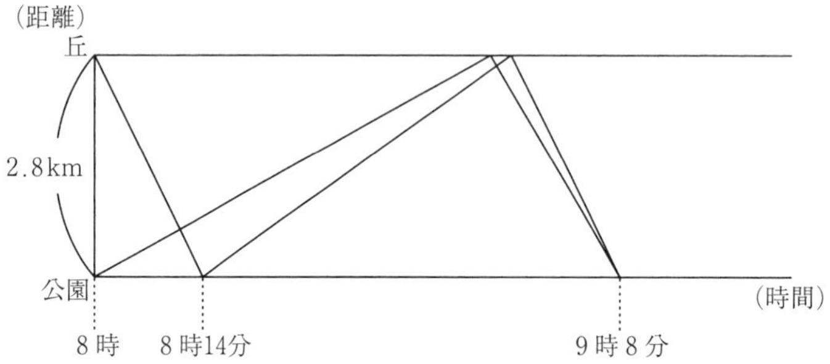

7　図のような白と黒にぬり分けた正方形が４枚あります。この４枚を１辺の長さがその正方形の倍である正方形の板にはり付けて白黒の模様を作ります。

板に上下左右の違いがあると模様の種類は［　ア　］通りあります。

その中で左右対称な模様は［　イ　］通りあります。さらに左右対称でもあり上下対称でもある模様は［　ウ　］通りあります。また，左右対称でもあり上下対称でもあり 90° 回転しても同じ模様は［　エ　］通りあります。

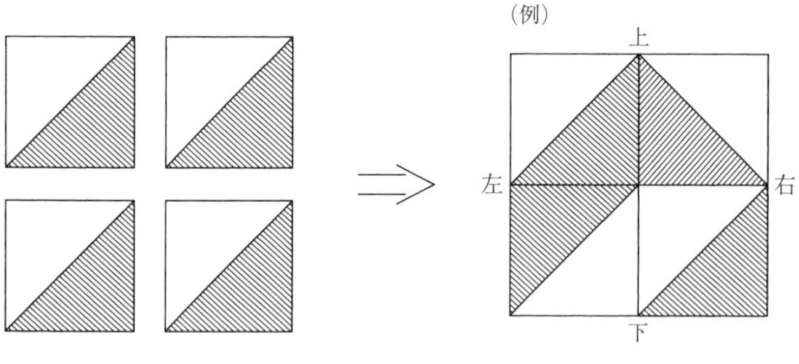

8　静水時の速さが同じ２つの船Ａと船Ｂがあります。

船Ａと船Ｂは川の下流のＰ地点と上流のＱ地点を何度も往復します。

船ＡはＰ地点から出発してＱ地点についたらすぐにＰ地点に戻り，そのあと［　ア　］分間止まり再びＱ地点を目指します。

船ＢはＱ地点から出発してＰ地点，Ｑ地点に到着するごとに［　ア　］分間止まりもう一方の地点を目指します。また，上りと下りの速さの比は１：２です。

グラフは出発してからの時間と船Ａと船Ｂの間の距離を表したものです。

(1)　川の流れの速さは時速［　　　］km です。

(2)　[ア]，[イ]にあてはまる数を入れなさい。

(3)　５回目に船Ａと船Ｂがすれ違うのは，Ｑ地点から[　　　]km 離れたところです。

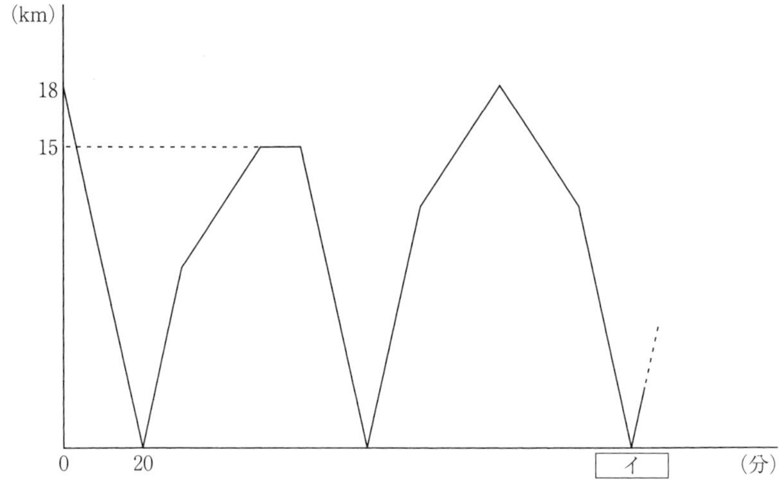

【社　会】〈第１回試験〉（40分）〈満点：75点〉

1　以下の問いに答えなさい。

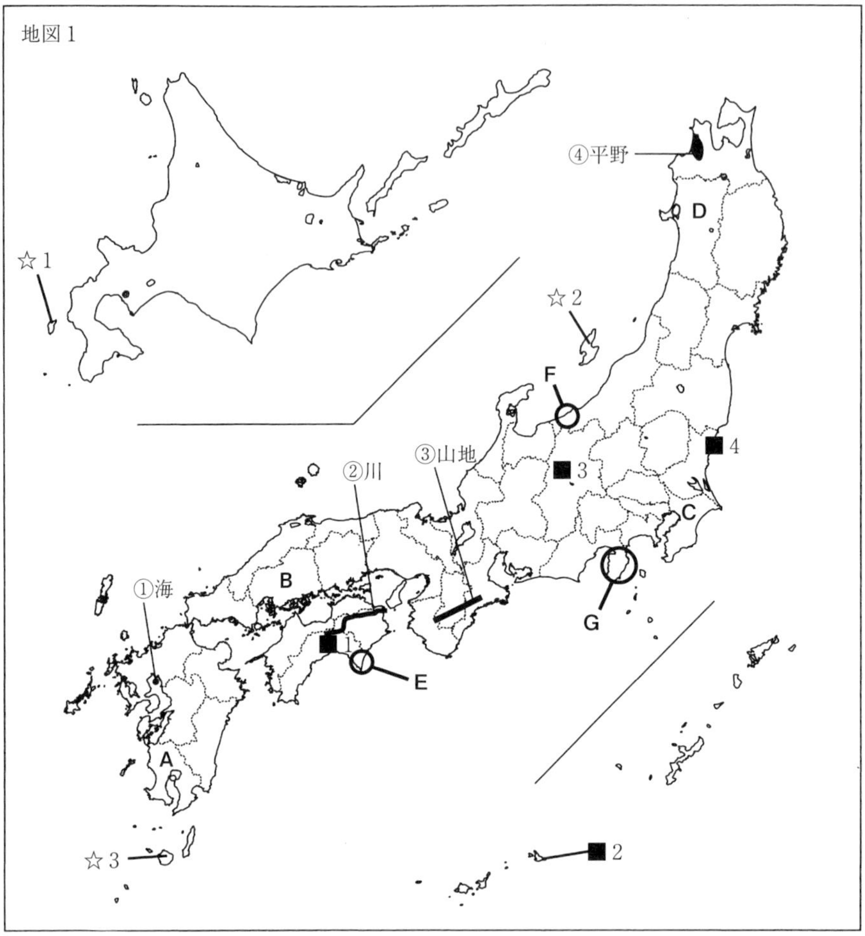

問１　地図１の①～④にあてはまる地名をそれぞれ答えなさい。

問２　次のⅠ～Ⅲの文は地図１の☆１～☆３のいずれかの島を説明しています。その組み合わせとして正しいものをア～カから一つ選び，記号で答えなさい。

Ⅰ　大部分が森林におおわれた自然豊かな島で，中心付近に標高 1936ｍの高い山がある。ガジュマルやクスなどのほか，巨大な杉の木がみられ観光客も多く訪れる。

Ⅱ　1993年に近海を震源とする地震とそのあとの大津波により大きな被害を受けた島である。近年は名産のウニや美しい風景が観光客に人気である。

Ⅲ　古くから漁業がさかんであり，水あげされる魚の種類が豊富である。また，かつては金の産出量が多いことで知られた。

	ア	イ	ウ	エ	オ	カ
☆１	Ⅰ	Ⅰ	Ⅱ	Ⅱ	Ⅲ	Ⅲ
☆２	Ⅱ	Ⅲ	Ⅰ	Ⅲ	Ⅰ	Ⅱ
☆３	Ⅲ	Ⅱ	Ⅲ	Ⅰ	Ⅱ	Ⅰ

問３　次のグラフは気温の年較差と年間降水量の関係を示しています。グラフ中のア～エは地図１の■１（高知），■２（宮古島），■３（松本），■４（日立）のいずれかです。このうち，■２（宮古島）にあてはまるものをア～エから一つ選び，記号で答えなさい。

※気温の年較差とは最も暖かい月の平均気温と最も寒い月の平均気温の差のこと。

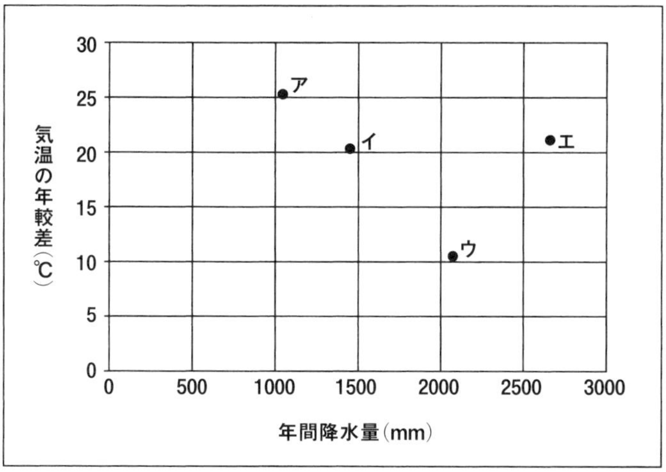

気象庁ホームページ（https://www.jma.go.jp）より作成

問４　右の表１のア～エは地図１のA～Dのいずれかの県を示しています。このうち，Cにあてはまるものをア～エから一つ選び，記号で答えなさい。

表１　各県の統計

	内水面養殖業収穫量（ｔ）	テレビ受信契約世帯支払い率（％）	林業産出額（千万円）	農業産出額（億円）
ア	68	88.0	776	1168
イ	7169	86.7	881	4890
ウ	53	97.4	1620	1931
エ	89	80.8	230	3859

※テレビ受信契約世帯支払い率は2020年，他は2019年

『データでみる県勢 2022』より作成

問５　次のⅠ～Ⅲは，いずれも世界ジオパークに認定されている地図１のE～Gのいずれかの地域について説明したものです。文と場所の組み合わせとして正しいものをア～カから一つ選び，記号で答えなさい。

Ⅰ　平均で1000年あたり２ｍも隆起し，切り立った崖と平坦地が交互にあらわれる海岸段丘が発達している。斜面や潮風に耐えるウバメガシを原料とする備長炭の生産もさかんである。

Ⅱ　フォッサマグナの西端に位置し，断層に沿って削られた谷地形が発達している。山間部では細かな亀裂《きれつ》が多くみられ，天然ガスの産出もみられる。

Ⅲ　フィリピン海プレート上に発達した火山島が起源で，膨大な溶岩が海に流れ込んでつくられた複雑な景観が特徴である。複数の場所から温泉がわき，古くから観光地として発展してきた。

	ア	イ	ウ	エ	オ	カ
E	Ⅰ	Ⅰ	Ⅱ	Ⅱ	Ⅲ	Ⅲ
F	Ⅱ	Ⅲ	Ⅰ	Ⅲ	Ⅰ	Ⅱ
G	Ⅲ	Ⅱ	Ⅲ	Ⅰ	Ⅱ	Ⅰ

問６　次の表２は，かき，キウイフルーツ，小麦の生産上位を示しています。表２の空欄Ｘにあてはまるものをア～エから一つ選び，記号で答えなさい。

表２　農作物の生産上位

かき			キウイフルーツ			小麦		
都道府県	(ｔ)	%	都道府県	(ｔ)	%	都道府県	(ｔ)	%
和歌山	43,400	20.8	愛媛	6,000	23.7	北海道	629,900	66.4
奈良	31,300	15.0	Ｘ	5,230	20.7	Ｘ	56,900	6.0
Ｘ	16,600	8.0	和歌山	3,040	12.0	佐賀	39,100	4.1
岐阜	14,300	6.9	神奈川	1,480	5.8	愛知	29,800	3.1
愛知	10,500	5.0	静岡	949	3.8	三重	23,100	2.4

※かき，キウイフルーツは2019年，小麦は2020年

『日本国勢図会 2021/22』より作成

ア．山形
イ．福岡
ウ．長野
エ．宮崎

問７　次の表３は港別の輸出品を示し，Ⅰ～Ⅲには名古屋港，横浜港，関西国際空港のいずれかがあてはまります。その組み合わせとして正しいものをア～カから一つ選び，記号で答えなさい。

表３　港別の輸出品(2020年)

Ⅰ			Ⅱ			Ⅲ		
輸出品目	百万円	%	輸出品目	百万円	%	輸出品目	百万円	%
自動車	927,475	15.9	集積回路	1,113,947	22.3	自動車	2,557,063	24.6
プラスチック	271,828	4.7	科学光学機器	311,482	6.2	自動車部品	1,733,298	16.6
内燃機関	258,556	4.4	電気回路用品	309,116	6.2	内燃機関	431,768	4.1
自動車部品	247,779	4.3	個別半導体	247,724	5.0	電気計測機器	356,317	3.4
ポンプ，遠心分離機	170,051	2.9	半導体等製造装置	239,885	4.8	金属加工機械	334,174	3.2

『日本国勢図会 2021/22』より作成

	ア	イ	ウ	エ	オ	カ
Ⅰ	横浜港	横浜港	名古屋港	名古屋港	関西国際空港	関西国際空港
Ⅱ	名古屋港	関西国際空港	横浜港	関西国際空港	横浜港	名古屋港
Ⅲ	関西国際空港	名古屋港	関西国際空港	横浜港	名古屋港	横浜港

問８　次の文の空欄Ｙに適する語をカタカナで答えなさい。

アメリカの大手航空会社は，輸送効率を高めるために国内の主要都市に[　Ｙ　]空港とよぶ拠点空港を置き，ここから周辺の地方都市に向けて複数の路線を設定した。近年[　Ｙ　]空港の重要度が高まっているが，日本の空港は大型化や長時間の運用などの課題が解決できず，韓国や中国に大きくおくれをとっている。

問９　次の地図２は，福岡市を中心に等距離圏を描いたものです。この線の間隔として正しいものをア～エから一つ選び，記号で答えなさい。

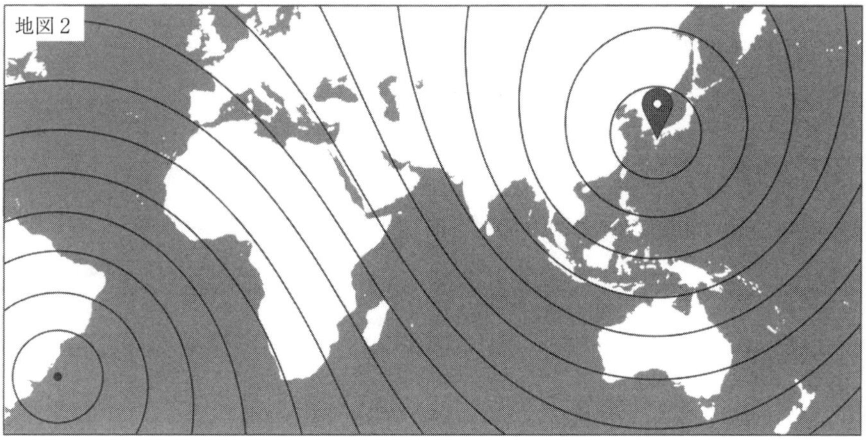

国土地理院ウェブサイト(https://maps.gsi.go.jp/)より作成

ア．800 km　　イ．1250 km　　ウ．2000 km　　エ．2500 km

2　次の略年表を見て，あとの設問に答えなさい。

239年	卑弥呼が魏に使いを送る
	≪Ａ≫
694年	持統天皇が藤原京に都を移す
	≪Ｂ≫
1175年	1 法然上人が浄土宗を開く
	≪Ｃ≫
1334年	建武の新政が始まる
	≪Ｄ≫
1641年	オランダ商館が長崎の出島へ移転する
	≪Ｅ≫
1868年	2 戊辰戦争が始まる
	≪Ｆ≫
1918年	シベリア出兵が行われる
	≪Ｇ≫
1972年	3 沖縄が日本に返還される

問１　下線部１について，次の文中の空らん［①］［②］にあてはまる語を，指示された字数の漢字で答えなさい。

政権を争う内乱が相次ぎ，飢饉や疫病がはびこるなど社会不安が増大していた時代に，法然上人は「南無［　①　］仏」とただ一心に唱えることにより，全ての人々が救われるという専修《せんじゅ》［　②　］の教えを説き，武士や庶民の信仰を集めました。

＊［①］は３字，［②］は２字。

問２　下線部２について，次のⅠ～Ⅲの写真はいずれも戊辰戦争中の出来事に関連するものです。Ⅰ～Ⅲが表す出来事を，古いものから順に並べかえた場合，正しいものはどれですか。下のア～カより選び，記号で答えなさい。

Ⅰ

Ⅱ

Ⅲ

ア．Ⅰ―Ⅱ―Ⅲ　　イ．Ⅰ―Ⅲ―Ⅱ　　ウ．Ⅱ―Ⅰ―Ⅲ
エ．Ⅱ―Ⅲ―Ⅰ　　オ．Ⅲ―Ⅰ―Ⅱ　　カ．Ⅲ―Ⅱ―Ⅰ

問３　下線部３について述べた文として誤っているものを，次のア～エより一つ選び，記号で答えなさい。

ア．太平洋戦争末期の1945年４月，アメリカ軍は沖縄本島に上陸し，住民を巻き込んだ３カ月近い地上戦の末に，これを占領しました。

イ．アメリカによるベトナム戦争への介入が本格化すると，その前線基地となった沖縄では祖国復帰運動が高まりました。

ウ．那覇市首里の小高い丘に立地している首里城は，太平洋戦争での戦火を免れ，現在も琉球王国時代の姿を伝えています。

エ．沖縄には，現在も日本におけるアメリカ軍専用施設（基地）の70％以上が集中しており，基地の縮小を求める活動が続けられています。

問４　≪Ａ≫の時期に関して述べた次の文Ｘ・Ｙの正誤の組み合わせとして正しいものを，下のア～エより選び，記号で答えなさい。

Ｘ．渡来人により，丘の斜面を利用したのぼり窯《がま》で須恵器を焼く技術が伝えられました。

Ｙ．白村江の戦いに敗れた倭は，太宰府の防衛のためその南方に水城を築造しました。

ア．Ｘ―正　Ｙ―正　　イ．Ｘ―正　Ｙ―誤
ウ．Ｘ―誤　Ｙ―正　　エ．Ｘ―誤　Ｙ―誤

問５　≪Ｂ≫の時期について述べた文として誤っているものを，次のア～エより一つ選び，記号で答えなさい。

ア．奈良時代には人口の増加などを原因として口分田が不足してきました。そこで聖武天皇は，墾田永年私財法を出して開墾を奨励すると同時に，土地の私有を認めました。

イ．桓武天皇は，坂上田村麻呂を征夷大将軍に任じて東北地方へ兵を送り，蝦夷の首長であるアテルイを降伏させましたが，その後も蝦夷との戦いはしばらく続きました。

ウ．都で摂関政治が行われていたころ，地方の政治は国司に任せきりとなっていました。このため藤原元命のように不正を訴えられる国司も現れ，地方政治は乱れていきました。

エ．後三条天皇は，摂関家と外戚関係がないことから天皇親政を復活させ，そのあとを受けて即位した後白河天皇は，位を幼い鳥羽天皇にゆずり，みずから上皇として御所(院)で政治を行いました。

問６　≪Ｃ≫の時期について，次のＸ・Ｙとそれぞれ最も関係の深い人物・文学作品は①～④のどれですか。組み合わせとして正しいものを，下のア～エより選び，記号で答えなさい。

Ｘ．御成敗式目　　Ｙ．琵琶法師

①　北条泰時　　②　北条時宗　　③　徒然草　　④　平家物語

ア．Ｘ－①　Ｙ－③　　イ．Ｘ－①　Ｙ－④

ウ．Ｘ－②　Ｙ－③　　エ．Ｘ－②　Ｙ－④

問７　≪Ｄ≫の時期の外交について述べた次の文Ｘ・Ｙの正誤の組み合わせとして正しいものを，下のア～エより選び，記号で答えなさい。

Ｘ．15世紀初めに足利義満は明との貿易を開始しましたが，このとき日本からの貿易船は，倭寇と区別するために勘合という証票の持参を義務づけられました。

Ｙ．日本は，14世紀末に建国された朝鮮とも貿易を行いましたが，この貿易では朝鮮からは大量の木綿が輸入され，日本からは生糸などが輸出されました。

ア．Ｘ－正　Ｙ－正　　イ．Ｘ－正　Ｙ－誤

ウ．Ｘ－誤　Ｙ－正　　エ．Ｘ－誤　Ｙ－誤

問８　≪Ｅ≫の時期の出来事について述べた次の文Ⅰ～Ⅲを，古いものから順に並べかえた場合，正しいものはどれですか。下のア～カより選び，記号で答えなさい。

Ⅰ．杉田玄白・前野良沢らは，オランダ語の解剖書を翻訳し，『解体新書』として出版しました。

Ⅱ．青木昆陽は，飢饉に備えるための作物としてさつまいもの栽培を研究しました。

Ⅲ．オランダ商館医師として来日したシーボルトが長崎郊外に鳴滝塾を開き，多くの蘭学者を育てました。

ア．Ⅰ－Ⅱ－Ⅲ　　イ．Ⅰ－Ⅲ－Ⅱ　　ウ．Ⅱ－Ⅰ－Ⅲ

エ．Ⅱ－Ⅲ－Ⅰ　　オ．Ⅲ－Ⅰ－Ⅱ　　カ．Ⅲ－Ⅱ－Ⅰ

問９　≪Ｆ≫の時期について述べた次の文ａ～ｄについて，正しいものの組み合わせを，下のア～エより選び，記号で答えなさい。

ａ．朝鮮全土で独立を求める三・一独立運動がおきました。

ｂ．ロシアで革命がおこり，世界初の社会主義政権が成立しました。

ｃ．中国では清朝が倒れ，中華民国が成立しました。

ｄ．最初の本格的な政党内閣として，原敬内閣が成立しました。

ア．ａ・ｃ　　イ．ａ・ｄ　　ウ．ｂ・ｃ　　エ．ｂ・ｄ

問10　≪Ｇ≫の時期におきた次の出来事ア～カを，年代の古いものから順に並べかえた場合，２番目と５番目にくるものはどれとどれですか。それぞれ記号で答えなさい。

ア．警察予備隊が創設される。　　イ．二・二六事件がおこる。

ウ．日独伊三国同盟が成立する。　　エ．日ソ共同宣言が調印される。

オ．東海道新幹線が開通する。　　カ．日本が国際連盟を脱退する。

3　次の文章を読んで，あとの設問に答えなさい。

日本の議会は二院制を採用しています。国会議員や内閣から提出された法案を 1 衆議院と参議院の両院で審議し，可決すると法案が成立するという決まりです。同じ法案を両院で審議することは，丁寧にものごとを進めることにつながります。審議をつくし，法秩序を形成することは民主主義の根幹であり，とても大切なことであります。

一方で審議のプロセスを二度繰り返すことは非効率的だという見方があります。以前から，〔　A　〕といわれていて，いっそのこと参議院を廃止して，衆議院のみの一院制にしてしまえばよいという考えも出てきています。実際に，昨年７月の参議院議員選挙のときには，参議院の存在意義を改めて問い直すということが話題の一つにあがっていました。二院制に対して理解を得るためには，両院がそれぞれ異なった角度から議論できるよう，差別化を図ることが求められているように思います。

そもそも，日本の二院制は，明治憲法下の（　1　）議会に始まります。当時，衆議院とともに（　1　）議会の一翼を担っていた貴族院は，皇族や華族の中から選ばれたり，（　2　）から任命を受けた人物がなったりと，選挙によって選ばれた代表者ではありませんでした。しかし，戦後になり，2 華族制度が廃止されたことによって貴族院に代わって参議院が設置されることになりました。衆議院と同じように選挙によって選ばれた議員で構成される参議院ができたことで，より開かれた議会になったのです。被選挙権の下限が（　3　）歳，任期が６年で解散がない参議院は，衆議院に比べて（　4　）に属さない議員が多く，世論の動向を気にすることなく，腰をすえてじっくり議論できることが強みでした。しかし，3 選挙制度の変更で比例代表制が導入されるなど，参議院の中で徐々に（　4　）の力が強くなってくると，衆議院との差別化が図れなくなりました。そのため，一院制でもよいのではないかという議論が起こってしまいました。

国際機関である列国議会同盟に加盟している議会のうち，二院制のものは79，一院制は111となっています。一院制が多数ですが，二院制をとる国にもれっきとした理由があります。例えば，二院制を採用しているアメリカでは，上院議員を各州から２名ずつ選出することで，それぞれの州の立場を尊重するようにしています。また，同じく二院制の国フランスでは，4 地方議員が上院議員を兼任することもできるようになっています。両国ともに下院については，人口比に応じて議席を割り振っていて，議員選出の方法で両院の差別化が図られています。

日本の場合，両院に差がないので参議院を廃止するという考えが出てきています。ですが，これまでも二院制を維持してきたという歴史があるので，両院を生かすことができる制度を，みんなで知恵を絞って考えることもよいのではないでしょうか。じっくり話し合い，ルールを決めていくという〔　B　〕の最も大切な部分を守れるような国であり続けてもらいたいと思います。

問１　下線部１について，以下の設問に答えなさい。

Ⅰ　図中の空欄ア・イに適することばをそれぞれ答えなさい。なお，アについては次の説明文を参考に，イについては選択肢①～④から選び，番号で答えなさい。

ア―委員会で審議した内容について最終的な意思決定をする場

イ―①　３分の１以上　　②　２分の１以上

　　③　過半数　　　　　④　３分の２以上

図　＜法律の制定過程＞

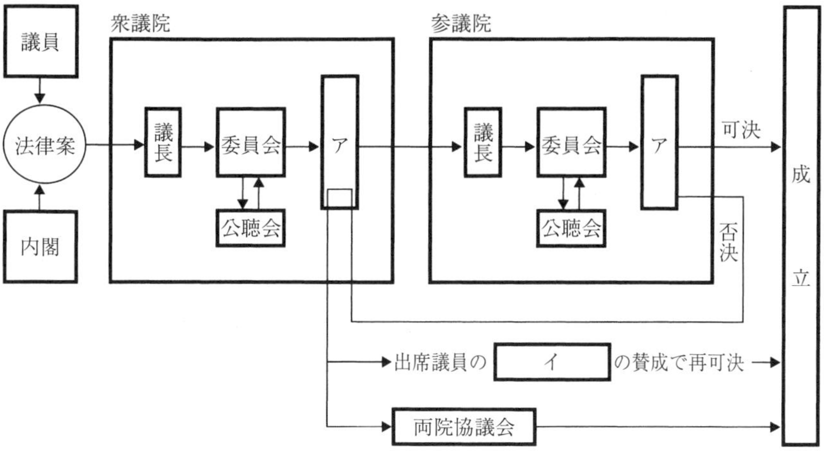

Ⅱ　2022年の通常国会で国会議員と内閣それぞれが提出した法案数と成立数の組み合わせについて，正しいものを番号で答えなさい。

	国会議員 成立数／法案数	内閣 成立数／法案数
①	17／96	61／61
②	48／96	35／61
③	72／96	23／61
④	96／96	13／61

内閣法制局 web サイトより

問２　文中の空欄〔Ａ〕に入る言葉として正しいものを選び，番号で答えなさい。

①　参議院は衆議院のカーボンコピー　　②　参議院は「良識の府」

③　両院はねじれの関係にある　　④　国会は国権の最高機関

問３　文中の空欄（１）～（４）に適する語または数字を答えなさい。

問４　下線部２について，華族制度の廃止をうたっている日本国憲法第14条に関連して，以下の設問に答えなさい。

＜日本国憲法第14条＞

１　すべて国民は，（　ウ　）の下に平等であつて，人種，信条，性別，社会的身分又は門地により，政治的，経済的又は社会的関係において，差別されない。

２　華族その他の貴族の制度は，これを認めない。

３　栄誉，勲章その他の栄典の授与は，いかなる特権も伴はない。栄典の授与は，現にこれを有し，又は将来これを受ける者の一代に限り，その効力を有する。

Ⅰ　条文中の空欄（ウ）に適する語を答えなさい。

Ⅱ　以下の文を読んで空欄（エ）・（オ）に適する語を答えなさい。

昨年の４月に改正民法が施行され，男女平等の観点から，婚姻が可能な年齢が男女ともに（　エ　）歳以上となりました。日本は，1979年に国連総会で採択された女子差別撤廃条約を批准するに伴って，1985年に（　オ　）法を制定しました。しかしながら，こ

れまでも国際機関から様々な点が指摘されているように日本国内の男女格差については解消が遅れています。

問５　下線部３について，このことについて述べた文として誤っているものを一つ選び，番号で答えなさい。

①　参議院議員通常選挙では，選挙区の区割りで合区となった県がある。

②　衆議院議員総選挙では，小選挙区と比例代表の両方に立候補することができる。

③　参議院議員通常選挙は，３年に一度，半数改選というかたちで行われる。

④　衆議院議員総選挙では，各小選挙区で当選できるのは２～３人となっている。

問６　下線部４に関連して，日本の地方自治に関する文として正しいものを選び，番号で答えなさい。

①　首長は議会に対して解散権を持っている。

②　リコールには有権者の50分の１以上の署名が必要である。

③　市民オンブズマンは住民の直接選挙で選出される。

④　都道府県知事の任期は６年である。

問７　文中の空欄〔Ｂ〕に入る語を本文中から抜き出して答えなさい。

4　次の文章を読んで，あとの設問に答えなさい。

[1]1970年ころ，「２人以上の世帯が１か月に使うお金の平均」は，およそ８万円でした。それが1990年になると30万円を超えるようになりました。たくさんのものを買うようになったのかといえば，必ずしもそうではありません。ここには，「ものが売れる→企業がもうかる→働く人の給与が上がる→ものを買おうとする→ものの値段が上がる→それでもものが売れる…」というサイクルがあります。ものの値段と給与がお互いに関連しながら上がってきたのです。

ところが，2019年になると，この金額は30万円を下回る程度になりました。バブル経済の崩壊やリーマンショックなど，日本だけでなく世界中の経済活動に大きな影響を与えるできごとによって，前の時代とは逆のサイクルが起こり，給与も物価も上がりにくい状況が続いたといえます。

このような時代背景を反映してか，新品ではなく中古品を利用するという選択をする人が増えました。本や音楽CD，パソコンや家電製品など，リユース店を利用すれば，新品よりも安く手に入れることができるばかりでなく，使わなくなったものを売ってお金にかえることもできます。最近では，インターネットを通じた個人売買が手軽になったことも，この傾向をおしすすめています。

[2]環境への配慮という視点からも，このような「リユース」が推し進められていますが，新品の売れ行きがにぶるので，商品の生産者にとっては頭の痛い話でしょう。とくに，小説家や漫画家など，出版物の作者から，なげきの声が上がっています。作者は本が１冊売れるごとに，その売上の一部を出版社から受け取っていますが，これは新品として売られた部数だけが対象となります。ですから，たとえばあなたのクラスである小説が流行し，クラスの全員がその本を読んだとしても，みんなが新品ではなく古本を買っていたら，作者の収入にはつながりません。収入を得ることで，作者は創作活動を続けることができるのですが，その機会を失いかね

ません。

日本は3資本主義の国ですから，だれもが利益を求めた経済活動をしてよいことになっていて，裏を返せば利益が上がらないのは自己責任と考えられています。ですから，リユース店の売上がよいならば，消費者のニーズにあった経営であると評価されるべきですし，それによって痛手をこうむっている生産者は，自分の利益を守る手立てを自分たちの責任で考えなくてはなりません。消費者もまた，自分たちの持っているお金をどのように使うかは各自の自由ですから，同じものを手に入れるなら安いほうがよいと思うのは無理のないことです。

それらをふまえた上で，あえて値の張る選択肢を選ぶという消費行動にも注目するべきだと，私は考えています。お気に入りの小説の続編を読むためには，目先の利益にとらわれてはいけません。その場では割高に思える出費であっても，長い目で，あるいは広い視野で見ると，自分にとって利益をもたらすような消費行動が理にかなっているという考え方もやしなった方がよいと思うのです。そのためには，社会でどのような経済活動が行われているのか，その全体について学び，考えることが大切であろうと思います。

問１　下線部１について，1970年代のできごととして正しいものを次のア～エから一つ選び，記号で答えなさい。

ア．東京タワーが完成した。　　　　イ．国鉄が分割民営化された。

ウ．オイルショックが起こった。　　エ．東京でオリンピックが行われた。

問２　下線部２に関連して，次世代の自動車の燃料として普及が期待される物質を，次のヒントをもとに答えなさい。

・常温では気体であり，無色・無臭で空気よりも軽い。

・燃焼した時に二酸化炭素や窒素酸化物などを排出しない。

・燃料電池の燃料として使われている。

問３　下線部３に関連して，これと対立する考え方に社会主義があり，戦前には危険な考え方であるとして取り締まられました。1910年に多くの社会主義者がとらえられ，翌年に処刑された事件をなんといいますか。

問４　二重線部について，以下の問いに答えなさい。

(1)　二重線部の記述が意図している行為の例として最も適当なものを次のア～エから一つ選び，記号で答えなさい。

ア．日常の買い物は，少しはなれたショッピングモールに行ってまとめ買いをしているよ。近所の商店街で済ませてもいいんだけど，自動車の運転をすることも楽しいので，ドライブをかねてね。

イ．閉店間際のスーパーに行って，売れ残りを買うようにしています。まだ食べられるのに捨てられる食べ物がたくさんあると聞いたので，それを減らすためにもいいことだと思います。

ウ．伝染病の世界的な流行などで貿易が止まってしまうことを考えると，食料の大半を輸入にたよっている状況に不安を感じる。地域の無人販売所で野菜を買うことも，国内の農家への応援になるよね。

エ．コーヒーは外国の農場で作られていますが，満足な収入を得られない人たちがいることを知ってからは，公正な貿易であることを認証するマークのついた商品を手に取るようになりました。

(2)　筆者の考え方に従うと，小説を例にとった場合，二重線部の行為は具体的にどのようなものですか。また，小説の作者と消費者にどのような影響をもたらしますか。以下の条件に従って80字以内で答えなさい。

《条件》

次のことばを必ず使い，使ったことばには下線を引くこと。同じことばは何回使ってもかまわないが，そのたびに下線を引くこと。また，句読点や記号は一字と数えること。

［創作活動　　お気に入り　　古本］

【理　科】〈第１回試験〉（40分）〈満点：75点〉

1　次の文を読み，問いに答えなさい。

芝太郎君は，あこがれの芝中学校に入学し，楽しい学校生活を送っています。すべてのものが新鮮《しんせん》に見え，興味を持ったものを調べたり，実験したりできる芝中学校の生活は毎日が発見の連続です。

６月のある日，神谷町駅から降りて学校に向かうと，正門にあるアジサイがちょうど満開でした。芝太郎君はアジサイの色にちがいがあることに気づき，なぜだろうと疑問を持ちました。

芝中学校では登校すると手指をアルコール（エタノール）消毒してから校舎に入ります。エタノールの濃度《のうど》は100％ではなく，①エタノールと水からできていました。

朝からアジサイの疑問を持った芝太郎君は，さっそく３階の図書館に向かい，調べ学習をすることにしました。すると，この花の色は，土の性質（酸性か②アルカリ性か）によって変わることが分かりました。

さて，今日は授業で豆電球を用いて実験をしました。実験中，この豆電球の仕組みについて，興味を持った芝太郎君は，先生に③豆電球を分解する許可を得ました。放課後，ペンチを使って分解してみると，どのように電気が流れ，豆電球が点灯するのかが分かりました。

下校の時刻になり，帰宅しようとすると，④急な雷雨《らいう》とともに氷の粒《つぶ》が降ってきました。そこで，芝太郎君は雷雨が過ぎるまで待つ時間に，⑤この氷の粒の大きさを測ってみることにしました。

しばらくすると雨もあがり，明るい光が差し始め，晴れ間が見えています。キラキラと太陽が照り付け，緑もきれいです。卒業生が植樹してくれた⑥センペルセコイアの緑もまぶしく，「後輩《こうはい》よ，がんばれ！」と応えんされているように感じた芝太郎君なのでした。

(1)　下線部①について。エタノールと水を混合すると，重さはエタノールと水の和になりますが，体積は和にならないことが知られています。いま，エタノール（１cm^3 あたり 0.79g）70cm^3 と水（１cm^3 あたり 1.0g）30cm^3 を混合したエタノール水よう液を作りました。この水よう液が１cm^3 あたり 0.87g であるとき，体積は何 cm^3 ですか。ただし，値が割りきれない場合は小数第１位を四捨五入して，整数で答えなさい。

(2)　下線部②について。身の回りにある身近な水よう液のうち，アルカリ性を示すものを，次の中からすべて選んで，記号で答えなさい。

(ア)　食酢《しょくす》　　(イ)　木の灰を加えた水　　(ウ)　レモン果汁《かじゅう》
(エ)　牛乳　　(オ)　セッケン水

(3)　下線部③について。図１は手を加えていない通常の豆電球のスケッチです。図２と図３は，内部の配線を調べるために解体した豆電球を別の角度からとった写真です。解答らんには通常の豆電球とかん電池のスケッチが書いてあります。豆電球にかん電池をどうつなげば点灯しますか。解

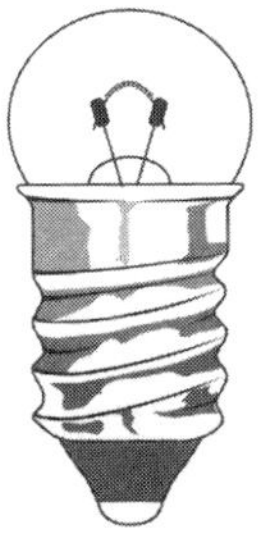
図１

図２

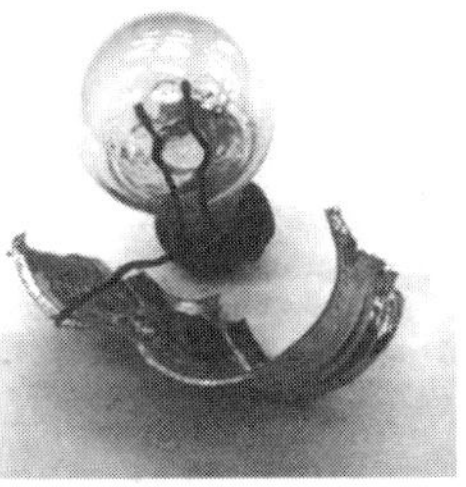
図３

答らんに必要な導線「――――」を２本かきなさい。導線の長さや曲がり方は自由に設定してかまいません。ただし，２本の導線が交差しないようにかきなさい。

(4) 下線部③について。図４の右上は解体した豆電球，左下は解体したとき豆電球の内部から出てきた破片《はへん》です。この破片は電気を通しますか。また，そのはたらきは何ですか。最も適当なものを次の中から１つ選んで，記号で答えなさい。

㈠ 破片は電気を通し，フィラメントに電流を流すはたらきをする。

(ｲ) 破片は電気を通し，フィラメントを包んでいるガラス球に電流を流すはたらきをする。

(ｳ) 破片は電気を通し，フィラメントを包んでいるガラス球を支えている。

(ｴ) 破片は電気を通さず，フィラメントを包んでいるガラス球に電流を流すはたらきをする。

(ｵ) 破片は電気を通さず，フィラメントを包んでいるガラス球を支えている。

図４

(5) 下線部④について。この天気をもたらす雲として最も適当なものを次の中から１つ選んで，記号で答えなさい。

(ｱ) 巻積雲　(ｲ) 巻層雲

(ｳ) 高積雲　(ｴ) 高層雲

(ｵ) 層積雲　(ｶ) 積乱雲

(6) 下線部⑤について。氷の粒の大きさによって，あられとひょうに区別することができます。その基準として，正しいものを次の中から１つ選んで，記号で答えなさい。

(ｱ) 直径２mm 未満をあられ，直径２mm 以上をひょうという。

(ｲ) 直径２mm 未満をひょう，直径２mm 以上をあられという。

(ｳ) 直径５mm 未満をあられ，直径５mm 以上をひょうという。

(ｴ) 直径５mm 未満をひょう，直径５mm 以上をあられという。

(ｵ) 直径１cm 未満をあられ，直径１cm 以上をひょうという。

(ｶ) 直径１cm 未満をひょう，直径１cm 以上をあられという。

(7) 下線部⑥について。センペルセコイアは裸子《らし》植物ですが，この裸子植物の説明として次の（ア）と（イ）に入る用語を書きなさい。ただし，（ア）はひらがな４文字，（イ）はひらがな３文字で答えること。

「裸子植物は，（　ア　）が（　イ　）に包まれていない植物のことである。」

2　次の文を読み，問いに答えなさい。

図１のＡ～Ｃ地点でボーリング調査をしました。その結果が図２で示す通りです。図２に見られる火山灰でできた地層は，Ａ～Ｃ地点それぞれ同じ地層であると分かっています。図２のＸ層からは①シジミの化石が見つかり，Ｙ層からは図３で示す化石が見つかっています。調査地域の地層に断層やしゅう曲はないものとします。

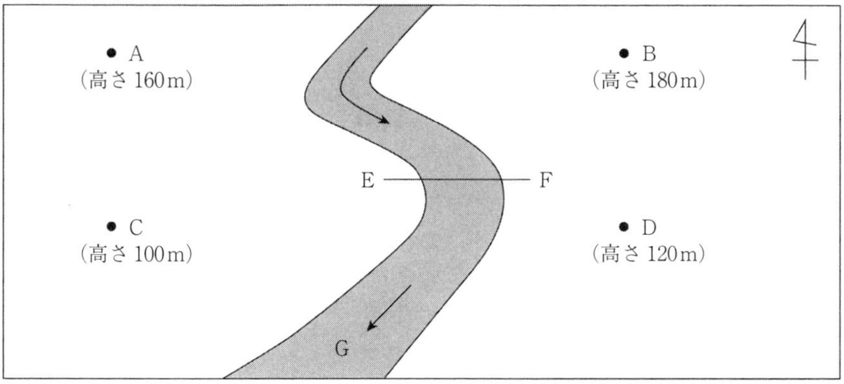

図１

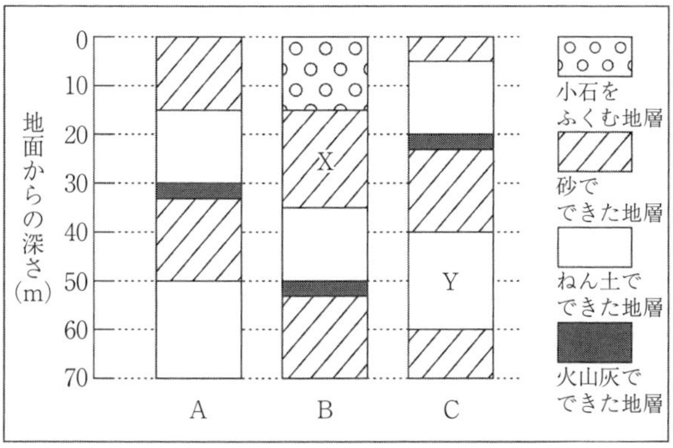

図２

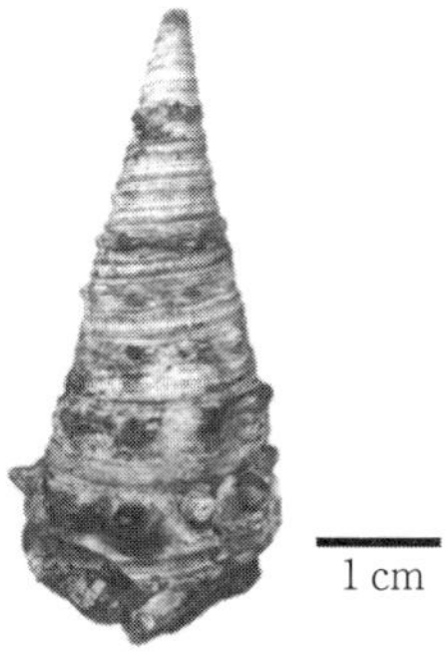

図３

(1)　図１について。Ｄ地点でボーリング調査をしたとき，Ａ～Ｃ地点と同じ火山灰でできた地層が出てくるとすると，それは地表から何mほったときにはじめて出てきますか。その値を整数で答えなさい。

(2)　下線部①について。Ｘ層がたい積したのはどのような環境《かんきょう》であったと推定できますか。最も適当なものを次の中から１つ選んで，記号で答えなさい。

(ア)　寒冷な深い海　　(イ)　川の上流域　　(ウ)　暖かく浅い海

(エ)　河口または湖　　(オ)　温帯のやや寒冷な環境

(3)　下線部①について。シジミの化石のように，地層がたい積した当時の環境を推定するのに役立つ化石を「○○化石」と呼びます。○○に適する漢字２文字を答えなさい。

(4)　図３で示す化石について。この生物と同じ時代にはんえいした生物はどれですか。最も適当なものを次の中から１つ選んで，記号で答えなさい。

(ア)　アンモナイト　　(イ)　デスモスチルス　　(ウ)　恐竜《きょうりゅう》

(エ)　三葉虫　　(オ)　フズリナ

(5)　図１で示す川について。川をEFで切ったとき，川の断面として最も適当なものを次の(ア)～

(カ)から１つ選んで，記号で答えなさい。

(ア)
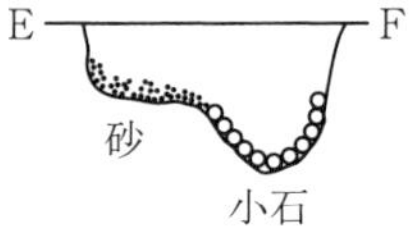

(イ)
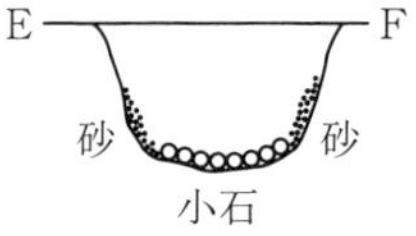

(ウ)
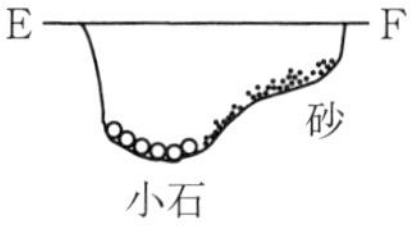

(エ)
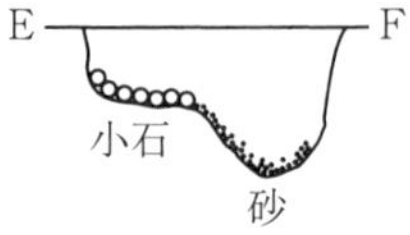

(オ)
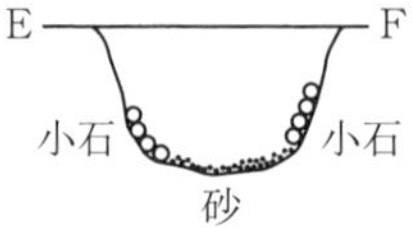

(カ)
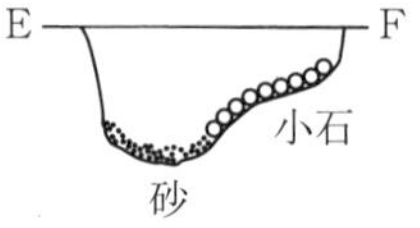

(6) 図１で示す川について。G地点で運ばれる水の重さは，川の断面積１m^{2}あたり１秒間に50kgです。G地点の流れの速さは，１秒間に何cmですか。ただし，値が割りきれない場合は小数第１位を四捨五入して，整数で答えなさい。

(7) 水の入った大きなビンの中に小石，泥《どろ》，砂を入れて，ふたをしました。そのビンをよくふった後，水平な台の上でしばらく放置しました。ビンの中に積み重なった層を，下から表したものとして最も適当なものを次の中から１つ選んで，記号で答えなさい。

(ア)　小石，泥，砂
(イ)　小石，砂，泥
(ウ)　泥，砂，小石
(エ)　泥，小石，砂
(オ)　砂，小石，泥
(カ)　砂，泥，小石

3　次の文を読み，問いに答えなさい。

凸《とつ》レンズについて考えましょう。図１のように，凸レンズに平行な光線を当てると，点Fに光が集まります。この点Fのことを焦点《しょうてん》といい，レンズの中心Oから焦点Fまでの距離《きょり》を焦点距離といいます。焦点はレンズの前後に１つずつあり（点Fと点G），点Oから点Fまでの距離と点Oから点Gまでの距離は同じです。図２のようにレンズの焦点Gに小さな光源を置くと，レンズを通過した光線は平行に進みます。ただし，図１，図２ともレンズの中心で１度だけ進路を変えたものとして作図してあります。以下でもこのルールに基づいて作図するものとします。

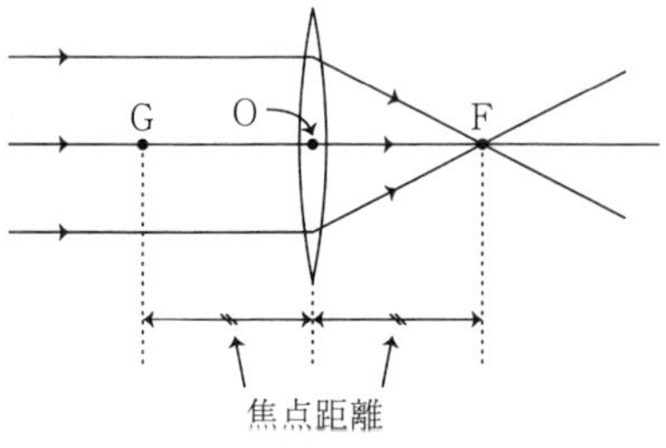

図１

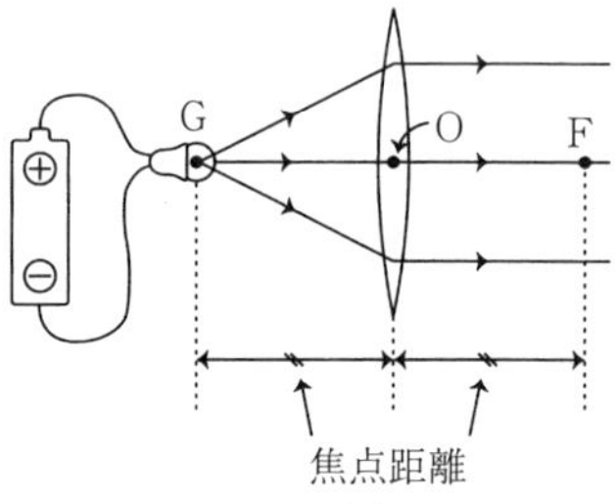

図２

図３のように，ロウソクの炎《ほのお》を光源とし，凸レンズによってスクリーン上にロウソクの像がはっきり映る位置を調べる【実験１～４】をしました。後の表はその結果をまとめたものです。スクリーン上に像がはっきり映るようにすることを「ピントを合わせる」といいます。

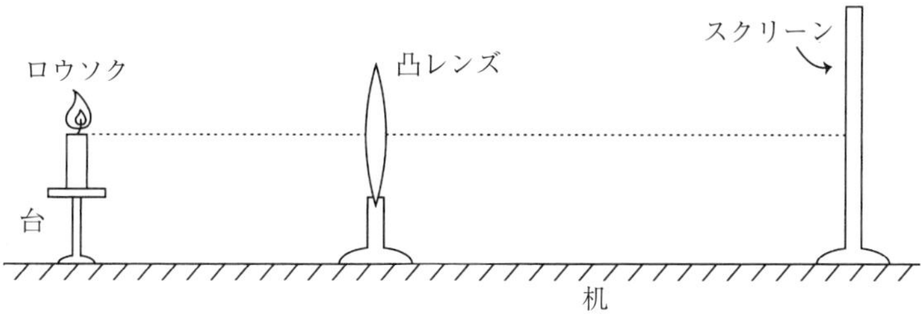

図３

表

	凸レンズの焦点距離	ロウソクから凸レンズまでの距離	凸レンズからスクリーンまでの距離
【実験１】	20cm	60cm	30cm
【実験２】	20cm	30cm	60cm
【実験３】	18cm	30cm	45cm
【実験４】	15cm	30cm	30cm

(1)　【実験１】について。図４にはロウソクの炎の先たんＰから２方向に出た光線がかいてあります。図中の点Ｆと点Ｇは凸レンズの焦点です。スクリーンがない場合，これら２本の光線は凸レンズを通過後，どのように進みますか。次の(ア)～(オ)から最も適するものを１つ選んで，記号で答えなさい。

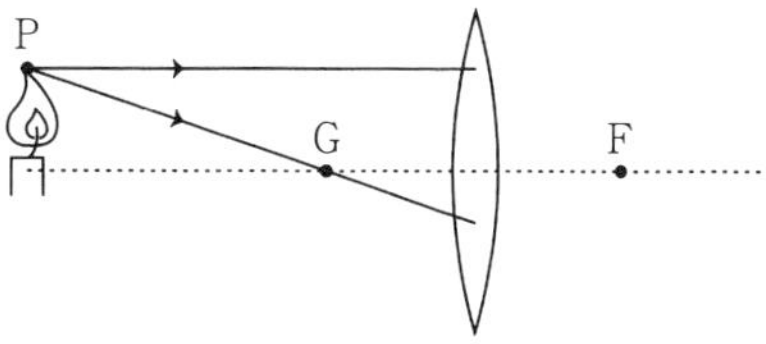

図４

(ア)

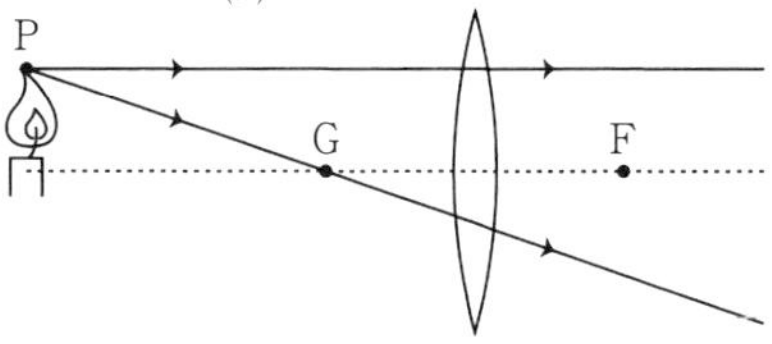

(イ)

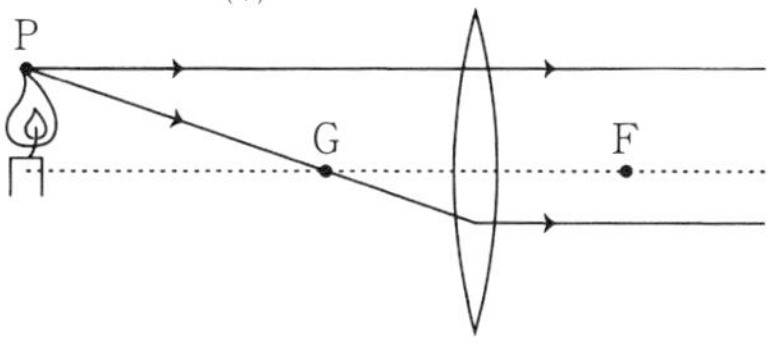

(ウ)

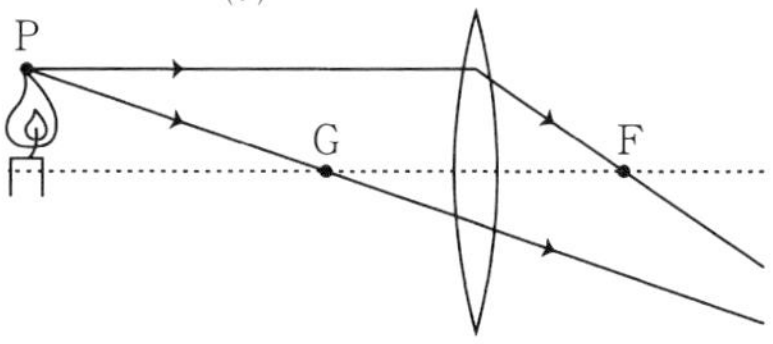

(エ)

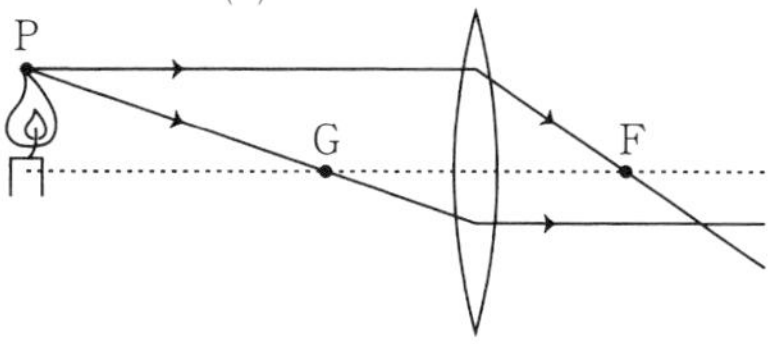

(オ)

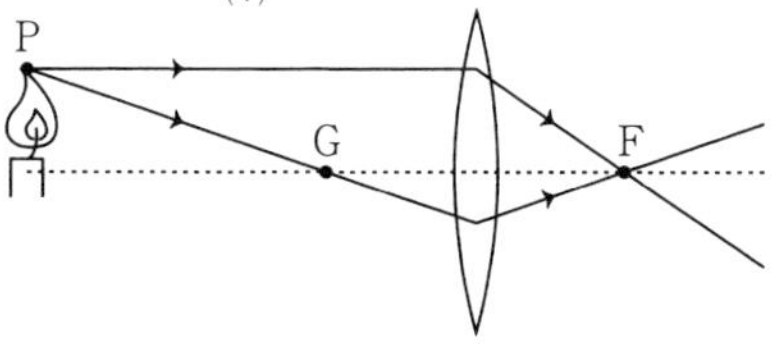

(2)　【実験２】において，図５のように凸レンズの上半分をノートでかくすと，スクリーン上の像はどうなりますか。後の(ア)～(カ)から最も適するものを１つ選んで，記号で答えなさい。

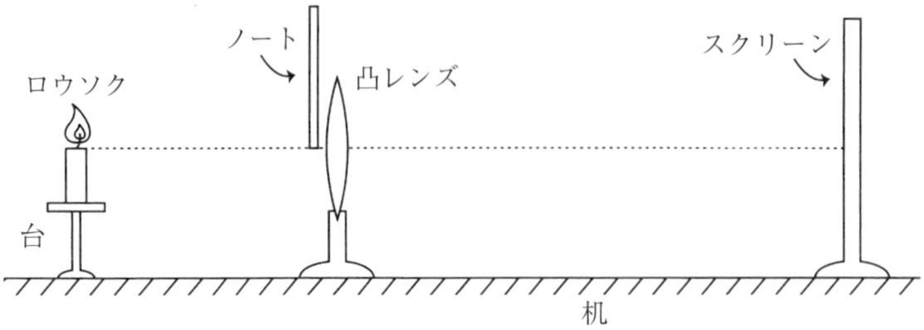

図５

(ア)　ロウソクの像の上半分だけ映り，下半分はノートが映る。
(イ)　ロウソクの像の下半分だけ映り，上半分はノートが映る。
(ウ)　ロウソクの像の大きさや形はそのままで，上半分が暗くなる。
(エ)　ロウソクの像の大きさや形はそのままで，下半分が暗くなる。
(オ)　ロウソクの像の大きさや形はそのままで，全体が暗くなる。
(カ)　ロウソクの像は映らなくなる。

(3)　【実験３】においてロウソクを元の高さから１cm 持ち上げると，像の位置はどうなりますか。次の(ア)～(キ)から最も適するものを１つ選んで，記号で答えなさい。

(ア)　上に 0.5cm ずれる。　　(イ)　下に 0.5cm ずれる。
(ウ)　上に１cm ずれる。　　(エ)　下に１cm ずれる。
(オ)　上に 1.5cm ずれる。　　(カ)　下に 1.5cm ずれる。
(キ)　像の位置は変わらない。

(4)　【実験４】において，右の図６のように，ロウソクの後ろに左手を近づけました。ただし，図６はスクリーン側《がわ》から見たもので，目に届いた光は凸レンズを通ったものではありません。このとき，スクリーン上にはどのような像が映りますか。次の図(ア)～(ク)から最も適するものを１つ選んで，記号で答えなさい。

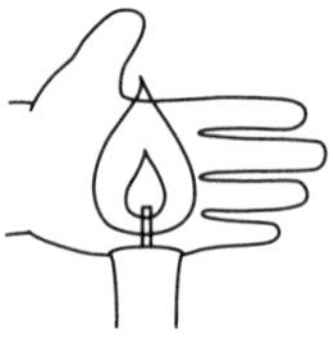

図６

(ア)

(イ)
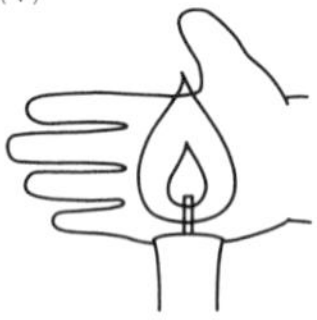

(ウ)
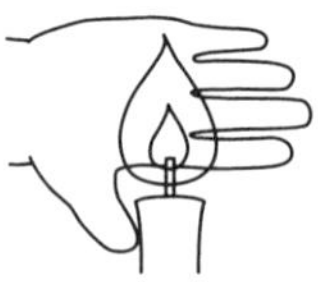

(エ)
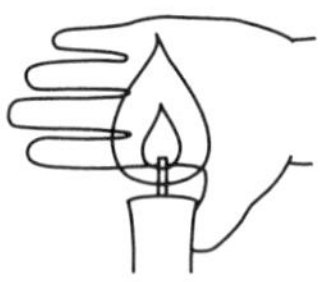

(オ)
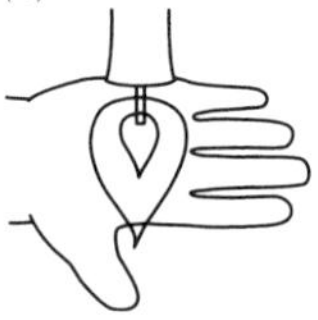

(カ)
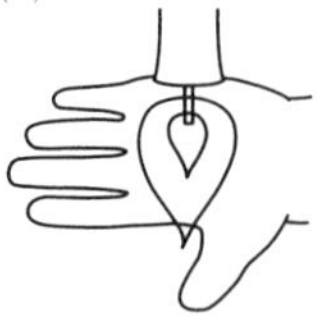

(キ)
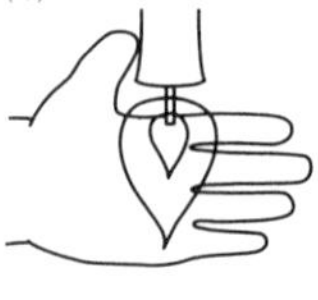

(ク)
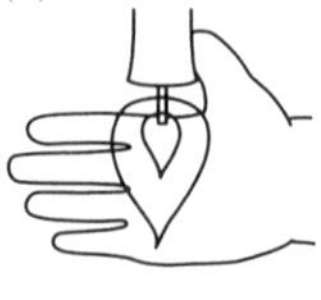

(5)　【実験１～４】において，スクリーン上の像の大きさにちがいがあります。像の大きいものから順に並べかえなさい。ただし，大きいものを左から順に並べ，大きさが等しいものがある場

合は例にしたがって表すこと。例「大きいものから１，２，３の順で，２と４が同じ大きさの場合の書き方　１，２＝４，３」

(6) 生物の「目」は，どのようにして近くのものや遠くのものにピントを合わせているのでしょうか。図７はイカの目を，図８は人の目を表しています。見ようとする物体からの光は，角膜《かくまく》側から入って水晶体《すいしょうたい》を通り網膜《もうまく》に達します。ここでは水晶体を凸レンズ，網膜をスクリーンと見なすことにします。先の【実験１～４】における「凸レンズとスクリーン」は像を結ぶための装置なので，これらの実験をヒントに考えてみましょう。

イカは水晶体の位置を動かすことができます。見ようとする物体と目までの距離に応じて水晶体の位置を角膜の側や網膜の側に動かしてピントを合わせるのです。この方法は，焦点距離の同じ凸レンズを用いた【実験１，２】に対応しています。

人の目では水晶体から網膜までの距離は一定です。そこで，見ようとする物体と目までの距離に応じて水晶体の厚さを調節して焦点距離を変えて，網膜上に像を結びます。この方法は，焦点距離の異なる凸レンズを用いた【実験１，４】に対応しています。

次の文中の(①)～(⑤)に適する語句はなんですか。後の(ア)～(ク)の組み合わせより最も適するものを１つ選んで，記号で答えなさい。

「同じ材質の凸レンズであれば，レンズの中央が厚いほど焦点距離は(①)い。イカは，遠くのものを見るとき水晶体の位置を(②)の側に移動し，近くのものを見るときは水晶体の位置を(③)の側に移動して，網膜上に像を結ぶ。人は遠くのものを見るときには水晶体を(④)し，近くのものを見るときは水晶体を(⑤)して網膜上に像を結ぶ。」

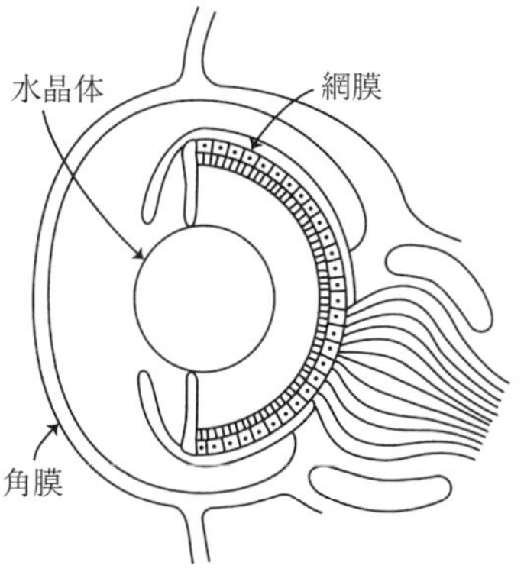

図７　(イカの目)

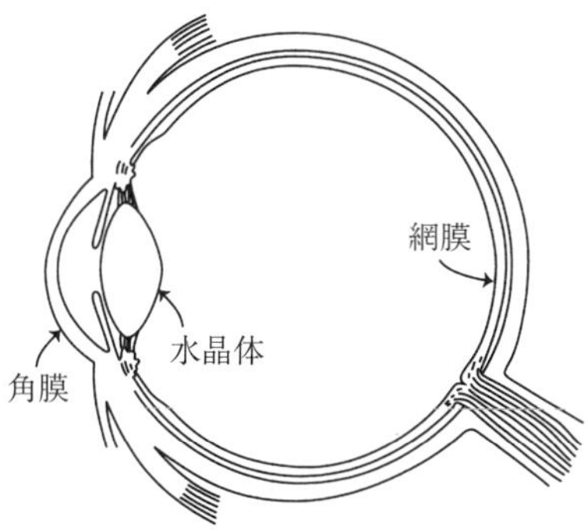

図８　(人の目)

	(①)	(②)	(③)	(④)	(⑤)
(ア)	短	角膜	網膜	厚く	うすく
(イ)	短	網膜	角膜	厚く	うすく
(ウ)	短	角膜	網膜	うすく	厚く
(エ)	短	網膜	角膜	うすく	厚く
(オ)	長	角膜	網膜	厚く	うすく
(カ)	長	網膜	角膜	厚く	うすく
(キ)	長	角膜	網膜	うすく	厚く
(ク)	長	網膜	角膜	うすく	厚く

4　次の文を読み，問いに答えなさい。

寄生はさまざまな生物間で見られる現象である。例えば，人が生魚やイカの塩から(イカの①かん臓を使った塩づけ)を食べると，ときどきアニサキスが入っていることがある。アニサキスは線虫の仲間で，人が食物とともに飲みこんでしまうと，胃液にふくまれる強い(②)でも死なず，胃に穴をあけて宿主を苦しめる。

寄生をするこん虫も多く，③チョウやガの幼虫やさなぎに卵を産み付けるハチ，ほ乳類の体毛内に住むノミ，動物の傷口などに卵を産み幼虫(うじ虫)を育てるハエなどが知られている。植物に寄生するこん虫もおり，④アブラムシやダニ，タマバエが寄生した結果，植物に「虫こぶ」と呼ばれる異常成長したこぶが形成されることもある。

特に，この寄生という現象で有名なのは，カマキリのお腹にいる「⑤ハリガネムシ」だろう。お腹の大きなカマキリを水に入れると，おしりから細長い針金のような生き物が出てくることがある。これがハリガネムシで，アニサキスと同じ線虫の仲間である。

(1)　下線部①について。人のかん臓では，消化を助ける消化液がつくられ，消化管内に分ぴつされます。その消化液がはたらくのは次の図の(ア)～(カ)のうち，どの部分ですか。当てはまるものを１つ選び，記号で答えなさい。

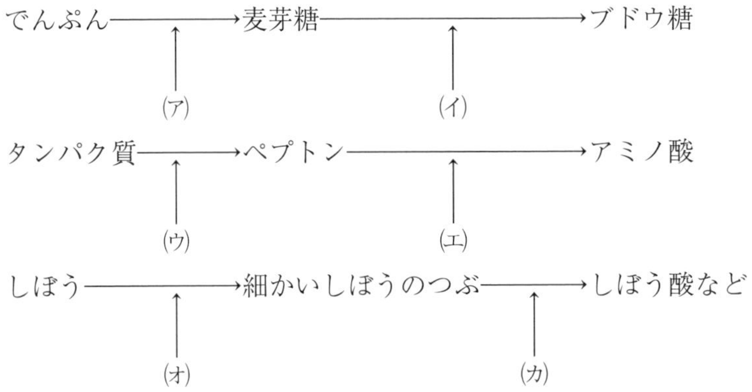

(2)　空らん②に当てはまる物質を漢字２文字で答えなさい。

(3)　下線部③について。ハチ，ノミ，ハエの成虫のはねの枚数は何枚ですか。次の(ア)～(カ)の組み合わせより正しいものを選んで，記号で答えなさい。

	ハチ	ノミ	ハエ
(ア)	0	2	4
(イ)	0	4	2
(ウ)	2	0	4
(エ)	2	4	0
(オ)	4	0	2
(カ)	4	2	0

(4)　下線部④について。アブラムシとダニと分類が近い生き物はどれですか。次の(ア)～(ケ)の組み合わせより正しいものを選んで，記号で答えなさい。

	アブラムシと近い分類の生き物	ダニと近い分類の生き物
(ア)	テントウムシ	クモ
(イ)	テントウムシ	ムカデ
(ウ)	テントウムシ	ミジンコ
(エ)	ハエ	クモ
(オ)	ハエ	ムカデ
(カ)	ハエ	ミジンコ
(キ)	セミ	クモ
(ク)	セミ	ムカデ
(ケ)	セミ	ミジンコ

(5)　下線部⑤について。森林におけるハリガネムシの一生について説明した次の文章を読み，後の問いに答えなさい。

ハリガネムシは川などの水中でオスとメスの成虫が出会い，産卵します。卵からふ化した幼生は川底にいる水生こん虫(カゲロウの幼虫など)の体内に取りこまれると，その腹の中で「シスト」と呼ばれる殻《から》につつまれた状態になります。水生こん虫はそのまま成長後，羽化して陸に上がるとカマドウマに食べられます。そのとき，シストもカマドウマの体内に取りこまれ，ハリガネムシはカマドウマの体内で成長して成虫になります。つまり，水生こん虫はカマドウマへ行き着くまでの中間宿主と呼ばれる存在です。

しかし，ハリガネムシはカマドウマの体内で成長した後，再び水中にもどらなければ子孫を残せません。そこで，カマドウマを操作して，水に飛びこむよう行動させていると考えられています。

ある森林内の河川において，サケ科の魚が食べている生物の割合が調べられました。その河川では，サケ科の魚の食べていた生物の内，約60％が川に飛びこんだカマドウマで，約22％がたまたま川に落下したその他の陸生こん虫，残りは川底で落ち葉を食べて分解している水生こん虫であることがわかりました。この研究は，ハリガネムシの存在が，川魚の食物を陸上から川へ運んでいたことを証明した興味深い調査です。下の図1はカマドウマとその体内から出てきているハリガネムシのイラストで，図2はハリガネムシの一生とその他の生物の関係を示しています。

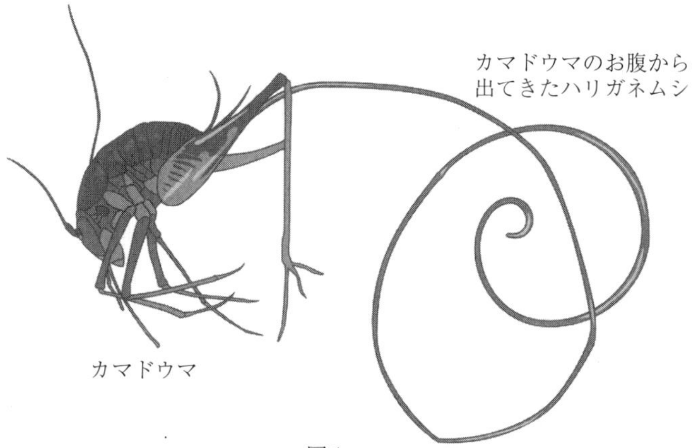

図1

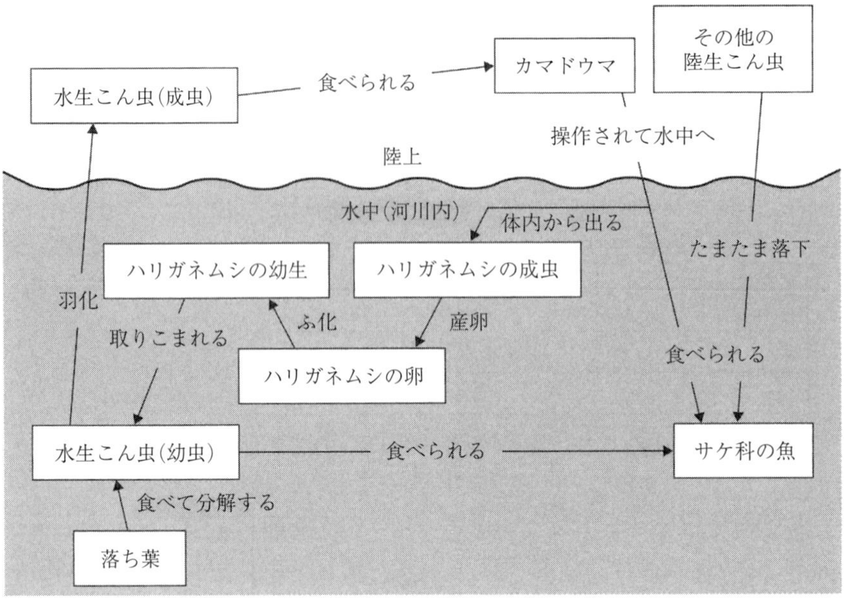

図２

(A)　もしもハリガネムシがいなくなりカマドウマが河川に全く飛びこまなくなった場合，(あ)サケ科の魚が食べる水生こん虫(幼虫)の数と，(い)サケ科の魚が食べるその他の陸生こん虫の数はそれぞれどうなると考えられますか。図を参考にして，減る場合には「－」，増える場合には「＋」，変わらない場合には「０」と答えなさい。

(B)　もしも河川内に全ての陸生こん虫だけが落下できない装置を設置すると，装置を設置しない場合と比べて河川内の生物や落ち葉はどのように変化しますか。次のうち，増加すると思われるものをすべて選んで記号で答えなさい。

(ア)　サケ科の魚　　(イ)　落ち葉　　(ウ)　水生こん虫(幼虫)　　(エ)　ハリガネムシの成虫

5　次の文を読み，問いに答えなさい。

みなさんは理科の実験で酸素を発生させたことはありますか。もっとも代表的な方法は過酸化水素水に二酸化マンガンを加えることです。このとき，二酸化マンガンは［　1　］として働きます。ですが，酸素を発生させるために過酸化水素水に加える物質は二酸化マンガンでなくてもよいことが知られています。例えば，塩化鉄という物質を過酸化水素水に加えても酸素が発生します。また，ブタのレバー(かん臓)を加えても酸素が発生します。このレバーにはカタラーゼという物質がふくまれていて，これが二酸化マンガンと同じように［　1　］として働き，酸素が発生します。

このカタラーゼの働きを調べるために次の実験を行いました。

操作１　ブタのレバーをナイフで少量切り取って乳ばちに入れ，純すいな水を加えてよくすりつぶす。これをガーゼに包んでしぼり，固形物などがない液体とした。この液体をレバー液と呼ぶことにする。

操作２　このレバー液を用いて次のA～Hの８通りの方法で酸素がどのように発生するかを観察した。

A　レバー液１cm^3に３％過酸化水素水を３cm^3加えた。

B　レバー液１ cm^3 に３％過酸化水素水を６ cm^3 加えた。

C　レバー液２ cm^3 に３％過酸化水素水を３ cm^3 加えた。

D　レバー液２ cm^3 に３％過酸化水素水を６ cm^3 加えた。

E　レバー液１ cm^3 にうすい塩酸１ cm^3 を加えてよく混ぜてから，３％過酸化水素水を３ cm^3 加えた。

F　レバー液１ cm^3 にうすい水酸化ナトリウム水よう液１ cm^3 を加えてよく混ぜてから，３％過酸化水素水を３ cm^3 加えた。

G　レバー液１ cm^3 をあらかじめ80℃の熱湯にしばらくつけて温めてから，３％過酸化水素水を３ cm^3 加えた。

H　レバー液１ cm^3 をあらかじめ０℃の氷水にしばらくつけて冷やしてから，３％過酸化水素水を３ cm^3 加えた。

次の表１は，Ａ～Ｈの方法において，酸素が発生するようすを観察した結果をまとめたものです。Ｄについては，設問の都合上，省略してあります。

表１

	酸素が発生するようす
A	激しく発生した。
B	Ａと同じ程度に激しく発生し，発生時間はＡの２倍ほどであった。
C	Ａよりもさらに激しく発生したが，発生時間はＡの半分ほどであった。
D	(省略)
E	ほとんど発生しなかった。
F	ほとんど発生しなかった。
G	ほとんど発生しなかった。
H	ほとんど発生しなかった。

ただし，この実験で発生する気体は酸素のみとします。また，発生した酸素は水にはとけず，発生した酸素の体積はＡ～Ｈの方法に書かれた条件以外のえいきょうを受けないものとします。

(1)　文中の空らん［１］に当てはまる語をひらがな５文字で答えなさい。

(2)　酸素の性質を説明した文として，まちがっているものはどれですか。次の中からすべて選んで，記号で答えなさい。

(ア)　酸素は空気よりも重い。

(イ)　酸素は水にとけにくいため，水上ちかんで集める。

(ウ)　酸素で満たされた試験管に火のついた線香を入れると，火はすぐに消える。

(エ)　酸素で満たされた試験管に火のついたマッチを近づけると，ポンと音が鳴って火が消える。

(オ)　酸素がとけた水にBTBよう液を加えると，緑色に変化する。

(3)　カタラーゼは水よう液が中性のときにもっとも働き，酸素を発生させることがわかっています。このことを確かめるためには，８通りの方法のうち，どれを比べればよいですか。Ａ～Ｈの中から３つ選んで，記号で答えなさい。

(4)　８通りの方法のうち，ＡとＧとＨの３つを比べると，カタラーゼのどのような性質がわかりますか。25字以内で説明しなさい。句読点や記号は１字と数えること。

(5)　酸素が発生したＡとＢとＣの方法において，発生した酸素をすべて集めてその体積をはかりました。過酸化水素水を加えてからの時間と発生した酸素の体積との関係をグラフにしたところ，次の図１となりました。Aは「 ―― 」，Bは「 ■■■■ 」，Cは「 ●●●● 」で示してあります。グラフが平らになったのは，カタラーゼの働きによって過酸化水素水中の過酸化水素がすべて酸素に変化したことを意味します。

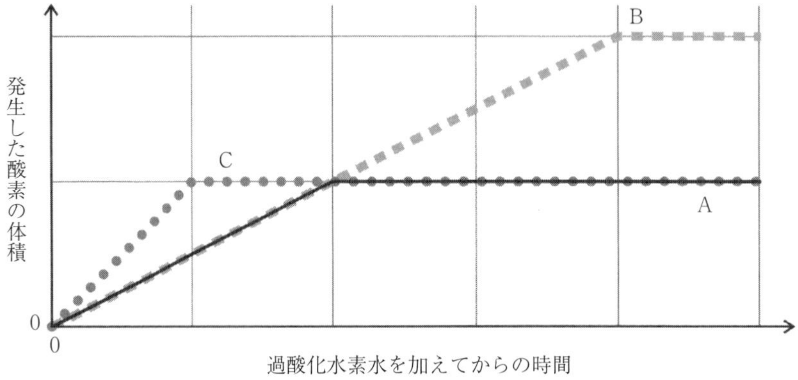

図１

(a)　図１のA～Cのグラフを参考にして，Dのグラフを解答らんに実線「―――」でかきなさい。定規《じょうぎ》は使えないので，ていねいにかくこと。なお，解答らんにはAのグラフが参考としてうすくかかれています。

(b)　次に，同じレバー液を３cm^3とり，３％過酸化水素水を９cm^3加えました。このとき，発生する酸素の体積と，グラフが平らになるまでの時間はAと比べてそれぞれ何倍になると考えられますか。ただし，変わらない場合は１倍と書きなさい。

けていた。

俺は、と、いつか自分に問いかけてみる。俺は、あんなに幸せそうな顔で死ねるだろうか？

あんなに満ち足りた、安らかな顔で。

――若い車掌が、駆《か》け足《あし》で戻って来る。

その足取りは、年長の車掌が、もう永久に失ったものだった。

（集英社文庫編集部編『短編復活』所収
赤川次郎「回想電車」より。）

注　感慨―しみじみとした感情。

問一　――線部①〈言いたいこと、訊きたいことは、どっちも分っていたのだ〉とありますが、この時、二人が話題にしたかったことを、**10**字以上**15**字以内で答えなさい。

問二　――線部②〈何ともいえない感慨が、彼の中に湧いて来た〉とありますが、このような〈感慨〉が、なぜ〈彼の中に湧いて来た〉のですか。**35**字以上**45**字以内で説明しなさい。

問三　――線部③〈自分の幸せ〉とありますが、〈彼〉の〈幸せ〉とは、誰《だれ》が、どうなっていたことですか。ここまでの本文の内容をふまえて**30**字以上**40**字以内で説明しなさい。

問四　――線部④〈座席の隅の方に身を丸めて小さくなっている男〉とありますが、この後、〈年長の車掌〉は、あることをきっかけに〈男〉の死の受け止め方が変わりました。受け止め方の変化を、きっかけを含《ふく》めて「年長の車掌は、男の死を、」に続く形で、**80**字以上**100**字以内で説明しなさい。

を閉じる」なんて、芝居《しばい》がかった真似《まね》をしてみてもいいじゃないか。

そうだろう？

目を閉じていると、今会った人たちだけでなく、色んな顔が浮んで来る。会いに来る……。

彼は、じっと目を閉じて——。

「参ったな」

と、年長の車掌《しゃしょう》は、腕組《うでぐ》みをして、不機嫌《ふきげん》に、顔をしかめた。

「すみません」

若い車掌が、頭をかきながら、そばに立っている。

「——もう、連絡《れんらく》したのか？」

「はい。今、警察の人が……」

「冬は多いんだから。気を付けろと言ってるじゃないか」

「すみません」

と、若い車掌がもう一度謝《あやま》る。

「でも——まさか回送電車に人が乗ってるとは思わなかったもんですから」

「こんな連中は、どこにだって入りこむんだよ。雨風さえしのげりゃいいんだからな」

と、渋い顔で、④座席の隅《すみ》の方に身を丸めて小さくなっている男を、見下ろす。

その男はもう、降りたくても降りられない。死んでいるのだった。凍死《とうし》したのである。

「——いくつぐらいでしょうね」

「知らんな」

と、年長の車掌は肩をすくめて、「この様子じゃ、さっぱり分らんよ」

見るからに浮浪《ふろう》者、という様子。不精《ぶしょう》ひげは半ば白くなって、まるで霜《しも》でもおりたみたいだった。

しかし、髪《かみ》は割合に豊かだったから、そう年齢《とし》でもないのかもしれない。

「よっぽど、酒が好きだったんですね」

その浮浪者は、空になったウイスキーのボトルを、まるで我《わ》が子《こ》か何かのように、しっかりと抱《だ》きしめていた。

「酒びたりのアル中さ。ここで死ななくても、どうせ体をこわして死ぬんだ」

「そうでしょうね。でも……」

「何だ？」

「よっぽどいい夢を見てたんでしょうね。ほら、にっこり笑ってますよ」

「そうか。——おい、行って、早くしてくれと言えよ。こっちは忙しいんだ」

「はい！」

若い車掌は、かじかんだ手に白い息を吐《は》きかけながら、急いでホームへ出て行った。

もう五十歳《さい》近い年長の車掌は、一人になると、死んでいるその浮浪者の、びっくりするほど穏《おだ》やかで、楽しげな笑顔から、目を離《はな》すことができなかった。

どうしてこんなに幸せそうなんだ？　こんな惨《みじ》めな死に方をしてるのに。

何かを振《ふ》り切《き》るように、その車掌はホームへ出た。

冬の朝の厳しい寒さが、指先から、爪先《つまさき》からしみ込《こ》んで来る。

しかし、今、もっともっと冷たい風がこの車掌の胸の内側を吹《ふ》き抜《ぬ》名刺《めいし》を受け取って、彼はびっくりした。
「社長だって？　じゃ、自分で？」
「小さな会社さ」
と、少し照れたように、「しかし、三人で始めて、一年半で社員十五人だ」
「凄《すご》いじゃないか」
「運が良かったのさ」
この友人が、「運が良かった」というのを聞いて、②何ともいえない注感慨《かんがい》が、彼の中に湧《わ》いて来た。不運といえば、こんなに不運な男もいない、と言われたほどだったからだ。
しかし――と彼は思った――今日は何て日だろう。懐しい人に二人も出くわすとは。
「しかし……」
と、彼は、ためらいがちに、「お前には恨《うら》まれてると思ってた」
「恨んださ、正直に言えばな」
当然だ。――彼は、ある仕事を、この同僚に押《お》し付《つ》けてしまった。しかも理由は、といえば、その日が親しいバーのマダムの誕生日だったから、というつまらないことで。
同僚は渋々《しぶしぶ》出かけて行った先で、工場火災に遭《あ》った。逃《に》げ遅《おく》れて、大火傷《おおやけど》を負い、長い入院生活を送った挙句、神経をやられて、辞職して行ったのだ。
ずっと、その記憶は彼の中に、重苦しく淀《よど》んでいた。
「殴《なぐ》ってもいいぜ」
と、彼は言った。
「馬鹿《ばか》だな」
と、その男は笑って、「工場から出た補償金《ほしょうきん》をもとでに、会社を始めたんだ。そうしたら、これが楽しいんだな。思ってもみなかったが、俺はどうも経営の才があるらしい」
「成功してるんだから、そういうことになるか」
と、彼は笑って言った。
「そうなんだ。――人間、自分の不運を嘆《なげ》いてばかりいちゃしょうがないんだな。不運ってものは確かにあるが、生きてさえいりゃ、それを幸運に転じることだってできる。教訓話は嫌《きら》いだが、こいつは俺の実感だよ」
「俺よりずっと太って、いい背広を着てるじゃないか」
と、つついてやる。
「ああ、何しろ社長だ。車もベンツだ。今夜は接待で飲んだから、電車にしたがね」
「大したもんじゃないか」
「これからさ」
と、肯《うなず》いて見せ、「毎日がスリリングで、手応えがある。こいつは、サラリーマンだったら味わえない気分だぜ。――ああ、もう降りなきゃ。一度遊びに来いよ。家を今年、新築したんだ。ちょっとしたもんだぜ。ぜひ一度――。おっと！　それじゃ！」
閉りかけた扉を、強引《ごういん》にこじ開けて、かつての同僚は降りて行った。

（中略）

本当に――本当に良かった。
ふと、目を閉じた。
おい、眠《ねむ》っちゃいけないんだよ。次の駅で降りるんだから。
乗り過したら、戻《もど》れなくなるかもしれない。
いや、眠るんじゃない。ただ、ちょっと目を閉じるだけさ。
こんなすてきな夜には、③自分の幸せを確かめるために、「ふと目

「ええ。もう高校生」
「そんなになったか」
「私より背が高いのよ。この間、学校の文化祭で、ミス・文化祭に選ばれたわ」
「眉《まゆ》の形は、あなたそっくり」
「君に似たんだ」
と、彼女は言った。
――若い日の、熱に浮《う》かされたような恋《こい》の日々。それは、彼女の妊《にん》娠《しん》と、同棲《どうせい》、そして生活費も稼《かせ》げない暮しから来る当然の破局、というお決りの道を辿《たど》った。
「主人も、とてもあの子に優《やさ》しいわ。他にも二人子供がいるけど、あの子が一番の自慢《じまん》よ」
「そうか……」
目頭《めがしら》に熱いものが浮《うか》ぶ。
「――良かった」
「あなたは？　今は――」
「見た通りのサラリーマンだよ」
と、肩《かた》をすくめて見せる。
「でも、とても立派よ。昔の、あの頼《たよ》りないあなたとは信じられないみたい」
「おいおい……。手きびしいね」
と、彼は笑った。
「もちろん、ご家族は――」
「うん。娘《むすめ》が二人。――女の子しかいないんだな、僕《ぼく》には」
「お似合いだわ」
電車のスピードが落ちた。「あ、降りなきゃ。――じゃ、これで」
「会えて嬉しかったよ」

「私もよ」
上品な手袋《てぶくろ》をはめた手が、彼の手に重なる。そのぬくもりは、遠い青春を思い起こさせた。ハッとするほど、変らなかった。
電車が停《と》まって、扉《とびら》が開いた。
「さよなら」
彼女はそう言って降りて行ったのに、彼はただ、ちょっと手を上げて見せただけだった。
言葉が出なかったのだ。
電車が動き出し、ホームを歩く彼女を追《お》い越《こ》したが、もう彼女は彼のことを見ようとはせず、バッグから取り出した硬貨《こうか》を手に、公衆電話へと歩み寄るところだった。家へ電話して、今から帰るわ、と娘に言うのだろう。
そっと息を吐《は》き出《だ》して、彼は目を閉じた。――いい日だったな、今日は。
「おい」
自分が呼ばれているとは思わなかったので、目を閉じたままでいると、「おい、寝《ね》てるのか？」
声に聞き憶えがあった。目を開いて、彼はびっくりした。
「お前……。もう大丈夫《だいじょうぶ》なのか？」
「見た通りさ。いや、びっくりしたぜ」
ドサッと勢いよく隣に座った、かつての同僚《どうりょう》は、「疲《つか》れてるようだな。大丈夫か？」
「ああ、俺《おれ》は……。しかし、いつ退院したんだ？」
「もう二年も前だよ」
「そうか……。いや、気になってたんだ」
「俺もそうだろうと思って、知らせたかったんだが、仕事が忙《いそが》しくてね。――ああ、今はこんなことをやってる」

説明しなさい。

問四　筆者は最終部分で、〈社会人〉を〈社会の偏った厳しさを和らげようと努め、相互依存の網の目からこぼれ落ちる人々に手を伸ばす者〉と定義しています。では、筆者の考える〈社会人〉になるために、私たちが持つべきなのはどのような意識ですか。本文全体をふまえて、**80**字以上**100**字以内で説明しなさい。

四　次の文章を読んで後の問いに答えなさい。

珍《めずら》しいな、と思った。中年の女性が、フワッとした暖かそうな毛皮のコートを着て、乗って来た。どこにだって座《すわ》れるのだが、たまたま彼《かれ》の正面の席に……。

丸顔の、どこか子供のころの面影《おもかげ》を残した面持ち。その目は、なぜか彼の方をいやにしつこく見ていた。

彼は膝《ひざ》の上のアタッシュケースから、英文の新聞を取り出し、読み始めた。

「あの――」

と、声がして、手もとに影が落ちる。

顔を上げると、向いに座っていた女性が、目の前に立っている。

「何か？」

「失礼ですけど――さんでは？」

どうして名前を知っているんだ？

「そうです。失礼ですが――」

「やっぱり――」

笑顔《えがお》が、彼の記憶《きおく》を呼びおこした。

「君……。驚《おどろ》いたな！――いや、笑うと昔のままだ」

「もうおばさんよ。座っても？」

「もちろん」

隣《となり》に座ったその女性を、彼は懐《なつか》しい胸の痛みと共に眺《なが》めた。

「あなた、少しも変らないわ」

と、彼女《かのじょ》は言った。「少し首のあたりが太ったけど」

「お互《たが》い、変ってないってことにしようじゃないか」

「そうね」

二人は軽く声をたてて笑う。

――まさか、二度と二人で笑うことがあろうとは思わなかったのに。しかし、本当に笑っている。

「君……。こんな時間に？」

「ええ。いつもじゃないわ。親しい奥《おく》さん同士の集まりがあって……。そのクリスマスパーティだったの」

「そうか」

「主人は主人で忘年会《ぼうねんかい》。どうせ、まだ帰らないわ」

彼は、その女性の毛皮のコートを見て、

「立派だね」

と、言った。

「プレゼント。主人からの。――誕生日だったから」

「十二月の三日だったね」

「憶《おぼ》えててくれたのね」

と、嬉《うれ》しそうに、微笑《ほほえ》む。

「忘れるもんか」

二人は、ちょっと黙《だま》った。①言いたいこと、訊《き》きたいことは、どっちも分っていたのだ。

ちょうど電車が駅に着いて、何人かが降りて行った。

「次で降りるの」

と、彼女が言った。

「そうか。――あの子は、元気？」

大人と同様のシビアな人間関係――しかも、大人よりも遙《はる》かに露骨《ろこつ》な人間関係――と、直接的な暴力の危険に曝《さら》されている。

私たちはよく、子どもの頃に戻《もど》れたら、と夢想する。けれども、もしも私が頭の中はそのままで体だけが小学生になり、あの注名探偵《めいたんてい》コナンのように子どもとして暮らすことを本当に強《し》いられるとすれば、私はその状況《じょうきょう》にとても耐《た》えられないと思う。

では、「ひとり立ちする」ことが「社会に出る」ことなのだろうか。いや、文字通りの意味で自立している大人など誰もいない。その仕事や生活が、どれほど多様な人々に依存《いそん》していることか。

脳性麻痺《まひ》の当事者である医師の熊谷晋一郎《くまがやしんいちろう》さんは、あるインタビューのなかで、「自立」の反対語が「依存」だというのは勘違《かんちが》いだと指《し》摘《てき》している。たとえば熊谷さんが挙げているのは、東日本大震災《だいしんさい》のときに職場のエレベーターが止まり、自身が五階の研究室から逃《に》げられなかったエピソードだ。健常者であれば、エレベーター以外にも階段やハシゴという別の依存先もあるから、下に降りられる。しかし、身体の自由が利《き》かない熊谷さんには、そのときエレベーターしか依存先がなかった。

熊谷さんによれば、「依存先が限られてしまっている」ということこそ、障害の本質にほかならない。逆に言うなら、「実は膨大《ぼうだい》なものに依存しているのに、「私は何にも依存していない」と感じられる状態こそが、③〝自立〟といわれる状態」だということである。

健常者は何にも頼《たよ》らずに自立していて、障害者はいろいろなものに頼らないと生きていけない人だと勘違いされている。けれども真実は逆で、健常者はさまざまなものに依存できていて、障害者は限られたものにしか依存できていない。依存先を増やして、一つひとつへの依存度を浅くすると、何にも依存してないかのように錯覚《さっかく》できます。〝健常者である〟というのはまさにそういうことなのです。

誰でも、否《いや》が応《おう》でも、すでに社会に出ている。にもかかわらず、敢《あ》えて「社会に出る」と言うのであれば、それは社会の多様な場所、多様な側面にかかわるようになることを指す――そう私は理解したい。ひとつの場所の方法や慣習にただ順応するのではなく、むしろそれを相対的に見て、別の可能性を想像できる場に立つことを意味する、と考えたい。

繰《く》り返《かえ》すように、社会は一枚岩ではない。「社会は厳しい」のではなく、社会は特定の人々に厳しい。敢えて「社会人」という、ある者を別の者と区別する言葉を用いるのであれば、社会の偏った厳しさを和《やわ》らげようと努め、相互《そうご》依存の網《あみ》の目からこぼれ落ちる人々に手を伸《の》ばす者を、「社会人」と私は呼びたい。

（古田徹也『いつもの言葉を哲学する』より。）

注　名探偵コナン―高校生の心を持ったままで体が小学生になってしまった、少年漫画《まんが》の主人公。

問一　――線部①〈陰で反発する〉とありますが、〈説教された生徒〉が〈反発〉するのはなぜですか。**30**字以上**40**字以内で説明しなさい。

問二　――線部②〈子どももすでに社会に出ている〉とありますが、ここで〈社会に出ている〉とはどのようなことですか。**30**字以上**40**字以内で説明しなさい。

問三　――線部③〈〝自立〟といわれる状態〉とありますが、この状態になるためにはどうすることが必要ですか。**20**字以上**30**字以内で

2023年度

芝中学校

【国語】〈第一回試験〉（五〇分）〈満点：一〇〇点〉

一　次の①～⑤の□に当てはまる言葉を語群から選び、漢字で答えなさい。

①　昨日の彼《かれ》は、□子が良さそうだった。
②　あの人は□容力がある。
③　□意に約束の時間に遅《おく》れたわけではない。
④　これからはたくさん親□行をしたいと思います。
⑤　書類をコピー機で□写して配った。

《語群》　コウ　フク　チョウ　コ　ホウ

二　次の①～⑤の□に当てはまる漢字一字を自分で考えて答えなさい。

①　私の□み足によって、物事がうまく進まなくなってしまった。
②　□りよがりな発言は慎《つつし》まなければならない。
③　二人のやりとりはまさに□り言葉に買い言葉だ。
④　チームは試合に□れたものの、次につながる試合であった。
⑤　鶯《うぐいす》は春の訪《おとず》れを□げる鳥です。

三　次の文章を読んで後の問いに答えなさい。

中高生の頃《ころ》、学校の先生がよくこう言っていたことを思い出す。
「社会は厳しいぞ」、「社会に出たら通用しないぞ」。
そう説教された生徒の側はといえば、「先生こそ社会に出たことないじゃないか」と①陰《かげ》で反発するのが常だった。そして、同様の物言いは大人の口からも、まさに常套句《じょうとうく》として発せられがちだ。「学校の先生は社会に出たことがないから常識がない」、「社会人として採《も》まれたことがないから、教師には未熟な者や非常識な者が多い」、等々。

しかし、そこで言われている「社会」とはどこのことだろう。「社会に出る」とは何をすることを意味するのだろう。「社会人」とは誰《だれ》のことを指すのだろうか。

「社会に出る」ということが、たんに教職以外の業種の仕事に就《つ》くことを意味し、「社会人」とはそうした仕事をしている人のことを指すのであれば、社会に出ることも社会人になることも至極《しごく》簡単だ。そして、どの職種や職場にも、未熟な者や非常識な者が嫌《いや》というほどいることを、私たちは知っているはずだ。同じ仕事を続けている人であろうと、転職を経験した人であろうと。

なかでも厄介《やっかい》なのは、ひとつの場所に慣れて未熟でなくなったベテランが、それゆえに偏《かたよ》った考え方に凝《こ》り固《かた》まってしまうケースだ。年を経て経験を積むごとに、当人にとっての「社会」はかえって狭《せま》くなる傾向《けいこう》すらあるのだ。

「社会」とは、決して一枚岩ではない、多様な人々が直接的・間接的にかかわり合いながら生きる場だ。その意味では、②子どももすでに社会に出ている。そして、彼《かれ》らにとって社会は決して楽なものではないし、大して守られているわけでもない。日々膨大《ぼうだい》な務めを果たし、

2023年度

芝中学校 ▶解説と解答

算数 ＜第１回試験＞（50分）＜満点：100点＞

解答

[1] (1) 12321　(2) $\frac{1}{56}$　[2] (1) 5％　(2) 8　[3] ア…2本，イ…42本　[4] (1) ア…4個，イ…$3\frac{1}{2}$　(2) 16　[5] (1) 5：7　(2) $\frac{7}{30}$倍　[6] (1) 600m　(2) 77：60　(3) $52\frac{2}{17}$分後　[7] ア…256通り，イ…16通り，ウ…4通り，エ…2通り　[8] (1) 時速9km　(2) ア…20分間，イ…$143\frac{1}{3}$分　(3) 4km

解説

[1] 四則計算，計算のくふう，逆算

(1) $A\times B+A\times C=A\times(B+C)$となることを利用すると，$11.1\times22.2+33.3\times44.4+55.5\times66.6+77.7\times88.8=11.1\times1\times11.1\times2+11.1\times3\times11.1\times4+11.1\times5\times11.1\times6+11.1\times7\times11.1\times8=11.1\times11.1\times(1\times2+3\times4+5\times6+7\times8)=123.21\times(2+12+30+56)=123.21\times100=12321$

(2) $2\div3\div3=2\times\frac{1}{3}\times\frac{1}{3}=\frac{2}{9}$より，$72\times\left\{\left(\square\div\frac{1}{7}\times\frac{1}{2}\right)\div\frac{1}{14}+\frac{2}{9}\right\}=79$，$\left(\square\div\frac{1}{7}\times\frac{1}{2}\right)\div\frac{1}{14}+\frac{2}{9}=79\div72=\frac{79}{72}$，$\left(\square\div\frac{1}{7}\times\frac{1}{2}\right)\div\frac{1}{14}=\frac{79}{72}-\frac{2}{9}=\frac{79}{72}-\frac{16}{72}=\frac{63}{72}=\frac{7}{8}$，$\square\div\frac{1}{7}\times\frac{1}{2}=\frac{7}{8}\times\frac{1}{14}=\frac{1}{16}$　よって，$\square=\frac{1}{16}\div\frac{1}{2}\times\frac{1}{7}=\frac{1}{16}\times\frac{2}{1}\times\frac{1}{7}=\frac{1}{56}$

[2] 濃《のう》度《ど》

(1) A，B，Cを同じ重さずつ混ぜるから，濃度はA，B，Cの濃度の平均になる。Cの濃度は0％と考えることができるので，（8＋7＋0）÷3＝5（％）と求められる。

(2) はじめにAを100gとBを200g混ぜると，この食塩水に含《ふく》まれている食塩の重さは，100×0.08＋200×0.07＝22（g）になる。ここへCを混ぜても，食塩の重さは変わらずに22gのままである。また，Cを混ぜた後の食塩水の濃度が2％だから，Cを混ぜた後の食塩水の重さを△gとすると，△×0.02＝22（g）と表すことができる。よって，△＝22÷0.02＝1100（g）と求められるので，Cの重さは，1100－(100＋200)＝800（g）となる。したがって，A，B，Cの重さの比は，100：200：800＝1：2：8だから，□にあてはまる数は8である。

[3] 割合と比

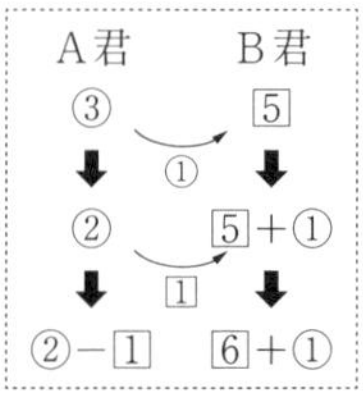

はじめのA君の本数を③本，B君の本数を[5]本とすると，A君が1回目にあげた本数は，③×$\frac{1}{3}$＝①（本），2回目にあげた本数は，[5]×$\frac{1}{5}$＝[1]（本）となるから，右のように表すことができる。また，最後に2人が持っている本数は等しいので，②－[1]＝[6]＋①より，②－①＝[6]＋[1]，①＝[7]となることがわかる。よって，A君とB君がはじめに持っていた本数の比は，（7×3）：5＝21：5となり，この和が52本だから，A君がはじめに持っていた本数は，$52\times\frac{21}{21+5}=$

42(本)(…イ)と求められる。さらに，Ｂ君がはじめに持っていた本数は，52－42＝10(本)なので，Ａ君が２回目にあげた本数は，$10\times\frac{1}{5}=2$(本)(…ア)とわかる。

4 整数の性質，数列

(1)　$80\times\frac{4}{5}=64$，$80\times\frac{23}{24}=76.6\cdots$より，$\frac{64}{80}<\frac{\square}{80}<\frac{76.6\cdots}{80}$と表すことができる。□にあてはまる整数は65以上76以下であり，このうち約分できないのは{67，69，71，73}の４個(…ア)ある。また，これらの和は，$\frac{67+69+71+73}{80}=\frac{280}{80}=\frac{7}{2}=3\frac{1}{2}$(…イ)となる。

(2)　80＝２×２×２×２×５だから，約分できるのは分子が２または５の倍数のときである。そこで，２と５の最小公倍数である10ごとに組にすると，約分できない分数の分子は右の図の○をつけた数になる。１組の和は，１＋３＋７＋９＝20であり，各組の和は，10×４＝40ずつ大きくなるので，８組の和は，20＋40×(８－１)＝300とわかる。よって，約分できない分数の分子の和は，20＋60＋…＋300＝(20＋300)×８÷２＝1280と求められるから，約分できない分数の和は，$\frac{1280}{80}=16$となる。

１組	①	2	③	4	5	6	⑦	8	⑨	10
２組	⑪	12	⑬	14	15	16	⑰	18	⑲	20
⋮	⋮	⋮	⋮	⋮	⋮	⋮	⋮	⋮	⋮	⋮
８組	(71)	72	(73)	74	75	76	(77)	78	(79)	

5 平面図形―辺の比と面積の比

図１

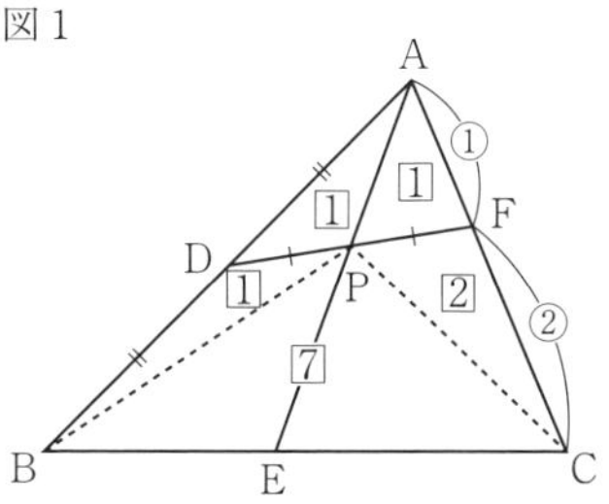

図２

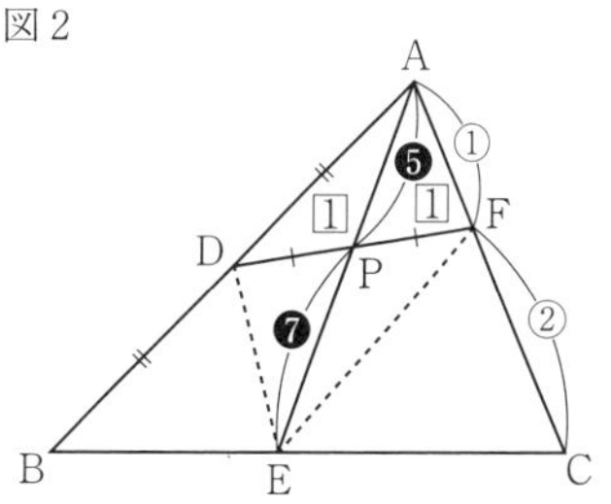

(1)　右の図１で，３つの三角形ADP，DBP，APFの面積は等しい。よって，これらの面積を[1]とすると，三角形PCFの面積は[2]になる。また，三角形ABCの面積は三角形ADFの面積の，$\frac{1+1}{1}\times\frac{1+2}{1}=6$(倍)だから，三角形ABCの面積は，([1]＋[1])×６＝[12]，三角形PBCの面積は，[12]－([1]＋[1]＋[1]＋[2])＝[7]とわかる。次に，三角形ABPと三角形ACPの面積の比は，([1]＋[1])：([1]＋[2])＝２：３なので，BE：EC＝２：３となり，三角形PBEの面積は，$[7]\times\frac{2}{2+3}=[2.8]$と求められる。したがって，三角形ABPと三角形PBEの面積の比は，([1]＋[1])：[2.8]＝５：７だから，AP：PE＝５：７となる。

(2)　右上の図２で，三角形ADFと三角形DEFの面積の比は，AP：PEと等しく５：７なので，三角形DEFの面積は，$([1]+[1])\times\frac{7}{5}=[2.8]$となる。また，三角形ABCの面積は[12]だから，三角形DEFの面積は三角形ABCの面積の，$2.8\div12=\frac{7}{30}$(倍)である。

6 グラフ―速さと比，旅人算

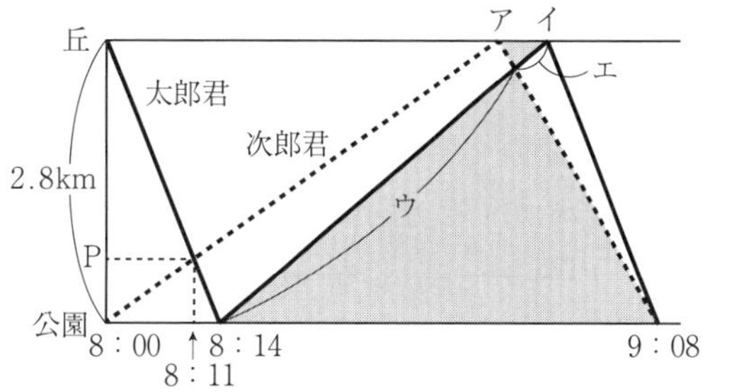

(1)　２人が１回目に出会った地点をＰとすると，太郎君が丘からＰまで歩いた時間は，８時11分－８時＝11分，Ｐから公園まで歩いた時間は，８時14分－８時11分＝３分だから，丘からＰまでの距《きょ》離《り》と公園からＰまでの距離の比は11：３とわかる。この和が2.8km(＝2800m)なので，公園からＰまでの距離は，$2800\times\frac{3}{11+3}=600$(m)と求められる。

⑵ 太郎君は丘と公園の間を1往復半していて，歩いた時間の合計は，9時8分－8時＝1時間8分である。そのうち，丘から公園まで歩いた時間の合計は，14×2＝28(分)だから，公園から丘まで歩いた時間は，1時間8分－28分＝40分と求められる。一方，次郎君が公園から丘まで歩いた時間は11分の，$\frac{3+11}{3}=\frac{14}{3}$(倍)なので，$11\times\frac{14}{3}=\frac{154}{3}$(分)である。よって，太郎君と次郎君が公園から丘まで歩いた時間の比は，$40:\frac{154}{3}=60:77$だから，公園から丘へ歩く速さの比は，$\frac{1}{60}:\frac{1}{77}=77:60$となる。

⑶ 上の図でかげをつけた三角形の相似を利用する。アの時刻は，8時＋$\frac{154}{3}$分＝8時$\frac{154}{3}$分，イの時刻は，8時14分＋40分＝8時54分なので，上の三角形の底辺(アからイまでの時間)は，$54-\frac{154}{3}=\frac{8}{3}$(分)にあたるとわかる。一方，下の三角形の底辺は，9時8分－8時14分＝54分にあたるから，2つの三角形の相似比は，$\frac{8}{3}:54=4:81$となり，ウ：エ＝81：4とわかる。この部分の時間の合計が40分なので，ウの部分の時間は，$40\times\frac{81}{81+4}=38\frac{2}{17}$(分)となり，2回目に出会うのは出発してから，$14+38\frac{2}{17}=52\frac{2}{17}$(分後)と求められる。

7 平面図形―構成，場合の数

図1

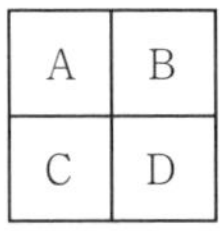

図2

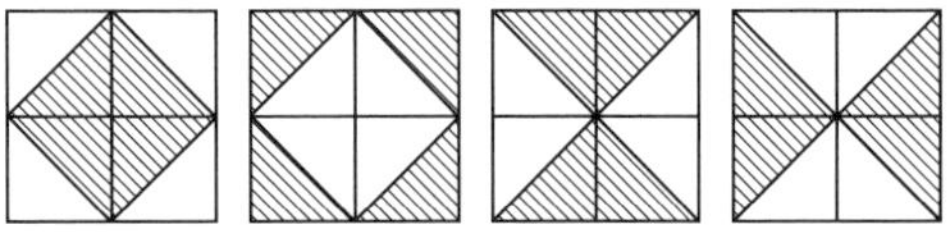

右の図1で，A，B，C，Dのそれぞれについて4通りのはり付け方があるから，模様の種類は全部で，4×4×4×4＝256(通り)(…ア)となる。また，左右対称《たいしょう》にするとき，Aのはり付け方が決まればBのはり付け方は決まり，Cのはり付け方が決まればDのはり付け方は決まるので，左右対称の模様はAとCのはり付け方の数と等しく，4×4＝16(通り)(…イ)となる。さらに，左右，上下ともに対称にするとき，Aが決まればB，C，Dは決まるので，右上の図2の4通り(…ウ)ある。このうち，90度回転しても同じ模様になるのは左の2通り(…エ)である。

8 グラフ―流水算，旅人算

図1

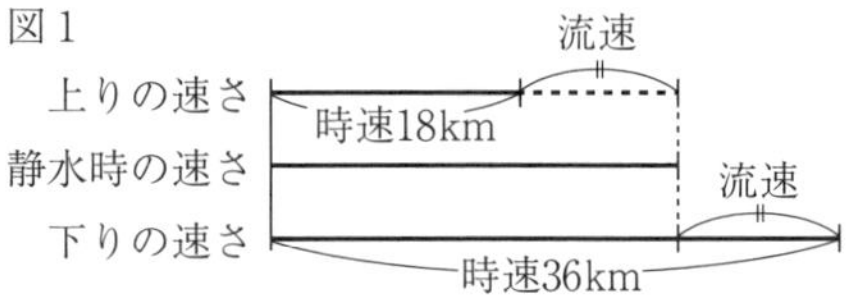

⑴ 問題文中のグラフから，PQ間の距離は18kmである。また，2つの船は出発から20分後にはじめてすれ違《ちが》うので，上りの速さと下りの速さの和は時速，$18\div\frac{20}{60}=54$(km)とわかる。よって，上りの速さは時速，$54\times\frac{1}{1+2}=18$(km)，下りの速さは時速，54－18＝36(km)だから，上の図1のように表すことができる。したがって，流れの速さは時速，(36－18)÷2＝9(km)と求められる。

⑵ 上りにかかる時間は，18÷18×60＝60(分)，下りにかかる時間は，18÷36×60＝30(分)である。また，問題文中のグラフには，2つの船の間の距離が15kmのまま変わらない時間がある。これは2つの船が同じ方向に進んでいることを表しているので，2つの船の進行のようすをグラフに表すと下の図2のようになる。図2で，船Aが15km上るのにかかる時間(□)は，15÷18×60＝50(分)だから，船が止まる時間は，50－30＝20(分間)(…ア)と求められる。よって，図2の続きは下の図3のようになる。図3で，かげをつけた2つの三角形は相似であり，相似比は4：5なので，a：b＝4：5とわかる。また，この部分の時間の合計は，10×3＝30(分)だから，aの部分の時間は，

$30\times\frac{4}{4+5}=13\frac{1}{3}$(分)と求められる。したがって，出発してから２つの船が３回目にすれ違うまでの時間は，$130+13\frac{1}{3}=143\frac{1}{3}$(分)(…イ)である。

図２

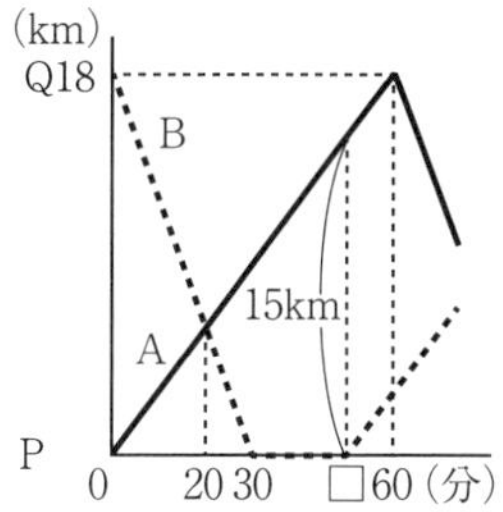

図３

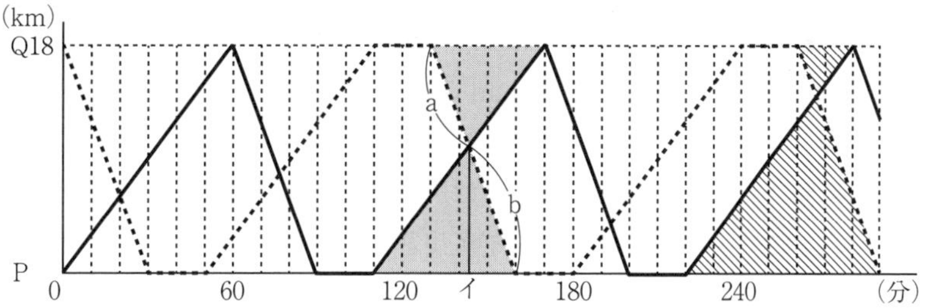

(3)　図３で斜線《しゃせん》をつけた２つの三角形は相似であり，相似比は２：７なので，Ｑ地点から５回目にすれ違う地点までの距離は，$18\times\frac{2}{2+7}=4$(km)と求められる。

社　会　＜第１回試験＞（40分）＜満点：75点＞

解　答

1　**問１**　①　有明(海)　②　吉野(川)　③　紀伊(山地)　④　津軽(平野)　**問２**　エ　**問３**　ウ　**問４**　エ　**問５**　ア　**問６**　イ　**問７**　イ　**問８**　ハブ(空港)　**問９**　イ　**2**　**問１**　①　阿弥陀　②　念仏　**問２**　ウ　**問３**　ウ　**問４**　イ　**問５**　エ　**問６**　イ　**問７**　イ　**問８**　ウ　**問９**　ウ　**問10**　**２番目**…イ　**５番目**…エ　**3**　**問１**　Ⅰ　**ア**　本会議　**イ**　④　Ⅱ　①　**問２**　①　**問３**　**１**　帝国(議会)　**２**　天皇　**３**　30(歳)　**４**　政党　**問４**　Ⅰ　法　Ⅱ　**エ**　18(歳)　**オ**　男女雇用機会均等(法)　**問５**　④　**問６**　①　**問７**　民主主義　**4**　**問１**　ウ　**問２**　水素　**問３**　大逆事件　**問４**　(1)　エ　(2)　(例)　目先の利益にとらわれず，古本ではなく新品の本を買うことで，小説の作者は収入を得て創作活動を続けることができ，消費者はお気に入りの小説の続編を読むことができる。

解　説

1　日本各地の自然や産業についての問題

問１　①　有明海は九州の北西部にあり，福岡県，佐賀県，長崎県，熊本県にまたがっている。干満の差が大きいため，古くから沿岸部は干拓によって造成された。また，のりの養殖《ようしょく》地として知られる。　②　吉野川は四国山地の瓶ケ森《かめがもり》を水源とし，東流して徳島平野を流れ，徳島市で紀伊水道(太平洋)に注いでいる。利根川・筑後川とともに三大暴れ川に数えられ，「四国三郎」とよばれる。香川県讃岐平野に引かれた香川用水の水源でもある。　③　紀伊山地は紀伊半島の大半を占《し》める高く険《けわ》しい山地で，すぎやひのきの人工の美林があり，吉野すぎ(奈良県)と尾鷲《おわせ》ひのき(三重県)は，天竜すぎ(静岡県)とともに「人工の三大美林」に数えられる。　④　津軽平野は青森県西部に位置し，りんごの栽培《さいばい》地として知られる。

問２　地図１の☆１は奥尻《おくしり》島(北海道)で，1993年７月に発生した北海道南西沖地震により，大きな被害を出した。☆２は佐渡島(新潟県)で，金鉱山があり，江戸時代には天領(幕府直轄《ちょっかつ》地)として金を産出した。☆３は屋久島(鹿児島県)で，樹齢が千年を超《こ》えるすぎの原生林があることで知られる。

問３　■２の宮古島(沖縄県)は亜熱帯の気候で，冬でも気温が高いため，気温の年較《ねんかく》差は小さく10.6度で，年間降水量は2076.0mmである。よって，グラフのウがあてはまる。アは■３の松本市(長野県)，イは■４の日立市(茨城県)，エは■１の高知市。統計資料は気象庁の統計データによる。

問４　地図１のＡは鹿児島県，Ｂは広島県，Ｃは千葉県，Ｄは秋田県である。千葉県は東京に隣接し近郊農業がさかんなので，農業産出額は比較的多い。また，千葉県の林野率は大阪府についで全国で２番目に低いので，４県のうち林業産出額が最も少ないエがあてはまる。アは広島県，イは鹿児島県，ウは秋田県。統計資料は『データでみる県勢』2022年版，『日本国勢図会』2021／22年などによる(以下同じ)。

問５　ユネスコ世界ジオパークは，国際的に価値のある地質遺産を保護し，そうした地質遺産がもたらした自然環境《かんきょう》や地域の文化への理解を深め，科学研究や教育，地域振興などに活用することにより，自然と人間との共生および持続可能な開発を実現することを目的として定められている。地図１のＥは室戸(高知県)で，海岸段丘が発達している。Ｆは糸魚《いとい》川(新潟県)で，フォッサマグナ(大地溝帯)の西端に位置する。Ｇは伊豆半島(静岡県)で，多くの温泉が見られる。

問６　かき(柿)の収穫《しゅうかく》量は和歌山県が全国第１位で，以下，奈良県，福岡県と続く。キウイフルーツの収穫量は愛媛県が全国第１位で，以下，福岡県，和歌山県と続く。小麦の収穫量は北海道が全国第１位で，以下，福岡県，佐賀県と続く。

問７　名古屋港(愛知県)も横浜港(神奈川県)も，自動車が最大の輸出品目で，金額は名古屋港の方が大きい。また，関西国際空港(大阪府)の輸出品目は，航空輸送に適した集積回路などの電子機器の割合が高い。

問８　航空輸送の拠点となる空港を，ハブ空港という。航空路線網を自転車の車輪に見立てると，放射状に伸びる航空路線がスポーク，その中心にあたる空港がハブと見なせることからその名がついた。

問９　地図２において，福岡市からちょうど地球の反対側の地点(南アメリカ大陸東部の大西洋上)まで地球を半周することになるので，その距離はおよそ２万kmである。この間に等距離線が15本引かれていることから，その線の間隔は，20000÷16＝1250(km)になる。

２　年表をもとにした各時代の事がらについての問題

問１　平安時代末期，法然上人《しょうにん》は，「南無阿弥陀仏」とひたすら念仏のみを唱えることで救われるとする専修念仏の教えを説き，浄土宗を開いた。

問２　1868～69年に起こった戊辰戦争は明治新政府軍と旧幕府軍との戦いで，鳥羽・伏見の戦い(京都府)に始まり，江戸城無血開城(東京都)を経て，函館五稜郭《ごりょうかく》の戦い(北海道)で旧幕府軍が降伏して終結した。写真Ⅰは江戸城無血開城を実現した西郷隆盛と勝海舟が会見をした場所を示す石碑，Ⅱは開戦の火ぶたを切った鳥羽・伏見戦場の石碑，Ⅲは函館五稜郭を表す。

問３　琉球王国(沖縄県)の王府であった首里城は，太平洋戦争(1941～45年)の沖縄戦で戦火にみまわれ焼失した。よって，ウが正しくない。なお，首里城は1992年に沖縄返還20周年を記念して復元されたが，2019年の火災で再び焼失している。

問４　古墳時代の５世紀には，大陸から日本に移住した渡来人により，のぼり窯《がま》で須恵器を製造する技術が伝来した。また，白村江《はくすきのえ》の戦い(663年)で日本の水軍が唐(中国)・新羅連合軍に敗れると，朝廷は連合軍の襲来に備え，大宰府の西方に水城《みずき》を築いた。

問５　1086年に院政を始めたのは後白河天皇ではなく，白河上皇である。

問６　御成敗式目(貞永《じょうえい》式目)は日本で初めての武家法で，鎌倉幕府第３代執権の北条泰時が1232年に制定した。また，琵琶法師は平氏の栄華と滅亡を，琵琶を奏《かな》でながら語り，口承文学の『平家物語』を生み出した。なお，②の北条時宗は元寇に対応した第８代執権，③の『徒然草』は吉田兼好が記した随筆。

問７　15世紀初め，室町幕府第３代将軍を務めた足利義満は中国(明)と貿易を始めたが，当時中国や朝鮮沿岸を荒らしていた倭寇(日本の武装商人団・海賊)と区別し，正式な貿易船であることを証明するため勘合(符)という割り符を用いた。また，14世紀末から始まった日朝貿易では朝鮮(李氏朝鮮)から木綿が多く輸入され，日本からは銅・硫黄などが輸出された。

問８　Ⅰの『解体新書』の刊行は18世紀後半，Ⅱの青木昆陽がさつまいもの栽培を奨励《しょうれい》したのは18世紀前半，Ⅲのシーボルトが長崎で医学の講義を行ったのは19世紀前半のことなので，古いものから順にⅡ→Ⅰ→Ⅲとなる。

問９　ａの三・一独立運動は1919年，ｂのロシア革命は1917年，ｃの清朝が倒れた辛亥《しんがい》革命は1911年，中華民国の成立は1912年，ｄの原敬内閣の発足は1918年のシベリア出兵の開始後である。

問10　アの警察予備隊の発足は1950年，イの二・二六事件は1936年，ウの日独伊三国同盟の成立は1940年，エの日ソ共同宣言の調印は1956年，オの東海道新幹線の開通は1964年，カの日本の国際連盟脱退は1933年なので，年代の古いものから順にカ→イ→ウ→ア→エ→オになる。

３　日本の議会についての問題

問１　Ⅰ　ア　衆議院か参議院のどちらかに提出された法律案は，数十人の国会議員が務める専門の委員会で審査されたのち，各議院の議員全員が集まる本会議で議決され，もう一方の議院に送られる。　　イ　衆議院が可決し，参議院で否決された法律案は，衆議院で出席議員の３分の２以上の賛成で再可決すると，法律が成立する。　　Ⅱ　日本では議院内閣制がとられており，内閣は国会に対して連帯しているため，内閣が提出した法律案は可決・成立することがほとんどである。しかし，国会では，与党だけでなく野党の国会議員も法律案を提出でき，議院で賛成を得られない法律案は成立しないので，議員が提出した法律案のうち成立するものの割合は内閣が提出するものよりも低くなる。2022年の常会(通常国会)でも，内閣が提出した法案は61件ですべて成立したが，議員が提出した法案は96件中17件しか成立していない。

問２　現在の国会は衆議院と参議院の二院制(両院制)をとっているが，参議院の任期は衆議院の４年と比べ，６年と長く，参議院では衆議院のように解散がない。また，選挙では衆議院のように全員を改選することなく，３年ごとに定数の半数が改選されるにとどまり，政党に属さない無所属の議員も多い。そのため，政権に対して一定の距離を保ち，じっくりと腰を据えて審議することで，多様な国民の意思を反映させられるという点から，「良識の府」とよばれている。しかし現在では，選挙に比例代表制が導入され，衆議院と同じように党派性が色濃くなり，衆議院が決めたことをオウム返しに繰り返すだけの「衆議院のカーボンコピー」などとよび，参議院不要論を唱えるものもいる。

問３　**１**，**２**　明治憲法(大日本帝国憲法)で定められた帝国議会は衆議院と貴族院の二院制であったが，貴族院議員は選挙ではなく，皇族・華族や天皇から任命された人々で構成されていた。

３　参議院議員の被選挙権は，満30歳以上である。　**４**　問２の解説参照。

問４　Ⅰ　日本国憲法第14条は，「法の下の平等」を定めた条文である。　Ⅱ　エ　2022年４月，改正民法が施行され，婚姻できる年齢が男女とも満18歳以上となった。　オ　1985年，男女雇用機会均等法が制定され，雇用の分野における男女の均等な機会および待遇の確保などを講じる施策の基本となるべきことがらが示された。

問５　小選挙区制は，１つの選挙区から１人を選ぶ方法のことである。

問６　地方自治において，首長(都道府県知事や市町村長)は，議会に対する拒否《きょひ》権や議会の解散権を持っている。よって，①が正しい。なお，②のリコール(首長や議員の解職請求)は，原則として有権者の３分の１以上の署名が必要。③の市民オンブズマンの選出方法は自治体によって異なるが，一般には市民の推薦や地方議会の承認で選ばれる。④の都道府県知事の任期は４年。

問７　本文の第１段落に，「審議をつくし，法秩序を形成することは民主主義の根幹であり，とても大切なことであります」とある。

4　環境に配慮した消費行動についての問題

問１　アの東京タワーが完成したのは1958年，イの国鉄が分割民営化されたのは1987年，ウの第１次オイルショックが起こったのは1973年，エの東京で初めてオリンピックが開催されたのは1964年である。

問２　常温では気体であり，燃焼しても二酸化炭素などの有害物質が出ず，燃料電池の燃料になるのは，水素である。水素は，燃料電池車の燃料として期待されている。

問３　1910年に起こった大逆事件は，明治天皇の暗殺を計画したとして，社会主義者の幸徳秋水らが逮捕された事件で，裁判の結果12人が死刑に処せられた。しかし，冤罪《えんざい》であったことが判明している。

問４　(1)　あえて値の張る選択肢を選ぶ消費行動とは，原料を供給する途上国の農民らが，公平で公正な対価を得られることを目的としたフェアトレード商品を購入するという消費行動を指すと考えられる。　(2)　本文の最終段落に「お気に入りの小説の続編を読むためには，目先の利益にとらわれてはいけません。その場では割高に思える出費であっても，長い目で，あるいは広い視野で見ると，自分にとって利益をもたらすような消費行動が理にかなっているという考え方がよいと思うのです」とある。また，本文の第４段落には，小説家などの出版物の作者は「本が１冊売れるごとに，その売上の一部を出版社から受け取っていますが，これは新品として売られた部数だけが対象となります」と書かれている。つまり，お気に入りの小説家の作品であれば，古本ではなく，あえて新品の本を買って読むことで，作者に収入が入り，それを通じて作者の創作活動に寄与できると考えられる。

理　科　＜第１回試験＞（40分）＜満点：75点＞

解　答

1 (1) 98cm^3　(2) (イ), (オ)　(3) (例) 右の図①　(4) (オ)　(5) (カ)
(6) (ウ)　(7) **ア** はいしゅ　**イ** しぼう　2 (1) 40m　(2) (エ)
(3) 示相　(4) (イ)　(5) (ア)　(6) 5 cm　(7) (イ)　3 (1) (エ)
(2) (オ)　(3) (カ)　(4) (カ)　(5) 2, 3, 4, 1
(6) (エ)　4 (1) (オ)　(2) 塩酸　(3) (オ)　(4)
(キ)　(5) (A) (あ) ＋ (い) 0　(B) (イ)　5 (1)
しょくばい　(2) (ウ), (エ)　(3) A, E, F　(4)
(例) 低温や高温の状態では働かず，室温の状態で働く性質。　(5) (a) 右の図②　(b) **体積**…３倍　**時間**…１倍

図①

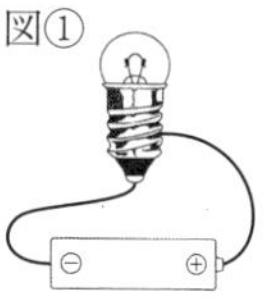

図②

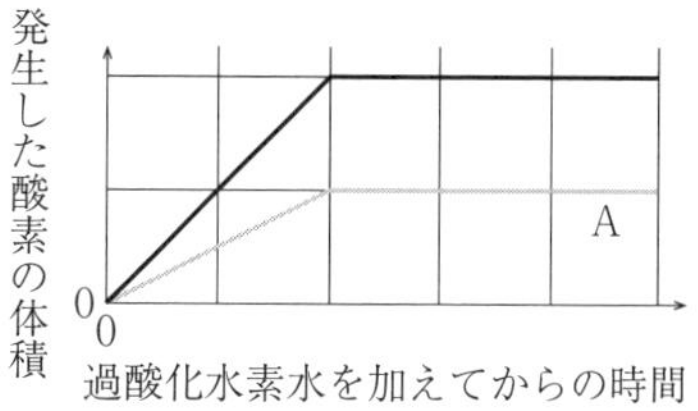

解　説

1 小問集合

(1) 70cm^{3}のエタノールの重さは，0.79×70＝55.3(g)，水30cm^{3}の重さは，1.0×30＝30(g)である。これらを混合したエタノール水よう液の重さは，55.3＋30＝85.3(g)で，１cm^{3}あたりの重さが0.87gなので，体積は，85.3÷0.87＝98.0…より，98cm^{3}となる。

(2) アルカリ性の水よう液は，木の灰を加えた水とセッケン水である。食酢《す》とレモン果汁《かじゅう》は酸性で，牛乳は中性である。

(3) 豆電球の中にはフィラメントがあり，これに電流が流れるとフィラメントが発熱して光る。図２のように，フィラメントの片方の端《はし》は，ねじの形になっている口金の部分につながり，もう一方の端は，豆電球の下方のでっぱった金属部分につながっている。したがって，この２つの部分が，かん電池の＋極と－極とにつながっていれば電流がフィラメントに流れ，豆電球が光る。

(4) 図４の破片は口金の部分の中に入っていたものである。この破片の部分は電気を通さず，フィラメントを包んでいるガラス球を支えている。この部分が電気を通してしまうと，電気が口金のねじの形になった部分から，フィラメントを通らずに下の方にある金属部分に流れてしまうため，ショートしてしまう。

(5) 急な雷雨をもたらす雲は，強い上昇《じょうしょう》気流によってできる縦方向に発達した積乱雲で，入道雲ともよばれる。

(6) 地表に降り注いだ直径５mm未満の氷の粒《つぶ》をあられといい，直径５mm以上の氷の粒をひょうという。あられやひょうは，落下しようとした氷の粒が，強い上昇気流によって上にもどされることがくり返され，大きな氷の粒に成長して，とけずに地上に落下したものである。

(7) 裸子《らし》植物は，胚珠《はいしゅ》が子房《しぼう》に包まれていない植物のことである。これに対して，胚珠が子房に包まれている植物を被子《ひし》植物という。

2 地層と化石についての問題

(1) 図１と図２より，Ａ地点の火山灰でできた地層の高さは，160－30＝130(m)である。同様に，

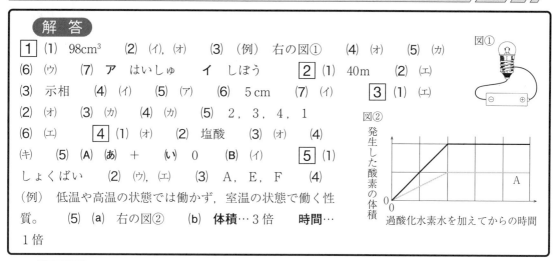

Ｂ地点では，180－50＝130（m），Ｃ地点では，100－20＝80（m）となる。よって，図１の地域の地層は，東西方向にかたむきはなく，南に向かって下がっていることがわかる。したがって，Ｄ地点の火山灰でできた地層は，高さがＣ地点と同じだから，120－80＝40（m）ほったときにはじめて出てくる。

⑵　シジミは海水と淡水《たんすい》が混ざるところにすむ２枚貝なので，シジミの化石をふくむ地層は，河口や湖でできたことがわかる。

⑶　地層ができたときの当時の環境《かんきょう》を示す化石を示相化石という。これに対して，地層ができた時代を推定できる生物の化石を示準化石という。

⑷　図３はビカリアの化石である。ビカリアは新生代にはんえいした巻貝で，その化石は，ふくまれる地層が新生代にたい積したことを示す示準化石になる。ビカリアと同様に，新生代にはんえいしたのはデスモスチルスである。デスモスチルスは絶滅《ぜつめつ》したほ乳類で，新生代の浅い海に生息していた。なお，三葉虫とフズリナは古生代，アンモナイトと恐竜《きょうりゅう》は中生代にはんえいした生物である。

⑸　曲がって流れている川の外側は流れが速く，内側は流れがおそい。そのため，川の外側（Ｆ側）ではしん食作用によって川底は深くなっており，小石がたい積していて，内側（Ｅ側）は，川底が浅く，砂がたい積している。

⑹　水50kgは，50×1000÷１＝50000（cm^3）である。この水が，底面積，１m^2＝10000cm^2の直方体だとすると，その高さは，50000÷10000＝５（cm）となる。したがって，水は１秒間に５cm進んでいるので，速さは，１秒間に５cmとわかる。

⑺　水中では，粒が大きく重いものほど速くしずみ，小さく軽いものほどおそくしずむので，ビンの下から小石，砂，泥《どろ》の順にたい積する。

3　凸《とつ》レンズによってできる像についての問題

⑴　ロウソクの炎《ほのお》の先たんＰから出た光線のうち，図１より，直線GFに平行な光線は凸レンズを通過後，焦点《しょうてん》Ｆを通る。また，図２より，焦点Ｇを通る光線は凸レンズを通過後，直線GFに平行に進む。

⑵　ロウソクの各部分から出た光は，凸レンズの下半分を通過して像をつくるので，ロウソクの像の大きさや形はそのまま変わらない。しかし，凸レンズの上半分を通過した光が届かない分，像の明るさは暗くなる。

⑶　焦点より遠い位置にあるロウソクから出た光は，凸レンズを通過した後，スクリーン上に上下左右が反対の像をつくる。右の図より，三角形CDFと三角形HEFは相似だから，CD：HE＝DF：EF＝18：（45－18）＝２：３である。また，AB＝CDなので，実験３では，スクリーン上にはもとのロウソクの，３÷２＝1.5（倍）の大きさの像ができている。よって，ロウソクを元の高さから１cm持ち上げると，像の位置は下に1.5cmずれる。

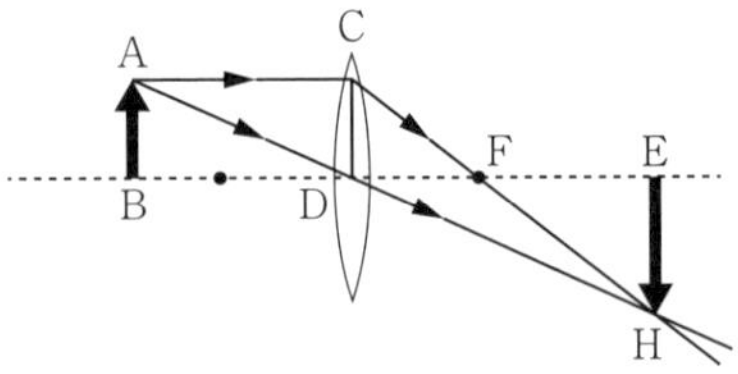

⑷　実験４では，焦点距離《きょり》の２倍の位置にロウソクを置いているので，スクリーン側から見ると，上下左右が反対で，大きさがロウソクと同じ像がスクリーンに映る。よって，㋕が適する。

⑸　⑶と同様に考えると，像の大きさは，ロウソクの大きさの，$\frac{EF}{DF}$倍になる。よって，それぞれ

の実験でできるロウソクの大きさに対する像の大きさは，実験１では，(30－20)÷20＝0.5(倍)，実験２では，(60－20)÷20＝２(倍)，実験３では，(45－18)÷18＝1.5(倍)，実験４では，(30－15)÷15＝１(倍)となる。よって，像が大きいものから，２，３，４，１となる。

⑹　①　凸レンズは，レンズの中央が厚いほど光が大きく屈折するため，焦点距離が短くなる。

②，③　実験１と実験２から，焦点距離が同じ凸レンズを用いたとき，ロウソクから凸レンズまでの距離が長いと，凸レンズからスクリーンまでの距離が短くなっている。よって，イカは遠くのものを見るとき，水晶《すいしょう》体を網膜《もうまく》の近くに移動するとわかる。逆に近くのものを見るときは，水晶体を角膜に近づける。　④，⑤　実験１と実験４から，凸レンズからスクリーンまでの距離が等しいとき，焦点距離が長い凸レンズの方が，ロウソクから凸レンズまでの距離が長くなっている。よって，人が遠くのものを見るとき，水晶体をうすくして焦点距離を長くしている。逆に，近くのものを見るときは，水晶体を厚くして，焦点距離を短くする。

4　生物の関係についての問題

⑴　かん臓でつくられる消化を助ける消化液はたん液(たん汁)である。たん液は，しぼうを細かいつぶにして，水と混じりやすくし，しぼうの消化を助ける。その後，しぼうは，主にすい臓から出るすい液で消化されて，しぼう酸やモノグリセリドになって吸収される。

⑵　胃液には，塩酸がふくまれ強い酸性となっている。胃液が酸性になっていることで食物を殺菌《さっきん》し，また，消化しやすくしている。

⑶　ハチの成虫のはねは４枚，ノミの成虫は０枚，ハエの成虫は２枚である。

⑷　アブラムシはこん虫でカメムシの仲間である。カメムシの仲間には，カメムシ，アメンボ，セミなどがある。カメムシの仲間は，口が針状のストローのようになっていて，植物やほかの小動物の体液を吸い上げてエサにしている。ダニはクモの仲間で，体は頭胸部と腹部の２つに分かれている。ダニには足が４対８本あり，すべて頭胸部についている。

⑸　(A)　(あ)　サケ科の魚の食べていた生物の内，約60％が河川に飛びこんだカマドウマなので，カマドウマが河川に全く飛びこまなくなった場合は，その分エサが減る。そうすると，サケ科の魚が食べる水生こん虫(幼虫)の数は増えることになる。　(い)　河川内に落下するその他の陸生こん虫の数は変わらないので，サケ科の魚が食べるその他の陸生こん虫の数は変わらないと考えられる。

(B)　河川内に全ての陸生こん虫が落下しなくなると，サケ科の魚は水生こん虫(幼虫)だけを食べるようになるので，水生こん虫(幼虫)の数は減る。また，エサが減るのでサケ科の魚も減る。さらに，カマドウマが河川内に落下しなくなったので，ハリガネムシは子孫を残すことができなくなり，ハリガネムシの成虫も減ることになる。これに対して，落ち葉は，水生こん虫(幼虫)が減ったことで食べられる量が減り，数が増えることになる。

5　酸素の発生についての問題

⑴　二酸化マンガンは，過酸化水素が分解して酸素と水になるのを助ける役割をしており，自分自身は変化しない。このような物質を触媒《しょくばい》という。

⑵　酸素には，自分自身は燃えないが，他の物が燃えるのを助ける性質がある。そのため，酸素で満たされた試験管に火のついた線香やマッチを入れると，炎が大きくなる。なお，このとき音は鳴らない。

⑶　カタラーゼは水よう液が中性のときにもっとも働くことを確かめるには，カタラーゼを酸性，

中性，アルカリ性の水よう液に入れたときの酸素の発生のしかたを比べればよい。Ｅではよう液全体が酸性，Ｆではアルカリ性となっているので，この２つとレバー液，過酸化水素水の濃《こ》さと量が等しいＡを比べればよい。なお，ここではＡのよう液は中性のものとして考えた。

⑷　Ａではカタラーゼを室温のもとで反応させているが，Ｇではカタラーゼを80℃にしてから，Ｈでは０℃にしてから反応させている。このとき，Ａでは酸素が発生したが，ＧとＨではほとんど発生しなかったので，カタラーゼは80℃や０℃ではほとんど働かず，室温でよく働くことがわかる。

⑸　(a)　触媒である二酸化マンガンの量を増やすと，反応する速さが速くなるが，発生する酸素の量は変化しない。よって，レバー液２cm^3に３％過酸化水素水を６cm^3加えたＤは，反応の速さがレバー液を同じ２cm^3加えたＣと同じになり，酸素の発生量は３％過酸化水素水を同じ６cm^3加えたＢと同じになると考えられる。　(b)　図１より，発生した酸素の体積は３％の過酸化水素水の体積に比例しているので，３％の過酸化水素水９cm^3のときに発生する酸素の量は，Ａと比べて，$9 \div 3 = 3$（倍）になると考えられる。また，レバー液の体積とグラフが平らになるまでの時間は反比例していて，過酸化水素水の体積とグラフが平らになるまでの時間は比例しているので，グラフが平らになるまでの時間は，$\frac{1}{3}\times\frac{9}{3}=1$（倍）となる。

国　語　＜第１回試験＞（50分）＜満点：100点＞

解　答

一　下記を参照のこと。　二　下記を参照のこと。　三　**問１**　（例）　社会に出たことがない先生が社会の厳しさを理由に説教するのはおかしいと考えるから。　**問２**　（例）　多様な人々が直接的・間接的にかかわり合いながら生きる場で過ごしているということ。　**問３**　（例）　数多くのものに依存して，一つひとつへの依存度を浅くすること。　**問４**　（例）　社会は多様な人々が直接的・間接的にかかわり合い，たがいに依存しながら生きている場であることを自覚し，ひとつの場所の方法や慣習の中で厳しい状況に置かれている人のことを想像しながら生きていこうとする意識。　四　**問１**　（例）　二人の間に生まれた娘のこと。　**問２**　（例）　ある仕事を自分が押しつけたことで男は不運な目にあったのではないかという罪悪感があったから。　**問３**　（例）　過去につらい思いをさせた人々が今は報われており，また自分を恨んでいなかったこと。　**問４**　（例）　（年長の車掌は，男の死を，）浮浪者が酒びたりの末に凍死した惨めなものと考えていたが，男の穏やかで，楽しげな笑顔を見たことで，自分には手にすることができないかもしれない満ち足りた，安らかな死ではなかったのかと考え始めている。

●漢字の書き取り

一　①　調　②　包　③　故　④　孝　⑤　複　　二　①　勇　②　独　③　売　④　敗　⑤　告

解　説

一　**熟語の完成**

①　「調子」は，活動するものの状態や具合。　②　「包容力」は，相手のよい面だけでなく悪い面もふくめて受け入れることができる心の広さ。　③　「故意」は，意図的に何かをすること。

④「親孝行」は，親を大切にして，よくつくすこと。　⑤「複写」は，機械などを用いて書面や図面をそのまま写し取ること。コピー。

二　漢字の書き取り

①「勇み足」は，調子に乗って，やり過ぎたり，失敗したりすること。　②「独《ひと》りよがり」は，自分がよいと考えていることを，他人の意見などを考えずに押《お》し通そうとすること。　③「売り言葉に買い言葉」は，相手の攻撃《こうげき》的な言葉に反応して，同じように強い調子の言葉で言い返してしまうこと。　④ 音読みは「ハイ」で，「敗戦」などの熟語がある。　⑤ 音読みは「コク」で，「告知」などの熟語がある。

三　出典は古田徹也《ふるたてつや》の『いつもの言葉を哲学《てつがく》する』による。「社会」で生きるということはどのようなことかを考察している。

問１　直前で，生徒が「先生こそ社会に出たことないじゃないか」と発言したことに注目する。学校という閉鎖《へいさ》的な空間で生きてきただけの自分を棚《たな》にあげて社会の厳しさを語る先生に対し，生徒は反感を覚えたのだから，「社会に出たことのない先生が社会の厳しさを説くのはおかしなことだと感じたから」のようにまとめる。

問２　直前の部分で筆者は，「社会」を「多様な人々が直接的・間接的にかかわり合いながら生きる場」と定義している。「日々厖大《ぼうだい》な務めを果たし，大人と同様のシビア」かつ「露骨《ろこつ》な人間関係」と，「直接的な暴力の危険」がうずまく「学校」という場で毎日を過ごしている子どもたちは，筆者の定義からすればすでに「社会に出ている」といえる。

問３　世の中の人々が多様なものへと「依存《いそん》」しながら生きているという実情を引き合いに，「ひとり立ちする」（＝文字通りの「自立」）ことが「社会に出る」ことにはならないとしたうえで，筆者は「脳性麻痺《まひ》の当事者である医師の熊谷晋一郎《くまがやしんいちろう》さん」のエピソードを取り上げ，「実は膨大《ぼうだい》なものに依存しているのに，『私は何にも依存していない』と感じられる状態こそが，“自立”といわれる状態」だと，その考えをまとめている。続く熊谷さんの言葉にあるとおり，“自立”の状態に身を置くためには，「依存先を増やして，一つひとつへの依存度を浅く」して「何にも依存してないかのように」自分を「錯覚《さっかく》」させることが必要だというのである。

問４　筆者はまず，「社会」とは「多様な人々が直接的・間接的にかかわり合いながら生きる場」（多様な人々に依存している場）であると示したうえで，「社会に出る」というのは，「社会の多様な場所，多様な側面にかかわる」ことをいうので，人々は自分の属する「ひとつの場所の方法や慣習にただ順応するのではなく，むしろそれを相対的に見て，別の可能性を想像できる場に立つこと」が必要だと述べている。具体的には，東日本大震災《だいしんさい》のときに，「健常者」であれば「エレベーター以外にも階段やハシゴという」依存先があるが，「障害」を持っている場合は「エレベーター」しか依存先がない，というエピソードが示すとおり，人々は，「障害」を持った人のような社会の中で厳しい状況《じょうきょう》に置かれている人のことも「想像」できる意識を持つべきだというのである。

四　出典は集英社文庫編集部編の『短編復活』所収の『回想電車（赤川次郎《あかがわじろう》作）』による。電車の中で，「彼《かれ》」は昔の知り合いに次々と出会っていく。

問１　続く部分で「彼」と女性は，「あの子は，元気？」，「もう高校生」，「ミス・文化祭に選ばれたわ」といった会話を交《か》わしている。「彼女《かのじょ》（＝女性のこと）の妊娠《にんしん》と，同棲《どうせい》，そして生活費も稼《かせ》げない暮《くら》しから来る当然の破局」とあることからわかるように，若いころ，貧しさゆえに別れざるを得なかったお互《たが》いがもっとも伝え，知りたかったのは，二人の間に生まれた娘《むすめ》のことである。

問２　かつて，つまらないことを理由に自分の仕事を押しつけたことがきっかけで工場火災にあい，大火傷《やけど》を負わせてしまった男（友人，同僚《どうりょう》）から，今は運よく小さな会社の社長をしているときいた「彼」の中には，「何ともいえない感慨《かんがい》」が湧《わ》き起こっている。続く部分にあるとおり，それは，男を「不運」な目にあわせてしまった記憶が，「彼」の心の中にずっと「重苦しく淀《よど》んでいた」，つまり長い間そのことを悔《く》やんでいたからである。

問３　かつて，愛し合い，子どもが生まれながらもふがいない自分のために別れざるを得なかった女性が，今ではほかのパートナーもおり，幸せな人生を歩んでいるであろうことを知った「彼」は，心から「会えて嬉《うれ》しかったよ」と言っている。はじめ，「懐《なつか》しい胸の痛み」とともに女性を眺《なが》めたことからもうかがえるように，長年，「彼」は彼女が頼《たよ》りない自分のことを恨んでいるのではないかと思っていたが，そうではなかったことがわかって安心し，満たされた気持ちになったのである。続いて出会った，自分のせいで不運な目にあった男もまた，運をつかみ立派に社長となったほか，今なお強い恨みを持っているわけではないと知り，「彼」は女性に抱《いだ》いたものと同様の気持ちになっていると考えられる。「本当に――本当に良かった」と思っているとおり，「彼」は過去につらい思いをさせてしまった二人が，現在は充実《じゅうじつ》した日々を過ごし，また自分を恨んでいなかったことに，「幸せ」を感じたのである。

問４　凍死《とうし》して死んだ「見るからに浮浪者，という様子」の「彼」に対して，年長の車掌《しゃしょう》ははじめ，「酒びたりのアル中」で「ここで死ななくても，どうせ体をこわして死ぬ」と言ったり，「惨《みじ》めな死に方」だと考えたりと，冷たくとらえていた。しかし「彼」の驚《おどろ》くほど「穏《おだ》やかで，楽しげな笑顔《えがお》」を見ているうち，自分は「あんなに幸せそうな顔で死ねるだろうか？」と自問するようになっている。もしかしたら，自分はこんなにも「満ち足りた，安らかな顔」での死を手にすることができないのではないかという思いが湧いてきたのである。本文の最後のほうに，「しかし，今，もっともっと冷たい風がこの車掌の胸の内側を吹《ふ》き抜《ぬ》けていた」と書かれていることも，年長の車掌の思いをとらえるための参考になる。

2023 年度

芝　中　学　校

【算　数】〈第２回試験〉（50分）〈満点：100点〉

次の問いの□をうめなさい。

1　次の計算をしなさい。

(1)　$13.4\times5.2+2\frac{3}{5}\div1\frac{1}{4}-7.8\times6.2-\frac{13}{20}\times16=\square$

(2)　$121\div110-\frac{1}{5}\div\left\{3\div\left(\frac{11}{5}-\square\right)+0.125\right\}=1$

2　あるクラブで３年生が１年生と２年生の部員にあめ玉を配ることにしました。

１年生に５個ずつ，２年生に９個ずつ配ろうとすると，あめ玉は72個余り，その逆の個数で配ったとしても16個余ってしまいます。

１年生に10個ずつ，２年生に７個ずつ配ろうとすると，今度は34個足りません。

このとき，２年生の人数は［ア］人で，あめ玉の個数は［イ］個です。

3　図の三角形ABCについて，辺AB，BC，CA上に点D，E，Fをとります。AEとCDの交点をP，AEとBFの交点をQ，BFとCDの交点をRとします。

AD：DB＝BE：EC＝CF：FA＝1：3です。

(1)　三角形ABRの面積は三角形ARCの面積の□倍です。

(2)　三角形PQRの面積は三角形ABCの面積の□倍です。

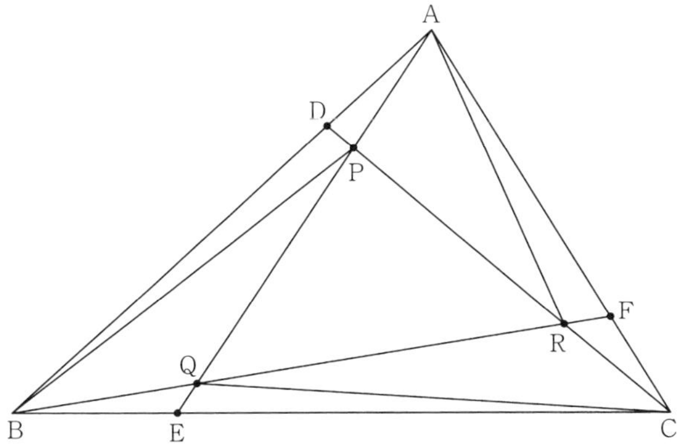

4　時計の長針と短針が午前８時を指しています。

(1)　午前８時50分までに長針と短針の間の角の大きさが30°になるのは□回あります。

(2)　７回目に長針と短針の間の角の大きさが30°になるのは午前□時□分です。

(3)　午前８時から午後２時30分までに長針と短針の間の角の大きさが30°になるのは□回あります。

5　図のように正方形が３個あります。
点A，B，C，D，E，Fは正方形の頂点で，AFとCEの交点をGとします。AFの長さは50cmです。

(1)　正方形ABCDの面積は□cm^2です。

(2)　四角形ABCGの面積は□cm^2です。

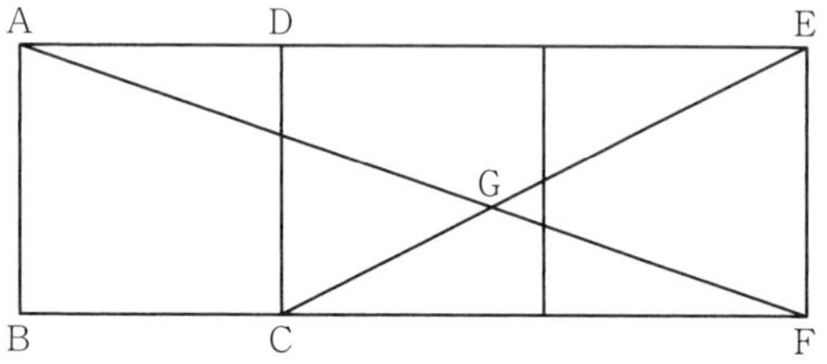

6　次のようにある規則に従って数字が並んでいます。

$\frac{1}{3}$，$\frac{1}{2}$，１，$\frac{3}{5}$，$\frac{2}{3}$，１，$\frac{5}{7}$，$\frac{3}{4}$，１，$\frac{7}{9}$，$\frac{4}{5}$，１，……

(1)　左から数えて50番目の数字は□です。

(2)　左から数えて１番目から50番目までの数をすべてかけてできる数は□です。

7　空の水そうを満水にする作業に３本の管A，B，Cを利用しました。
この作業を何回か行ったところ，次の①から③のことがわかりました。

①　Aだけを３分使用した後，Bだけを４分使用すると完了します。

②　AとCの２本を同時に使用すると，４分で完了します。

③　AとBとCの３本を同時に使用すると，２分40秒で完了します。

(1)　BとCの２本を同時に使用すると，この作業は□分□秒で完了します。

(2)　はじめにAとBを同時に使用しましたが，途中でAが故障してしまい，Bだけを使用しました。その後Cも同時に使用したところ，Cを使用しはじめてから12秒後に水そうの容積の半分が水で満たされました。グラフは，作業時間と水そうに入っている水の量の関係を表したものです。このとき，Bだけ使用していた時間は□分□秒です。

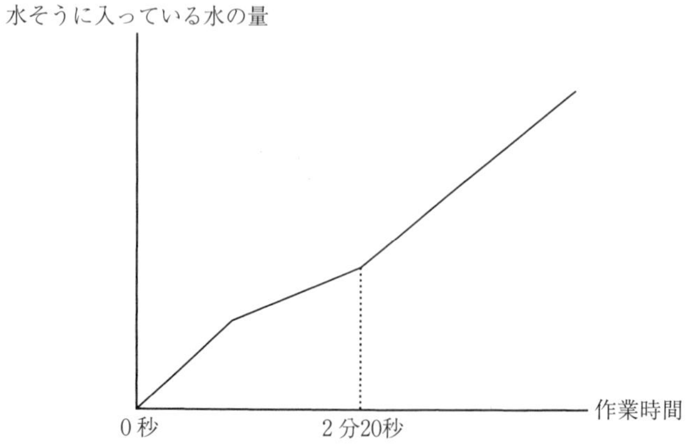

8　ますおくんが持っているゲーム機のコントローラーには図のようにＡボタン，Ｂボタン，Ｃボタンがついています。Ｃボタンには等間かくで円形に５つのボタンがついていて，回転させることができます。このコントローラーは，ボタンの色の数と配色を選ぶことができます。ますおくんは新しいコントローラーを買う予定だったので，選ぶ色の数によってボタンの配色はどのくらいのパターンがあるのか考えることにしました。ただし，Ｃボタンについて回転して同じになる場合は同じものとします。

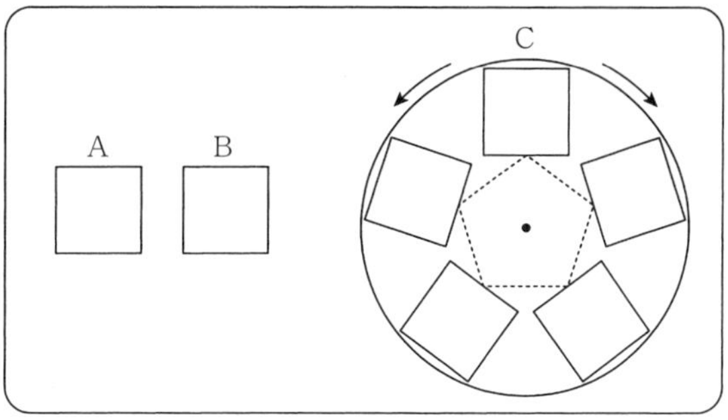

(1)　選んだ色が７色のとき，配色のパターンは［　　　］通りあります。
(2)　選んだ色が２色のとき，配色のパターンは［　　　］通りあります。

9　すべての辺の長さが24cmの三角すいABCDがあります。
　２点ＰとＱはそれぞれ一定の速さで三角すいの辺上を移動します。２点とも１つの頂点に到《とう》達すると，戻ることなしに他の２方向のどちらかに進みます。ＰはＡを出発してＣの方向に移動し，ＱはＢを出発してＣの方向に移動します。
　グラフはＰとＱが同時に出発してからの時間とＰとＱの「へだたり」の関係を表したものです。ただし「へだたり」とはＰとＱを三角すいの辺上を経由した道のりの中で最も短い長さのことをいいます。Ｐの速さは毎秒２cmです。

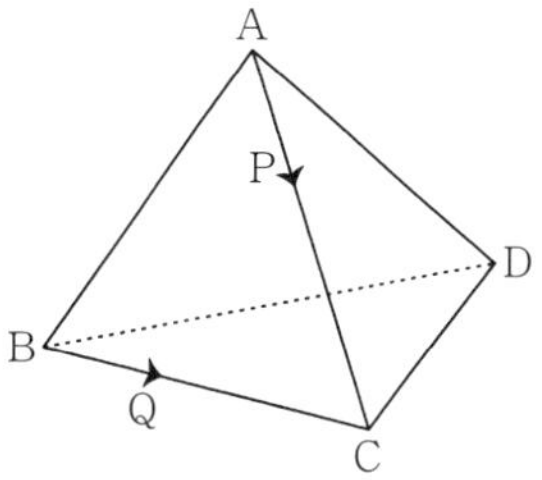

(1)　Ｑの速さは毎秒［　　　］cmです。
(2)　グラフの［あ］は［　　　］秒です。
(3)　グラフの［い］は［　　　］秒です。
(4)　グラフの［う］は［　　　］cmです。

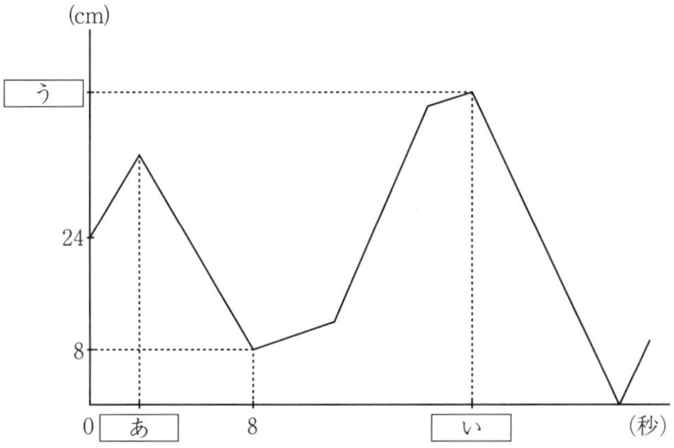

【社　会】〈第２回試験〉（40分）〈満点：75点〉

1　以下の問いに答えなさい。

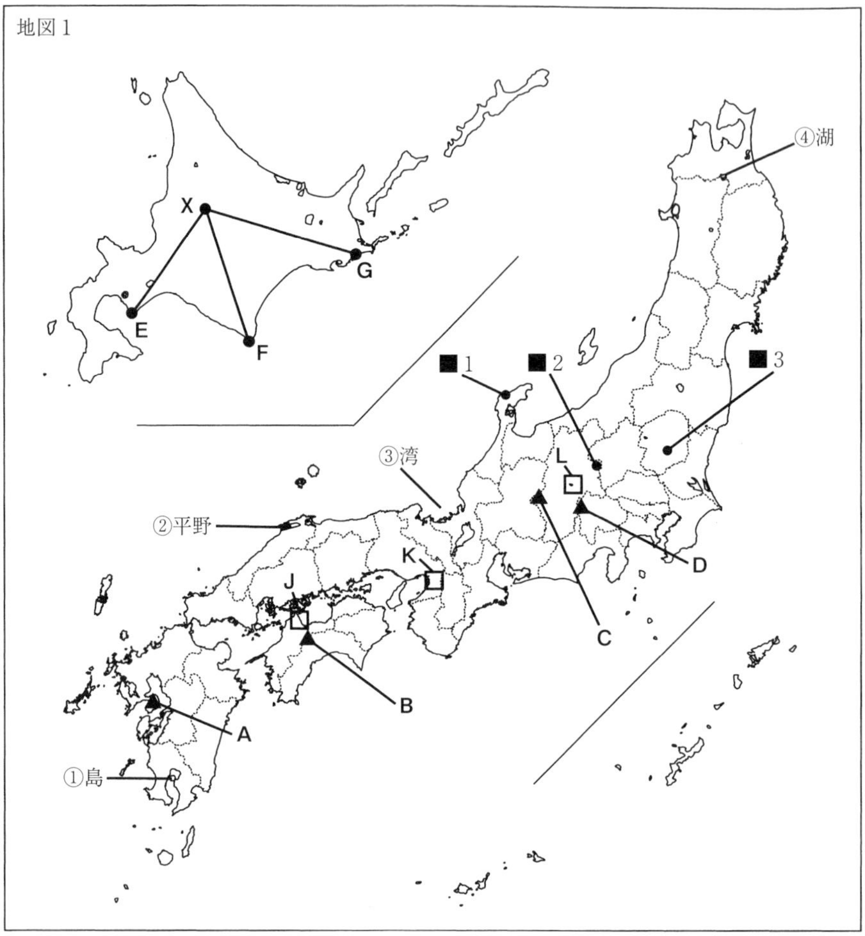

問１　地図１の①～④にあてはまる地名をそれぞれ答えなさい。

問２　次の表１のⅠ～Ⅲは地図１の■１(輪島)，■２(軽井沢)，■３(宇都宮)のいずれかの月平均気温を示しています。また，グラフ１はそれぞれの都市の月平均日照時間を示しています。Ⅰ～Ⅲと地図中■１～■３の組み合わせとして正しいものをア～カから一つ選び，記号で答えなさい。

表１　月平均気温(℃)

	1月	2月	3月	4月	5月	6月	7月	8月	9月	10月	11月	12月
Ⅰ	−3.3	−2.6	1.1	7.0	12.3	16.0	20.1	20.8	16.7	10.5	4.8	−0.5
Ⅱ	3.3	3.4	6.1	11.1	16.1	20.0	24.4	25.9	22.0	16.3	10.8	5.9
Ⅲ	2.8	3.8	7.4	12.8	17.8	21.2	24.8	26.0	22.4	16.7	10.6	5.1

	■1	■2	■3
ア	Ⅰ	Ⅱ	Ⅲ
イ	Ⅰ	Ⅲ	Ⅱ
ウ	Ⅱ	Ⅰ	Ⅲ
エ	Ⅱ	Ⅲ	Ⅰ
オ	Ⅲ	Ⅰ	Ⅱ
カ	Ⅲ	Ⅱ	Ⅰ

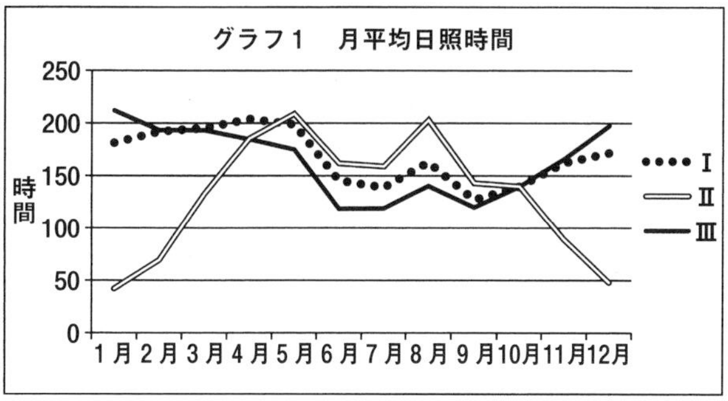

気象庁ホームページ(https://www.jma.go.jp)より作成

問３　次の文は，地図１のＡ～Ｄのいずれかの山について説明しています。このうち地図中Ｃの山について説明している文をア～エから一つ選び，記号で答えなさい。

ア．赤石山脈に位置する標高3193ｍの非常に険しい山である。国内では富士山についで高い。

イ．古くから山岳信仰の対象となっており，お遍路《へんろ》の順路にもふくまれている。この地方では最も高く，標高は1982ｍである。

ウ．複数の活火山があつまって形成されている。1991年の噴火では大規模な火砕流が発生して大きな被害が発生した。

エ．すそ野にロープウェイやスキー場が立地する標高3067ｍの山である。2014年に突然噴火し，多くの登山客が噴石や降灰による被害を受けた。

問４　次のグラフⅠ～Ⅲは，地図１のＸ(旭川)からＥ，Ｆ，Ｇのいずれかの地点までの断面図を示しています。正しい組み合わせをア～カから一つ選び，記号で答えなさい。

※Ⅰ～Ⅲの図はいずれも距離に対して標高を50倍にしている。

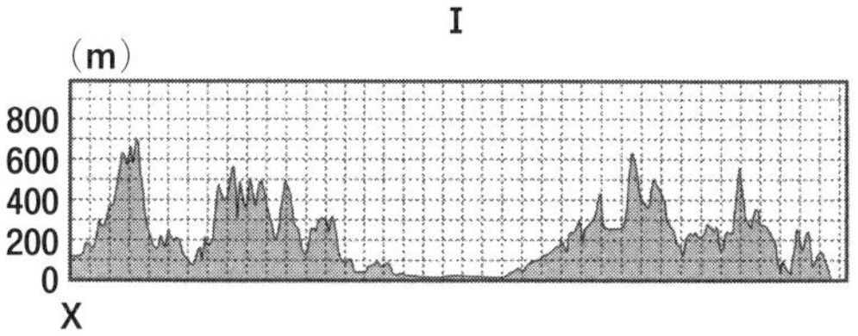

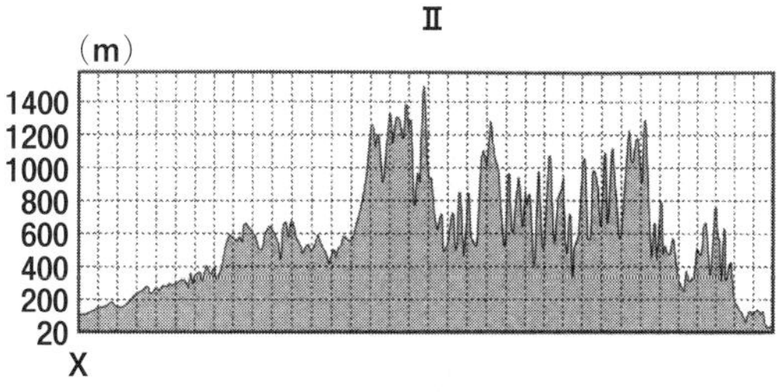

	E	F	G
ア	Ⅰ	Ⅱ	Ⅲ
イ	Ⅰ	Ⅲ	Ⅱ
ウ	Ⅱ	Ⅰ	Ⅲ
エ	Ⅱ	Ⅲ	Ⅰ
オ	Ⅲ	Ⅰ	Ⅱ
カ	Ⅲ	Ⅱ	Ⅰ

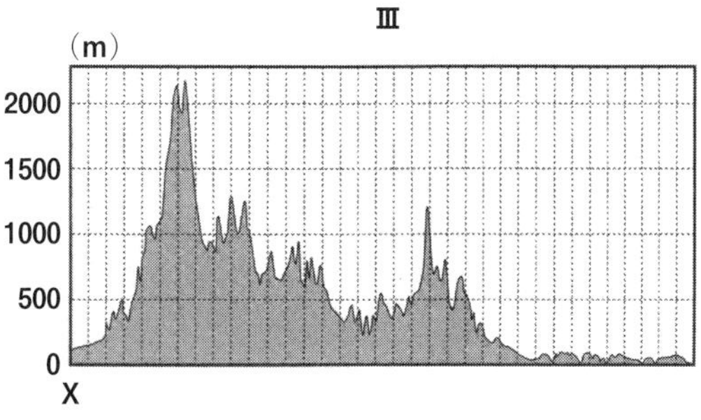

国土地理院ウェブサイト(https://maps.gsi.go.jp)より作成

問５　次のⅠ～Ⅲは地図１のＪ～Ｌのいずれかの地域で生産量の多い製品について説明しています。その組み合わせとして正しいものをア～カから一つ選び，記号で答えなさい。

Ⅰ　自転車業界の大手数社の本社が立地し，国内の自転車の多くはこの地域で生産される。

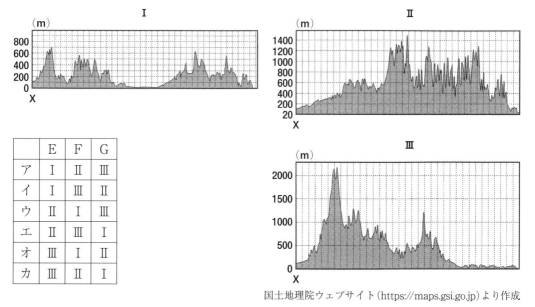

Ⅱ　古くからの工業地域であり大手企業の工場が立地し，研究用や学校教育で使用される顕微鏡・拡大鏡の大部分はこの地域で生産される。

Ⅲ　豊富で良質な地下水を利用した高品質なタオルの生産がさかんで，近年は輸出も増加している。

	ア	イ	ウ	エ	オ	カ
J	Ⅰ	Ⅰ	Ⅱ	Ⅱ	Ⅲ	Ⅲ
K	Ⅱ	Ⅲ	Ⅰ	Ⅲ	Ⅰ	Ⅱ
L	Ⅲ	Ⅱ	Ⅲ	Ⅰ	Ⅱ	Ⅰ

問６　世界遺産について説明している次の文のうち，適当ではないものをア～エから一つ選び，記号で答えなさい。

ア．東京都にあるル・コルビュジエの近代建築が登録されている。

イ．岡山県にある白壁に囲まれた姫路城が登録されている。

ウ．広島県にある原爆ドームや厳島神社が登録されている。

エ．沖縄県の沖縄本島北部や鹿児島県の奄美大島が登録されている。

問７　右の表２は日本の品目別の農業産出額を示しています。表のⅠとⅡには1980年または2019年のいずれかがあてはまります。また，表のＯとＰには米または肉用牛があてはまります。これらの組み合わせとして正しいものをア～エから一つ選び，記号で答えなさい。

ア．Ⅰは1980年，Ｏは米

イ．Ⅰは1980年，Ｏは肉用牛

ウ．Ⅰは2019年，Ｏは米

エ．Ⅰは2019年，Ｏは肉用牛

表２　農業産出額(億円)

	Ⅰ	2000年	Ⅱ
Ｏ	7880	4564	3705
Ｐ	17426	23210	30781
果実	8399	8107	6916
麦類	527	1306	1661
いも類	1992	2298	2088
野菜	21515	21139	19037

『日本国勢図会 2021/22』より作成

問８　次の表３は，政令指定都市の札幌・横浜・静岡・北九州のデータを比較したものです。このうち，札幌にあてはまるものを表のア～エから一つ選び，記号で答えなさい。

表３　政令指定都市の比較

	面積 (km^2)	人口密度 (人/km^2)	産業別就業者割合(%)			農業産出額 (千万円)	製造品出荷額 (億円)
			第１次	第２次	第３次		
ア	1412	492	2.7	26.3	71.0	1536	21203
イ	1121	1749	0.5	15.4	84.1	540	5896
ウ	492	1921	0.8	24.6	74.6	491	23221
エ	438	8590	0.5	20.7	78.8	1193	39269

※面積は小数第１位を四捨五入した
※面積は2020年，産業別就業者割合は2015年，農業産出額と製造品出荷額は2019年
『データでみる県勢 2022』より作成

問９　次の文の空欄[Ｙ]に適する語をカタカナで答えなさい。

食料の輸送量に輸送距離をかけ合わせた指標のことを[　Ｙ　]とよぶ。この数値が高ければ輸送にともなう二酸化炭素の排出量が多くなる。そのため環境問題を話し合う場で使用されることが多い言葉である。日本の一人あたりの[　Ｙ　]はアメリカ合衆国の約３倍，ドイツの約５倍

で世界でも最も高いといわれている。そのため，日本政府は地産地消をよびかけたり，自給率向上を農業政策の目標にかかげたりしている。

2　次のＡ～Ｆの文章を読んで，あとの設問に答えなさい。

Ａ　今からおよそ１万年前，地球の気候が暖かくなると，地表を覆っていた氷がとけて海面が上昇し，1日本列島は大陸から切り離されました。そしてこうした自然環境の変化に対応して，2人々の生活も大きくかわっていきました。

問１　下線部１に関連して述べた次の文Ｘ・Ｙの正誤の組み合わせとして正しいものを，下のア～エより選び，記号で答えなさい。

Ｘ．氷河時代の日本列島は大陸と陸続きになっていたため，マンモスやナウマンゾウなどの大型動物が渡来してきたと考えられています。

Ｙ．栃木県や群馬県にも貝塚が発見されていることから，当時は海が現在の内陸部まで達していたと考えられています。

ア．Ｘ－正　Ｙ－正　　イ．Ｘ－正　Ｙ－誤

ウ．Ｘ－誤　Ｙ－正　　エ．Ｘ－誤　Ｙ－誤

問２　下線部２に関連して，縄文時代の人々のくらしについて述べた文として誤っているものを，次のア～エより一つ選び，記号で答えなさい。ただしすべて正しい場合は「オ」と答えなさい。

ア．狩りや漁・採集など食料の獲得法が多様化したことによって人々の生活は安定し，竪穴住居をつくって定住するようになりました。

イ．各地の遺跡から丸木舟が発見されていたり，伊豆大島や八丈島にも縄文時代の遺跡が発見されたりしていることから，この時代の人々は外洋航海術をもっていたと考えられています。

ウ．黒曜石などの石器の原材料やひすいなどの出土状況から，かなり遠方の集団との交易が行われていたことがわかっています。

エ．埴輪はおもに女性をかたどった土の人形で，この時代の人々が厳しい自然の力をおそれながらもその恵みに感謝し，まじないをもちいて生きていたことを表しています。

Ｂ　3９世紀末から10世紀にかけて地方政治が大きく変化していく中で，地方の豪族や有力農民たちもみずからの勢力を拡大し，武装して国司に反抗することもありました。一方で朝廷は中級・下級貴族や地方の有力者を武官に任じ，都の警備や地方の反乱を鎮めるために利用しました。こうして都や地方では，戦いを仕事とする4武士が育っていきました。

問３　下線部３について，10世紀の出来事として適当でないものを，次のア～オより一つ選び，記号で答えなさい。

ア．菅原道真が大宰府に左遷される。　イ．『古今和歌集』が編さんされる。

ウ．藤原道長が摂政となる。　エ．中国で唐が滅亡する。

オ．空也が都で浄土教を広め，市聖とよばれる。

問４　下線部４に関連して，11世紀後半には東北地方で２度の戦乱がおこりましたが，この戦乱について，以下の設問①・②に答えなさい。

①　この２度の戦乱を鎮めるのに活躍し，東国武士団の棟梁として名声を高めた人物は誰で

すか。

②　この２度の戦乱ののち，東北地方では奥州「○○」を本拠地として藤原氏が勢力を強め，３代約100年間にわたり繁栄しました。「○○」にあてはまる地名を漢字２字で答えなさい。

C　5応仁の乱以降，16世紀後半までの約100年間を戦国時代とよびます。各地では，みずからの実力で領国を独自に支配する戦国大名が現れましたが，彼らは6家臣団を統制したり，領国を支配したりするための政策をつぎつぎに打ち出しました。

問５　下線部５の期間の出来事について述べた次の文Ｘ・Ｙとそれぞれ最も関係の深い旧国名・人物は①～④のどれですか。組み合わせとして正しいものを，下のア～エより選び，記号で答えなさい。

Ｘ．1488年，約20万人の農民を中心とする一揆勢が守護を滅ぼし，その後100年近く自治を続けました。

Ｙ．15世紀末に京都からくだってきたこの人物は，相模国小田原を本拠地としました。そして孫の代には関東の大半を支配する戦国大名となりました。

①　加賀国　　②　山城国　　③　今川義元　　④　北条早雲

ア．Ｘ－①　Ｙ－③　　イ．Ｘ－①　Ｙ－④

ウ．Ｘ－②　Ｙ－③　　エ．Ｘ－②　Ｙ－④

問６　下線部６について述べた次の文Ｘ・Ｙの正誤の組み合わせとして正しいものを，下のア～エより選び，記号で答えなさい。

Ｘ．戦国大名の中には，領国を支配するために分国法とよばれる独自の法律をつくる者もいましたが，その例として甲州法度之次第を制定した武田氏があげられます。

Ｙ．戦国大名の多くは，それまで平地にあった城を山上に移し，城下には有力な家臣や商工業者を集住させました。

ア．Ｘ－正　Ｙ－正　　イ．Ｘ－正　Ｙ－誤

ウ．Ｘ－誤　Ｙ－正　　エ．Ｘ－誤　Ｙ－誤

D　開国に反対する人々は，71858年に幕府が朝廷の許しを得ないまま日米修好通商条約に調印したことを非難しました。そこで大老の井伊直弼は，幕府を批判する公家・大名や武士たちを多数処罰しましたが，この弾圧に反発した水戸藩などの浪士は，8井伊を江戸城桜田門外で暗殺しました。

問７　下線部７に関連して，この翌年から開始された日本と欧米諸国との貿易とその影響について述べた文として正しいものを，次のア～エより一つ選び，記号で答えなさい。ただしすべて誤っている場合は「オ」と答えなさい。

ア．貿易は横浜・長崎・新潟の３港で始まりましたが，輸出入額では横浜が圧倒的に多く，また最大の貿易相手国はイギリスでした。

イ．日本からは生糸や茶などの半製品や農水産物が多く輸出され，毛織物・綿織物や武器などの工業製品が輸入されました。また貿易額では，当初から輸入が輸出を大幅に上回っていました。

ウ．金銀の交換比率が日本では１：５，外国では１：15と差があったことで，多量の金貨が外国商人によって海外に持ち出されました。幕府は小判の質を落としてこれに対応したため，物価の上昇は抑えられました。

エ．貿易の開始による経済の混乱は，下級武士や庶民の生活を直撃し，社会不安を増大させる一因となりました。こうした中で，人々の間には世直しへの願望が高まり，各地で「ええじゃないか」とよばれる一揆がおこりました。

問８　下線部８の事件以後の出来事について述べた次の文Ⅰ～Ⅲを，年代の古いものから順に並べかえた場合，正しいものはどれですか。下のア～カより選び，記号で答えなさい。

Ⅰ．15代将軍徳川慶喜が，大政奉還を行い，政権を朝廷に返上しました。

Ⅱ．土佐藩出身の坂本龍馬らの仲立ちで，薩摩藩と長州藩は軍事同盟の密約を結びました。

Ⅲ．薩英戦争を経験した薩摩藩は，攘夷から開国進取の方針に転じ，イギリスに接近して軍備の強化を図りました。

ア．Ⅰ－Ⅱ－Ⅲ　　イ．Ⅰ－Ⅲ－Ⅱ　　ウ．Ⅱ－Ⅰ－Ⅲ

エ．Ⅱ－Ⅲ－Ⅰ　　オ．Ⅲ－Ⅰ－Ⅱ　　カ．Ⅲ－Ⅱ－Ⅰ

Ｅ　ポツダム宣言に対して，「黙殺する」とした日本政府の対応を拒絶と判断したアメリカは，1945年８月６日に広島，８月９日に長崎に原子爆弾を投下しました。また８月８日には9ソ連が日本に対して日ソ中立条約を無視して宣戦布告し，満州・朝鮮に攻め込んできました。このため日本はついにポツダム宣言の受諾を決定し，８月15日正午，天皇のラジオ放送で戦争の終結が国民に発表されました。こうして10満州事変以来15年に渡って続いた長い戦争は，ようやく終わりました。

問９　下線部９について，1945年２月にアメリカ・イギリス・ソ連の３国による首脳会談で，ソ連が対日参戦するかわりに，南樺太・千島列島をソ連領にするという密約が結ばれていましたが，この首脳会談を何といいますか。

問10　下線部10について，満州事変勃発から太平洋戦争の終結までにおきた次の出来事ア～カを，年代の古いものから順に並べかえた場合，２番目と５番目にくるものはどれとどれですか。それぞれ記号で答えなさい。

ア．五・一五事件がおこる。

イ．国家総動員法が制定される。

ウ．沖縄本島にアメリカ軍が上陸する。

エ．盧溝橋事件がおこる。

オ．大政翼賛会が結成される。

カ．ミッドウェー海戦で日本軍が敗北する。

Ｆ　19［ 11 ］年から続いていた自由民主党の長期政権は，政治の安定や経済成長をもたらしましたが，一方で政治家・官僚・企業がからんだ汚職事件が次々に明らかになると，国民の政治に対する不信は高まりました。そして1993年７月，自由民主党が衆議院議員総選挙で過半数割れの大敗北を喫すると，日本新党の［ 12 ］を首相とする非自民の連立政権が誕生し，いわゆる［ 11 ］年体制は崩壊しました。

問11　空らん［11］にあてはまる２桁の数字を答えなさい。

問12　空らん［12］にあてはまる人物として適当なものを，次のア～エより選び，記号で答えなさい。

ア．小泉純一郎　　イ．村山富市　　ウ．鳩山由紀夫　　エ．細川護熙

3　次の文章を読んで，あとの設問に答えなさい。

難民の保護や支援についての国際的な機関として，1国連難民高等弁務官事務所があります。第2次世界大戦で難民の流出が深刻化したことを受けて，1950年に2国連の補助機関として発足しました。その発表によると，昨年の5月時点では，世界中で故郷を追われた人の数が1億人を超えているそうです。この数は自国内で避難している人も含めた数であり，実際に国外へ「難民」となって脱出した数としては約2700万人ですが，それでも衝撃的な数字だと思います。

一方，1948年に採択された世界人権宣言の中で，政治的迫害を受けた者が他国にかばってもらう権利と，避難した先での3基本的人権とが保障されるむねが確認されたことを受けて，1951年に「難民の地位に関する条約」，1967年に「難民の地位に関する議定書」がそれぞれ定められました。これら二つを合わせたのがいわゆる難民条約で，国際的な基準となっています。

これを受けて，多くの国が難民を受け入れています。必然的に難民の受け入れ役となるのはほとんどが隣国となりますが，4受け入れ国側の経済的な問題などがあり，難民をすべて受け入れるのが難しいというのが現実です。また，先進国の中にも多くの難民を受け入れている国がありますが，課題を抱えているのが現状です。出身国に帰れない状況が長く続くなかで，難民が受け入れ国の社会にうまく対応できないことがあります。そうした場合に彼らを支援できるような制度を整えていくことが必要なのですが，それには5自国民の理解も必要になるので，一筋縄ではいかない問題になっています。

6日本はというと，他国と比較して難民の受け入れが著しく少ないのが現状です。国境を陸地で接していないことや，文化・言語・宗教が独自であることなどが理由になっていると考えられますが，受け入れ数の少なさや認定率の低さについて国際的に批判を受けることがあります。日本は，戦後一貫して7国際協調主義をとってきました。受け入れ数の問題についても検討しながら，難民問題の根本となる貧困や紛争の解決に向けても努力し，国際貢献を果たすべきだと思います。

「文化，宗教，信念が異なろうと，大切なのは苦しむ人々の命を救うこと。自分の国だけの平和はありえない。世界はつながっているのだから」。これは日本人として初めて国連難民高等弁務官を務めた（ X ）が残した言葉です。現場主義で知られていたこの人物は在任中，イラク北部やボスニア・ヘルツェゴビナで起こった紛争に際し，現地へ直接おもむき指揮をして，難民流出の解決に向けて努力したといわれています。難民キャンプでは，（ X ）と同じ名前の子どもが何人もいるそうです。これは，救われた人達の感謝，尊敬の念の表れだと考えられています。

一人ひとりの力は微力かもしれませんが，その一人の行動が世の中の意識を変えることもあると思います。戦後日本の外交政策の柱になっているのは国際協調です。「世界はつながっているのだから」という言葉の意味を考えながら，我々が今できることは何かを真剣に検討するべきだと思います。

問1　下線部1について，この組織をアルファベットで何といいますか。次から選び，番号で答えなさい。

①　UNICEF　　②　UNHCR　　③　UNESCO　　④　UNEP

問2　下線部2について，以下の設問に答えなさい。

(1)　国連について述べた文として正しいものを一つ選び，番号で答えなさい。

① 通常総会での投票は一国一票で，議決は重要問題を除き，出席投票国の3分の2以上の賛成で成立する。

② 緊急特別総会は，安全保障理事会の9カ国，または加盟国の過半数の要請で24時間以内に開かれる。

③ 国際司法裁判所は，国家間の争いについて，一方の国が訴えた場合に必ず裁判を行う。

④ 事務局の責任者である事務総長は，経済社会理事会の勧告に従って総会が任命する。

(2) 以下は，昨年9月の国連総会で日本の岸田首相が行った一般討論演説の一部です。空欄(あ)に当てはまる語を下から選び，番号で答えなさい。

> **私は，広島出身の首相として，被爆者の方々の思いも胸に「核兵器のない世界」の実現に向けて，並々ならぬ決意で取り組みを推し進めています。**
>
> **国際的な核軍縮・不拡散体制の礎である（ あ ）体制の維持及び強化に向けた，世界が一体となった取り組みは，先月，(中略)合意を得るに至りませんでした。圧倒的多数の国々と同じく，私も深い無念を感じました。**
>
> **しかし，諦めてはいません。最終成果文書のコンセンサス採択まであと1カ国まで迫ることができたからです。同文書案が今後，国際社会が核軍縮に向けた現実的な議論を進めていく上での新たな土台を示しました。**

外務省 web サイトより

① CTBT　② IAEA　③ NPT　④ PKO

問3　下線部3に関連して，以下の設問に答えなさい。

(1) 以下は日本国憲法の条文を抜き出したものです。自由権についての規定に該当しないものを二つ選び，番号で答えなさい。

① 財産権は，これを侵してはならない。

② すべて国民は，健康で文化的な最低限度の生活を営む権利を有する。

③ 何人も，いかなる奴隷的拘束も受けない。

④ 勤労者の団結する権利及び団体交渉その他の団体行動をする権利は，これを保障する。

(2) 経済発展や社会生活の急速な変化にともない，主張されるようになってきた人権を新しい人権といいます。一般市民が国や地方公共団体に対して，必要とする情報をさまたげられることなく自由に受け取ることができる権利もその一つとされますが，この権利をなんといいますか。

問4　下線部4について，全難民の約3割は開発途上国が受け入れているといわれています。開発途上国の経済の現状について述べた文ア・イの正誤の組み合わせとして，正しいものを選び，番号で答えなさい。

ア　あらゆる産業に注力し輸出を強化したモノカルチャー経済によって発展著しい国も存在する。

イ　開発途上国の中でも資源の有無などによって格差が生じてしまう南南問題が指摘されている。

① ア－正　イ－正　② ア－正　イ－誤

③ ア－誤　イ－正　④ ア－誤　イ－誤

問5　下線部5について，自国民の理解が得られない場合の理由の一つとして，国内の格差問題があげられます。難民の保護よりも自国の低所得者の救済が優先であるなどの声があり，受け入れる側の国民が十分に納得できるかが重要な点になっています。現在，日本で実施されている救済策に関連した以下の設問に答えなさい。

(1)　憲法第25条の理念に基づき，社会保障制度の一環として，生活が苦しい人に対して生活費や医療費など必要な経済的支援を行う制度のことを何といいますか。

(2)　2021年度一般会計予算のうち社会保障関係費と国債費を合わせた割合はどれくらいですか。最も適当なものを次から選び，番号で答えなさい。

①　22%　　②　33%　　③　44%　　④　55%　　⑤　66%　　⑥　77%

問6　下線部6について，外国人材の受け入れ，難民認定などの外国人関連の行政事務を担っている出入国在留管理庁はどの省の外局にあたりますか。次から選び，番号で答えなさい。

①　外務省　　②　総務省　　③　法務省　　④　防衛省　　⑤　厚生労働省

問7　下線部7について，日本国憲法の前文には国際協調主義の考えが記されています。前文を一部抜粋した以下の文の空欄(い)に適する語を答えなさい。

> **われらは，（　い　）を維持し，専制と隷従，圧迫と偏狭を地上から永遠に除去しようと努めてゐる国際社会において，名誉ある地位を占めたいと思ふ。われらは，全世界の国民が，ひとしく恐怖と欠乏から免かれ，（　い　）のうちに生存する権利を有することを確認する。**

問8　文中の空欄(X)に当てはまる人名を次から選び，番号で答えなさい。

①　中村哲　　②　緒方貞子　　③　杉原千畝　　④　野口英世

4　以下の文章を読み，問いに答えなさい。

A瀬戸内海にいどむ岡山県の児島半島。この半島は，その名のとおり，もともとは海にうかぶ島でした。それが江戸時代の干拓で北側の陸地とつながり，半島になります。塩分がふくまれ，稲作には向いていない土地も多かったため，製塩業や綿花栽培が営まれるようになっていきます。

明治時代には，綿花栽培をいかして繊維工業がさかんになります。大正時代には日本でも有数の規模に成長していき，足袋《たび》の生産では日本一に輝きました。足袋の生地《きじ》は，厚くてかたく，ぬい合わせにくいものです。児島ではそうした難しさをこえる，高い技術力がつちかわれていきます。

Bライフスタイルが変化して洋風の服装が流行すると，足袋の売れゆきは落ちていきました。ここから，時代の流れに合わせて工夫をこらすという，児島の強みがあらわれはじめます。目をつけたのが，当時広まりつつあった学生服でした。現在の芝中学校の学生服はウール(羊毛)とポリエステルの生地ですが，当時の児島では綿の生地の学生服を生産しはじめます。するとこれが大当たりし，学生服の生産量でも日本一となります。昭和のなかばになると，学生服の売れゆきも落ちていきます。このときにチャンスを見いだしたのが，戦後に広まったジーンズでした。ジーンズはアメリカ生まれですが，生地が綿，色を染めるのが藍《あい》という，日本でもおなじみの素材でできています。また，普通の洋服に比べて生地が厚くかたいのですが，これも

X児島が得意とするものでした。

まずは，アメリカから生地を輸入し，それをぬい合わせて製品化することが1964年にはじまりました。これが日本で作られた最初のジーンズとなったため，児島は「国産ジーンズ発祥《はっしょう》の地」と呼ばれることになります。やがて，生地づくりから製品化までを一貫して児島でおこなうようになり，その工程にたずさわる企業もどんどん増え，海外にも品質を知られるジーンズの産地になっていきました。

日本企業が，コスト削減のために工場を海外に移転するようになっても，児島でのジーンズ生産は続きます。とはいえ，21世紀に入るころには，ジーンズ自体の流行が下火になりつつありましたし，海外で作られた安いジーンズを販売する，他地域の企業も増えていきました。またしても児島は苦しい時代をむかえます。

C2009年，地元のジーンズメーカーが中心となって，「児島ジーンズストリート」が発足します。これは児島の商店街を作りかえて，まるまるジーンズ専門店を中心とした町なみにしてしまおうというプロジェクトです。それぞれの店舗では，安い品物はほとんどあつかっていないそうです。そうではなく，値段は高いけれども，丈夫だったりデザインがすぐれていたりするジーンズが主な商品となっています。この取り組みに対し，国内外の多くの人が興味を持ちました。発足から10年目の2018年には，年間に20万人以上が訪れるようになったといいます。いわば，児島が長らくつちかってきた，確かな技術力と，それに裏づけられた高い品質が評価されたのです。

残念ながら，2020年からコロナ禍《か》となり，またしても児島は大きな打撃を受けることになってしまいました。しかし，ずっと述べてきたとおり，何度も危機を迎えながら，強みをいかし，多くの人に評価されるような価値を生み出しながら発展し続けてきたのが，この地域です。ですからきっと，今回の危機も乗りこえていくに違いありません。

問１　下線部Ａについて，この海の周辺にひろがる瀬戸内工業地域について，誤りをふくむものを次のア～エから１つ選び，記号で答えなさい。

ア．瀬戸内海の北がわには岡山県，広島県，山口県が，南がわには香川県，愛媛県がふくまれる。

イ．瀬戸内海を海上輸送路として利用できたことが，この地域が発展した理由のひとつである。

ウ．呉市は造船業が，宇部市はセメント工業がさかんである。

エ．東から順に，瀬戸大橋，瀬戸内しまなみ海道，明石海峡大橋で結ばれているため，本州と四国との往来がさかんである。

問２　下線部Ｂについて，大正時代における都市部のライフスタイルの変化として，誤りをふくむものを次のア～エから１つ選び，記号で答えなさい。

ア．カレーライスなどの洋食が広まった。

イ．鉄筋コンクリートのビルが増えた。

ウ．スーパーマーケットが増えた。

エ．バスガールなど，女性の職場進出が広まった。

問３　下線部Ｃについて，この年から，一般の国民が司法の現場に参加する制度が実施されています。この制度の名称を「～制度」のかたちで答えなさい。

問４　本文全体について，以下の問いに答えなさい。

(a)　二重下線部Ｘについて，そういえるのはなぜでしょうか。次の文の空欄に当てはまる文中のことばを答えなさい。

生地をぬい合わせる難しさをこえる，○○○○○があったから。

(b)　(a)をふまえた上で，筆者は児島の今後をどのように考えているでしょうか。以下の条件にしたがって答えなさい。

①　「児島は△△△△△△△△△△△△△△△△という強みをいかし，」と書きはじめる。空欄に当てはまることばは，問題文中から抜きだして答える。なお，△部分は16字。

②　①につづき，かつ「～と考えている。」ということばが後ろにつづくように，60字以内で答える。

③　途中に句点(。)を用いない。

④　読点(，)は１字と数える。

【理　科】〈第２回試験〉（40分）〈満点：75点〉

1　次の文を読み，問いに答えなさい。

夏休みに芝太郎君は家族で島のおじいちゃんの家に遊びにいきました。港から出港したときには①赤みがかった海だったのに，島に着くころには海の青さがとてもきれいで，同じ海とは思えませんでした。

おじいちゃんの家に着くと，庭で②トカゲを発見しました。都会ではなかなか見ることができないので，よく観察しようとしましたが，弟がつかまえようと追いかけたので，すぐに草むらにスルスルとにげてしまいました。

そこで，にげたトカゲをもう一度見つけようと，おじいちゃんの家の周りを探検しました。すると，蔵の前で大きな桶《おけ》を発見しました。弟がこれに入って遊ぶのを見て，あることを思いつき，おじいちゃんに相談しました。

芝 太 郎 君「おじいちゃん，この桶を船のように海にうかべて遊んでもいい？」

おじいちゃん「面白そうなことを考えるね。では，オールも貸してあげよう。でも，気を付けるんだよ。」

③芝太郎君は大きな桶を海にうかべて，弟といっしょに乗りこみました。芝太郎君と弟がそれぞれ１本ずつオールを持っています。④はじめは上手く進みませんでしたが，しばらくしてコツをつかみました。ときどき転ぷくして⑤海水を飲んでしまいましたが，二人とも泳ぎは得意なので楽しく遊ぶことができました。

泳ぎつかれた芝太郎君と弟はおじいちゃんと家にもどることにしました。そこで，弟が１つの石をけりながら歩き始めました。家まで運んできた石をお父さんが拾い上げました。

お父さん「おや，これは⑥玄武岩《げんぶがん》だね。」

芝太郎君「ゲンブガン？　それって何？　石にもそれぞれ名前があるの？」

気になった芝太郎君は，玄武岩を東京にもどってから調べてみようと思いました。

夜になり，おばあちゃんがたくさんの料理を作ってくれたので，家族みんなでおいしい料理を食べながら，楽しい時間を過しました。

(1)　下線部①について。海が赤くそまる現象は，海水中のプランクトンが大量に増加することで起こります。この現象を漢字で答えなさい。

(2)　下線部②について。ある種のトカゲは同じ島に生息するほ食者によって，幼体の体色が異なることがあります。これはほ食者に対しての体色が防御《ぼうぎょ》機能としてはたらいているからです。島にいるほ食者とトカゲ（幼体）の体色の関係が右の表のようになるとき，トカゲの戦略として，不適当な

島	主なほ食者	トカゲ（幼体）の体色
A	イタチ，ヘビ，鳥類	 胴体《どうたい》：ストライプ　尾《お》：青色
B	ヘビ，鳥類	 胴体：ストライプ　尾：茶色～緑色～青色
C	鳥類	 胴体：ストライプなし　尾：茶色

説明は次のうちのどれですか。次の(ア)～(エ)から１つ選んで，記号で答えなさい。

(ア)　ストライプの体色は近い距離《きょり》からおそわれたときに役立つ可能性がある。

(イ)　青い尾は特にほ乳類のほ食者に対して役立つ体色である可能性がある。

(ウ)　ストライプは，特に鳥類のほ食者に対して役立つ体色である可能性がある。

(エ)　茶色の体色は，遠い距離からほ食者に見られたとき，地面と同化して見つかりづらい可能性がある。

(3)　下線部③について。図１のように，二人が乗りこんだ桶は円筒《えんとう》状の側面に底板を取り付けたもので，桶の側面の高さは100cm，底板の面積（外の海水に接している部分の面積）は7500cm^2，桶だけの重さは30kgでした。弟は帽子《ぼうし》をかぶっていて，二人の体重の和は81kg，オールの重さは２本合わせて６kgでした。桶の中に海水を入れたところ，桶の底板は海面下60cmになりました。桶の中に入れた海水の重さは何kgですか。値は小数第１位を四捨五入して，整数で答えなさい。ただし，海水は１cm^{3}あたり1.03gの重さがあり，海水を１cm^{3}押しのけると1.03gの浮力を受けます。また，板の厚さは考えないものとします。

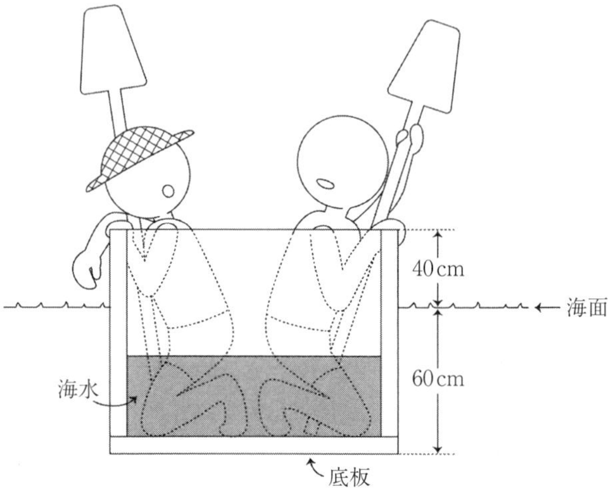

図１

(4)　下線部④について。図２は二人がオールをこいでいるようすを真上から見たもので，帽子をかぶっている方が弟です。芝太郎君はオールをAまたはBの向きに，弟はCまたはDの向きに動かすものとします。次の文中の［(い)］～［(に)］に適する記号はなんですか。［(い)］，［(ろ)］に適するものを次の表中の(ア)～(エ)から１つ，［(は)］，［(に)］に適するものを次の表中の(オ)～(ク)から１つ選んで記号で答えなさい。ただし，オールをこぐ力の強さは二人とも同じとします。

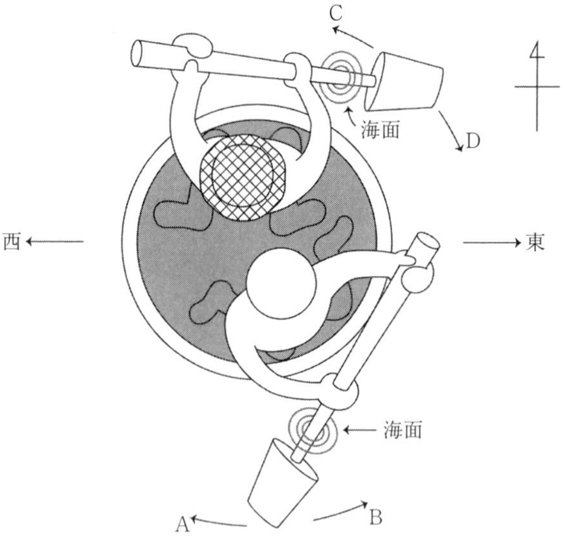

図２

「芝太郎君がオールの先を［(い)］の向きに動かし，弟がオールの先を［(ろ)］の向きに動かすと，桶は時計回りに回転しました。また，芝太郎君がオールの先を［(は)］の向きに動かし，弟がオールの先を［(に)］の向きに動かすと，桶は東の方へ進みました。」

	(い)	(ろ)
(ア)	A	C
(イ)	A	D
(ウ)	B	C
(エ)	B	D

	(は)	(に)
(オ)	A	C
(カ)	A	D
(キ)	B	C
(ク)	B	D

(5)　下線部⑤について。芝太郎君は，海水から水を蒸発させれば，塩化ナトリウムを取り出すことができると考えました。そこで海水をくんできて，ガスコンロで加熱していきました。１気圧のもとで水を加熱した場合では，図３のように加熱時間とともに温度が上昇《じょうしょう》していき，水の沸点である100℃になるといったん温度の上昇が見られなくなります。１気圧のもとで海水を加熱した場合，加熱時間と温度の関係はどのようになりますか。最も適当なものを後の(ア)～(オ)から１つ選んで，記号で答えなさい。

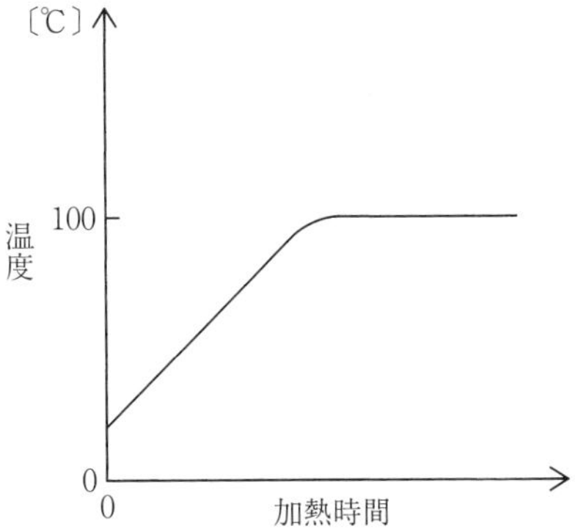

図３

(ア)
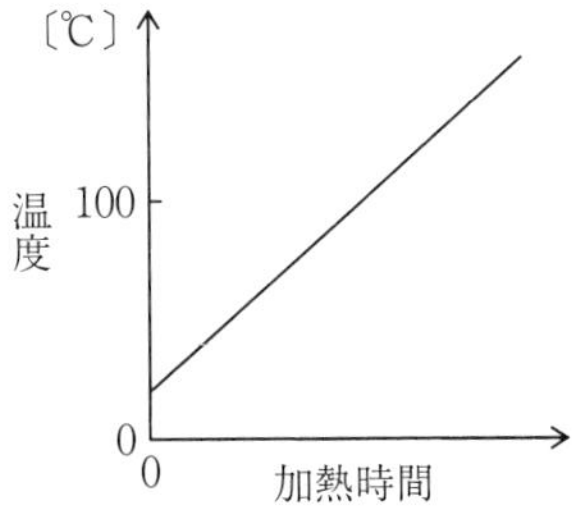

(イ)
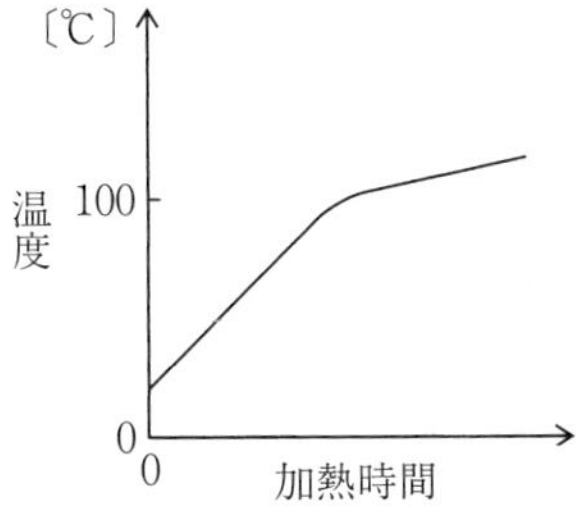

(ウ)
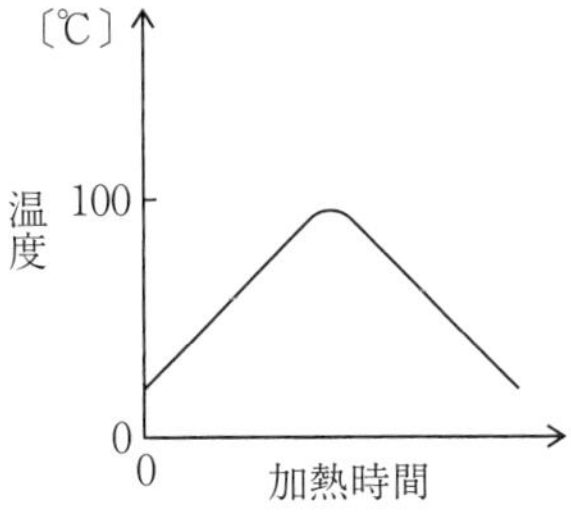

(エ)
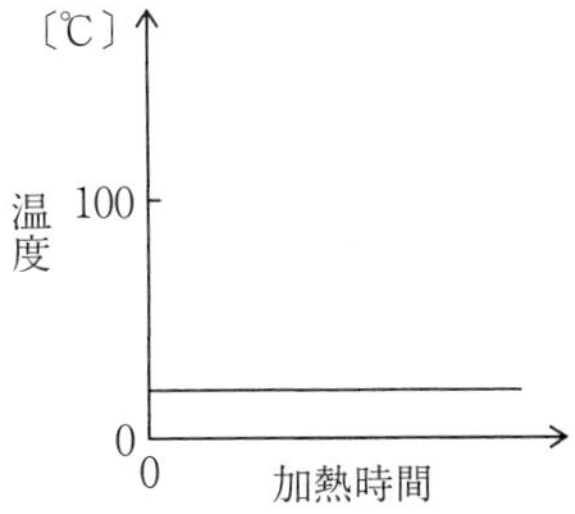

(オ)
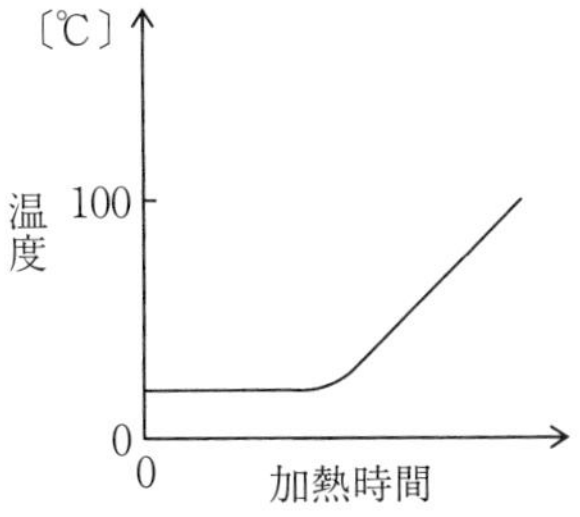

(6)　下線部⑥について。火成岩の分類表を次に示します。玄武岩は表中の(ア)～(オ)のいずれにあてはまりますか。１つ選んで，記号で答えなさい。

	白っぽい岩石	灰色の岩石	黒っぽい岩石
深成岩	(ア)	せん緑岩	(イ)
火山岩	(ウ)	(エ)	(オ)

2　次の問１，問２に答えなさい。

問１　①2022年６月24日の３時40分ごろ，東京都港区では東から南の空で，図１に示すように太陽系の全ての惑星《わくせい》と月を観測することができました。

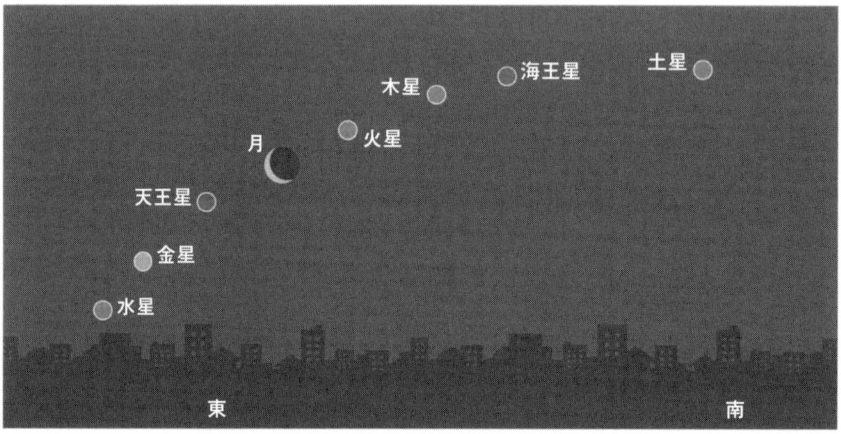

図１

(1)　惑星は大きく分けると地球型惑星と木星型惑星の２つに分類することができます。正しく分類されているものを表中の(ア)～(ク)から１つ選んで，記号で答えなさい。

	地球型惑星			木星型惑星		
(ア)	水星	金星	天王星	火星	海王星	土星
(イ)	土星	水星	金星	天王星	火星	海王星
(ウ)	海王星	土星	水星	金星	天王星	火星
(エ)	火星	海王星	土星	水星	金星	天王星
(オ)	天王星	火星	海王星	土星	水星	金星
(カ)	金星	天王星	火星	海王星	土星	水星
(キ)	水星	金星	火星	天王星	海王星	土星
(ク)	天王星	海王星	土星	水星	金星	火星

(2)　図１の金星は明けの明星《みょうじょう》と呼ばれますが，右に示す図２の中で明けの明星はどれですか。最も適当なものを図中のア～エから１つ選んで，記号で答えなさい。

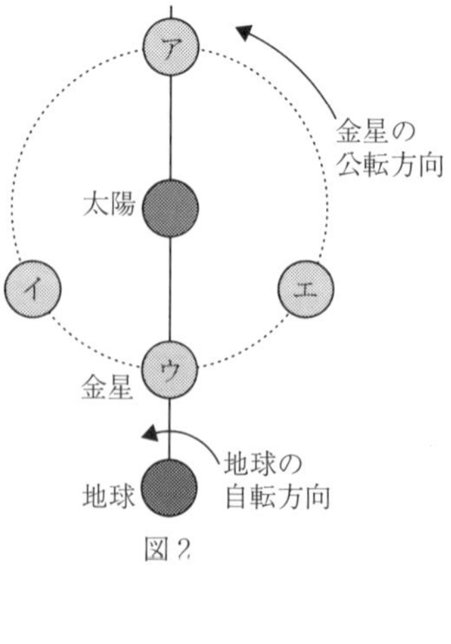

図２

(3)　下線部①について。翌日の同じ時刻に観測をしました。その時の月の位置の説明として，最も適当なものを次の中から１つ選んで，記号で答えなさい。

(ア)　前日と同じ方角で同じ高度にみられる。

(イ)　前日と同じ方角で高度が高くみられる。

(ウ)　前日と同じ方角で高度が低くみられる。

(エ)　前日より西側でみられる。

(オ)　前日より東側でみられる。

問2　次の表は，東京での日の出，日の入り，月の出，月の入りの時刻を示したものです。この表を参考にして(1)～(5)に答えなさい。

日付	日の出	日の入り	月の出	月の入り
9月4日	5時16分	18時02分	13時13分	22時49分
9月10日	5時19分	17時56分	18時11分	4時37分
9月18日	5時25分	17時45分	22時39分	13時08分
9月26日	5時32分	17時33分	5時31分	17時53分

(1)　表に示される日付の中で，新月と考えられるのはいずれの日ですか。最も適当なものを次の中から1つ選んで，記号で答えなさい。

(ア)　9月4日　　(イ)　9月10日

(ウ)　9月18日　　(エ)　9月26日

(2)　表に示される日付の中で，明け方に月が南中すると考えられるのはいずれの日ですか。最も適当なものを次の中から1つ選んで，記号で答えなさい。

(ア)　9月4日　　(イ)　9月10日

(ウ)　9月18日　　(エ)　9月26日

(3)　9月18日に，月はどの方角の地平線から出てきますか。最も適当なものを次の中から1つ選んで，記号で答えなさい。

(ア)　真西　　(イ)　真西より北側

(ウ)　真西より南側　　(エ)　真東

(オ)　真東より北側　　(カ)　真東より南側

(4)　月の出は9月18日から9月26日の間で，1日あたり約何分おそくなっていますか。ただし，小数第1位を四捨五入して，整数で答えなさい。

(5)　月はいつも地球に同じ面を向けていますが，その理由は何ですか。最も適当なものを次の中から1つ選んで，記号で答えなさい。

(ア)　地球自身が1回転するのにかかる時間と，月自身が1回転するのにかかる時間が同じだから。

(イ)　地球自身が1回転するのにかかる時間と，地球が太陽の周りを1回転するのにかかる時間が同じだから。

(ウ)　地球が太陽の周りを1回転するのにかかる時間と，月が地球の周りを1回転するのにかかる時間が同じだから。

(エ)　月自身が1回転するのにかかる時間と，月が地球の周りを1回転するのにかかる時間が同じだから。

(オ)　地球自身が1回転するのにかかる時間と，月が地球の周りを1回転するのにかかる時間が同じだから。

3　次の文を読み，問いに答えなさい。

スーパーマーケットやホームセンターに並んでいる商品をよく見ると，理科の実験に使えるものが意外と多いことに気がつくかもしれません。たとえば図１の「クエン酸」はレモンなどのかんきつ類や梅干しに多くふくまれ，そうじ用品として台所やトイレの洗浄《せんじょう》に用いたり，食品や飲み物の成分として加えたりしています。図２の「重曹《じゅうそう》」もそうじ用品として用いたり，ふくらし粉として食品に加えたりしています。どちらも白色の粉末(固体)ですが，①水にとかすとクエン酸の水よう液は酸性，重曹の水よう液はアルカリ性を示します。

図１

図２

②このクエン酸と重曹を水の中で混ぜると二酸化炭素が発生することが知られています。そこで，次の実験を行い，クエン酸および重曹の重さと発生する二酸化炭素の重さの関係を調べました。

操作１　ビーカーに水を50cm^{3}入れ，ビーカーと水の合計の重さを測定する。

操作２　クエン酸と重曹の重さの和が10gになるように，表１に示すA～Eの５つの組み合わせのクエン酸と重曹をそれぞれはかり取る。

操作３　水50cm^{3}の入ったビーカーにクエン酸を加えて，ガラス棒でかき混ぜる。

操作４　クエン酸が完全にとけた後，ガラス棒でかき混ぜながら，はかり取った重曹全部を少しずつ加える。

操作５　二酸化炭素の発生が完全に止まった後，ビーカーと水よう液の重さを測定する。

表１

	A	B	C	D	E
クエン酸の重さ〔g〕	2.0	3.5	5.6	6.7	8.9
重曹の重さ〔g〕	8.0	6.5	4.4	3.3	1.1

③以上の操作１～操作５より，発生した二酸化炭素の重さを計算で求めたところ，表２の結果が得られました。

表２

	A	B	C	D	E
二酸化炭素の重さ〔g〕	1.20	2.10	2.16	1.62	0.54

ただし，この実験で発生する気体は二酸化炭素のみとします。また，発生した二酸化炭素は水にはとけず，発生した後は空気中に出ていってビーカー内には残っていないものとします。

(1)　下線部①について。クエン酸をとかした水よう液と重曹をとかした水よう液にBTBよう液とフェノールフタレインよう液をそれぞれ数滴《てき》ずつ加えると，水よう液は何色に変化しますか。

次の表に示される組み合わせ(ア)～(ク)から最も適当なものをそれぞれ１つ選んで，記号で答えなさい。

	BTBよう液	フェノールフタレインよう液
(ア)	青	無
(イ)	青	赤
(ウ)	緑	無
(エ)	緑	赤
(オ)	黄	無
(カ)	黄	赤
(キ)	赤	無
(ク)	赤	赤

(2)　下線部②について。クエン酸と重曹のように二酸化炭素が発生する組み合わせとして最も適当なものを次の中から１つ選んで，記号で答えなさい。

(ア)　あえんと塩酸　　(イ)　アルミニウムと塩酸

(ウ)　マグネシウムと塩酸　　(エ)　炭酸カルシウムと塩酸

(オ)　二酸化マンガンと過酸化水素水

(3)　下線部③について。操作１～操作５をふまえて，発生した二酸化炭素の重さを計算により求める方法を説明しなさい。

(4)　クエン酸3.0gと重曹7.0gの組み合わせで実験を行ったとき，発生する二酸化炭素の重さは何gですか。値が割り切れない場合は小数第２位を四捨五入して，小数第１位まで答えなさい。

(5)　発生する二酸化炭素の重さが最大となるときのクエン酸と重曹の重さはそれぞれ何gですか。値が割り切れない場合は小数第２位を四捨五入して，小数第１位まで答えなさい。また，必要があれば次の方眼紙を使うこと。

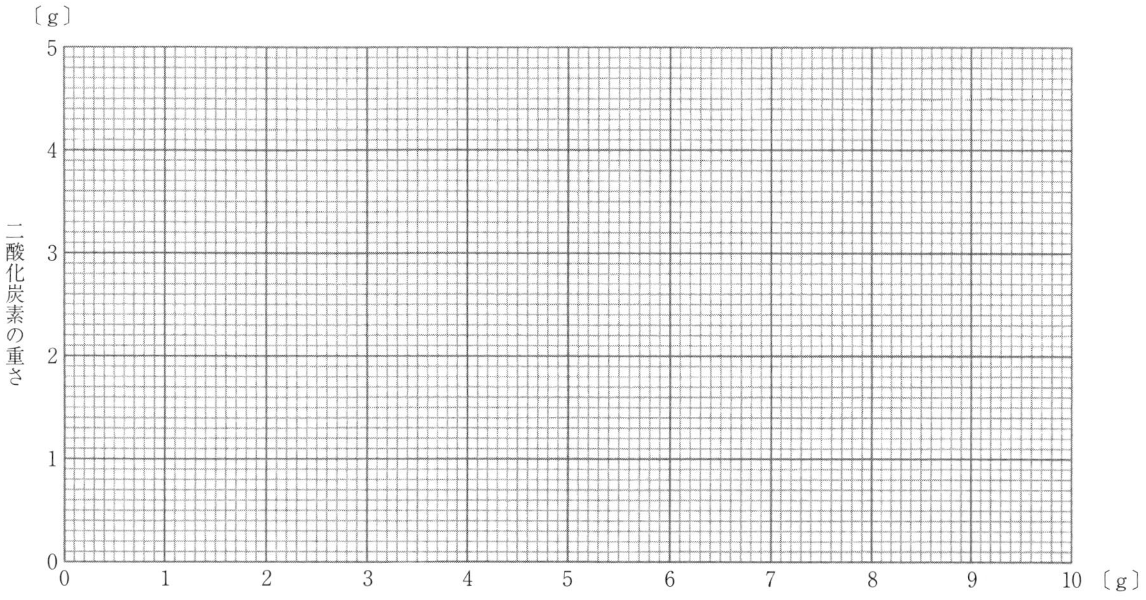

4　次の文を読み，問いに答えなさい。

四季の変化に合わせて，生物たちはその生活を大きく変えている。四季のうち最も厳しい季節は寒い冬で，卵や①さなぎ，種子のすがたで過ごす生物もいれば，活動をほとんどせずに②冬眠《とうみん》する生物もいる。

植物は，樹木と草花で冬をこす方法が大きく異なる。例えばタンポポやナズナは，葉を地面に広げて冬をこす。このような葉を（　③　）葉と呼ぶ。樹木は，寒く光合成があまり出来ない冬には葉を落とす落葉樹と，一年中葉をつける④常緑樹がいる。また，地域によって年間の降水量も異なるため，ある地域にどのような森林が育つかは年間降水量と年平均気温で決まっている。日本国内では，年間の降水量はあまり変わらないため，その地点の気温によって森林のタイプがだいたい決まっている。「⑤暖かさの指数《しすう》」という数値を計算すると，その地域に育つ森林のタイプを予測することが可能である。

(1)　下線部①について。成長過程でさなぎをつくらないこん虫を次の中から3つ選んで，記号で答えなさい。

(ア)　カイコ　　(イ)　カブトムシ　　(ウ)　オオカマキリ
(エ)　アブラゼミ　　(オ)　ミツバチ　　(カ)　トビムシ

(2)　下線部②について。日本でふつう冬眠をする生物を次の中からすべて選んで，記号で答えなさい。

(ア)　シマリス　　(イ)　スズメ　　(ウ)　クマネズミ
(エ)　カエル　　(オ)　キツネ

(3)　空らん③について。空らんにあてはまる言葉をカタカナ4文字で答えなさい。

(4)　下線部④について。常緑樹を次の中から2つ選んで，記号で答えなさい。

(ア)　イチョウ　　(イ)　サザンカ　　(ウ)　マツ
(エ)　メタセコイア　　(オ)　サクラ

(5)　下線部⑤について。「暖かさの指数」について説明した次の文章を読み，後の問いに答えなさい。

「暖かさの指数」は，日本国内のある地域に育つ森林がどのようなタイプかを推測する時に役立ちます。1年間のうち，月平均気温が5℃以上の各月について月平均気温から5℃引いた値の合計値を「暖かさの指数」と言います。月平均気温が5℃未満の月は，計算せずに無視します。この数値によって，亜熱帯多雨林《あねったいたうりん》，照葉樹林《しょうようじゅりん》，夏緑樹林《かりょくじゅりん》，針葉樹林《しんようじゅりん》のどのタイプの森林が育つかが推測できるのです。右の表1は，暖かさの指数と育つ森林のタイプをまとめたものです。

表1

暖かさの指数	育つ森林のタイプ
180以上240未満	亜熱帯多雨林
85以上180未満	照葉樹林
45以上85未満	夏緑樹林
15以上45未満	針葉樹林

(A)　次の表2は日本国内におけるある地点で測定された年間の月別平均気温です。暖かさの指数を計算して，小数第1位まで答えなさい。

表2

月	1月	2月	3月	4月	5月	6月
平均気温(℃)	−3.5	−2.9	1.0	7.6	13.4	17.4
月	7月	8月	9月	10月	11月	12月
平均気温(℃)	21.8	22.3	18.4	11.7	7.1	−1.2

(B)　(A)の地点で育つ森林のタイプは，表１のどの森林だと推測されますか。次の(ア)～(オ)の内，１つ選んで記号で答えなさい。ただし，(A)で計算した数値をもとに推測すること。

(ア)　亜熱帯多雨林　　(イ)　照葉樹林　　(ウ)　夏緑樹林

(エ)　針葉樹林　　(オ)　どれにもあてはまらない

(C)　近年，温暖化により世界中で気温の上しょうが報告されています。暖かさの指数により推測される(A)の地点の森林のタイプが，温暖化により変わってしまう場合，各月の平均気温が最低何℃上しょうする必要がありますか。計算して数値を答えなさい。ただし，値は小数第２位を四捨五入して，小数第１位まで答えること。

5　次の文を読み，問いに答えなさい。

芝太郎くんが生物部の活動を見学したとき，友達の港《みなと》くんは水槽《すいそう》の水を入れかえようとしていました。そのとき港くんが手こずっていたので，①芝太郎くんは水槽の中の水をホースで外に出すのを手伝いました。

水槽の掃除《そうじ》が終わってから，芝太郎くんは実験室の棚《たな》に不思議な茶碗《ちゃわん》があるのを見つけました。図１は茶碗を上から見たもので，茶碗の中には＊シーサーの人形がありました。また，茶碗をひっくり返したら図２のような穴が１つあいていました。先生に聞いたところ，「これは②教訓茶碗と呼ばれているよ。君にこの茶碗のナゾ(仕組み)を解いてもらいたいな。」といって，水を注ぐ実験を見せてくれました。先生が図１の茶碗に水を注いでいくと，しばらくは底の穴から水はこぼれません。けれどさらに水を注いでいくと，満タンになる前に底の穴から水がこぼれ出しました。ん～，どんな仕組みなのだろう。欲張ってはいけない，というのはわかるけど…。

＊シーサー：沖縄県などで見られる伝統的な獣《けもの》の像で，魔除《まよ》けの願いがこめられています。

図１

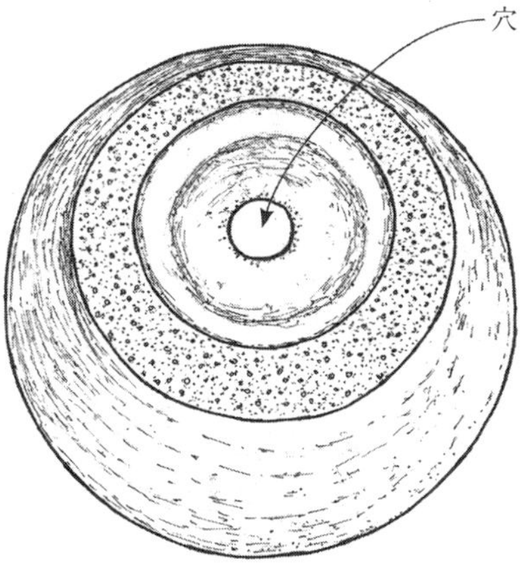

図２

(1)　下線部①について。港くんと芝太郎くんは，水槽内の水をホースで外に出す作業をしました。まず，ホースを水槽の中にしずめてホースの中の空気を追い出しました。次に，ホースの一端《いったん》を指でふさいで外に出し，ホースから指をはなしました。指をはなす位置が適切な場合，ホースを通って水が外に出てきました。この作業は，ホース内の空気をすべて追い出して水がつながっていることが大切でした。図(P)～(R)はホースと指をはなす位置を示しています。

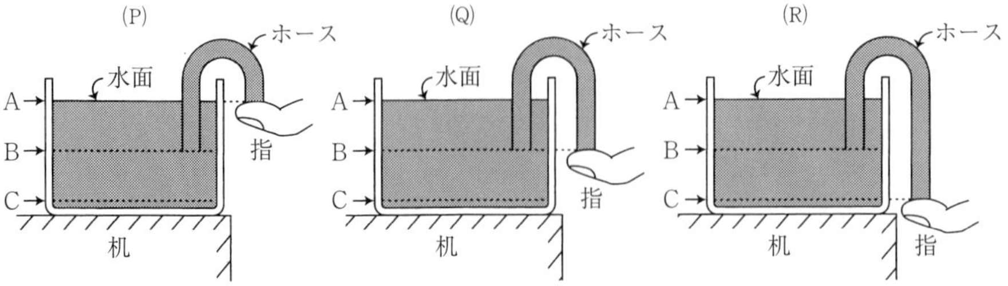

次に，図(P)～(R)の位置でホースから指をはなし，十分に時間が経過すると水槽内の水はそれぞれどれだけ残りますか。図(P)～(R)について，最も適するものを下図(ア)～(ウ)からそれぞれ１つ選んで，記号で答えなさい。同じ記号を複数回用いてもかまいません。ただし，A，B，Cの位置は図(P)～(R)と図(ア)～(ウ)で同じとします。

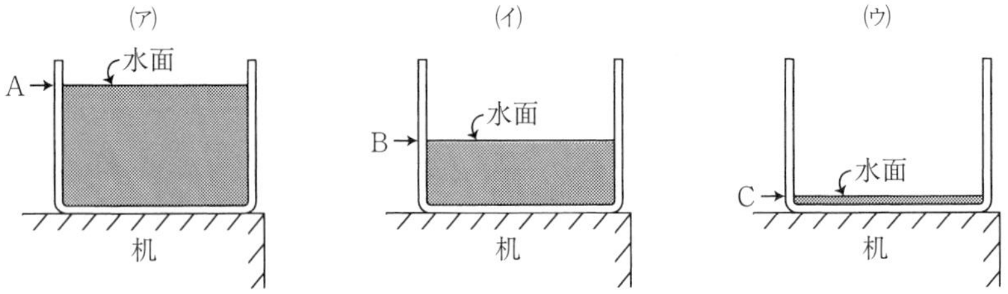

(2)　下線部②について。芝太郎くんは教訓茶碗のナゾを解くために，プラスチック製の透明《とうめい》なコップとストローを用意して実験しました。図３のように，コップの底に１つ穴をあけ，曲げたストローを穴に通してネリ消しゴムで固定し，すき間から水がもれないようにしました。このコップを以下では「教訓コップ」と呼びます。教訓コップの内側にA～Dの印をつけました。

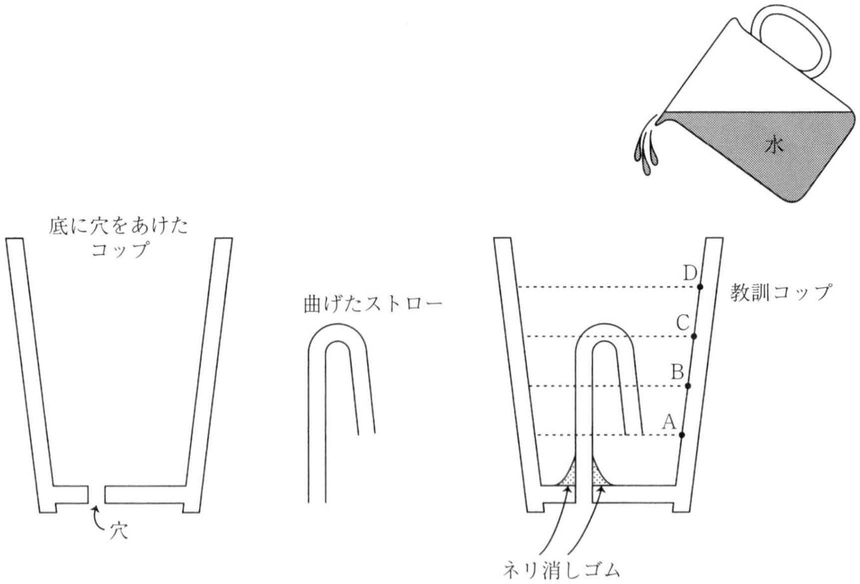

図３

さて，教訓コップに水を注いでいくとします。コップ内の水位をA，B，C，Dにすると，コップ内の水はどうなりますか。次の文中の(①)に適するものを，図３のA～Dからすべて選んで記号で答えなさい。また，文中の(②)と(③)に適するものを，図３のA～Dから１つ選んで，それぞれ記号で答えなさい。

「コップ内の水位を（ ① ）にしても，穴から水はこぼれ出ない。コップ内の水位を（ ② ）にすると，穴から水が勢いよくこぼれ出す。水が穴から勢いよくこぼれ出した後，水位が（ ③ ）になると穴から水は出なくなる。」

(3) 最後に，図４のように水の入っていない教訓コップを手で持ち，図５，図６のように水に入れるとします。ただし，図５，図６には教訓コップ内の水のようすはかかれていません。十分時間がたつと図５，図６において，教訓コップの内側に水は入りますか。入る場合には，水の入る部分をぬりつぶしなさい。水が入らない場合には，何もぬりつぶす必要はありません。

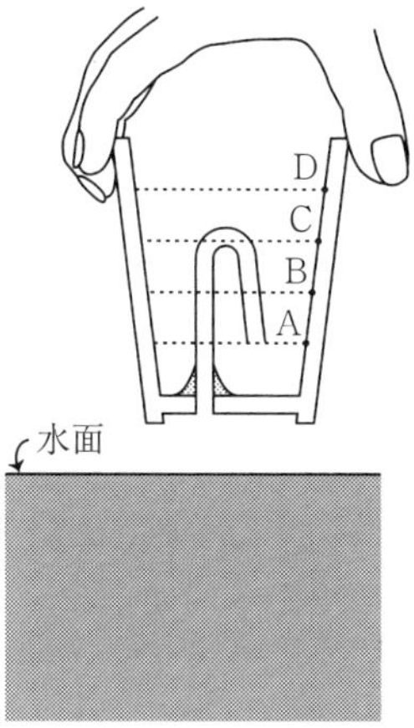

図４

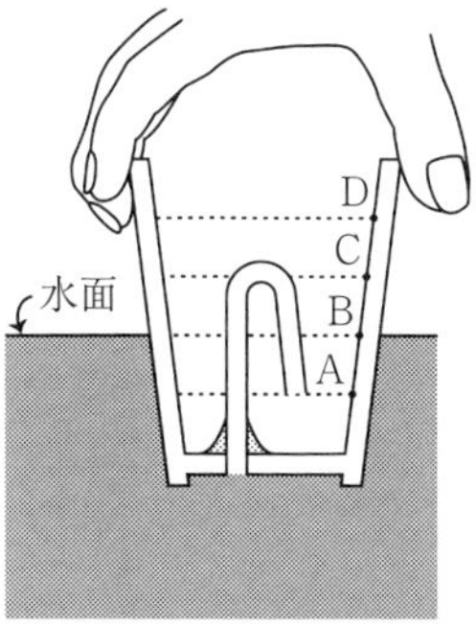

図５

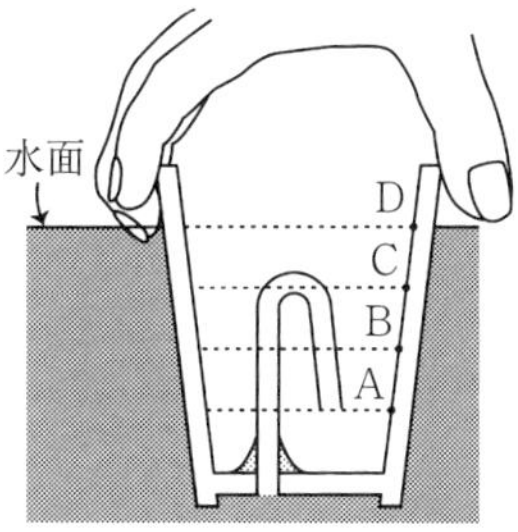

図６

澄み渡っていくのだから。

「私は芸術家になりたい」

小さくつぶやかれた彼女《かのじょ》の声に、私は微かに振《ふ》り仰《あお》いだ。外よりかは薄暗いホールの星明かりの下で、先生の檸檬色の瞳《ひとみ》は爛々《らんらん》と輝《かがや》いていた。

（珠川こおり『檸檬先生』より。）

注1　ホワイエ－劇場等の建物の出入り口近くの広間。ロビーと近い意味で使われる。

注2　コスメ－コスメティックの略。化粧《けしょう》品等をまとめた呼び方。

＊問一～問四で「檸檬先生」という語句を用いるときには「先生」と書くこととする。

問一　――線部①〈檸檬先生の通常運転〉とありますが、これはどういうことですか。**25**字以上**35**字以内で説明しなさい。

問二　――線部②〈先生はへの字口で応答する〉とありますが、〈先生〉が〈への字口で応答〉したのはなぜですか。**45**字以上**55**字以内で説明しなさい。

問三　――線部③〈心に薄く、炭酸のような気持ちが広がった〉とありますが、ここで〈広がった〉のは〈私〉のどのような気持ちですか。**30**字以上**40**字以内で説明しなさい。

問四　――線部④〈頬が筋状に熱くなるのを感じていた〉とありますが、これはどういうことですか。〈音〉に対する〈私〉の感じ方の具体的な変化も含めて、**80**字以上**100**字以内で説明しなさい。

分柔《やわ》らかい。

先生は後ろに向かってリモコンのボタンを操作した。

ぶー、という少し縮れた音のあと、ホールが徐《おもむろ》に暗くなる。あの天井の星が消えていく。慎《つつ》ましやかな非常扉の緑だけちらりと覗《のぞ》いてあとは白いスクリーンだけが闇《やみ》に浮かんだ。

白いスクリーンは白く光っている。その中にふわりと色が浮かんだ。水に濡《ぬ》らした画用紙の上に、薄めた水彩絵の具を垂らしたみたいに、様々な場所にふわりふわりと色が染《し》み渡《わた》っていく。目に入った瞬間《しゅんかん》にそれらは即座《そくざ》に頭の中で音に変換《へんかん》されて私の鼓膜《こまく》を揺《ゆ》らす。あんなにばらりばらりとなっているのに、

「あ、……」

微《かす》かに声をもらした私の手は未《いま》だにひんやりとした先生の白い指に搦《から》め捕《と》られていた。

頭のどこか真っ白なところに広がっていく音の並び。彩りに応じて耳の中を躍《おど》る音の並び。それは今までに一度も美しいと思ったことのない音楽。泥水のようだと思っていた曲を模《かたど》っていた。

「しん、こ、……」

音にもならない掠《かす》れ声を、先生は余すところなく拾って、前を見たままゆっくり笑った。

「そうだよ、シンコペーテッドクロック。あれ、すんごい気持ち悪ィ曲だろ。音跳《は》ねたり伸ばしたり重ねたりするからさ、すぐに混ざってぐっちゃぐちゃ。でも先にこうやって色を並べてあげて、それを音に変換してみるとさ、音の色を気にしないで音楽そのものを『聴《き》ける』ってわけだ」

どんどん音へと変換されていくその時計の色彩映像を食い入るように見つめた。ロングトーンは長く画面を彩り続け、上下にある色でふわりと柔らかい和音が広がる。そう和音である。和を保った音の響《ひび》き。再び色に戻《もど》ってぐしゃりとなることはない。だってそうだろう。スクリーンに映る色は本当に素朴《そぼく》にしかし秩序《ちつじょ》を保って並んでいる。これがどうして泥水の曲となろうか。目を見開いた先でただ静かに動き続ける映像は私の中に未知の協和音を流した。山奥の静かな場所の、湧《わ》き出《い》でる清水のように、音が鼓膜にくる。初めて、生まれて初めて音楽を聴いた。それは本当に芸術品であったのだ。

④頬が筋状に熱くなるのを感じていた。それを気にも留《と》めず私はただスクリーンに耳を澄ました。先生の指がだんだん暖かくなってきて、私はそれを強く引き留めた。

「ああ、先生」

「うん」

「先生、音楽だ」

音楽だよ。

全てのメロディが流れ去った。スクリーンの白キャンバスはふうと暗くなって、やがてホールに星明かりが戻ってくる。隣の先生は満足そうに目を細めて私を見ていた。

「これが私の音楽だ。共感覚者もちょっとなら音、楽しめんだろ？　作んの時間かかったんだぜこれ。パパは全然パソコンかしてくんないしさ」

道化《どうけ》のように笑う先生はまたすっと大人びた……あやめ色の表情を作って私の頬を指で拭《ぬぐ》った。

「少年が楽しんでくれたようでよかったよ」

「うん、うん」

言うこともなくてただ首を縦に小さく振り続けた。ホールはこんなにも音を美しく響かせる場所だったんだ。初めて知った。色が多過ぎて、それで音もぐちゃぐちゃだと思っていたけれど、夜闇に映し出される流麗《りゅうれい》な音、それは多分に色を含《ふく》んでるくせにこのだだ広い空に

ーとかだった。くそだっさ！　そのまんまかよ！」
「ぐぁい……ブルーは青でしょ？　じゃあれ青なのやっぱり」
「いんや、一口に青っつったら大雑把《おおざっぱ》だから知りてえんだろ」
檸檬先生の言葉にちょっと頷《うなず》く。
「あれはな、ヴァイオレットってのがすみれ色だ。薄紫《うすむらさき》。つまり紫がかった青ってことだろうな。冷たい……クール……まあクールっつったらかっけーってことだけどざっくり言うと知的青紫ってわけ」
「それはそれでカッコ悪いよ先生そのまんまじゃん」
唇《くちびる》を突き出す。それを見た②先生はへの字口で応答する。
「かっこいい名前が必要かよ」
「流石《さすが》に知的青紫はやだ」
「あっそ」
先生は黙《だま》り込《こ》んでしまった。大ホールのA扉を目指して長い廊下《ろうか》を歩く。白い壁はどこまでも白い。
あの青はなんだろう。あの青は水の青じゃない。海は青だっていうけれど、夏ならきっとあの青はもっと鮮《あざ》やかだろうしかといって「クール」な印象のある冬なら、海の青はそう灰色だ。灰色と鮮やかな青の合間ならあのアイシャドウの色になるかもしれない。秋の海色だ。きっと。
重い二重扉の外側の方を、先生は意地で片手で開けた。私は先生と扉の間に入って全身で一緒《いっしょ》に押してみる。と、上から涼《すず》やかな声が降ってきた。
「あやめ色だ」
「うえ？」
「あやめ色だよ少年。朝露《あさつゆ》を受けて、カッコ良く佇《たたず》むあやめ色」
③心に薄く、炭酸のような気持ちが広がった。私は歯を見せた。檸檬先生もにっと笑った。
「かっけーだろ」
「うん」
先生の頬の泥が乾《かわ》いた音でぱきりとひび割れた。
先生に手を引かれて入ったホールの中には、ワインレッドの椅子《いす》が段々畑になって奥までぶわあと敷《し》き詰《つ》められていた。舞台《ぶたい》には白い幕が張ってあり、体育館のスクリーンのようになっている。天井《てんじょう》が高いんだな。顔を真上に向けていっぱいに目を見開けば天井に見える小さなたくさんのライトがちかりちかりと星のように光を降らした。密閉空間のようだけれど空気は澄《す》んでいる。そして静かだ。色がない。
先生は真ん中より後ろらへんのセンター二つを陣取《じんど》って座《すわ》った。
「何するのこれ」
ホール自体慣れぬ私は肩身狭《かたみせま》く隣《となり》に縮まって上目遣《うわめづか》いに先生を見つめる。先生は唇を真横に引いた。がさりと鞄《かばん》から取り出したのは黒い小さなリモコンである。昔家にあったそれよりもひとまわりばかし小さい。
「私音楽作ってさ。それ一緒に見ようぜ」
「え、音楽……⁉」
思わず飛び上がる。まるで陸に上がった海老《えび》のように。音楽という単語につい拒否《きょひ》反応を示してしまった。今日は散々気持ちの悪いあの混色を耳にした。もういいだろう。これ以上は耳を泥に浸《つ》からせたくない。
ぶんぶんと首を振る私を先生は呆《あき》れた表情で見てくる。
「お前な、忘れたのかよ。私も共感覚者なんだから『そういう』音楽はやだよ。そゆのじゃなくてさ、まあ見りゃわかるから騙《だま》されたと思って」
肩を押さえつける動作の見た目はそれほど大きくもないのに、力はやたらと強くて私の体はあっさり座面に沈《しず》み込んだ。ここの椅子は随然《ぜん》入ってきた凸凹《でこぼこ》の体操着を見て狐《きつね》のようであった瞼《まぶた》をぱっちりと開いた。訝《いぶか》しげに見てくる。先生はその前を素通《すどお》りして横にあるインフォメーションカウンターに向かった。

カウンターの二人のお姉さんはどちらも黒い髪《かみ》をぴっと頭のてっぺんでお団子にしていて、目と、二重《ふたえ》のしわのその合間に紫《むらさき》とも青ともつかぬ色を浮《う》かべていた。檸檬先生の顔を見ると元から背中に下敷《したじ》きが入っているのではと錯覚《さっかく》するほど真《ま》っ直《す》ぐだった背筋をそれはもうこの上ないほど伸ばし、最上級の作り笑いを浮かべた。周りの空気が冷たい水色だから私はなんだか急に心臓を氷水に浸《ひた》したかのようにぎゅっと身を縮こまらせて緊張《きんちょう》した。

「お嬢《じょう》様、よくいらっしゃいました」

「お嬢様とか言うな」

間髪《かんはつ》をいれずばっさりと切り落とした先生はカウンターに不良みたいに片腕《かたうで》だけ突き、体重をかけた。

「申し訳ございません、お嬢様」

「だから！」

先生は声を荒《あ》らげたけど、その声色《こわいろ》は少しマイルドカラーだったから私は胸を撫《な》で下《お》ろした。受け付けのお姉さんもまた作り笑いを解いた。

「本日はどのようなご用件で……多目的室のご利用ですか？　只今《ただいま》蓬萊《ほうらい》幼稚園《ようちえん》が利用中ですが、あけましょうか」

「いや、いいよ。ホール使うわ。大ホール。それとシアター設備セットしといて。パパ名義でよろしく」

「承知いたしました」

深々と頭を下げた女性二人を置き去りにして檸檬先生はさっさとその場を去った。腕《うで》を掴まれている私もそのまま連動してついていく。

大ホールは入り口がまず分厚い二重扉で、注1ホワイエの奥にさらに防音の二重扉、というようになっている。真っ白く塗《ぬ》られた壁《かべ》と真っ赤なカーペットがロイヤルで落ち着かなかった。体操着で堂々と歩く先生が嫌に様になる。きっと姿勢がよくて髪がさらさらと靡《なび》いているからだ。見つめていた私は頬《ほお》についた泥《どろ》を見てまた気持ち悪くなった。先生はふと口元を笑《え》みで彩《いろど》った。

「ホールは初めて？　随分《ずいぶん》カチコチ」

鼻で笑われてむっとした。違《ちが》う、と鋭《するど》めに言ってみる。先生はよけいに口から耐《た》えきれない息をもらした。

「受け付けの、お姉さんが」

「ああ、あいつら？」

「目になんか塗ってた。青っぽい」

「あー……。アイシャドウね、アイシャドウ。あれは高いやつ塗らせてんの。宝井堂《たからいどう》の注2コスメのでさ。確かコラボグッズで、あれはんぱねー高さなのよ。誰《だれ》が買うかってのアイシャドウなんて今じゃ百均とかでも買えちゃうしな」

「アイシャドウってんだ」

「見たことないの」

「うん、ママが夜塗ってる。ちょっと赤っぽいの」

「……あ、っそ」

檸檬先生はすっと目を横にそらしてしまったから私は慌《あわ》てて腕を引っ張ってこちらを向かせた。

「あの色、僕《ぼく》知らなくてさ、何色かなって思って」

「あの色？」

眉《まゆ》を寄せると先生の顔は凄《すご》みがあってちょっと怖《こわ》い。正直にそう言うとイケメンだからさ、ってちょっと戯《おど》けた。

「アイ、ぃィ……シャドウの色」

「あー、あれな？　確かなー商品名的にはヴァイオレットクールブルの常連になるという手もある。

そのさい、重要なのは、交流やつながりづくりを目的とした集まりは、なるべく避《さ》ける、ということだ。交流やつながりづくりを重視した場では、「友だち」感覚が醸成《じょうせい》され、肩に力が入りやすくなる。

ゆえに、何らかの活動をベースに定期的に参加できるものがよい。交流以外の目的で定期的に参加してゆくなかで、仲良くなってゆく、あるいは、仲のよい人ができたらもうけもの、くらいがちょうどよいのである。まず、④「友だちになる」「友だちをつくる」という考えを脇《わき》におき、人のなかに入っていくことこそが肝要《かんよう》である。

注　コスパ意識―「コスパ」とはコストパフォーマンスの略で、費用対効果のこと。筆者は、自分にとってどれだけ得るものがあるかどうかで友人を判断することを、コスパ意識と呼んでいる。

問一　――線部①〈友だちを得よう〉とありますが、私たちが〈友だちを得〉る目的はどうすることですか。**15**字以内で説明しなさい。

問二　――線部②〈「友人」「友だち」というラベルは重すぎるのである〉とありますが、この〈ラベル〉が人との付き合いを不自由なものにしてしまうと筆者が考えるのはなぜですか。**65**字以上**75**字以内で説明しなさい。

問三　――線部③〈「友だち」になることを求めてくる圧力とやや距離をとり、フラットな視点でいるほうがよいだろう〉とありますが、〈「友だち」になることを求めてくる圧力とやや距離をと〉る〈ほうがよい〉と筆者が考えるのはなぜですか。**50**字以上**60**字以内で説明しなさい。

問四　――線部④〈「友だちになる」「友だちをつくる」という考えを脇におき、人のなかに入っていく〉とありますが、これはどういうことですか。**80**字以上**100**字以内で説明しなさい。

四

次の文章を読んで後の問いに答えなさい。

小中一貫校《いっかんこう》に通う小学三年生の〈私〉（〈少年〉）は、数字や音や人の姿に色彩《しきさい》を感じとってしまう「共感覚」という特異な感覚の持ち主で、そのことが理由で周囲から嫌《いや》がらせを受けています。ある時、音楽室で出会った同じ学校の中学三年生の少女も共感覚者であることを知り、少女のことを〈檸檬《れもん》先生〉と呼び、学校生活になじめるように様々なことを教えてもらう関係になりました。初参加の運動会で様々な色や音が混じり合い、気分が悪くなってしまった〈私〉を、〈檸檬先生〉は学校から連れ出し父の会社が所有する〈ホウライホール〉へとタクシーで向かいます。以下はそれに続く部分です。

「ホウライホールです」

き、ときっちり止まった車からいの一番に飛び降りる。奥《おく》で檸檬先生があの分厚い財布《さいふ》を広げて乱雑に一枚お札を運転手に押《お》し付《つ》けていた。

「釣《つ》りはいらねー。私ら急いでんだ」

突《つ》き放《はな》した言い方だ。それが①檸檬先生の通常運転だということは知っている。タクシーの扉《とびら》が閉まり車は間を置いてからゆっくりと発進した。私はタクシーの背中にぶんぶんと一往復手を振《ふ》った。大きく右手で振った。左手を檸檬先生に掴《つか》まれる。

「ほらいくぞ少年」

ホールの前はそこそこに賑《にぎ》わいのある大通りだが、エントランスは閑散《かんさん》としている。土曜の真昼間、ホールでのイベントもなく理由なく訪《おとず》れるものも稀《まれ》であるがために、私と檸檬先生二つの影《かげ》くらいしか床《ゆか》に伸《の》びるものはなかった。青い服で全身の黄色を押し隠《かく》した警備員が、何もない平和な日にうつらうつらと目を細めている。ホールに突《とつ》誰《だれ》かと友だちであろうと意識するあまり、相手に率直《そっちょく》にものを言えなくなったり、逆に、おたがいをぶつけ合えるつながりがないことに目がいったり、ということは多くの人が経験する。

私自身はつながりのある相手を友だちかどうかという基準で区分しない。誰かに対して「友人」「友だち」という言葉を使うこともない。家族・親族は別だが、それ以外は「知り合い」で統一している。理由は以下のとおりだ。

友人や友だちは、「よきもの」というイメージが強く根付きすぎている。かりに、ある人を「友だち」と呼ぶようになったとしよう。誰かに「友だち」というラベルを割《わ》り振《ふ》るようになると、私は相手に対して、つながりにかんするある一定の水準を満たした人と判断しているような気分になる。

このような考えにとらわれるのが非常に煩《わずら》わしいため、私は、出会った人はみな、「知り合い」と呼ぶようにしている。そうすると、出会った相手を判定するという感覚から距離をおけるので、注コスパ意識を緩和《かんわ》することもできる。

では、私に「友だち」がいないのかというと、おそらくそんなことはないだろう。相手が私のことを「友だち」と認識《にんしき》してくれていることはあるだろうし、定期的に飲食をともにする「知り合い」もいる。ただ、関係性に貼《は》り付《つ》けられたラベルに振り回されて、悩《なや》むことは疲《つか》れるので、そうしていないだけだ。

「友だち」というメッセージ性の強い概念から距離をおくことで、人と自由につきあえるようになることもある。私から見れば、②「友人」「友だち」というラベルは重すぎるのである。

その一方で、社会の側から「友だち」を意識させようと圧力がかかる機会は多い。「はじめに」でも指摘《してき》したように、卒園式や入学式では、「友だちができること」「ずっと友だちでいること」を礼賛《らいさん》する歌が歌われている。

哲学《てつがく》者は友人を理想の関係性と見なし、そのようなつながりをつくることを人生の幸せととらえていた。

日常生活でも友人・友だちに触《ふ》れる機会は多い。私たちは子どもと話をするさいに、「学校の友だちと仲良くしなさい」という言葉を頻《ひん》繁《ぱん》に使う。教員もそうだろう。「友だちなんだからクラスの人とは仲良くしなさい」としばしば言う。若者の間では、友だちのいない人を「ぼっち」と呼び、見下した視線を注ぐ。

こうした行為《こうい》には、出会った人、居合わせた人とは「友だち」になり仲良くするのがよいというメッセージや、「友だち」のいない人はさびしい人だというメッセージが込められている。

とはいえ、出会った人、居合わせた人すべてと「友だち」になるというのは無理な想定だ。人は頑張《がんば》っても「友だち一〇〇人」などそうそうできないし、「ずっと友だち」でいられることもなかなかない。そうであるならば、③「友だち」になることを求めてくる圧力とやや距離をとり、フラットな視点でいるほうがよいだろう。

その一方で、世のなかに目を向けると、つながりをつくる機会はたくさんある。趣味《しゅみ》のサークルを探そうと思えばいくらでもあるし、趣味はお金がかかるというのであれば、ボランティア活動でもよい。多くのボランティア団体はメンバー不足に悩んでいるのが実情だ。

前の章で批判的に記述したインターネットを介《かい》したつながりも、そこに頼《たよ》りすぎなければよいだろう。私自身も、今所属している地域のボランティア団体のことを、ネットをつうじて知った。

日常生活を送るさいに、どこかに立ち寄る習慣をつくっておくのも効果的だ。お酒やコーヒーが好きならば、居酒屋やスナック、カフェ

2023年度

芝中学校

【国語】〈第二回試験〉（五〇分）〈満点：一〇〇点〉

一　次の①～⑤の□に当てはまる言葉を語群から選び、漢字で答えなさい。

① この事態に私は□惑《わく》してしまった。
② これくらいのことなら□作なくできるよ。
③ 激しく降っていた雨も、今は小□状態になりました。
④ □道されているような事実は本当にあったのだろうか。
⑤ 旅行中の出来事を□行文にまとめた。

《語群》　ホウ　キ　コウ　コン　ゾウ

二　次の①～⑤の□に当てはまる漢字一字を自分で考えて答えなさい。

① 僧侶《そうりょ》は念仏を「南無阿弥陀仏《なむあみだぶつ》」と□えた。
② 彼はいつも笑顔を□やさず応対する。
③ 社長は断□の思いで社員に倒産《とうさん》を伝えた。
④ 運命に身を□ねてみようと思う。
⑤ おいしい料理に□鼓《つづみ(づつみ)》を打った。

三　次の文章は、石田光規『「友だち」から自由になる』の一部です。本文で筆者は「かつて」の友人・友だちと「いま」の友人・友だちについて考察しています。以下の文章を読んで後の問いに答えなさい。

結局のところ、「かつて」であっても「いま」であっても、友情で結ばれたつながりができる機会はまれであっても存在するし、友人関係がもろさを抱《かか》えていることも共通していた。

それならば、友人関係の有無《うむ》や関係の破綻《はたん》にそこまでおびえることもないだろう。かりに関係が破綻にいたったとしても、ニーチェのように、「互《たが》いにいっそう敬意を払《はら》うに足る存在」になればよいのだ。

重要なポイントは、関係の流動化とともに、友人・友だち概念《がいねん》が蔓《まん》延《えん》し、私たちが必要以上に「友人・友だち」をつくるよう意識させられてしまったこと、その一方で「かつて」の人びとのように、安定的な関係を下地に、友情を育むほどの時間に恵《めぐ》まれていないことにある。

以上の議論をふまえて私が提案したいのは、いったん、友人・友だち・友情といった概念から距離《きょり》をおくことである。

自らが動かなければ、つながりから漏《も》れる可能性のある時代を生きる私たちは、つながりを確保しようと肩《かた》に力を入れがちだ。つながりを確保するために、なんとか友だちをつくろうと焦《あせ》る気持ちはわからなくもない。しかし、①友だちを得ようと欲《ほっ》するほど、かえって苦しくなることもある。

友だちを得ようと意識すれば、私たちは目の前にあるつながりを逃《のが》すまいと肩に力を入れてしまう。その結果、相手の気持ちにとらわれ、つながりのなかにマイナスの材料を持《も》ち込《こ》まないよう気を遣《つか》ってしまう。

2023年度

芝 中 学 校

▶解説と解答

算　数　＜第２回試験＞（50分）＜満点：100点＞

解　答

[1] (1) 13　(2) $\frac{3}{5}$　[2] ア　12人　イ　310個　[3] (1) 9倍　(2) $\frac{4}{13}$倍　[4] (1) 2回　(2) 11時$54\frac{6}{11}$分　(3) 12回　[5] (1) $250cm^2$　(2) $275cm^2$　[6] (1) $\frac{17}{18}$　(2) $\frac{1}{630}$　[7] (1) 4分48秒　(2) 1分20秒　[8] (1) 1008通り　(2) 30通り　[9] (1) 毎秒3 cm　(2) 2.4秒　(3) 20秒　(4) 44cm

解　説

[1] 四則計算，計算のくふう，逆算

(1) $13.4\times5.2+2\frac{3}{5}\div1\frac{1}{4}-7.8\times6.2-\frac{13}{20}\times16=13.4\times5.2+2.6\div\frac{5}{4}-7.8\times6.2-\frac{13}{20}\times4\times4=13.4\times2\times2.6+2.6\times\frac{4}{5}-2.6\times3\times6.2-2.6\times4=26.8\times2.6+2.6\times0.8-2.6\times18.6-2.6\times4=(26.8+0.8-18.6-4)\times2.6=5\times2.6=13$

(2) $121\div110=1.1$より，$1.1-\frac{1}{5}\div\left\{3\div\left(\frac{11}{5}-\square\right)+0.125\right\}=1$，$\frac{1}{5}\div\left\{3\div\left(\frac{11}{5}-\square\right)+0.125\right\}=1.1-1=0.1$，$3\div\left(\frac{11}{5}-\square\right)+0.125=\frac{1}{5}\div0.1=0.2\div0.1=2$，$3\div\left(\frac{11}{5}-\square\right)=2-0.125=\frac{16}{8}-\frac{1}{8}=\frac{15}{8}$，$\frac{11}{5}-\square=3\div\frac{15}{8}=3\times\frac{8}{15}=\frac{8}{5}$　よって，$\square=\frac{11}{5}-\frac{8}{5}=\frac{3}{5}$

[2] 差集め算

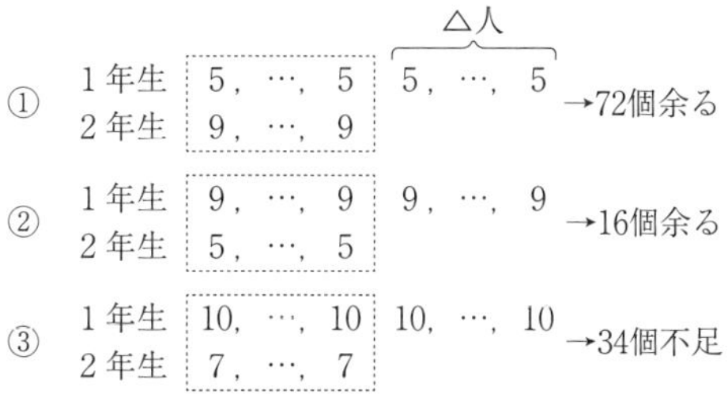

1年生に5個ずつ，2年生に9個ずつ配ろうとしたときに余る個数(72個)は，その逆の個数で配ろうとしたときに余る個数(16個)よりも多いから，2年生よりも1年生の方が多いことがわかる。よって，1年生と2年生の人数の差を△人として図に表すと，右の図の①と②のようになる。①と②を比べると，点線で囲んだ部分の個数は同じなので，△人に配る個数の差が，72−16=56(個)とわかる。これは，9−5=4(個)の差が△人分集まったものだから，△=56÷4=14(人)と求められる。次に，1年生に10個ずつ，2年生に7個ずつ配ろうとしたときのようすは，③のようになる。△人に配らなかったとすると，①の場合は，5×14+72=142(個)余り，③の場合は，10×14−34=106(個)余ることになるので，①と③の点線で囲んだ部分の個数の差は，142−106=36(個)とわかる。これは，(10+7)−(5+9)=3(個)の差が2年生の人数だけ集まったものだから，2年生の人数は，36÷3=12(人)(…ア)と求められる。さらに，①より，あめ玉の個数は，(5+9)×12+5×14+72=310(個)(…イ)となる。

[3] 平面図形―辺の比と面積の比

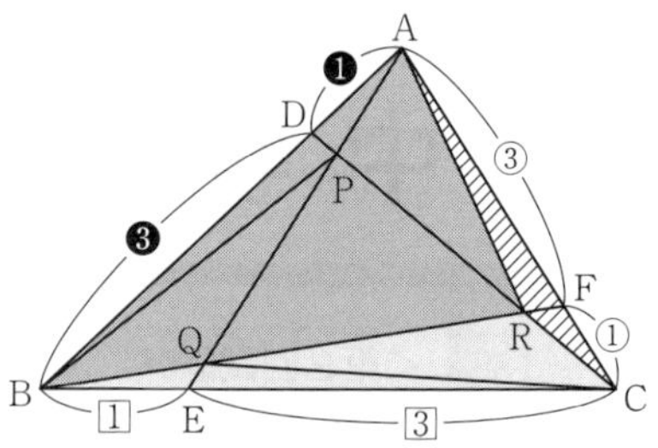

⑴　右の図で，三角形ARCと三角形BCRの面積の比は，RCを底辺としたときの高さの比，つまり，ADとBDの長さの比に等しく１：３である。よって，三角形ARCの面積を１とすると，三角形BCRの面積は３となる。同様に，三角形BCRと三角形ABRの面積の比は，CFとAFの長さの比に等しく１：３だから，三角形ABRの面積は，$3\times\frac{3}{1}=9$とわかる。したがって，三角形ABRの面積は三角形ARCの面積の，$9\div1=9$（倍）と求められる。

⑵　⑴より，三角形ABCの面積は，$1+3+9=13$である。また，三角形ABQ，三角形CAPの面積はどちらも，三角形BCRの面積と同様に３である。よって，三角形PQRの面積は，$13-3\times3=4$なので，その面積は三角形ABCの面積の，$4\div13=\frac{4}{13}$（倍）とわかる。

4　時計算

⑴　午前８時には右の図のようになっており，アの角の大きさは，$360\div12\times8=30\times8=240$（度）である。また，長針は１分間に，$360\div60=6$（度），短針は１分間に，$30\div60=0.5$（度）の割合で動くから，長針は短針よりも１分間に，$6-0.5=5.5$（度）多く動く。ここで，午前８時以降に長針が短針よりも，$240-30=210$（度）多く動いたときと，そこからさらに，$30+30=60$（度）多く動いたときに，長針と短針の間の角の大きさが30度になる。よって，$210\div5.5=38\frac{2}{11}$，$38\frac{2}{11}+60\div5.5=49\frac{1}{11}$より，午前８時50分までに長針と短針の間の角の大きさが30度になるのは，午前８時$38\frac{2}{11}$分と午前８時$49\frac{1}{11}$分の２回ある。

⑵　２回目以降は，長針が短針よりも，$360-60=300$（度）多く動いたり，そこからさらに60度多く動いたりするたびに，長針と短針の間の角の大きさが30度になる。よって，$(210+60+300+60+300+60+300)\div5.5=234\frac{6}{11}$，$234\frac{6}{11}\div60=3$余り$54\frac{6}{11}$より，７回目に長針と短針の間の角の大きさが30度になるのは，午前８時＋３時間$54\frac{6}{11}$分＝午前11時$54\frac{6}{11}$分と求められる。

⑶　７回目以降，午後２時30分までに長針は短針よりも，$30+5.5\times(60\times2+30)=855$（度）多く動く。また，７回目以降，長針が短針よりも60度→300度→60度→…多く動くたびに，長針と短針の間の角の大きさが30度になる。よって，$60+300+60+300+60=780$，$780+300=1080$より，午前８時から午後２時30分までに長針と短針の間の角の大きさが30度になるのは，$7+5=12$（回）ある。

5　平面図形―面積，相似，辺の比と面積の比

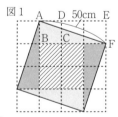

図１
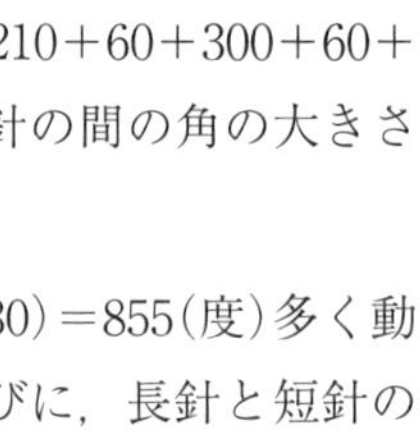

⑴　右の図１のようにAFを１辺とする正方形を作ると，この正方形の面積は，$50\times50=2500$（cm^2）になる。また，斜線《しゃせん》部分は正方形ABCD４個分でできていて，かげをつけた部分を集めると正方形ABCD６個分になる。よって，正方形ABCDの面積の，$4+6=10$（倍）が2500cm^2とわかるから，正方形ABCDの面積は，$2500\div10=250$（cm^2）と求められる。

図２
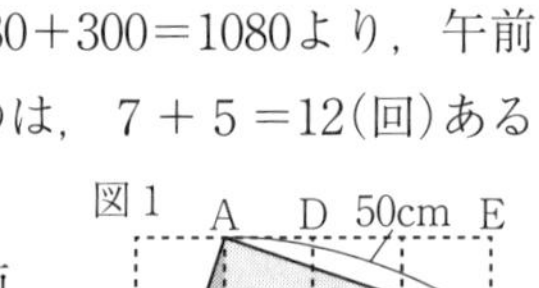

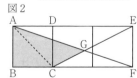

⑵　右の図２で，長方形ABFEの面積は，$250\times3=750$（cm^2）だから，三角形ABFの面積は，$750\div2=375$（cm^2）である。すると，三角形ACFの面積は，$375\times\frac{2}{3}=250$（cm^2）とわかる。また，三角形AGEと

三角形FGCは相似であり，相似比は3：2なので，AG：GF＝3：2となる。よって，三角形FGCの面積は，$250\times\frac{2}{3+2}=100$(cm^2)なので，四角形ABCGの面積は，375−100＝275(cm^2)と求められる。

6 数列

(1) 右の図のように3つずつの組に分けると，N組は$\left\{\frac{N\times2-1}{N\times2+1},\ \frac{N}{N+1},\ 1\right\}$と表すことができる。また，50÷3＝16余り2より，50番目の数は17組の2番目の数である。よって，50番目の数は，$\frac{17}{17+1}=\frac{17}{18}$と求められる。

1組	$\frac{1}{3}$,	$\frac{1}{2}$,	1
2組	$\frac{3}{5}$,	$\frac{2}{3}$,	1
3組	$\frac{5}{7}$,	$\frac{3}{4}$,	1
4組	$\frac{7}{9}$,	$\frac{4}{5}$,	1
⋮	⋮	⋮	⋮

(2) 17組の1番目の数は，$\frac{17\times2-1}{17\times2+1}=\frac{33}{35}$であり，各組の1番目の数だけをかけると，$\frac{1}{3}\times\frac{3}{5}\times\frac{5}{7}\times\cdots\times\frac{31}{33}\times\frac{33}{35}=\frac{1}{35}$となる。同様に，各組の2番目の数だけをかけると，$\frac{1}{2}\times\frac{2}{3}\times\frac{3}{4}\times\cdots\times\frac{16}{17}\times\frac{17}{18}=\frac{1}{18}$となる。さらに，各組の3番目の数だけをかけると，1×1×…×1＝1となる。よって，1番目から50番目までの数をすべてかけてできる数は，$\frac{1}{35}\times\frac{1}{18}\times1=\frac{1}{630}$と求められる。

7 グラフ―仕事算

(1) 水そうの容積を1とし，A，B，Cから1分間に入る水の量をそれぞれⒶ，Ⓑ，Ⓒとすると，①〜③より，右の図1のア〜ウの式をつくることができる。ウからイをひくと，Ⓑ$=\frac{3}{8}-\frac{1}{4}=\frac{1}{8}$となり，これをアにあてはめると，Ⓐ$=\left(1-\frac{1}{8}\times4\right)\div3=\frac{1}{6}$とわかる。さらに，これをイにあてはめると，Ⓒ$=\frac{1}{4}-\frac{1}{6}=\frac{1}{12}$と求められる。よって，BとCの2本を同時に使用すると，この作業は，$1\div\left(\frac{1}{8}+\frac{1}{12}\right)=4.8$(分)で完了する。これは，60×0.8＝48(秒)より，4分48秒となる。

図1

①… Ⓐ×3＋Ⓑ×4＝1 …ア

②… Ⓐ＋Ⓒ＝1÷4＝$\frac{1}{4}$ …イ

③… Ⓐ＋Ⓑ＋Ⓒ＝1÷$2\frac{40}{60}$＝$\frac{3}{8}$…ウ

(2) 右の図2で，Bを使用した時間は2分32秒なので，Bから入った水の量は，$\frac{1}{8}\times2\frac{32}{60}=\frac{19}{60}$である。また，Cから入った水の量は，$\frac{1}{12}\times\frac{12}{60}=\frac{1}{60}$である。よって，Aから入った水の量は，$\frac{1}{2}-\left(\frac{19}{60}+\frac{1}{60}\right)=\frac{1}{6}$なので，Aを使用した時間は，$\frac{1}{6}\div\frac{1}{6}=1$(分)とわかる。したがって，Bだけを使用した時間は，2分20秒−1分＝1分20秒と求められる。

図2

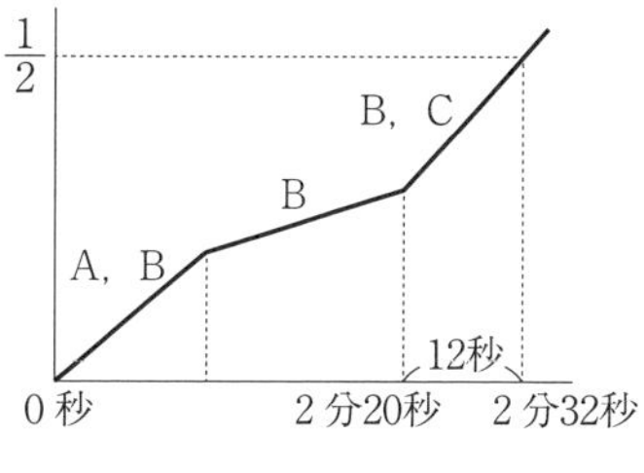

8 場合の数

(1) 選んだ色が7色のとき，右の図のAには7通り，Bには残りの6通りの色を使うことができるから，AとBの配色のパターンは，7×6＝42(通り)ある。次に，残りの5色(赤・青・黄・緑・白とする)をア〜オに配色することを考える。このとき，回転して同じになるものは同じ配色と考えられるので，たとえばアを赤にする場合だけを考えればよい。すると，イ〜オには残りの4色(青・黄・緑・白)を使えばよいから，Cの配色のパターンは，4×3×2×1＝24(通り)とわかる。よって，A〜Cの配色のパターンは全部で，42×24＝1008(通り)と求められる。

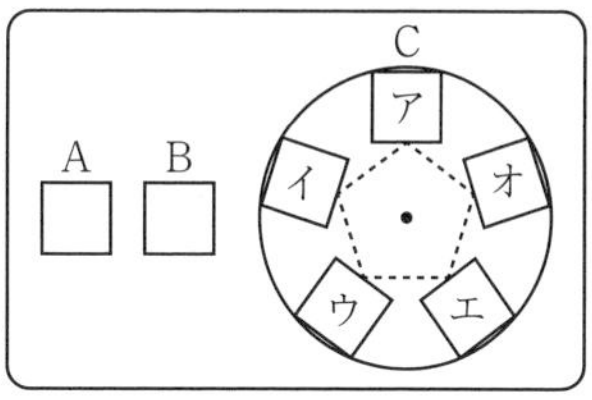

(2)　選んだ２色を｛黒，白｝として，(1)の図の７つのボタンについて，黒にするボタンの決め方を考える（このとき，残りのボタンはすべて白になる）。黒が１つの場合（…①）は，Ａ，Ｂ，アの３通りある。黒が２つの場合（…②）は，「Ａ，Ｂ」，「Ａ，ア」，「Ｂ，ア」，「ア，イ」，「ア，ウ」の５通りある。黒が３つの場合（…③）は，「Ａ，Ｂ，ア」，「Ａ，ア，イ」，「Ａ，ア，ウ」，「Ｂ，ア，イ」，「Ｂ，ア，ウ」，「ア，イ，ウ」，「ア，イ，エ」の７通りある。黒が４つの場合（…④）は，③の黒と白を入れかえたものと考えることができるので，７通りある。同様に，黒が５つの場合（…⑤）は②と同じく５通りあり，黒が６つの場合（…⑥）は①と同じく３通りある。よって，選んだ色が２色のとき，配色のパターンは①～⑥の，３＋５＋７＋７＋５＋３＝30（通り）となる。

9　グラフ―図形上の点の移動，旅人算

(1)　Ｐ，Ｑが出発してから８秒後には，AP＝２×８＝16（cm）となり，このとき，CP＝24－16＝８（cm）となる。また，問題文中のグラフより，８秒後の「へだたり」は８cmである。よって，右の図１のように，８秒後にＱはＣにいるので，Ｑの速さは毎秒，24÷８＝３（cm）とわかる。

図１（８秒後）

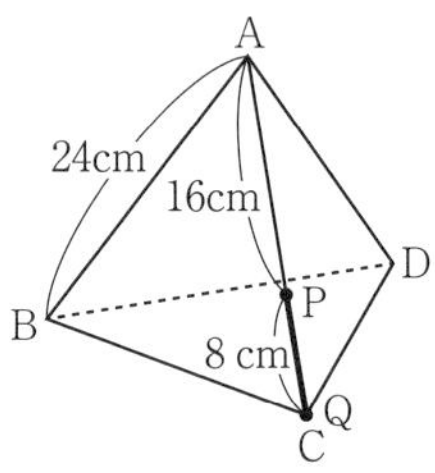

図２（[あ]秒後）

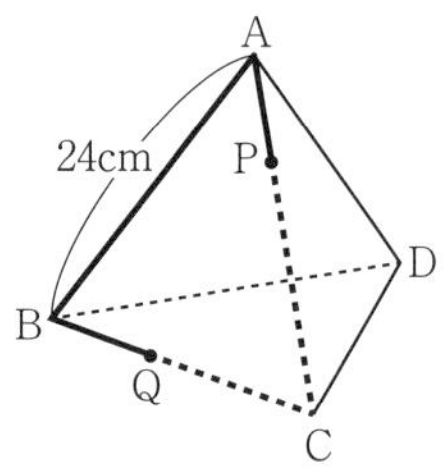

(2)　右上の図２で，Ｐ，Ｑの出発後，太実線の長さは24cmからしだいに増えていき，太点線の長さは，24×２＝48（cm）からしだいに減っていくので，「へだたり」を示す線は[あ]秒後に太実線から太点線に切りかわる。つまり，太実線と太点線の長さは[あ]秒後に等しくなる。また，太実線と太点線の長さの合計は，24×３＝72（cm）である。よって，[あ]秒後の太実線の長さは，72÷２＝36（cm）なので，[あ]は，（36－24）÷（２＋３）＝12÷５＝2.4（秒）と求められる。

(3)　グラフで，８秒後から「へだたり」が増えているので，８秒後にＣにいたＱはその後，Ａではなく Ｄに向かっている。また，ＰがＣに到達《とうたつ》するのは，24÷２＝12（秒後）であり，このとき，CQ＝３×（12－８）＝12（cm）となる（下の図３）。ここで，８～12秒後の「へだたり」は毎秒，３－２＝１（cm）の速さで増える。12秒後から「へだたり」が増える速さは，ＣにいたＰがＤに向かったとすると毎秒１cmのままで変化しないが，ＣにいたＰがＢに向かったとすると毎秒５cmに増える。よって，ＣにいたＰはその後Ｂに向かっており，グラフの８秒後の次に折れているところは12秒後とわかる。また，ＱがＤに到達するのは，８＋８＝16（秒後）であり，このとき，CP＝２×（16－12）＝８（cm）となる（下の図４）。16秒後からＱがＢに向かったとすると，(2)より，「へだたり」の最大は36cmになるが，グラフの[い]秒後の値は[あ]秒後の値（36cm）より大きいので，ＱはＡに向かっている。次に，Ｐが辺BCの真ん中にくるのは，12×1.5＝18（秒後），Ｑが辺ADの真ん中にくるの

図３（12秒後）

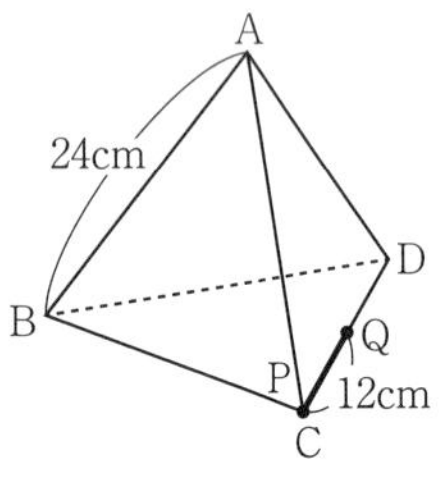

図４（16秒後）

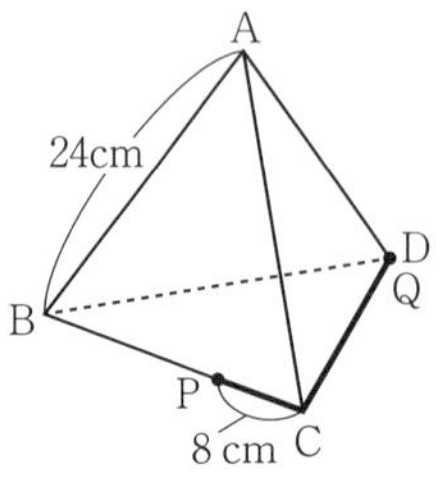

図５（18秒後）

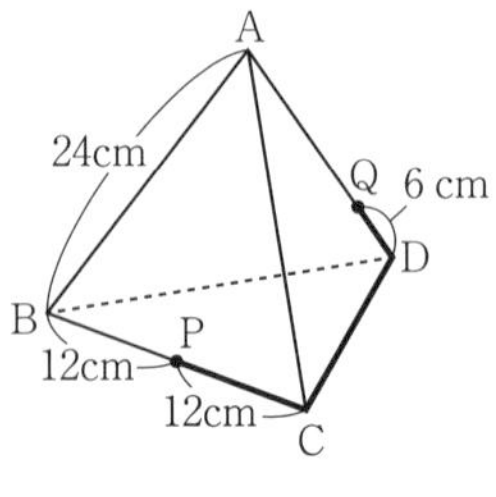

図６（20秒後）

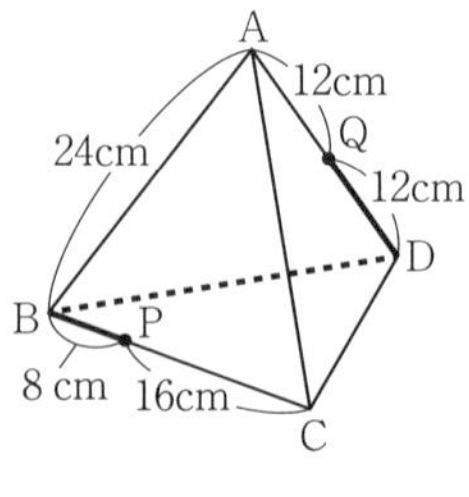

は，８×2.5＝20(秒後)だから，18秒後，20秒後にはそれぞれ上の図５，図６のようになる。図４から図５までの間は折れ線PCDQの長さが「へだたり」，図５から図６までの間は折れ線PBDQの長さが「へだたり」となり，この間の「へだたり」は増え続ける。さらに，図６の後は折れ線PBAQが「へだたり」となり，この後の「へだたり」は減る。したがって，[い]にあてはまる数は20秒とわかる。

(4)　[う]は図６のときの「へだたり」なので，８＋24＋12＝44(cm)と求められる。

※編集部注…学校の了解《りょうかい》のもと，[9]のグラフに一部修正を加えて掲載《けいさい》をしております。

社　会　＜第２回試験＞（40分）＜満点：75点＞

解　答

[1]　問１　①　桜(島)　②　出雲(平野)　③　若狭(湾)　④　十和田(湖)　問２　ウ　問３　エ　問４　ア　問５　オ　問６　イ　問７　エ　問８　イ　問９　フードマイレージ　[2]　問１　ア　問２　エ　問３　ウ　問４　①　源義家　②　平泉　問５　イ　問６　イ　問７　オ　問８　カ　問９　ヤルタ(会談)　問10　２番目…エ　５番目…カ　問11　55　問12　エ　[3]　問１　②　問２　(1)　②　(2)　③　問３　(1)　②(と)④　(2)　知る権利　問４　③　問５　(1)　公的扶助(生活保護)　(2)　④　問６　③　問７　平和　問８　②　[4]　問１　エ　問２　ウ　問３　裁判員(制度)　問４　(a)　(生地をぬい合わせる難しさをこえる，)高い技術力(があったから。)　(b)　(例)　(児島は)時代の流れに合わせて工夫をこらす(という強みをいかし，)何度も危機を迎えながらも，多くの人に評価されるような価値を生み出しながら発展してきたのだから，今回の危機も乗りこえられる(と考えている。)

解　説

[1]　日本各地の自然や産業についての問題

問１　①　桜島は鹿児島湾(錦江《きんこう》湾)にある火山島で，大正時代(1914年)の噴火のさいに流れ出た溶岩により，東側の大隅《おおすみ》半島と陸続きになった。　②　出雲《いずも》平野は島根県東部に位置し，宍道《しんじ》湖の西側に広がっている。　③　若狭《わかさ》湾は福井県と京都府の北部に広がっており，沿岸部は典型的なリアス海岸となっている。また，京都府側の沿岸部には「日本三景」の一つ天橋立《あまのはしだて》があり，福井県側の沿岸部には原子力発電所が集中し「原発銀座」ともよばれている。　④　十和田《とわだ》湖は青森県・秋田県境に位置する。火山の噴火口に水がたまってできたカルデラ湖である。

問２　地図１中の■１の輪島市(石川県)は日本海側の気候に属し，冬は雪の降る日が多いため日照時間が短くなる。よって，グラフ１で冬の月平均日照時間が短いⅡは輪島市と判断できる。また，■２の軽井沢町(長野県)は中央高地(内陸性)の気候に属し，夏と冬の気温差が大きく，冬の寒さがきびしい。したがって，表１で冬の月平均気温が０℃を下回るⅠは軽井沢町とわかる。残ったⅢは■３の宇都宮市(栃木県)である。

問３　アは地図１中のＤの北岳(山梨県)，イはＢの石鎚《いしづち》山(愛媛県)，ウはＡの雲仙《うんぜん》岳(長崎県)，エはＣの御嶽《おんたけ》山(長野県・岐阜県境)について説明している文である。

問４　地図１中のＸ(旭川《あさひかわ》市)―Ｅ(室蘭《むろらん》市)は，中間に石狩《いしかり》平野が開けているので，Ⅰがふさわしい。Ｘ―Ｆ(襟裳《えりも》岬)は，高く険しい日高山脈がのびているので，Ⅱが選べる。Ｘ―Ｇ(浜中湾)は，Ｘ側に大雪山《だいせつざん》がそびえ，Ｇ側に根釧《こんせん》台地が広がっているので，Ⅲがあてはまる。

問５　地図１中のＪ～Ｌのうち，ⅢにはＪ(愛媛県今治《いまばり》市の周辺)が，ⅡにはＬ(長野県の諏訪《すわ》湖周辺)があてはまる。今治市はタオルの生産と造船業がさかんで，「今治タオル」はブランド品として知られ，日本国内最大の造船会社である「今治造船株式会社」の本社がある。諏訪湖周辺は，かつて養蚕地帯を背景に製糸業がさかんであったが，戦後は時計・カメラなどの精密機械工業が発達した。残ったⅠはＫ(大阪市周辺)で，この地域には古くから発達した工業地帯がある。

問６　姫路城は兵庫県にあるので，イが適当でない。なお，ユネスコ(国連教育科学文化機関)の世界遺産には，文化遺産，自然遺産，複合遺産の三種類がある。アについて，国立西洋美術館(東京都)の本館は文化遺産「ル・コルビュジエの建築作品―近代建築運動への顕著《けんちょ》な貢献《こうけん》―」の構成資産として知られる。イの姫路城，ウの原爆ドームや厳島《いつくしま》神社(どちらも広島県)は文化遺産である。エは自然遺産「奄美《あまみ》大島，徳之島《とくのしま》，沖縄島北部及《およ》び西表《いりおもて》島」について説明している文である。

問７　表２で，ＰはⅠ，2020年，Ⅱのどの年でも農業産出額が第１位または第２位となっているので，米とわかる(よって，Ｏは肉用牛と決まる)。また，米の農業産出額は長期的に減少傾向にあるので，Ⅱは1980年，Ⅰは2019年となる。統計資料は『日本国勢図会』2021／22年版，『データでみる県勢』2022年版などによる(以下同じ)。

問８　表３の第１次産業には農林水産業，第２次産業には製造業・建設業，第３次産業には商業・サービス業などがふくまれる。札幌市(北海道)は明治時代に開拓《かいたく》使という機関が置かれて計画的に市街地が形成されて以来，北海道の政治・経済の中心地となった。そのため，第２次産業はあまり発達していないので，イが選べる。なお，イの人口(人口密度と面積の積)が約196万人となることから判断してもよい。アは人口約69万人の静岡市，ウは人口約95万人の北九州市(福岡県)，エは人口約376万人の横浜市(神奈川県)。

問９　食べ物(フード)が生産地から運ばれてきた距離《きょり》(マイレージ)に注目する考え方を「フードマイレージ」といい，食料の重さ(トン)と輸送距離(キロ)をかけ合わせた数値で示される。この値が小さいほど，二酸化炭素の排出量が少なく，環境《かんきょう》への負担も少ないと判断される。なお，地元で生産された食材を地元で消費する「地産地消」の推進や，食料自給率の向上には，フードマイレージをおさえる効果がある。

2　各時代の歴史的なことがらについての問題

問１　Ｘ　氷河時代についての説明として正しい。なお，マンモスは北方系のゾウ，ナウマンゾウは南方系のゾウである。　Ｙ　縄文時代についての説明として正しい。現代よりも温暖であったといわれる縄文時代には，南極やグリーンランドなどの氷河がとけて海に流れこんだことで，日本でも海水面が現在より２～３ｍ高い位置まで上昇《じょうしょう》して日本列島が大陸から切り離され，ほぼ現在のような形になった。これを「縄文海進」といい，縄文時代の遺跡である貝塚が一般に高台にあることが，その根拠《こんきょ》となっている。

問２　エは，「埴輪《はにわ》」ではなく「土偶《どぐう》」が正しい。埴輪は古墳時代に古墳の頂上や周囲に置かれた素焼きの土製品である。

問３　藤原氏による摂関《せっかん》政治は11世紀前半に全盛期をむかえたので，ウが適当でない。

問４　①　平安時代の後半，東北地方では前九年の役《えき》(1051～62年)と後三年の役(1083～87年)が起こり，源義家《よしいえ》が２つの役の平定に関わることで源氏の地盤が東国に築かれることになった。

②　後三年の役で勝者となった奥州藤原氏は，平泉(岩手県)を本拠地として東北地方に勢力を拡大し，約100年にわたり繁栄《はんえい》した。中尊寺は藤原清衡《きよひら》が平泉に建てた寺院で，金色堂には奥州藤原氏３代(清衡・基衡《もとひら》・秀衡《ひでひら》)のミイラが納められている。

問５　X　1488年，加賀国(石川県)では浄土《じょうど》真宗(一向宗)の信仰で結びついた武士や農民たちが守護大名を倒し，以後，1580年に石山本願寺(大阪府)が織田信長に降伏《こうふく》するまで，約100年にわたり自治を行った(加賀の一向一揆《いっき》)。　Y　相模《さがみ》国(神奈川県)の小田原城を本拠地とした北条氏は北条早雲《そううん》を祖とし，戦国時代に関東一帯に勢力を広げた。しかし，1590年に豊臣秀吉の小田原攻めにより滅亡《めつぼう》した。この北条氏は，鎌倉時代の執権《しっけん》北条氏とはつながりがないため，これと区別して「後北条氏」「小田原北条氏」ともいわれる。　なお，②の山城国は現在の京都府の南部で，山城国一揆(1485年)で知られる。この一揆は国人(農村に土着した武士)と農民たちが起こしたもので，一族の間で争いを続ける守護の畠山《はたけやま》氏の軍勢を国外に追いやり，８年間自治を行った。③の今川義元《よしもと》は駿河《するが》国(静岡県)の戦国大名で，桶狭間《おけはざま》の戦い(1560年)で織田信長に敗れた。

問６　X　分国法の説明として正しい。なお，分国法の例としては，武田氏が定めた「甲州法度之《はっとの》次第《しだい》」(「信玄《しんげん》家法」)のほか，今川氏の「今川仮名《かな》目録」などがよく知られている。　Y「平地」と「山上」が逆である。

問７　ア　日米修好通商条約(1858年)により，箱館(函館，北海道)，神奈川(横浜)，新潟，兵庫(神戸)，長崎の５港が貿易港として開かれた。　イ　当初の貿易額は輸出超過であったが，1866年に関税率を引き下げる協約(改税約書)が結ばれたことにより，輸入超過となった。　ウ「物価の上昇は抑えられました」ではなく「物価が上昇しました」が正しい。　エ「一揆」ではなく「騒動」が正しい。この騒動では，天からお札が降ったとして，人々が「ええじゃないか」などと連呼しながら踊《おど》り回った。

問８　Ⅰの大政奉還は1867年，Ⅱの薩長《さっちょう》同盟の成立は1866年，Ⅲの薩英戦争は1863年のできごとである。よって，年代の古い順にⅢ→Ⅱ→Ⅰとなる。

問９　第二次世界大戦(1939～45年)末期の1945年２月，ソ連のクリミア半島のヤルタでソ連・アメリカ・イギリスの三国首脳会談が行われた。これをヤルタ会談といい，第二次世界大戦の戦後処理，国際連合の創設などについて各種の協定が結ばれた。また，日本に対する秘密協定では，ソ連の対日参戦の条件として千島列島・サハリンの領有が認められた。

問10　アの五・一五事件は1932年，イの国家総動員法の成立は1938年，ウの沖縄戦の開始は1945年，エの盧溝橋《ろこうきょう》事件(日中戦争の開戦)は1937年，オの大政翼賛会の発足は1940年，カのミッドウェー海戦は1942年のできごとである。よって，年代の古い順にア→エ→イ→オ→カ→ウとなる。

問11　1955年，左右両派の社会党が統一し，日本社会党(社会党)が結成された。これを受け，自由党と日本民主党(民主党)もいわゆる「保守合同」により自由民主党を結成したため，以後1993年まで，自由民主党が与党(政権を担当する政党)，社会党が野党(政権を批判する政党)の第一党を占《し》める政治体制が続いた。これを，体制ができた1955年にちなみ，「55年体制」という。

問12　1993年，衆議院議員総選挙で自由民主党が敗北すると，日本新党代表の細川護熙《もりひろ》を首相とする「非自民反共産」の8会派からなる連立政権が発足した。なお，アの小泉純一郎《じゅんいちろう》は自由民主党，イの村山富市《とみいち》は日本社会党(のちの社会民主党)，ウの鳩山《はとやま》由紀夫は民主党出身の首相である。

3 難民の人権保護についての問題

問1　国連難民高等弁務官事務所(UNHCR)は，戦争・紛争や政治的弾圧，自然災害などで発生する難民を支援することを目的とした国際連合(国連)の機関である。なお，①のUNICEF《ユニセフ》は国連児童基金，③のUNESCO《ユネスコ》は国連教育科学文化機関，④のUNEP《ユネップ》は国連環境計画の略称。

問2　(1)　①　通常総会は，一般議案が加盟国の過半数の賛成，重要議案が3分の2以上の賛成で成立する。　②　緊急《きんきゅう》特別総会の説明として正しい。なお，この総会は，安全保障理事会が常任理事国の拒否《きょひ》権発動により本来の機能をはたせないときに開かれる。　③　国際司法裁判所は，紛争当事国の双方の了解を得ないと審理を始められない。　④　国連事務総長は，安全保障理事会の推薦(勧告)を受けて総会が任命する。　(2)「不拡散体制」とあるので，核兵器不拡散(核拡散防止)条約(NPT)と判断できる。この条約は，五大国(国連安全保障理事会の常任理事国であるアメリカ・ロシア・イギリス・フランス・中国)以外の国が新たに核兵器を保有することを禁止するものである。なお，①のCTBTは包括《ほうかつ》的核実験禁止条約，②のIAEAは国際原子力機関，④のPKOは国連平和維持活動の略称。

問3　(1)　①は経済(活動)の自由，③は身体の自由で，自由権にふくまれる。しかし，②は生存権，④は労働基本権のうちの労働三権で，社会権にふくまれる。　(2)「新しい人権」には，環境権，プライバシーの権利，自己決定権のほか，情報の公開を求める権利(知る権利)などがある。

問4　ア　モノカルチャー経済は，特定の農産物や資源の生産に頼る経済のことなので，誤っている。なお，モノカルチャー経済は開発途上国に多く見られ，国の経済が天候や市場価格の変動などの影響を強く受けるため，当事国にとっては不利な点も多い。　イ　南南問題の説明として正しい。

問5　(1)　社会保障制度は，社会保険・社会福祉《ふくし》・公的扶助《ふじょ》(生活保護)・公衆衛生の「四本柱」から成り立っている。生活困窮《こんきゅう》者に生活費などを支給するものは，公的扶助である。　(2)　2021年度一般会計予算(約106兆6千億円)の歳出に占める社会保障関係費の割合は33.6%，国債《こくさい》費(借金の返済にあてる費目)は22.3%である(合計55.9%)。

問6　出入国在留管理庁は，法務省の外局である。

問7　日本国憲法は国民主権，基本的人権の尊重，平和主義を三大原則としており，平和主義は前文の「国際協調主義」の考え方の前提ともなっている。

問8　緒方貞子《おがたさだこ》は1991年から2000年にかけての10年間，日本人として初めて国連難民高等弁務官を務めた。なお，①の中村哲《てつ》はアフガニスタン復興に力をつくした医師，③の杉原千畝《ちうね》はナチスドイツの迫害からユダヤ人を救った外交官，④の野口英世《ひでよ》は黄熱病の研究などで知られる細菌《さいきん》学者。

4 岡山県児島《こじま》地区の繊維《せんい》産業についての問題

問1　本州と四国の間には連絡橋(本州四国連絡橋)で結ばれた3つのルートがあり，東から順に，兵庫県と徳島県を結ぶ「神戸―鳴門《なると》ルート」(明石海峡大橋・大鳴門橋)，岡山県と香川県を結ぶ「児島―坂出《さかいで》ルート」(瀬戸大橋)，広島県と愛媛県を結ぶ「尾道《おのみち》―今治ルート」(瀬戸内しまなみ海道)となっている。よって，エが誤りをふくんでいる。

問2　日本にスーパーマーケットが登場したのは第二次世界大戦後(昭和時代)なので，ウが誤りをふくんでいる。

問３　重大な刑事事件について審理する裁判で，地方裁判所で行われる第一審に，事件ごとに有権者の中からくじなどで選ばれた裁判員が参加するしくみを，裁判員制度という。

問４　(a)　本文の第２段落で，「足袋《たび》の生地は，厚くてかたく，ぬい合わせにくい」が，「児島ではそうした難しさをこえる，高い技術力がつちかわれていきます」と述べられている。よって，「高い技術力」がぬき出せる。　(b)　第３段落に，「ここから，時代の流れに合わせて工夫をこらすという，児島の強みがあらわれはじめます」とある。そして，最後の段落に，「何度も危機を迎えながら，強みをいかし，多くの人に評価されるような価値を生み出しながら発展し続けてきたのが，この地域です。ですからきっと，今回の危機も乗りこえていくに違いありません」とある。これらの内容を中心にまとめる。

理　科　＜第２回試験＞（40分）＜満点：75点＞

解　答

1　(1)　赤潮　(2)　(ウ)　(3)　347kg　(4)　(い)，(ろ)…(ウ)　(は)，(に)…(オ)　(5)　(イ)　(6)　(オ)　**2**　**問１**　(1)　(キ)　(2)　エ　(3)　(オ)　**問２**　(1)　(エ)　(2)　(ウ)　(3)　(オ)　(4)　52分　(5)　(エ)　**3**　(1)　**クエン酸**…(オ)　**重曹**…(イ)　(2)　(エ)　(3)　(例)　操作１で測定した重さに10ｇを足し，この値から，操作５で測定した重さを引く。　(4)　1.8ｇ　(5)　**クエン酸**…4.5ｇ　**重曹**…5.5ｇ　**4**　(1)　(ウ)，(エ)，(カ)　(2)　(ア)，(エ)　(3)　ロゼット　(4)　(イ)，(ウ)　(5)　(A)　79.7　(B)　(ウ)　(C)　0.7℃　**5**　(1)　(P)　(ア)　(Q)　(イ)　(R)　(イ)　(2)　①　A，B，C　②　D　③　A　(3)　**図５**…右の図A　**図６**…右上の図B

図A

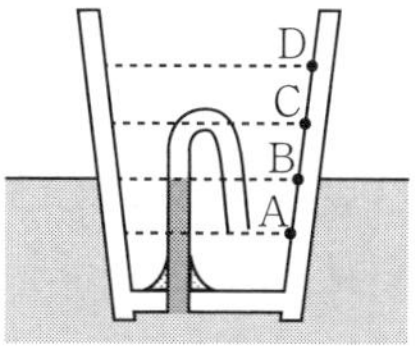

図B

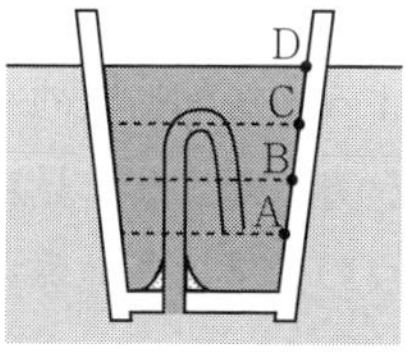

解　説

1　**小問集合**

(1)　湖沼《こしょう》や内湾《ないわん》(奥《おく》行のある湾)に生物の死がいや排《はい》せつ物が流れこむと，これらの物質を分解者が分解することで肥料分が豊富になり，藻類《そうるい》やプランクトンが異常発生することがある。このとき，水面の色が赤みがかった色に変化する現象を赤潮という。

(2)　トカゲのストライプは，A，Bのものにあるので，近い距離《きょり》からおそってくるイタチやヘビからトカゲがにげるときに，ストライプが役に立っている可能性がある。しかし，鳥類のみがほ食者のCのものでは，ストライプがないので，鳥類に対してストライプは役に立たないと考えられる。

(3)　桶《おけ》が海水にうかんでいるときには，桶全体の重さと，桶が海水から受ける浮力《ふりょく》が等しくなっている。図１で，桶が海水から受ける浮力は，1.03×(7500×60)＝463500(ｇ)，つまり，463500÷1000＝463.5(kg)である。したがって，463.5－(30＋81＋６)＝346.5より，桶の中に入れた海水の重さは347kgと求められる。

(4)　(い)，(ろ)　桶が時計回りに回転するのは，オールの先を２人とも反時計回り(B，C)に動かすと

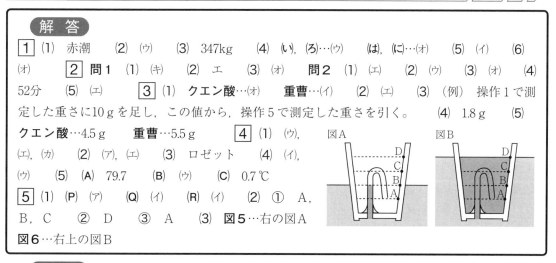

きである。　(は)，(に)　桶が東向きに動くのは，オールの先を２人とも西向き（A，C）に動かすときである。

(5)　水などの液体に塩化ナトリウムなどの蒸発しにくい物質がとけている場合，その物質の濃度《のうど》に比例して沸点《ふってん》が高くなる。１気圧のもとで海水を加熱した場合，加熱時間とともに温度が上昇《じょうしょう》していき，100℃を少しこえた温度で沸とうが始まる。その後，水が蒸発して塩化ナトリウムの濃度が高くなっていくため，沸点も高くなっていく。よって，(イ)が選べる。

(6)　マグマが冷え固まってできた岩石を，火成岩という。火成岩は，地下深いところでゆっくり冷え固まってできた深成岩と，地上近くで急に冷え固まってできた火山岩に分類される。深成岩は，ゆっくり冷え固まるため鉱物の結晶《けっしょう》が大きく成長しやすく，大きさのそろった結晶がつまったようなつくりになっている。深成岩には(ア)の花こう岩，せん緑岩，(イ)の斑《はん》れい岩などがある（この順に黒っぽくなる）。一方，火山岩は，急に冷え固まるため鉱物の結晶が大きくならず，結晶になっていない小さな鉱物の集まり（石基）のところどころに大きな結晶（斑晶）が散らばったつくりをしている。火山岩には(ウ)の流紋《りゅうもん》岩，(エ)の安山岩，(オ)の玄武《げんぶ》岩などがある（この順に黒っぽくなる）。

2　太陽系の惑星《わくせい》，太陽や月の動きについての問題

問１　(1)　水星，金星，地球，火星のように，大きさ（直径）や重さ（質量）が比較《ひかく》的小さく，主に岩石でできているために密度《みつど》（$1\,cm^3$あたりの重さ）が比較的大きい惑星を，地球型惑星という。一方，木星，土星，天王《てんのう》星，海王星のように，大きさや重さが比較的大きく，主に気体でできているために密度が比較的小さい惑星を，木星型惑星という。　(2)　金星は地球より内側を公転している惑星で，右の図①のように，朝に東の空に見られるエの金星を「明けの明星《みょうじょう》」といい，夕方に西の空に見られるイの金星を「宵《よい》の明星」という。なお，アとウの金星は，地球から見ると太陽と同じ方向にあるため，見ることができない。　(3)　月は地球の周りを西から東に約１か月かけて１周するので，同じ時刻に見える月の位置は１日におよそ，360÷30＝12（度）ずつ東に移動する。

図①

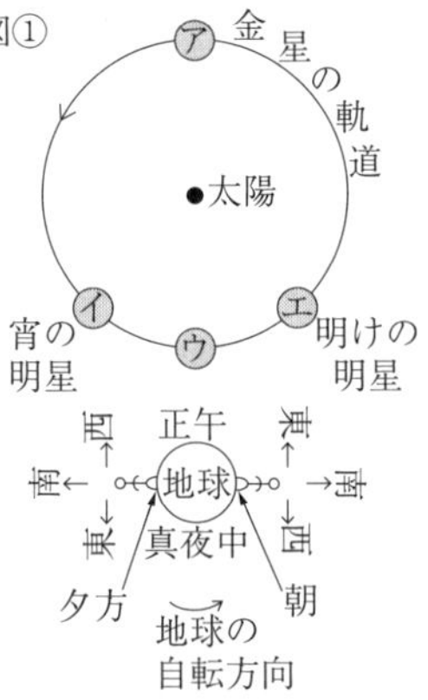

問２　(1)　新月は，太陽と同じ方向にあるので，日の出とほぼ同じ時刻に出て，日の入りとほぼ同じ時刻にしずむ。したがって，(エ)が選べる。　(2)　明け方に月が南中する日には，右の図②のように下弦《かげん》の月が見られる。また，日本では，月は約１週間ごとに新月→上弦の月→満月→下弦の月→新月という満ち欠けをくり返す。(1)より，９月26日は新月であり，下弦の月が見られるのはその約１週間前なので，(ウ)がふさわしい。　(3)　９月18日には月が，24時－22時39分＋13時08分＝14時間29分出ている。月が出ている時間が12時間の場合は，月は真東から出て真西にしずむが，９月18日は月が出ている時間が12時間より長いので，月は真東より北側から出て真西より北側にしずむ。　(4)　月の出は，26－18＝８（日間）で，24時－22時39分＋５時31分＝６時間52分おそくなっている。よって，６時間52分÷８＝412分÷８＝51.5より，１日あた

図②

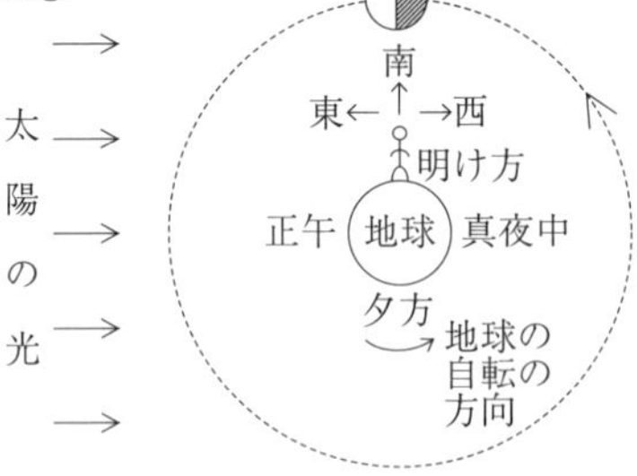

図③

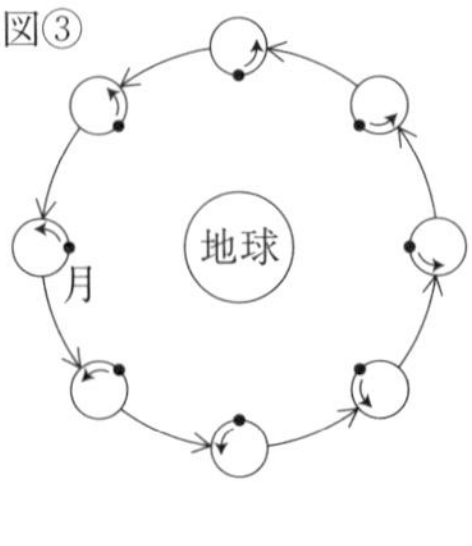

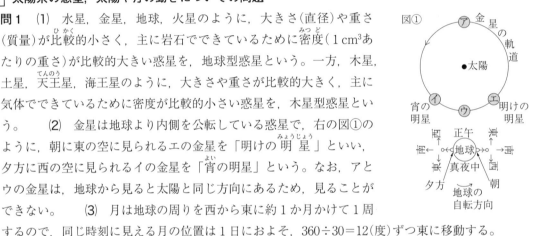

り約52分おそくなっている。　(5)　月の公転と自転の向きはどちらも北半球側から見て反時計まわりで等しく，月の公転周期と自転周期はどちらも約27.3日で等しい。そのため，上の図③のように，地球からは常に同じ面が見える。

3　水よう液の性質についての問題

(1)　BTBよう液は，酸性で黄色，中性で緑色，アルカリ性で青色を示す。また，フェノールフタレインよう液は，酸性や中性では無色のままで，アルカリ性では赤色を示す。よって，クエン酸をとかした酸性の水よう液は(オ)，重曹《じゅうそう》をとかしたアルカリ性の水よう液は(イ)があてはまる。

(2)　(ア)～(ウ)は水素，(エ)は二酸化炭素，(オ)は酸素が発生する。

(3)　発生した二酸化炭素は水にはとけず，発生した後は空気中に出ていってビーカー内には残っていないものとすると述べられている。したがって，実験で使った器具や物質の重さの合計について，実験の前後の差を求めればよい。

(4)　表1，表2より，AとBの間では，クエン酸の重さが，3.5÷2.0＝1.75(倍)になると，二酸化炭素の重さが，2.10÷1.20＝1.75(倍)になっており，二酸化炭素の重さはクエン酸の重さに比例している。よって，クエン酸3.0gと重曹7.0gの組み合わせで実験を行ったとき，発生する二酸化炭素の重さは，$1.20\times\frac{3.0}{2.0}=1.8$(g)と求められる。

(5)　この実験では，クエン酸と重曹の重さの和が一定(10g)で，クエン酸がしだいに増えていき，重曹がしだいに減っていくので，最初はクエン酸がすべて反応して重曹が余り，途中《とちゅう》でクエン酸と重曹が過不足なく反応し，最後は重曹がすべて反応してクエン酸が余る。したがって，発生する二酸化炭素の重さは，最初はクエン酸の重さに比例して増え，クエン酸と重曹が過不足なく反応するときに最大になり，その後は一定の割合で減る。表1，表2より，A～Eのクエン酸の重さと二酸化炭素の重さを方眼紙にかき入れてから直線で結ぶと，右のグラフのようになる。発生する二酸化炭素の重さが最大になるのは，2本の直線が交わるときで，このときのクエン酸の重さは4.5gと読み取れる。すると，重曹の重さは，10－4.5＝5.5(g)となる。

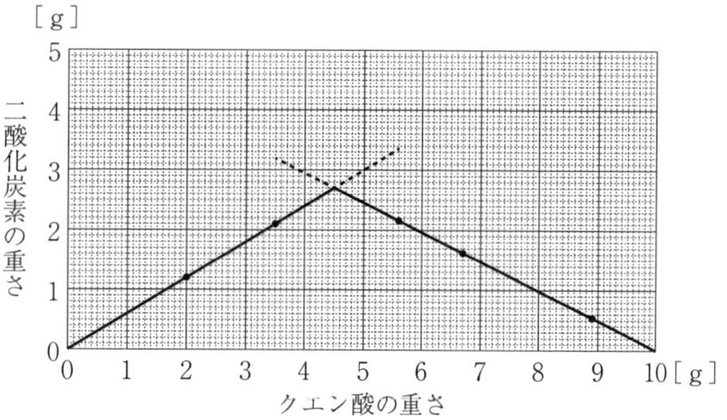

4　四季と生物についての問題

(1)　こん虫について，成長の過程にさなぎの時期がある育ち方を完全変態といい，さなぎの時期がない育ち方を不完全変態という。カイコ，カブトムシ，ミツバチは完全変態，オオカマキリ，アブラゼミは不完全変態のこん虫である。また，トビムシは無変態のこん虫で，成長の過程で形がほとんど変化しない。

(2)　(ア)　シマリスは，穴を掘《ほ》って巣をつくり，ドングリなどのエサをたくわえて10月～4月ごろに冬眠《とうみん》する。冬眠中のシマリスの体温は5℃～6℃で，ときどき目覚めて，ためていたエサを食べ排《はい》泄《せつ》する。　(イ)　スズメは恒温《こうおん》動物で冬でも体温が下がらず，冬眠しない。冬の間も集団で活動し，エサをさがして飛び回る。　(ウ)　クマネズミは，ドブネズミやハツカネズミなどのように，家に住みつくネズミである。家の中などは一定の温度が保たれていて冬も暖かいため，冬眠はしない。

(エ)　カエルは変温動物なので，冬になって周りの温度が下がると，体温が下がって活動できなくなる。そのため，土の中でじっとして冬眠する。　(オ)　キツネは，冬になると寒さに耐《た》えられるように毛が長く，密度が大きくなり，冬でも活動できるため，冬眠はしない。冬までにたくわえた脂《し》肪《ぼう》を消費しつつ，冬場もエサを求めて動き回る。

(3)　タンポポやナズナ，ヒメジョオンなどは，秋に芽を出し，冬は地面の上に張りついた緑色の葉を広げて過ごしている。このような葉をロゼットといい，くきをつくらないですむ点，寒い冬に暖まった地面からの熱を受けることができ，少ない太陽光をできるだけ多く受けることができる点，風や動物からきずつけられにくい点などの利点がある。

(4)　(ア)　イチョウは落葉樹で，扇形《おうぎがた》の葉が秋の終わりに黄葉する。　(イ)　サザンカは常緑広葉樹で，緑の葉をつけて冬越しする。　(ウ)　マツは常緑針葉樹で，針のように細長い葉をつけて冬越《こ》しする。　(エ)　メタセコイアは落葉針葉樹で，細長い葉が秋に紅葉する。　(オ)　サクラは落葉広葉樹で，秋の終わりに紅葉する。

(5)　(A)　表２で，月平均気温が５℃以上の月は４月～11月の８か月あり，暖かさの指数を計算すると，(7.6－５)＋(13.4－５)＋(17.4－５)＋(21.8－５)＋(22.3－５)＋(18.4－５)＋(11.7－５)＋(7.1－５)＝79.7となる。　(B)　暖かさの指数が79.7なので，表１より，夏緑樹林となる。　(C)　(A)の地点の暖かさの指数が，85－79.7＝5.3増えると，照葉樹林(暖かさの指数が85以上180未満)になる。5.3÷８＝0.6625より，各月の平均気温が0.7℃上しょうすると，４月～11月の合計値が，0.7×８＝5.6増えるので，暖かさの指数が，79.7＋5.6＝85.3となり，森林のタイプが照葉樹林に変わる。なお，このとき，１月～３月や12月の平均気温は５℃をこえないので，暖かさの指数には影響《えいきょう》しない。

5　教訓茶碗《ちゃわん》についての問題

(1)　図(P)～図(R)をサイフォンといい，指をはなした高さが水面より低ければ水が流れ続け，ホースに空気が入ると水が流れなくなる。よって，図(P)は(ア)，図(Q)と図(R)は(イ)となる。

(2)　①　コップ内の水位がA，B，Cのときは，曲げたストローの右側の部分もA，B，Cの高さまでは水が入るが，曲げたストローの左側には水が流れていかない。そのため，穴から水はこぼれ出ない。　②　コップ内の水位がCからDになると，ストロー内の水にはCからDまでの高さのぶんの水圧が加わるので，ストローの右側の部分にあった水は左側に流れ出る。すると，空気がすべて追い出されて水がつながるため，(1)と同様の理由で，穴から水が勢いよくこぼれ出す。　③　ストローはAの位置までしかないので，水位がAの位置になると，水がストローに入らず，穴から水は出なくなる。

(3)　図５は，水が穴からストロー内に入り，水面と同じ高さのBの高さで止まる。図６は，ストローの曲がっている部分が水面より低いので，教訓コップの内側に水が入り始める。その後，水は水面と同じ高さまで入る。

国語 ＜第２回試験＞（50分）＜満点：100点＞

解答

一 下記を参照のこと。　二 下記を参照のこと。　三 **問１** （例） つながりを確保すること。　**問２** （例） 「友だち」というラベルを割り振るために，相手が自分にとってつながりにかんするある一定の水準を満たした人であるかどうかを判定しなければならなくなるから。　**問３** （例） 出会った人，居合わせた人すべてと「友だち」になるというのは無理だし，「ずっと友だち」でいられることもなかなかないから。　**問４** （例） 交流やつながりづくりを目的とした集まりは避け，趣味やボランティア活動をベースにした集まりに定期的に参加するなかで，「仲のよい人ができたらもうけもの」くらいの気持ちでつながりをつくっていくということ。　四 **問１** （例） 気分の良い悪いに関係なく，いつでも突き放した言い方をするということ。　**問２** （例） せっかく質問に答えてあげたのに，「知的青紫」という名前はそのまんまでカッコ悪いと言われて不快に感じたから。　**問３** （例） 自分がとらえかねていた青色があやめ色だと教えられて納得し，すっきりとした気持ち。　**問４** （例） 先生がつくった映像を通じて，それまではただ気持ちが悪いとしか感じられなかったシンコペーテッドクロックという曲を，生まれて初めて音楽そのものとして聴くことができて感動し，思わず涙を流したということ。

●漢字の書き取り

一 ① 困　② 造　③ 康　④ 報　⑤ 紀　二 ① 唱　② 絶　③ 腸　④ 委　⑤ 舌

解説

一 熟語の完成

① 「困惑《こんわく》」は，どうしたらよいかわからずに困ること。　② 「造作《ぞうさ》ない」は，たやすいこと。　③ 「小康」は，病気や戦乱などの悪化がとまり，ややよい状態で落ち着いていること。　④ 「報道」は，テレビや新聞などのメディアを用いて，多くの人に告げ知らせること。　⑤ 「紀行文」は，旅行中の見聞や，それに関する感想などを記した文章。

二 漢字の書き取り

① 音読みは「ショウ」で，「唱和」などの熟語がある。　② 音読みは「ゼツ」で，「絶食」などの熟語がある。　③ 「断腸の思い」は，はらわたがちぎれるほどのつらい気持ち。　④ 音読みは「イ」で，「委任」などの熟語がある。　⑤ 「舌鼓《したつづみ》を打つ」は，あまりのおいしさに思わず舌を鳴らすこと。「鼓」は，筒《つつ》の両はしに革《かわ》を張って打ち鳴らす打楽器。

三 **出典は石田光規《いしだみつのり》の『「友だち」から自由になる』による。**「かつて」の友人・友だちと「いま」の友人・友だちの違《ちが》いについて考察している。

問１ 傍線《ぼうせん》部①の目的については，直前の一文で「つながりを確保するため」だと述べられている。

問２ 傍線部②の「『友人』『友だち』というラベル」については，四つ前の段落から直前の部分までで述べられている。筆者は，「誰《だれ》かに『友だち』というラベルを割り振《ふ》るようになると，私は相手に対して，つながりにかんするある一定の水準を満たした人と判断しているような気分になる。

／このような考えにとらわれるのが非常に煩《わずら》わしい」と述べている。したがって，この煩わしさが，人との付き合いを不自由なものにしてしまうのだといえる。

問３　直前に「そうであるならば」とあるので，傍線部③の理由はその前の部分で述べられているとわかる。「出会った人，居合わせた人すべてと『友だち』になるというのは無理な想定だ」，「『ずっと友だち』でいられることもなかなかない」などを中心にまとめる。

問４　傍線部④は「友だち」を主目的としない「つながり」について述べたもので，前の部分では「趣味《しゅみ》」や「ボランティア活動」などの例があげられている。「そのさい，重要なのは，交流やつながりづくりを目的とした集まりは，なるべく避《さ》ける」，「何らかの活動をベースに定期的に参加できるものがよい。交流以外の目的で定期的に参加してゆくなかで，仲良くなってゆく，あるいは，仲のよい人ができたらもうけもの，くらいがちょうどよい」と述べられていることをふまえてまとめる。

四　**出典は珠川《たまがわ》こおりの『檸檬《れもん》先生』による。**「共感覚」の持ち主である「私」と檸檬先生の交流が描《えが》かれている。

問１　「通常運転」は，“ものごとや人の性格などがいつも通りである”という意味で使用される言葉。「突《つ》き放した言い方」ではあるが，この言い方が気分の良い悪いに関係ないことは，檸檬先生の「私」や「受け付けのお姉さん」とのやりとりのようすからもわかる。

問２　「への字口」は，「口をへの字に曲げる」という慣用句をふまえた表現で，不快に感じたり不満に思ったりする気持ちを表している。「ヴァイオレットクールブルー」について，「一口に青っつったら大雑把《おおざっぱ》だから知りてえんだろ」と，小学生にもわかるように気を利かせて「知的青紫《あおむらさき》」だと説明したのに，「私」が「それはそれでカッコ悪いよ先生そのまんまじゃん」と返してきたので，檸檬先生は不快に感じたのである。

問３　続く部分の「私は歯を見せた。檸檬先生もにっと笑った」などから，傍線部③は「炭酸」のようなさわやかさを表していると推測できる。檸檬先生が「知的青紫」の次に言った「朝露《あさつゆ》を受けて，カッコ良く佇《たたず》むあやめ色」という言葉が自分の感覚にぴったり合ったため，「私」は納得《なっとく》できてすっきりした気持ちになったのである。

問４　「頬《ほお》が筋状に熱くなる」は，「私」が涙《なみだ》を流していることを表しており，このことは少し後の「道化のように笑う先生は～私の頬を指で拭《ぬぐ》った」からもわかる。「私」にとって「シンコペーテッドクロック」という曲は，「今までに一度も美しいと思ったことのない音楽。泥水《どろみず》のようだと思っていた曲」であった。しかし，先生がつくった映像により，「私」は「初めて，生まれて初めて音楽を聴《き》いた。それは本当に芸術品であった」と感じている。その感動のため，「私」は思わず涙を流したのである。

2022年度　芝　中　学　校

〔電　話〕 (03) 3431－２６２９
〔所在地〕 〒105-0011　東京都港区芝公園３－５－37
〔交　通〕 JR山手線－「浜松町駅」より徒歩15分
東京メトロ日比谷線－「神谷町駅」より徒歩５分

【算　数】〈第１回試験〉(50分)〈満点：100点〉

次の問いの□をうめなさい。

1　次の計算をしなさい。

(1)　$5.1\times2.8+3.4\times1.8-0.85\times12.4\div(4-0.9)=\square$

(2)　$4\div(\square-0.375)\times\left(\dfrac{1}{28}+\dfrac{2}{21}\right)=3\dfrac{1}{7}\div(1-0.25)$

2　18％の食塩水300ｇがビーカーに入っています。そのビーカーから□ｇを取り出し，代わりに同じ量の５％の食塩水を加えたところ，14.1％の食塩水ができました。

3　図のような，対角線AC，BDの長さが14cmの正方形ABCDにおいて，対角線の交わる点をOとします。またAE：EB＝2：3，角CHE＝90°です。

(1)　三角形DGOの面積は□cm^2です。

(2)　OFの長さは□cmです。

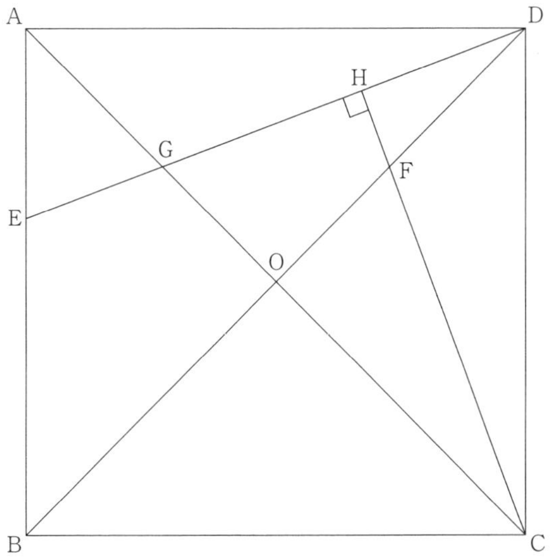

4　S中学の新入生をいくつかの教室に分けます。各教室に24人ずつ入ると，１つだけ空き教室ができ，他の教室にはすべて24人ずつ入ります。また，各教室に30人ずつ入ると，３つの空き教室ができ，１つの教室だけ１人以上10人以下の新入生が入ります。

(1)　教室の数は□です。

(2)　新入生の人数は□人です。

5　下のような７枚のカードがあります。

[2]，[2]，[2]，[3]，[3]，[4]，[4]

(1)　７枚のカードの中から，３枚を選んで並べるとき，３けたの整数は□通りできます。

(2)　７枚のカードの中から，４枚を選んで並べるとき，６で割り切れる４けたの整数は□通りできます。

6　図のような面積が75 cm² の長方形ABCDがあります。
また，三角形BMNの面積は30 cm²，CM＝４cmです。
このとき，AN＝□cmです。

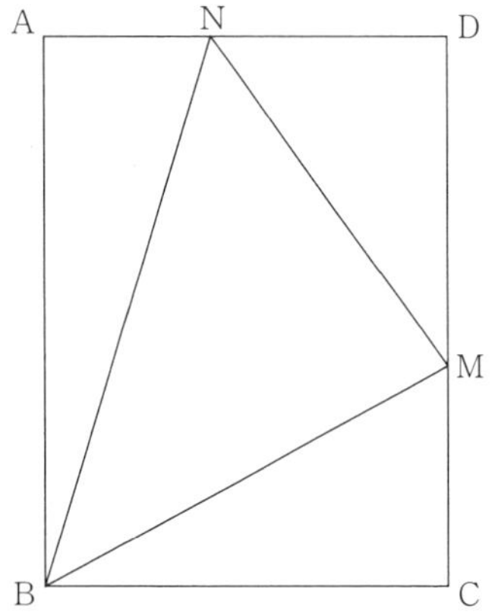

7　Ｓ君は球場に野球観戦に行きました。球場には一定の割合で観客が集まってきます。午後５時45分に開場したときには，何人かの列ができていました。

入場ゲートを５か所にすると48分で列はなくなり，入場ゲートを８か所にすると24分で列はなくなります。

(1)　開場後，午後６時までに列をなくすには，少なくとも□か所の入場ゲートが必要です。

(2)　開場後，はじめは入場ゲートを５か所にしていましたが，途中で８か所にしたところ，開場から33分後に列はなくなりました。入場ゲートを８か所にしたのは開場から□分後です。

8　次のページの図①のような辺ABの長さが３m，辺ADの長さが５mの長方形ABCDがあります。辺BC上に点Ｐを，BP＝４mになるようにとり，頂点Ａから点Ｐに向けて光線を発射すると，光線は辺にあたるごとに入射角と反射角が同じになるように反射し，どこかの頂点にあたるまで進みます。

ただし，次のページの図②のように３辺の長さが３m，４m，５mの三角形は，直角三角形になります。

(1)　光線は□回反射した後，頂点□にあたります。

(2)　光線が進んだ長さは□mです。

図①

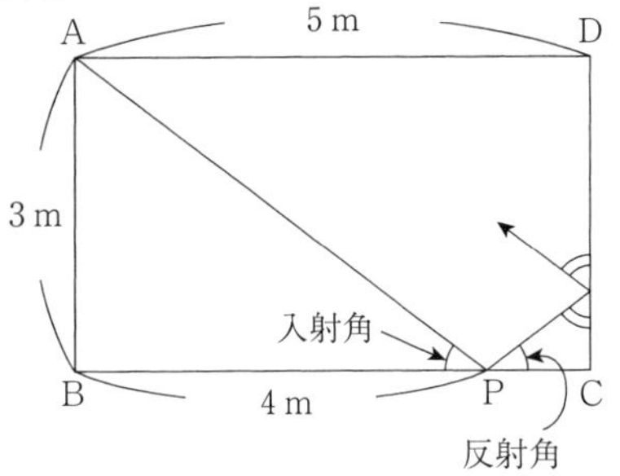

図②

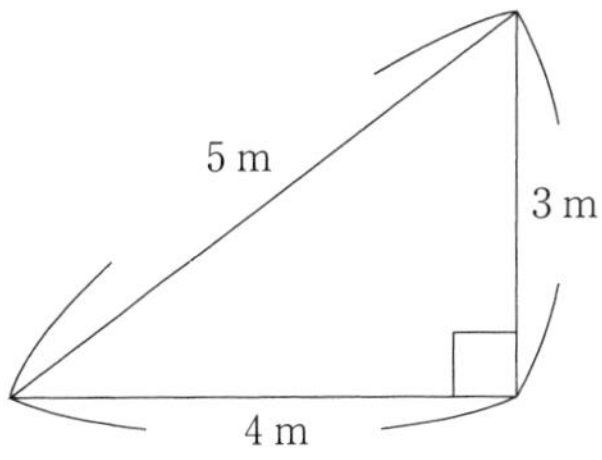

9　芝太郎君は弟と２人で自宅と公園の間を走って何度か往復します。

芝太郎君は弟よりも走るのが速く，２人は一定の速さで走ります。

グラフは自宅から同時に出発した後の２人のへだたり(距離)と時間の様子を表しています。

(1)　ア は 　　　 分 　　　 秒です。

(2)　イ は 　　　 分 　　　 秒です。

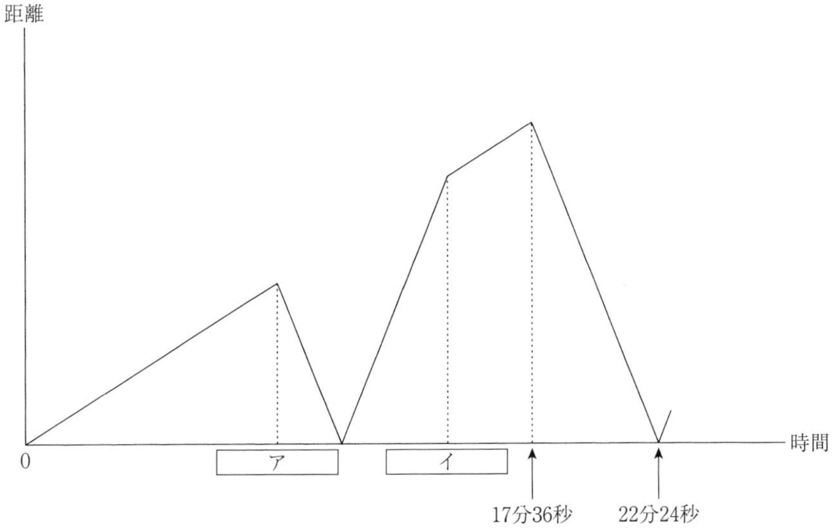

【社　会】〈第1回試験〉（40分）〈満点：75点〉

1　次の図1を見て，以下の問いに答えなさい。

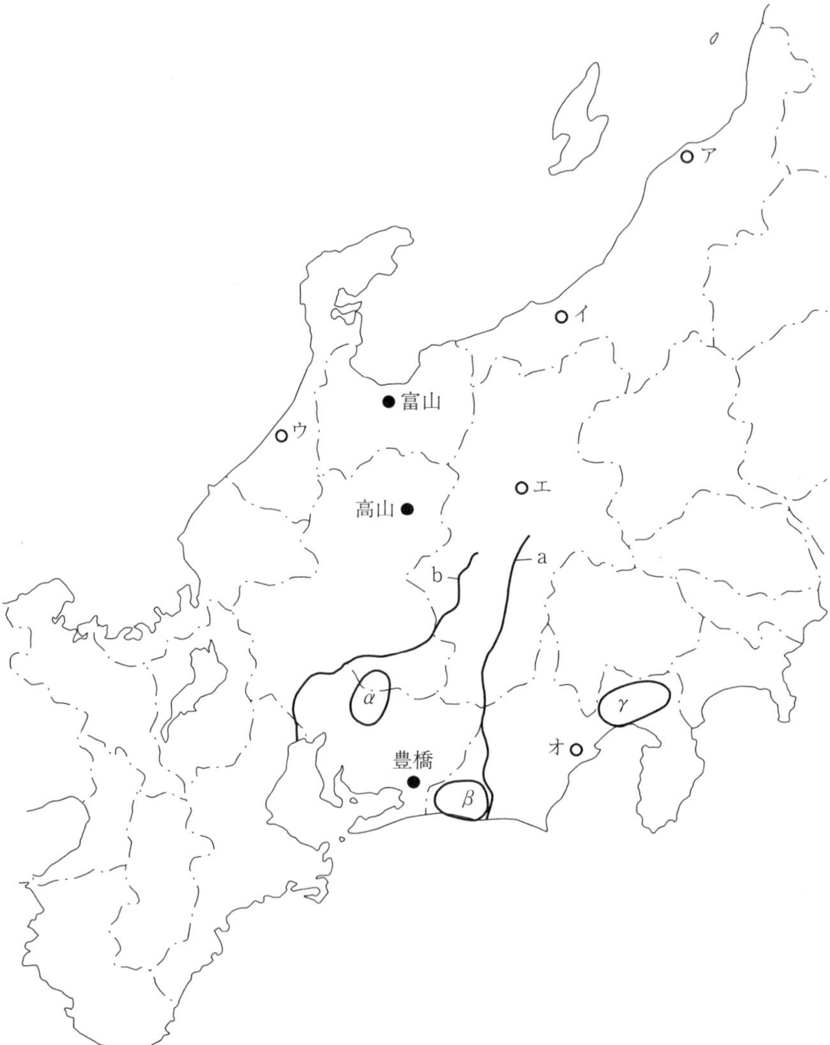

図1

問1　次の文章は，図1中のａ・ｂの河川に関する内容をそれぞれ記したものです。以下の(1)・(2)に答えなさい。

[　a　]川は，長野県の諏訪湖に源を発し，[　b　]山脈（中央アルプス）と[　c　]山脈（南アルプス）にはさまれた伊那盆地（伊那谷）を経た後，山地を流下し，1磐田原台地と三方原台地の間を流れて[　d　]灘に注いでいる。

[　b　]川は，かつて長良川，揖斐川と合流していたが，改修工事を経て，現在は長良川や揖斐川と分離したまま[　e　]湾に注いでいる。下流の濃尾平野は日本最大のゼロメートル地帯が存在し，1959（昭和34）年の[　e　]湾台風では甚大な被害が生じた。

(1)　文中の空欄[ａ]～[ｅ]に当てはまる語を答えなさい。

(2)　下線部１に関して，地形図でこのあたりをみると，右の地図記号が確認できます。この地図記号はある農産物を栽培している土地を表しています。この農産物の名称を答えなさい。

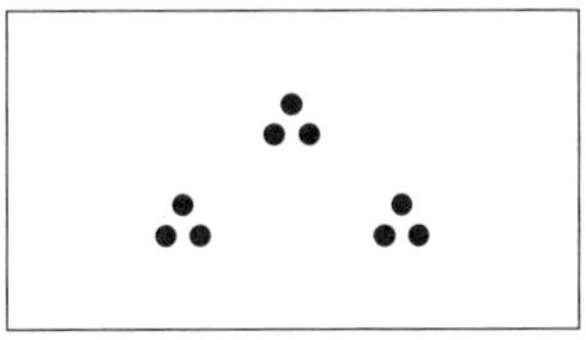

問２　図１中のア～オの都市の中から，政令指定都市をすべて選び，記号で答えなさい。

問３　次のＸ・Ｙの文は，富山市，高山市，豊橋市のいずれかの市の特徴を説明したものです。Ｘ・Ｙの文と富山市，高山市，豊橋市との組み合わせとして正しいものを，以下のア～カの中から一つ選び，記号で答えなさい。

Ｘ．この市は，2005年２月の合併により，日本一面積の広い市町村となった。面積は約2178km²で，東京都と同じくらいである。

Ｙ．この市は，路面電車など公共交通を軸としたコンパクトなまちづくりを進めている。また，この市が所在している県は，一住宅あたりの延べ面積が日本一である。

	ア	イ	ウ	エ	オ	カ
Ｘ	富山市	富山市	高山市	高山市	豊橋市	豊橋市
Ｙ	高山市	豊橋市	豊橋市	富山市	富山市	高山市

問４　次の図２中のＡ～Ｃの雨温図は，図１中の富山市，高山市，豊橋市のいずれかのものです。図２中のＡ～Ｃの雨温図と富山市，高山市，豊橋市との組み合わせとして正しいものを，以下のア～カの中から一つ選び，記号で答えなさい。

図２

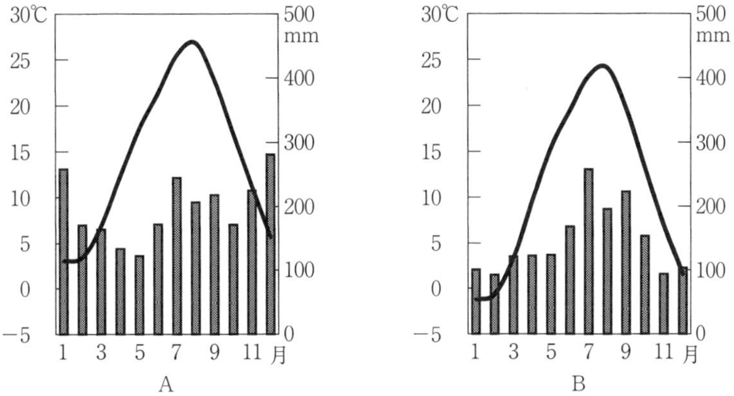

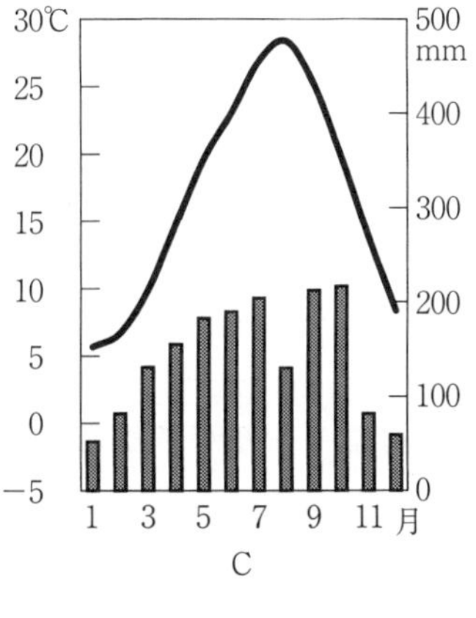

数値は1991～2020年の平均値
「気象庁ホームページ」より作成

	ア	イ	ウ	エ	オ	カ
富山市	A	A	B	B	C	C
高山市	B	C	C	A	A	B
豊橋市	C	B	A	C	B	A

問5　地図中の降雪量が多い地域について説明したX・Yの文の正誤の組み合わせとして正しいものを，以下のア～エの中から一つ選び，記号で答えなさい。

X．シベリア高気圧から吹く北西の季節風は，日本海をわたるあいだに冬でも水温が高い対馬海流から大量の水蒸気を吸収し，脊梁《せきりょう》山脈にぶつかって日本海側に豪雪をもたらす。日本海をわたる距離が長いほど，吸収する水蒸気が多くなる。

Y．北西の季節風が日本列島を日本海側から太平洋側に抜ける距離がもっとも短いのは，富山湾から駿河湾に抜ける場所である。そのため太平洋側にありながら，その部分に位置する伊吹山や鈴鹿山脈北部には冬季に豪雪がもたらされる。

ア．X－正　Y－正

イ．X－正　Y－誤

ウ．X－誤　Y－正

エ．X－誤　Y－誤

問6　次の表1中の①～③は，中部地方で生産がさかんなレタス，もも，ぶどうのいずれかであり，それぞれの収穫量上位の都道府県と，全国に占める割合を示したものです。表中のX～Zに当てはまる県の組み合わせとして正しいものを，以下のア～カの中から一つ選び，記号で答えなさい。

表1

①	
X	21.4
Y	18.4
山形	9.5
岡山	9.1
福岡	4.4

②	
Y	34.2
Z	14.9
群馬	8.9
長崎	6.2
兵庫	5.2

③	
X	28.5
福島	25.0
Y	11.1
山形	8.7
和歌山	6.6

2019年産　単位は％　『データでみる県勢 2021』より作成

	ア	イ	ウ	エ	オ	カ
X	茨城	茨城	長野	長野	山梨	山梨
Y	長野	山梨	山梨	茨城	茨城	長野
Z	山梨	長野	茨城	山梨	長野	茨城

問7　次の(1)～(3)は，図1中のα～γのいずれかの工業地域についての特徴を説明したものです。(1)～(3)とα～γとの組み合わせとして正しいものを，以下のア～カの中から一つ選び，記号で答えなさい。

(1)　この地域は，良質な土にめぐまれたため，古くから陶器づくりがさかんであった。この伝統産業の技術が基盤となり，ファインセラミックスが生まれ，最先端の素材として注目を集めている。

(2)　この地域では，上流から運ばれる木材資材を使って発展した木工業の技術が楽器の製造に生かされている。第２次世界大戦中，軍用の飛行機部品工場などにかわったが，戦後はその技術を生かしてバイクや自動車を製造する企業も大きく成長した。

(3)　この地域では，上流から流れる川の豊富な水を生かして，製紙・パルプ工業が発展してきた。また，高速道路によって交通の便がよいため，電子機器やバイオテクノロジーなど，先端技術を使った工場や研究所が数多く進出している。

	ア	イ	ウ	エ	オ	カ
(1)	α	α	β	β	γ	γ
(2)	β	γ	γ	α	α	β
(3)	γ	β	α	γ	β	α

問８　次の表２中のＡ～Ｃは，東京都・愛知県・静岡県のいずれかについて，在留外国人数の国別の割合とその総数を示したものです。表中のＸ～Ｚには，中国，ブラジル，ベトナムのいずれかが当てはまります。Ｘ～Ｚと中国，ブラジル，ベトナムとの組み合わせとして正しいものを，以下のア～カの中から一つ選び，記号で答えなさい。

表２

A	
X	39.9
韓国	16.1
Y	6.5
フィリピン	5.8
ネパール	4.5
その他	27.2
総数	593458人

B	
Z	22.2
X	18.1
Y	14.7
フィリピン	14.0
韓国	10.5
その他	20.5
総数	281153人

C	
Z	31.3
フィリピン	17.6
X	12.3
Y	12.2
韓国	4.7
その他	21.9
総数	100148人

単位は％　2019年末現在　『データでみる県勢 2021』より作成

	ア	イ	ウ	エ	オ	カ
X	中国	中国	ブラジル	ブラジル	ベトナム	ベトナム
Y	ブラジル	ベトナム	ベトナム	中国	中国	ブラジル
Z	ベトナム	ブラジル	中国	ベトナム	ブラジル	中国

2　次の略年表を見て，あとの設問に答えなさい。

	≪A≫
3世紀	1 西日本各地に前方後円墳が出現する
	≪B≫
8世紀	平安京に都が移される
	≪C≫
12世紀	2 法然上人が浄土宗を開く
	≪D≫
14世紀	足利義満が太政大臣に就任する
	≪E≫
17世紀	徳川家康が江戸に幕府を開く
	≪F≫
19世紀	戊辰戦争が始まる
	≪G≫
20世紀	大正天皇が即位する
	≪H≫
	ポツダム宣言を受諾する
	≪I≫

問１　下線部１について述べた次の文X・Yの正誤の組合せとして正しいものを，下のア～エより選び，記号で答えなさい。

X．兵庫県の五色塚古墳は，わが国で最初に復元整備された古墳で，墳丘上に埴輪が並べられ，また表面に樹木が植えられるなど，造営当初の姿をほぼ再現したものとして知られています。

Y．出現期の古墳には，形状の他に遺体を埋葬する石室や，そこにおさめられた副葬品などに共通する特徴がみられることから，古墳をつくった集団の間には政治的なつながりが形成されていたと考えられています。

ア．X－正　Y－正　　イ．X－正　Y－誤

ウ．X－誤　Y－正　　エ．X－誤　Y－誤

問２　下線部２について述べた次の文X・Yとそれぞれ最も関係の深い事柄は①～④のどれですか。組合せとして正しいものを，下のア～エより選び，記号で答えなさい。

X．延暦寺に学んだ法然上人は，源平争乱のころ，念仏を唱えれば，死後は誰でも平等に極楽浄土へ往生できると説きました。

Y．浄土宗学東京支校を前身とする芝中学校の３年生は，関西方面への修学旅行では，かならず浄土宗の総本山を訪れています。

①　南無妙法蓮華経　　②　南無阿弥陀仏　　③　法然院　　④　知恩院

ア．X－①　Y－③　　イ．X－①　Y－④

ウ．X－②　Y－③　　エ．X－②　Y－④

問３　≪A≫の時期に関して述べたa・bの文と，≪B≫の時期に関して述べたc・dの文につ

いて，正しいものの組合せを，下のア～エより選び，記号で答えなさい。

a．弥生時代には稲作によって人々の食生活は安定し，狩りや漁などの食料採取はほとんど行われなくなりました。

b．紀元前1世紀頃の倭では，100あまりの小国が分立していたと，『漢書』地理志には記されています。

c．天武天皇のあとを継いだ皇后の持統天皇は，都を大津宮から最初の本格的な都城である藤原京に移しました。

d．奈良時代には，人口の増加による口分田不足を補うため，政府は三世一身法を定めて期限付きで土地の私有を認めました。

ア．a・c　　イ．a・d　　ウ．b・c　　エ．b・d

問4　≪C≫の時期におきた出来事について述べた次の文Ⅰ～Ⅲを，年代の古いものから順に並べかえた場合，正しいものはどれですか。下のア～カより選び，記号で答えなさい。

Ⅰ．白河天皇が，幼い皇子に譲位をして上皇となり，院政を始めました。

Ⅱ．唐に留学した最澄と空海は，帰国後，それぞれ天台宗・真言宗を開きました。

Ⅲ．藤原純友が，瀬戸内海の海賊を率いて反乱をおこしました。

ア．Ⅰ－Ⅱ－Ⅲ　　イ．Ⅰ－Ⅲ－Ⅱ　　ウ．Ⅱ－Ⅰ－Ⅲ

エ．Ⅱ－Ⅲ－Ⅰ　　オ．Ⅲ－Ⅰ－Ⅱ　　カ．Ⅲ－Ⅱ－Ⅰ

問5　≪D≫の時期の産業や人々の生活について述べた文として正しいものを，次のア～エより一つ選び，記号で答えなさい。

ア．交通の便の良いところや寺社の門前などでは定期市が開かれ，月に三度の市も珍しくありませんでした。

イ．農業技術が発達し，畿内では三毛作が行われたり，肥料には牛馬や人の糞尿も利用されたりするようになりました。

ウ．重い税に苦しんだ農民の中には，口分田を捨てて他の土地に移ったり，貴族や寺社の土地に逃げ込んだりする者もいました。

エ．手工業を専門に行う職人があらわれ，京都の西陣織や美濃(岐阜県)の紙など，さまざまな特産品が各地で生産されるようになりました。

問6　≪E≫の時期の禅宗寺院では，禅の精神で統一された庭園がつくられましたが，中でも右の写真のように，岩石と砂利を組合せて自然の風景を象徴的に表現した庭を何とよびますか。**漢字3字**で答えなさい。

問7　≪F≫の時期には流通の発達を背景に，城下町をはじめ，各地で都市が発達しました。都市の種類と具体的な都市名の組合せとして誤っているものを，次のア～エより一つ選び，記号で答えなさい。ただしすべて正しい場合は「オ」と答えなさい。

ア．城下町－彦根　　イ．宿場町－品川

ウ．港町－酒田　　エ．門前町－長野

問8　≪G≫の時期におきた次の出来事ア～カを，年代の古いものから順に並べかえた場合，**2番目**と**5番目**にくるものはどれとどれですか。それぞれ記号で答えなさい。

ア．自由党が結成される。　　イ．内閣制度が発足する。
ウ．韓国併合が行われる。　　エ．下関条約が調印される。
オ．地租改正が行われる。　　カ．日英同盟が締結される。

問9　≪H≫の時期について述べた次の文X～Zの正誤の組合せとして正しいものを，下のア～カより選び，記号で答えなさい。

X．大正時代になると，民衆の間でも政治への関心が高まりましたが，こうした中で憲法学者の美濃部達吉が民本主義を唱え，普通選挙制度にもとづく政党内閣の実現を主張しました。

Y．1925年，加藤高明内閣のもとで普通選挙法が成立し，満25歳以上のすべての男性に選挙権が与えられましたが，一方で共産主義思想の広がりや労働者の政治に対する影響力の増大を防ぐため，治安警察法が制定されました。

Z．1938年，近衛文麿内閣は国家総動員法を制定しましたが，この法律によって政府には，議会の承認がなくても，戦争に必要な物資や労働力を動員する権限が与えられました。

ア．X－正　Y－誤　Z－誤　　イ．X－正　Y－正　Z－誤
ウ．X－正　Y－誤　Z－正　　エ．X－誤　Y－正　Z－正
オ．X－誤　Y－誤　Z－正　　カ．X－誤　Y－正　Z－誤

問10　≪I≫の時期に関して，戦後の民主化政策について述べた文として，誤っているものを，次のア～エより一つ選び，記号で答えなさい。

ア．衆議院議員選挙法が改正され，満18歳以上の男女に選挙権が与えられました。
イ．農地改革によって多くの小作農が土地を得たことで，自作農が大幅に増えました。
ウ．日本の経済を支配していた財閥が解体され，独占禁止法も制定されました。
エ．教育基本法が制定されて義務教育は9年間と定められました。

3　次の文章を読んで，あとの設問に答えなさい。

$_1$国際連合には人権理事会という機関があります。人権に関する様々な条約が各国で正しく守られているかなどを定期的に検証し，守られていない国に勧告を出すことが主な業務です。2017年，人権理事会は，日本に対して定期審査を行い，人権問題に対して様々な勧告を出しました。その中の一つに，死刑制度に関する勧告があります。日本では死刑制度が存続していて，死刑の執行も行われています。国際的に見ると制度を存続している国はあるものの，少しずつ少数派になりつつあります。1989年に採択された死刑廃止条約を批准していない日本に対して，命の尊厳を守ることや$_2$えん罪があった場合に国の判断を修正できることを理由に人権理事会が制度を見直すよう勧告を行いました。

日本への様々な勧告に対して，政府は受け入れられるものとそうではないものを検討し，見解を公表しています。死刑制度についてはご存じの通り，廃止という決定には至っていません。これには国内世論も影響しているといわれています。ただ一方で，勧告を受け入れて改善するとした項目も多くあります。たとえば，日本は先住民族に対する差別防止対策の実行を求める勧告を受けて，2019年に[①]法を制定し，条文にはアイヌ民族を先住民族と明記しました。さらには，文化・産業・観光の振興に向けた交付金制度も創設しています。このように，第三者からの客観的な評価を受けることが，人権問題を国際的にとらえていくうえではとても大切

なことだと思います。

話は少し変わりますが，現在，アジアの一部の国では，国民一人ひとりが安心して生活できないような状況が起きています。たとえば，［ X ］という国です。2020年の総選挙で民主的な政党が勝利を収めたことに危機感を覚えた国軍が，力ずくで権力を奪い取ってしまいました。国民は各地でデモを行い反発しましたが，国軍との激しい衝突によって多くの死者を出してしまい，苦しい状況が続いています。また，3アフガニスタンでは，半世紀近く政治不安が続いていて，国民は不安定な生活を余儀なくされています。総務省の統計によると，アフガニスタン国民の識字率は4割程度とのことで，特に，女性のほうが極端に低いという結果が出ています。十分な4教育が受けられていないことがうかがえます。今後，両国に対して，第三者の国や組織がどのように支援の手を差し伸べるのか，世界中が注目しています。

1948年，［ ② ］宣言が国連総会で採択されました。このことをきっかけに，人権問題について世界各国の中で互いに評価しあうようになりました。これからも国家の存在は大きくあり続けるのだろうと思いますが，そこに住む国民一人ひとりの生活をよりよいものにしていくためには，国際機関または民間団体が国家権力に対してチェックしたり，その国の国民を支援したりすることがますます必要になってきます。

問1　文中の空欄①と②に適することばを答えなさい。

問2　文中の空欄Xに入る国名を次から選び記号で答えなさい。

ア．インドネシア　　イ．カンボジア　　ウ．タイ　　エ．ミャンマー

問3　下線部1について，以下の設問に答えなさい。

(1)　安全保障理事会について述べた文として正しいものを一つ選び記号で答えなさい。

ア．常任理事国と非常任理事国が存在し，計15ヵ国で組織されている。

イ．議決は全会一致が原則であり，すべての理事国に拒否権が与えられている。

ウ．日本はドイツとともに理事国に一度もなったことがない。

エ．何かあったときのために常に国連軍が組織されている。

(2)　日本の国連に対する関わりについて述べた次の文，ⅠとⅡの正誤の組み合わせとして正しいものを選び記号で答えなさい。

Ⅰ．1990年代に制定されたPKO協力法により，自衛隊がPKOに参加するようになったが，2000年代に入ってからは参加することはなくなった。

Ⅱ．国連分担金は加盟国の経済力に応じて割り当てられるが，2021年度の割り当てで日本はアメリカ，中国に次いで3番目に多い額を負担している。

ア．Ⅰ：正　Ⅱ：正　　イ．Ⅰ：正　Ⅱ：誤

ウ．Ⅰ：誤　Ⅱ：正　　エ．Ⅰ：誤　Ⅱ：誤

問4　下線部2について，確定した有罪判決に疑いが生じたときに，裁判のやり直しをする制度を何といいますか。

問5　下線部3に関連して，次の文を読んで下の設問に答えなさい。

30年以上に渡りアフガニスタンで医療活動をしてきた［ X ］氏が武装勢力の襲撃によって命を落としたことは日本でも大きく報道されました。彼の医療活動を支援しようということで発足した非政府組織であるペシャワール会は，彼の理念を受け継ぎ今でも医

療活動とともに，自立を促すために不可欠な資源である［　Y　］の確保を続けようと努力しています。

(1)　空欄Xに入る人物を次から選び記号で答えなさい。

ア．植村直己　　イ．緒方貞子　　ウ．杉原千畝　　エ．中村哲

(2)　空欄Yの資源を安定的に確保することは，地域によっては難しく世界的な問題となっていて，SDGsの一つにもなっています。いっけん日本はこの問題に関わりがないように見えますが，多くの食料を輸入に頼る状況で，輸出国のこの資源を大量に使用していると考えられています。空欄Yに入る語を答えなさい。

(3)　二重線部のアルファベットでの略称は何ですか。

問6　下線部4に関連して，次の文章は，2014年にノーベル平和賞を受賞したパキスタン出身の女性人権活動家が，2013年に国連で行った演説の一部です。これを読んで下の設問に答えなさい。

私たちはすべてのコミュニティに対し，寛容の心でカースト，信条，宗派，人種，宗教，［　A　］による偏見を拒絶するよう呼びかけます。それはまた，女性の自由と平等を確保し，豊かな暮らしを送れるようにすることでもあります。半数の人間が抑圧されている世の中が，うまく行くはずなどないからです。

私たちは全世界の姉妹の皆さんに対し，勇気を持って自分の強さを認め，その能力を最大限に発揮するよう呼びかけます。

親愛なる兄弟姉妹の皆さん，何百万もの人が貧困，不正，無知に苦しんでいることを忘れてはなりません。何百万もの子どもたちが学校に通えていない現実を忘れてはなりません。私たちの兄弟姉妹が，明るく平和な未来を待ち望んでいることを忘れてはならないのです。ですから，本と［　B　］を手に取り，全世界の無学，貧困，テロに立ち向かいましょう。それこそ私たちにとって最も強力な武器だからです。

1人の子ども，1人の教師，1冊の本，そして1本の［　B　］が，世界を変えられるのです。

教育以外に解決策はありません。教育こそ最優先です。

webサイト「国際連合広報センター」より

(1)　空欄Aに入ることばは，日本語では社会的性別と訳され，「男性はこうあるべき」「女性はこうするべき」という社会の中でつくられたイメージや役割分担をさしているとされています。空欄Aに入ることばをカタカナで答えなさい。

(2)　空欄Bについて，この演説の別の場面では「［　B　］は剣よりも強し」ということわざを引用して，子どもたちの教育・表現の自由などの大切さを訴えています。空欄Bに入ることばをカタカナで答えなさい。

(3)　この演説をした人物を次から選び答えなさい。

ア．グレタ・トゥンベリ　　イ．ジャシンダ・アーダーン

ウ．マーガレット・サッチャー　　エ．マララ・ユスフザイ

4　次の文章を読んで，あとの設問に答えなさい。

遠くない未来に実現するのでしょうか。1月に街をつくって移り住むことができたとしましょう。そこへ行けるのは，世界各地からバラバラに集まった人たちです。月の街はどの国にも属さず，新しいルールが必要だということで，移り住む人たちが話し合うことになりました。さて，この話し合いについて，アメリカの政治学者であるロールズの考え方をもとにして考えてみたいと思います。

まず，話し合いをするときには，参加者どうしがおたがいについてなにも知らない状態であるのがよいとされています。おたがいの顔を見ながら，「お金をたくさん持っていそうな人に賛成して仲良くなればあとでいいことがあるかも」などというように，個人的な感情が入るのは，ルールづくりにはふさわしくないからです。

素性を隠した話し合いの結果，三つのことが合意されるといいます。まず，すべての人に基本的な権利や自由が与えられていること。二つめは，さまざまな職業や地位を目指す機会が，だれにでも公平に与えられていること。そして，貧富の差があるとしても，社会の中で最も恵まれない人の状況の改善を目指すこと。

この話し合いのポイントは，「おたがいについての情報を持たない」というところですから，自分が社会の中で最も弱く，貧しい立場であったときのことを考えないわけにはいきません。自分がだれかに支配されるかもしれないと考えれば，それを避けるために，自分を含めたすべての人の自由を保障するでしょう。また，特定の職業や地位につくことで多くの収入を得たり有名になったりすることができますが，家柄や身分によってそれを目指せる人とそうでない人が決まっているというのは，みんなが納得できる話ではありません。そして，競争に負けたとか，商売に失敗したとか，病気やけがで働けなくなったとか，災害で生活が一変したとか，思うようにいかなかったときのことを想像すれば，弱い立場の人に配慮した制度設計に納得できると考えられるわけです。

こうして「月の街」は住む人みんなにやさしい社会になることでしょうが，現実に目を移すとどうでしょう。都市部には働くところも，学ぶところも，遊ぶところもたくさんありますが，地方では必ずしもそうでなく，経済活動をはじめ生き方の自由が制限されているとも言えます。また，同じ学校で学んでいたとして，一方は裕福な家で家庭教師がつき，もう一方は家計を支えるために2アルバイトをしていたならば，両者の成績の差は公平な競争の結果と言えるでしょうか。そして，先進国の人びとが商品を安価で手に入れることができる背景に，発展途上国の人びとの低賃金労働があることは珍しくはありません。このように，現実の社会には格差があり，生まれ育った環境などの偶然も関係します。これは個人にはどうすることもできません。そうしたなかで，弱い立場にいる人びとが自分たちの状況を改善したいと思うのは当然のことですが，そのためには強い立場にいる人がそれを受け入れてくれなければなりません。

アニメや映画にもなった3漫画『鬼滅の刃』には，ある主要人物が母親に，「人よりも多くの才能に恵まれた者はその力を世のため人のために使わねばならない」と諭される場面があります。強い立場の人がみんなそう考えたら「月の街」はすぐに実現するのかもしれません。せめて，立場の違いは必ずしも個人の努力や才能だけで決まるのではないことに気づいてくれたら，「月の街」に少しは近づくのではないかと思うのです。

問１　下線部１について，宇宙条約によって，月を含む天体はどこの国も自由に探査利用できると定められています。では，どこかの国が領有権を主張することを条約で凍結している地球上の大陸はどこでしょう。

問2　下線部2について述べた文として**誤っているもの**を次のア～エから一つ選び，記号で答えなさい。

ア．アルバイトやパートは非正規労働者に分類される。

イ．アルバイトの給与の最低水準を定めた法律はない。

ウ．アルバイトとパートには法律の上で明確な違いはない。

エ．アルバイトとして働く人も労働組合に加入することができる。

問3　下線部3の作品は，大正時代が舞台になっていますが，大正時代のできごととして**誤っているもの**を次のア～エから一つ選び，記号で答えなさい。

ア．新渡戸稲造が，国際連盟の設立に際して，事務局次長に選出された。

イ．原敬により，日本で初めてとなる本格的な政党内閣が組織された。

ウ．平塚らいてう，市川房枝らが女性の地位向上を求めて新婦人協会を設立した。

エ．与謝野晶子が，出征した弟を思って「君死にたまふことなかれ」を発表した。

問4　二重線部について，現実の社会が「月の街」のような社会になるためにはどのようなことが必要だと筆者は考えていますか。以下の条件に従って100字以内で答えなさい。

《条件》

次のことばを必ず使い，使ったことばには下線を引くこと。同じことばは何回使ってもかまわないが，そのたびに下線を引くこと。また，句読点や記号は1字と数えること。

[努力　　環境　　配慮]

【理　科】〈**第１回試験**〉（40分）〈満点：75点〉

1　次の文を読み，問いに答えなさい。

夏休み，芝太郎君は家族で沖縄の海辺にキャンプに来ています。海に着いてすぐに，生き物好きの芝太郎君はさっそく生物採集を始めました。浅く，海そうの生えているところにあみを入れると，小さな①エビやカニのなかまがたくさん採れました。

芝太郎君「お父さん，ここの海はとてもきれいだね。海岸近くでも，たくさん魚が泳いでいるよ。」

お父さん「そうだね。少し沖でシュノーケリングをすると，②カクレクマノミも見ることができるよ。カクレクマノミは，イソギンチャクの中で集団生活をしていて，体の大きさで性別が決まっているんだ。集団の中で最も大きな個体がメスで，２番目に大きな個体がオス，それ以外は性別の決まっていない幼魚だよ。ところが，メスが死ぬとオスが体を変化させてメスになり，幼魚の中で最も大きな個体がオスに成長するんだ。とても面白いだろう？」

しばらく遊んでのどがかわいてきたので，芝太郎君はみんなにジュースを作ろうと思いました。ジュースの容器には③「原液を５倍に希しゃくする」と作り方が書いてありましたが，芝太郎君はよく意味がわかりませんでした。

芝太郎君「お母さん，希しゃくってどういうこと？」

お母さん「例えば，２倍希しゃくと言われたら，原液と水を１：１で混ぜるという意味だよ。」

午後になり，みんなでテントを設営することになりました。テントの窓から夕日が落ちるところを見られるように，④方位磁針を使って方角を確かめながら，西向きにテントを設営しました。

夕方になり，夕日を観察する前に，芝太郎君は夏休みの課題である天気記録カードを記入することにしました。カードにはその日の天気記号や，⑤雲量を記録することになっています。雲量とは，空全体の広さを10としたときの，雲がおおっている割合を０～10の数字で表すものです。

記入を終えて，夕日がしずむのを待っていると，空模様があやしくなってきました。すると，空に急に雨雲が広がり，らい光が見えるとともに，らい鳴も聞こえ始めたので，芝太郎君はあわてて天気記録カードを取り出し，天気記号を⑥かみなりに書きかえました。

芝太郎君「せっかくきれいな夕日が見えると思ったのに，残念だなあ。」

お父さん「夏の天気は変わりやすいからね。さあ，早く小屋までひ難しよう！」

(1)　下線部①について。エビやカニと同じこうかく類のものはどれですか。次の中から２つ選んで，記号で答えなさい。

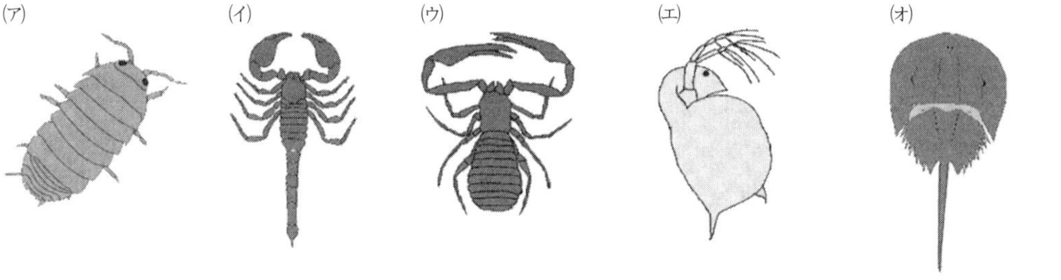

(ア) ダンゴムシ　(イ) サソリ　(ウ) カニムシ　(エ) ミジンコ　(オ) カブトガニ

(2)　下線部②について。下の図のようなカクレクマノミの集団で，(ア)の個体が死んでしまったとき，オスになる個体はどれですか。個体(イ)〜(オ)の中から１つ選んで，記号で答えなさい。ただし，どの個体もオスにならないと思う場合は解答らんに「×」と答えること。

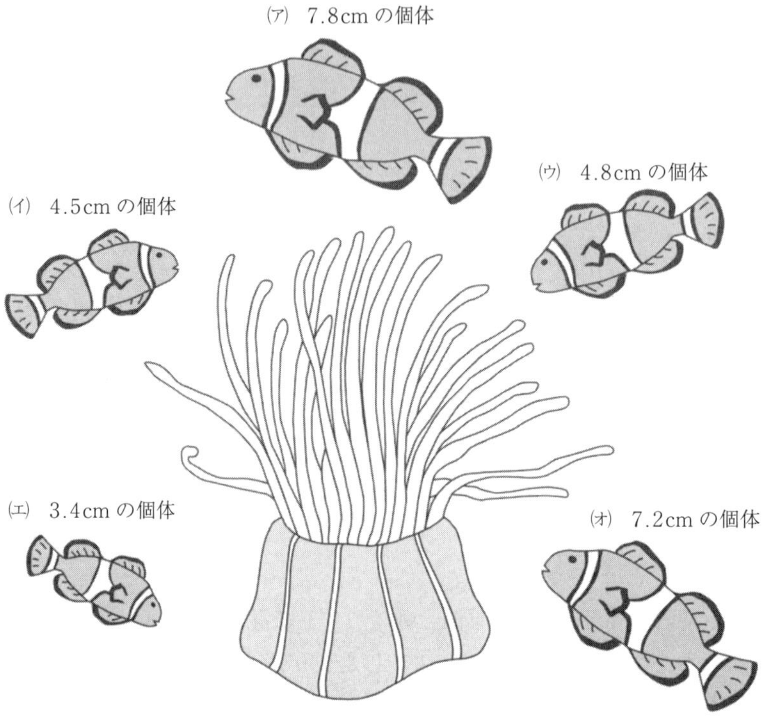

(3)　下線部③について。ジュースの原液に氷と水を加えて，氷がとけきったときに５倍に希しゃくされたジュースを作るとします。原液 470mL に対して，氷を１kg 加えました。あと何 mL の水を加えればよいですか。ただし，原液と水はどちらも１mL あたりの重さは１g とし，値が割り切れない場合は，小数第１位を四捨五入して整数で答えなさい。

(4)　下線部④について。方位磁針を使うと方角がわかる理由を述べた文として，最も適当なものはどれですか。次の中から１つ選んで，記号で答えなさい。

(ア)　地球が磁石の性質を持ち，北極付近にＮ極があるから。
(イ)　地球が磁石の性質を持ち，北極付近にＳ極があるから。
(ウ)　地球の自転により，北極付近がＮ極になるから。
(エ)　地球の自転により，北極付近がＳ極になるから。
(オ)　地じくのかたむきにより，北極付近がＮ極になるから。
(カ)　地じくのかたむきにより，北極付近がＳ極になるから。

(5)　下線部⑤について。雲量と天気について書かれた文章のうち，正しいものはどれですか。次の中から１つ選んで，記号で答えなさい。

(ア)　雲量が０〜２の場合は快晴という。
(イ)　雲量が５〜10の場合はくもりという。
(ウ)　雲量が９〜10の場合のみ雨になる。
(エ)　雲量が１の場合は晴れである。
(オ)　雲量が８の場合は晴れである。

(6)　下線部⑥について。日本式天気記号でかみなりを表しているものはどれですか。次の(ア)～(オ)から１つ選んで，記号で答えなさい。

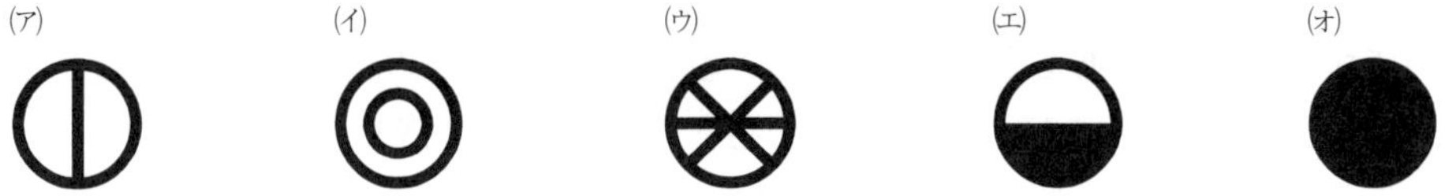

2　次の【実験１】，【実験２】について，各問いに答えなさい。

【実験１】

100gの棒磁石をN極が上になるようにしてはかりにのせ，その真上になん鉄のしんを入れた電磁石が支えられている装置Aで実験を行いました。次に，棒磁石の代わりに同じ重さの鉄100gをはかりにのせ，電磁石のしんをなん鉄から同じ大きさの銅に変えた装置Bを作り，さらに実験を行いました。

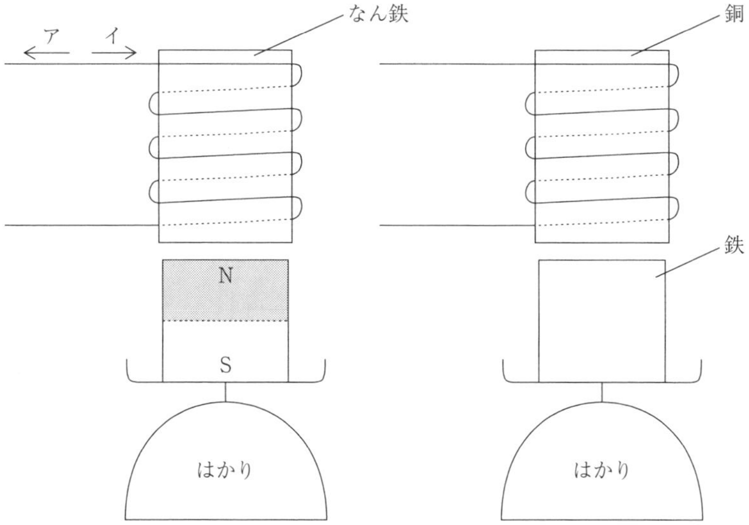

装置A　　装置B

(1)　装置Aの電磁石に電流を流すと，はかりの目盛りが110gに変化しました。このとき，電磁石に流れている電流の向きは図のア，イどちらですか，記号で答えなさい。

(2)　装置Bの電磁石に(1)と同じ条件で電流を流すと，はかりの目盛りはどうなりますか。最も適当なものを次の中から１つ選んで，記号で答えなさい。

(ア)　110g　　(イ)　110gより小さく100gより大きい　　(ウ)　100g

(エ)　100gより小さく90gより大きい　　(オ)　90g

(3)　(1)，(2)の実験で電磁石の下の端《はし》はそれぞれ何極ですか。正しい組み合わせを表中の(ア)～(エ)から１つ選んで，記号で答えなさい。

	(ア)	(イ)	(ウ)	(エ)
(1)	N極	N極	S極	S極
(2)	N極	S極	N極	S極

【実験２】

同じ電池２個，同じ豆電球２個，巻き数だけが50巻きと100巻きと異なる電磁石を用いて，Ａ～Ｈの回路を組み立て，実験を行いました。ただし，回路に使用した導線の長さはコイルの部分もふくめてすべて同じであるとし，50巻きの電磁石と100巻きの電磁石に同じ大きさの電流を流すと，100巻きの電磁石の磁力の強さは50巻きの電磁石の２倍であるとします。

(4)　豆電球の明るさが最も暗い回路はＡ～Ｈのどれですか。すべて選んで，記号で答えなさい。

(5)　最も早く電池が使えなくなる回路はＡ～Ｈのどれですか。すべて選んで，記号で答えなさい。

(6)　電磁石の磁力の強さが最も強くなる回路はＡ～Ｈのどれですか。１つ選んで，記号で答えなさい。

(7)　Ａ～Ｈの回路で，電磁石の磁力の強さは何通りありますか。

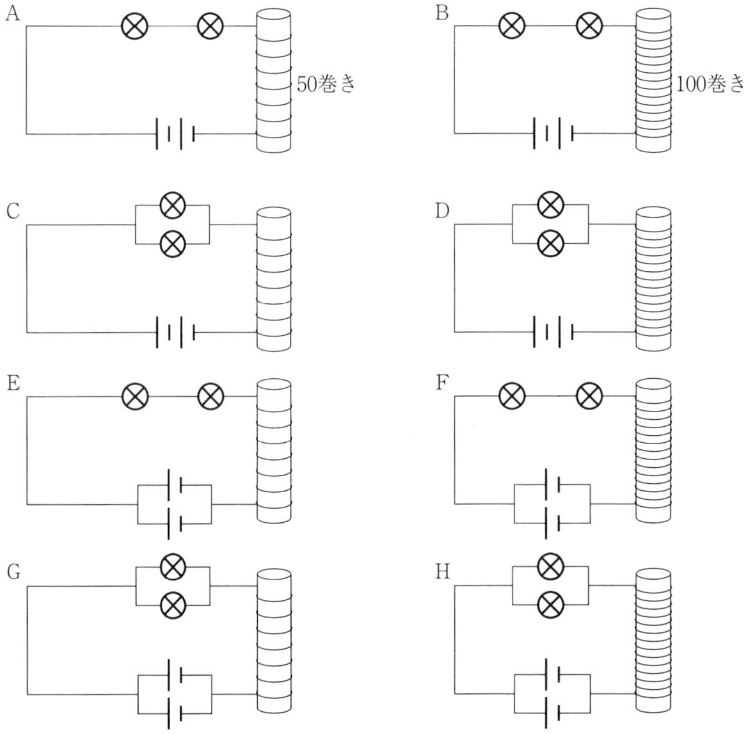

3　次の各問いに答えなさい。

(1)　右図のようにコップに水を注いだ後，氷を入れてじょじょに冷やすと，ある温度でコップの表面に水てきがつくようになります。この温度を何といいますか。ひらがな３文字で答えなさい。

(2)　気温30℃の地表付近で，１m^3の空気がふくむことのできる最大の水蒸気量はおよそいくらですか。最も適当なものを次の中から１つ選んで，記号で答えなさい。ただし，1000mgは１gです。

(ア)　3mg　　(イ)　30mg　　(ウ)　300mg

(エ)　3g　　(オ)　30g　　(カ)　300g

(3)　空気中にふくまれる水蒸気量について述べた文として，正しいものはどれですか。次の中から3つ選んで，記号で答えなさい。

(ア)　空気中にふくまれている水蒸気量が同じならば，気温が上がるほど，しつ度は高くなる。

(イ)　気温が同じならば，空気中にふくまれている水蒸気量が多いほど，しつ度は高くなる。

(ウ)　明け方は気温が下がり，ほう和水蒸気量が小さくなるので，しつ度は低くなる。

(エ)　気温が低温であるほど，1℃あたりのほう和水蒸気量の変化は小さい。

(オ)　1日を通じて晴れているとき，空気中にふくまれる水蒸気量はあまり変化しない。

(4)　雲の形成過程に関する次の文章の空らん [1] ～ [3] に入る適切な語句は何ですか。表に示される組み合わせ(ア)～(カ)から最も適当なものを1つ選んで，記号で答えなさい。

地上付近の空気があたためられると，空気のかたまりが [1] して，周囲の空気より軽くなり上しょうする。上空の気圧は地表に比べて [2] ので，[1] はさらに進む。空気が [1] すると温度が [3] なるので，空気がふくむことのできる水蒸気量が限界になり，水てきや氷の小さなつぶになって雲のもとになる。このように空気が上しょうすることによって雲ができる。

	[1]	[2]	[3]
(ア)	収縮	低い	高く
(イ)	収縮	高い	低く
(ウ)	収縮	低い	低く
(エ)	ぼう張	低い	高く
(オ)	ぼう張	高い	低く
(カ)	ぼう張	低い	低く

(5)　大量の雲つぶが成長や結合をして雨つぶとなります。雲つぶの直径を0.01mm，雨つぶの直径を1mmとするとき，何個の雲つぶが集まれば，1個の雨つぶとなりますか。最も適当なものを次の中から1つ選んで，記号で答えなさい。なお，雲つぶ，雨つぶはどちらも球形として考えることとします。

(ア)　10個　　(イ)　100個　　(ウ)　1000個　　(エ)　10000個　　(オ)　100000個　　(カ)　1000000個

(6)　台風が芝学園の真上を北上しました。台風通過前後で，芝学園における風の向きはどのように変化したと考えられますか。表に示される組み合わせ(ア)～(カ)から最も適当なものを1つ選んで，記号で答えなさい。

	台風通過前の風の向き	台風通過後の風の向き
(ア)	東側から西側へふく	西側から東側へふく
(イ)	西側から東側へふく	東側から西側へふく
(ウ)	東側から西側へふく	北側から南側へふく
(エ)	西側から東側へふく	北側から南側へふく
(オ)	北側から南側へふく	西側から東側へふく
(カ)	北側から南側へふく	東側から西側へふく

(7)　台風は上陸すると多くの場合，勢力が弱まります。その主な理由を20字以内で説明しなさい。句読点や記号は1字と数えること。

4　次の実験内容を読み，問いに答えなさい。ただし，温度は一定であり，熱による気体の体積変化はないものとします。また，値が割り切れない場合は小数第2位を四捨五入して，小数第1位まで答えなさい。

芝太郎君は，図1のような装置を用いて，石灰石にふくまれている炭酸カルシウムの割合を調べる実験を行いました。なお，メスシリンダーは水ですべて満たされ，活せん付きロートのコックは閉じています。

純すいな炭酸カルシウムを三角フラスコに入れ，活せん付きロートから30mLの塩酸をすべててき下しました。てき下したあとは，コックを閉めたため，気体の出入りはありませんでした。炭酸カルシウムの重さを変えて3回実験をした結果，メスシリンダー内に集まった気体の体積は表1のようになりました。この実験で発生した気体を気体Aとします。

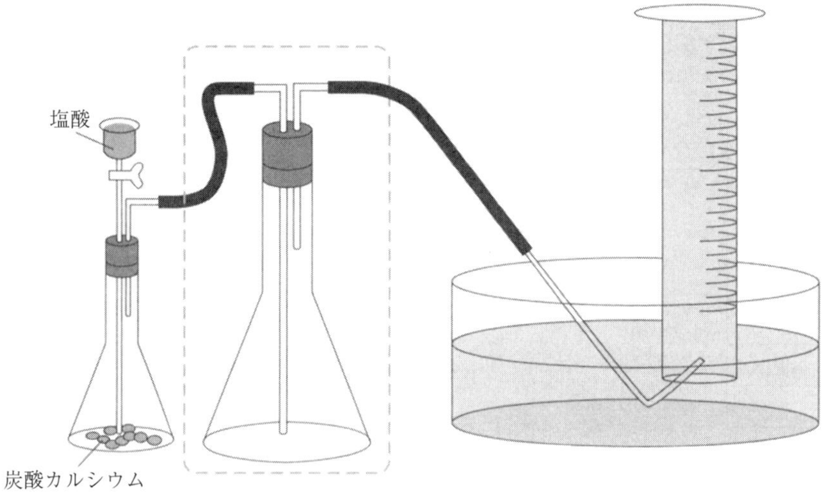

図1

表1

炭酸カルシウムの重さ〔g〕	1.0	2.0	3.0
メスシリンダー内の気体の体積〔mL〕	270	510	630

(1)　炭酸カルシウムは，図2のような電子天びんを用いてはかり取りました。電子天びんには図3にあるような「水準器」がついていて，天びんを水平にするために，はじめに調整する必要があります。その仕組みは，円形のガラス容器の中に液体を入れ，中に気泡《きほう》(空気の泡)を残したものです。角度の変化によって気泡が移動し，図3のように気泡が真ん中にある太わくの丸の中に入るように調整すると，電子天びんが水平になります。

図4は図2の電子天びんを真上から見た図で，**ア**～**エ**の位置には高さを調整できる脚《あし》が天びんの下についています。

いま，水準器を見ると図5のように気泡が真ん中からずれてしまっていたため，図4中の**ア**～**エ**の位置についているいずれかの脚の高さを低く調整して，電子天びんが水平になるようにしました。低く調整した脚は**ア**～**エ**のどの位置の脚ですか。1つ選んで，記号で答えなさい。

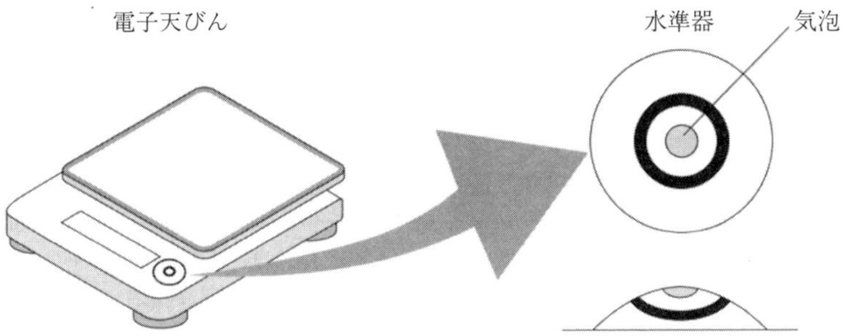

図2　　　図3

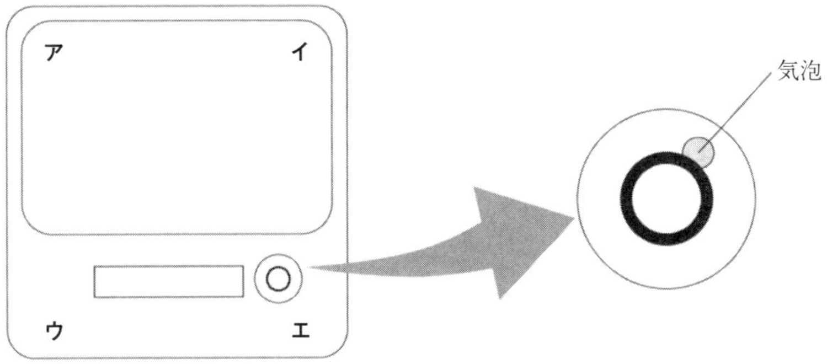

図4　　　図5

(2)　この実験によって発生する気体Aを説明する文として，正しいものはどれですか。次の中からすべて選んで，記号で答えなさい。

(ア)　アルミニウムに塩酸を加えたときに発生する。

(イ)　アルミニウムに水酸化ナトリウム水よう液を加えたときに発生する。

(ウ)　貝がらに酢《す》をかけたときに発生する。

(エ)　酸素中でスチールウールを燃やしたときに発生する。

(オ)　この気体の水よう液はアルカリ性である。

(カ)　この気体の水よう液は中性である。

(キ)　この気体の水よう液は酸性である。

(3)　酸素を水上置かん法によって集める場合は，図1中の点線内の装置を用いることはありません。この装置が必要な理由は，気体Aのある性質によるものです。どのような性質かを答えなさい。

(4)　炭酸カルシウム1.0gと塩酸30mLの反応で，発生した気体Aは何mLですか。メスシリンダー内に集められた気体の体積ではなく，この実験によって発生した気体Aだけの体積を答えなさい。

(5)　この実験を，炭酸カルシウム2.0gと塩酸20mLで実験した場合，発生した気体Aは何mLですか。メスシリンダー内に集められた気体の体積ではなく，この実験によって発生した気体Aだけの体積を答えなさい。また，反応後に残るのは(ア)塩酸と(イ)炭酸カルシウムのどちらですか。(ア)，(イ)のどちらかを1つ選んで，記号で答えなさい。

(6)　この実験を，のう度が3倍の塩酸20mLに変えて実験をした場合，炭酸カルシウムの重さと気体Aの体積との関係はどのように表すことができますか。解答らんにグラフで示しなさい。定規《じょうぎ》は使えないので，ていねいにかくこと。

(7) 石灰石 3.0g を十分な量の塩酸と反応させると，気体Aは 684mL 発生しました。石灰石にふくまれている純すいな炭酸カルシウムは何％ですか。

5 次の文を読み，問いに答えなさい。

火山のふん火でよう岩流が大地を通ると，生物が全くいない岩石の荒れ地ができる。荒れ地に，最初にやってくるのはどんな生物たちだろうか。荒れ地の周りにある生態系によって異なるが，多くは①コケ類，一年草などが始めに育つ。また，動物では②クモ類が早い時期に現れることや，③コオロギ類が大量に発生することが知られている。

早期に現れた④生物の死体や落ち葉によって土がつくられ，少しずつ多年草が増えてくる。多年草は数年成長して大きなからだをもつものも多く，その落ち葉や死体が土をつくっていく。土が多くなってくると，いよいよ樹木が育ち始める。

始めは低木や⑤陽樹，その後しばらくして陰樹《いんじゅ》が生え始める。陽樹とは，光が多くあるかん境で活発に⑥光合成をすることができる樹木であり，逆に光が少ないかん境ではかれてしまう。したがって，陽樹の種子は光が多くあるかん境にたどり着かなければ，芽を出し成長することができない。陰樹とは，多くの光を利用して光合成を活発にする能力は低いが，光が少ないかん境でも育つことができる樹木である。多くの場合では，先に陽樹が成長して陽樹の林がつくられる。しかし，陰樹はじゅ命が長いこともあり，少しずつ陰樹に入れかわる。最終的には⑦陰樹を中心とした森林がつくられる。

(1) 下線部①について。コケ類や一年草の特ちょうを説明した文として，まちがいをふくむものを次の中から１つ選んで，記号で答えなさい。

(ア) コケ類は根・くき・葉の区別がなく，からだの表面から水を吸収する。
(イ) コケ類は仮根という構造をもち，土にからだを固定している。
(ウ) 一年草のエノコログサは，ひげ根をもつ単子葉植物である。
(エ) 一年草もコケ類も，非常に小さな種子を風にのせて運ぶ。

(2) 下線部②について。クモ類のからだの特ちょうを説明した文として，正しいものを次の中から２つ選んで，記号で答えなさい。

(ア) 頭胸部にあしが４対生えている。
(イ) 胴部《どうぶ》にあしが４対生えている。
(ウ) 腹部は，こん虫とは異なり節がなく，ふくろのような構造である。
(エ) 頭胸部に，しょっ角が２本ついている。
(オ) 胸部にしょくしと呼ばれる器官がついている。

(3) 下線部③について。荒れ地にコオロギ類が大量発生する現象に関係するコオロギ類の特ちょうとして，正しいものはどれですか。次の中から２つ選んで，記号で答えなさい。

(ア) あしが発達して移動能力が高いため，荒れ地に早くたどり着くことができる。
(イ) 雑食なので，荒れ地に存在する様々なものを食べることができる。
(ウ) さなぎで冬を過ごすため，寒い荒れ地の冬をこすことができる。
(エ) あしが発達しているためはねが２枚しかなく，あまり飛ぶ必要がない荒れ地に適している。

(4) 下線部④について。生物の死体や落ち葉から土ができるまでには，多くの生物が関わっています。この土がつくられるのを助けている生物たちを，生態系の中でなんと呼びますか。漢字

３文字で答えなさい。

(5)　下線部⑤について。陽樹では，アカマツと呼ばれる樹木が有名です。このアカマツの種子を示した図はどれですか。次の中から１つ選んで，記号で答えなさい。

(ア)

(イ)

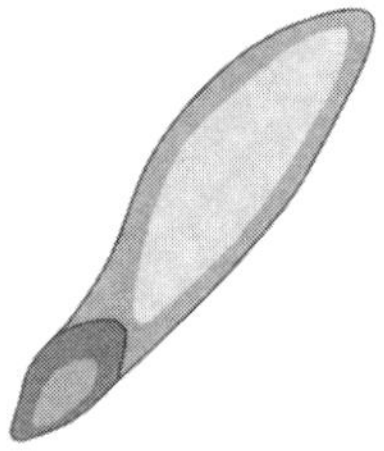

(ウ)

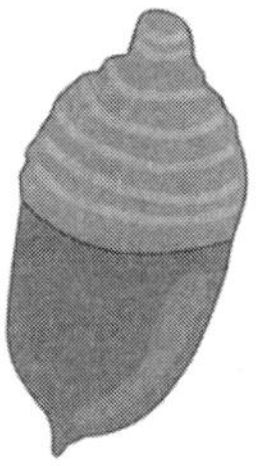

(エ)

(6)　下線部⑥について。植物は，光合成を行うと二酸化炭素を吸収します。次の図１は，陽樹と陰樹それぞれにおける，光の強さと二酸化炭素の吸収量との関係を示したグラフです。横じくは光の強さをあらわし，縦じくは０よりも上の場合は二酸化炭素を吸収していること，０よりも下の場合は二酸化炭素を放出していることをあらわしています。また，植物は二酸化炭素を吸収しているとき，成長できることとします。グラフからわかることを説明した文として，正しいものはどれですか。下の(ア)～(オ)から２つ選んで，記号で答えなさい。

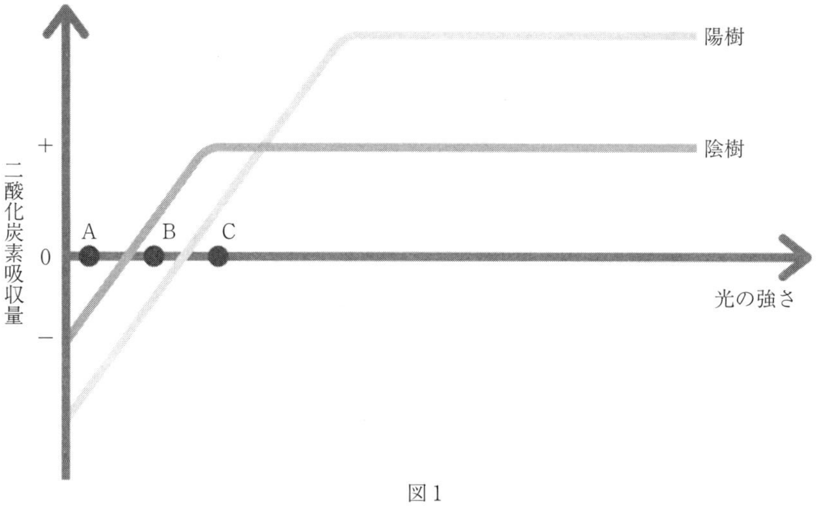

図１

(ア)　陽樹も陰樹も，呼吸で放出する二酸化炭素の量は変わらない。
(イ)　光の強さが●Ａのとき，陽樹と陰樹はともに成長できない。
(ウ)　光の強さが●Ｂのとき，陽樹はかれてしまうが陰樹は成長できる。
(エ)　光の強さが●Ｃのとき，陽樹の方が早く成長できる。
(オ)　呼吸で放出する二酸化炭素の量については，このグラフからは読み取れない。

(7)　下線部⑦について。陰樹を中心とした森林がつくられると，次のページの図２のような階層構造ができていきます。図の中の用語は各階層の名しょうです。

　図３は森林の高さにおける相対照度をあらわしています。相対照度とは森林の最上部にあたる光の量を100％とした場合に，各層の高さで光の量が何％程度になるかを大まかに示した数値です。なお，図２と図３の高さは同じです。例えば，図２の高木層にあたる高さは，図３の「あ」にあたる部分の高さです。図２と図３からわかることを述べた文として，適当なものは

どれですか。下の(ア)〜(エ)からすべて選んで，記号で答えなさい。

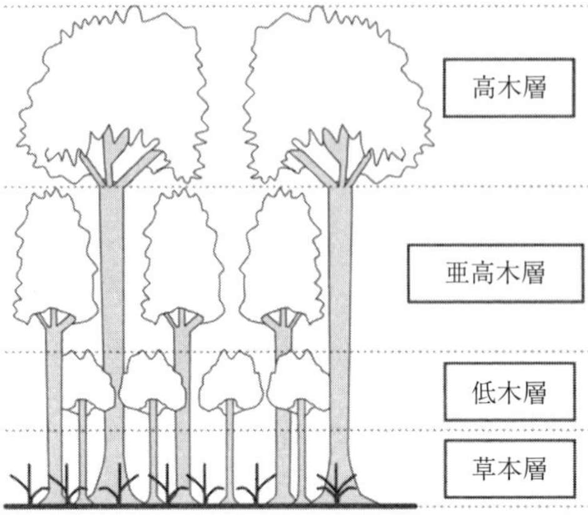

図２

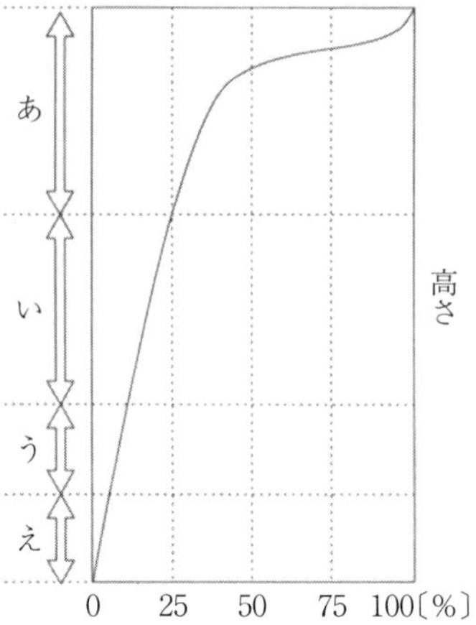

図３

(ア)　草本層には，光は10％未満しか届かない。

(イ)　光は高木層で多くさえぎられ，亜高木層になると60％くらい減っている。

(ウ)　光は森林の上部でほとんどさえぎられ，高木層・亜高木層でさえぎられる光は80％をこえる。

(エ)　低木層までとどく光の量は，全体の30％くらいである。

ぼくは受験参考書に心を集中した。

（女の子のことは高校に入ってから、いやというほど考えよう）

ところが、数分後、ぼくは事務室に呼びつけられ、いやというほど、彼女のことを考えなくてはならないことになってしまったのだ。

ぼくが事務室に顔を出したとき、ダニエル院長とおばさんの間で問題になっていたのはノートの切《き》れっ端《ぱし》だった。

「この下らない言葉は、いったい、あなたのどこを押《お》せば出てくるのでしょうか」

院長は、問題の紙片《しへん》を指先でつまみ上げ、ぼくの目の前で、ゆっくりと左右に振った。おばさんは、ただぼくを睨《にら》みつけていた。院長は紙片をぼくの鼻の先まで近づけ、大きな声で読みなさい、といった。

紙片に記された文章の初めの三分の一は、あの子がどんなにすばらしい女の子であるかを立証することに重点がおかれていた。中ほどの三分の一は、あの子と結婚《けっこん》したらどんなに仕合《しあわ》せかということが、いきいきと書かれていた。ここまではぼくも同意見だった。残りの三分の一で、ぼくはまるでわけがわからなくなった。そこでぼくが読んだのはぼく以外のだれかがぼくになりすまして、ぼくのことを書いた文章だったのだ。それは、偽《にせ》ぼくから果物屋の娘へあてた恋文《こいぶみ》だった。郵便受に押しこんであるのを、おばさんが見つけたのだという。

「それにしては、ぼくの字とちっとも似てませんよ」

すでにそのとき、院長は、③この事件が前日のハーモニカ事件とごく類似《るいじ》の意図と構造を持っていることに気づいていた。

「……彼が犯人ではないらしいです」

院長は、おばさんを玄関《げんかん》から追い出しながらそういい、「真犯人をつきとめて、厳重に反省させます」と約束した。おばさんは、ぼくらを振り向き、振り返りして、浮かぬような解《げ》せぬような顔で、坂道をくだっていった。

「あなたには心当りがあるはずです。いったい誰《だれ》です？　あなたを悪人にしようとしているのは……？」

よい家に生れ、音楽を愛し、天主の注御旨《みむね》が天において行われるように地にも行われている、と信じている④院長には、船橋たちがなぜそこまで執拗《しつよう》なのか、ぼくがなぜ知らぬふりを通そうとするのか、たとえ説明してもわかってもらえそうもなかったから、ぼくはただ、さあ、と首を傾《かし》げてみせた。院長は肩《かた》をすくめた。

（井上ひさし『四十一番の少年』「汚点《しみ》」より。）

注　御旨―神の意志。

問一　――線部①〈降参させてやる〉とありますが、船橋がぼくを〈降参させ〉るとは、どうすることですか。**20**字以上**25**字以内で具体的に説明しなさい。

問二　――線部②〈独立心〉とありますが、〈院長〉の言う〈独立心〉とは、どのようなことですか。**50**字以上**60**字以内で具体的に説明しなさい。

問三　――線部③〈この事件が前日のハーモニカ事件とごく類似の意図と構造〉とありますが、ここにある〈意図と構造〉とはどのようなことですか。二つの事件に共通する船橋たちの「意図」と、事件の「構造」について、**40**字以上**50**字以内で説明しなさい。

問四　――線部④〈院長には、船橋たちがなぜそこまで執拗なのか、ぼくがなぜ知らぬふりを通そうとするのか、たとえ説明してもわかってもらえそうもなかった〉とありますが、〈院長〉に理解できないこととは何ですか。その理由を含《ふく》めて**90**字以上**100**字以内で説明しなさい。

それから、院長は小川と佐久間とぼくに、前へ出るようにいった。

「あなたがたのために、将校たちは四五〇ドル寄付してくださいました。これはあなたがた三人が三年間、公立の高校へ納める月謝の合計額とほとんど同じくらいのお金です。あなたがたはもう月謝の心配いりません。そして、もっとすばらしいことに、進駐軍キャンプがあるかぎり、毎年、公立高校へ進学する子どもに、三年間の月謝を寄付したいと、将校たちがいってくださっています。さあ、三人の中学三年生、みんなにかわって礼をいいなさい」

ぼくは将校たちの前に進み、ひとりひとりと握手《あくしゅ》をし、通じるかどうか心もとなかったが、サンキューといって回った。小川と佐久間はためらっていた。二人とも背中に船橋たちの視線を感じ、その視線で金縛《かなしば》りになっているらしかった。

「小川！　佐久間！　どうしました？」

小川がぼそっといった。

「ぼくは働きながら夜間へ通います。佐久間も、ぼくと同じ考えです」

佐久間もしぶしぶ首を縦に振《ふ》った。

「わかりませんね。なぜ、急に考えを変えたのですか」

二人は、なぜだかわかりません、ただ、そう決心したのです、と口の中で答えた。将校たちがダニエル院長に、自分たちのプレゼントがなぜこのような冷淡《れいたん》な受けとられ方をしなければならないのか、そんな意味のことを訊《き》いた。院長はよくわけのわからないまま、あの二人はたいへんな②独立心の持主でありまして、というようなことを答えたようだった。すると、将校たちは小川と佐久間に拍手《はくしゅ》を送り、握手を求め、二人の独立心を称《たた》え、それからさっきとは打ってかわった冷たい目つきでぼくを見た。それはぼくが独立心に欠けていることを非難している目つきだった。

こうして、小川と佐久間の三百ドルは翌年度の公立学校進学者のために、院長が保管しておくことになったのだが、それから、高校入学試験の前日までの一週間、妙《みょう》なことばかり起った。

まず、将校たちが帰ったあとすぐに、事務室の机の上から、寄贈《きぞう》されたばかりのハーモニカ、それも、最も高価なコード・ハーモニカが消《き》え失《う》せたのだった。ダニエル院長は事務室のすべての調度をずらし、動かし、隅々《すみずみ》まで探した。船橋たちが院長に進言し、収容児童全員のベッドとロッカーが調べられることになった。ハーモニカは、ぼくのベッドのマットレスの中に隠《かく》されていた。院長はとても信じられない、というようにぼくを見つめた。ぼくも同じ目つきで院長を見た。しばらく見つめ合いが続いた。やがて院長は首を振って呟《つぶや》いた。

「なにがなんだかよくわかりません」

ぼくには船橋たちの仕業《しわざ》だと見当はついていた。しかし、黙《だま》っていた。証拠《しょうこ》はないのだし、受験をすぐ間近に控《ひか》えて、事を大きくしたくはなかった。なによりも、公立高校へ入学することが先だった。

翌日は、近くの果物屋のおばさんが、息せき切って血相かえて、孤児院の坂を駆《か》けのぼってきた。ぼくは勉強部屋からおばさんを見つけて、何を慌《あわ》てているのだろうかと訝《いぶか》しく思った。それから、ぼくはおばさんの一人娘《ひとりむすめ》のことをちらッと思《おも》い浮《うか》べた。その子はぼくらと同じ中学三年生で、学校の廊下《ろうか》でよく顔を合せた。ほっそりしているがやわらかな軀つきをしていて、行《い》き交《か》うたびに、微《かす》かに甘《あま》くて温かい風の立つのを、ぼくは感じていた。果物を買い喰《ぐ》いする余裕《よゆう》などは全くなく一度も店内に入ったことはなかったが、店の前を通るたびに、ぼくら孤児院の中・高校生は、必ず店内を窺《うかが》って、彼女《かのじょ》の姿をたしかめるのだった。つまり、彼女は家庭的な雰囲気《ふんいき》を持っていて、孤児好みの子だったわけだ。

（女の子のことなど考えているときじゃない）

が、これはどういうことですか。80字以上100字以内で説明しなさい。

四　次の文章を読んで、後の問いに答えなさい。

親を亡《な》くしたり、経済的に恵《めぐ》まれない家庭の子供が集まる孤児院《こじいん》で暮らすぼくは、同じ中学三年生の小川と佐久間とともに、今年から月謝の安い公立の全日制高校に合格したら昼間部（全日制）に通ってもよい、と孤児院の規則が変わり、全日制高校への進学を目指していました。しかし、同じ孤児院の定時制高校に通う船橋や斎藤たちは、そんなぼくたちに、しつこく嫌《いや》がらせや暴力をふるっていました。ぼくのちょっとした「へま」が原因で、ぼくたちは、今夜も船橋たちに風呂場《ふろば》へ呼び出されていました。

風呂場は、六帖《じょう》ほどの脱衣場《だついじょう》と同じ大きさの流しにわかれている。ぼくたちが入って行くと、脱衣場と流しとをへだてているガラス戸は取《と》り払《はら》われていた。殴《なぐ》られたぼくらがその勢いで戸にぶつかり、ガラスがこわれたりしないようにといういやな配慮《はいりょ》がしてあるのだ。

「よう、きたな」

脱衣場の真中に突《つ》っ立《た》っていた船橋がいった。斎藤もいた。そして、ほかにもう二人。

「今日は日曜の安息日だ。神様でさえ仕事をお休みになる日だから、おれたちも軽くすませるつもりだ」

船橋は恩着せがましく言い、ぼくに一歩前に出るよう命令した。ぼくは遠慮《えんりょ》して半歩しか出なかった。

「全日制は諦《あきら》めな。おれたちと仲よく、昼は働き、夜は勉強、とこう行こうじゃないか」

ぼくたちは、せっかくですがお断りします、と表情で応じた。つまり、ちょろりと舌を出したのだった。船橋たちは、ぼくたちがいつものような大人しい小羊とはまるで違《ちが》う、図々《ずうずう》しい古狸《ふるだぬき》とでもいった態度をとったので、さすがにすこし驚《おどろ》いたらしく、一瞬《いっしゅん》、互《たが》いに顔を見合わせあった。

「こいつら、やる気らしいぜ」

ぼくたちはこの隙《すき》につけ込み、船橋の腰《こし》に組み付いた。けれども、ぼくたちの反抗《はんこう》は簡単に鎮圧《ちんあつ》されてしまった。船橋はぼくたちを腰にしがみ付かせたまま、いきなり湯槽《ゆぶね》に飛びこみ、上からぼくたちの頭を微温湯《ぬるまゆ》の中に押《お》し込んだのだった。ぼくたちはたっぷり小便臭《くさ》い湯を飲んだ。

「どうだ！　おれたちの言うことを聞くか！」

小川も佐久間もついに、お湯を吐《は》きながら、昼間の高校を諦める、と船橋に約束した。だが、ぼくはどうしても諦められなかった。

「勝手に強情《ごうじょう》を張ってろ」

船橋は湯槽から上り、斎藤から受け取ったタオルで軀《からだ》を拭《ふ》きながら、ぼくに言った。

「いつか必ず①降参させてやるからな」（中略）

二月末の日曜日の午後、孤児院の長い急な坂道を、草色の大型バスが二台、登ってきた。進駐軍《しんちゅうぐん》キャンプのカトリック信者将校たちがぼくらを慰問《いもん》にやってきたのだった。（中略）

講堂に将校たちが入ってきた。それぞれ、腕《うで》にボクシングのグラヴをぶら下げていた。それから眩《まぶ》しく光る大小のハーモニカ。

将校たちが何か言うたびにダニエル院長が通訳した。

「今日はボクシングのグラヴやハーモニカのほかに、将校たちはもうひとつ、すばらしいプレゼントを持ってきてくださいました」

なプラットフォーム化の世界です。口承伝達が人に極楽《ごくらく》をイメージさせたように、ダンボール製のヘッドマウントディスプレイとスマホは、人の幸福の定義を変え、世界のあちこちに貧者のVRを生み出しているのかもしれません。

③思考体力を身につけるには、他人と情報交換《こうかん》ばかりしていても意味がありません。たとえば打ち合わせは、基本的に各自が考えてきたことを提示して取捨選択《しゅしゃせんたく》する場なので、あまり頭を使わないはずなのです。そこで時間をすり潰《つぶ》すことによって均一化されたアイディアを生み出すことと時間の浪費《ろうひ》を行うのは非効率的でしょう。

本当に頭を使うのは、ミーティングに出すネタを考えるときです。ところが思考体力がない人は、よその打ち合わせやSNSやビジネス書などで仕入れたネタを右から左に流すだけ。それでは思考体力はつかないし、暗黙知が深まるはずもありません。

ですから、ネットや他人から得た情報を鵜呑《うの》みにするのではなく、あらためて自分で考える習慣をつけることが、思考体力を高めるための第一歩でしょう。たとえば何か疑問を持ってグーグルで検索《けんさく》したときに、ウィキペディアや「ヤフー！知恵袋《ちえぶくろ》」のようなページですぐ「答え」が出てきたら、その答えを知って満足する以前に、自分が抱《いだ》いた疑問自体を反省しなければいけません。

なぜか。ウィキペディアに答えが書いてある問いが浮《う》かんだということは、その疑問の持ち方そのものにオリジナリティがない証拠《しょうこ》だからです。何を調べてもウィキペディアや「ヤフー！知恵袋」で解決してしまうようでは、クリエイティブ・クラスにはなれないでしょう。また、ネットで知った知識をそのまま人に話しているようではダメ。思考体力の基本は「解釈《かいしゃく》力」です。知識を他の知識とひたすら結びつけておくことが重要です。

したがって大事なのは、検索で知った答えを自分なりに解釈して、そこに書かれていない深いストーリーを語ることができるかどうか。自分の人生とその答えはどうやって接続されていくのか。それを考えることで思考が深まり、④形式知が暗黙知になっていくのです。

（作問の都合上、表現を改めた部分があります。）

注１　バーチャルな―仮想的な。擬似的《ぎじてき》な。

注２　デジタルネイチャー―技術の進化で生み出された人工物と自然物との相互作用によって作られる新しい自然のこと。

注３　コモディティ化―めずらしいことで高い価値をもった商品が、似たような製品が多く出回ることによって、価値が低下し、一般《いっぱん》的《てき》な商品になること。

注４　ヘッドマウントディスプレイ―頭につけるディスプレイ。ゴーグルのように両目をおおう形で身につけ、眼前に現実的な映像を見ることができる。

注５　バーチャル・リアリティ―表面的には現実ではないが、本質的には現実となる仮想現実。

注６　デジタル・ネイティヴ―デジタル技術やそれを活用したパソコンや携帯《けいたい》電話、インターネットなどが、生まれた時から日常的にある環境で育ち、生活してきた人々。

問一　――線部①〈人間の個性はプラットフォームに吸収されていくのです〉とありますが、現代の〈プラットフォーム〉は、何によって形成されますか。**30**字以上**40**字以内で答えなさい。

問二　――線部②〈その潮流〉とはどのようなことですか。**35**字以上**45**字以内で答えなさい。

問三　――線部③〈思考体力を身につける〉とありますが、〈思考体力〉を〈高める〉ためにはどうすることが必要ですか。**30**字以上**40**字以内で答えなさい。

問四　――線部④〈形式知が暗黙知になっていくのです〉とあります

でになってきました。そこには赤《あか》ん坊《ぼう》の粉ミルクから老人の介護《かいご》用品までそろっているし、映画館やゲームセンターなどの娯楽《ごらく》施設《しせつ》もある。子どもたちも、若いカップルも、家族連れも、高齢者《こうれいしゃ》も、いつもそこで過ごせるわけです。

いずれ、そこで出会い、そこで結婚式《けっこんしき》を挙げ、そこで子どもを産み、そこで死んでいくというライフサイクルが当たり前になるかもしれません。

私自身は、そういう暮らしが悪いとは思いません。ローコストで何も不自由のない生活ができるのですから、ある意味では幸福でしょう。

ただしこれから訪《おとず》れるのは、それがコンピュータプラットフォームによって全世界的に訪れる社会です。『マトリックス』の世界ほど極《きょく》端《たん》な形ではなくても、コンピュータの作るバーチャルな代替物《だいたいぶつ》で人々が幸福感を得て満足するような面は多少なりとも出てくるでしょう。

たとえば、グーグルがカードボードというダンボール製の注4ヘッドマウントディスプレイを生産しはじめたとき、「そうか、注5バーチャル・リアリティというのは超体験《ちょうたいけん》をもたらす文明の先進性の証明であるとともに、貧者《ひんじゃ》にとっては、満たされない現実の代替でもあるのか」と思いました。シリコンバレーの富豪《ふごう》的バーチャル・リアリティ、たとえば空中に絵を描き、あらゆる体験をみずみずしく、さらに充実《じゅうじつ》したリアルを拡充する方向の技術だけでなく、どうしようもない現実を払《はら》い下げのスマートフォンと単レンズ２枚の装着されたダンボールで代替し夢に浸《ひた》るための技術が存在する。それは、コンピュータと結びついた資本主義の中でさらにその技術格差を広げていくように思えます。

クリエイティブ・クラスになるのは、②その潮流から脱《だっ》するための数少ない方法のひとつです。

そのために必要なのは、「注6デジタル・ネイティヴ」としてコンピュータの使い方に習熟することではありません。コンピュータの使い方を覚えるのではなく、「コンピュータとは何か」「プラットフォームとは何か」を考え、自分が何を解決するか、プラットフォームの外側に出る方法を考えに考えて考え抜《ぬ》くことが大切です。その「思考体力」を持つことが若い世代にとって重要になるでしょう。

コンピュータやインターネットの使い方に習熟している人なら、いまでも大勢います。プラットフォームに飲み込《こ》まれた人々も、その存在を意識しないままスマートフォンやフェイスブックのようなＳＮＳを華麗《かれい》に使いこなしています。でも、彼《かれ》らは自分の頭で考えを深めることをしません。ウィキペディア的な形式知が頭の中に蓄積《ちくせき》されるだけです。暗黙知《あんもくち》がないので、そこからは新しい価値が何も生まれません。

図　プラットフォームは多くの人間を飲み込む

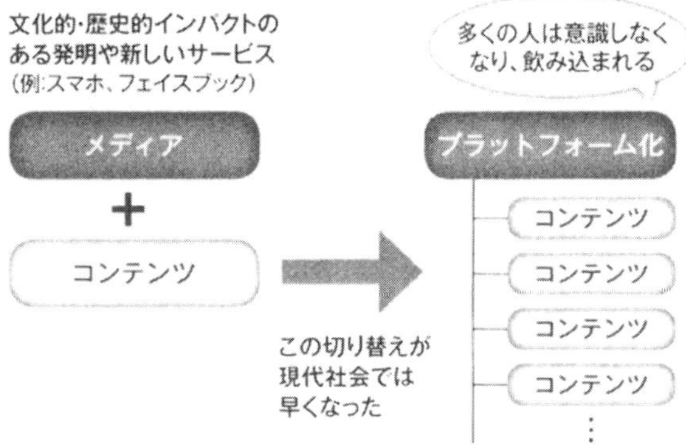
文化的・歴史的インパクトのある発明や新しいサービス
(例:スマホ、フェイスブック)
メディア
+
コンテンツ
この切り替えが現代社会では早くなった
多くの人は意識しなくなり、飲み込まれる
プラットフォーム化
コンテンツ
コンテンツ
コンテンツ
コンテンツ

それに対して、クリエイティブ・クラスになるような人たちは常に自分の問題について考えています。一点を考え抜いて深めていくので、彼らの中には暗黙知がどんどん蓄積されます。そうしたクリエイティブな人たちが生み出す物やサービスが、ショッピングモール的世界で暮らす人々が享受《きょうじゅ》する幸福感のタネになるのです。

宗教は人類の生み出した最初のバーチャル・リアリティ(ＶＲ)だったのかもしれません。

そしていまは、目に映るすべてが「貧者のＶＲ」として振《ふ》る舞《ま》うよう

二〇二二年度
芝中学校

【国語】〈第一回試験〉（五〇分）〈満点：一〇〇点〉

一　次の①～⑤の□に当てはまる言葉を語群から選び、漢字で答えなさい。

① あの人は、政治家で、□護士の資格も持っている。
② 僕は、□肉がいっぱい入ったすきやきが大好物です。
③ 運動会に参加した選手たちが、閉会式を終え、□場する。
④ お昼休みとなり、生徒たちが一目□に校庭にかけ出た。
⑤ 僧は、仏教の□教のため、さまざまな場所を訪《おとず》れた。

《語群》　タイ　ギュウ　サン　フ　ベン

二　次の①～⑤の□に当てはまる漢字一字を自分で考えて答えなさい。

① キャンプ場で友だちと魚つりをして、楽しく□んだ。
② 巨大地震《じしん》は、首都圏《しゅとけん》に多大な混乱を□く恐《おそ》れがある。
③ これまでのいきさつは□に流して、またやりなおそう。
④ 恥《は》ずかしくて、□があったら入りたいくらいだ。
⑤ 彼は、本題に入らず、まったく違《ちが》う話でお□を濁《にご》した。

三　次の文章は、落合陽一の『働き方5・0　これからの世界をつくる仲間たちへ』の一部です。以下を読んで後の問いに答えなさい。なお、この文中で使われている〈プラットフォーム〉とは、「人間の生活の中で共通の基礎《きそ》や基盤《きばん》となっていく装置やサービス、環境《かんきょう》などのこと」です。

『マトリックス』という有名な映画があります。

あの作品では、まさに人間がコンピュータに支配され、発電機として使われる社会が描《えが》かれていました。人間はコンピュータの動力源となりながら、そうとは知らず脳の中で注1バーチャルな夢を見ているだけ、という設定です。

私の考える「注2デジタルネイチャー」の世界も、それと枠組《わくぐ》みの上では大差ありません。コンピュータが力を持つ社会が経済合理性を突《つ》き詰《つ》めていけば、人間の介在《かいざい》する余地はどんどん減っていきます。つまり①人間の個性はプラットフォームに吸収されていくのです。しかしながら、我々はバーチャルな夢を見るわけではありません。コンピュータと人の共進化によって、いままでにできなかった問題を解決し、知性が物理空間に及《およ》ぶ範囲《はんい》をプラットフォームの外に、拡充《かくじゅう》し続けていくのです。

プラットフォームを形成するものは、コンピュータと結びついたコスト合理性と注3コモディティ化の波です。実際、いままでの社会でもそのような経済的な合理性は人間の生活スタイルを変えてきました。たとえば、地方都市によくある巨大《きょだい》ショッピングモール。みんなが車で移動するようになると、「そこに行けばすべてがある」ようなショッピングモールがひとつあるほうが、あちこちに小さな商店街があるよりも合理的になります。

その結果、いまや地方では生活のすべてがそこで完結してしまうま

2022年度

芝 中 学 校

▶解説と解答

算 数 ＜第１回試験＞（50分）＜満点：100点＞

解 答

1 (1) 17　(2) $\frac{1}{2}$　**2** 90g　**3** (1) 10.5cm²　(2) 3cm　**4** (1) 15　(2) 336人　**5** (1) 25通り　(2) 15通り　**6** 3.75cm　**7** (1) 12か所　(2) 18分後　**8** (1) 7回反射した後，Bにあたります。　(2) 25m　**9** (1) 8分48秒　(2) 15分24秒

解 説

1 **計算のくふう，逆算**

(1)　$A\times B+A\times C=A\times(B+C)$となることを利用すると，$5.1\times2.8+3.4\times1.8-0.85\times12.4\div(4-0.9)=1.7\times3\times2.8+1.7\times2\times1.8-1.7\times0.5\times12.4\div3.1=1.7\times8.4+1.7\times3.6-1.7\times0.5\times4=1.7\times8.4+1.7\times3.6-1.7\times2=1.7\times(8.4+3.6-2)=1.7\times10=17$

(2)　$\frac{1}{28}+\frac{2}{21}=\frac{3}{84}+\frac{8}{84}=\frac{11}{84}$，$3\frac{1}{7}\div(1-0.25)=\frac{22}{7}\div0.75=\frac{22}{7}\div\frac{3}{4}=\frac{22}{7}\times\frac{4}{3}=\frac{88}{21}$より，$4\div(\square-0.375)\times\frac{11}{84}=\frac{88}{21}$，$4\div(\square-0.375)=\frac{88}{21}\div\frac{11}{84}=\frac{88}{21}\times\frac{84}{11}=32$，$\square-0.375=4\div32=\frac{4}{32}=\frac{1}{8}$　よって，$\square=\frac{1}{8}+0.375=\frac{1}{8}+\frac{3}{8}=\frac{4}{8}=\frac{1}{2}$

2 **濃《のう》度《ど》**

取り出した食塩水(＝加えた食塩水)の重さを□gとして図に表すと，右の図のようになる。この図で，ア：イ＝(18－14.1)：(14.1－5)＝3：7だから，混ぜた食塩水の重さの比は，$\frac{1}{3}:\frac{1}{7}=7:3$とわかる。この和が300gなので，$\square=300\times\frac{3}{7+3}=90$(g)と求められる。

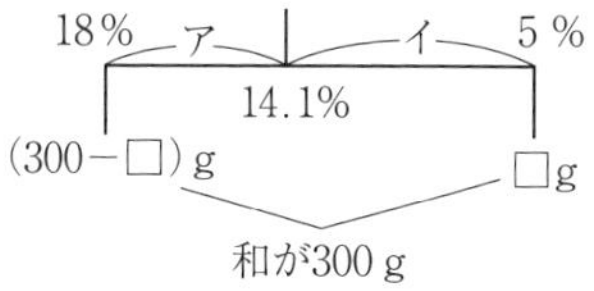

3 **平面図形―相似，面積**

(1)　右の図で，三角形AEGと三角形CDGは相似であり，相似比は，AE：CD＝2：(2＋3)＝2：5だから，AG：CG＝2：5となる。よって，$AG=14\times\frac{2}{2+5}=4$(cm)とわかる。また，正方形の対角線の半分の長さは，14÷2＝7(cm)なので，OG＝7－4＝3(cm)，OD＝7cmとわかる。よって，三角形DGOの面積は，3×7÷2＝10.5(cm²)と求められる。

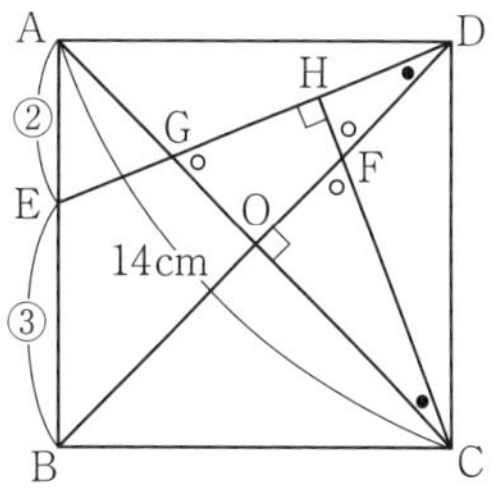

(2)　4つの三角形DGO，DFH，CGH，CFOはいずれも直角三角形だから，●印と○印をつけた角の大きさはそれぞれ等しくなる(●と○の和は90度)。また，ODとOCの長さは等しいので，三角形DGOと三角形CFOは合同とわかる。よって，OFの長さはOGの長さと等しく3cmである。

4 差集め算

⑴　右の図で，太線の右側の人数は，㋐が，24×3＝72(人)，㋑が1人以上10人以下だから，㋐と㋑の差は，72－10＝62(人)以上，72－1＝71(人)以下である。㋐と㋑の全体の人数は等しいから，太線の左側では㋑の方が㋐より人数が多く，人数の差は62人以上71人以下となる。これは，30－24＝6(人)の差が□教室だけ集まったものなので，62÷6＝10.3…，71÷6＝11.8…より，□＝11と求められる。したがって，教室の数は，11＋4＝15である。

	□教室	
㋐	24人，…，24人	24人，24人，24人，0人
㋑	30人，…，30人	1～10人，0人，0人，0人

⑵　㋐から，新入生の人数は，24×(15－1)＝336(人)とわかる。

5 場合の数

⑴　3枚のカードの組み合わせは，(2，2，2)，(2，2，3)，(2，2，4)，(2，3，3)，(2，3，4)，(2，4，4)，(3，3，4)，(3，4，4)の8通りある。これらを並べて3けたの整数を作るとき，(2，2，2)の場合は1通り，＿＿の場合はそれぞれ3通り，(2，3，4)の場合は，3×2×1＝6(通り)の並べ方があるから，3けたの整数は，1×1＋3×6＋6×1＝25(通り)できる。

⑵　6は2でも3でも割り切れるので，6で割り切れる数は，3の倍数のうち，一の位が偶数《ぐうすう》の数である。また，3の倍数は各位の数字の和が3の倍数になるから，考えられる4枚のカードの組み合わせは，㋐(2，2，2，3)，㋑(2，2，4，4)，㋒(2，3，3，4)の3通りある。㋐の場合，一の位は2なので，3の位置を考えると3通りの並べ方ができる。また，㋑の場合は自由に並べることができ，これは，4つの位から2を並べる2つの位を選ぶ場合と同じだから，$\frac{4\times3}{2\times1}$＝6(通り)と求められる。さらに，㋒の場合，一の位を2にすると{3342，3432，4332}の3通りでき，一の位を4にしても同様に3通りできるので，3×2＝6(通り)とわかる。よって，全部で，3＋6＋6＝15(通り)と求められる。

6 平面図形―面積

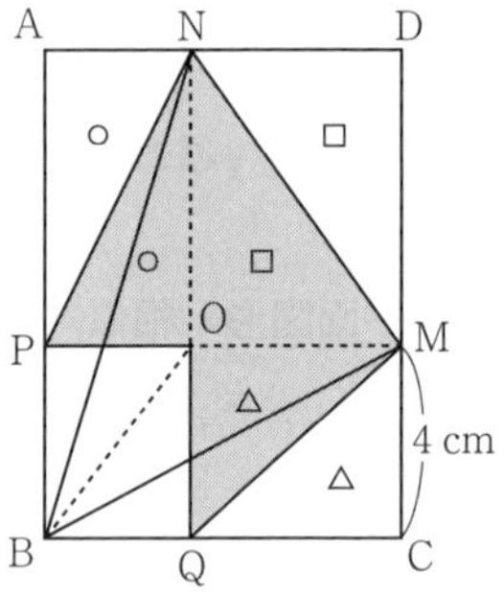

右の図のように，Nを通りBCに垂直な直線と，Mを通りABに垂直な直線を引く。三角形OBNと三角形OPNは，底辺と高さが等しいから面積が等しく，同様に三角形OBMと三角形OQMの面積も等しくなる。すると，かげをつけた部分の面積は，三角形BMNの面積と等しく30cm^2となる。また，同じ印をつけた部分の面積がそれぞれ等しいので，四角形OPBQの面積は，75－30×2＝15(cm^2)になる。よって，BQ(＝AN)の長さは，15÷4＝3.75(cm)と求められる。

7 ニュートン算

図1

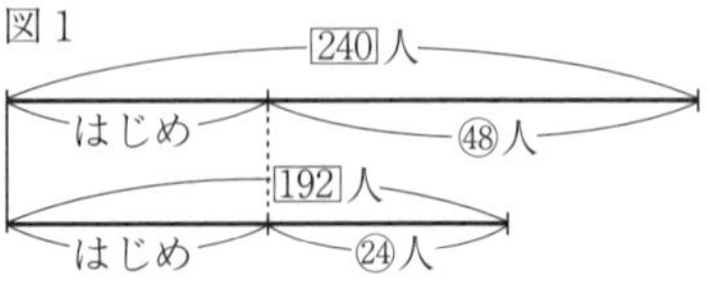

⑴　1分間に集まる観客の人数を①人，1か所のゲートから1分間に入場する人数を[1]人とする。ゲートの数が5か所のとき，48分で，①×48＝㊽(人)が集まり，その間に，[1]×5×48＝[240](人)が入場して列がなくなる。同様に，ゲートの数が8か所のとき，24分で，①×24＝㉔(人)が集まり，その間に，[1]×8×24＝[192](人)が入場して列がなくなるから，右上の図1のように表すことができる。図1で，㊽－㉔＝㉔にあたる人数と，

[240]－[192]＝[48]にあたる人数が等しいので，㉔＝[48]，①＝[2]より，①：[1]＝$\frac{1}{1}$：$\frac{1}{2}$＝２：１とわかる。そこで，１分間に集まる観客の人数を２，１か所のゲートから１分間に入場する人数を１とすると，はじめの列の人数は，１×240－２×48＝144と表すことができる。次に，５時45分から６時までの，６時－５時45分＝15(分間)に集まる人数は，２×15＝30だから，15分で列をなくすには，15分で，144＋30＝174以上が入場する必要がある。よって，174÷15÷１＝11.6より，少なくとも12か所のゲートが必要とわかる。

(2)　33分で集まった人の数は，２×33＝66なので，33分で入場した人の数は，144＋66＝210となり，右の図２のようにまとめることができる。８か所のゲートから33分入場したとすると，実際に入場した人の数よりも，８×33－210＝54多くなる。よって，５か所のゲートから入場した時間は，54÷（８－５）＝18(分)だから，８か所にしたのは開場から18分後である。

図２

５か所（１分で５）｝合わせて
８か所（１分で８）｝33分で210

8　平面図形―構成

(1)　光線は，長方形を折り返した図形上で一直線になるように進む。また，３：４＝15：20より，下の図１のように，たて15m，横20mの長方形の対角線上を進んだときに，ちょうど頂点にあたることがわかる。よって，光線は，BC，CD，DA，AB，BC，CD，DAの順に全部で７回反射した後，頂点Bにあたる。

(2)　かげをつけた三角形の３つの辺の長さの比は３：４：５だから，光線が進んだ長さ(図１の太線の長さ)は，15×$\frac{5}{3}$＝25(m)と求められる。

図１

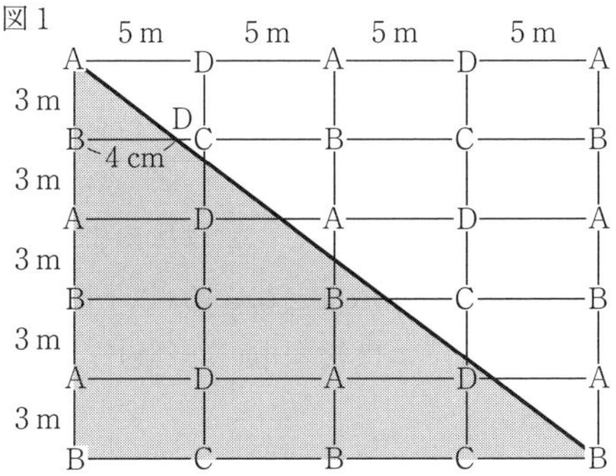

図２

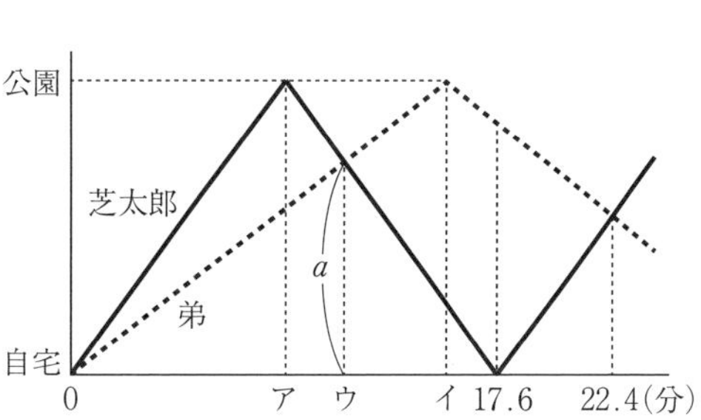

9　グラフ―旅人算，速さと比

(1)　問題文中のグラフで，イ分後の２人の間の距離《きょり》よりも17分36秒後の距離の方が長くなっているから，２人の進行のようすは上の図２のようになることがわかる。よって，芝太郎君が１往復するのにかかる時間が，17分36秒＝17.6分なので，芝太郎君が片道にかかる時間は，ア＝17.6÷２＝8.8(分)と求められる。これは，60×0.8＝48(秒)より，８分48秒となる。

(2)　２人が出発してから１回目にすれちがうまでに走った距離の和と，１回目にすれちがってから２回目にすれちがうまでに走った距離の和は，どちらも自宅と公園の１往復分の距離にあたる。よって，その時間も等しいから，22分24秒＝22.4分より，ウ＝22.4÷２＝11.2(分)とわかる。すると，芝太郎君と弟がaの距離を走るのにかかる時間の比は，(17.6－11.2)：11.2＝４：７と求められるので，芝太郎君と弟が片道にかかる時間の比も４：７となる。したがって，弟が片道にかかる時間は，イ＝8.8×$\frac{7}{4}$＝15.4(分)とわかる。これは，60×0.4＝24(秒)より，15分24秒となる。

社　会　＜第１回試験＞（40分）＜満点：75点＞

解　答

1　問１　⑴　a　天竜(川)　b　木曽(山脈・川)　c　赤石(山脈)　d　遠州(灘)　e　伊勢(湾)　⑵　茶　問２　ア，オ　問３　エ　問４　ア　問５　イ　問６　カ　問７　ア　問８　イ　2　問１　ウ　問２　エ　問３　エ　問４　エ　問５　ア　問６　枯山水　問７　オ　問８　２番目…ア　５番目…カ　問９　オ　問10　ア　3　問１　①　アイヌ民族支援(法)　②　世界人権(宣言)　問２　エ　問３　⑴　ア　⑵　ウ　問４　再審(制度)　問５　⑴　エ　⑵　水　⑶　NGO　問６　⑴　ジェンダー　⑵　ペン　⑶　エ　4　問１　南極(大陸)　問２　イ　問３　エ　問４　(例)　立場の違いや格差は個人の努力や才能だけで決まるのではなく，生まれ育った環境などの偶然も関係するので，強い立場の人が弱い立場の人の思いを受け入れ，弱い立場の人に配慮した制度設計をすることが必要である。

解　説

1　中部地方の地形や気候，産業などについての問題

問１　⑴　a～e　天竜《てんりゅう》川は長野県中央部に位置する諏訪《すわ》湖を水源とし，赤石山脈(南アルプス)と木曽山脈(中央アルプス)の間にある伊那《いな》盆地(伊那谷)を南へと流れたのち，静岡県の磐田原《いわたはら》台地と三方原《みかたはら》台地の間を通って遠州灘《なだ》(太平洋)に注ぐ。木曽川は長野県中西部の鉢盛《はちもり》山を水源とし，岐阜県・愛知県を流れて三重県北東部で伊勢湾に注ぐ。濃尾《のうび》平野の広がる下流では，かつて合流していた長良《ながら》川・揖斐《いび》川と並行するように流れ，これらの川は合わせて木曽三川とよばれる。なお，1959年に発生した伊勢《いせ》湾台風では，高潮によって沿岸部に大きな被害が出た。　⑵　(∴)の地図記号は，茶畑を表す。静岡県は全国最大の茶の産地で，温暖な気候を生かし，水はけのよい台地を中心に茶が栽培されている。統計資料は『日本国勢図会』2021／22年版などによる(以下同じ)。

問２　アは新潟市，イは妙高《みょうこう》市(新潟県)，ウは金沢市(石川県)，エは松本市(長野県)，オは静岡市で，このうち新潟市と静岡市が政令指定都市となっている。

問３　X　高山市は岐阜県北部にあたる飛騨《ひだ》地方の中心都市で，2005年に近隣《きんりん》の９町村と合併《がっぺい》したことにより，日本一面積の広い市町村となった。　Y　富山市では人口の減少と住民の高齢化に対応するため，全国に先がけてコンパクトなまちづくりが進められている。これを実現するため，路面電車やバスなどの公共交通機関を整備し，その沿線に役所や住居，商業施設，企業，文化施設などの都市機能を集積させて中心市街地の活性化をめざす取り組みが行われている。また，一住宅あたりの延べ面積は日本海側に位置する県で広い傾向《けいこう》にあり，富山県は全国第１位となっている。

問４　富山市は日本海側に位置し，北西の季節風の影響《えいきょう》を強く受けて冬の降水(雪)量が多くなる。高山市は内陸に位置するので夏と冬の気温の差が大きく，３都市の中では冬の気温が最も低い。豊橋市(愛知県)は太平洋側に位置するので，夏は高温多雨となるが，冬は降水量が少ない。

問５　X　日本海側の地域が多雪地帯となる理由として正しい。　Y　「富山湾から駿河《するが》湾」ではなく「若狭《わかさ》湾から伊勢湾」が正しい。

問６　ぶどうの収穫《しゅうかく》量は山梨県が全国第１位，長野県が第２位となっており，マスカットの生産がさかんな岡山県が上位に入ることが特徴《とくちょう》となっている。レタスは，高原野菜の抑制《よくせい》栽培がさかんな長野県が収穫量全国第１位，群馬県が第３位で，第２位には茨城県が入る。ももは山梨県の収穫量が全国で最も多く，以下，福島県，長野県の順となっている。

問７　(1)　αは愛知県瀬戸市や岐阜県多治見《たじみ》市にあたる。この地域では古くから陶器《とうき》づくりがさかんで，この地域でつくられる美濃《みの》焼や瀬戸染付《そめつけ》焼は国の伝統的工芸品に指定されている。こうしてつちかわれた技術を生かし，現在ではファインセラミックスもさかんにつくられている。　(2)　βの地域には，楽器とバイクの生産がさかんなことで知られる静岡県浜松市がある。特に，ピアノの出荷量は浜松市が全国の100％を占《し》めている。　(3)　γの地域には，静岡県富士市・富士宮市がある。この地域では，富士山から流れ出す豊富なわき水を生かした製紙・パルプ工業が発達している。また，新幹線や東名高速道路，新東名高速道路などが通っており，交通の便がよい。

問８　愛知県や静岡県など，自動車産業をはじめとする機械工業がさかんな県では，これに従事するブラジル人の割合が多い。また，全国の在留外国人の国籍では，中国が最も大きな割合を占めている。これらのことから，Ａ～ＣすべてでX上位に入っているXが中国，２県で第１位となっているＺがブラジルで，残ったＹがベトナムだとわかる。なお，Ａは東京都，Ｂは愛知県，Ｃは静岡県。

2　各時代の歴史的なことがらについての問題

問１　兵庫県神戸市にある五色塚《ごしきづか》古墳は４～５世紀ごろにつくられたと考えられている前方後円墳で，樹木ではなく葺石《ふきいし》におおわれた墳丘《ふんきゅう》や埴輪《はにわ》などが，1975年に復元された。

問２　法然上人《ほうねんしょうにん》は比叡山延暦寺《ひえいざんえんりゃくじ》で天台宗を学んだのち，源平争乱のあった12世紀末に「南無阿弥《なむあみ》陀仏《だぶつ》」と念仏を唱えればだれでも極楽浄土《じょうど》へ往生できると説いて浄土宗を開いた。鎌倉時代には旧仏教の圧迫《あっぱく》を受けたり，四国に島流しになったりしたが，京都に戻《もど》って晩年を過ごした。知恩院は法然上人が晩年を過ごし，葬《ほうむ》られた場所に建てられた寺で，浄土宗の総本山となっている。なお，「南無妙法蓮華経《なむみょうほうれんげきょう》」は日蓮が重んじたことで知られる法華経《ほけきょう》の題目である。また，法然院は江戸時代につくられた寺院で，法然上人が弟子とともに修行した場所に建てられた。

問３　稲作が広まった弥生時代にも，狩りや漁による食料採取は行われていた。また，持統天皇は694年，天武天皇の都であった飛鳥浄御原《あすかきよみがはら》宮から藤原京へと都を移した(いずれも奈良県)。飛鳥の地から(近江《おうみ》)大津宮(滋賀県)へと都を移したのは天智天皇である。

問４　Ⅰは11世紀後半(1086年)，Ⅱは９世紀初め，Ⅲは10世紀前半(939～41年)のできごとなので，年代の古いものから順にⅡ－Ⅲ－Ⅰとなる。

問５　《Ｄ》の時期は鎌倉時代から室町時代前期にあたる。鎌倉時代には交通の要所や寺社の門前などで定期市が開かれるようになり，三斎市《さんさいいち》とよばれる月三度の市も広まった。なお，イは「三毛作」ではなく「二毛作」が正しい。ウは奈良時代にあてはまる。エについて，西陣《にしじん》織の「西陣」とは，15世紀後半(1467～77年)に起こった応仁の乱で西軍が陣地を置いた場所のことで，乱からの復興にさいしてこの地域に職人が集まったことから，絹織物業がさかんになった。

問６　水を使わずに岩石と砂利《じゃり》を組み合わせて自然の風景を象徴的に表現する庭園の形式を，枯山《かれさん》水《すい》という。室町時代には特に禅宗寺院でさかんにつくられ，写真にある龍安寺《りょうあんじ》(京都府)の石庭はその代表として知られる。

問７　ア　彦根(滋賀県)は江戸時代に井伊氏の城下町として栄え，彦根城の天守(閣)はそのころから現存する貴重なものとして国宝に指定されている。　イ　品川(東京都)は東海道の最初の宿駅で，宿場町として栄えた。　ウ　酒田(山形県)は西廻《まわ》り航路の起点の一つとして栄えた港町で，特産物の紅花の積出港ともなっていた。　エ　長野は善光寺の門前町として発展した。

問８　アは1881年，イは1885年，ウは1910年，エは1895年，オは1873年，カは1902年のできごとなので，年代の古いものから順にオ—ア—イ—エ—カ—ウとなる。

問９　X「憲法学者の美濃部達吉《みのべたつきち》」ではなく「政治学者の吉野作造」が正しい。　Y「治安警察法」ではなく「治安維持法」が正しい。治安警察法は1900年，山県有朋《やまがたありとも》内閣のときに制定された法律で，社会運動をおさえるために警察の権限が拡大・強化された。　Z　国家総動員法について正しく説明している。

問10　1945年12月，GHQ(連合国最高司令官総司令部)の民主化政策の一つとして衆議院議員選挙法が改正され，満20歳以上のすべての男女に選挙権が与えられた。選挙権の年齢が満18歳以上に引き下げられたのは2015年のことで，2016年から施行された。

3　現代の国際社会と裁判のしくみについての問題

問１　①　2019年，アイヌ民族支援法(正式には「アイヌの人々の誇りが尊重される社会を実現するための施策の推進に関する法律」)が制定され，アイヌ民族が先住民族であることが初めて明記された。　②　1948年，国連(国際連合)総会で世界人権宣言が採択《さいたく》された。ここでは，第２次世界大戦中の人権弾圧に対する反省にもとづき，人権の意義が明文化された。

問２　2021年２月，東南アジアのミャンマーで国軍によるクーデターが発生し，民主的な政権が倒された。その後，国軍による民主派への激しい弾圧が行われ，国際的に非難されている。

問３　(1)　ア　安全保障理事会は，アメリカ・イギリス・フランス・ロシア・中国の５常任理事国と，任期２年の非常任理事国10ヵ国の計15ヵ国で組織されている。　イ　安全保障理事会の議決は，すべての常任理事国をふくむ９ヵ国以上の賛成により成立する。また，拒否権は常任理事国だけに与えられている。　ウ　ドイツも日本も，非常任理事国を複数回務めている。　エ　国連に常設の国連軍は設けられていない。安全保障理事会の決議にもとづいて軍事制裁が行われる場合には，必要な部隊が編成される。　(2)　Ⅰ　1992年に成立したPKO協力法にもとづき，自衛隊が海外のPKO(国連平和維持活動)に参加するようになった。2000年代に入ってからも，ハイチや，東ティモール，南スーダンなどへの派遣が行われている。　Ⅱ　2021年度の国連分担金について，正しく説明している。

問４　判決が確定したあと，新たに有力な証拠《しょうこ》が見つかるなどしてその内容に疑いが生じた場合には，再審(裁判のやり直し)を求めることができ，裁判所が請求を認めた場合にはやり直しの裁判が行われる。

問５　(1)　医師の中村哲《てつ》は長年，パキスタンやアフガニスタンで医療《いりょう》活動に従事していたが，2019年12月，現地の武装勢力に襲《おそ》われて命を落とした。なお，植村直己《なおみ》は昭和時代後期に活躍《かつやく》した冒険家・登山家，緒方貞子《おがたさだこ》は1991～2000年に国連難民高等弁務官事務所(UNHCR)の国連難民高等弁務官を務めたことで知られる国際政治学者，杉原千畝《ちうね》は第２次世界大戦時にユダヤ人難民を救ったことで知られる外交官。　(2)　パキスタンやアフガニスタンには乾燥帯が広がり，水の確保が難しい場所もある。こうした場所が世界各地にあることから，2015年に国連で採択されたSDGs(持続可能な開発目標)では，17あるうちの６つめの目標として「安全な水とトイレを世界中に」をかかげている。日本は海外から多くの農産物や畜産物を輸入しているが，それらを生産するために多くの水が消費されているのだから，間接的に輸出国の水を使っていることになる。　(3)　政府や政府間につくられた組織ではなく，平和や人権，環境などの問題について国際的な活動を行っている非営利の民間組織は非政府組織とよばれ，NGOと略される。

問６　(1)　生物学的な男女の性差に対し，「男性(女性)はこうあるべき」「男(女)らしさ」といったような，社会や文化の中でつくられた性差をジェンダーという。ジェンダー平等は国際的な課題とされており，SDGsでも５つめの目標としてかかげられている。　(2)　「ペンは剣よりも強し」は，「言論が人の心に訴《うった》える力は武力よりも強い」といった意味の西洋の格言である。　(3)　マララ・ユスフザイはパキスタン出身の人権活動家で，女子教育に否定的なイスラム教過激派の支配する地域にいながら，女子教育の必要性を訴え続けた。2012年に銃撃《じゅうげき》されて重傷を負ったが回復し，2013年には国連で資料にあるスピーチを行った。また，2014年にはその活動が評価され，当時史上最年少の17歳でノーベル平和賞を受賞した。なお，グレタ・トゥンベリはスウェーデンの環境活動家，ジャシンダ・アーダーンはニュージーランドの首相(2021年時点)，マーガレット・サッチャーは1979～90年にイギリスの首相を務めた人物。

4　**理想的な社会のあり方についての文章を題材にした問題**

問１　1959年に調印された南極条約にもとづき，南極大陸はどこの国にも属さず，地域の平和的利用を行うことや，領土主権が凍結《とうけつ》されることなどが定められている。

問２　正規雇用《こよう》・非正規雇用を問わず，すべての労働者の給与の最低水準は，最低賃金法などの法律で定められている。

問３　与謝野晶子《よさのあきこ》は明治時代後半の1904年に日露戦争が始まると，出征《しゅっせい》した弟の身を案じて雑誌「明星《みょうじょう》」に「君死にたまふことなかれ」という詩を発表し，反戦の気持ちを表した。なお，大正時代は1912～26年にあたり，アとウは1920年，イは1918年のできごとである。

問４　二重線部の直前の内容から，「弱い立場の人に配慮《はいりょ》した制度設計」がなされれば，「月の街」が「住む人みんなにやさしい社会」になるとわかる。しかし，第５段落にあるように，現実には「生まれ育った環境などの偶然《ぐうぜん》」のような「個人にはどうすることも」できない事情によって，格差が生まれてしまっている。筆者は，格差の中で「弱い立場にいる人びと」の状況《じょうきょう》を改善するためには，「強い立場にいる人」が，状況を改善したいという弱い立場の人びとの気持ちを「受け入れてくれなければなりません」と述べ，弱い人の立場への配慮が必要なことを指摘《してき》している。また，最終段落でも，「強い立場の人」が「立場の違いは必ずしも個人の努力や才能だけで決まるのではないこと」に気づいてくれたら，「月の街」の実現に近づくのではないかと記している。

理　科　＜第１回試験＞（40分）＜満点：75点＞

解　答

1　(1)　(ア)，(エ)　(2)　(ウ)　(3)　880mL　(4)　(イ)　(5)　(オ)　(6)　(エ)　**2**　(1)　ア　(2)　(エ)　(3)　(ア)　(4)　E，F　(5)　C，D　(6)　D　(7)　５通り　**3**　(1)　ろてん　(2)　(オ)　(3)　(イ)，(エ)，(オ)　(4)　(カ)　(5)　(カ)　(6)　(ア)　(7)　(例)　大量の水蒸気の供給がとだえるから。　**4**　(1)　イ　(2)　(ウ)，(キ)　(3)　(例)　水にとけやすい性質。

⑷ 240mL　⑸ **体積**…400mL　**記号**…(イ)　⑹ 解説の図を参照のこと。　⑺ 95％

5 ⑴ (エ)　⑵ (ア)，(ウ)　⑶ (ア)，(イ)　⑷ 分解者　⑸ (イ)　⑹ (イ)，(ウ)　⑺ (ア)，(ウ)

解 説

1 夏の海辺でみられるものについての問題

⑴ ダンゴムシやミジンコはからだが固いからでおおわれており，こうかく類に分類される。サソリ，カニムシ，カブトガニはきょうかく類(クモ類やカブトガニの仲間)に分類される。

⑵ (ア)の個体が死ぬ前は，体の大きさが最も大きな(ア)の個体がメス，次に大きな(オ)の個体がオス，(イ)～(エ)の個体が幼魚となっている。(ア)の個体が死んでしまうと，(オ)の個体がオスからメスに変わり，幼魚の中で最も大きな(ウ)の個体がオスに成長する。

⑶ 原液を５倍に希しゃくするときは，原液と水を１：４で混ぜればよいから，470mLの原液を５倍に希しゃくするのに必要な水は，470×$\frac{4}{1}$＝1880(mL)である。したがって，氷１kg(1000ｇ)がとけると1000mLの水になるので，あと，1880－1000＝880(mL)の水を加えればよい。

⑷ 地球には巨大な磁石のような性質があり，北極付近にＳ極，南極付近にＮ極があるため，方位磁針のＮ極は北を指す。

⑸ 空の面積に対する雲がおおっている割合を雲量といい，雨や雪などが降っていない場合，雲量が０～１のときを快晴，２～８のときを晴れ，９～10のときをくもりとしている。

⑹ かみなりを表している日本式天気記号は(エ)である。なお，(ア)は晴れ，(イ)はくもり，(ウ)は雪，(オ)は雨を表している。

2 電気回路と電磁石についての問題

⑴ はかりの目盛りが増えたのは，装置Ａに電流を流したときに，なん鉄の下の端《はし》にＮ極ができ，磁石のＮ極と反発する向きに力がはたらいたからである。電磁石の極は，電磁石に流れる電流に沿ってコイルをにぎるようにしたときに親指がある方がＮ極となる。よって，電流はアの向きに流れているとわかる。

⑵ コイルの中になん鉄を入れると磁石の力が強くなるが，銅を入れても磁石の力は強くならない。したがって，装置Ｂの電磁石は，電磁石の下の端がＮ極となる装置Ａより弱い電磁石となっている。すると，装置Ｂの電磁石に電流を流すと，はかりの上の鉄を引きつけるが，その力の大きさは，装置Ａで電磁石が磁石をおした10ｇの力より小さくなる。よって，はかりの目盛りは100ｇより小さく90ｇより大きくなる。

⑶ それぞれの装置に流れる電流はアの向きに流れるので，電磁石の下の端はどちらもＮ極となる。

⑷ １個の豆電球に１個の電池をつないだときに流れる電流の大きさを１とすると，それぞれの回路で１個の豆電球に流れる電流の大きさは，ＡとＢが１，ＣとＤが２，ＥとＦが0.5，ＧとＨが１である。よって，豆電球の明るさは流れる電流が大きいほど明るくなるので，流れる電流が小さいＥとＦの豆電球の明るさが最も暗くなる。

⑸ ⑷と同様に考えると，それぞれの回路の電池１個から流れる電流の大きさは，ＡとＢが１，ＣとＤが４，ＥとＦは0.25，ＧとＨは１である。よって，流れる電流の大きさが最も大きいＣとＤの電池が最も早く使えなくなる。

(6)　(4)と同様に考えると，それぞれの回路の電磁石に流れる電流の大きさは，ＡとＢが１，ＣとＤが４，ＥとＦが0.5，ＧとＨが２である。電磁石は，流れる電流の大きさが大きいほど，また，巻き数が多いほど強い磁石になるので，電磁石に流れる電流が最も大きいＣとＤのうち，巻き数が多いＤの電磁石の強さが最も強くなる。

(7)　電磁石の磁力の強さが，流れる電流の大きさとコイルの巻き数に比例すると考える。すると，Ａの電磁石の磁力の強さを１としたとき，それぞれの回路の電磁石の磁力の強さは，Ｂが２，Ｃが４，Ｄが８，Ｅが0.5，Ｆが１，Ｇが２，Ｈが４と表せる。よって，電磁石の強さは，{0.5，１，２，４，８}の５通りある。

3　ほう和水蒸気量，雲のでき方，台風についての問題

(1)　空気中にふくむことのできる水蒸気の量は決まっており，空気の温度が低いほどふくむことのできる水蒸気の量は小さくなっている。空気の温度が下がり，ある温度になると，空気中にふくみ切れなくなった水蒸気が水てきとなって出てくるようになる。この温度を露点《ろてん》という。

(2)　気温30℃の空気１ m^3 がふくむことのできる最大の水蒸気の量は約30ｇである。なお，１ m^3 の空気中にふくむことのできる水蒸気の最大量をほう和水蒸気量という。

(3)　(ア)，(イ)　しつ度は，(空気１ m^3 中の水蒸気量)÷(その気温でのほう和水蒸気量)×100で求められる。ほう和水蒸気量は気温が高いほど大きくなるので，空気中にふくまれている水蒸気量が同じならば，気温が上がるほどしつ度は低くなる。また，気温が同じならば，空気中にふくまれている水蒸気量が多いほど，しつ度は高くなる。　(ウ)　明け方は気温が下がり，ほう和水蒸気量が小さくなるので，しつ度は高くなる。　(エ)　気温が低温であるほど，１℃あたりのほう和水蒸気量の変化は小さく，気温が高温になると，１℃あたりのほう和水蒸気量の変化は大きくなる。　(オ)　１日を通じておだやかに晴れているとき，空気の入れかわりがほとんどないので，空気中にふくまれる水蒸気量はあまり変化しない。

(4)　地上付近の空気があたためられると，空気のかたまりはぼう張する。ぼう張した空気は，周囲の空気より軽くなるため上しょうする。気圧は空気の重さによって生じる圧力なので，上空の気圧は地表に比べて低い。空気はぼう張すると温度が低くなるため，空気が上しょうを続けると，やがて空気中にふくむことのできる水蒸気量が限界に達し，水蒸気が水てきや氷の小さなつぶになって雲のもとができる。

(5)　雲つぶと雨つぶの直径の比が，0.01：１＝１：100なので，体積の比は，１×１×１：100×100×100＝１：1000000である。よって，雲つぶが1000000個集まると１個の雨つぶとなる。

(6)　台風は地表付近では中心に向かって反時計回りに風がふきこんでいる。台風通過前は，芝《しば》学園の南に台風の中心があるため東側から西側へ風がふき，台風通過後は，芝学園の北に台風の中心があるので西側から東側へ風がふく。

(7)　台風のエネルギーのもとは，海面から蒸発して台風の中に運ばれる水蒸気が，冷えて水てきや氷になるときに放出する熱である。陸上ではこの水蒸気の供給がとだえてしまうため，台風は上陸すると勢力が急に弱まることが多い。また，地面とのまさつなども勢力が弱まる原因の１つである。

4　石灰石と塩酸の反応についての問題

(1)　気泡《きほう》が図５の位置にずれるのは，図４のイの脚《あし》が高いときなので，イの脚の高さを低く調節すればよい。

⑵　炭酸カルシウムに塩酸を加えると二酸化炭素が発生する。貝がらの主成分も炭酸カルシウムで，貝がらに酸性の酢《す》をかけたときにも二酸化炭素が発生する。また，二酸化炭素の水よう液は炭酸水で，炭酸水は酸性を示す。

⑶　水上置かん法で気体を集めるさいに，図１中の点線内の装置を用いるのは，集める気体が水にとける性質があるときである。二酸化炭素は水にとける性質があり，水上置かん法で直接集めると，一部が水にとけ，メスシリンダーにたまる気体の体積がその分少なくなってしまう。なお，酸素は水にとけにくいので，酸素を水上置かん法で集めるときは，図１の点線内の装置を用いる必要はない。

⑷　まず，塩酸を30mL加えることにより，図１の点線内の装置の空気がメスシリンダーに30mLだけおし出される。その後，炭酸カルシウム1.0ｇと塩酸30mLが反応して，発生した気体Ａの体積分だけ点線内の装置の空気がおし出されてメスシリンダーにたまる。よって，炭酸カルシウム1.0ｇと塩酸30mLの反応で発生した気体Ａの体積は，270－30＝240(mL)である。また，表１の炭酸カルシウムの重さが1.0ｇと2.0ｇのときにメスシリンダー内に集められた気体の体積の差からも，510－270＝240(mL)の気体Ａが発生している。

⑸　炭酸カルシウム1.0ｇが塩酸と過不足なく反応すると気体Ａが240mL発生する。炭酸カルシウム3.0ｇに塩酸30mLを加えたとき，発生した気体Ａは，630－30＝600(mL)なので，これより，炭酸カルシウム，$1.0\times\frac{600}{240}=2.5$(ｇ)と，30mLの塩酸が過不足なく反応したことがわかる。よって，塩酸20mLと過不足なく反応する炭酸カルシウムは，$2.5\times\frac{20}{30}=1.66\cdots$(ｇ)なので，炭酸カルシウム2.0ｇと塩酸20mLで実験した場合，炭酸カルシウムが反応後に残る。また，このとき発生した気体Ａの体積は，$600\times\frac{20}{30}=400$(mL)である。

⑹　のう度が３倍の塩酸20mLは，もとののう度の塩酸60mLに相当する。すると，のう度が３倍の塩酸20mLを用いた場合，この塩酸と過不足なく反応する炭酸カルシウムは，$2.5\times\frac{60}{30}=5$(ｇ)で，そのとき発生する気体Ａの体積は，$600\times\frac{60}{30}=1200$(mL)である。よって，加えた炭酸カルシウムの重さが５ｇまでは，発生する気体Ａの体積は加えた炭酸カルシウムの重さに比例して増え，炭酸カルシウムの重さが５ｇ以上のときは，塩酸が全て反応してなくなるため，発生する気体のＡの体積は1200mLで一定となる。この様子をグラフに表すと右の図のようになる。

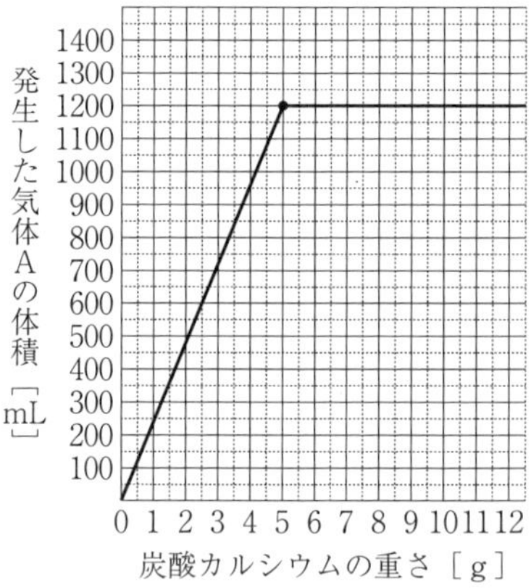

⑺　石灰石中にふくまれている純すいな炭酸カルシウムは，$2.5\times\frac{684}{600}=2.85$(ｇ)なので，その割合は，2.85÷3.0×100＝95(％)と求められる。

5　森のでき方，光合成と呼吸についての問題

⑴　一年草は，種子が発芽して，１年以内に成長して開花し，種子をつくって枯《か》れる植物で，コケ類は種子をつくらず胞子《ほうし》でふえる植物である。

⑵　一般《いっぱん》に，クモは，からだが頭胸部と腹部の２つに分かれており，頭胸部にあしが４対(８本)ある。腹部はこん虫と異なり節がなく，ふくろのような構造をしている。また，しょっ角をもたず，

頭胸部にしょくしとよばれるものがある。

(3)　コオロギは後ろあしが発達しており，ジャンプして移動するため，長い距離《きょり》を移動することができる。また，雑食なので，荒《あ》れ地に生えた植物や，小動物の死がいなども食べることができるため，天敵の少ない荒れ地に大量発生する現象が見られることがある。

(4)　植物のように自ら栄養をつくり出すことのできる生物を「生産者」，動物のように自ら栄養をつくり出すことができず，他の生物を食べる生物を「消費者」という。自然の中で，生産者や消費者が死んだあとの遺がいや，排出《はいしゅつ》したものが地表をおおってしまわないのは，土の中の菌《きん》類や細菌類などの微《び》生物がそれらを分解して，生産者がふたたび利用できるようにしているためである。これらの微生物を「分解者」とよんでいる。

(5)　(イ)はアカマツの種子で，種子はマツボックリにあるりん片といううろこのような部分の内側についている。(ア)はタンポポ，(ウ)はカシなど，(エ)はオナモミの実(種子)である。

(6)　(ア)，(オ)　光の強さが０のときの二酸化炭素の放出量は，呼吸で放出する二酸化炭素の量を表しているので，陽樹の方が陰樹《いんじゅ》よりも呼吸で放出する二酸化炭素の量が多いことがわかる。　(イ)，(ウ)，(エ)　光の強さがＡのときは，陽樹も陰樹も二酸化炭素を放出しているので，どちらも枯れてしまう。また，光の強さがＣのときはどちらも二酸化炭素を吸収しているので成長することができ，二酸化炭素の吸収量が多い陰樹の方が早く成長できる。一方，光の強さがＢのときは，二酸化炭素を放出している陽樹は枯れてしまうが，二酸化炭素を吸収している陰樹は成長できる。

(7)　図３より，草本層には，光が10％未満しか届いていないと読みとれる。また，亜高木層に届く光が最大で25％なので，高木層は約，100－25＝75(％)の光をさえぎり，低木層に届く光が最大で約12％なので，高木層と亜高木層でさえぎられる光は約，100－12＝88(％)となることがわかる。

国語　＜第１回試験＞（50分）＜満点：100点＞

解答

一　下記を参照のこと。　二　下記を参照のこと。　三　**問１**　(例)　コンピュータと結びついたコスト合理性と，コモディティ化の波という経済的な合理性。　**問２**　(例)　コンピュータの作るバーチャルな代替物で人々が幸福感を得て満足するようになっていくこと。　**問３**　(例)　自分で考える習慣を身につけ，知識を他の知識と結びつけて自分なりに解釈をすること。　**問４**　(例)　検索などで得た形式知を他の知識とひたすら結びつけて自分なりに解釈をし，その答えが自分の人生にどうやって接続するのかを考えて思考を深めることで，新しい価値を生み出すことができる暗黙知になるということ。　四　**問１**　(例)　全日制への進学を諦めさせ，定時制に進学させること。　**問２**　(例)　月謝を将校たちの寄付に頼って公立高校に進学するのではなく，自分で働きながら学費をかせいで夜間高校で勉強をするということ。　**問３**　(例)　全日制高校への進学を諦めさせるため，「ぼく」が悪事を働いたように見せかけ，「ぼく」をおとしめること。　**問４**　(例)　院長はよい家に生まれ，神の意志を信じているので，定時制に通う選択しかなかった船橋たちが，月謝の心配をせず全日制高校に進学できるようになった「ぼく」をねたむ気持ちが理解できなかったということ。

●漢字の書き取り

一 ① 弁　② 牛　③ 退　④ 散　⑤ 布　二 ① 遊　② 招
③ 水　④ 穴　⑤ 茶

解説

一 熟語の完成

① 「弁護士」は，事件の一方の代理人となって，当事者の権利や利益を守る手助けをする人。　② 牛の肉。　③ 「退場」は，会場や競技場などから退出すること。　④ 「一目散」は，わき目もふらずに走るようす。　⑤ 「布教」は，宗教の教えを世の中に広く行きわたらせること。

二 漢字の書き取り

① 音読みは「ユウ」で，「遊具」などの熟語がある。　② 音読みは，「ショウ」で，「招待」などの熟語がある。　③ 「水に流す」は，“過去にあったもめごとやいざこざなどを，すべてなかったこととする”という意味。　④ 「穴があったら入りたい」は，“身をかくしたくなるほどはずかしがる”という意味。　⑤ 「お茶を濁《にご》す」は，“いい加減なごまかしをしてその場をとりつくろう”という意味。

三 **出典は落合陽一《おちあいよういち》の『働き方5.0　これからの世界をつくる仲間たちへ』による。**今後，コンピュータのつくるバーチャルな代替《だいたい》物によって満足の得られる生活が全世界的に訪《おとず》れたとき，プラットフォームに飲みこまれず，クリエイティブ・クラス(価値創造を行うような職業についている人々)になるためには，自分で考える習慣を身につけ，「形式知」を「暗黙《あんもく》知」にしていくことが必要だと述べられている。

問１　続く段落の最初で，「プラットフォームを形成するものは，コンピュータと結びついたコスト合理性とコモディティ化の波」だとしたうえで，筆者は「そのような経済的な合理性」が「人間の生活スタイル」を変えてきたと述べている。具体的な「プラットフォーム」の例としては，「『そこに行けばすべてがある』ようなショッピングモール」があげられ，「ローコストで何も不自由のない生活ができる」ようになったことが示されている。

問２　人々が特定の「プラットフォーム」の中で生活のすべてを完結させ一生を終えることができる，つまりローコストで何も不自由のない生活を送るという時代が到来《とうらい》するかもしれないとしながらも，それは「コンピュータプラットフォームによって」全世界的にもたらされると筆者は述べている。グーグルがカードボードというダンボール製のヘッドマウントディスプレイを生産しはじめたとの例からもわかるとおり，将来，人々は「コンピュータの作るバーチャルな代替物」により「幸福感を得て満足するよう」になるのだろう。そのうえで筆者は，人々がクリエイティブ・クラスになることで，「コンピュータプラットフォーム」の浸透《しんとう》をよしとする時勢の流れ(潮流《ちょうりゅう》)に飲みこまれずにすむと指摘《してき》している。

問３　筆者は「あらためて自分で考える習慣をつけることが，思考体力を高めるための第一歩」であり，その「基本は『解釈力《かいしゃくりょく》』」だと述べている。「ネットや他人から得た情報を鵜呑《うの》みにする」ことや，「ネットで知った知識をそのまま人に話しているようではダメ」で，「知識を他の知識とひたすら結びつけて」おき，「検索《けんさく》で知った答えを自分なりに解釈して」いくことが必要なのである。

問４　一つ目の大段落の最後のほうで，「ウィキペディア的」と評されているとおり，「形式知」が自分で考えることなく得られた知識を指す一方,「暗黙知」は，物事について考えぬき，深めていった結果得られ,「新しい価値」を生み出せるものにあたる。そのうえで,「形式知」を「暗黙知」にするためには,「あらためて自分で考える習慣をつけ」，得た「知識を他の知識とひたすら結びつけ」ておくこと，そして「検索で知った答えを自分なりに解釈し」，出た答えを「自分の人生」とどうつながるのかを考えることが必要だと，筆者は述べている。

四　出典は井上《いのうえ》ひさしの『四十一番の少年』所収の「汚点《しみ》」による。「ぼく」が暮らしている孤児院《こじいん》では，今年から昼間部の全日制高校に合格すれば進学することが可能になり,「ぼく」は全日制高校への進学を目指している。そんな「ぼく」に対して定時制高校に通う選択《せんたく》しかできなかった船橋や斎藤たちは「ぼく」のことをねたんで，嫌《いや》がらせをしたり暴力をふるったりしていた。

問１　全日制高校に通ってもよいと，孤児院の規則が変わったことに対するねたみから，船橋は自分たちと同様定時制に通い,「昼は働き，夜は勉強」するよう「ぼく」たちをおどしている。しばらく組み合った後，小川や佐久間は船橋に屈服し，昼間の高校を諦《あきら》めると約束したが,「どうしても諦められなかった」「ぼく」には,「いつか必ず降参《こうさん》させてやるからな」と言ったのだから，ここでの「降参」とは,「ぼく」が全日制高校に進学するのを諦めることにあたる。

問２　進駐《しんちゅう》軍の将校たちが四五〇ドルを寄付してくれたことで，月謝の心配もなく全日制の公立高校へと進学できるようになったにもかかわらず，小川と佐久間は「働きながら夜間へ通」うとの意思を示している。急に考えを変えた二人の真意をはかりかねたうえ，将校たちからも非難めいたことを言われた院長はとまどい，真実はさておき，とりあえずは状況《じょうきょう》の悪化を避《さ》けようと，小川と佐久間には，寄付に頼《たよ》らず自らの力でかせぎ学ぼうとする高い志があると，院長は説明したのである。

問３　「ハーモニカ事件」とは,「寄贈《きぞう》されたばかりのハーモニカ，それも，最も高価なコード・ハーモニカが消え失せ」,「ぼくのベッドのマットレスの中」から出てきたというものだが，このとき院長は「ぼく」がハーモニカをぬすんだとは思っていない。一方,「偽《にせ》ぼくから果物《くだもの》屋の娘《むすめ》へあてた恋文《こいぶみ》」についても，院長は「真犯人をつきとめて，厳重に反省させます」と約束し,「ぼく」を悪人に仕立てようとするのは誰《だれ》なのか問いただしている。つまり院長は，二つの事件が「ぼく」を悪人としておとしいれようとする「構図」になっていると気がついたのである。船橋たちが，全日制高校へ進学しようとする「ぼく」を諦めさせようとの「意図」でもって工作を企《くわだ》てた点をおさえてまとめる。

問４　今年から全日制高校に通ってもよいと孤児院の規則が変わったことで,「ぼく」は全日制高校への進学を目指すことができるようになったうえ，進駐軍の将校たちの寄付もあり，学費の心配をする必要もなくなった。しかし，定時制高校に通うしかなく,「昼は働き，夜は勉強」する生活を余儀《よぎ》なくされた船橋たちは，全日制高校に進学することができる「ぼく」や小川や佐久間へのねたみから，嫌がらせをしたり暴力をふるったりしている。そんな船橋たちのひねくれた気持ちは,「よい家に生《うま》れ，音楽を愛し，天主の御旨《みむね》が天において行われるように地にも行われている，と信じている院長」にとっては無縁《むえん》なので,「ぼく」は今の状況を「説明してもわかってもらえそうもなかった」と思ったのである。

Dr.福井の 入試に勝つ！脳とからだのウルトラ科学

歩いて勉強した方がいい？

みんなは座って勉強しているよね。だけど，暗記するときには歩きながら覚えるといいんだ。なぜかというと，歩いているときのほうが座っているときに比べて，心臓が速く動いて（脈はくが上がって）脳への血のめぐりがよくなるし，歩いている感覚が背骨の中を通って脳をつつくので，頭が働きやすくなるからだ（ちなみに，運動による記憶力アップについては，京都大学の久保田名誉教授の研究が有名）。

具体的なやり方は，以下のとおり。まず，机の上にテキストを広げ，１ページぐらいをざっと読む。そして，部屋の中をゆっくり歩き回りながら，さっき読んだ内容を思い出す。重要な語句は，声に出して言ってみよう。その後，机にもどってテキストをもう一度読み直し，大切な部分を覚え忘れてないかをチェック。もし忘れている部分があったら，また部屋の中を歩き回りながら覚え直す。こうしてひと通り覚えることができたら，次のページへ進む。あとはそのくり返しだ。

さらに，この“歩き回り勉強法”にひとくふう加えてみよう。それは，なかなか覚えられないことがら（地名・人名・漢字など）をメモ用紙に書いてかべに貼っておくこと。ドンドン貼っていくと，やがて部屋中がメモでいっぱいになるハズ。これらはキミの弱点集というわけだが，これを歩き回りながら覚えていくようにしてみよう！　このくふうは，ふだんのときにも自然と目に入ってくるので，知らず知らずのうちに覚えることができてしまうという利点もある。

歴史の略年表や算数の公式などを大きな紙に書いて貼っておくのも有効だ。

Dr.福井（福《ふく》井《い》一成《かずしげ》）…医学博士。開成中・高から東大・文Ⅱに入学後，再受験して翌年東大・理Ⅲに合格。同大医学部卒。さまざまな勉強法や脳科学に関する著書多数。

2022年度　芝　中　学　校

〔電　話〕(03) 3431－２６２９
〔所在地〕〒105-0011　東京都港区芝公園３－５－37
〔交　通〕JR山手線－「浜松町駅」より徒歩15分
東京メトロ日比谷線－「神谷町駅」より徒歩５分

【算　数】〈第２回試験〉(50分)〈満点：100点〉

次の問いの□をうめなさい。

1　次の計算をしなさい。

(1) $2.3\times1.1+2.3\times2.8+2.3\times3.9+1.4\times3.9$
$-0.4\times2.3-0.9\times2.3-1.3\times2.3-1.3\times3.4=\square$

(2) $\left(\frac{1}{3}+\frac{1}{4}\right)\div\left\{\left(\frac{1}{2}+\frac{1}{3}\right)\div\square+\left(\frac{1}{3}-\frac{1}{5}\right)\right\}=\frac{5}{4}$

2　昨年900円で売っていた商品を，今年は２割引きで販売したところ，昨年より50個多く売れて，売り上げが18000円増加しました。この商品は今年□個売れました。

3　図のような，ADとBCが平行な台形ABCDにおいて，AB＝３cm，BC＝４cm，ACとBDの交わる点をO，BCとACのまん中の点をそれぞれE，Fとします。BDは角ABCを２等分していて，AHとBDは垂直に交わっています。

(1) 四角形ABCDの面積は三角形OHFの面積の□倍です。

(2) 四角形ABCDの面積は三角形EFHの面積の□倍です。

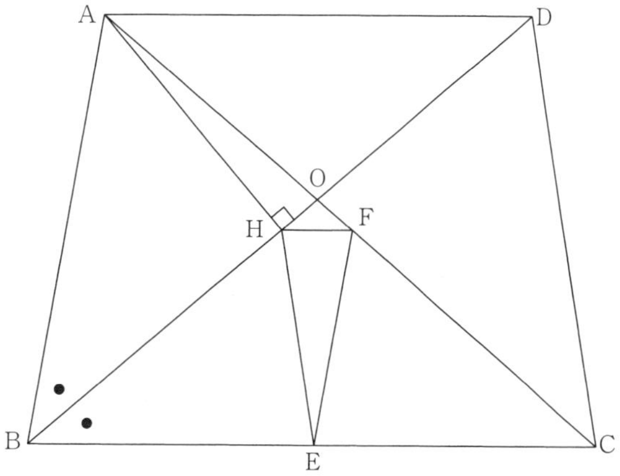

4　同じ大きさの水槽《そう》が２つあります。水槽１には給水口Aと給水口Bがあり，水槽２には給水口Cがあります。

給水口Aは毎時40L，給水口Bは毎時□L，給水口Cは毎時60Lの水がでます。

水槽１にAから給水を始めてから６分後にBからも給水を始めます。その後Bは２分間給水すると６分間止めることを繰り返します。

水槽２には，Aが給水を始めてから３分後にCから給水を始めます。

Aから給水を始めてから24分後に水槽１と水槽２が同時に満水になりました。

２つの水槽が満水になる前に，水槽１と水槽２にたまった水の量が２回等しくなりました。Aから給水を始めてから最初に等しくなるのは□分後で，２回目に等しくなるのは□分後です。

5　芝楽太郎君の家族は，父，母，弟の４人家族で，ペットを１匹飼っています。現在，芝楽太郎君は12才で，父と母，ペットと弟の年令差はともに６才です。また，父と母はどちらも40才以上50才以下です。４年前，芝楽太郎君と弟とペットの年令の和は，父と母の年令の和の４分の１でした。

現在，ペットの年令は □ 才です。

6　学園祭のパンフレットを３台のコピー機を使って，すべての枚数を印刷するのに，コピー機Ａで印刷すると１時間40分，コピー機Ｂで印刷すると２時間，コピー機Ｃで印刷すると２時間30分かかります。

(1)　３台のコピー機で同時に印刷を始めると □ 分ですべての枚数を印刷できます。

(2)　３台のコピー機で同時に印刷を始めましたが，途中でコピー機Ｂが故障し，その15分後にコピー機Ｃも故障しました。その後は30分間コピー機Ａだけで印刷を続けていましたが，２台のコピー機が修理できたので，最後は３台で印刷しました。すべての枚数を印刷するのに，予定よりも □ 分多く時間がかかりました。

7　Ａ，Ｂ，Ｃの３つの箱があります。箱Ａには１から順に１，２，３，…と整数が書かれているカードが上から小さい順に重ねられています。そのカードを次のルールでなるべく少ない回数で箱Ａから箱Ｃに移動します。

ルール１．１回に移動するカードは重ねられた一番上の１枚だけです。
ルール２．移動するカードは空の箱か，移動するカードの数字より大きいカードの上にしか移動できません。
ルール３．Ａ，Ｂ，Ｃのどの箱のカードもＡ，Ｂ，Ｃのどの箱にでも移動することができます。

（例）　最初に箱Ａに３枚入っている場合

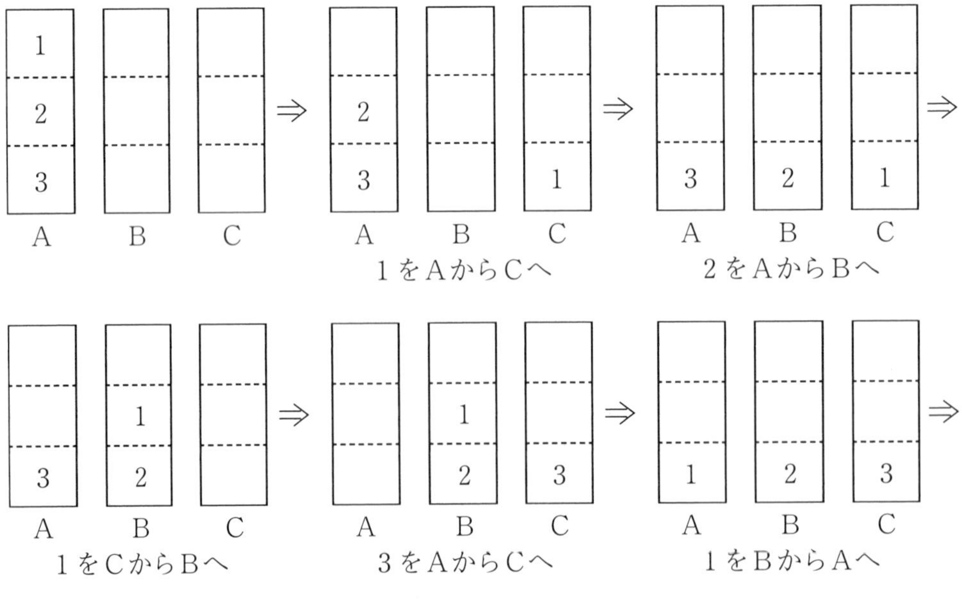

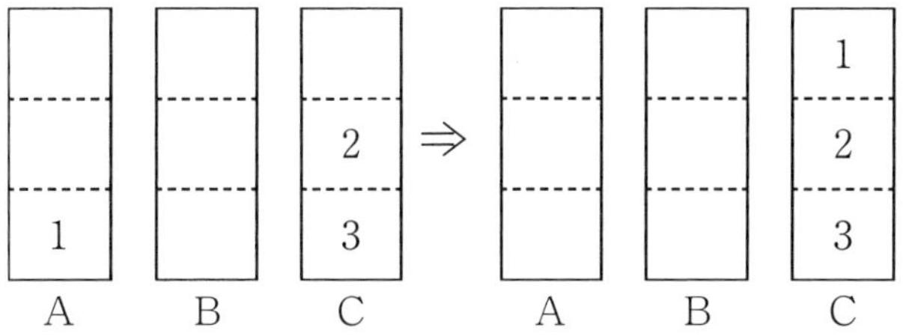

２をＢからＣへ　　　　１をＡからＣへ

以上のようにして，３枚のカードは７回で移動できます。

(1)　箱Ａに４枚入っている場合を考えます。まず，１，２，３のカードを(例)と同様にして箱Ｂに７回で移動します。次に４のカードを箱Ａから箱Ｃに移動した後，箱Ｂの３枚を(例)と同様にして箱Ｃに移動すると，４枚のカードは□回で移動ができます。

(2)　箱Ａに６枚入っている場合，６枚のカードは□回で移動できます。

8　図のような，BC＝20cm の長方形 ABCD の辺上を３点Ｐ，Ｑ，Ｒが以下のルールにしたがって一定の速さで動きます。

> 点Ｐは，Ａを出発すると辺 AB 上をＢに向かって動き，Ｂに到達すると逆方向に動いてＡに戻ると止まります。
> 点Ｑは点Ｐと同時にＡを出発して辺 AB 上を動き，Ｂに到達すると止まります。
> 点Ｒは点Ｐが出発してから５秒後にＣを出発すると辺 CD 上を動き，Ｄに到達すると止まります。

グラフは，点ＰがＡを出発してからの時間と，４点Ｐ，Ｑ，Ｒ，Ｄを結んでできる図形の面積の関係を表したものです。

(1)　辺 AB の長さは□cm です。

(2)　点Ｐの速さは毎秒□cm です。

(3)　グラフの［ア］は□秒，［イ］は□秒です。

図

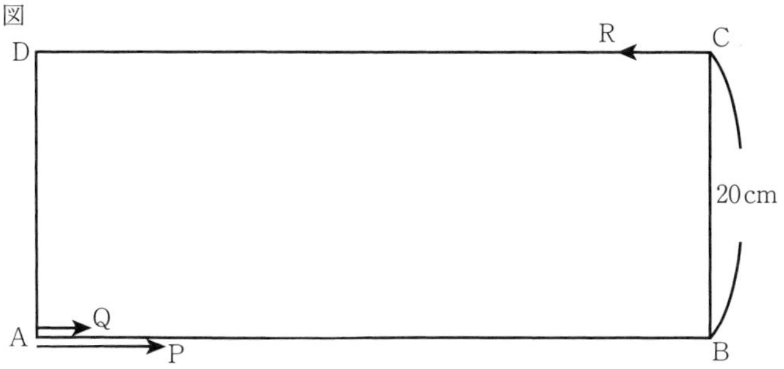

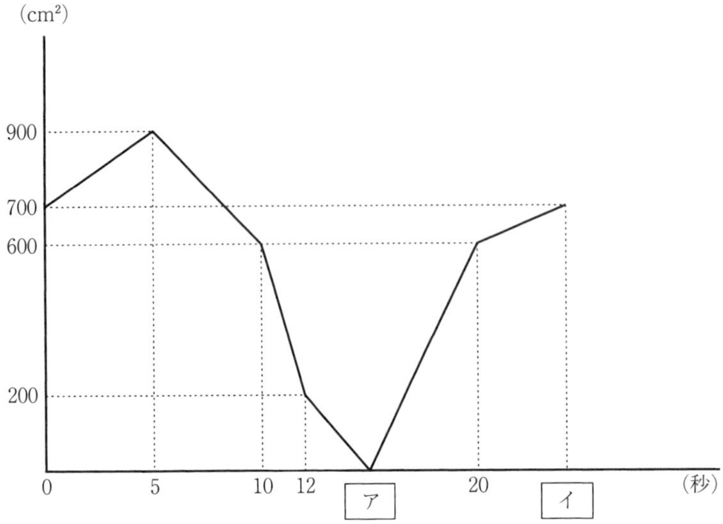
(cm²)
900
700
600
200
0
5
10
12
ア
20
イ
(秒)

【社　会】〈第２回試験〉（40分）〈満点：75点〉

1　関東地方について説明したＡ～Ｅの文を読んで，それぞれにつづく問いに答えなさい。

Ａ　関東地方には，(1)多くの川が流れていて，これらが日本最大の関東平野をつくっています。関東平野は，平野のなかに台地がしめる割合が大きく，おもに(2)畑や市街地に利用されています。台地や丘陵地では，(3)ゴルフ場も多くつくられています。

問１　下線部(1)に関して，次の文章は，関東地方を流れる河川について説明したものです。文中の［あ］～［え］に当てはまる語を答えなさい。

東京では水の確保が重要な課題であり，今日では東京で使う水の約80％は，［あ］川・［い］川水系の水にたよっています。昔の［あ］川は東京湾に注いでいましたが，江戸時代に千葉県［う］市を河口とする現在の流路に付け替えられました。［い］川は，甲武信ヶ岳《こぶしがたけ》を源流とし，秩父，長瀞《ながとろ》を流れて関東平野に出て南下し，江東区と江戸川区の区境で東京湾に注ぎます。［え］川は，山梨県の笠取山を源流とし，中流域で［え］丘陵と武蔵野台地の間を流れ，東京湾に注ぎます。高度経済成長期には，汚水流入の増加により水質が悪化しましたが，現在は改善傾向にあります。

問２　下線部(2)に関して，東京西部では，ほうれんそう，にんじん，日本なしなどを組み合わせ，小さな畑でそれらを少しずつ栽培しています。次の表１は，ほうれんそう，にんじん，日本なしのいずれかについて，収穫上位の都道府県と全国収穫量に占める割合を示したものです。表１中の①～③に当てはまる作物の組み合わせとして正しいものを，以下のア～カの中から一つ選び，記号で答えなさい。

表１

①	
埼玉	11.0
群馬	9.3
千葉	8.6
茨城	7.4
宮崎	7.4

②	
茨城	9.5
千葉	9.2
栃木	8.6
福島	7.6
鳥取	7.0

③	
北海道	32.7
千葉	15.7
徳島	8.6
青森	6.7
長崎	5.2

2019年産　単位は％　『データでみる県勢 2021』より作成

	ア	イ	ウ	エ	オ	カ
①	ほうれんそう	ほうれんそう	にんじん	にんじん	日本なし	日本なし
②	にんじん	日本なし	日本なし	ほうれんそう	ほうれんそう	にんじん
③	日本なし	にんじん	ほうれんそう	日本なし	にんじん	ほうれんそう

問３　下線部(3)に関して，次の表２中のＸ～Ｚは，「ゴルフ場」，「*温泉地数」，「テーマパーク・レジャーランド」のいずれかであり，それぞれの上位の都道府県と施設数を示したものです。表２中の①～③に当てはまる都道府県の組み合わせとして正しいものを，以下のア～カの中から一つ選び，記号で答えなさい。

＊温泉地数は，宿泊施設のある温泉地

表２

X		Y		Z	
①	161	①	25	②	246
兵庫	155	大阪	21	③	210
②	149	②	20	新潟	144
栃木	125	③	19	福島	136
茨城	115	岡山	14	青森	125
全国	2194	全国	366	全国	2982

「ゴルフ場」，「テーマパーク・レジャーランド」は
2019年４月末現在
「温泉地数」は2018年末現在
『データでみる県勢 2021』より作成

	ア	イ	ウ	エ	オ	カ
①	北海道	北海道	千葉	千葉	長野	長野
②	千葉	長野	長野	北海道	北海道	千葉
③	長野	千葉	北海道	長野	千葉	北海道

B　(4)東京の市街地は，東京23区を中心として，神奈川・埼玉・千葉など，となりの県にまで広くつながっています。東京の人口が増加したのは，1950年代に始まる高度経済成長期からで，1960年代に入ると東京都の人口は伸び悩みます。その代わり近隣の３県を含めた東京圏全体では増加の一途をたどり，郊外化に伴って都心部の人口が空洞化する［　5　］現象が見られました。しかし，2000年以降は(6)東京都でも再び増加が見られるようになっています。

問４　下線部(4)に関して，次のＸ・Ｙは東京での郊外化について述べたものです。Ｘ・Ｙの正誤の組み合わせとして正しいものを，下のア～エの中から一つ選びなさい。

Ｘ．関東大震災の被害は，都心より西部に広がる低地の密集市街地で大きかったため，被害が少なく都市化も遅れていた東部の山の手に市街地が拡大しました。

Ｙ．戦後の都心の過密化に伴い，1955年ごろから，小田急線に沿って世田谷で住宅の建設・販売が増加し，のちにより郊外の町田駅・相模大野駅周辺へと拡大していきました。

ア．Ｘ－正　Ｙ－正
イ．Ｘ－正　Ｙ－誤
ウ．Ｘ－誤　Ｙ－正
エ．Ｘ－誤　Ｙ－誤

問５　文中の［　5　］に当てはまることばを答えなさい。

問６　下線部(6)に関して，次の表３は，八王子市，杉並区，港区のいずれかの人口増減率と年齢別人口構成を示したものです。表中のＸ～Ｚと八王子市，杉並区，港区との組み合わせとして正しいものを，以下のア～カの中から一つ選び，記号で答えなさい。

表３

	人口増減率	０～14歳	15～64歳	65歳以上
X	1.15	13.7	69.4	16.9
Y	0.88	10.5	68.7	20.8
Z	0.00	11.6	61.6	26.9

人口増減率，年齢別人口構成は2020年１月１日
単位は％　『データでみる県勢 2021』より作成

	ア	イ	ウ	エ	オ	カ
X	八王子市	八王子市	杉並区	杉並区	港区	港区
Y	杉並区	港区	港区	八王子市	八王子市	杉並区
Z	港区	杉並区	八王子市	港区	杉並区	八王子市

C　関東地方には京浜工業地帯をはじめ，京葉工業地域，関東内陸工業地域があり，地域ごとに製造品出荷額等の構成に特徴があります。

問７　次の図１中のア～エは，京浜工業地帯，中京工業地帯，阪神工業地帯，関東内陸工業地域の製造品出荷額等の構成を示したものです。京浜工業地帯に当たるものをア～エの中から一つ選び，記号で答えなさい。

図１

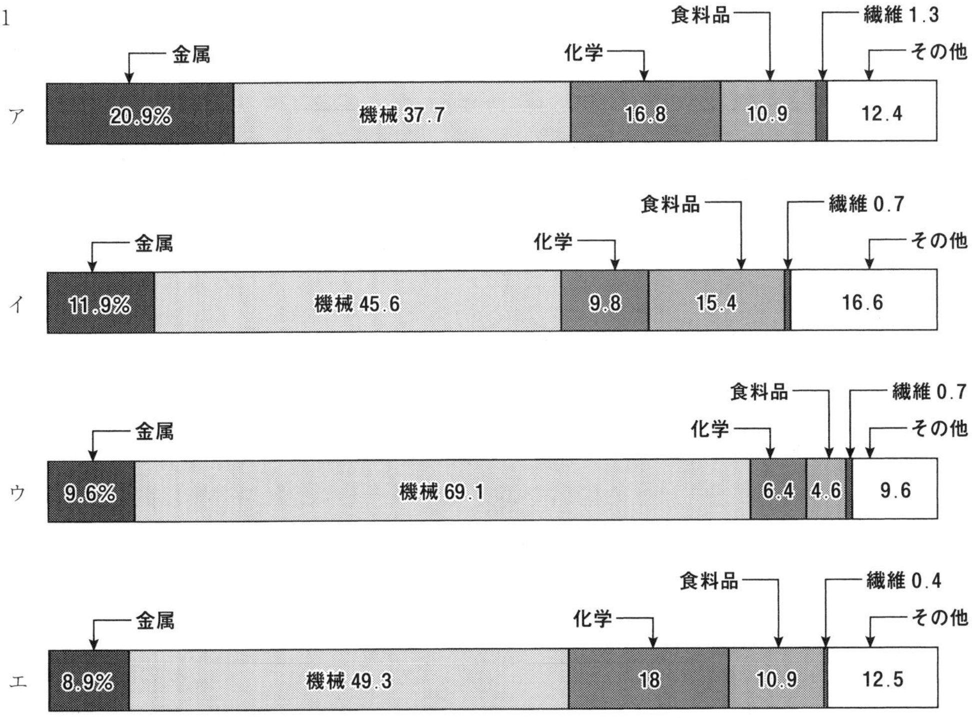

京浜：東京都，神奈川県。中京：愛知県，三重県。阪神：大阪府，兵庫県。関東内陸：栃木県，群馬県，埼玉県。　2018年　単位は％　　『日本国勢図会 2021/22』より作成

D　東京は地形的な特徴からも湧水が多く存在する地域で，現在でも都内に600以上あります。水質の良い湧水・地下水が入手できる地域には，その水を利用したい食品製造業など

が集まるようになります。豆腐屋もその一つで，豆腐づくりには，(7)大豆と水，にがりが欠かせません。豆腐の水分含有量は80％以上といわれており，豆腐づくりにおいて水が重要であることがわかります。

問８　下線部(7)に関して，大豆は日本人になじみの深い食材ですが，その国内自給率は低いです。次の表４は，日本で自給率が低い大豆・小麦・とうもろこしの主な輸入先を示したものです。（Ｘ）～（Ｚ）と国名との組み合わせとして正しいものを，以下のア～カの中から一つ選び，記号で答えなさい。

表４

大豆		小麦		とうもろこし	
（Ｘ）	2376	（Ｘ）	2632	（Ｘ）	10006
（Ｙ）	448	（Ｚ）	1938	（Ｙ）	5527
（Ｚ）	313	オーストラリア	797	南アフリカ共和国	152

2020年　単位は千ｔ　『日本国勢図会 2021/22』より作成

	ア	イ	ウ	エ	オ	カ
（Ｘ）	アメリカ	アメリカ	カナダ	カナダ	ブラジル	ブラジル
（Ｙ）	カナダ	ブラジル	ブラジル	アメリカ	アメリカ	カナダ
（Ｚ）	ブラジル	カナダ	アメリカ	ブラジル	カナダ	アメリカ

Ｅ　東京の食は江戸の食に由来するといわれています。江戸の庶民の多くが人足や職人など地方から出てきた単身の男性で，彼らは台所のない長屋に住み，普段の食事はどこかで購入するしかありませんでした。そのため，江戸の街ではファストフードとして安価で楽しめる(8)江戸前ずしと，そば，天ぷらなどの外食文化が発展しました。

問９　下線部(8)に関して，もともと江戸前ずしとは，江戸湾で獲れる魚と酢飯とを合わせる握りずしのことですが，現在，日本は水産物輸入大国で，世界の国々から輸入された魚などが握りずしに多く使われています。次の表５中のア～ウは，「えび」，「さけ・ます」，「まぐろ」のいずれかであり，それぞれの輸入先上位３か国とその割合および輸入額を示したものです。ア～ウの中から「さけ・ます」に当てはまるものを選び，記号で答えなさい。また，「さけ・ます」の空欄に当てはまる国名を答えなさい。それぞれの空欄に同じ国名は入りません。

表５

ア		イ		ウ	
□	60.2	台湾	19.8	□	21.4
ノルウェー	22.5	□	12.8	インド	20.3
ロシア	9.5	韓国	11.5	インドネシア	16.7
計	1996億円	計	1560億円	計	1600億円

2020年金額ベース上位３か国　単位は％　『日本国勢図会 2021/22』より作成

2　次のＡ～Ｅの文章を読んで，あとの設問に答えなさい。

Ａ　6世紀末に即位した推古天皇のもとで，$_{1}$聖徳太子(厩戸王・厩戸皇子)は蘇我馬子と協力して，天皇中心の政治体制を整えていきました。このころ中国では隋が国内を統一し強大な帝国を築いていましたが，聖徳太子は$_{2}$607年に小野妹子を遣隋使として派遣し，国交を結びました。

問1　下線部1に関連して述べた次の文Ｘ・Ｙの正誤の組み合わせとして正しいものを，下のア～エより選び，記号で答えなさい。

Ｘ．仏教や儒教の考え方を取り入れたわが国最初の成文法を定め，豪族たちに役人としての自覚を求めました。

Ｙ．天皇や豪族の持っていた私有地や私有民をなくし，土地や人民は国家のものとする方針が発表されました。

ア．Ｘ―正　Ｙ―正　　イ．Ｘ―正　Ｙ―誤

ウ．Ｘ―誤　Ｙ―正　　エ．Ｘ―誤　Ｙ―誤

問2　下線部2について，隋の皇帝は小野妹子が持参した国書を無礼としながらも，朝鮮半島のある国と対立していたため，倭と国交を結ぶこととしました。この朝鮮半島のある国とは何という国ですか。次のア～エより正しいものを選び，記号で答えなさい。

ア．百済　　イ．高麗　　ウ．新羅　　エ．高句麗

Ｂ　$_{3}$1429年，北山・中山・南山の3つの王国に分立していた琉球(沖縄)を，中山王の尚氏が統一し，琉球王国が建国されました。国王は明の皇帝より冊封(正式に国王と承認されること)を受け，その権威を背景に$_{4}$琉球王国は東アジアや東南アジアの国々ともさかんに交易を行って繁栄しました。

問3　下線部3に最も近い年におこった出来事と関係の深い史料を，次のア～エより一つ選び，記号で答えなさい。ただし史料は読みやすくするため，現代語に訳されており，かつ一部省略したり，書き直したりしているところもあります。

ア．所領を質に入れたり売買したりしてしまったことが，御家人たちの困窮の原因である。今後は御家人の所領の質入れや売買は禁止する。これまでに売却した所領については，もとの持ち主が領有せよ。

イ．今日，山城の国人が集会をした。同じく山城国中の土民たちも群れ集まった。今度の(山城国で戦っている)両陣の処理を話し合って決めるためだという。もっともなことであろう。ただし，これは下剋上がきわまったものだ。

ウ．天下の土民が大勢で武器を持って立ち上がった。「徳政だ」とさけんで，高利貸を営む酒屋・土倉・寺院などを破壊し，質入れした物品などを思うままに略奪し，借金の証文を破り捨てた。……日本の国が始まって以来，土民たちが武器を持って立ち上がったのは，初めてのことだ。

エ．諸国の百姓が，刀・脇差(短い刀)・弓・やり・鉄砲その他の武具を所持することはきびしく禁止する。その理由は，農耕に必要のない道具を持ち，年貢やその他の税を出ししぶり，もしも一揆を企て，領主に対してけしからぬ行いをするようになれば，そのような者は当然処罰される。

問4　下線部4について，明との朝貢貿易を始めた琉球王国は，自国の産物以外に日本の武具・

屏風や東南アジア産の香辛料などを明へ持っていき，その返礼として入手した生糸や絹織物・陶磁器などを諸国に転売して利益を得ていましたが，このような形態の貿易を何といいますか。

C　$_5$17世紀のはじめ，徳川家康は対馬藩の宗氏を通じて，豊臣秀吉の侵略によって断絶していた朝鮮との国交を回復させました。同じころ，琉球王国は薩摩藩の島津氏によって征服され，その支配下に入りましたが，中国との朝貢貿易は継続されました。一方，$_6$蝦夷地では松前藩がアイヌとの交易を独占していました。

問５　下線部５について，17世紀の出来事について述べた次の文Ｘ・Ｙとそれぞれ最も関係の深い事柄・人物は①～④のどれですか。組み合わせとして正しいものを，下のア～エより選び，記号で答えなさい。

Ｘ．キリスト教徒が多かった九州の島原や天草では，重税やキリスト教徒への迫害に苦しんでいた百姓たちが，天草四郎(益田時貞)を頭に大規模な一揆をおこしました。

Ｙ．江戸でおこった明暦の大火の復興費用や，金銀の産出量の減少によって江戸幕府の財政が悪化したため，質を落とした貨幣を大量に発行して財政を立て直そうとしました。

①　朱印状　　②　絵踏　　③　徳川綱吉　　④　新井白石

ア．Ｘ－①　Ｙ－③　　イ．Ｘ－①　Ｙ－④
ウ．Ｘ－②　Ｙ－③　　エ．Ｘ－②　Ｙ－④

問６　下線部６について，松前藩はアイヌに不利な条件で交易を行ったため，1669年にはアイヌと松前藩との戦いがおこりましたが，この戦いを何といいますか。

D　1871年，$_7$岩倉具視を中心とする総勢100名を超える使節団を乗せた船がアメリカへ向けて横浜港を出発しました。この船には岩倉のほかに，明治政府の中心にあって，$_8$新しい国づくりを進めている人々が大勢乗っていました。

問７　下線部７に関連して，この使節団の目標の一つであった不平等条約の改正について述べた次の文Ｘ～Ｚの正誤の組み合わせとして正しいものを，下のア～カより選び，記号で答えなさい。

Ｘ．井上馨は，外務卿，のちに外務大臣として，領事裁判権を撤廃する代わりに外国人判事を任用することなどを条件に条約改正交渉を進めていましたが，これに対しては政府内外から反発がおこり，また極端な欧化政策に対する反感と相まって，交渉は失敗に終わりました。

Ｙ．日清戦争直前の1894年，イギリスが日本に好意的になったことで条約改正交渉は進展し，外務大臣の陸奥宗光がイギリスと新しい条約を結ぶことに成功して，領事裁判権が撤廃されました。

Ｚ．1911年，外務大臣の小村寿太郎はロシアとの交渉に成功し，関税自主権の回復に成功しました。その後，他の国々もこれにならったため，日本はようやく国際社会で欧米諸国と対等な立場に立つことができるようになりました。

ア．Ｘ－正　Ｙ－誤　Ｚ－誤　　イ．Ｘ－正　Ｙ－正　Ｚ－誤
ウ．Ｘ－正　Ｙ－誤　Ｚ－正　　エ．Ｘ－誤　Ｙ－正　Ｚ－正
オ．Ｘ－誤　Ｙ－誤　Ｚ－正　　カ．Ｘ－誤　Ｙ－正　Ｚ－誤

問８　下線部８に関連して，明治政府による新しい国づくりについて述べた次の文Ⅰ～Ⅲを，年

代の古いものから順に並べかえた場合，正しいものはどれですか。下のア～カより選び，記号で答えなさい。

Ⅰ．政府は徴兵令を公布して，満20歳以上の男性に兵役の義務を負わせました。

Ⅱ．政府は五箇条の御誓文を出して，新しい政治の方針を示しました。

Ⅲ．政府は全国の藩を廃止し，新たに府や県を置きました。

ア．Ⅰ－Ⅱ－Ⅲ　　イ．Ⅰ－Ⅲ－Ⅱ　　ウ．Ⅱ－Ⅰ－Ⅲ

エ．Ⅱ－Ⅲ－Ⅰ　　オ．Ⅲ－Ⅰ－Ⅱ　　カ．Ⅲ－Ⅱ－Ⅰ

E　9 1951年，サンフランシスコにおいて日本は48カ国との間で平和条約を調印しました。この条約によって日本の独立は回復されましたが，10 沖縄などの南西諸島や小笠原諸島は引きつづきアメリカ合衆国が支配することとなりました。

問９　下線部９について，平和条約の調印と同じ日に，日本はアメリカ合衆国との間で日米安全保障条約に調印していますが，このとき日本側の代表であった，当時の首相は誰ですか。

問10　下線部10に関連して，サンフランシスコ平和条約の調印から沖縄の本土復帰までにおきた出来事として適当でないものを，次のア～オより一つ選び，記号で答えなさい。

ア．東海道新幹線が開通する　　イ．第五福竜丸事件がおこる

ウ．テレビ放送が開始される　　エ．日本万国博覧会が開催される

オ．湯川秀樹がノーベル賞を受賞する

3　次の文章を読んで，あとの設問に答えなさい。

『キテレツ大百科』というテレビアニメがあります。発明好きの小学生が先祖の書物をもとに様々な道具を発明するという話です。その他にも『ドラえもん』などがあげられるように，発明に関連するアニメは少年たちに夢をいだかせ，いつの時代も支持されています。

発明など，人々によって生み出されたアイデアや創造物は，ときには世の中を一変させ，莫大な利益を生みます。場合によっては，利益の奪い合いという問題も出てきてしまうため，最初に考案した人に独占的に利益を得る権利を認めることで，国は適正な競争を促し経済発展につなげようとしてきました。1 こうして産業革命以降，欧米各国で特許制度が整備されました。

日本では江戸時代末期から明治初期にかけて，［　X　］が『西洋事情』のなかで海外の制度を紹介したことをきっかけに，少しずつ 2 特許権・著作権の考えが広まっていきます。その後，明治政府によって法律が整備されたことで権利の保護が進みました。現在，3 国内での特許の出願は，年間で30万件ほどありますが，この数は世界でも有数であり，日本が「ものづくり大国」といわれるゆえんであると言うことができます。

しかしながら，資料１の国際特許出願件数をみてみると，日本は 4 アメリカや中国と競ってはいるものの３位に甘んじています。とくに中国の出願数の伸びは著しく，大きく水をあけられている状況です。単純に数だけ競ってもしかたがありませんが，これまでの「ものづくり大国」としての地位が決して安泰というわけではないことを示していると思います。

そもそも，特許の多くは企業が取得していて，どれだけ有用な特許を持っているかによって企業の価値が決まってきます。次いで，大学が多くの特許を取得しており，企業と大学とが連携することで 5 国の科学技術力がより向上すると考えられます。資料２の研究開発費の国際比較によると，ここ10年ほど日本は微増にとどまっていることがわかります。企業や大学が研究

に対して投資を積極的に行わないと，新たな発見や高度な技術を生み出すことが難しくなります。特許数の国際比較で日本が中国やアメリカに差をつけられ，科学技術力の伸び悩みが指摘される理由には国の経済力が多少なりとも関わっているかもしれません。

資料１　【国際特許出願件数(単位　件)】

国籍別	2019	2020(推定)	企業別	2019	2020
中国	59 193	68 720	Ⅰ　（中）	4 411	5 464
アメリカ合衆国	57 499	59 230	サムスン電子（韓）	2 334	3 093
日本	52 693	50 520	三菱電機（日）	2 661	2 810
韓国	19 073	20 060	LGエレクトロニクス（韓）	1 646	2 759
ドイツ	19 358	18 643	クアルコム（米）	2 127	2 173
フランス	7 906	7 904	(1)エリクソン	1 698	1 989
計(その他もふくむ)	**265 381**	**275 900**	BOE（中）	1 864	1 892

(1)はスウェーデン

『日本国勢図会 2021/22』より

また，人材の育成という面でも資金が必要になります。たとえば，6国が大学への予算を削減してしまうと，理学部や工学部での研究が十分にできなくなり，研究者を志す若者が夢を断念せざるを得ない事態になってしまうことが考えられます。2018年に新しいがん治療方法を発見しノーベル医学生理学賞を受賞した京都大学の[　Ｙ　]氏は，「若い人にチャンスを与えるべきだ」と，研究費を広く配分することの大切さを訴えています。今後も日本がお家芸である「ものづくり」を強みにして経済発展を図るのであれば，基礎研究である「科学分野」，特許などに関わる応用研究である「技術分野」まで幅広く投資し，あらゆる手を尽くして人材を育てていく必要があるでしょう。

資料２　【主要国の研究開発費】

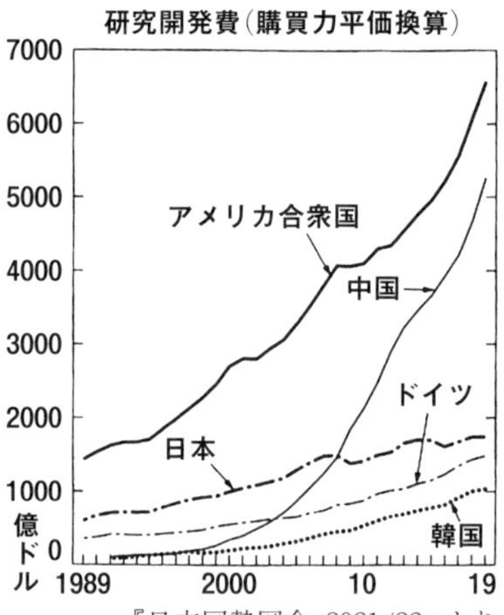

『日本国勢図会 2021/22』より

問１　文中の空欄ＸとＹには人物名が入ります。次の選択肢の中から選び記号で答えなさい。

Ｘ　ア．大隈重信　　イ．中江兆民　　ウ．新島襄　　エ．福沢諭吉

Ｙ　オ．利根川進　　カ．本庶佑　　キ．山中伸弥　　ク．吉野彰

問２　下線部１に関連して，第16代アメリカ大統領リンカーンは，自ら特許を取得するほど特許制度に力をいれていました。アメリカ旧特許庁の玄関には，次のようなリンカーンの言葉が今でも刻まれています。次の空欄に当てはまる語を，本文中から探して答えなさい。

「特許制度は，天才の火に(　　　)という油を注いだ」

問３　下線部２について，近年は特許権や著作権にとどまらずアイデアや創造物を幅広く知的財産権として保護することが積極的に行われています。知的財産権として主張できるものとして誤っているものを一つ選び記号で答えなさい。

ア．高級ブランドメーカーが考えたトレードマーク

イ．スポーツ選手が打ち立てた新記録や獲得したタイトル

ウ．使いやすさを考えて作られた製品の形状

エ．地域の名称と商品名を組み合わせた地域ブランド名

オ．品種改良によって開発された新品種

問４　下線部３について，出願の管理を行っている特許庁はどこの外局ですか。正しいものを次の選択肢から選び記号で答えなさい。

ア．経済産業省　　イ．財務省　　ウ．総務省　　エ．内閣府　　オ．文部科学省

問５　下線部４に関連した以下の設問に答えなさい。

(1)　日本とアメリカとの間で1980年代～90年代にかけておこった貿易摩擦について述べた文として正しいものを二つ選び，記号で答えなさい。

ア．日本ではアメリカ製品の不買運動が広がった。

イ．日本はアメリカへの輸出を自主的に規制した。

ウ．話し合いにより両国の関税は撤廃された。

エ．摩擦の対象となった品目は自動車や半導体であった。

(2)　資料１の空欄Ⅰには中国の通信機器メーカーが入ります。とくに無線移動通信システム(いわゆる５Ｇ)分野で多くの関連特許を有していることで首位になっています。米中の対立の中でも話題となったこの企業として適切なものを次から選び記号で答えなさい。

ア．アリババ　　イ．新華社通信　　ウ．ヒュンダイ　　エ．ファーウェイ

問６　下線部５について，資料３は科学誌に掲載された各国の論文数を示しています。どれだけ盛んに論文が書かれているかや，どれだけ注目度の高い論文があるかによって，科学技術分野における国際競争力をみることができます。資料１，２も参考にしながら以下の設問に答えなさい。

(1)　資料３のａ～ｅは，それぞれアメリカ・韓国・中国・ドイツ・日本のどれかが当てはまります。このうち，アメリカと日本はどれにあたりますか。記号で答えなさい。

(2)　資料３の空欄Ⅱに入る国は2004年～2006年にはランクインしていませんでしたが，近年，特にコンピューター・ソフトウェアの開発が盛んで，情報通信技術(ICT)産業の発展が著しいです。この国名を答えなさい。

資料３　【科学誌に掲載された論文数(年平均)】

2004年～2006年の平均

国	論文数	シェア(%)
a	228849	25.7
b	67696	7.6
c	63296	7.1
d	53648	6.0
イギリス	51976	5.8
フランス	38337	4.3
イタリア	31573	3.5
カナダ	29676	3.3
スペイン	23056	2.6
e	22584	2.5

→

2017年～2019年の平均

国	論文数	シェア(%)
c	353174	21.8
a	285717	17.6
d	68091	4.2
b	65742	4.1
イギリス	63575	3.9
Ⅱ	63435	3.9
e	50286	3.1
イタリア	47772	2.9
フランス	44815	2.8
カナダ	42188	2.6

科学技術・学術政策研究所『科学技術指標』による

問７　下線部６について，これには財政上の問題も関係しています。2021年３月に成立した2021年度一般会計予算の国債依存度として，もっとも近いものを次から選び記号で答えなさい。

ア．20%　　イ．40%　　ウ．60%　　エ．80%

4　以下の文章を読み，問いに答えなさい。

想像してみてください。１本のペットボトルがあります。「この水は泥水を何度も濾過《ろか》して不純物を完全に取りのぞいたあとに，沸騰させて殺菌処理をしたものです」とラベルに表示されています。仮にAこの水が20円で自動販売機に並んでいたとしたら，皆さんは自分から買いたい，と思うでしょうか。すすんで買うことをためらう人のほうが，多いのではありませんか。

上で考えてもらった水は，おそらく皆さんの体に害のない，いわば安全な水です。ラベルの文章を読めば，皆さんもそのことはすぐに理解できるでしょう。ところが，それを自分から買って飲むことはためらわれます。私たちの心のはたらきが拒否してしまうからです。安心できないのですね。

安全なものに対して安心をよせるというのが理想の状態なのですが，完全な安全というものはこの世に無いに等しく，どんな物ごとも私たちに害をおよぼす可能性を含んでいます。ただそこにあるだけのBタンスだって，地震が起これば倒れてくるかもしれませんし，足の小指をぶつけてものすごく痛い思いをするかもしれません。多くの場合，私たちは完全に安全とは言えないものに，安心して接しています。

それは生きていくうえでは欠かせない態度です。完全に安全でなければ安心できない，というならば私たちの生活は成り立たなくなってしまうのですから。私たちは心のどこかで物ごとの性質，中でも私たちに害をあたえるかどうかを見きわめています。その見きわめには一人ひとり違う基準があり，基準を下回る物ごとにたいしては安心感を持ちます。基準が厳しい人であれば，他の人が安全だと見きわめた物ごとに安心できないこともあるでしょう。

「安全性」「安心感」とは言うけれども，「安全感」「安心性」とは言いません。このことからも明らかなように，安全と安心は異なるものなので，両者を区別したうえで，それぞれに適切に対応することが必要です。安全を正しく評価するためには，物ごとに対する正確な分析，つまり科学的な考え方や知識が不可欠です。誰かにとって都合のいいように，安全性の評価をゆがめてしまうと，多くの人が危険にさらされかねません。

いっぽう安心は，一人ひとりの経験に大きく影響されます。人間は未知のものにおそれをいだきますが，何度も経験するとおそれがうすれるものです。C2011年の大震災のときには，地震が発生してから津波が到達するまでに30分以上の時間があったにもかかわらず，避難しようとせずに命を落とした人が大勢いたそうです。九死に一生を得た人たちからは，「自分のいる場所が安全だと思っていたので，逃げるのが遅くなった」という証言が多く得られました。日本において地震はひんぱんに起こりますが，大津波は数十年，数百年に一度です。それが「自分は安全だ」という心理につながってしまいます。

なんの前提もなく自分の安心感だけを基準にするのはとても危険なことです。むろん，自分自身を危険にさらして安全かどうかを確かめることもできません。安心の基準をより適切なものにするためには，過去において同じような状況が起こったとき，当時の人がどのように行動したか，その結果がどのようなものだったかを知ること，言いかえれば歴史を学ぶことが大いに必要となるはずなのです。

問１　下線部Aについて，自動販売機で飲み物を購入する際に使用することが多い硬貨のうち，もっとも新しく発行されたものにほどこされたデザインとして，ふさわしいものをア～エより選び，記号で答えなさい。

ア．稲穂　　イ．菊　　ウ．桐　　エ．桜

問２　下線部Ｂについて，埼玉県には伝統工芸としてタンスを製造している市があります。国民的アニメに登場する一家が特別住民登録したことでも知られる，この市の名前を答えなさい。

問３　下線部Ｃについて，この当時三陸海岸にあった原子力発電所の所在地名を，ア～エより選び，記号で答えなさい。

ア．伊方　　イ．女川　　ウ．川内　　エ．高浜

問４　(a)　筆者は安全と安心をどのようなものだと考えていますか。次の空欄に当てはまることばを，問題文中からそれぞれ抜きだして答えなさい。

安全とは□□□□□□であり，安心とは私たちの△△△△△△である。

(b)　(a)をふまえたうえで，筆者はどのようなことが必要だと考えていますか。以下の条件に従って答えなさい。

〈条件〉

①　「安全と安心は◇◇◇◇◇なので，」と書きはじめる。空欄に当てはまることばは問題文中から抜きだして答える。

②　①の文に続き，かつ「と考えている。」と続くように，85字以内で答える。

③　途中に句点(。)を用いない。

【理　科】〈第2回試験〉（40分）〈満点：75点〉

1　次の文を読み，問いに答えなさい。

芝太郎君一家は，秋にキャンプをするのが大好きです。今年も11月末のはだ寒くなった時期に，埼玉県の山あいにあるキャンプ場へやってきました。

午前中は野山を歩くオリエンテーリングをしました。行動するときには①方位磁針を持って，地図を読みながらコースを歩きます。歩きながら，芝太郎君は大好きなこん虫採集もできるように，大きなあみを持っていきました。けれどもなぜかこん虫をほとんど見ることができません。

芝太郎君「お母さん，不思議だね。夏休みに来たときには，チョウやセミ，クワガタとか，たくさんのこん虫がいたはずなのに。」

お母さん「もう冬になる時期だからね。②冬には，こん虫はあまり活動せず，暖かくなるまでじっとしながら冬をこしているんだよ。」

昼過ぎになり，川の近くのキャンプサイトにみんなでテントを張りました。地面には大小の石がたくさんあったので，平らにするためにまずみんなで石拾いをしました。大学で地学を研究していたお父さんは，かたくて火打ち石としても使われる③チャートなどの岩石を分類し，作業そっちのけで楽しんでいるようでした。

夕食の準備をする時間になり，みんなでまきになる木を拾うことにしました。キャンプ場の裏側には竹林があり，芝太郎君はばっ採されて落ちている竹を拾って，お父さんにたずねました。

芝太郎君「お父さん，この竹はまきとして使えないかな？」

お父さん「そうだね，竹も木の一種で，油をふくんでいるので良く燃えるんだ。ただ，1つ気を付けないといけないことがあるよ。④竹をそのままの形(図ア)で火にくべると，ばく発する危険があるので，こうする必要があるよ。」

そう言うと，お父さんはなたを使って竹をたてに割って見せました(図イ)。

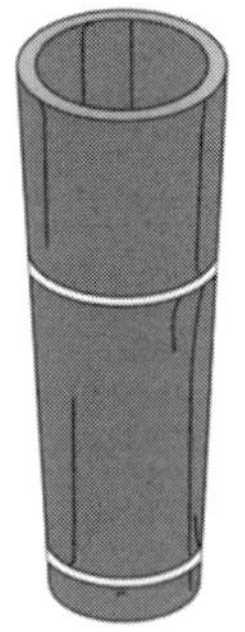

図ア

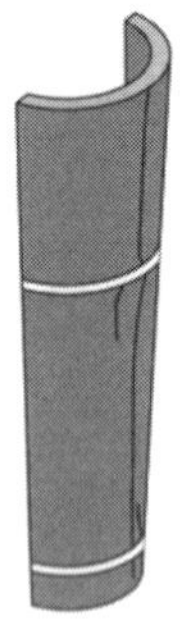

図イ

お父さん「こうすれば，火にくべても安全だね。」

芝太郎君はお父さんの知識と経験にとてもおどろきました。

(1)　下線部①について。方位磁針と導線を使い，次の図1，図2のような実験を行いました。以下の問いA，Bに答えなさい。

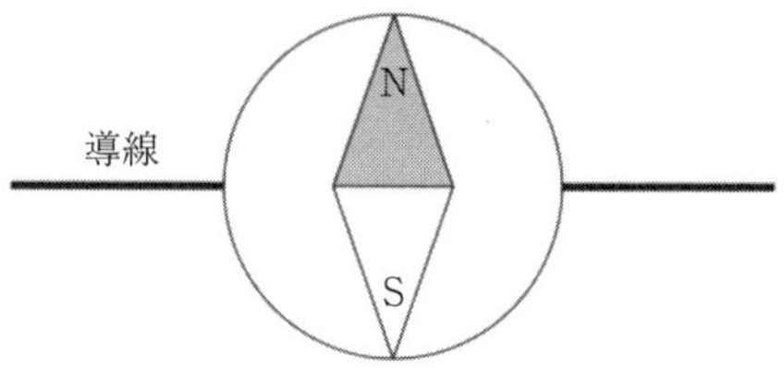

図1

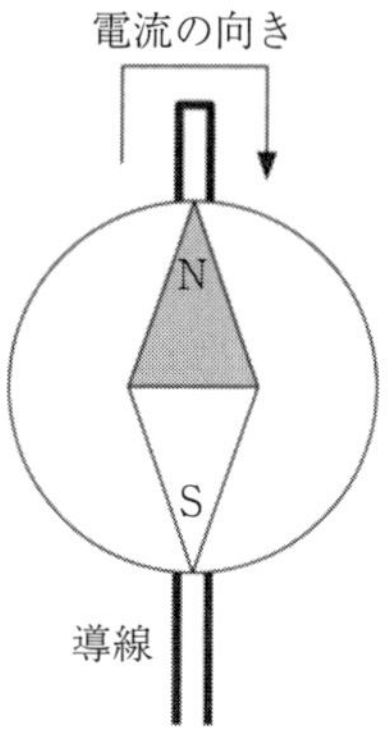

図2

A　図1のように導線の真上に方位磁針を置き，導線に電流を流したところ，電流を流す前後で方位磁針の針は動きませんでした。導線に流れた電流の向きを，次の中から1つ選んで，記号で答えなさい。

(ア)　東向き　　(イ)　西向き
(ウ)　北向き　　(エ)　南向き
(オ)　北東向き　　(カ)　北西向き
(キ)　南東向き　　(ク)　南西向き

B　図2のように導線の上に方位磁針を置き，矢印の向きに導線に電流を流しました。このとき，方位磁針の針はどのようにふれますか。次の中から1つ選んで，記号で答えなさい。

(ア)　針はふれない
(イ)　東向き
(ウ)　西向き
(エ)　ふり子のようにしん動する

(2)　下線部②について。次のうち，冬を幼虫でこすこん虫はどれですか。次の中から2つ選んで，記号で答えなさい。

(ア)　ミノガ　　(イ)　カマキリ
(ウ)　コオロギ　　(エ)　モンシロチョウ
(オ)　テントウムシ　　(カ)　カブトムシ

(3)　下線部③について。チャートについて述べた文章として最も適当なものを次の中から1つ選んで，記号で答えなさい。

(ア)　マグマが地表付近で急速に冷やされて固まった火成岩であり，白っぽい色をしている。
(イ)　マグマが地下深くでゆっくり冷やされて固まった火成岩であり，黒っぽい色をしている。
(ウ)　火山灰が固まってできた堆積岩である。
(エ)　どろが固まってできた堆積岩である。
(オ)　生き物の堆積によってできた堆積岩であり，塩酸をかけると気体を発生する。
(カ)　生き物の堆積によってできた堆積岩であり，塩酸をかけても反応しない。

(4)　下線部④について。図アのような竹の場合，ばく発の危険がある理由を30字以内で説明しなさい。句読点や記号は1字と数えること。

2　次の文を読み，問いに答えなさい。ただし，ばねや糸の重さは考えず，実験装置はすべて止まっているものとします。また，値が割り切れない場合は小数第2位を四捨五入して小数第1位まで答えること。

長さが同じで材質のちがうばねA，Bの一端《いったん》をそれぞれ天井に固定し，つりさげるおもりの重さを変えると，ばねの伸《の》びは図1のようになりました。

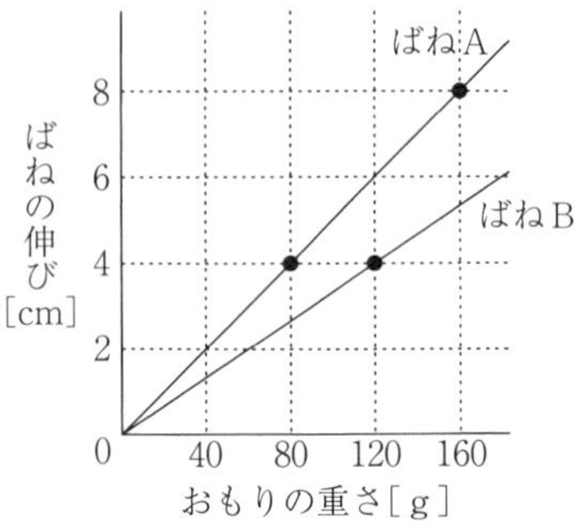

図1

(1)　ばねAを真ん中で半分に切り，その半分のばね1つを天井に固定して100gのおもりをつり下げると，そのばねの伸びは何cmになりますか。ただしばねが伸びているとき，どの部分も均等に伸びていることとします。

(2)　ばねA，ばねB，150gのおもりCを図2のように接続したところ，ばねAとばねBが同じ長さになりました。ばねAとばねBの伸びを足すと何cmになりますか。

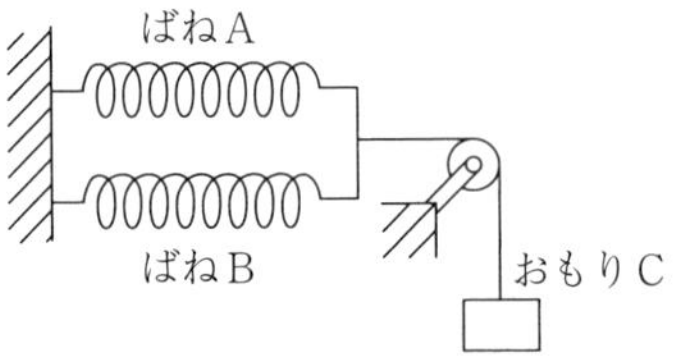

図2

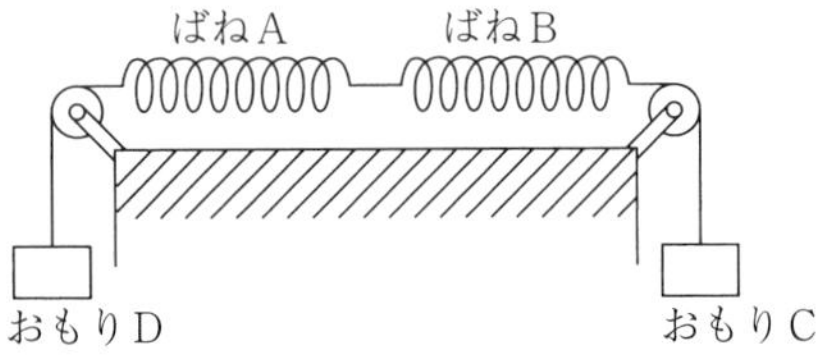

図3

(3)　ばねA，ばねB，おもりCとおもりDを図3のように接続しました。

①　おもりDは何gですか。

②　ばねAとばねBの伸びを足すと何cmになりますか。

(4)　ばねAを2つ，ばねB，おもりCを2つ用いて，図4のように接続しました。3つのばねの伸びをすべて足すと何cmになりますか。

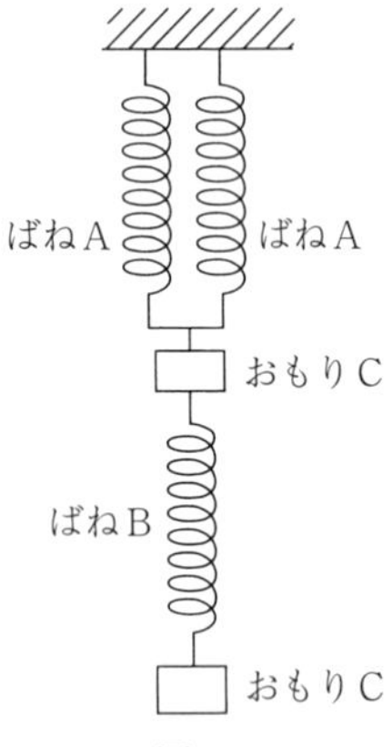

図4

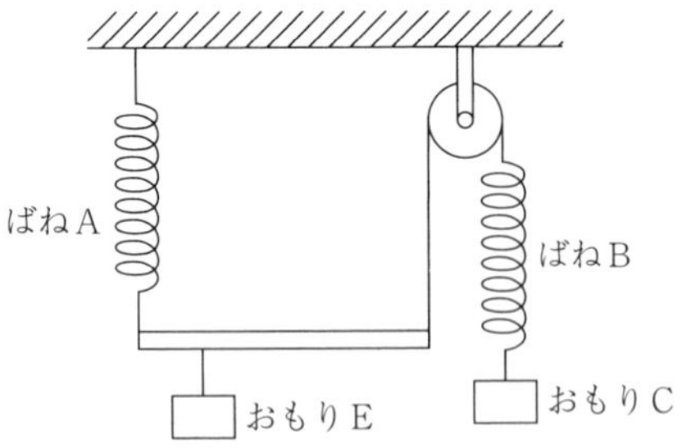

図5

(5)　ばねA，ばねB，太さがいちようで長さ40cm，重さ10gの棒，おもりCと580gのおもりEを図5のように接続したところ，棒は水平になりました。

①　ばねAとばねBの伸びを足すと何cmになりますか。

② おもりEをつりさげる位置は棒の左はしから何cmですか。

(6) ばねAを２つ，ばねBを１つ，太さがいちようで長さ40cm，重さ10gの棒，半径の比が２:１で重さ10gの輪じく，重さ120gのおもりFを図６のように接続しました。棒を水平に保つとき，３つのばねの伸びをすべて足すと何cmになりますか。

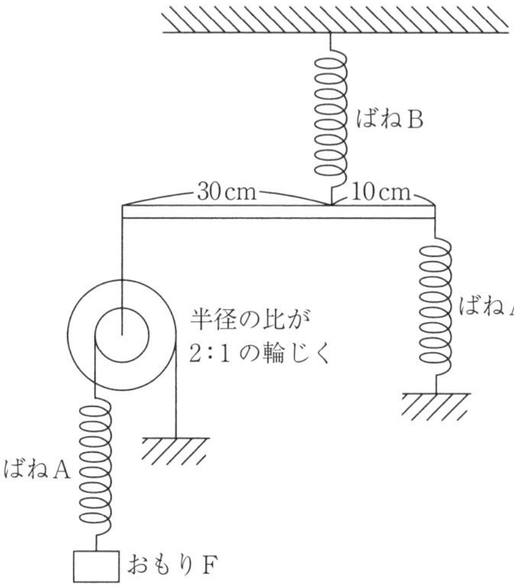

図６

3 次の各問いに答えなさい。

(1) 太陽の中心核《かく》，光球，黒点，コロナの４か所の温度を比べ，温度が高い順に正しく並べたものはどれですか。次の中から１つ選んで，記号で答えなさい。

(ア) 中心核→光球→黒点→コロナ
(イ) 中心核→光球→コロナ→黒点
(ウ) 中心核→コロナ→光球→黒点
(エ) コロナ→中心核→光球→黒点
(オ) 中心核→コロナ→黒点→光球
(カ) コロナ→中心核→黒点→光球

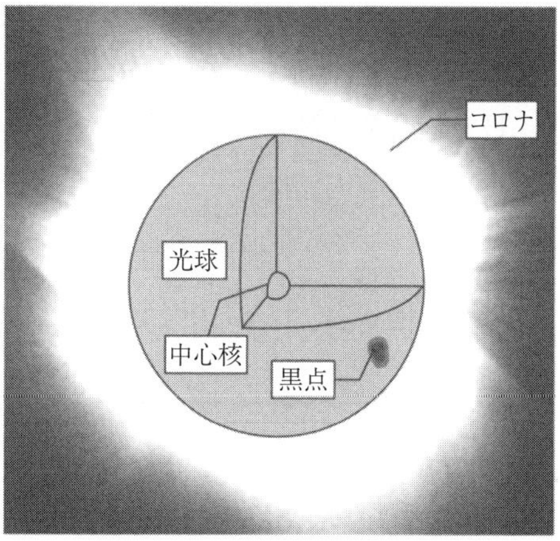

(2) 太陽について述べた文のうち，正しいものはどれですか。次の中から２つ選んで，記号で答えなさい。

(ア) 太陽は宇宙で１番大きいこう星である。
(イ) 太陽の重さは地球の約109倍である。
(ウ) 黒点の観測から，太陽の自転を調べることができる。
(エ) 黒点部分ではたつ巻が起こり，ちりが集まっている。
(オ) 地上から太陽を観測すると，１時間あたり15°ずつ動いて見える。
(カ) 地球と太陽の１m^3あたりの重さを比べると，太陽の方が重い。

(3) 日食と月食は，太陽と地球と月が一直線に並んだときに見られる現象です。日食の際の太陽の欠け方と，月食の際の月の欠け方の組み合わせとして，正しいものはどれですか。表の(ア)～

(エ)の中から最も適当なものを１つ選んで，記号で答えなさい。ただし，地上から観測していて，雲などのえいきょうはないものとします。

	日食の際の太陽の欠け方	月食の際の月の欠け方
(ア)	東側から欠けていく	東側から欠けていく
(イ)	西側から欠けていく	西側から欠けていく
(ウ)	東側から欠けていく	西側から欠けていく
(エ)	西側から欠けていく	東側から欠けていく

(4)　太陽の30億分の１の大きさである模型を準備しました。模型と空に見える本物の太陽が同じ直径に見えるのは，観測者が模型から何ｍはなれたときですか。最も適当なものを次の中から１つ選んで，記号で答えなさい。

(ア)　２ｍ　　(イ)　３ｍ

(ウ)　５ｍ　　(エ)　20ｍ

(オ)　30ｍ　　(カ)　50ｍ

(5)　図１は，水平な台に垂直に立てた棒を表しています。太陽光によってできる棒のかげの先たんにしるしをつけ，その動きを，野外にて１日観測したときの記録はどれですか。図２，図３の①～⑫の中から最も適当なものを１つ選んで，番号で答えなさい。ただし，観測場所は芝学園であり，この日は夏至で，１日を通して快晴だったとします。

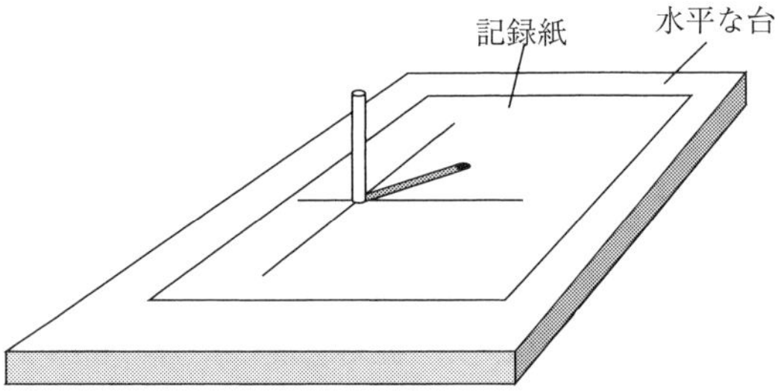

図１

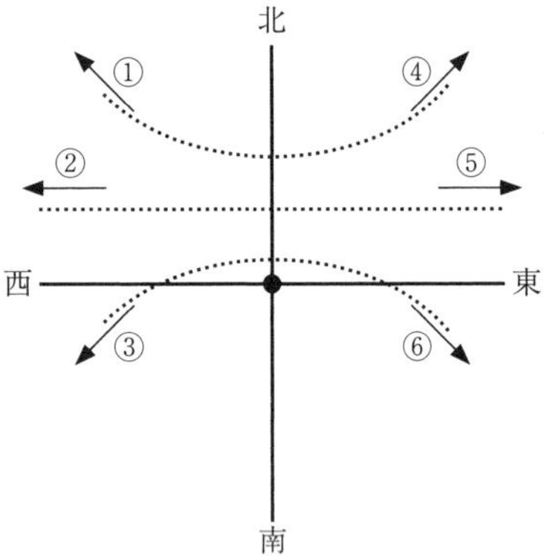

図２

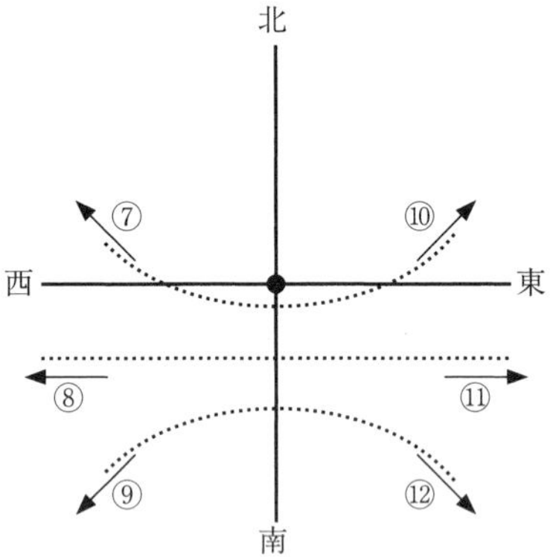

図３

(6)　**(5)**と同じ観測を，同じ日にオーストラリアのシドニーで行いました。太陽光によってできる棒のかげの先たんの動きを，野外にて１日観測したときの記録はどれですか。上の図２，図３の①～⑫から最も適当なものを１つ選んで，番号で答えなさい。ただし，シドニーも１日を通して快晴だったとします。

4　次の実験内容を読み，問いに答えなさい。

芝太郎君はファラデーの「ロウソクの科学」を読んで，物が燃えることに興味をもち，ファラデーのやった実験を参考に次の【実験１】，【実験２】を行いました。

【実験１】

ロウソクの炎《ほのお》をよく観察すると図１のように炎の色のちがいが分かったので，割りばしをぬらして炎に入れてみました。すると，図２のように黒くなりました。次に，ガラス管を炎の同じ高さに入れてみると，今度は図３のように黒くなりました。

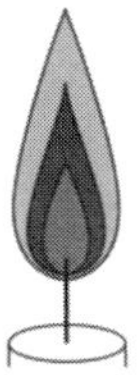
図１

図２

図３

【実験２】

図４のように，試験管の中にかわいた割りばしを小さく切って入れ，ガスバーナーで加熱して蒸し焼きにしました。すると，(A)からは[1]色のけむりが生じ，(B)には[2]色の液体がたまった他，茶色のねばり気のある液体も得られました。けむりが発生しなくなったので，火を消しました。よく冷ました後，割りばしを試験管から取り出すと，[3]色に変化していました。

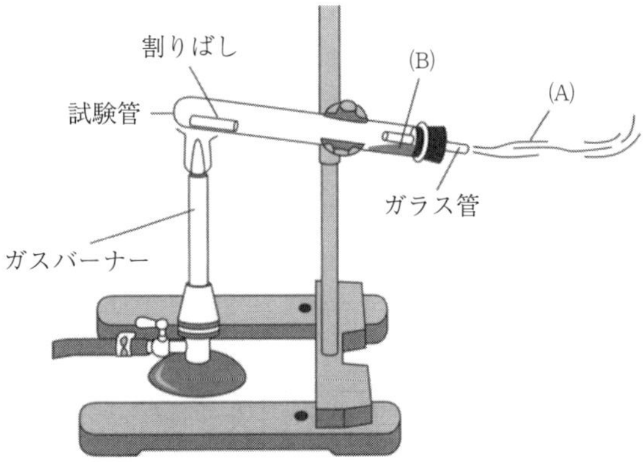

図４

(1)　固体のロウソクが燃焼するまでをよく観察した結果，炎になるまでにロウのたどる状態が分かりました。ロウは燃焼するまでにどのように状態変化をしますか。最も適当なものを次の中から１つ選んで，記号で答えなさい。

(ア)　固体のまま状態変化しない　　(イ)　固体→液体

(ウ)　固体→液体→気体　　(エ)　固体→気体

(オ)　固体→気体→液体

(2)　【実験１】で，割りばしやガラス管を入れた同じ高さに，今度はうすい木の板をぬらして数秒かざし，取り出しました。うすい木の板にできた模様として最も適当な図を，次の(ア)～(ク)から１つ選んで，記号で答えなさい。なお，各図には分かりやすくするため円が描き入れてあり，(ア)～(エ)の円は外側から外えん，内えん，えん心，(オ)～(ク)の円は外側から外えん，内えんを表しています。

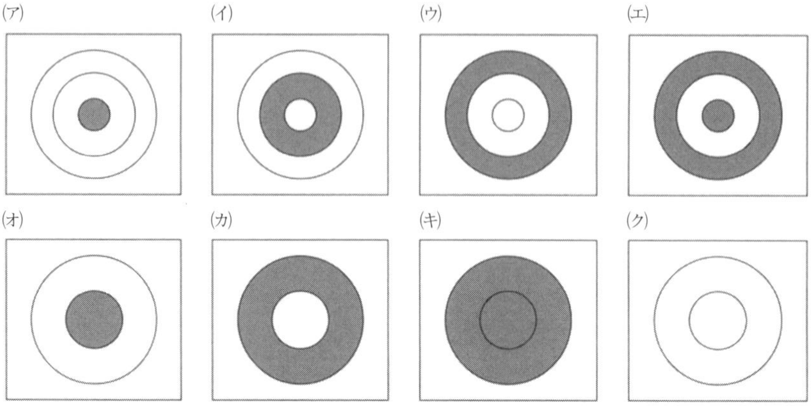

(3) 【実験２】の文章中 1 ～ 3 に当てはまる語句として正しい組み合わせはどれですか。表の(ア)～(ケ)から１つ選んで，記号で答えなさい。

	(ア)	(イ)	(ウ)	(エ)	(オ)	(カ)	(キ)	(ク)	(ケ)
1	黄	黄	黄	白	白	白	黒	黒	黒
2	無	黒	黄	無	黒	黄	無	黒	黄
3	灰	赤	黒	灰	赤	黒	灰	赤	黒

(4) 【実験２】の結果，割りばしは燃えませんでした。この理由を正しく述べた文はどれですか。次の中から１つ選んで，記号で答えなさい。

(ア)　割りばしが熱で分解すると，たくさんの水分が生じるため。

(イ)　試験管内の空気にも，一定の水蒸気が存在するため。

(ウ)　試験管内の体積が小さく，ふくまれる酸素が少ないため。

(エ)　試験管のガラスはガスバーナーの熱が伝わりにくいため。

(オ)　割りばしはもともと燃えにくい木で出来ているため。

(5) 【実験２】が終わったあと，割りばしを取り出し火をつけると，炎を上げずに赤く燃えました。これは，割りばしが炭になったためと考えられます。

炭(炭素)は完全に燃えると二酸化炭素になりますが，酸素が不足していると不完全燃焼を起こし，一酸化炭素ができます。この一酸化炭素を十分な酸素とともに燃やすと，青白い炎を出して燃え，二酸化炭素を生じます。右のグラフは，炭素が燃焼後すべて一酸化炭素になった場合の重さの関係と，炭素が燃焼後すべて二酸化炭素になった場合の重さの関係を表しています。

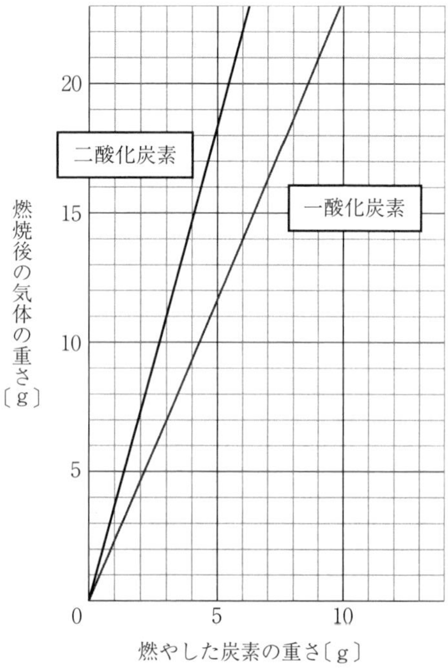

①　３gの炭素が燃焼してすべて一酸化炭素になる

ときと，３gの炭素が燃焼してすべて二酸化炭素になるときの重さの差は何gですか。整数で求めなさい。

② 一酸化炭素が燃えると，すべて二酸化炭素になります。このときの重さの関係を解答らんにグラフで示しなさい。定規《じょうぎ》は使えないので，ていねいにかくこと。

③ 酸素が不足した状態で炭素を燃やしたところ，一酸化炭素63gと二酸化炭素77gが発生しました。燃やした炭素は何gですか。整数で求めなさい。ただし，値が割り切れない場合は小数第１位を四捨五入すること。

④ 酸素が不足した状態で炭素12gをすべて燃やしたところ，二酸化炭素と一酸化炭素が発生し，合わせた重さは40gでした。このとき，発生した一酸化炭素は何gですか。整数で求めなさい。ただし，値が割り切れない場合は小数第１位を四捨五入すること。

5 次の文を読み，問いに答えなさい。

芝男くんは生物部の活動として，芝公園で生物の観察をしていました。すると，近年数が減っている①カントウタンポポがさいているのを見つけました。その花の上には②ナナホシテントウが１ぴき，くきの上にはアブラムシがたくさん集まっていました。その様子を見て，芝男くんは③アリとアブラムシとテントウムシの関係について思いだし，友達の芝太郎くんに説明してあげました。また，花の周りに飛んでいたモンシロチョウについて深く調べたいと思い，図書館で「生命表」について学びました。

生命表(表１)とは，ある生物の出生後の時間経過とともに，うまれた子の数がどのように減っていくかを示した表です。チョウの幼虫は卵で過ごした後にふ化し，１令幼虫となります。その後，だっ皮するごとに，２令幼虫，３令幼虫，４令幼虫，５令幼虫と成長していき，その後さなぎになります。さなぎから出てきて羽化すると成虫になるので，生命表をつくるためには，これらの８つの時期について調査地域で個体数を調べる必要があります。

表１の「生存個体の割合」とは，出生直後の個体数を「１」とした場合に，それぞれの時期の個体数がいくつになるかを示した値です(例えば，出生直後の個体数が100，ある時期の個体数が80だった場合，「生存個体の割合」は出生直後が１，ある時期が0.8となります)。もともと生息していた個体数に対して，どれくらいの数が減ってしまったかが分かります。

表１の「期間の生存率」とは，ある時期の個体数を「１」とした場合に，その次の時期までに生き残る個体数がいくつになるかを示した値です(例えば，ある時期の個体数が100，その次の時期の個体数が70だった場合，「期間の生存率」は0.7となります)。それぞれの時期で，どれくらいの割合が死んでしまうかについて分かります。

また，生命表の内容をグラフに示したものを生存曲線(図１)と呼びます。横じくには８つの時期を示し，縦じくにはその時期の個体数を示しています。

表１　モンシロチョウの生命表

令	個体数	生存個体の割合	期間の生存率
卵	784	1.00	0.73
１令	570	0.73	0.52
２令	295	0.38	0.95
３令	280	0.36	0.97
４令	ア	イ	0.90
５令	245	0.31	0.35
さなぎ	85	0.11	0.78
成虫	66	0.08	

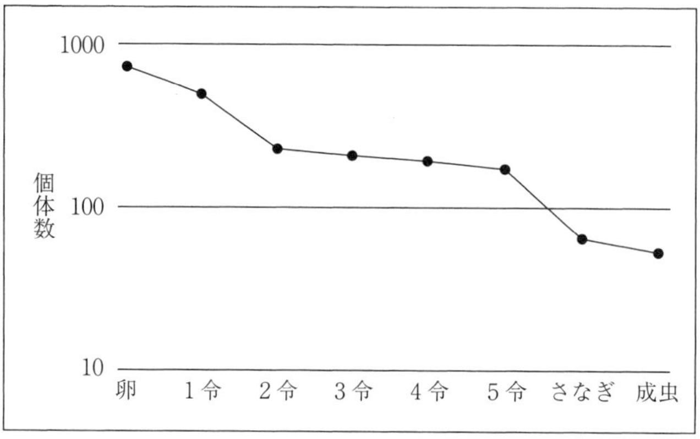

図１　モンシロチョウの生存曲線

(1)　下線部①について。タンポポの特ちょうを説明した文として，まちがっているものはどれですか。次の中から１つ選んで，記号で答えなさい。

(ア)　とても花びらが多く，１つの花についている花びらの枚数には個体差がある。

(イ)　１つの花におしべは５本，めしべは１本ついている。

(ウ)　黄色い花をさかせる虫ばい花である。

(エ)　タンポポは，ヒマワリやコスモスと同じキク科の植物である。

(2)　下線部②について。右図は芝男くんが観察したナナホシテントウです。図のように体を３つの部分に分けると，胸部を示すのはどれですか。次の中から１つ選んで，記号で答えなさい。

(ア)　１のすべて　　(イ)　２のすべて

(ウ)　３のすべて　　(エ)　１の一部

(オ)　２の一部　　(カ)　３の一部

(キ)　１のすべておよび２の一部

(ク)　１の一部および２のすべて

(ケ)　２のすべておよび３の一部

(コ)　２の一部および３のすべて

(3)　下線部③について。生物どうしの関係を矢印と記号であらわし，矢印の方向に利益をあたえる場合は＋，不利益を与える場合は－とあらわします。例えばバッタはカマキリに食べられるので，図2の矢印の記号は−になります。では，アリとアブラムシとテントウムシの関係はどのようにあらわせますか。図3中の矢印1～4に入る記号の組み合わせとして正しいものを，表中(ア)～(タ)の中から1つ選んで，記号で答えなさい。

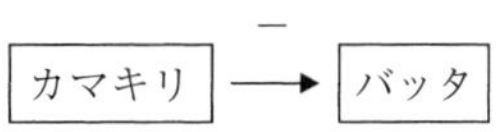

図2

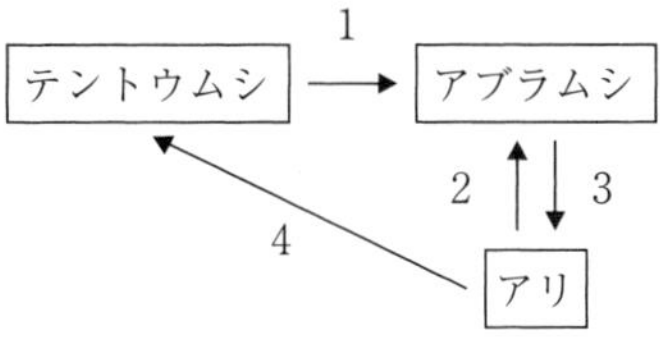

図3

	1	2	3	4
(ア)	＋	＋	＋	＋
(イ)	＋	＋	＋	−
(ウ)	＋	＋	−	−
(エ)	＋	−	−	−
(オ)	＋	−	＋	＋
(カ)	＋	−	＋	−
(キ)	＋	＋	−	＋
(ク)	＋	−	−	＋

	1	2	3	4
(ケ)	−	−	−	−
(コ)	−	−	−	＋
(サ)	−	−	＋	＋
(シ)	−	＋	＋	＋
(ス)	−	＋	−	−
(セ)	−	＋	−	＋
(ソ)	−	−	＋	−
(タ)	−	＋	＋	−

(4)　表1「モンシロチョウの生命表」中の空らん［ア］・［イ］にあてはまる数値をそれぞれ答えなさい。ただし，空らん［ア］は小数第1位を四捨五入した整数を，空らん［イ］は小数第3位を四捨五入した小数第2位までを答えなさい。

(5)　図1のようにさまざまな生物でこの生存曲線をつくると，大きく3つのパターンに分けられることが知られています。右の図4はその3つのパターンを表現したものです。縦じくはその生物の集団の生存率(%)を示し，横じくはその生物の年令(相対値)を示しています。

図4のA～Cの3つのパターンは，それぞれマンボウ，チンパンジー，トカゲのいずれかをあらわしています。A～Cのパターンを示す生物の組み合わせとして最も適当なものを表の(ア)～(カ)から1つ選んで，記号で答えなさい。

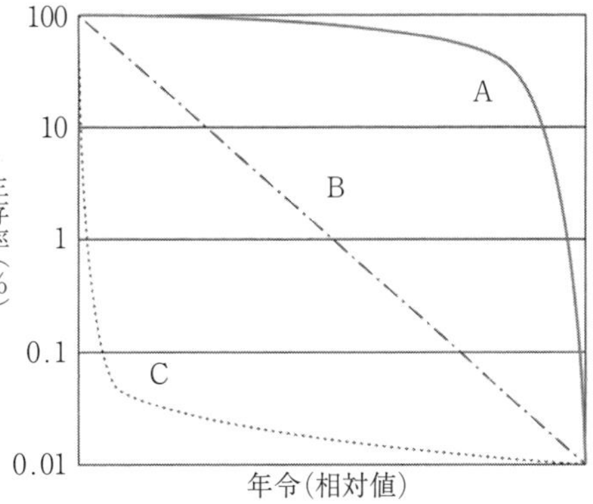

図4

記号	A	B	C
(ア)	マンボウ	トカゲ	チンパンジー
(イ)	マンボウ	チンパンジー	トカゲ
(ウ)	トカゲ	マンボウ	チンパンジー
(エ)	トカゲ	チンパンジー	マンボウ
(オ)	チンパンジー	トカゲ	マンボウ
(カ)	チンパンジー	マンボウ	トカゲ

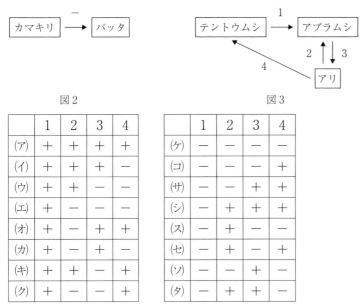

(6)　表１と図１から分かることを述べた文として，適当なものを次の中から２つ選んで，記号で答えなさい。

(ア)　８つの各時期でのモンシロチョウの生存率はほぼ一定である。

(イ)　卵から成虫のモンシロチョウになれるのは10％未満である。

(ウ)　モンシロチョウはさなぎになる直前に死ぬ割合が多い。

(エ)　モンシロチョウは幼虫でいる時はあまり死なず，各時期で90％以上は生き残る。

(オ)　８つの各時期で，一番生き残る確率が高いのは２令幼虫の時期である。

ぼくは再び姉の話の続きを待っているしかなかった。

「イボのイというのは異なっている、という意味ね。ボは母のことだわ。だからそれがわかれば簡単でしょう。父は同じでも母の違《ちが》う兄弟、もちろん姉妹も含まれるけれど、そういう立場、関係にある家族の一部をそう言うのよ」

いきなりだったけれど、漸《ようや》くぼくにも少しわかってきた。それをぼくの一族にあてはめろ、と姉は言っているようだった。

「キミたち三兄弟の父は先日亡くなったあの父で、母はさっきやってきたあの母だわ。でもあの母の前に父には別の妻がいたのよ。そうしていま話に出たあの背の高い三人の男たちは、父と前の妻のあいだに生まれたの」

そこでぼくも姉も少し沈黙《ちんもく》した。

あの三人は半分だけどちゃんと血のつながっている自分の兄だったのだ。でもいまこの家で暮らしている長兄は自分たちと同じ父母から生まれた、彼《かれ》らとは別の血縁《けつえん》の兄になるのだろう。

そのことを確かめるためにぼくは姉に聞いた。

姉はその瞬間に少し困った顔をした。あきらかに姉はその質問を辛《つら》そうにして聞いたようだった。③そうするとそういう訳ではないのだろうか。

姉はすぐに答えた。

「お兄さんがもう弟たちに話していい、と言っていたのでそれに答えるわ。この家で私たちの面倒《めんどう》を見てくれているあのお兄さんも、前の妻と先日亡くなった父の間で生まれたのよ。だからウチのお兄ちゃんはあなたとは異母兄弟。すぐには実感できないでしょうけれどね」

じゃあ、今、ぼくの目の前にいる姉の夏子はどうなのだろう。④一瞬大きな疑問が生まれたが、それは聞けなかった。母がまた別の用件でせかせかと食堂に入ってきたからだが、母がこなくてもぼくにはすぐに聞く勇気はなかった。

（椎名　誠『家族のあしあと』より。）

注１　おなご―女性のこと。
注２　鉄面皮―ずうずうしく、あつかましいこと。
注３　大仰―おおげさなこと。
注４　うちわ―身内のこと。
注５　カイチュウジルコ―「懐中じるこ」は乾燥させたあんこをモナカに入れたもので、お湯をかけて食べる。数日前、ぼくは初めてこのことばを聞き、意味がわからず混乱した。

問一　――線部①〈子供扱い〉とありますが、それは〈ぼく〉をどのように扱うことですか。**20**字以上**30**字以内で説明しなさい。

問二　――線部②〈順序がヘンテコ〉とありますが、〈ぼく〉が〈つぐも叔父〉の言うことを〈ヘンテコ〉だと思ったのはなぜですか。**20**字以上**30**字以内で説明しなさい。

問三　――線部③〈そうするとそういう訳ではないのだろうか〉とありますが、〈ぼく〉が感じたのはどのようなことですか。〈そういう訳〉の内容がわかるように**50**字以上**60**字以内で説明しなさい。

問四　――線部④〈一瞬大きな疑問が生まれたが、それは聞けなかった〉とありますが、これはどういうことですか。〈それ〉の内容がわかるように**80**字以上**100**字以内で説明しなさい。

供心にも気をつかい、ごく普通《ふつう》に母から今日聞いた、というふうに話した。

「いろいろ話がこんがらがってしまったものだから、わたしもはっきりしたことを言えなくてね。だから様子をうかがっているうちに、あなたにもなかなか話ができなくて」

姉はぼくにいままで黙《だま》っていたのを詫《わ》びるような口調になっていた。

ぼくは急に、こんなときがチャンスかもしれない、と思いそのとき全然別の質問をした。

それは前から気になっていた、父の葬儀《そうぎ》のときに顔を見せた男たちについてだった。

長兄によく似ている三人で、ぼくにはみんな初対面の人々だったけれど、どうも他人とは思えない気配に満ちており、三人のほうもぼくや弟に他人とは思えないような不思議な接し方をしていた。

長兄や、いま目の前にいる夏子姉とも注3大仰《おおぎょう》な挨拶《あいさつ》などせずに、すぐに父の最期《さいご》の様子などを話していたのをそばで見ている。あきらかに顔見知り同士が話をしているようでありながら、でも微妙《びみょう》に緊迫《きんぱく》感が漂《ただよ》っているように見えた。

「あの三人の背の高い人たちはどんな親戚《しんせき》だったの？」

話題がいきなり変わって、姉は一瞬表情を和《やわ》らげたように見えたが、それも束《つか》の間だった。

「やっぱりねえ。目立っていたものねえ」

姉はそう言いながら、何かをじわじわ決心したような顔つきになっていた。

その顔のこわばりを誤魔化《ごまか》すように姉はそこまで言うと、テーブルの端《はし》にある急須《きゅうす》に魔法瓶《まほうびん》のお湯を注ぎ、ぼくにも「のみますか」と聞いた。姉ははるか歳下《としした》のぼくなどにもよく丁寧《ていねい》なものの言いかたをした。

ぼくは水でいいので、自分で台所にいって茶碗《ちゃわん》に水をいれて持ってきた。本当はお茶も水もそんなにほしくはなかったのだが、姉が少し落ち着いて話をしようとしている気配がわかったので、そんなことで対応した。

「考えてみたらお父さんの葬儀のときに、注4うちわの人たちの前でお兄さんあたりに話してもらったらよかったのかもしれなかったわね」

姉は湯飲み茶碗を自分の両手のなかでゆっくり回しながら、静かな声で言った。ぼくは姉が次になにを話そうとしているのかまるでわからなかったので、黙って姉の顔を見ているしかなかった。

母がいきなり食堂に入ってきた。

「あらま。めずらしく二人で、静かにお話ししてるのね」

いつもと同じ元気のいい声で言った。それから茶簞笥《ちゃだんす》の小引き出しをいくつかあけて「夏子、ツメキリどこかにいれてあるんだけどどこか知らないかしらね」部屋に入ってきたそのイキオイのまま聞いた。

それからすぐに「あった。やっぱりここだった」そう言って母はいつものように小さな台風のように去っていった。

母が奥の部屋にいってから、姉はさっきまでのような落ち着いた話しかたでぼくに聞いた。

「キミは異母兄弟って知っているかな？」

わざと明るい口調にしているようだった。

イボキョウダイ。

頭に浮《う》かぶのはなんだかキタナイ兄弟のイメージだが、このあいだの注5カイチュウジルコのように耳で聞いただけでは本当のところはわからない言葉のようだ。

「まあ、キミは沢山《たくさん》の本を読んでいるから知っているかと思ったけれど、やはり難しいわよね」

その日の夕方、姉がまだ帰宅していないのを確かめて、ぼくは母にさきほど豆腐屋のせっちゃんが言っていたことを聞いた。

もういきなりストレートな質問だ。

「お姉ちゃんがお嫁《よめ》にいくって本当なの？」

台所仕事にとりかかろうとしていた母は、ぼくのいきなりの質問に一瞬《いっしゅん》動きをとめ、思いがけなく陽気に笑った。

季節のうつろいには気がつかないことが多かったが、父親が死んだ直後から、どうもいろいろ家族のあいだで感覚的にギコチナイ気配が流れているのを感じていたから、姉の結婚《けっこん》もそういうことに関係して、なにか秘密にしておきたいことがいろいろあるのかもしれない、と思っていたのだ。

「その話、誰《だれ》にいつ聞いたのかい？」

母は言った。

「ついさっきジョンの散歩の途中《とちゅう》で会った、豆腐屋のせっちゃんからだよ」

「噂《うわさ》がまわるのは早いねえ。夏子の縁談はほんの数日前に正式に決まったばかりなんだよ」

「どうして弟よりも豆腐屋さんのほうがそういうことを先に知っているの？」

「子供にはちょっと難しい話もあったからだよ」

「どんな難しい話？」

そろそろぼくはなにかにつけての①子供扱《あつか》いに抵抗《ていこう》を感じていた。

「だからそれを説明しても小学生のあんたにはうまく理解できないだろうし、いっそ夏子の口から聞いたほうがいいと思っていたのよ。姉だから弟にわかりやすく説明できるかもしれないしね」

ぼんやりとは感じていたけれど、ぼくの家にはなんだかよくわからない「ヒミツ」のようなものがいろいろあるようなのだ。でもそれがどういうヒミツなのか、と考えるとやっぱりわからない。

せっかちな性分《しょうぶん》なので、一度疑問に思うとすぐにそのことをちゃんとわかっておきたい、という気持ちが胸に充満《じゅうまん》する。ましてや家族のこれからのことに大きく影響《えいきょう》する話だった。

姉は生真面目《きまじめ》な性格なのでいつものように夕食前に帰ってきて、すぐに母の夕食の準備の手伝いにはいった。

なんとなく気にかけながらその様子を見ていたが、姉も母もいつもとあまり変わらないあたりまえの動きと会話をしていた。長兄《ちょうけい》とすぐ上の兄はまだ帰宅しておらず、弟は食事がすむとすぐにどこかにすっとんでいった。最近万華鏡《まんげきょう》の工作にハマっている。

食事と後片付けがすんだ頃《ころ》にぼくは姉にいきなり聞いた。母も別の部屋に行っていて、食堂にはぼくと姉だけしかいなかった。

「お姉ちゃん、お嫁にいくんだって？」

いきなりストレートに聞くしかなかった。

「えっ」

姉はそのとき少し顔をあからめたように見えた。姉は何かに驚《おどろ》いたり、おかしかったり、その反対に悲しいときなどすぐ表情にあらわれる。本人はそのことを気にしているようだったが、つぐも叔父《おじ》などは「夏ちゃんは本当に純情な注1おなごたい。注2鉄面皮《てつめんぴ》のおいの姉さんなど少しは夏ちゃんを見習わんと」などとよく言っていた。

つぐも叔父の姉さんといったらぼくや姉の夏子の母親ということになる。どうもハナシの②順序がヘンテコだということが、ぼくにもわかった。

「ずいぶん早耳なのね。誰から聞いたの？」

姉は素早《すばや》く落ち着きを取り戻《もど》すと、奥《おく》の部屋に行った母のほうをチラリと気にしながら言った。

豆腐屋さんのことを持ち出すのはどうもよくないのではないかと子

復力と持続可能性が得られるのだ。

私たちの変革はまだ間に合うだろうか？　答えは「イエス」である。２０３０年までに世界が必要とする都市地域のおよそ60パーセントはまだ建設されていない。私たちは気候、水、エネルギー、栄養素のリサイクルの観点から環境負荷《ふか》が少なく費用対効果の高いやり方を知っている。また、嵐《あらし》や洪水《こうずい》から自らを守るために、自然の緩衝《かんしょう》地帯を配して抵抗力《ていこうりょく》のある都市計画を立てる方法も知っている。生活の質と自然の多様な機能を高めるべく、さまざまな生態系を密集した都市部にいかにして組《く》み込《こ》むとよいかも知っている。世界は、今後数十年にわたって、新しいインフラに約90兆米ドルを投資するだろう。その投資額をわずか4パーセント増加するだけで、インフラ全体を気候変動の観点から環境負荷のないものにすることができるのだ。

最終的に私たちを妨《さまた》げるのは、「昨日うまくいったやり方は、明日もうまくいく」という時代遅れな信念である。地球上における安全な機能空間内で繁栄するための、すなわちプラネタリー・バウンダリーの範囲内《はんいない》で成長するための新しい注7パラダイムこそが必要なのだ。そのパラダイムにおいて、私たちは、地球に残された美しさを、生活とビジネスにとって副次的なものではなく、必須《ひっす》のものとして守護する役割を果たすことが不可欠だ。私たちは、それをまるで呼吸のように自然なこととして行う必要がある。そうすれば、④将来の世代が繁栄するための土台作りは、ずっと実現に近づくであろう。

（Ｊ・ロックストローム、Ｍ・クルム 著　吉田哲郎 訳
『小さな地球の大きな世界
プラネタリー・バウンダリーと持続可能な開発』より。
作問の都合上、表現を改めた部分があります。）

注1　ＧＥ－企業名。ゼネラル・エレクトリック社のこと。
注2　タービン－エネルギーを利用するための回転型機械。
注3　ビジネス・ソリューション－仕事上の問題解決策。
注4　ＣＳＲ－それまでの企業活動の社会的責任や貢献《こうけん》のこと。
注5　プラネタリー・バウンダリー－地球の限界。
注6　人新世－地球表面を人類が支配している現在を地質年代区分として表現したもの。
注7　パラダイム－その時代や場所において共有される認識や世界観。

問一　――線部①〈このこと〉とありますが、これはどのようなことを指しますか。「環境」を主語にして**30**字以上**40**字以内で答えなさい。

問二　――線部②〈これはきわめて間違った認識だ〉とありますが、〈これ〉は、どのような〈世界観〉にもとづいてどのように考えることですか。**50**字以上**60**字以内で説明しなさい。

問三　――線部③〈筋書きは変わった〉とありますが、それは、どのような〈世界〉において、どのような考えからどのような考えに変わりましたか。**70**字以上**80**字以内で説明しなさい。

問四　――線部④〈将来の世代が繁栄するための土台作り〉とありますが、これはどういうことですか。筆者の意見をまとめ、**70**字以上**80**字以内で説明しなさい。

四

次の文章を読んで後の問いに答えなさい。

ぼくの家は大家族。同居する兄弟は、ぼくを含《ふく》めて五人。でもそこにはたくさんのヒミツがある。一月に父親が亡《な》くなり、それから二ヶ月が経《た》ち、今度は姉の夏子の縁談《えんだん》の話を、ぼくは近所の豆腐《とうふ》売りのせっちゃんから聞かされる。ぼくはこの春、小学六年生になろうとしていた。

ジョン２０５０」を「アクション２０２０」計画に作り変え、その中で、気候や生物多様性、水、土地、栄養素などについての注５プラネタリー・バウンダリーに関する科学に基《もと》づいて、今後数十年を見通したグリーン・ビジネスのあるべき形を科学的に明らかにした。

　ＥＵは最近、欧州《おうしゅう》の産業の未来の競争力を分析《ぶんせき》する「欧州資源効率プラットフォーム（ＥＲＥＰ）」の作業を完了《かんりょう》した。すべての地球のリスク要因を考慮《こうりょ》すると、欧州が競争に勝ち、将来において成長と雇用《こよう》を創出する唯一《ゆいいつ》の方法は、短期的には資源効率を大幅《おおはば》に改善すること、長期的には循環《じゅんかん》経済へ転換《てんかん》することしかないと結論づけた。グローバル化した世界では、市民一人ひとりが資源を使う権利をもっており、１００パーセントグリーンな方法で発展するやり方が競争力の確保と資源を共有する倫理の視点から、まさに最も合理的なものなのだ。地球規模の環境災害のリスクが急速に高まりつつあることを考えると、その議論はもっと説得力を増す。持続可能性こそが繁栄《はんえい》への最短の経路であり、その成否は、残された生態系と地球全体の美しさを守る私たちの賢明《けんめい》さにかかっている。ニコラス・スターン卿《きょう》が２０１４年の世界経済フォーラムで指摘《してき》したように、「持続可能性は単に一つの成長のあり方ではなく、世界にとって唯一の成長のあり方」なのである。

　私たちはなぜ地球環境に配慮《はいりょ》する必要があるのか、その語り口を変える時期にきている。それは、少なくとも40年前には変わっているべきだった。私たち「環境主義者」自身がおそらく最も大きな問題である。私たちは、環境を「保護する」という考え方に基づいて全体の運動を進めてきた。そしてそれは大きな成功を収め、多くの人々の考え方を「汚染《おせん》」した。自然が一方にあり、社会が他方にあるという世界観を広めてしまったのだ。「環境」対「開発」の考え方では、両者は決して交わることがない。経済学者は、地球への影響《えいきょう》を「外部性」として扱《あつか》うという時代遅《おく》れの概念《がいねん》に執着《しゅうちゃく》している。②これはきわめて間違《まちが》った認識《にんしき》だ。すべての富の源泉である地球の上に立ちながら、どうしてそれを外部性だと主張できるのだろうか。

　市民や社会、ビジネス、政策による取り組みを通じて環境問題を解決しようとする中で、私たちは人間の圧力から環境を「保護する」という論理にとらわれてしまっている。国連の気候変動に関する交渉《こうしょう》では、気候システムを「保護する」ことと、責任問題を解決するために「負担を分担する」ことについて交渉してきた。また、生物多様性条約では、保全して残すもの、つまり人間から「保護される」ものを最大限増やすことに焦点《しょうてん》を当て、何よりもまず人類以外の種を保護する倫理的責任に訴《うった》えかけている。過去何十年にもわたり、企業は上級のＣＳＲ担当役員や環境部門の責任者を多数配置することによって、このような状況《じょうきょう》に効果的に対処してきた。グローバルな事業展開を目指す企業は皆《みな》、人間の行動による外部性として悪影響を受ける自然の一部を「保護する」べく、公共的見地から取り組むと宣言した。

　このような時代はもう終わり、③筋書きは変わった。注６人新世は人間活動によって飽和《ほうわ》し不安定になった世界であり、そこでは私たちが地球全体の守護者になる必要がある。地球の守護者になるためには、目指すべき大目標は、生物種や生態系を救うことではなく、私たち人類を救うことだと理解しなければならない。すなわち、それは人類が経済発展し、繁栄し、そしてよい生活を追求することを可能にすることなのだ。地球自身は、すべてが変わってしまっても何も気にはしないだろう。問題なのは、私たちの世界なのだ。結局のところ、急激な社会的、生態学的な変化で不安定になった世界ではビジネスなどあり得ないことを、すべての企業は理解する必要がある。安定した気候と生態系によってのみ、私たちが都市や村で生きていくために必要な回

二〇二二年度　芝中学校

【国　語】〈第二回試験〉（五〇分）〈満点：一〇〇点〉

一　次の①～⑤の□に当てはまる言葉を語群から選び、漢字で答えなさい。

① あの数学者の□説が正しければ、世界を驚《おどろ》かす大きな発見となる。

② 明治時代、日本はイギリスと同□を結んでいた。

③ 氷河□の世界の平均気温は、約８℃だと推定された。

④ エリザベス二世は、ジョージ六世から王位を継《けい》□した。

⑤ グーテンベルクは、十五世紀、新たな□刷技術を考案した。

《語群》　キ　メイ　イン　ショウ　カ

二　次の①～⑤の□に当てはまる漢字一字を自分で考えて答えなさい。

① あきらめようと思ったが、彼《かれ》の口車《くちぐるま》に□せられ、決意をあらたにした。

② このパソコンの性能はすばらしいが、値段を考えると二の□を踏《ふ》む。

③ 学校の体育の授業の一環《いっかん》として、プールで□ぐ練習をした。

④ 私の突拍子《とっぴょうし》もない言葉に、彼は□をかしげた。

⑤ 祖父の家には、百年の時を□む古時計がある。

三　次の文章を読んで後の問いに答えなさい。

ますます多くの企業《きぎょう》が「持続可能なビジネスはよいビジネスである」という結論に達している。注1ＧＥは、エネルギー効率を生産ラインに取り入れることで２００５年以降、３億米ドルを節約し１６００億米ドル以上の収入を生み出したと発表し、注目を集めた。プーマやウォルマート、ユニリーバなどの企業と同様に、風力発電や太陽光発電、超高効率《ちょうこうこうりつ》注2タービンなどの持続可能な注3ビジネス・ソリューションからますます多くの純利益を上げていることを強調したことが、明確なメッセージになったのだ。環境《かんきょう》はもはや企業の社会的、倫理的《りんりてき》責任の領域にとどまる問題ではない。それはますます、企業の中核《ちゅうかく》ビジネスとなり、企業の核心《かくしん》となる活動となり、企業が市場を席巻《せっけん》するか消滅《しょうめつ》するかを決定づける鍵《かぎ》になりつつある。

先見性のあるビジネス・リーダーは、しばらく前から①このことに気づいている。彼《かれ》らにとっては、人間、地球、利益という三つの基本要素が、つねに不可分の目標であった。しかし、気候や生態系の問題がＣＳＲ部門ではなく取締役会《とりしまりやくかい》の問題となるような、ビジネスの世界での大きな考え方の変化が起きたのは、過去３～５年にすぎない。

２０１４年５月のストックホルム・フード・フォーラムのパネルで、世界経済の約10パーセントを占める２００社の多国籍《たこくせき》企業の世界的ネットワークである「持続可能な開発のための世界経済人会議（ＷＢＣＳＤ）」の会長のピーター・バッカーは、「注4ＣＳＲはもう死語だ」と宣言した。有限で枯渇《こかつ》していく資源を求める競争が激化し、化石燃料価格はますます予測不能になり、地球からのフィードバックが社会全体をますます不安定にするおそれがあるような今日の世界で企業が生き抜《ぬ》くためには、「地球をビジネスの外部要因としてしか見ないことは、もはや許されない」とバッカー会長は述べた。むしろ地球は「企業の本業」である。バッカー会長率いるＷＢＣＳＤは、その「ビ

2022年度

芝 中 学 校

▶解説と解答

算　数　＜第２回試験＞（50分）＜満点：100点＞

解　答

[1] (1)　13　(2)　$2\frac{1}{2}$　[2]　150個　[3] (1)　196倍　(2)　28倍　[4]　毎時50L／最初に等しくなるのは14分後，２回目に等しくなるのは19分後　[5]　13才　[6] (1)　40分　(2)　23分　[7] (1)　15回　(2)　63回　[8] (1)　70cm　(2)　毎秒７cm　(3)　ア　14秒　イ　$23\frac{1}{3}$秒

解　説

[1] 計算のくふう，逆算

(1)　2.3×1.1＋2.3×2.8＋2.3×3.9＋1.4×3.9－0.4×2.3－0.9×2.3－1.3×2.3－1.3×3.4＝2.3×(1.1＋2.8)＋(2.3＋1.4)×3.9－(0.4＋0.9)×2.3－1.3×(2.3＋3.4)＝2.3×3.9＋3.7×3.9－1.3×2.3－1.3×5.7＝(2.3＋3.7)×3.9－1.3×(2.3＋5.7)＝６×3.9－1.3×８＝６×３×1.3－1.3×８＝18×1.3－1.3×８＝(18－８)×1.3＝13

(2)　$\frac{1}{3}+\frac{1}{4}=\frac{4}{12}+\frac{3}{12}=\frac{7}{12}$，$\frac{1}{2}+\frac{1}{3}=\frac{3}{6}+\frac{2}{6}=\frac{5}{6}$，$\frac{1}{3}-\frac{1}{5}=\frac{5}{15}-\frac{3}{15}=\frac{2}{15}$より，$\frac{7}{12}\div\left(\frac{5}{6}\div\square+\frac{2}{15}\right)=\frac{5}{4}$，$\frac{5}{6}\div\square+\frac{2}{15}=\frac{7}{12}\div\frac{5}{4}=\frac{7}{12}\times\frac{4}{5}=\frac{7}{15}$，$\frac{5}{6}\div\square=\frac{7}{15}-\frac{2}{15}=\frac{5}{15}=\frac{1}{3}$　よって，$\square=\frac{5}{6}\div\frac{1}{3}=\frac{5}{6}\times\frac{3}{1}=\frac{5}{2}=2\frac{1}{2}$

[2] 売買損益

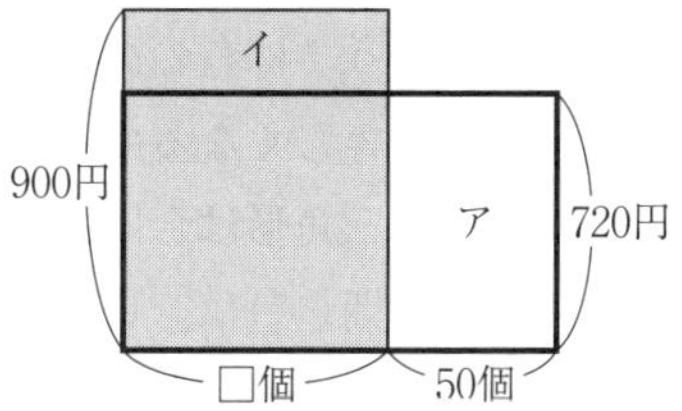

今年の売り値は，900×(１－0.2)＝720(円)であり，昨年売れた個数を□個として図に表すと，右のようになる。この図で，太線で囲んだ部分の面積は今年の売り上げを表し，かげをつけた部分の面積は昨年の売り上げを表している。この差が18000円だから，アとイの部分の面積の差も18000円とわかる。また，アの部分の面積は，720×50＝36000(円)である。よって，イの部分の面積は，36000－18000＝18000(円)なので，□＝18000÷(900－720)＝100(個)であり，今年売れた個数は，100＋50＝150(個)と求められる。

[3] 平面図形―相似，辺の比と面積の比

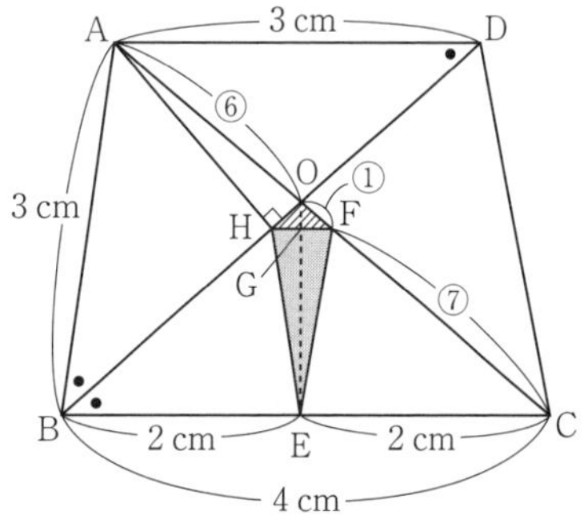

(1)　右の図で，ADとBCは平行だから，角ADBと角DBCの大きさは等しくなる。すると，三角形ABDは二等辺三角形とわかるので，ADの長さは３cmとなる。次に，三角形AODと三角形COBは相似であり，相似比は，AD：CB＝３：４だから，AO：OC＝３：４となる。また，ACの長さを１とすると，AO＝$1\times\frac{3}{3+4}=\frac{3}{7}$となり，ＦはACのま

ん中の点なので，AF＝FC＝1×$\frac{1}{2}$＝$\frac{1}{2}$となる。よって，AO：OF：FC＝$\frac{3}{7}$：$\left(\frac{1}{2}-\frac{3}{7}\right)$：$\frac{1}{2}$＝6：1：7と求められる。さらに，三角形ABHと三角形ADHは合同だから，HはBDのまん中の点になる。すると，HとFのBCからの高さはどちらも四角形ABCDの高さの半分なので，HFとBCは平行とわかる。したがって，三角形OHFと三角形OBCは相似であり，相似比は，OF：OC＝1：(1＋7)＝1：8だから，面積の比は，(1×1)：(8×8)＝1：64となる。そこで，三角形OHFの面積を1，三角形OBCの面積を64とすると，三角形ABCの面積は，64×$\frac{3+4}{4}$＝112，四角形ABCDの面積は，112×$\frac{3+4}{4}$＝196と求められるので，四角形ABCDの面積は三角形OHFの面積の，196÷1＝196(倍)とわかる。

(2) 上の図で，OG：GE＝OF：FC＝1：7となるから，三角形OHFと三角形EFHの面積の比も1：7とわかる。よって，三角形EFHの面積は，1×7＝7なので，四角形ABCDの面積は三角形EFHの面積の，196÷7＝28(倍)と求められる。

4 水の深さと体積

水槽《すいそう》1と水槽2が満水になるまでに，水槽2にはCから，24－3＝21(分間)給水しているので，水槽1と水槽2の容積はそれぞれ，60×$\frac{21}{60}$＝21(L)とわかる。また，水槽1にAからは24分間給水し続けたので，その量は，40×$\frac{24}{60}$＝16(L)であり，Bから給水した量は，21－16＝5(L)とわかる。さらに，水槽1にAから給水を始めたときから考えると，Bは6分間止めて2分間給水することを繰《く》り返すので，Bから給水した回数は，24÷(6＋2)＝3(回)となり，Bから給水した時間は，2×3＝6(分間)とわかる。よって，Bからは毎時，5÷$\frac{6}{60}$＝50(L)の水がでる。次に，Aから6分間で給水する量は，40×$\frac{6}{60}$＝4(L)，AとBから2分間で給水する量は，(40＋50)×$\frac{2}{60}$＝3(L)であり，2つの水槽にたまった水の量のようすは右のグラフのようになるので，水の量が最初に等しくなるのは14分後とわかる。また，かげをつけた三角形は合同だから，水の量が2回目に等しくなる時間(ア)は，(14＋24)÷2＝19(分後)と求められる。

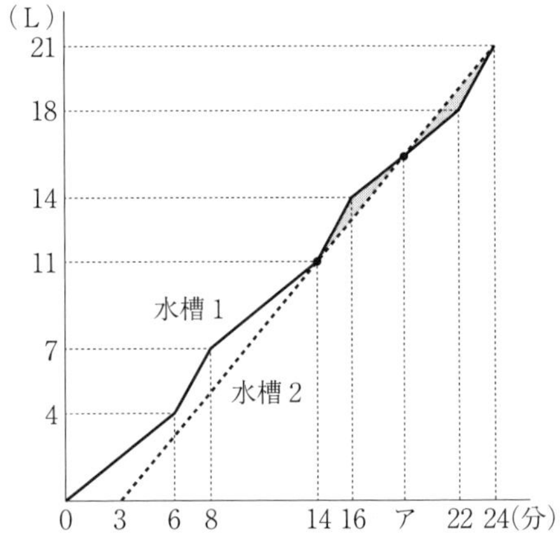

5 年令算

現在の父と母の年令は，下の図の㋐～㋔の場合が考えられる。それぞれの場合について，現在の父と母の年令の和は①のようになり，ここから，4×2＝8(才)をひくと，4年前の父と母の年令の和は②のようになる。よって，これを4で割ると，4年前の太郎君と弟とペットの年令の和として考えられるのは③のようになる(整数にならない場合は，年令の和としては不適切なので，空欄《くうらん》

	㋐	㋑	㋒	㋓	㋔	
現在の父と母	40才と46才	41才と47才	42才と48才	43才と49才	44才と50才	
現在の父と母の和	86才	88才	90才	92才	94才	…①
4年前の父と母の和	78才	80才	82才	84才	86才	…②
4年前の太郎君と弟とペットの和		20才		21才		…③
4年前の弟とペットの和		12才		13才		…④

にしてある)。さらに，４年前の太郎君の年令は，12－４＝８(才)だから，４年前の弟とペットの年令の和は④のようになる。ここで，弟とペットの年令の差は６才であり，これは偶数《ぐうすう》なので，年令の和も偶数になる。したがって，条件に合うのは㋑であり，４年前の弟とペットの年令は，一方が，(12－６)÷２＝３(才)，もう一方が，３＋６＝９(才)とわかるので，現在の弟とペットの年令は，一方が，３＋４＝７(才)，もう一方が，９＋４＝13(才)と求められる。現在，太郎君は12才だから，現在の弟の年令は７才，ペットの年令は13才とわかる。

6 仕事算

(1) １時間40分は，60×１＋40＝100(分)，２時間は，60×２＝120(分)，２時間30分は，60×２＋30＝150(分)なので，パンフレットの枚数を，100と120と150の最小公倍数である600とする。すると，A，B，Cが１分で印刷できる枚数はそれぞれ，600÷100＝６，600÷120＝５，600÷150＝４となるから，３台で同時に印刷したときに１分で印刷できる枚数は，６＋５＋４＝15とわかる。よって，３台のコピー機で同時に印刷を始めると，600÷15＝40(分)ですべての枚数を印刷できる。

(2) それぞれのコピー機を使った時間を図に表すと，右の図のようになる。Aを使って，15＋30＝45(分)印刷した枚数と，Cを使って15分印刷した枚数の合計は，６×45＋４×15＝330だから，３台を同時に使って印刷した枚数の合計は，600－330＝270とわかる。よって，３台を同時に使った時間は，270÷15＝18(分)なので，印刷が終わるまでの時間は，18＋45＝63(分)と求められる。したがって，予定よりも，63－40＝23(分)多くかかったことになる。

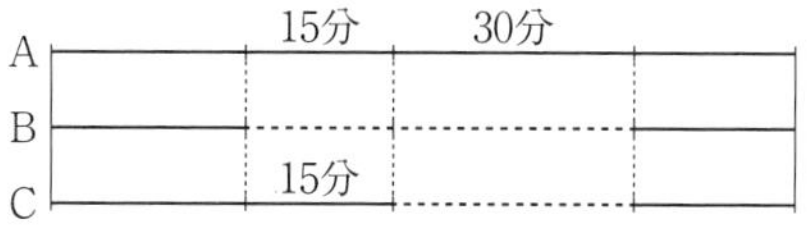

7 場合の数

(1) 右の図のように，{1，2，3}の３枚のカードをAからBに移すのに７回かかり，４のカードをAからCに移すのに１回かかり，{1，2，3}の３枚のカードをBからCに移すのに７回かかる。よって，４枚のカードは，７×２＋１＝15(回)で移動できる。

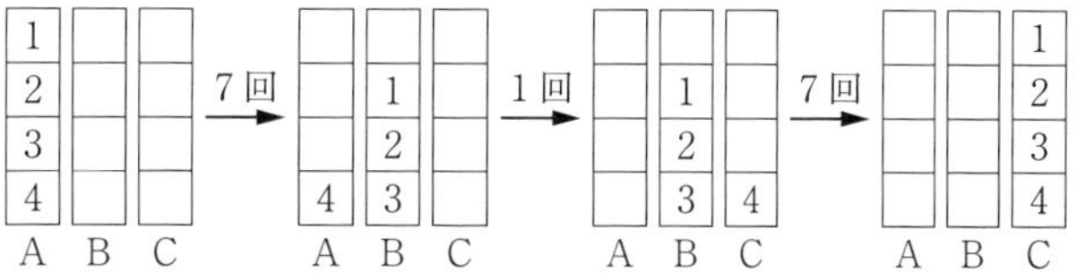

(2) (1)のように，１番下の１枚のカードとそれ以外のカードに分けて考えると，枚数がN枚のときの移動回数は，枚数が(N－１)枚のときの移動回数の２倍よりも１回多くなることがわかる。よって，５枚の場合は，15×２＋１＝31(回)となり，６枚の場合は，31×２＋１＝63(回)と求められる。

8 グラフ―図形上の点の移動，旅人算

(1) 問題文中の図で，点PがAを出発するとき，つまり，点P，QがAにいて点RがCにいるときには，４点P，Q，R，Dを結んでできる図形は三角形ACDとなる。また，このときの面積は，問題文中のグラフより700cm^{2}とわかる。よって，辺DC(辺AB)の長さは，700×２÷20＝70(cm)と求められる。

(2) グラフより，図形は下の図のように変化する。10秒後の図より，点Pは10秒で70cm動くことがわかるので，点Pの速さは毎秒，70÷10＝７(cm)と求められる。

(3) ５秒後のPQの長さを□cmとすると，(70＋□)×20÷２＝900(cm^2)と表すことができるから，□＝900×２÷20－70＝20(cm)とわかる。よって，点Pと点Qが５秒で動く長さの差が20cmなので，点Pと点Qの速さの差は毎秒，20÷５＝４(cm)であり，点Qの速さは毎秒，７－４＝３(cm)

とわかる。また，アは点Ｐと点Ｑが動いた長さの和が，$70\times2=140$(cm)になるときだから，ア＝$140\div(7+3)=14$(秒)と求められる。さらに，イは点Ｑが70cm動いたときなので，イ＝$70\div3=23\frac{1}{3}$(秒)となる。

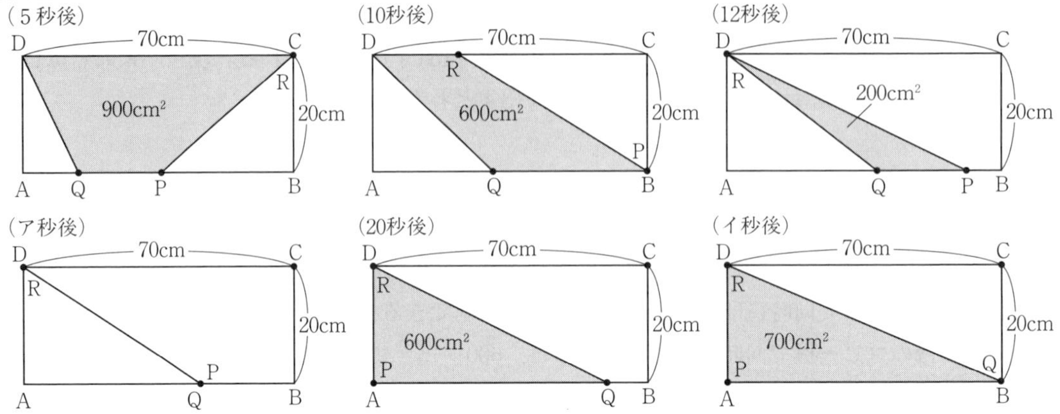

社　会　＜第２回試験＞（40分）＜満点：75点＞

解　答

1 **問１** **あ** 利根(川)　**い** 荒(川)　**う** 銚子(市)　**え** 多摩(川・丘陵)　**問２** イ　**問３** エ　**問４** ウ　**問５** ドーナツ化(現象)　**問６** カ　**問７** エ　**問８** イ　**問９** ア，チリ　**2** **問１** イ　**問２** エ　**問３** ウ　**問４** 中継貿易　**問５** ウ　**問６** シャクシャイン(の戦い)　**問７** イ　**問８** エ　**問９** 吉田茂　**問10** オ　**3** **問１** **X** エ　**Y** カ　**問２** 利益　**問３** イ　**問４** ア　**問５** (1) イ，エ　(2) エ　**問６** (1) **アメリカ**…a　**日本**…b　(2) インド　**問７** イ　**4** **問１** ウ　**問２** 春日部(市)　**問３** イ　**問４** (a) (安全とは)物ごとの性質(であり，安心とは私たちの)心のはたらき(である。)　(b) (例) (安全と安心は)異なるもの(なので，)両者を区別したうえで，安全を正しく評価するためには科学的な考え方や知識が不可欠で，安心の基準をより適切なものにするためには自分の経験だけではなく歴史を学ぶことが必要である(と考えている。)

解　説

1 関東地方の自然環境と産業を中心とした問題

問１ **あ，う** 利根川は，かつては江戸湾(東京湾)に注いでいたが，洪水の被害を防ぐなどの目的から江戸時代初期に治水工事が行われ，千葉県銚《ちょう》子《し》市を河口とする現在の流路に変更《へんこう》された。　**い** 関東山地の甲武信《こぶし》ヶ岳《がたけ》(山梨県・埼玉県・長野県)を水源とする荒川は，埼玉県内を東に流れたあと東京都に入り，江東区と江戸川区の区境で東京湾に注いでいる。　**え** 関東山地の笠取《かさとり》山を水源とする多摩川は，山梨県内を流れたあと東京都に入り，中流域で多摩丘陵《きゅうりょう》と武蔵野台地の間を南東に流れ，東京湾に注ぐ。下流は東京都と神奈川県の境界となっている。

問２ 関東地方各県が上位を占《し》める①はほうれんそう，茨城県と千葉県が第１位・第２位を占め，鳥取県が第５位に入っている②は日本なし，北海道が第１位である③はにんじんである。

問３　施設の数が最も少ないＹは，多額の設備投資が必要となる「テーマパーク・レジャーランド」と判断できる。残ったＸとＺのうち，大都市部の周辺の県が見られるＸは「ゴルフ場」で，大都市部から離れている県が見られるＺは「温泉地数」である。「ゴルフ場」と「テーマパーク・レジャーランド」で第１位となっている①は千葉県で，「温泉地数」で第１位の②は北海道，第２位の③は長野県となる。

問４　Ｘは「西部」と「東部」が逆である。また，Ｙは東京都と神奈川県内で営業する小田急線の沿線の説明として正しい。

問５　高度経済成長期(1950年代後半～1970年代初め)に地方から東京への人口の移動が活発になって都心部の人口が急増すると，都心部の地価が上昇したり，ごみ問題などの都市問題が生じたりするようになった。そのため，1960年代になると，郊外や近県(神奈川県や千葉県，埼玉県など)で住宅地の開発が進み，そこに移り住む人が増えて都心部の人口が減少するドーナツ化現象が見られた。その後，1980年代後半のバブル経済期に都心部の地価が異常なほど上がったが，その崩壊《ほうかい》によって地価が下がった。そのため，2000年代には都心部で高層マンション建設などの再開発が進み，職住近接(職場の近くに住むこと)を好む人も増えたことから，都心部の人口が再び増加し始める都心回帰現象が見られるようになった。

問６　人口統計では，０～14歳を年少人口，15～64歳を生産年齢人口，65歳以上を老年人口(高齢者人口)という。都心回帰現象の影響が大きいところほど，人口増減率や生産年齢人口，年少人口の割合が高く，老年人口の割合が低いので，Ｘは港区，Ｚは八王子市と判断でき，残ったＹは杉並区となる。港区は，住居としては高層マンションが多く，30～40代を中心とした勤労者とその家族の割合が高い。また，八王子市は，1960～80年代に多くの団地やマンションが建てられ，新興住宅地も開発されて人口が急増したが，近年は人口の流入が伸び悩《なや》み，住民の高齢化も進んでいる。

問７　機械が70％近くを占めるウは自動車工業がさかんな中京工業地帯，金属が20％を超《こ》えているアは阪神工業地帯である。残ったイとエのうち，化学の割合がより低いイは海に面していない関東内陸工業地域と判断でき，もう一方のエが京浜工業地帯となる。

問８　大豆・小麦・とうもろこしでいずれも最大の輸入先となっているＸはアメリカ，大豆ととうもろこしで輸入量が第２位となっているＹはブラジル，小麦の輸入量で第２位のＺはカナダである。特に小麦の輸入は，アメリカ・カナダ・オーストラリアの３国で100％近くを占めている。

問９　さけ・ますは，比較《ひかく》的低温の海域に生息しているので，北ヨーロッパのノルウェーやロシアが上位にあるアとわかる。空欄《くうらん》には南アメリカのチリが入り，チリとノルウェーから輸入されるのはすべて養殖《ようしょく》ものである。なお，イはまぐろで第２位は中国，ウはえびで第１位はベトナムである。えびはおもに東南アジア(ベトナム，インドネシア，タイなど)やインドの比較的温かい海域で養殖されている。統計資料は『日本国勢図会』2021／22年版による(以下同じ)。

2　外交を中心とした歴史の問題

問１　Ｘは聖徳太子(厩《うまや》戸《と》王・厩戸皇子)が定めた十七条の憲法について正しく述べている。Ｙは公地公民の原則について述べた文で，この原則は大化の改新とよばれる一連の政治改革のさいに，中大兄《なかのおおえの》皇子(のちの天智天皇)らによって初めて示された。

問２　聖徳太子が政治を行った飛鳥時代には，朝鮮半島北部に高句麗《こうくり》があり，西で接している隋《ずい》

(中国)や，朝鮮半島南部の百済《くだら》・新羅《しらぎ》と争っていた。隋の皇帝煬帝《ようだい》が倭《わ》(日本)と国交を結ぶことにしたのは，倭を味方にしようという外交的判断によるものだったと考えられる。なお，煬帝は３度にわたり高句麗へ侵攻《しんこう》したが失敗に終わり，それが隋の滅亡《めつぼう》の原因の１つとなった。また，イの高《こう》麗《らい》は，10世紀前半から14世紀末まで朝鮮半島を支配した国である。

問３　アは1297年に鎌倉幕府が出した永仁《えいにん》の徳政令の一部，イは1485～93年の山城国一揆《いっき》についての記録，ウは1428年の正長《しょうちょう》の土一揆についての記録，エは1588年に豊臣秀吉が出した刀狩《かたながり》令の一部である。

問４　ある国から輸入した品を別の国や地域に転売することで利益を得る貿易を，中継(ちゅうけい・なかつぎ)貿易という。現代においても，香港《ホンコン》やシンガポールなどがこうした形式の貿易をさかんに行っている。

問５　X　島原・天草一揆のあと，江戸幕府は禁教政策の徹底《てってい》化をはかるようになった。キリスト教徒でないことを証明させるため，人々にキリストやマリアを描いた絵を踏《ふ》ませた絵踏《えぶみ》(踏絵)もその１つである。　　Y　江戸幕府の第５代将軍徳川綱吉《つなよし》の時代，幕府は質の悪い貨幣《かへい》を大量に発行して財政を立て直そうとしたが，物価の上昇を招いて経済を混乱させた。そのため，第６・第７代将軍の時代に幕府の政治を担当した新井白石は，貨幣の質を元にもどした。　　なお，朱印《しゅいん》状は，豊臣秀吉や徳川家康がおもに東南アジアで貿易(朱印船貿易)を行う商人たちに発行した渡航許可証。

問６　蝦夷《えぞ》地(北海道)のアイヌを支配下に置いていた松前藩は，昆布《こんぶ》やさけなどの産物をわずかな米と交換《こうかん》するような不当な交易で大きな利益を上げていたため，これを不服とするアイヌの人々はしばしば反乱を起こした。その最大のものが1669年に起きたシャクシャインの戦い(シャクシャインの乱)で，日高地方の有力な首長だったシャクシャインは，ほかのアイヌの部族にも松前藩への抵抗をよびかけて蜂起《ほうき》したが，講和の席上でだまされて殺された。

問７　X，Yは正しい。Zは「ロシア」ではなく「アメリカ」が正しい。

問８　Ⅰの徴兵《ちょうへい》令が出されたのは1873年，Ⅱの五箇条《ごかじょう》の御誓文《ごせいもん》が出されたのは1868年，Ⅲの廃藩置県が行われたのは1871年のことである。

問９　1951年，アメリカのサンフランシスコで太平洋戦争の講和会議が開かれた。吉田茂《しげる》首相は日本代表としてこの会議に出席し，連合国48か国との間でサンフランシスコ平和条約を結んだ。これにより，連合国軍による占領が終わり，日本は独立を回復した。しかし，同時に調印された日米安全保障条約によって，独立後もアメリカ軍が引き続き日本にとどまることになった。日米安全保障条約は1960年に改定強化されて今日にいたっている。

問10　アは1964年，イは1954年，ウは1953年，エは1970年，オは1949年のできごとで，沖縄の本土復帰は1972年のことである。よって，1951～72年に起きたできごとでないのはオとなる。なお，エの「日本万国博覧会」は，大阪万博の正式名称である。

３　発明や特許を題材とした総合問題

問１　**X**　慶應《けいおう》義塾大学の前身となる蘭学《らんがく》塾を江戸に開いた福沢諭吉《ゆきち》の著書には，ベストセラーとなった『学問のすゝ《(す)》め』のほか，『西洋事情』『文明論之《の》概略《がいりゃく》』などがある。　　**Y**　京都大学の本庶佑《ほんじょたすく》は，オプジーボというがん治療《ちりょう》薬の開発につながる研究で，2018年にノーベル医学生理学賞を受賞した。

問２　同じ段落に，「発明など，人々によって生み出されたアイデアや創造物は～莫大《ばくだい》な利益を生みます」とある。また，火に油を注げば，火はさらに大きくなる。したがって，火は「アイデアや創造物」に，油は「利益」にあたるといえる。

問３　知的財産権は人の知的・精神的活動にかかわる権利なので，おもに身体能力にかかわるイが誤っている。

問４　特許庁は経済産業省の外局である。

問５　(1)　日本とアメリカの間で何度か起きている貿易摩擦《まさつ》は，アメリカ側の大幅《おおはば》な貿易赤字を原因とするもので，1960～70年代には繊維《せんい》製品や鉄鋼などで，1980～90年代には自動車や半導体などの分野で問題となった。これに対し，日本の自動車会社などは，輸出の自主規制やアメリカ国内での現地生産などの対策をとった。いっぽう，不買運動はアメリカ国内で日本製品に対して行われた。また，日本とアメリカの間ではさまざまな貿易協定が結ばれてきたが，関税が完全に撤廃されたわけではない。　(2)　中国最大の通信機器メーカーはファーウェイで，アメリカが安全保障上の脅威《きょうい》になるとみなすなど，米中の対立の中で話題となった。なお，アのアリババは中国の電子商取引の８割を占めるといわれる巨大ネット企業，イの新華社通信は中国の一般ニュースなどを海外に配信している国営通信社，ウのヒュンダイはかつて韓国最大の財閥《ざいばつ》であった企業グループ。

問６　(1)　資料３の「2004年～2006年の平均」から「2017年～2019年の平均」にかけて，ａはｃにぬかれているので，資料１よりａはアメリカ，ｃは中国とわかる。また，第２位から第４位に下がっているｂは日本である。なお，ｄはドイツ，ｅは韓国。　(2)　Ⅱにあてはまるのはインドで，情報通信技術(ICT)産業の発展が著しく，欧米のICT企業などにも多くの人材を送りこんでいる。

問７　2021年度の一般会計予算における国債依存《こくさいいぞん》度は，40.9％となっている。近年は30％台の年が続いていたが，７年ぶりに40％を超えた。

4　「安全」と「安心」をテーマとした総合問題

問１　１円硬貨《こうか》には若木，５円硬貨には稲穂・歯車・水・双葉《ふたば》，10円硬貨には平等院鳳凰《ほうおう》堂(京都府)・唐草・常磐木《ときわぎ》(常緑樹)，50円硬貨には菊花《きっか》，100円硬貨には桜花《おうか》，500円硬貨には桐《きり》・竹・橘《たちばな》が刻印されている。これらのうち，最も新しく発行されたのは新500円硬貨で，2021年に流通が始まった。なお，紙幣(日本銀行券)は日本銀行が，硬貨(補助貨幣)は政府が発行する。

問２　埼玉県春日部《かすかべ》市は，伝統的工芸品の春日部桐箪笥《たんす》で知られる。漫画・アニメの『クレヨンしんちゃん』の舞台《ぶたい》ともなっており，主人公(野原しんのすけ)の一家が特別住民登録されている。

問３　イの女川《おながわ》原子力発電所(宮城県)は，三陸海岸に位置している。なお，アの伊方《いかた》は愛媛県，ウの川内《せんだい》は鹿児島県，エの高浜は福井県にある原子力発電所。

問４　(a)　安全については第４段落で，「私たちは心のどこかで物ごとの性質，中でも私たちに害をあたえるかどうかを見きわめています」と述べられている。また，安心については第２段落で，「私たちの心のはたらきが拒否《きょひ》してしまうからです。安心できないのですね」と述べられている。

(b)　最後から３つ目の段落に，「安全と安心は異なるものなので，両者を区別したうえで，それぞれに適切に対応することが必要です。安全を正しく評価するためには，物ごとに対する正確な分析，つまり科学的な考え方や知識が不可欠です」とある。また，最後から２つ目の段落に「いっぽう安心は，一人ひとりの経験に大きく影響されます」とあり，最後の段落に「安心の基準をより適切なものにするためには，～歴史を学ぶことが大いに必要となるはずなのです」とある。以上のことがらをまとめる。

理 科　＜第２回試験＞（40分）＜満点：75点＞

解 答

1 (1) A (イ) B (ア) (2) (ア), (カ) (3) (カ) (4) (例) 竹の中に密閉されていた空気があたためられてぼう張するから。 2 (1) 2.5cm (2) 6 cm (3) ① 150 g ② 12.5cm (4) 20cm (5) ① 27cm ② 10cm (6) 61cm 3 (1) (ウ) (2) (ウ), (オ) (3) (エ) (4) (カ) (5) ⑥ (6) ⑫ 4 (1) (ウ) (2) (カ) (3) (カ) (4) (ウ) (5) ① 4 g ② 右の図 ③ 48 g ④ 7 g 5 (1) (ア) (2) (ケ) (3) (タ) (4) ア 272 イ 0.35 (5) (オ) (6) (イ), (ウ)

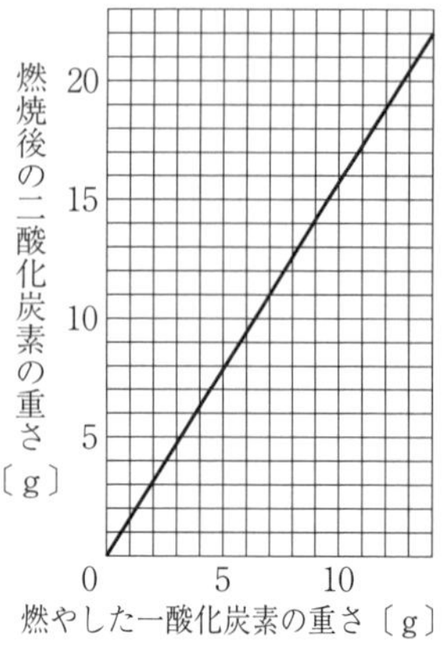

解 説

1 **キャンプをテーマにした問題**

(1) **A** 導線に電流を流すと磁界が発生し，その向きは右の図の右ねじの法則によって知ることができる。図１で，電流を流す前後で方位磁針の針が動かなかったのは，電流を流す前に方位磁針が北を指していて，電流を流した後に導線の上に北向きの磁界が発生したためである。よって，電流の向きは西向きとわかる。

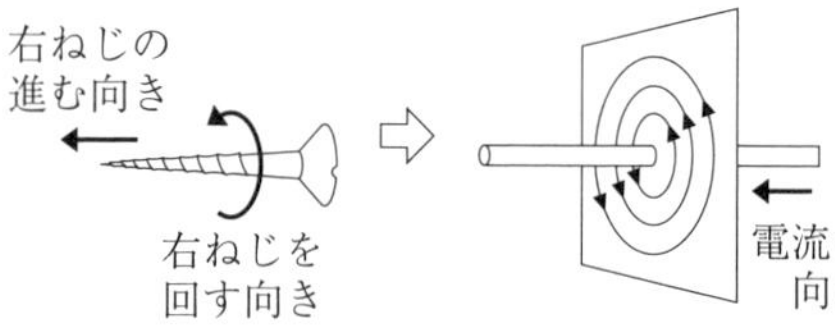

電流の向きを右ねじの進む向きに合わせると，右ねじを回す向きが磁界の向きになる。

B 図２で，方位磁針の下で上向きと下向きに流れる電流によってできる磁界は，たがいに反対方向なので打ち消し合う。したがって，導線に電流を流しても，方位磁針の針はふれない。

(2) (ア) ミノガは，巣(ミノ)の中で幼虫の姿で冬をこす。 (イ) カマキリは，秋に植物の枝などに卵のかたまり(卵鞘《らんしょう》という)を産みつける。卵は冬をこし，春になってからふ化する。 (ウ) コオロギは，秋に地中に卵を産む。卵はそのまま冬をこし，春になってからふ化する。 (エ) モンシロチョウの幼虫のうち，秋に生まれたものは，秋の終わりごろにさなぎになり，さなぎの姿で冬をこす。 (オ) テントウムシは，成虫が落ち葉の下などに集まって冬をこす。 (カ) カブトムシは，８月～９月ごろに卵を産む。卵がふ化して幼虫になると，幼虫のまま地中で冬をこす。

(3) チャートは，ホウサンチュウなどの微生物《びせいぶつ》の殻《から》が堆積《たいせき》してできた堆積岩である。その主成分は二酸化ケイ素で，非常にかたく，塩酸をかけても反応しない。よって，(カ)が選べる。なお，(ア)はリュウモン岩など，(イ)はハンレイ岩など，(ウ)は凝灰《ぎょうかい》岩，(エ)は泥《でい》岩，(オ)は石灰岩について述べた文章である。

(4) 図アの竹は，節と節の間に空気が入っており，そのまま火にくべると，空気が熱で急激にぼう張しようとして圧力が高まるので，ばく発の危険がある。

2 **ばねの伸《の》びの長さと力のつり合いについての問題**

(1) 図１より，ばねＡに40 gのおもりをつるすと２cm伸びる。すると，ばねＡは100 gで，$2\times\frac{100}{40}=5$ (cm)伸びるので，ばねＡを真ん中で半分に切ったものに100 gのおもりをつり下げると，

５÷２＝2.5(cm)伸びる。

(2)　図１より，ばねＡに80ｇ，ばねＢに120ｇの力がかかると，ばねＡとばねＢの伸びがどちらも４cmになる。したがって，図２では，おもりＣが，80＋120＝200(ｇ)のときに，ばねＡとばねＢの伸びの和が，４＋４＝８(cm)になるので，おもりＣが150ｇのときのばねＡとばねＢの伸びの和は，$8\times\frac{150}{200}=6$(cm)とわかる。

(3)　①　図３では全体がつり合って静止しているので，おもりＤの重さはおもりＣの重さに等しく150ｇとわかる。　②　図３のように，ばねの両端《りょうたん》の糸に同じ重さのおもりをつるすと，片方のおもりは壁《かべ》と同様にばねが動かないように支えるはたらきをしていると見なせる。よって，ばねＡ，ばねＢにはどちらも150ｇの力がかかっているので，伸びを足すと，$2\times\frac{150}{40}+4\times\frac{150}{120}=12.5$(cm)となる。

(4)　図４で，ばねＡには１本あたり，(150＋150)÷２＝150(ｇ)，ばねＢには150ｇの力がかかっているので，３つのばねの伸びをすべて足すと，$2\times\frac{150}{40}\times2+4\times\frac{150}{120}=20$(cm)になる。

(5)　①　ばねＡには，580＋10－150＝440(ｇ)，ばねＢには150ｇの力がかかっているので，伸びを足すと，$2\times\frac{440}{40}+4\times\frac{150}{120}=27$(cm)となる。　②　棒のつり合いは，棒を回転させようとするはたらき(以下，モーメントという)で考える。モーメントは，(加わる力の大きさ)×(回転の中心からの距離《きょり》)で求められ，左回りと右回りのモーメントが等しいときに棒はつり合って水平になる。図５で，いちような棒の重心(重さが集中していると考えることができる点)は棒の中央，つまり，棒の左はしから，40÷２＝20(cm)の位置にある。また，モーメントを考えるときには，どの部分を回転の中心にしてもよい。したがって，棒の左はしを回転の中心とし，おもりＥをつりさげる位置を棒の左はしから□cmとすると，150×40＝580×□＋10×20が成り立ち，□＝(6000－200)÷580＝10(cm)と求められる。

(6)　図６で，左側のばねＡには120ｇの力がかかっている。輪じくについて，外側の輪にかかっている糸にかかる力を□ｇとすると，120×１＝□×２が成り立ち，□＝120÷２＝60(ｇ)となる。よって，棒の左はしにかかる力は，120＋60＋10＝190(ｇ)となる。次に，ばねＢが棒をつりさげている点を回転の中心と考え，棒の右はしにかかる力を△ｇとすると，190×30＋10×(30－20)＝△×10が成り立ち，△＝(5700＋100)÷10＝580(ｇ)となるので，棒の右側のばねＡには580ｇの力がかかっている。また，ばねＢにかかる力は，190＋10＋580＝780(ｇ)となる。したがって，３つのばねの伸びをすべて足すと，$2\times\frac{120}{40}+2\times\frac{580}{40}+4\times\frac{780}{120}=61$(cm)と求められる。

3　太陽の特ちょうや動きについての問題

(1)　太陽の中心核は，太陽の半径の２割ほどの大きさで，太陽の重さの半分ほどが集まっている。温度は約1500万～1600万℃で，太陽の中で一番温度が高い。次に温度が高いところは，太陽の大気の最も外側にあるコロナで，約100万～300万℃である。その次が，太陽の表面として見える光球で，約6000℃である。黒点はこれより温度が低く，約4000～5500℃である。

(2)　(ア)　太陽よりも大きいこう星はいくつもある。たとえば，はくちょう座には，太陽の約1650倍の大きさのこう星がある。　(イ)　太陽の重さは地球の約30万倍である。なお，太陽の直径が地球の約109倍である。　(ウ)　太陽の黒点は光球上を東から西に移動しており，これを観察することによって太陽の自転を調べることができる。　(エ)　黒点部分でたつ巻が起こったりちりが集まったりすることはない。　(オ)　地上から太陽を観測すると，１日に360度回転して見えるので，地球の自転により1時間あたり，360÷24＝15(度)ずつ動いて見える。　(カ)　地球は太陽系で最も密度《みつど》(1 m^3あたりの重さ)が大きい惑星《わくせい》で，その密度は太陽の約4倍である。

⑶　日食は，太陽―月―地球がこの順に一直線に並んだ新月のときに観測される。また，地球が西から東の向きに自転しているため，太陽も月も東から西の向きに動く。ここで，日の出の時刻は1日ではほとんど変わらないが，月の出の時刻は1日に約48分遅《おそ》くなることから，地球から見たときの月の動きは，太陽よりも遅いことがわかる。よって，日食が始まるとき，太陽は動きの遅い月を追い越《こ》すように動くので，太陽は西側から欠けていく。また，月食は，月―地球―太陽がこの順で一直線上に並ぶ満月のときに，地球の大きなかげの中に月が入りこむために見られる現象である。月食が始まるとき，月は地球のかげの中を西から東へ公転するので，月は東側から欠けていく。

⑷　地球から太陽までの距離はおよそ1.5億kmであり，模型と太陽が同じ直径に見えるときには，右の図Ⅰのような位置関係になる。三角形ABCと三角形ADEは相似であり，相似比は，BC：DE＝1：30億なので，観測者から模型までの距離(AC)はおよそ，$1.5\text{億}\times1000\times\frac{1}{30\text{億}}=\frac{1500\text{億}}{30\text{億}}=50$ (m)と求められる。

図Ⅰ

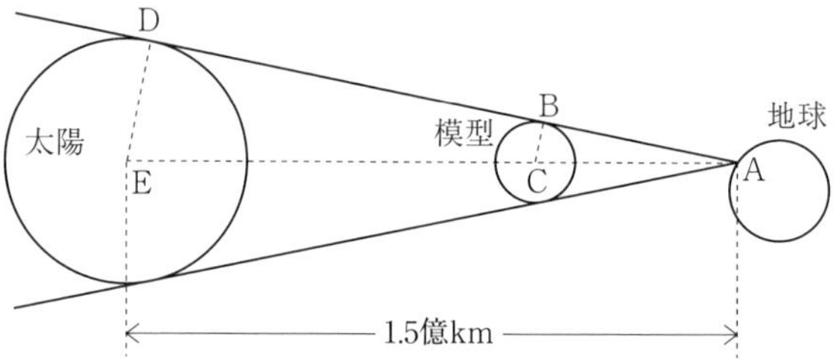

⑸　芝《しば》学園のある北半球では，太陽は東から出て南の空を通って西にしずむので，棒のかげの先たんは西→北→東と動く。また，その動き方は，季節によって下の図Ⅱのように変化する。したがって，夏至《げし》の日(6月21日ごろ)の記録としては⑥がふさわしい。

⑹　オーストラリアのある南半球では，太陽は東から出て北の空を通って西にしずむので，棒のかげの先たんは西→南→東と動く。また，北半球が夏のときには南半球では冬になり，棒のかげの先たんの動き方は，季節によって下の図Ⅲのように変化する。よって，⑫が選べる。

図Ⅱ

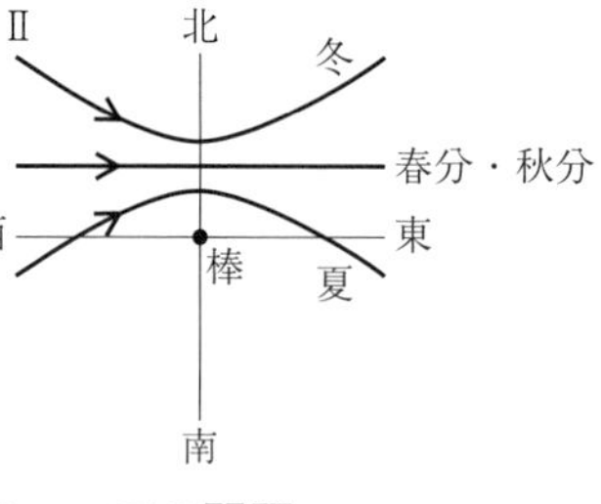

図Ⅲ

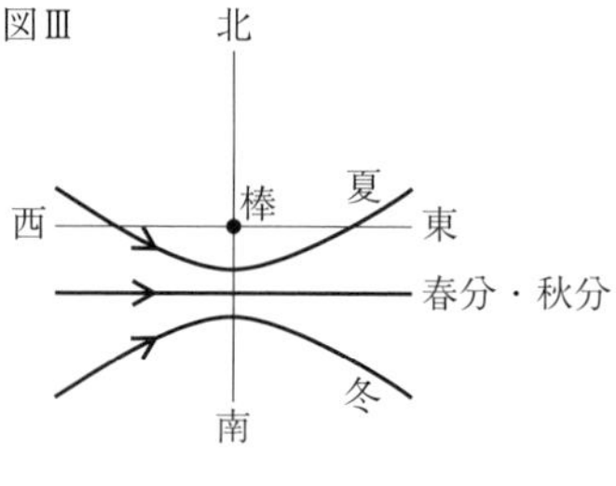

4　ものの燃え方についての問題

⑴　ロウソクのロウは，固体が熱せられて液体になり，それがしんを伝ってのぼっていき，しんの先の方でさらに熱せられて気体になってから燃える。

⑵　ロウソクの炎《ほのお》にぬらした割りばしを入れたときに，図2のように黒くなったのは，温度の高い外えんによって焦《こ》げたからである。また，ガラス管を入れたときに図3のように黒くなったのは，内えんのすすがついたからである。したがって，実験1では炎の上の方(えん心がない部分)に割りばしとガラス管を入れているので，この部分にぬらした木の板を数秒かざすと，(カ)のように外えんの部分が焦げる。

⑶，⑷　図4のように，新しい空気(酸素)をさえぎって物質を加熱することを蒸し焼きという。図

４では，木が熱により分解されて，気体成分が白いけむり(木ガス)となってガラス管から出ていき，液体成分が試験管の口付近にたまる。この液体は，黄色の木酢《もくさく》液と，茶色のねばり気のある木タールである。また，試験管内の体積が小さく，ふくまれる酸素が少ないため，固体成分は燃えることなく黒色の炭となって残る。

⑸　①　グラフより，３gの炭素が燃焼してすべて一酸化炭素になると７gになり，すべて二酸化炭素になると11gになるので，重さの差は，11－７＝４(g)と求められる。　②　一酸化炭素の重さと二酸化炭素の重さは比例する。また，①より，７gの一酸化炭素が燃えると11gの二酸化炭素になる。よって，この点と原点(０g，０gの点)を通る直線を引けばよい。　③　一酸化炭素63gにふくまれる炭素は，$63\times\frac{3}{7}=27$(g)，二酸化炭素77gにふくまれる炭素は，$77\times\frac{3}{11}=21$(g)なので，燃やした炭素は，27＋21＝48(g)とわかる。　④　12gの炭素がすべて二酸化炭素になると，その重さは，$12\times\frac{11}{3}=44$(g)となり，実際よりも，44－40＝４(g)多くなる。また，①より，炭素１gが一酸化炭素になるときと二酸化炭素になるときの重さの差は，$4\div3=\frac{4}{3}$(g)となる。したがって，発生した一酸化炭素にふくまれる炭素は，$4\div\frac{4}{3}=3$(g)なので，発生した一酸化炭素は，$3\times\frac{7}{3}=7$(g)と求められる。

５　生物の生活の仕方や生命表についての問題

⑴　タンポポの１つの花には，めしべが１本，おしべが５本，花びらが５枚あり，がくが変化してできた冠毛《かんもう》(綿毛とも呼ばれる)がついている。花びらは黄色で，昆虫《こんちゅう》が花粉を運ぶことで受粉する虫ばい花に分類される。また，タンポポなどキク科の植物は，花がたくさん集まって１つの大きな花のように見えている(頭花という)。

⑵　ナナホシテントウなどの昆虫類は，からだが頭部・胸部・腹部の３つに分かれており，胸部に６本のあしと４枚の羽をもつ(羽は２枚のものやないものもある)。図では，１が頭部，２のすべておよび３の一部が胸部，残りが腹部である。

⑶　テントウムシはアブラムシを食べるので，１は－となる。アブラムシは腹部の先たんから甘いしるを出し，これをアリはえさにしているので，３は＋となる。また，アリはアブラムシをテントウムシから守っているので，２は＋，４は－となる。

⑷　**ア**　３令幼虫280ひきのうち0.97が生存するので，280×0.97＝271.6より，４令幼虫は272ひきとなる。　**イ**　卵784個のうち４令幼虫まで生存したのは272ひきなので，272÷784＝0.346…より，生存個体の割合は0.35となる。

⑸　マンボウは，親が数億個の卵を産み，そのほとんどは稚魚《ちぎょ》になれないので，Ｃにあてはまる。チンパンジーは，親が数ひきの子を産み，親が子の世話をするため，そのほとんどは死なずに成長するので，Ａにあてはまる。トカゲはＡとＣの間のＢにあてはまる。

⑹　㋐　表１で，８つの各時期での期間の生存率はばらついている。　㋑　表１で，成虫の生存個体の割合は0.08となっている。つまり，卵から成虫のモンシロチョウになれるのは８％である。　㋒　表１で，５令の期間の生存率は0.35で，最も低い。　㋓　表１で，１令の期間の生存率は0.52，５令の期間の生存率は0.35となっている。　㋔　表１で，期間の生存率が最も高いのは３令である。

国語 ＜第２回試験＞（50分）＜満点：100点＞

解答

一 下記を参照のこと。　二 下記を参照のこと。　三 **問１** （例） 環境はもはや企業の社会的，倫理的責任の領域ではなく中核ビジネスであるということ。　**問２** （例） 自然が一方にあり，社会が他方にあるという世界観にもとづいて，社会による地球への影響を「外部性」として扱うと考えること。　**問３** （例） 人間活動によって飽和し不安定になった世界において，生物種や生態系を救うという考えから，人類を救うために安定した気候と生態系を守るという考えへと変わった。　**問４** （例） 将来も人類が経済発展し，繁栄し，よい生活をすることを可能にするうえで必要な安定した気候と生態系を残すために，持続可能性を追求した変革をすすめていく必要がある。　四 **問１** （例） 子供には難しいという理由で大事なことを話さないこと。　**問２** （例） 母親が娘の夏子を見習わないといけないと叔父が言っているから。　**問３** （例） いまこの家で暮らしている長兄は自分たちと同じ父母から生まれた自分と同じ血縁だと思っていたが，そうではなかったということ。　**問４** （例） 実は姉も自分とは異なる血縁の異母兄弟ではないかという疑問が生まれたが，それが事実だとわかると今までどおりに姉と接することができなくなるように思い，姉に真実を聞くのがためらわれたということ。

●漢字の書き取り

一 ① 仮　② 盟　③ 期　④ 承　⑤ 印　二 ① 乗　② 足　③ 泳　④ 首　⑤ 刻

解説

一 **熟語の完成**

① 「仮説」は，ある現象を明らかにするために，仮に立てる説。　② 「同盟」は，個人や国家などが同じ目的のために力を合わせると約束すること。　③ 「氷河期」は，地球の気候が寒冷化し，地表と大気の温度が長期にわたって低下していた時期。　④ 「継承」は，身分や財産，仕事などを前代から受け継《つ》ぐこと。　⑤ 「印刷」は，文字や絵などを組み合わせて原版をつくり，その版面にインクなどをつけて文字や図形を多数の紙や布などに刷《す》りうつすこと。

二 **漢字の書き取り**

① 「口車に乗せられる」は，“口先だけのうまいおだてに乗せられて，だまされたり考えを変えたりする”という意味。　② 「二の足を踏《ふ》む」は，“何かをすることを思い切れずに迷う”という意味。　③ 音読みは「エイ」で，「水泳」などの熟語がある。　④ 「首をかしげる」は，“疑問に思ったり不審《ふしん》に思ったりする”という意味。　⑤ 音読みは「コク」で，「時刻」などの熟語がある。

三 **出典はＪ・ロックストローム，Ｍ・クルムの『小さな地球の大きな世界　プラネタリー・バウンダリーと持続可能な開発』による。**地球の気候と生態系を守ることは，今後も人類が経済発展し，繁栄《はんえい》し，よい生活を送るために必須《ひっす》のものであるという認識《にんしき》のもと，我々はプラネタリー・バウンダリーの範囲《はんい》内で成長していく改革を進める必要があると述べられている。

問１ 「このこと」に気づいた「先見性のあるビジネス・リーダー」にとっては，「人間，地球，利益という三つの基本要素が，つねに不可分の目標」となったことをおさえる。具体的には「エネルギー効率を生産ラインに取り入れ」たり，「風力発電や太陽光発電，超《ちょう》高効率タービンなどの持続可能なビジネス・ソリューション」を導入したりすることで多くの純利益を生み出すような企業《きぎょう》のあり方である。つまり，「先見性のあるビジネス・リーダー」は，「環境《かんきょう》はもはや企業の社会的，倫理《りんり》的責任の領域にとどまる問題」ではなく，「企業の中核《ちゅうかく》ビジネスとなり，企業の核心《かくしん》となる」ものだと気づいたというのである。

問２　筆者は，人間が環境に向き合うときの認識《にんしき》として，今までは「環境を『保護する』という考え方」をしてきたことを指摘《してき》し，その結果「自然が一方にあり，社会が他方にあるという世界観を広めてしまった」と述べている。このような世界観にもとづいて「地球への影響《えいきょう》を『外部性』として扱《あつか》う」ことは「間違《まちが》った認識」だったというのである。

問３　直後の部分で，筆者は「人新世は人間活動によって飽和《ほうわ》し不安定になった世界」であることを示し，そこでの「目指すべき大目標は，生物種や生態系を救うことではなく，私たち人類を救うこと」だと述べている。つまり，今までのように自然環境と人間社会を切り離《はな》し，「人間の行動による外部性として悪影響を受ける自然の一部を『保護する』」というような対応から，「人類が経済発展し，繁栄し，そしてよい生活を追求することを可能にする」ために環境を守る必要が出てきたということになる。

問４　「将来の世代が繁栄する」とは，今後も「人類が経済発展し，繁栄し，そしてよい生活を追求」できるようにすることである。そのために筆者は「地球に残された美しさを，生活とビジネスにとって副次的なものではなく，必須《ひっす》のものとして守護する役割を果たすことが不可欠」だと述べている。つまり筆者は，人類の繁栄に不可欠な「安定した気候と生態系」を守るために「プラネタリー・バウンダリー」を意識した改革が求められると主張している。

四　**出典は椎名《しいな》誠《まこと》の『家族のあしあと』による。**父親が亡《な》くなった後，母と五人兄弟で暮らしていた「ぼく」は，思いがけず長兄《ちょうけい》が自分とは血縁《けつえん》の異なる異母兄弟であったことを知る。

問１　姉が結婚《けっこん》するのを知らされなかったことに抗議《こうぎ》した「ぼく」に対して，母が「子供にはちょっと難しい話もあったから」，「それを説明しても小学生のあんたにはうまく理解できないだろうし」と話していることに着目する。つまり，ここでの「子供扱い」とは，母が子供には難しいという理由で，「ぼく」に大事な話をしないことにあたる。

問２　つぐも叔父《おじ》が「夏ちゃんは本当に純情なおなごたい。鉄面皮《てつめんぴ》のおいの姉さんなど少しは夏ちゃんを見習わんと」と言っていることに対して，「ぼく」が「つぐも叔父の姉さんといったらぼくや姉の夏子の母親ということになる」と考えていることに着目する。娘《むすめ》が母を見習うというのならともかく，母に娘を見習うように言っているために「順序がヘンテコ」だと思ったのである。

問３　父の葬儀《そうぎ》のときに顔を見せた三人の男の人が，父は同じでも母の違《ちが》う異母兄弟だということを知らされた「ぼく」は，「でもいまこの家で暮らしている長兄は自分たちと同じ父母から生まれた，彼《かれ》らとは別の血縁の兄になるのだろう」と思い，そのことを確かめるために姉に質問している。ところが，その質問に対して姉が即答《そくとう》せず「辛《つら》そう」に「少し困った顔」を見せたために，兄は自分と同じ血縁の兄弟ではなかったのだろうかと思ったのである。

問４　兄が自分とは血縁の異なる異母兄弟であることを知った「ぼく」は「じゃあ，今，ぼくの目の前にいる姉の夏子はどうなのだろう」と考えている。姉もまた長兄と同じように，「ぼく」とは異なる血縁なのではないかと思いながらも「それは聞けなかった」のである。聞けなかった原因は，直接的には母が食堂に入ってきたからだが，「母がこなくてもぼくにはすぐに聞く勇気はなかった」とあるように，姉が異母兄弟であるということを確かめるのがためらわれたために聞けなかったことをおさえる。

2021年度　芝　中　学　校

〔電　話〕 (03) 3431－２６２９
〔所在地〕 〒105-0011　東京都港区芝公園３－５－37
〔交　通〕 JR山手線―「浜松町駅」より徒歩15分
東京メトロ日比谷線―「神谷町駅」より徒歩５分

【算　数】〈第１回試験〉（50分）〈満点：100点〉

次の問いの□をうめなさい。

1　次の計算をしなさい。

(1)　$\left(\frac{1}{7}-\frac{1}{9}\right)\times 10.5+\frac{2}{11}\times\left(\frac{2}{3}+0.25\right)+\left(\frac{1}{9}-\frac{1}{15}\right)\div 0.4=$□

(2)　$\frac{3}{8}\times 1.875\div\left(2+1\frac{4}{7}\right)\div(2-$□$)\div 0.12=1\frac{5}{16}$

2　７％の食塩水が600ｇあります。これに15％と20％の食塩水を１：２の割合で混ぜて，10％の食塩水を作りました。

このとき，20％の食塩水を□ｇ混ぜました。

3　整数の中で，１とその数を含めて，約数をちょうど５個持つ整数の中で２番目に小さい整数は，(1)です。

また，１とその数を含めて，約数をちょうど８個持つ整数の中で１番小さい整数は，(2)です。

4　マスクを□箱仕入れ，原価の３割の利益を見込んで定価をつけたところ，200箱しか売れませんでした。そのため，定価の２割引きで売り出したところ，いくつか売れました。売れ残ったマスクは400箱で，定価の半額で売り切りました。

その結果，売り上げと仕入れ値が同じになり，利益は出ませんでした。

5　下の図で，三角形ABCの面積は100cm^2です。

また，AD：DB＝DG：GE＝１：3，BE：EC＝EH：HF＝１：4，CF：FA＝FI：ID＝２：３です。

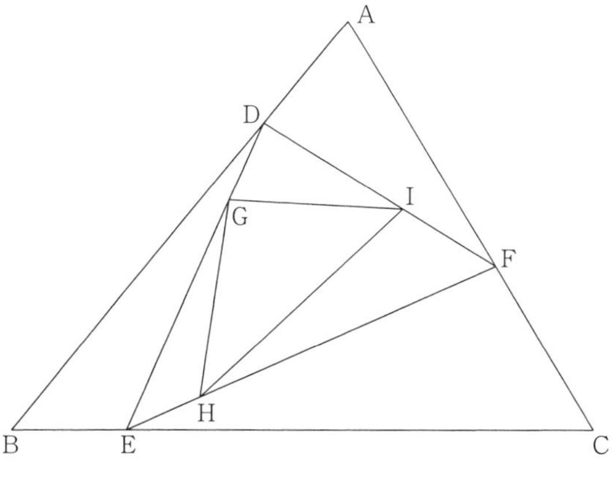

⑴　三角形ADFの面積は□cm²です。

⑵　三角形GHIの面積は□cm²です。

6　ある数Aをこえない１番大きい整数を表す記号を＜A＞で表すことにします。

例えば，$<1.2>=1$，$<\frac{15}{7}>=2$，$<3>=3$ のようになります。

このとき，$\frac{5}{7}+\frac{10}{7}+\frac{15}{7}+\frac{20}{7}+\cdots+\frac{310}{7}=$ ［⑴］であり，

$<\frac{5}{7}>+<\frac{10}{7}>+<\frac{15}{7}>+<\frac{20}{7}>+\cdots+<\frac{310}{7}>=$ ［⑵］です。

7　箱の中の玉を次のルールにしたがって操作します。箱の中の玉がなくなったときこの操作を終了します。

・箱の中の玉が20個未満のときは，箱の中の玉の個数が２倍になるように玉を入れます。

・箱の中の玉が20個以上のときは，箱の中から玉を20個取り出します。

⑴　最初に36個の玉が入っていたとき，この操作を30回行うと箱の中の玉は，□個になります。

⑵　この操作を４回行ったところ，箱の中の玉がちょうどなくなりました。最初に箱に入っていた玉の個数で考えられるのは，全部で□通りです。

8　あるホールでコンサートが行われました。受付は開演の１時間前から行われ，受付開始前に，すでに480人が並んでいました。受付開始後も一定の割合で人が集まり，列に並んでいきました。また受付では，一定の割合で人を入場させます。

受付を開始したときは，受付場所を５カ所開け，その10分後には並んでいる人は300人になりました。受付開始20分後に５カ所の受付場所を４カ所にしたところ，開演の20分前には並んでいる人がいなくなりました。

⑴　受付開始20分後には□人が並んでいます。

⑵　１分間に□人が列に加わっています。

9　水そうに，蛇《じゃ》口A，蛇口Bと排水口Cの３つがあり，同じ時間で蛇口Aと蛇口Bから入る水の量の比は５：６です。

ある日，蛇口Aだけを開けて水を入れましたが，［⑴］分後，水そうのちょうど半分まで水が入った時点で，蛇口Bも開けました。しかし，途中12分間だけ排水口Cが開いてしまい，そのため，水そうの水が満水になるまでに１時間かかりました。

その後，一定時間すべての蛇口と排水口を閉めたあと，再び排水口Cを開けたところ，再び排水口Cを開けたところから［⑵］分間で空になりました。

次のページのグラフは，その時の水そうの水の量と時間の関係を表したグラフです。

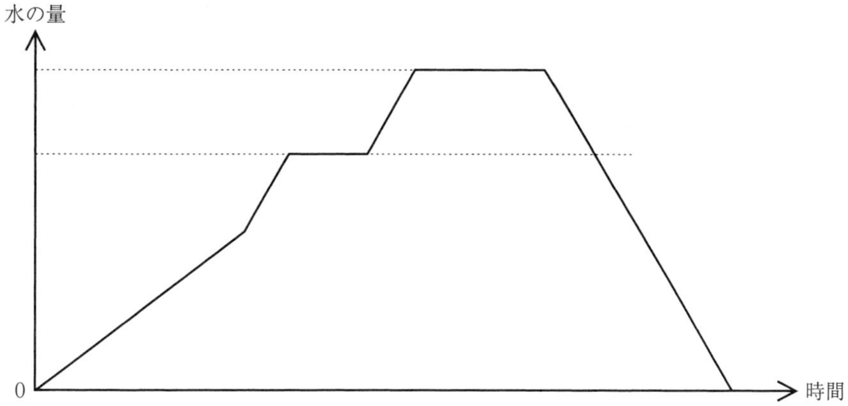

10　下の図のような長方形ABCDがあり，点P，Q，Rは辺BCを，点X，Y，Zは辺ADをそれぞれ４等分しています。

(1)　斜線部分①の面積は，長方形ABCDの面積の［　　　］倍です。

(2)　斜線部分②の面積は，長方形ABCDの面積の［　　　］倍です。

(3)　斜線部分をすべて合わせた面積は，長方形ABCDの面積の［　　　］倍です。

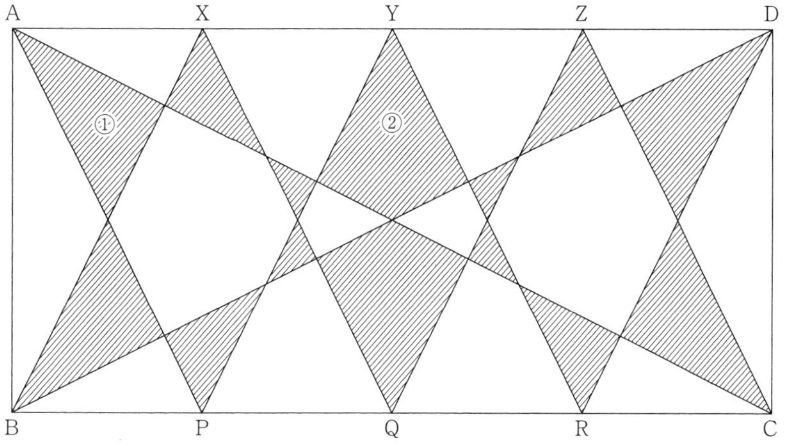

【社　会】〈第１回試験〉（40分）〈満点：75点〉

1　次の文章を読み，あとの設問に答えなさい。

(1)沖縄県は一年を通してあたたかい地域です。一方で(2)台風が多く来る地域でもあります。沖縄県の家には，(3)気候に合わせた独自のくふうがみられます。

沖縄の畑では，日差しに強く，気温や湿度の高い気候に合ったさとうきびが昔からさかんにつくられてきました。現在はそのほかに，ゴーヤーやパイナップルなどの野菜や果物，(4)きくなどの花がつくられています。

沖縄の郷土料理として，柔らかく煮込んだソーキ（豚肉のスペアリブ）をのせた沖縄そばやクーブイリチー（(5)こんぶのいため煮）など独特な食文化があります。

沖縄は(6)観光産業がさかんです。島のまわりには美しいサンゴ礁が広がり，一年を通して多くの観光客が訪れます。なかでも一番沖縄で西に位置する八重山諸島は島ごとに魅力があります。

黒島は島の形が♥（ハート）に似ていて，(7)人口よりも牛の数のほうが多い島です。畜産業がさかんで，たくさんの(8)肉用牛が放牧され，島全体がのんびりとしていて，ゆったり過ごせることがこの島の魅力の一つです。

（　9　）島は熱帯林のような原生林が島全体をおおっています。この島の森には特別天然記念物のイリオモテヤマネコなどの貴重な動物がすみ，淡水と海水がまじりあうところにはマングローブが広がっています。(10)貴重な自然の保護とホテル建設など観光開発との両立が課題となっています。

那覇空港は(11)羽田空港から約1500 kmの距離にありますが，航空機の便数も増え行きやすくなってきており，これから観光客はどんどん増えていくと思われます。

問１　下線部(1)に関して，沖縄は降水量も多い県です。次の図１は降水量が多い都市として知られる那覇，東京，金沢の月別降水量の変化を示したものです。図１中の①～③と都市名との組み合わせとして正しいものを，以下のア～カの中から一つ選び，記号で答えなさい。

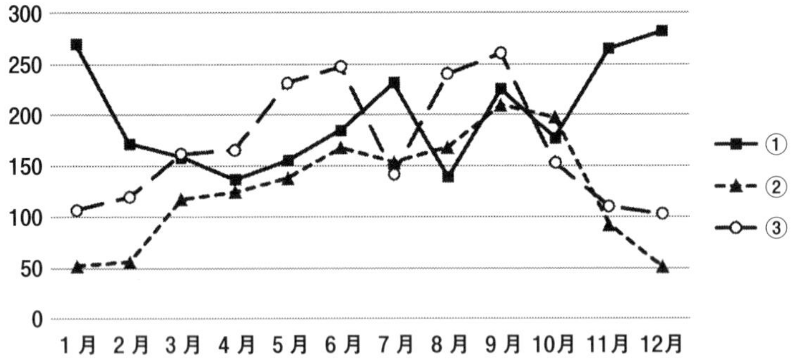

図１

1981～2010年の平均　『日本国勢図会 2020/21』より作成

	ア	イ	ウ	エ	オ	カ
①	那覇	那覇	東京	東京	金沢	金沢
②	東京	金沢	金沢	那覇	那覇	東京
③	金沢	東京	那覇	金沢	東京	那覇

問2　下線部(2)に関して，右の図2は月別の台風の主な進路を示したものです。台風がこのような進路をとる理由を説明した文の A ・ B に適当なものをア～クの中から一つずつ選び，記号で答えなさい。

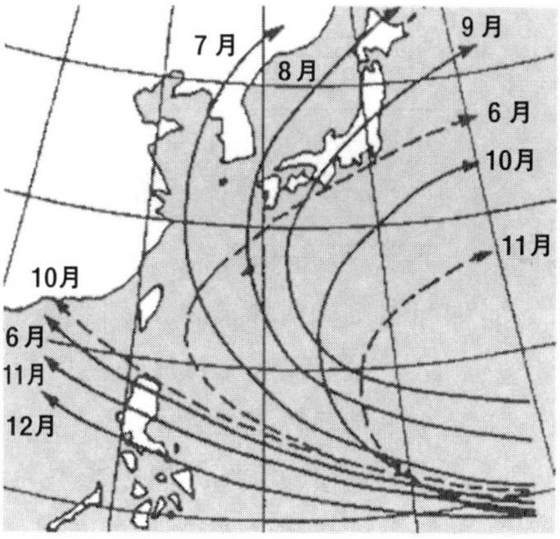

図2

実線は主な経路，破線はそれに準ずる経路。

「気象庁資料」より

> 台風は，地球の自転の影響を受けカロリン諸島付近で発生し，低緯度地域から大陸方面へ進むものと，中緯度地域にまで達するものがあります。台風は，7月から10月ごろ，日本付近では A 気団の縁《ふち》を迂回《うかい》して北上し， B の影響で進路を図2のように東向きに変更する傾向があります。

A ：ア．オホーツク海　　イ．小笠原

　　ウ．シベリア　　エ．長江(揚子江)

B ：オ．貿易風　　カ．偏西風

　　キ．季節風　　ク．極偏東風

問3　下線部(3)に関して，沖縄の自然環境や家の特徴について述べたア～エの中から，**適当でないものをすべて選び**，記号で答えよ。

ア．伝統的な家は，風で飛ばされないように屋根が低く，赤いかわらは石灰とねん土を混ぜてつくったしっくいで固められている。

イ．伝統的な家は，高い気温や湿度をしのぐため，窓を小さくして外気がはいってこないようにしている。

ウ．伝統的な家は，台風が多いので家のまわりをさんごを積んだ石垣で囲んだり，ふくぎという木を防風林として植えたりしている。

エ．沖縄の河川は長く水が豊富にあるので，現在の家はコンクリートづくりで屋根を平らにし，屋上に貯水タンクを備えていることが多い。

問4　下線部(4)に関して，沖縄県ではあたたかい気候を生かして促成栽培・抑制栽培ができます。次の表1は，オクラ，きく，らっきょうのいずれかについて，収穫量上位の都道府県と全国収穫量に占める割合を示したものです。表1中の①～③に当てはまる作物の組み合わせとして正しいものを，以下のア～カの中から一つ選び，記号で答えなさい。

表1

①	
愛知	31.8
沖縄	17.9
福岡	6.7
鹿児島	6.0
長崎	4.1

②	
鹿児島	41.8
沖縄	13.3
高知	13.0
熊本	6.3
福岡	4.6

③	
鳥取	38.2
鹿児島	22.7
宮崎	19.2
沖縄	4.7
徳島	4.4

単位は%　オクラ，らっきょうは2016年産，きくは2018年産

『データでみる県勢 2020』より作成

	ア	イ	ウ	エ	オ	カ
①	オクラ	オクラ	きく	きく	らっきょう	らっきょう
②	きく	らっきょう	らっきょう	オクラ	オクラ	きく
③	らっきょう	きく	オクラ	らっきょう	きく	オクラ

問5　下線部(5)に関して，現在，日本でこんぶの消費が最も多いのは沖縄県です。しかしこんぶは沖縄ではとれません。沖縄でこんぶを多く食べるようになった背景について述べた文中の(C)・(D)に当てはまる語の組み合わせとして正しいものを，以下のア～ケの中から一つ選び，記号で答えなさい。

1700年代の末頃，黒糖をつんだ琉球の船と，蝦夷地の(C)藩でとれたこんぶをつんだ北前船が同時期に堺の港に入り，黒糖とこんぶの取引が行われました。この時代に琉球は日本の(D)藩に支配されるとともに，中国につかいを送り続けていました。こんぶは琉球を経由して中国へ輸送されていたので，かなりの量のこんぶが沖縄に集められました。そして貿易品として扱えない不良のこんぶや，余ったこんぶを多く食べるようになり，一般家庭に普及したと言われています。

	ア	イ	ウ	エ	オ	カ	キ	ク	ケ
C	陸奥	陸奥	陸奥	松前	松前	松前	津軽	津軽	津軽
D	薩摩	日向	大隅	薩摩	日向	大隅	薩摩	日向	大隅

問6　下線部(6)は，沖縄県にとって重要な産業で第3次産業に分類されます。次の表2は，東京都と，北海道，秋田県，沖縄県のいずれかにおける第3次産業，年間商品販売額(小売業，卸売業)，着工新設住宅のうち持ち家率を示したものです。表2中の①～③と道県名との組み合わせとして正しいものを，以下のア～カの中から一つ選び，記号で答えなさい。

表2

	第3次産業(%)	年間商品販売額(十億円)		着工新設住宅のうち持ち家率(%)
		小売業	卸売業	
東京都	83.7	20574	179112	10.9
①	80.7	1366	1549	17.2
②	76.5	6581	12310	32.8
③	66.6	1156	1239	61.9
全国	72.5	145104	436523	30.2

第3次産業は2017年，年間商品販売額は2015年，
着工新設住宅のうち持ち家率は2018年
『データでみる県勢 2020』より作成

	ア	イ	ウ	エ	オ	カ
①	北海道	北海道	秋田県	秋田県	沖縄県	沖縄県
②	秋田県	沖縄県	沖縄県	北海道	北海道	秋田県
③	沖縄県	秋田県	北海道	沖縄県	秋田県	北海道

問7　下線部(7)に関して，次の図3中の①～③は，沖縄県，秋田県，東京都のいずれかの人口ピラミッドです。図3の①～③と都県名との組み合わせとして正しいものを，以下のア～カの

中から一つ選び，記号で答えなさい。

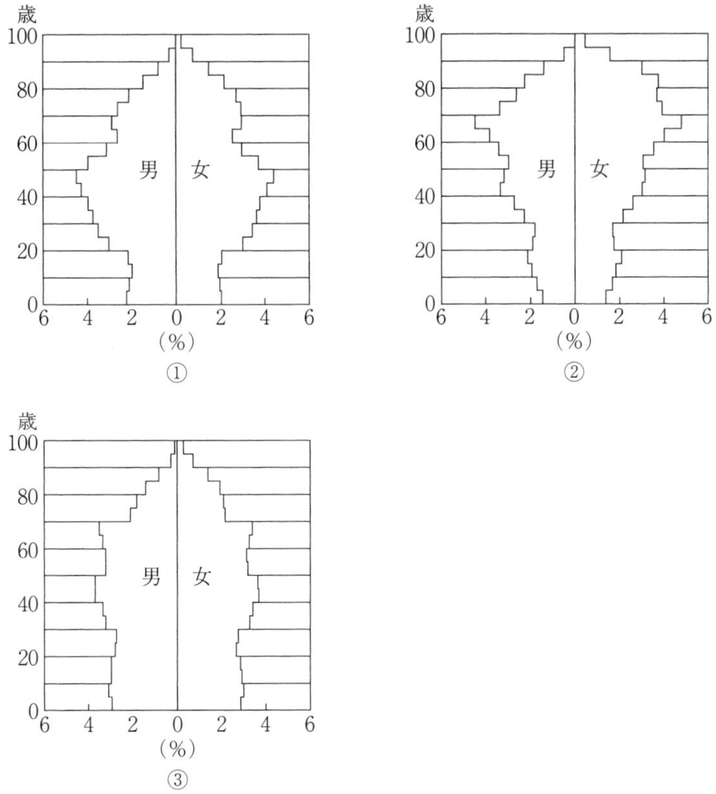

図３

総務省「住民基本台帳に基づく人口，人口動態及び世帯数」による
2019年１月１日現在の人口。外国人を含む。
『データでみる県勢 2020』より作成

	ア	イ	ウ	エ	オ	カ
①	沖縄県	沖縄県	秋田県	秋田県	東京都	東京都
②	秋田県	東京都	東京都	沖縄県	沖縄県	秋田県
③	東京都	秋田県	沖縄県	東京都	秋田県	沖縄県

問８　下線部(8)に関して，次の表３中のＸ～Ｚは，肉用牛，採卵鶏(卵用にわとり)，豚のいずれかであり，それぞれの飼育頭数(羽数)が上位の道県と，全国に占める割合を示したものです。表３中の①～③に当てはまる道県の組み合わせとして正しいものを，以下のア～カの中から一つ選び，記号で答えなさい。

表３

X	
茨城	8.3
①	6.8
②	6.4
岡山	5.7
広島	5.1

Y	
③	20.5
②	13.5
宮崎	10.0
熊本	5.0
岩手	3.5

Z	
②	13.9
宮崎	9.1
③	7.6
群馬	6.9
①	6.6

単位は％　統計年次は2019年『日本国勢図会 2020/21』より作成

	ア	イ	ウ	エ	オ	カ
①	北海道	北海道	千葉県	千葉県	鹿児島県	鹿児島県
②	千葉県	鹿児島県	鹿児島県	北海道	北海道	千葉県
③	鹿児島県	千葉県	北海道	鹿児島県	千葉県	北海道

問９　文中の(９)に当てはまる漢字を答えなさい。

問10　下線部⑽に関して，旅行者に地域の自然環境や歴史についてわかりやすく解説し，それらを守る意識を高めてもらう観光のことを何といいますか。カタカナで答えなさい。

問11　下線部⑾に関して，次の図４は東京を中心にして描いた正距方位図法の世界地図であり，中心である東京からの距離と方位が正しく表現されています。東京(羽田空港)からの距離が沖縄(那覇空港)よりも近い都市はどこですか。図４を参考にしながら，ア～エの中から一つ選び，記号で答えなさい。

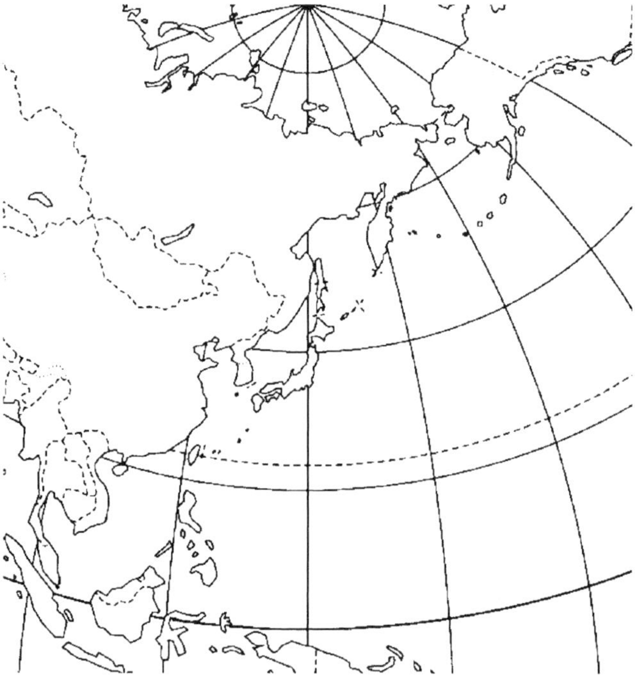

図４

ア．ペキン　　イ．ソウル　　ウ．タイペイ　　エ．ホンコン

2　次のＡ～Ｆの文章を読んで，あとの設問に答えなさい。

Ａ　1今からおよそ2500年前の縄文時代の終わりごろ，九州北部で水田による稲作が開始されました。その後稲作は日本各地に広まり，日本列島の大部分は食料採取の時代から食料生産の時代に入りました。稲作の始まりにより人々はたくわえをもつようになり，ムラの中には貧富の差や身分の区別が生まれてきました。そして土地や水の利用をめぐってムラどうしの戦いもおこり，強力なムラが周辺のムラを従えて，2各地にクニというまとまりが形成されました。

問１　下線部１について述べた次の文Ｘ～Ｚの正誤の組み合わせとして正しいものを，下のア～カより選び，記号で答えなさい。

X．佐賀県の吉野ヶ里遺跡では，縄文時代の終わりごろの水田や水路の跡が発見されています。

Y．稲作を基礎とする弥生文化は，紀元前２世紀ころには青森県にまで広まり，その後まもなく北海道にも伝わりました。

Z．銅鐸には，その表面に稲作に関する絵が描かれているものもあることから，豊作を祈る祭りに使用されたと考えられています。

ア．X－正　Y－誤　Z－誤

イ．X－正　Y－正　Z－誤

ウ．X－正　Y－誤　Z－正

エ．X－誤　Y－正　Z－正

オ．X－誤　Y－誤　Z－正

カ．X－誤　Y－正　Z－誤

問２　下線部２について，『後漢書』東夷伝には，紀元57年に倭の奴国の王が中国へ使いを送り，皇帝から金印を授かったと記されていますが，このときの金印と考えられるものが江戸時代にある島で発見されています。それは何県の何という島ですか。

B　奈良時代の人々は，国家から与えられた口分田を耕作して租という税を納めたほか，成年男性には調・庸という税や労役，兵役などの負担もあったため，３生活に余裕はありませんでした。さらに天候不順などによる飢饉《ききん》もおこりやすく，人々の中には，重い税の負担から逃れるために，４口分田を捨てて他の土地に逃亡する者もいました。

問３　下線部３について，重い税の負担に苦しむ農民の姿をよんだ「貧窮問答歌」の作者は誰ですか。

問４　下線部４について，奈良時代には農民の逃亡により口分田が荒れてしまう一方で，人口の増加により，班田収授のための口分田が不足してきました。そこで政府は723年に期限付きで土地の所有を認める法令を出しましたが，これを何といいますか。

C　平安時代の末から５鎌倉時代にかけて，あいつぐ戦乱や飢饉などで社会は乱れ，人々は不安を強めていました。こうした中で法然上人は，「南無阿弥陀仏」と念仏を唱えれば，だれでも極楽浄土に生まれ変われると説いて６浄土宗を開きました。法然上人のこの教えは，伝統的な仏教の非難を受け，自身も四国へ流されるなどの迫害を受けましたが，公家のほか，武士や庶民にまで広まりました。

問５　下線部５について，この時代の出来事について述べた文として正しいものを，次のア～ウより一つ選び，記号で答えなさい。ただしすべて誤っている場合は「エ」と答えなさい。

ア．源氏の将軍がとだえると，後醍醐天皇は全国の武士に幕府の打倒をよびかけ，承久の乱を引きおこしましたが，北条氏が率いる幕府軍に敗れ，天皇は隠岐に流されました。

イ．執権北条義時は，争いごとを公平に裁く基準として，御成敗式目を制定しました。これは武士がつくった最初の法律で，のちの時代まで武家法の手本とされました。

ウ．２度にわたる元の襲来は，御家人たちを窮乏させる原因となりました。そこで幕府は永仁の徳政令を出して御家人たちの借金を帳消しにしたため，彼らの幕府に対する信用は回復しました。

問６　下線部６について，芝中学校の近くには，徳川将軍家の菩提寺としても知られている浄土宗の大本山があります。この寺院の名称を答えなさい。

D　戦国時代から江戸時代にかけて兵農分離が進み，7城下町には武士や商工業者が集住するようになりました。都市では商品に対する需要が高まり，それを満たすために農村ではより一層商品作物の栽培が進みました。その結果，農村でも8貨幣《かへい》を使った取引が行われ，自給自足的な社会のあり方が大きく変わることとなりました。

問７　下線部７について，次のＸ・Ｙの戦国大名と，次の地図上に示した場所ａ～ｄの組み合わせとして正しいものを，下のア～エより一つ選び，記号で答えなさい。

Ｘ．今川氏　　Ｙ．島津氏

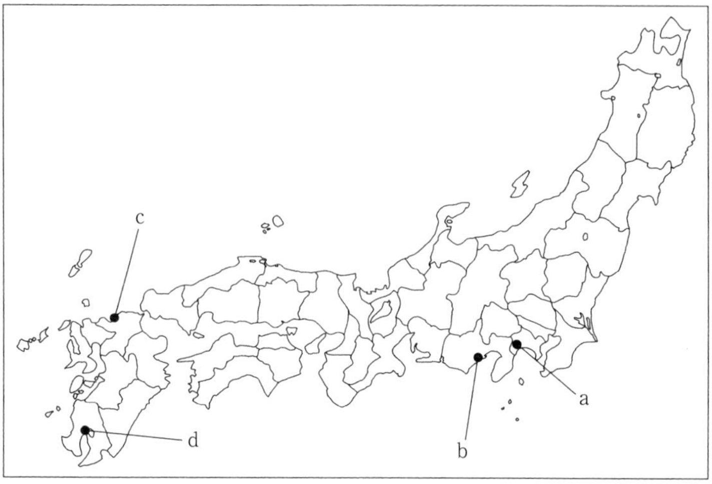

ア．Ｘ－ａ　Ｙ－ｃ　　イ．Ｘ－ａ　Ｙ－ｄ
ウ．Ｘ－ｂ　Ｙ－ｃ　　エ．Ｘ－ｂ　Ｙ－ｄ

問８　下線部８に関連して，江戸時代の貨幣制度について述べた文として**誤っているもの**を，次のア～ウより一つ選び，記号で答えなさい。ただしすべて正しい場合は「エ」と答えなさい。

ア．幕府は，佐渡金山や石見銀山などの主要鉱山を直接支配し，全国に流通する貨幣の鋳造権も独占していました。

イ．江戸ではおもに銀貨が，大阪ではおもに金貨が取引に使われていました。

ウ．金・銀・銭の三貨の交換率はつねに変動していたため，都市では両替商が活躍しました。

E　9第一次世界大戦が終わり，ヨーロッパ諸国が復興すると，日本の貿易は輸入が輸出を上回り，日本経済は苦境に立たされました。この戦後恐慌とよばれる経済不況の中，ロシア革命や10米騒動の影響を受けて，国内では社会運動が活発になりました。大戦中の好景気によって労働者が大幅に増えたため，都市では労働運動がしきりにおこり，農村でも小作料の引き下げなどを求める小作争議が発生しました。また11社会的な差別からの解放を求める運動もおこりました。

問９　下線部９について述べた文として正しいものを，次のア～エより一つ選び，記号で答えなさい。

ア．連合国側について参戦した日本は，欧米諸国のアジアに対する影響力が弱まっていることを利用して，中国に対して二十一か条の要求を提示しましたが，中国側の反発を受けたため，要求を即時撤回しました。

イ．戦場から離れていた日本には，軍需品や日用品の注文が殺到し，重化学工業が急成長しました。成金とよばれる金持ちがあらわれる一方で，好景気は物価の急上昇を招き，それに賃金の上昇が追いつかなかったため，人々の生活は苦しくなりました。

ウ．1919年，パリ郊外のヴェルサイユ宮殿で講和会議が開かれ，戦後の処理が決められました。またこの会議におけるアメリカの提案をもとに，翌年，国際連合が発足し，日本は常任理事国に選ばれました。

エ．講和会議で，中国の山東省にあったドイツの利権を日本が引きつぐことが決定されると，中国国内では三・一独立運動とよばれる民衆運動が各地に広がり，中国政府は講和条約の調印を拒絶しました。

問10　下線部10について，この事件の責任を取って当時の内閣が総辞職したあと，わが国で最初の本格的な政党内閣が誕生しましたが，このとき立憲政友会の総裁として首相に就任した人物は誰ですか。

問11　下線部11について，就職や結婚などで社会的な差別を受けていた人々が，自分たちの手で平等な社会の実現をめざして，1922年に結成した団体を何といいますか。

F　1970年代の初め，「日本列島改造論」をかかげた12当時の内閣の政策により，地価や物価が上昇しました。さらに1973年にはじまった第４次中東戦争の影響でおこった13第１次石油危機による原油価格の急上昇が重なり，「狂乱物価」とよばれるほどの激しいインフレーションが発生しました。トイレットペーパーなどの日用品が不足し，人々の生活はパニックにおちいりました。

問12　下線部12について，この内閣にもっとも関係の深い出来事を，次のア～オより一つ選び，記号で答えなさい。

ア．東京オリンピック開催

イ．日米安全保障条約改定

ウ．沖縄返還

エ．自衛隊発足

オ．日中国交正常化

問13　下線部13について，第１次石油危機と，それにつづく世界的な不況を打開するため，1975年にフランスで初めて開かれた先進国の首脳による国際会議を何といいますか。**カタカナ４文字**で答えなさい。

3　次の文章を読んで，あとの設問に答えなさい。

明治維新以降の急速な近代化への要請から，日本における行政の仕事は，外交や防衛に限らず，インフラの整備，教育制度の確立，農林水産業や商工業などの業界に関するルール作りなど，あらゆる分野に拡大してきました。

戦後になると，A医療・福祉など社会保障制度の充実が求められるようになり，行政の仕組みはさらに複雑化，肥大化していきました。このことによって，我々の生活が保障され，便利さや安心を得られたのは間違いありません。反面，行政にかかる費用は増大し続けたため，国は1970年代から（　1　）を発行し，財政赤字を補うようになりました。また，我々の生活に深く介入することで，自由な経済活動が妨げられてしまうデメリットも生じるようになりました。

そこで1980年代以降，行政の仕事の合理化を図ろうとする行政改革が本格化しました。具体的には，$_{B}$国が行っていた仕事を民間の企業に行ってもらったり，$_{C}$国の関わっている組織に対し独立採算性を求めたり，さらには$_{D}$経済活動に対する規制を緩和したりすることがあげられます。また，コンパクトにした行政であっても，透明性を図らないと公平性は保たれません。そういった意味でも(　2　)制度は重要な役割を果たしています。

しかしながら，コンパクトになれば何でもよいというわけではありません。近年では，$_{E}$格差の問題や失業者の問題，$_{F}$自然災害に対する備えや$_{G}$環境保全への取り組みなど，民間だけでは解決できない問題が増えており，行政が主体的に担っていかなければならないことも多くなっています。現在のコロナ禍もその一つだと思います。

低福祉・低負担の小さな政府か，それとも高福祉・高負担の大きな政府か，二者択一を迫る単純な話ではなく，苦しい状況の中でも皆で知恵を絞っていかなければなりません。効率的でありながら，国民一人ひとりが最大限の幸福が得られるような形が理想的なのであって，それを追い求めることが必要です。

問１　文中の(１)に当てはまる語を**漢字２文字**で答えなさい。

問２　文中の(２)制度について，この制度は一部の地方自治体で先行して実施され，1999年に国の行政を対象とした法律が制定されました。空欄に当てはまる語を**漢字４文字**で答えなさい。

問３　下線部Aについて，日本の社会保障制度についての記述として正しいものを**２つ**選び，記号で答えなさい。

ア．社会保障制度は，憲法第25条の生存権の規定に基づいて整備されている。

イ．生活に困っている人に年金を給付する仕組みは，社会福祉の一部である。

ウ．医療機関を受診した際にかかる医療費は，すべて税金でまかなわれている。

エ．感染症の予防を含む公衆衛生は，社会保障の一部である。

問４　下線部Bについて，1980年代に日本で民営化を推し進めた首相は誰ですか。正しいものを次から選び，記号で答えなさい。

ア．小泉純一郎

イ．佐藤栄作

ウ．中曽根康弘

エ．細川護熙

問５　下線部Cについて，具体的には国立公文書館や造幣局などがそれにあたりますが，このような組織のことを何といいますか。解答欄に合うように**漢字４文字**で答えなさい。

問６　下線部Dについて，実際に行われた規制緩和の事例について述べた文として**誤っているもの**を選び，記号で答えなさい。

ア．コンビニエンスストアで薬を販売することができるようになった。

イ．ガソリンスタンドで客が自分で給油できるようになった。

ウ．LCCといわれる格安航空会社が設立されるようになった。

エ．新刊の本や雑誌はどのお店で買っても定価で購入できるようになった。

問７　下線部Eについて，格差の拡大にともなって近年，生活保護受給世帯が増加しています。以下のグラフのX・Y・Zには，高齢者世帯，傷病・障害者世帯，母子世帯のいずれかが当てはまります。組み合わせとして正しいものを下のア～カより選び，記号で答えなさい。

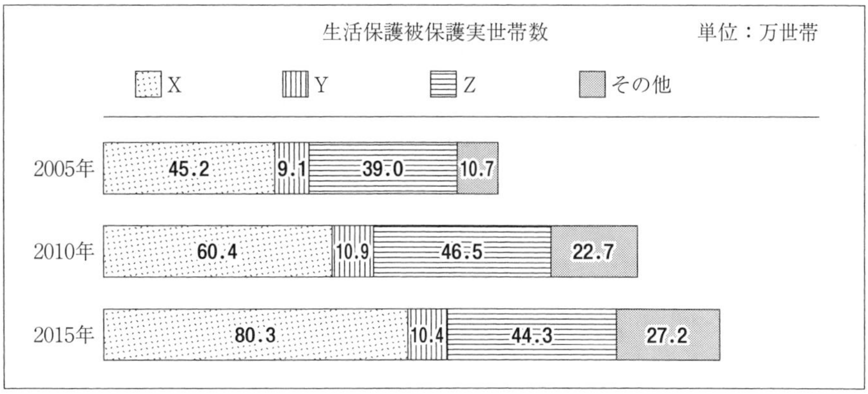

『日本統計年鑑 平成31年』より作成

	X	Y	Z
ア	高齢者世帯	傷病・障害者世帯	母子世帯
イ	高齢者世帯	母子世帯	傷病・障害者世帯
ウ	傷病・障害者世帯	高齢者世帯	母子世帯
エ	傷病・障害者世帯	母子世帯	高齢者世帯
オ	母子世帯	高齢者世帯	傷病・障害者世帯
カ	母子世帯	傷病・障害者世帯	高齢者世帯

問８　下線部Ｆについて，土砂災害や津波などについて被害の想定範囲や避難場所，避難経路などを示した地図のことを何といいますか。解答欄に合うように**カタカナ４文字**で答えなさい。

問９　下線部Ｇについて，京都議定書にかわり，2020年以降の温室効果ガス排出削減の新たな目標を定めた国際的な取り決めを何といいますか。

問10　政府の役割と国民の負担との間には，密接な関わりがあります。国民負担率とは，国税と地方税の国民所得に対する割合である租税負担率に，社会保障負担率を加えたものをいいます。平成30年度の日本の国民負担率に最も近い数値を次から選び，記号で答えなさい。

ア．15％　　イ．30％　　ウ．45％　　エ．60％

4　次の文章を読んで，あとの設問に答えなさい。

日本は高度経済成長期よりこんにちまで「大量生産・大量消費・大量廃棄」によって発展してきました。生み出された廃棄物は増大の一途をたどり，環境にさまざまな悪影響を与えています。こうした廃棄物の中で大きな割合を占めたのがプラスチック製の容器・包装でした。プラスチックは軽く安価ですが，ごみになったときにひとりでに分解・消失することはありません。そこで，容器・包装のごみに対して発生を抑制し，あるいはリサイクルをうながすために平成７年に制定されたのが$_{1}$容器包装リサイクル法(以下容リ法)です。

リサイクルは，使い終わったものをもう一度資源に戻して製品を作り直したり，エネルギー源として有効利用したりすることを指します。容リ法制定から25年以上経ち，リサイクルという考え方は日本においても定着しつつあるように思います。皆さんも，リサイクルされることを念頭に置きながら$_{2}$アルミ缶やペットボトルを捨てていますよね。それくらいリサイクルを意識しながらごみを分別することが自然になっていると思います。

容リ法は容器・包装ごみの３Ｒ(リデュース・リユース・リサイクル)の推進のため平成18年に改正されました。リデュースはごみの量を少なくすること，リユースは繰り返し使うことです。この改正に前後して，例えばプラスチック容器を捨てずに再利用するための詰め替え用の３シャンプーやリンス，洗剤などがスーパーの棚にたくさん並ぶようになりました。この詰め替え製品の事例は，使うプラスチックを減らしている点でリデュースにあたり，容器の再利用という意味ではリユースにもあたります。現在ではこの詰め替え製品を選択して購入することはごく当たり前になりつつありますが，これをリデュースやリユースということばを意識しながら実践している人は，必ずしも多くないように思います。

ところで，令和２年７月から容リ法にもとづくかたちで，小売業を含むすべての事業者は，プラスチック製の買い物袋を有料化することを義務付けられました。これにより，コンビニでもレジ袋が有料化されたことは記憶に新しいと思います。このレジ袋の有料化が始まって以来マイバッグを積極的に用いる人が多くなったように見受けられます。レジ袋を使わないという選択はプラスチックごみを減らすことで，リデュースにつながります。多くの人にとって詰め替え製品を購入する機会よりもレジ袋を利用する機会の方が多いでしょうから，このレジ袋の有料化という体験を通じてリデュースという考え方が，リサイクルと同じくらい社会に定着していくと確信しています。

コロナウィルス問題が大きくなって以来，他人のものを再利用することを避けようとすることで，リユースについては低調になったようにも見えます。一方で，緊急事態宣言下で，自宅で過ごさなければいけなかった人が多かった時期に，インターネットを利用して不用品を売り買いする人が増える傾向も見られました。ですから何かのきっかけでリユースという考え方が広まることは，十分に考えられます。そしてリサイクルがそうであるように，やがてリユースも私たちの生活に定着していくでしょう。３Ｒのすべての要素が根付いたとき，日本は循環型社会になったと言えるのではないでしょうか。

問１　下線部１とは別に家電リサイクル法が平成10年に制定されましたが，この法律で**対象とされていない家電**を，次のア～エから選んで，記号で答えなさい。

ア．エアコン　　イ．テレビ　　ウ．パソコン　　エ．冷蔵庫

問２　下線部２に関して，日本はアルミ缶の原料となるアルミニウム地金を多く輸入しています。2018年において，もっとも多く輸入した相手国としてふさわしいものを，次のア～エから選んで，記号で答えなさい。

ア．アメリカ　　イ．オーストラリア　　ウ．ブラジル　　エ．ロシア

問３　下線部３について，シャンプーとリンスは容器の突起の有無によって区別できることはよく知られていますが，文化や言語，障害の有り無しや性別などにかかわらずすべての人々にとって使いやすいように配慮された設計を何といいますか。カタカナで答えなさい。

問４　筆者は日本がどのような社会になることが望ましいと考えていますか，以下の条件のもとに120字以内で答えなさい。

《条件》

次のことばを必ず使い，使ったことばには下線を引くこと。同じことばは何回使ってもかまいませんが，そのたびに下線を引くこと。ただし，句読点や記号も１字と数えます。

［体験　　生活　　自然］

【理　科】〈**第１回試験**〉（40分）〈満点：75点〉

1　次の文を読み，問いに答えなさい。

今日は日曜日で，学校も部活もお休みです。いつもよりおそく起きた芝太郎君は，お父さんと将棋《しょうぎ》を指しながら，今日の夕方に見える日食について話していました。

お父さん「日食は，地球と月と太陽とが一直線になるためにおきるよ。そして①月の見かけの大きさと太陽の見かけの大きさはほとんど同じなので，ちょうど月が太陽をかくす皆《かい》既《き》日食や，わずかにかくしきれない金環《きんかん》日食などがあるんだ。」

芝太郎君「日食は太陽がかくれて暗くなるから，肉眼で見てもだいじょうぶかな？」

お父さん「いや，肉眼で見たり，ましてや②レンズなどを使って太陽を見るのは危険だよ。しっかりと安全な方法を調べておこうね。」

そこへお母さんが，図のようなプラスチック容器に入った棒状のアイスを持ってきてくれたので，二人は将棋が終わったら食べることにしました。お父さんはアイスをテーブルの上に置きっぱなしにしていましたが，芝太郎君はアイスがとけてしまわないようにと思い，自分のアイスだけを氷水の入ったコップに入れました。

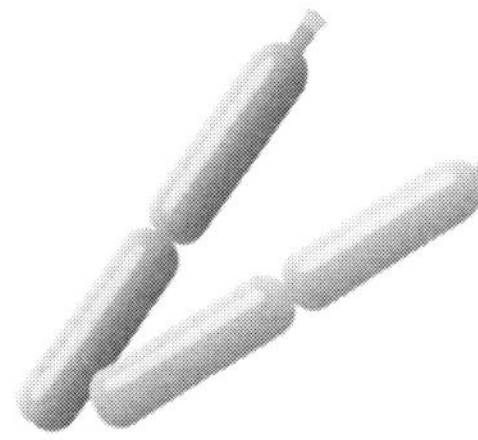

10分後に将棋を終えると，③お父さんのアイスはそれほどとけていませんでしたが，芝太郎君のアイスはとけていました。芝太郎君は不思議に思いながら，とけたアイスを食べました。

お昼を過ぎました。天気も良かったので，芝太郎君とお父さんは外に出かけ，お昼ご飯を公園で食べることにしました。公園のベンチにすわった芝太郎君は，お店で買ってきたハンバーガーセットを開けてこう言いました。

芝太郎君「お父さん，このジュースについているストローは紙製だね。なんでプラスチックじゃないんだろう？」

お父さん「今，プラスチックごみが深刻な問題になっているからね。たとえば，④細かく砕《くだ》けたプラスチックごみが海に大量に流れこんだ結果，生物の体内にたまったりして，生態系全体に影響《えいきょう》をあたえたりもしているよ。このストローのように，使い捨てのプラスチックを減らす取り組みが必要なのかもしれないね。」

ふと気づくと，芝太郎君の目の前を，カラスが何羽も歩いていました。⑤芝太郎君はじっくりとカラスの体のつくりや行動を観察して，様々なことを考えました。

(1)　下線部①について。月までのきょりは38万 km で，太陽までのきょりは１億５千万 km です。太陽を直径140万 km の球とすると，月の直径はいくらでしょうか。次の中から１つ選んで，記号で答えなさい。

(ア)　552600000 km　　(イ)　55260 km
(ウ)　5526 km　　(エ)　35470000 km
(オ)　35470 km　　(カ)　3547 km
(キ)　28200 km　　(ク)　2820 km
(ケ)　0.000282 km

(2)　下線部②について。次の文を読み，問いに答えなさい。

レンズに平行な光を当てた時，レンズを通過後，図１のように光が進むのは（　A　）レンズです。

　このレンズを使い，図３のように，しょう点よりもレンズから遠い位置にろうそくを置くと，スクリーンに映し出される実像Ｂを見ることが出来ます。

　また，このレンズを使い，図４のようにしょう点よりもレンズに近い位置にろうそくを置くと，レンズを通してろうそくのきょ像Ｃを見ることが出来ます。

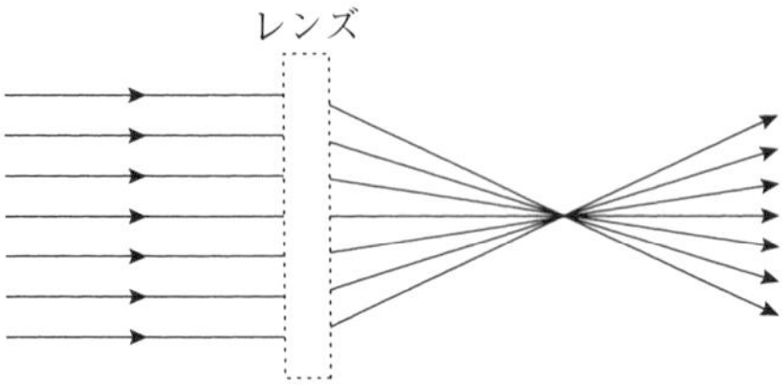

図１

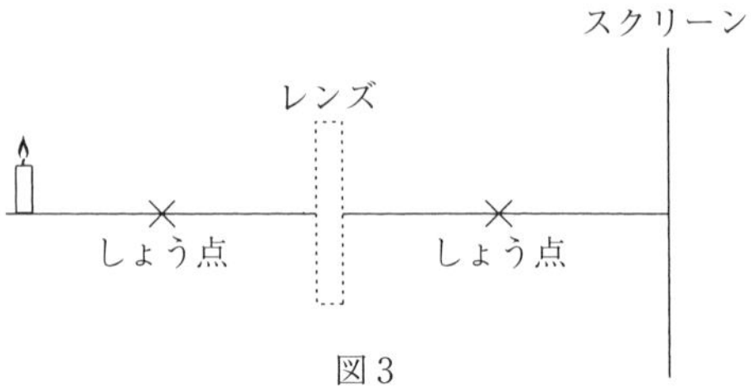

図３

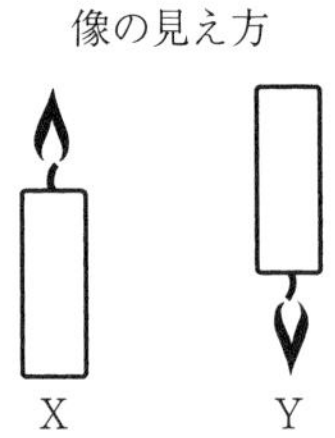

図２

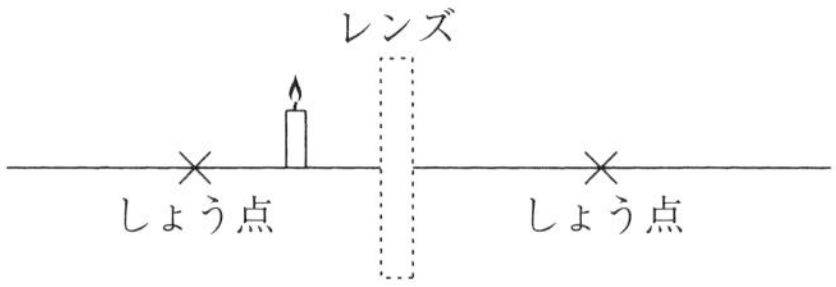

図４

　上の文中(Ａ)に適する語と，実像Ｂの見え方，きょ像Ｃの見え方を図２のＸ，Ｙいずれかから選んだ正しい組み合わせを，下の(ア)～(ク)から１つ選んで，記号で答えなさい。

	(ア)	(イ)	(ウ)	(エ)	(オ)	(カ)	(キ)	(ク)
(Ａ)に適する語	とつ	とつ	とつ	とつ	おう	おう	おう	おう
実像Ｂの見え方	X	X	Y	Y	X	X	Y	Y
きょ像Ｃの見え方	X	Y	X	Y	X	Y	X	Y

(3)　下線部③について。芝太郎君のアイスの方がお父さんのアイスよりもとけた理由を25字以内で書きなさい。句読点や記号は１字と数えること。なお，部屋の温度は20℃であったとします。

(4)　下線部④について。大きさが直径数 mm 以下の小さなプラスチックを何と言いますか。カタカナ10字で答えなさい。

(5)　下線部⑤について。カラスについて説明した次の文のうち，正しいものはどれですか。次の中から１つ選んで，記号で答えなさい。

(ア)　くちばしはホ乳類のくちびるの部分がのびたもので，中には骨がない。

(イ)　はばたくつばさは内部に骨がなく，軽いために飛ぶのに適している。

(ウ)　足は４本あり，これは恐竜《きょうりゅう》の前足と後ろ足が進化したものである。

(エ)　ヒトのにょうに相当するものをフンに混ぜて出す。

(オ)　尾《お》には尾羽《おばね》がついていてよく動き，その根元には骨がない。

(カ)　カラスは都市部に生息するために，巣をつくらずに子育てをする。

(キ)　カラスは夜行性で，超《ちょう》音波を出してエサを見つけている。

2　植物について，次の問いに答えなさい。

(1)　右の図はアブラナの花です。

図の　あ，い，う　の部分の名前をひらがなで答えなさい。

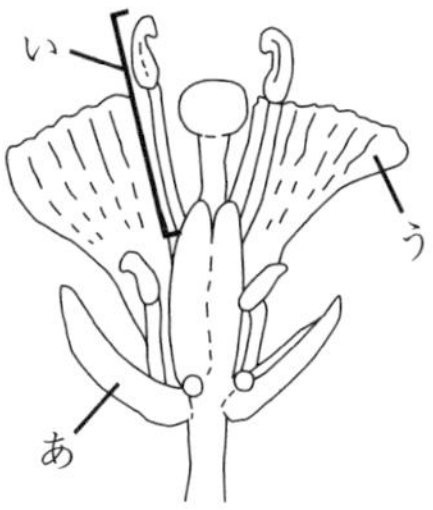

(2)　日本では昔，アブラナからとった油を「あかり」に利用していました。この油はアブラナのどの部分からとりますか。

(3)　アブラナの仲間(アブラナ科)には，ヒトが食べる野菜となるものが多くあります。

それらの野菜の花はアブラナの花に似ています。次の(あ)～(か)よりアブラナの仲間(アブラナ科)を２つ選んで，記号で答えなさい。

(あ)　キャベツ　　(い)　ナス

(う)　トマト　　(え)　ジャガイモ

(お)　ハクサイ　　(か)　キュウリ

(4)　最近はツルレイシ(ゴーヤ)をグリーンカーテンとして，日よけに利用します。

ツルレイシは実がなると食べられます。ツルレイシの花はオスの花(お花)とメスの花(め花)が別々にさきます。このような花のさき方をする植物を次の(あ)～(け)より３つ選んで，記号で答えなさい。

(あ)　タンポポ　　(い)　トマト

(う)　マツ　　(え)　ヘチマ

(お)　ユリ　　(か)　ホウセンカ

(き)　チューリップ　　(く)　トウモロコシ

(け)　アサガオ

(5)　下の図で，ツルレイシのメスの花(め花)を１つ選んで，記号で答えなさい。

(あ)　(い)　(う)　(え)　(お)

(6)　ツルレイシのメスの花(め花)がつぼみの時に次の実験をしました。

Ａ，Ｂ，Ｃ，３つのツルレイシのめ花のつぼみにビニールのふくろをかぶせる。

Ａのツルレイシ：め花をビニールのふくろをかぶせたまま育てる。

Ｂのツルレイシ：め花がさいたらビニールのふくろをとり，キュウリのお花の花粉をつけ，再びビニールのふくろをかぶせて育てる。

Ｃのツルレイシ：め花がさいたらビニールのふくろをとり，ツルレイシのお花の花粉をつけ，再びビニールのふくろをかぶせて育てる。

(i)　下線部の操作《そうさ》を行う目的は何ですか。簡単に説明しなさい。

(ii)　この実験で実がなったのはＣのツルレイシだけでした。このことからどんなことが言えますか。簡単に説明しなさい。

3　次の文を読み，問いに答えなさい。答えは整数とし，小数点以下は四捨五入すること。

芝太郎君は校外学習でボルダリング(かべを垂直に登る競技)体験をしました。登るときに命づなをつけました。そのつなは上にあるかっ車を通って，下にいるインストラクターの人が持っていました。図１のような場合に，登る人が足をすべらせたとしても落下しないように，インストラクターは常に命づながたるまないようにします。

インストラクターがつなを引いて引きとどめておく(これを以下では“支える”と言うことにします)ためには，インストラクターの体重が登る人以上である必要があります。“よゆうを持って支える”ためには“支える”場合よりも，インストラクターの体重が＋5kg 必要だとします。

例：図１の場合　インストラクターの体重が 50kg だとすると，“支える”ためには登る人の体重が 50kg 以下，“よゆうを持って支える”ためには登る人の体重が 45kg 以下である必要があります。

芝太郎君は動かっ車を使うことで，体重の軽い人も命づなを支えるインストラクターが出来ると考えました。なお，命づなの重さは無視できるものとします。

図１

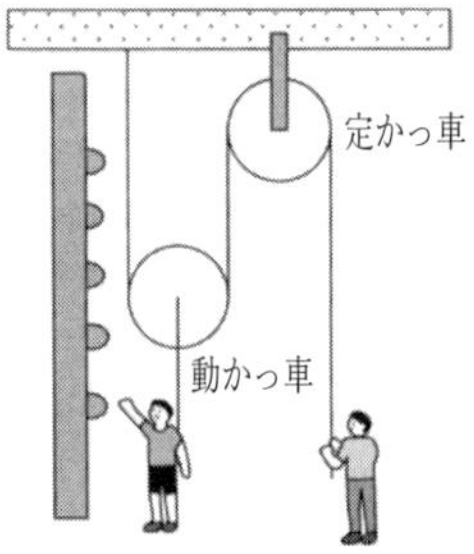

図２

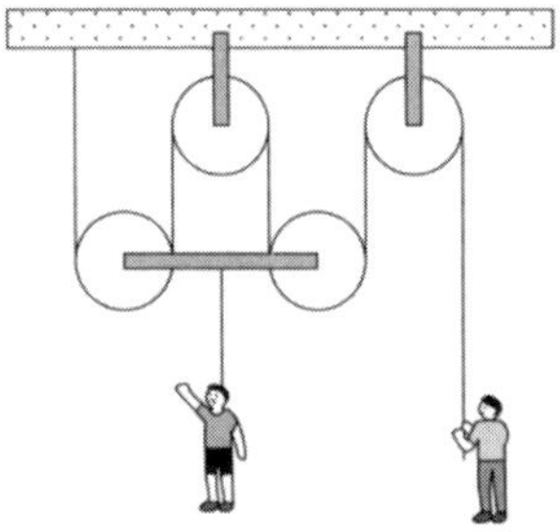
図３

(1)　図２のような装置を考えました。かっ車の重さは無視できるとすると，登る人の体重が 110kg の場合，“支える”のに必要なインストラクターの体重は何 kg ですか。

(2)　図２の装置で登る人が２m 登るとき，命づながたるまないようにインストラクターが引く命づなの長さは何mですか。

(3)　図３のような装置を考えました。かっ車の重さは無視できるとすると，体重 50kg のインストラクターが“よゆうを持って支える”ためには，登る人の体重が何 kg 以下である必要がありますか。

(4)　図４のような装置を考えました。かっ車の重さは無視できるとすると，体重 50kg のインストラクターが“よゆうを持って支える”ためには，登る人の体重が何 kg 以下である必要がありますか。

(5)　図３の装置でかっ車の重さがひとつ６kg とします。登る人の体重が 100kg の場合，“支える”のに必要なインストラクターの体重は何 kg ですか。

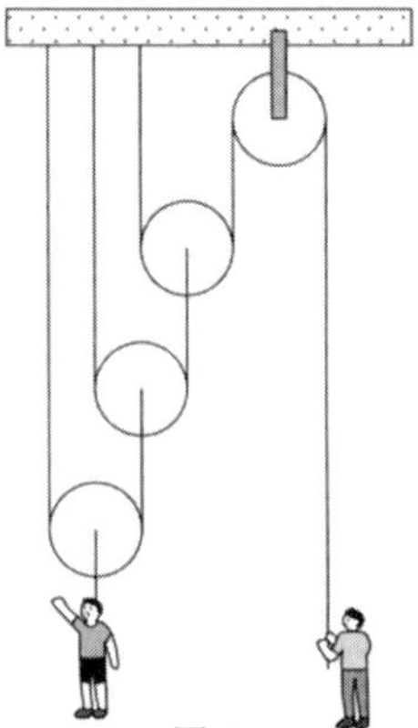
図４

(6)　図４の装置でかっ車の重さがひとつ６kg とします。登る人の体重が 102kg の場合，“よゆうを持って支える”のに必要なインストラクターの体重は何 kg ですか。

(7)　図４の装置で登る人が２m 登るとき，命づながたるまないようにインストラクターが引く命づなの長さは何mですか。

4　図はある場所のがけに見られた地層の様子です。(あ)は砂岩層で(い)はぎょうかい岩層，(う)はれき岩層です。また，(あ)(い)(う)の地層はスコップでもなんとかくずすことができましたが，(え)(お)(か)の地層はハンマーでないと割ることができませんでした。(あ)の地層からは図１の化石(ホタテガイ)が，(え)の地層からはサンゴの化石が，(お)の地層からは図２の化石が，(か)の地層からは図３の化石が見つかりました。

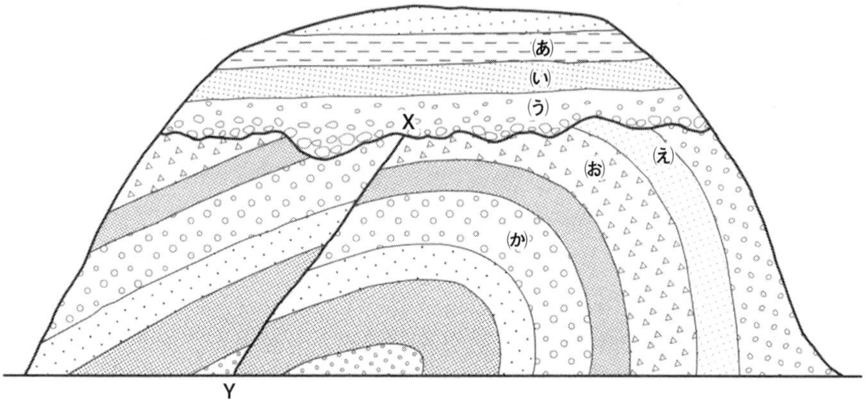

図１

図２

図３

(1)　図中のＸ－Ｙのような地層のずれを何と言いますか。漢字３文字で答えなさい。

(2)　図中のＸ－Ｙのずれができたとき，この地域に起きたこととして，最も適当なものを次の中から１つ選んで，記号で答えなさい。

(ア)　つ波　　(イ)　こう水　　(ウ)　地しん　　(エ)　いん石の落下　　(オ)　火山のふん火

(3)　れき岩・砂岩・でい岩はつぶの大きさで分けます。れき岩と砂岩のつぶの大きさの境を(　Ａ　)ミリメートルとし，砂岩とでい岩のつぶの大きさの境を(　Ｂ　)ミリメートルとしたときの正しい組み合わせを，下の表の(ア)～(ク)の中から１つ選んで，記号で答えなさい。

	(ア)	(イ)	(ウ)	(エ)	(オ)	(カ)	(キ)	(ク)
(Ａ)	10	10	5	5	4	4	2	2
(Ｂ)	0.6	0.06	0.6	0.06	0.6	0.06	0.6	0.06

(4)　(あ)の地層，(え)の地層がたい積したときのこの場所のかん境に最も適するものを，次の中から，それぞれ１つ選んで，記号で答えなさい。

(ア)　暖かくて深くて静かな海底　　(イ)　暖かくて浅く光がよく届く海底

(ウ)　暖かい湖や河口付近　　(エ)　冷たくて主に砂のある海底

(オ)　冷たくて潮だまりのあるような岩場　　(カ)　冷たい湖や河口付近

(5)　次の(ア)～(シ)はこの場所で起きたできごとを表しています。これらを起きた順に並べかえたときの，３番目・７番目・９番目を記号で答えなさい。

(ア)　(あ)の地層がたまる

(イ)　(い)の地層がたまる

(ウ)　(う)の地層がたまる

(エ)　(え)の地層がたまる

(オ)　(お)の地層がたまる

(カ)　(か)の地層がたまる

(キ)　地層が曲がる

(ク)　地層のずれが生じる

(ケ)　地層がりゅう起して地上に出る

(コ)　地層がちん降して海底になる

(サ)　地層がしん食される

(シ)　地層が再びりゅう起して地上に出る

(6)　(あ)の地層と(い)の地層はつぶの形にはっきりとしたちがいがありました。そのちがいとそうなる理由を「(あ)の地層のつぶの形の方が」に続けて説明しなさい。

(7)　図２の化石が生きていたときの地球の様子として最も適当なものを１つ選んで，記号で答えなさい。

(ア)　地球はまだできたばかりで，一面のマグマでおおわれていた。

(イ)　地球が全体的にこおりついていた。

(ウ)　生物はまだ海の中にしかいなくて，海そうの仲間や魚類がはん栄していた。

(エ)　動物はまだ海の中にしかいなかったが，植物は陸上ではん栄して，石炭のもとになった。

(オ)　陸上はキョウリュウの仲間がはん栄していて，海にもハチュウ類がいた。

(カ)　マンモスやナウマンゾウがいて，人類も出現した。

5　次の図のような，４種類の水よう液が入ったＡ～Ｄのびんを用意しました。これらの水よう液は食塩水，塩酸，アンモニア水，水酸化ナトリウム水よう液のいずれかであることがわかっています。これらの水よう液を用いて【実験１】と【実験２】を行いました。これについて各問いに答えなさい。

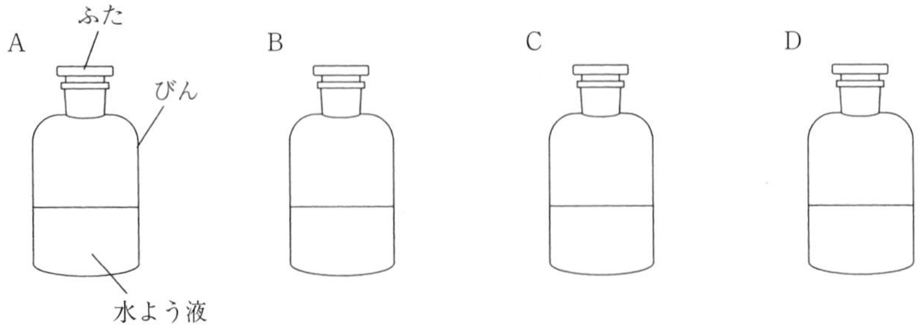

【実験１】

操作①　Ａ～Ｄのびんのふたをとり，それぞれの水よう液のにおいをかいでみたところ，ＡとＣの水よう液だけはにおいがあった。

操作②　Ａ～Ｄのびんの水よう液をスライドガラスに２，３てきずつとり，加熱してかわかした。

その結果，ＡとＣの水よう液ではあとに何も残らなかったが，ＢとＤの水よう液で白いつぶが残った。

操作③　Ａ～Ｄのびんの水よう液を，ガラス棒で赤色リトマス紙につけた。その結果，ＡとＤの水よう液をつけたときにリトマス紙が赤色から青色に変わった。

操作④　Ａ～Ｄのびんの水よう液を，同じ量ずつ試験管にとり，それぞれにスチールウールを入れたところ，Ｃの水よう液のときだけさかんにあわが発生し，スチールウールがとけた。

(1)　この実験の結果から，ＡとＢのびんに入っていた水よう液はそれぞれ何ですか。次の中から１つ選んで，記号で答えなさい。

(ア)　食塩水　　　　　(イ)　塩酸

(ウ)　アンモニア水　　(エ)　水酸化ナトリウム水よう液

【実験２】

操作①　塩酸 $20cm^3$ をかわいたじょう発皿に入れた。

操作②　水酸化ナトリウム水よう液を操作①のじょう発皿に加え，十分にかき混ぜて反応させた。

操作③　じょう発皿の水が完全にじょう発するまで加熱した。

操作④　じょう発皿に残った固体の重さを測定した。

塩酸の体積を一定にして水酸化ナトリウム水よう液の体積を変化させながら，操作①～操作④をくり返し行い，水酸化ナトリウム水よう液の体積と残った固体の重さとの関係を記録したところ，図１のようになった。

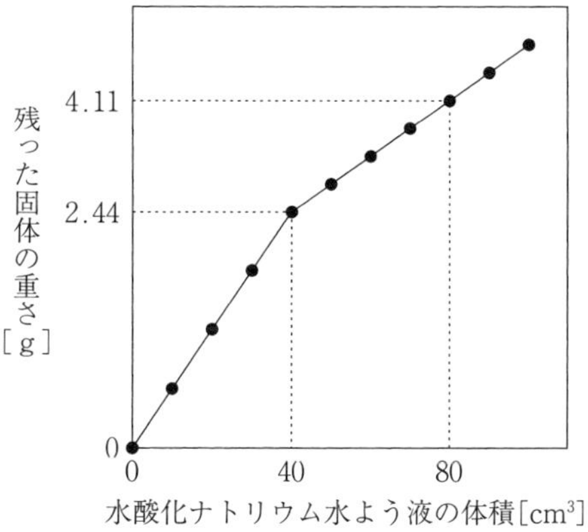

図１

(2)　水酸化ナトリウム水よう液を $40cm^3$ 加えたときまでは，残った固体は食塩のみでした。水酸化ナトリウム水よう液を $30cm^3$ 加えたときに，残った固体の重さは何ｇですか。値が割り切れない場合は小数第３位を四捨五入して小数第２位まで答えること。

(3)　加えた水酸化ナトリウム水よう液の体積が $80cm^3$ のとき，残った固体は食塩と水酸化ナトリウムでした。水酸化ナトリウム水よう液を $100cm^3$ 加えたときに残った固体にふくまれる水酸化ナトリウムの重さは何ｇですか。値が割り切れない場合は小数第３位を四捨五入して小数第２位まで答えること。

(4)　加えた水酸化ナトリウム水よう液のこさは何％ですか。最も適当な値を次から１つ選んで，記号で答えなさい。ただし，$1cm^3$ の水酸化ナトリウム水よう液は1.04ｇであるとします。

(ア)　4.0％　　(イ)　4.1％　　(ウ)　4.2％　　(エ)　4.3％　　(オ)　4.4％

(5)　【実験２】の操作①で，水でぬれたじょう発皿を使用した場合，結果は図１のグラフと比べてどのようになりますか。下の図(ア)～(カ)から最も適するものを１つ選んで，記号で答えなさい。図中の(——)を水でぬれたじょう発皿を使って実験をした場合の結果とし，(—●—)を図１のグラフの結果とします。なお，図１のグラフと結果が変わらない場合は(ア)を選びなさい。

(ア)

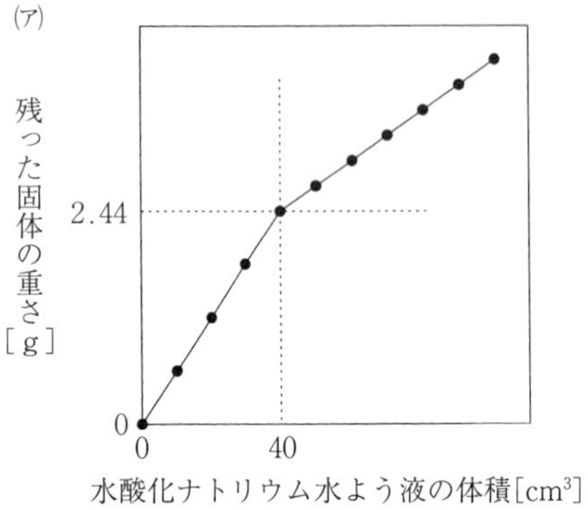

(イ)

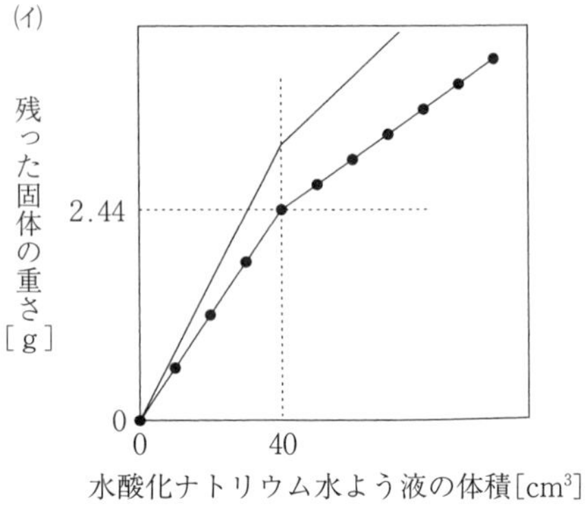

(ウ)

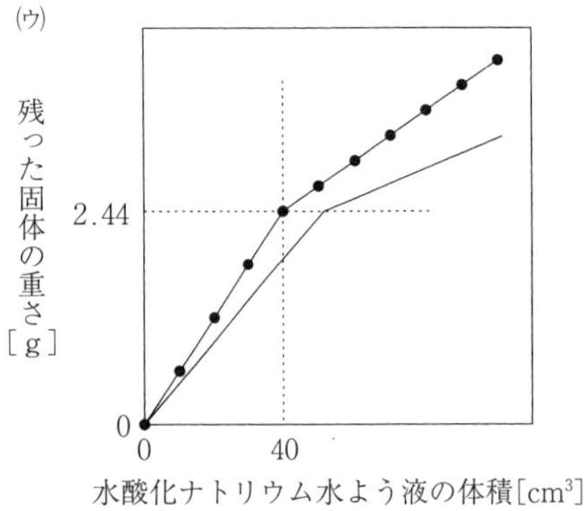

(エ)

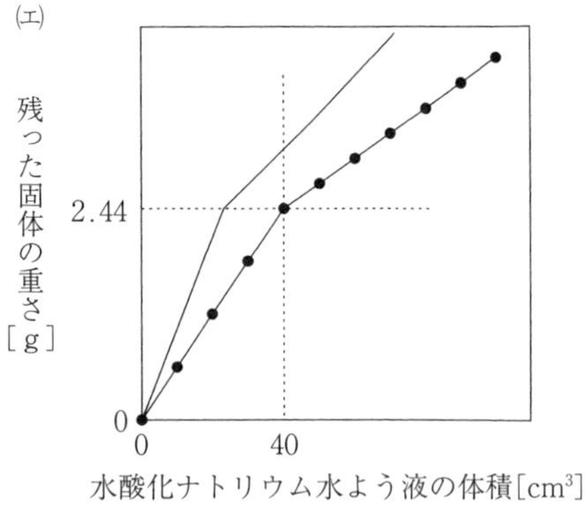

(オ)

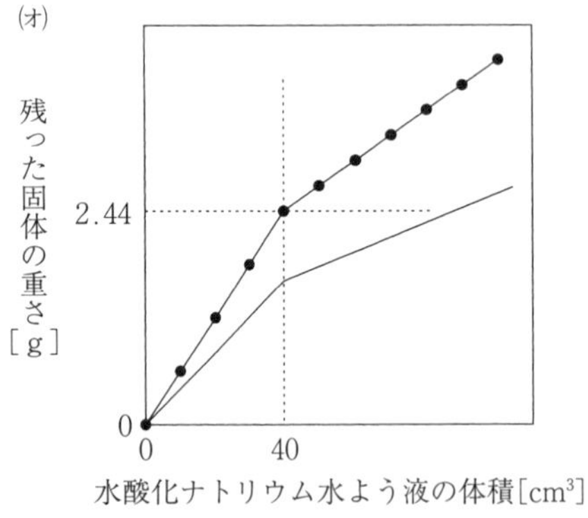

(カ)

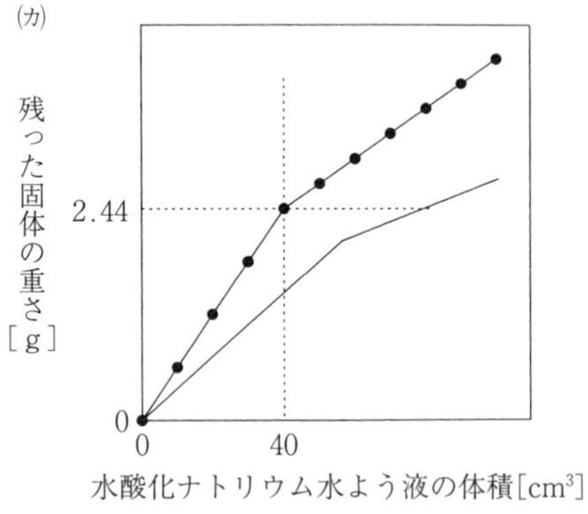

(6)　【実験２】の操作②で，よりこい水酸化ナトリウム水よう液を用いて同様の実験をした場合，結果は図１のグラフと比べてどのようになりますか。**(5)**の図(ア)～(カ)から最も適するものを１つ選んで，記号で答えなさい。図中の(——)をこい水酸化ナトリウム水よう液で実験した場合の結果とし，(—●—)を図１のグラフの結果とします。なお，図１のグラフと結果が変わらない場合は(ア)を選びなさい。

(7)　この【実験２】において，操作①と操作②で用いる水よう液の種類を誤って逆にして実験をしてしまいました。実験の結果はどのようになりますか。グラフの形として最も適するものを次のページの図(ア)～(カ)から１つ選んで，記号で答えなさい。

(ア)

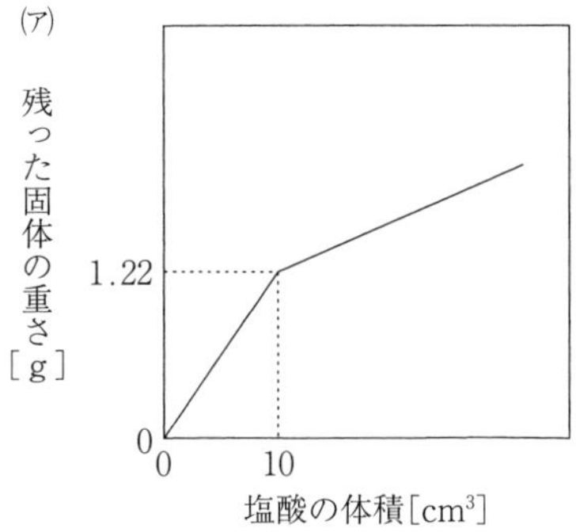
残った固体の重さ[g]
1.22
0
0
10
塩酸の体積[cm^3]

(イ)

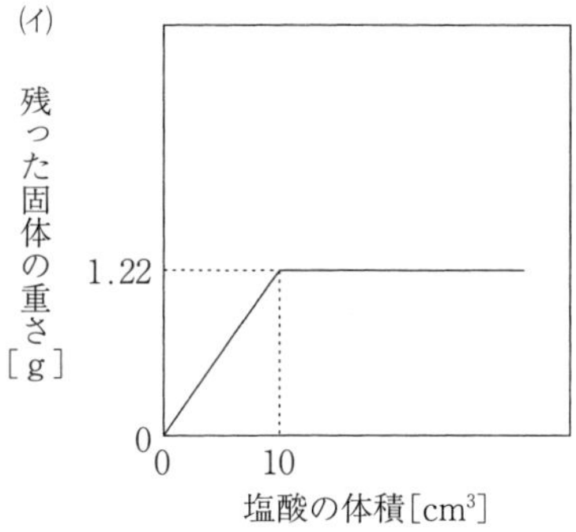
残った固体の重さ[g]
1.22
0
0
10
塩酸の体積[cm^3]

(ウ)

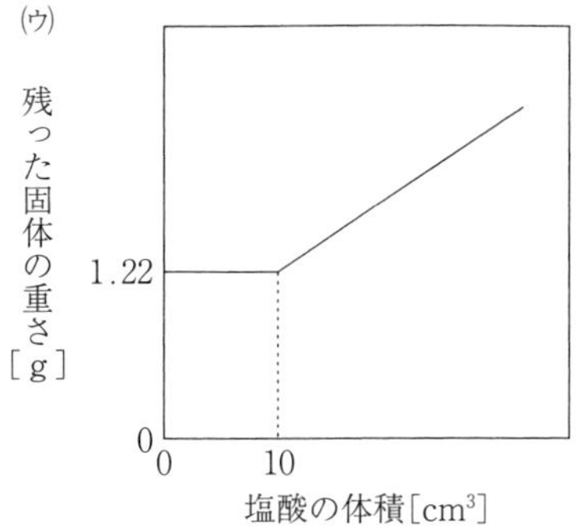
残った固体の重さ[g]
1.22
0
0
10
塩酸の体積[cm^3]

(エ)

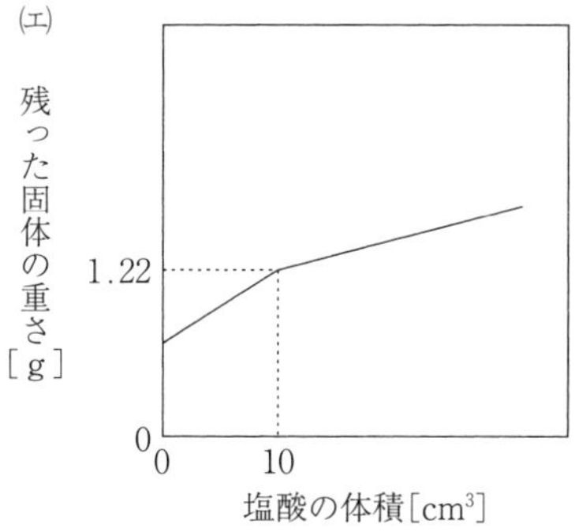
残った固体の重さ[g]
1.22
0
0
10
塩酸の体積[cm^3]

(オ)

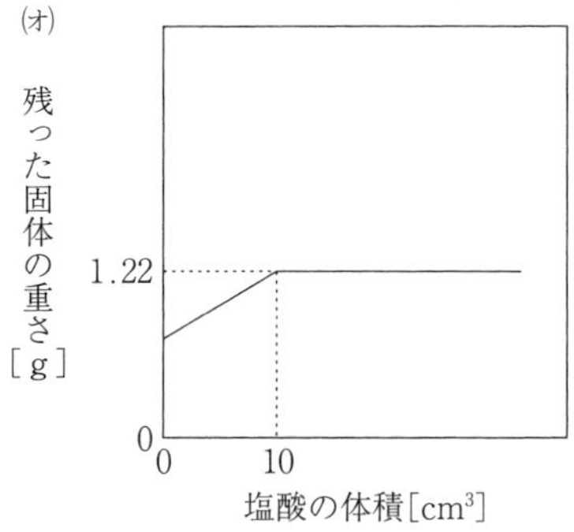
残った固体の重さ[g]
1.22
0
0
10
塩酸の体積[cm^3]

(カ)

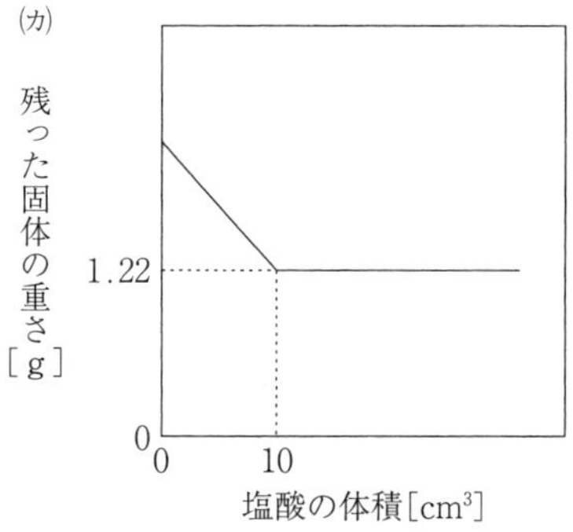
残った固体の重さ[g]
1.22
0
0
10
塩酸の体積[cm^3]

「あの岩ほど集めて、それだけの鋼しか取れないんですか」

「そうじゃ。そのかわり鋼を鍛《きた》えて刀に仕上げればどんなものより強い刀ができる。どんなに強い刀も、この砂鉄の一粒が生んどる」

「なら砂鉄が一番大事なものですね」

「そうじゃ。砂鉄はひとつひとつはちいさいが集まれば大きな力になる。③この砂鉄と同じもんが、浩太の身体の中にある」

「ぼくの身体の中に……」

「どんなに大変そうに見えるもんでも、今はすぐにできんでもひとつひとつ丁寧に集めていけばいつか必ずできるようになる。わしの親方がそう言うた」

「ぼくも、ぼくの親方のようにいつかなれるんですね」

「……」

六郎は浩太の言葉に口ごもった。

「浩太、わしだけがおまえの親方ではない」

「どうしてですか。ぼくの親方はあなただけです。親方だけです」

浩太の顔が半べそをかきそうになっていた。六郎は浩太の頭を撫《な》でた。

二人は滝を離《はな》れると、青煙の中腹まで登った。そこから中国山地の美しい眺望《ちょうぼう》をひとしきり眺めて下山した。

登山口のバス停で二人は並んでバスを待った。六郎はバスのくる方角を見ていた。

「親方、今日はありがとうございます」

浩太がぽつりと言ってお辞儀《じぎ》をした。

「どうしたんじゃ急に、礼なぞ水臭《みずくさ》い」

六郎はうつむいている浩太を見て、思い出したようにポケットの中を探《さぐ》った。そうしてちいさな石を浩太に差し出した。

「滝のそばで拾うた。みやげに持って行け」

それは鉄鉱石だった。浩太は石をじっと見ていた。

「いつかおまえが大きゅうなったら、この山をもう一度登るとええ。そん時は誰《だれ》かを連れて行って、あの滝を見せてやれ。山も滝もずっと待ってくれとる。きっとおまえは……」

六郎が言いかける前に浩太が六郎の胸に飛《と》び込《こ》んできた。しがみついた手が震《ふる》えていた。オ、ヤ、カ、タ……。嗚咽《おえつ》が聞こえた。途切《とぎ》れ途切《とぎ》れに声が聞こえた。

——この子は④今日の山登りを何のためにしたのか、初めっからわかっていたのかもしれん。

そう思うと泣きじゃくる浩太の背中のふくらみがいとおしく思えた。

（伊集院　静『親方と神様』より。）

問一　——線部①〈浩太を説得してくれ〉とありますが、その〈説得〉の内容を**20**字以内で答えなさい。

問二　——線部②〈親方が言ったことと同じ話をしてみよう〉とありますが、鍛冶屋の職業の素晴らしさを伝えることで、どうして〈説得とはまったく逆の話〉なのに、浩太を説得することができるのですか。**35**字以上**45**字以内で答えなさい。

問三　——線部③〈この砂鉄と同じもんが、浩太の身体の中にある〉とはどういうことですか。〈砂鉄〉が何を象徴しているかを明らかにしながら、**20**字以上**30**字以内で答えなさい。

問四　——線部④〈今日の山登りを何のためにしたのか〉とありますが、〈六郎〉は〈山登り〉で〈浩太〉にどのようなことを伝えようとしたのですか。**60**字以上**70**字以内で答えなさい。

その翌日、須崎に連れられて浩太の母が神妙《しんみょう》な顔をしてあらわれ、先日の非礼を詫《わ》び、息子《むすこ》を説得して欲しいと頼みにきた。

「ともかく話してみましょう」

六郎は二人に約束した。

承諾はしたものの、口下手な六郎の説得をあの純粋無垢《じゅんすいむく》な浩太が聞き入れてくれるとは思えなかった。進学した方がおまえのためだと話せば話すほど浩太は自分に裏切られたと思うに違いない。

六郎は考えた。妙案《みょうあん》なぞ浮かぶはずはなかった。考えた末、六郎が出した答えは彼がかつて少年の時、親方が彼に鍛冶職人がいかに素《す》晴《ば》らしい職業かを教えてくれた、あの山径に二人で出かけ、②親方が言ったことと同じ話をしてみようということだった。それは説得とはまったく逆の話なのだが、六郎は自分ができる唯一《ゆいいつ》の方法だと思った。

昼食を終えて二人は岩の上で少し昼寝《ひるね》をした。

六郎は眠《ねむ》れなかった。胸元《むなもと》で浩太の寝息《ねいき》が聞こえた。

六郎の胸の上に浩太のちいさな指がかかっている。いつかこの指が大人の男の指になるのだろうと思った。その時は自分はこの世にいない。浩太がどんな大人になるか見てみたい気がする。六郎は独りで生きてきたことを少し後悔《こうかい》した。

――いや、そのかわりにこの子に逢《あ》えた。

親方の言葉がまた聞こえてきた。

『玉鋼《たまはがね》と同じもんがおまえの身体の中にもある。玉鋼のようにいろんなもんが集まって一人前になるもんじゃ。鍛冶の仕事には何ひとつ無駄《むだ》なもんはない。とにかく丁寧《ていねい》に仕事をやっていけ』

親方の言葉が耳の底に響《ひび》いた。

玉鋼は鋼の最上のものである。ちいさな砂鉄をひとつひとつ集めて玉鋼は生まれる。親方はちいさなものをおろそかにせずひとつひとつ集めたものが一番強いということを少年の六郎に言って聞かせた。その時は親方の話の意味がよくわからなかった。それが十年、二十年、三十年と続けて行くうちに理解できるようになった。一日一日も砂鉄のようなものだったのかもしれない……。

浩太が目を覚ました。

「浩太、鋼は何からできるか知っとるや」

「鉄鉱石」

「そうじゃ。他には」

浩太は首をかしげた。

「ならそれを見せてやろう。靴《くつ》を脱《ぬ》いで裸足《はだし》になれ」

六郎は浩太を連れて滝壺の脇《わき》の流れがゆるやかな水に膝《ひざ》まで入り、底の砂を両手で掬《すく》い上《あ》げた。そうして両手を器《うつわ》のようにして砂を洗い出した。浩太は六郎の大きな手の中の砂をのぞきこんでいる。やがて六郎の手の中にきらきらと光る粒《つぶ》が残った。六郎はその光る粒を指先につまんで浩太に見せた。

「これが砂鉄じゃ。この砂鉄を集めて火の中に入れてやると鋼ができる」

「ぼくにも見つけられますか」

「ああできるとも。やってみろ」

浩太はズボンが濡《ぬ》れるのもかまわず水の中から砂を掬い上げると両手の中で洗うようにした。浩太のちいさな手に砂鉄が数粒《すうつぶ》残った。

「あった、あった。砂鉄があった」

浩太が嬉《うれ》しそうに声を上げ、六郎を見返した。

「それは真砂鉄と言う一等上等な砂鉄じゃ。このあたりにしかない。かなやごさんがこの土地に下さったもんじゃ。その砂鉄をあの岩ほど集めて、これだけの玉鋼ができる」

六郎は先刻まで二人が座《すわ》っていた大岩を指さし、両手で鋼の大きさを教えた。

本文全体の内容をふまえて、現代の文明と環境の関係性を**90**字以上**100**字以内で説明しなさい。

四

昭和二十三年の夏、五十年以上鍛冶《かじ》仕事をしてきた能島六郎《ろくろう》のもとに、台風で父親と姉を亡《な》くした十二歳《さい》の浩太《こうた》が、仕事を見たいとやってきた。やがて、浩太は進学せずに六郎の仕事を継《つ》ぐと母親に告げる。母親は六郎にあきらめさせるように頼《たの》むが、六郎は浩太に仕事を継いで欲《ほ》しいなどとは言っていないと追い返す。その後に続く以下の場面を読んで後の問いに答えなさい。

二人は参拝を済ませると、神社を出て山径《やまみち》に入った。ほどなく地面を揺《ゆ》らすような水音が聞こえてきた。真砂《まさご》の滝《たき》の水音だった。

常緑樹が隧道《すいどう》のようになった山径を抜《ぬ》けると急に視界がひらけて、そこに霧《きり》のような水煙《みずけむり》がかかっていた。冬の陽《ひ》に水煙はきらきらとかがやき大きな光輪が浮《う》かび上《あ》がっていた。その光輪のむこうに数段にわたって水を落とす真砂の滝が見えた。

ワァーッと浩太が声を上げた。走り出そうとする浩太に六郎が声をかけた。

「走ってはならんぞ。足元は苔《こけ》が生えて滑《すべ》るでな」

六郎は浩太と並んで真砂の滝を仰《あお》ぎ見《み》た。

耳の底から親方の声が聞こえた。

『ロク、この水が鍛冶の神様や。よう覚えとくんや』

やさしい声だった。六郎は親方にそう言われた日がつい昨日のように思えた。

二人は滝の中段と同じ高さの岩場に腰《こし》を下ろしてトヨがこしらえた弁当を食べはじめた。山径を歩き続けたせいか、浩太はよほど腹が空《す》いていたとみえて勢い良く弁当を平らげていく。

六郎は先刻、神社で手を合わせていた浩太の姿を思い出していた。浩太は金屋子《かなやご》の神様に何を祈《いの》ったのだろうか。もし浩太が金屋子の神様に自分も立派な鍛冶職人になれるように祈っていたとしたら、六郎が今日、浩太に話して聞かせようとしていることを彼《かれ》は聞き入れてくれない気がした。①浩太を説得してくれと担任の先生から頼まれ、それを承諾《しょうだく》した六郎が浩太に対して説得とはまったく逆の行動をしている。六郎はどうしたものかと滝壺《たきつぼ》を見た。

須崎《すざき》という名前の若い男性教師の顔が滝壺の水面に浮《う》かんだ。

十二月になったばかりの夕暮れ、須崎は六郎の鍛冶場に訪ねてくると、仕事場をぐるりと見回して懐《なつ》かしそうに言った。

「いや懐かしいですね。私、生まれ育ったのが出雲《いずも》の佐田町という山の中でしてね。そこに山村の鍛冶屋《かじや》が一軒《けん》あって、職人さんが一人で毎日金槌《かなづち》を打っていたんです。私、子供の時分、その仕事を見るのが好きで、一日中眺《なが》めていました。山で働く人には必要ないろんな道具をこしらえていたんですよ」

「ああ、知っておる。わしの兄弟弟子の一人が山鍛冶職人になったからの。あんたは浩太の担任の先生ですか。あんたがわしの所に来なさった用件はわかっています」

「いや能島さん、違《ちが》うんです。私は浩太君に鍛冶屋になる夢を捨てろとは一度も言っていません。鍛冶屋さんはいい仕事だと言いました。鍛冶屋は人間が最初に作った職業のひとつだと教えたんです。浩太君が鍛冶屋になりたいと言い出したのは私のせいでもあるんです……ですから私の話を聞いてもらいたいんです。浩太君は能島さんの話なら耳を傾《かたむ》けてくれます。あなたのことを本当に尊敬しているんです」

須崎という教師の話には説得力があった。

六倍の資源利用を必要とすると述べている。言い換《か》えれば、資源エネルギーの使用には節度が必要だということである。この結論は当たり前のように思えるかもしれないが、詳細《しょうさい》な研究の末に得られた結論であることに意義があると言えよう。使い捨て経済や過剰《かじょう》消費は持続不可能であり、地球倫理的《りんりてき》に許されないのである。

この研究はドーナツ経済について初めて定量的検討を行ったものであり、さらに詳細な検討が必要なことは言うまでもないが、充足《じゅうそく》と平等を重視した持続可能な経済へ転換《てんかん》するための戦略が必要であることを明確に示している。筆者らは以前、各国のＨＤＩ（人間開発指数）をエコロジカル・フットプリントに対してプロットしたことがある。この研究結果と同様に右肩上がりの相関関係を見出《みいだ》している。すなわちＨＤＩが高ければエコロジカル・フットプリントも高いのである。

ケイト・ラワースは地球的境界を破らずに生活の質を向上させることは可能だと主張している。すなわち脱炭素《だったんそ》、循環経済を進めれば資源利用を現状程度に止めながら生活の質の向上が可能だというわけである。たとえば栄養不足を解決するためには世界の食糧《しょくりょう》供給の一％あれば足りる、貧しい一九％の人々に電気を供給してもCO_2の排出量は一％しか増えない、貧しい二一％の所得改善には世界の所得の〇・二％ですむと述べている。デンマーク工科大学のアンダー・ビョルンらは二〇〇〇〜二〇一四年の四万もの世界の企業《きぎょう》の持続可能性報告書を分析したところ、エコロジカルな限界（地球的境界）について言及《げんきゅう》していたのはたった五％に過ぎなかったと報告している。企業や市民が地球的境界や社会的境界を真剣《しんけん》に意識し、社会の総力を挙げて取り組めば、ドーナツ経済の実現は不可能ではないかもしれない。

すでに述べたように、文明の環境負荷が膨大《ぼうだい》でいくつかの環境容量を超えていることから、現在の文明の持続不可能性については明らかである。④文明が持続不可能ということは、それを支える環境と気候が持続不可能ということでもある。

（山本良一『気候危機』より。
作問の都合上、表現を改めた部分があります。）

注１　コンセンサス―同意。
注２　アントロポセン―人類が地球表面を実質上支配している現在を地質年代区分として表現するために提案された、非公式に使用されている学術用語。ここでは現代を意味する。
注３　エコロジカルに―自然や環境と調和するように。
注４　閾値―境目となる値。
注５　マテリアル・フットプリント―消費された天然資源量をしめす指標。
注６　プロット―グラフに書き入れる。

問一　――線部①〈この報告書〉とありますが、ここでは結論としてどのようなことが報告されたのですか。**20**字以上**30**字以内で答えなさい。

問二　――線部②〈「持続可能な開発」の再定義〉とありますが、新しく定義されたのはどのようなことですか。**25**字以上**35**字以内で答えなさい。

問三　――線部③〈**図2**は、達成された社会的閾値の数（グッドライフの度合）に対して超過した地球的境界の数（環境への負荷の度合）を国別にプロットしたものである〉とありますが、この図にある日本とベトナムを比べた場合、環境と生活の関係をどのようにするべきだと考えられますか。**20**字以上**30**字以内で答えなさい。

問四　――線部④〈文明が持続不可能ということは、それを支える環境と気候が持続不可能ということでもある〉とありますが、これはどういうことですか。「文明は本来、〜」につづくかたちで、

表２　社会的境界と日本の状況

	日本	閾値	単位
生活の満足度	6.3	6.5	０～10
健康寿命	73.7	65	健康で過ごせる年数
栄養	2719	2700	１人１日あたりのキロカロリー
衛生	100	95	改善された衛生設備にアクセスできる割合(%)
所得	100	95	１日あたり1.90ドル以上の所得者の割合(%)
エネルギーへのアクセス	100	95	電気へアクセスできる人の割合(%)
教育	101.8	95	中等学校の卒業生の割合(%)
社会的支援	91.7	90	頼ることのできる友人や家族の割合(%)
民主的な質	1	0.8	民主的な質のインデックス
雇用	95.5	94	労働者の雇用率(%)

Ref. "A good life for all within planetary boundaries"
Daniel W. O'Neill et al, *Nature Sustainability* 1, 88–95 (2018)

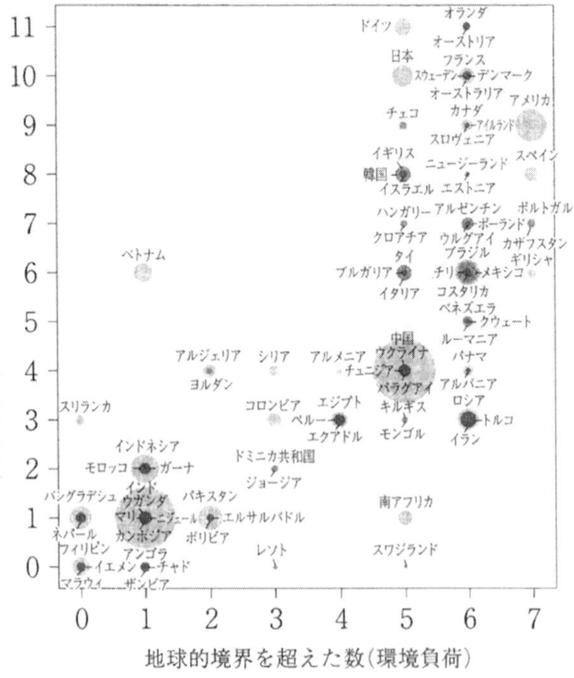

Figure：Biophysical boundaries transgressed
"A good life for all within planetary boundaries"
Daniel W. O'Neill et al (2018)

図２　生活の質と環境負荷の関係

③　**図２**は、達成された社会的閾値の数(グッドライフの度合)に対して超過した地球的境界の数(環境への負荷《ふか》の度合)を国別に注６プロットしたものである。この図２で左上にあればあるほど、公正で持続可能な社会が実現されていることになる。ベトナムを除いてほとんどの国は右肩《みぎかた》上がりの曲線近くに分布し、生活の満足を実現するために環境を犠牲《ぎせい》にしていることが見て取れる。

オニールらは、検討した一五〇カ国について、持続可能な資源利用でその市民の基本的需要《じゅよう》を満たしている国は一つもなかったと結論している。ただし栄養、衛生、電気へのアクセス、極端《きょくたん》な貧困《ひんこん》の除去のような需要は地球的境界を超えることなくすべての人に対して満たすことができるとしている。一方、より高い生活の満足度を満たすためには現在の技術、社会システムの下では持続可能な消費水準の二～

会的に持続可能でないことを意味する。国連の一七の持続可能な開発目標（ＳＤＧｓ）も直接・間接にこのドーナツに関係している。

　ケイト・ラワースのドーナツ経済のコンセプトは大変素晴《すば》らしかったが、具体性に乏《とぼ》しいことが欠点であった。ところが二〇一八年二月にダニエル・オニールらが世界の一五〇カ国について定量的な検討を行い、再び脚光《きゃっこう》を浴びることになった。

　オニールらは地球的境界と社会的境界の間ですべての人にとってよい生活が実現できるかどうかを、可能な範囲《はんい》で定量的に分析《ぶんせき》した。地球的境界として採用されたのは一人あたりのＣＯ２排出量《はいしゅつりょう》、リン投入量、窒素投入量、淡水使用量、純一次生産（植物が光合成によりＣＯ２を固定化して生産した有機物の量）、エコロジカル・フットプリント、注5マテリアル・フットプリントである。社会的境界として採用されたのは生活の満足度、健康寿命《じゅみょう》、栄養、衛生、所得、エネルギーへのアクセス、教育、社会的支援《しえん》、民主的な質、雇用《こよう》である。

　二つの境界の閾値と日本の状況《じょうきょう》を**表1、2**に示した。表1は、淡水と純一次生産を除いて日本は五つの地球的境界を超えていることを示している。表2は、日本が生活の満足度を除く九つの社会的閾値を超えていることを示している。

表1　地球的境界と日本の状況

	日本	1人あたりの地球的境界	単位
CO_2	12.4	1.6	1年あたりのCO_2排出量（トン）
P（リン）	4.6	0.9	1年あたりのP投入量（kg）
N（窒素）	34.5	8.9	1年あたりのN投入量（kg）
淡水	249	574	1年あたりのH_2O使用量（m^3）
eHANPP（純一次生産）	1.6	2.6	1年あたりのC生産量（トン）
エコロジカル・フットプリント	3.8	1.7	1年あたりのグローバルヘクタール（gha）
マテリアル・フットプリント	28.5	7.2	1年あたりの重量（トン）

Ref. "A good life for all within planetary boundaries"
Daniel W. O'Neill et al, *Nature Sustainability* 1, 88–95 (2018)

満たしつつ、現在の世代の欲求も満足させるような開発を意味し、①現在の私たちの生活と同じくらい豊かな生活を将来の人々も営む権利があり、経済開発が将来世代の発展の可能性を脅《おびや》かしてはならないという世代的責任（世代間の公平性）、②現在に生きる人々の間でも豊かな暮らしを営むことができるようにすること（世代内での公平性）、が持続可能な開発の内容だった。

注2アントロポセンにおける②「持続可能な開発」の再定義は、現在および将来の世代の人類の繁栄が依存《いぞん》している地球の生命維持システムを保護しつつ、現在の世代の欲求を満足させるような開発として定義される（東京大学の北村友人による）。ＳＤＧｓ（持続可能な開発目標）を達成するための努力も当然その中に含《ふく》まれる。

さて、現在の文明が持続不可能であることをさらに定量的に示すいくつかの指標が考えられている。たとえば、エコロジカル・フットプリント（環境面積要求量）がある。この指標開発の先駆《さきが》けの研究者である和田喜彦（同志社大学）によれば、エコロジカル・フットプリントは〝ある特定の地域の経済活動または、そこに住む人々の生活を無理なく永続的に支えていくためにどれだけの生産可能な土地が必要かを測定し、ヘクタールなどの視覚でとらえやすい面積単位で表現したもの〟である。

二〇一九年の世界のエコロジカル・フットプリントは地球の年間のバイオキャパシティ（生物生産力）の一・七五倍と計算されている。これを一年間に直して考えると、七月二九日には一年分のバイオキャパシティを消費してしまい、その日以降はそれまでの蓄積《ちくせき》分を取り崩《くず》す事態になることを意味する。七月二九日は、二〇一九年の地球の環境容量をオーバーシュート（超過《ちょうか》）する日であった。

ヨハン・ロックストロームらは地球的境界（Planetary Boundary）について考察し、気候変動、生物多様性消失速度、窒《ちっ》素《そ》循環《じゅんかん》、リンの循環、成層圏《せいそうけん》オゾン消失、海洋酸性化、グローバルな淡水《たんすい》利用と陸地利用変化について、地球的境界を考察している。その中で気候変動、生物多様性消失速度、窒素循環は境界値（臨界値）を超《こ》えていると指摘《してき》している。

ケイト・ラワースは、外側の地球的境界（Environmental Ceiling）と内側の社会的境界あるいは社会的基礎《きそ》（Social Foundation）に挟《はさ》まれたドーナツの部分が人類にとって安全で公正な活動空間であると考えた（ドーナツ経済）。**図１**にドーナツ経済の概念図《がいねんず》を示す。

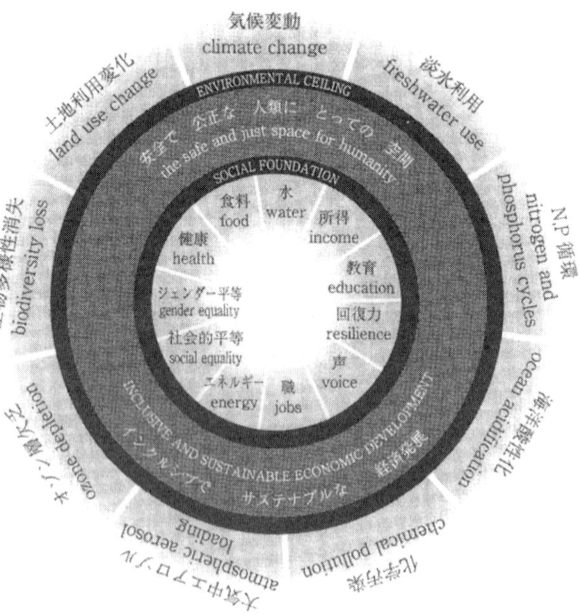

図１　ドーナツ経済の概念図（ケイト・ラワースによる）

地球的境界については、境界値を超えれば超えるほど注3エコロジカルに持続可能でないことを意味する。一方、社会的境界は、注4閾《いき》値《ち》に達しなければそれだけ社会的課題が未達成であることを示し、社

二〇二一年度　芝中学校

【国語】〈第一回試験〉（五〇分）〈満点：一〇〇点〉

一　次の①～⑤の□に当てはまる言葉を語群から選び、漢字で答えなさい。

① ヘルマン・ヘッセの『□輪の下』を読む。
② □水池の水をかいぼりする。
③ たくさんの竹が□生している里山。
④ 南太平洋諸島は「海の□園」といわれる。
⑤ 都市と都市が交□をして豊かになる。

《語群》　ミッ　チョ　エキ　ラク　シャ

二　次の①～⑤の□に当てはまる漢字一字を自分で考えて答えなさい。

① 誰《だれ》も手を挙げなかったので王様の役を□って出た。
② 友人と温泉で骨□めするつもりだ。
③ 「太陽が東から昇《のぼ》り、□に沈《しず》む」くらいあたりまえのこと。
④ 「木を見て□を見ず」とならないように気をつける。
⑤ 得意がっていた彼《かれ》は友人に鼻を□られてしょんぼりしていた。

三　次の文章を読んで、後の問いに答えなさい。

カリフォルニア大学のアンソニー・バーノスキーらは二〇一二年に「地球生命圏《けん》における状態シフト」と題する論文を科学雑誌『ネイチャー』に発表し、人間活動の拡大により生物種の大量絶滅《ぜつめつ》が迫《せま》っていると主張した。当時カリフォルニア州の知事だったジェリー・ブラウンはバーノスキーに電話をかけて、科学者は論文公開だけで社会的責任を果たしたことにはならない、本当に生物種の大量絶滅が迫っているというのなら二階の屋根に上って道行く人に大声で警告しなければならないのではないかと説得した。そこでバーノスキーと夫人のエリザベス・ハドリーはブラウン知事の要請《ようせい》を受け、世界の五〇〇名あまりの生物学者と共同で科学者の注1コンセンサスをまとめ、二〇一三年に公表した。①この報告書が「21世紀において人類の生命維持《いじ》システムを維持することに関する科学的コンセンサス」である。

その要点は、人類という生物種が誕生して以来、より速い気候変化が起こっていること、恐竜《きょうりゅう》絶滅以来、多数の生物種と生物個体が陸上と海で急速に絶滅・死亡していること、広範《こうはん》な生態系が一斉《いっせい》に消失していること、大気・水・土地の環境汚染《かんきょうおせん》が記録的なレベルで増加しつつあり、予期せぬやり方で人々や野生生物を傷つけつつあること、である。その結果、今日の子どもたちが中年になる頃《ころ》には、人類の繁《はん》栄《えい》と存在にとって不可欠な地球の生命維持システムは、不可逆的にグローバルに劣化《れっか》してしまうというのである。この報告書はジェリー・ブラウンがNASAで発表後、ただちにアメリカのオバマ大統領（当時）と中国の習近平主席に届けられたと言われている。

このエピソードは、科学者の社会的責任の取り方について一つのよい例を示していると思う。

このような認《にん》識《しき》をもとに、持続可能な開発（Sustainable Development）の概念《がいねん》が変わりつつある。以前は将来の世代の欲求を

2021年度
芝　中　学　校　▶解説と解答

算　数　＜第１回試験＞（50分）＜満点：100点＞

解　答

[1] (1) $\frac{11}{18}$　(2) $\frac{3}{4}$　[2] 144 g　[3] (1) 81　(2) 24　[4] 2600箱　[5] (1) 15cm^2　(2) $14\frac{11}{25}$cm^2　[6] (1) 1395　(2) 1368　[7] (1) 8個　(2) 4通り　[8] (1) 120人　(2) 42人　[9] (1) 33分後　(2) 30分間　[10] (1) $\frac{3}{80}$倍　(2) $\frac{1}{20}$倍　(3) $\frac{1}{3}$倍

解　説

[1] 四則計算，逆算

(1) $\left(\frac{1}{7}-\frac{1}{9}\right)\times10.5+\frac{2}{11}\times\left(\frac{2}{3}+0.25\right)+\left(\frac{1}{9}-\frac{1}{15}\right)\div0.4=\left(\frac{9}{63}-\frac{7}{63}\right)\times\frac{21}{2}+\frac{2}{11}\times\left(\frac{2}{3}+\frac{1}{4}\right)+\left(\frac{5}{45}-\frac{3}{45}\right)\div\frac{2}{5}=\frac{2}{63}\times\frac{21}{2}+\frac{2}{11}\times\left(\frac{8}{12}+\frac{3}{12}\right)+\frac{2}{45}\times\frac{5}{2}=\frac{1}{3}+\frac{2}{11}\times\frac{11}{12}+\frac{1}{9}=\frac{1}{3}+\frac{1}{6}+\frac{1}{9}=\frac{6}{18}+\frac{3}{18}+\frac{2}{18}=\frac{11}{18}$

(2) $\frac{3}{8}\times1.875\div\left(2+1\frac{4}{7}\right)=\frac{3}{8}\times1\frac{7}{8}\div3\frac{4}{7}=\frac{3}{8}\times\frac{15}{8}\div\frac{25}{7}=\frac{3}{8}\times\frac{15}{8}\times\frac{7}{25}=\frac{63}{320}$より，$\frac{63}{320}\div(2-□)\div0.12=1\frac{5}{16}$，$\frac{63}{320}\div(2-□)=1\frac{5}{16}\times0.12=\frac{21}{16}\times\frac{3}{25}=\frac{63}{400}$，$2-□=\frac{63}{320}\div\frac{63}{400}=\frac{63}{320}\times\frac{400}{63}=\frac{5}{4}$　よって，$□=2-\frac{5}{4}=\frac{8}{4}-\frac{5}{4}=\frac{3}{4}$

[2] 濃度《のうど》

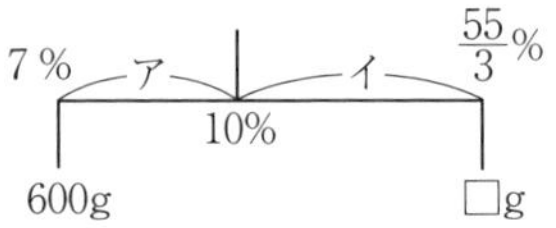

15％の食塩水と20％の食塩水を１：２の割合で混ぜた食塩水をＰとする。このとき，15％の食塩水の重さを１，20％の食塩水の重さを２とすると，(食塩の重さ)＝(食塩水の重さ)×(濃度)より，食塩水Ｐに含《ふく》まれている食塩の重さの和は，$1\times0.15+2\times0.2=0.55$となる。また，食塩水の重さの和は，$1+2=3$だから，食塩水Ｐの濃度は，$0.55\div3\times100=\frac{55}{3}$(％)とわかる。よって，食塩水Ｐの重さを□ｇとして図に表すと，右上の図のようになる。図で，ア：イ＝$(10-7):\left(\frac{55}{3}-10\right)=9:25$なので，$600:□=\frac{1}{9}:\frac{1}{25}=25:9$となり，$□=600\times\frac{9}{25}=216$(ｇ)とわかる。さらに，食塩水Ｐは15％の食塩水と20％の食塩水を１：２の割合で混ぜたものだから，20％の食塩水の重さは，$216\times\frac{2}{1+2}=144$(ｇ)と求められる。

[3] 素数の性質

(1) 整数を素数の積で表したとき，(□×…×□)×(○×…×○)×(△×…×△)のように，□がa個，○がb個，△がc個になったとすると，この整数の約数の個数は，$(a+1)\times(b+1)\times(c+1)$(個)と求めることができる。よって，約数をちょうど５個持つ整数は，素数の積で表したときに，□×□×□×□となる整数である。ここで，２番目に小さい素数は３だから，□に３をあてはめると，$3\times3\times3\times3=81$とわかる。

(2)　約数をちょうど８個持つ整数は，素数の積で表したときに，右の図の㋐～㋒のようになる整数である。それぞれの場合について１番小さくなるように素数をあてはめると，㋐は，２×２×２×２×２×２×２＝128，㋑は，３×２×２×２＝24，㋒は，２×３×５＝30となる。よって，１番小さい整数は24である。

㋐　□×□×□×□×□×□×□
㋑　□×○×○×○
㋒　□×○×△

4　売買損益

１箱の原価を１とすると，定価は，１×(１＋0.3)＝1.3，定価の２割引きは，1.3×(１－0.2)＝1.04，定価の半額は，1.3÷２＝0.65となる。また，定価で売れた数は200箱，定価の半額で売れた数は400箱だから，定価の２割引きで売れた数を□箱として図に表すと，右の図のようになる。この図で，太線で囲んだ部分の面積は仕入れ値を，かげをつけた部分の面積は売り上げを表している。これらの面積は等しいので，(ア＋イ)の部分とウの部分の面積も等しくなる。また，アの部分の面積は，200×(1.3－１)＝60，ウの部分の面積は，400×(１－0.65)＝140だから，イの部分の面積は，140－60＝80とわかる。よって，□＝80÷(1.04－１)＝2000(箱)と求められるので，仕入れた数は全部で，200＋2000＋400＝2600(箱)である。

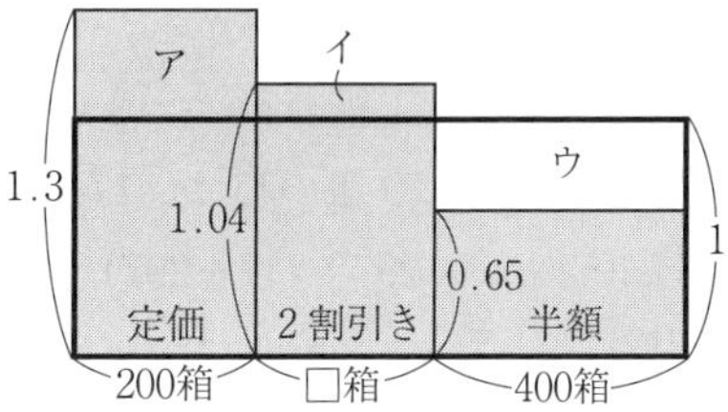

5　平面図形―辺の比と面積の比

(1)　右の図で，ADの長さはABの長さの，$\frac{1}{1+3}=\frac{1}{4}$(倍)，AFの長さはACの長さの，$\frac{3}{3+2}=\frac{3}{5}$(倍)だから，三角形ADFの面積は三角形ABCの面積の，$\frac{1}{4}\times\frac{3}{5}=\frac{3}{20}$(倍)になる。よって，三角形ADFの面積は，$100\times\frac{3}{20}=$15(cm²)と求められる。

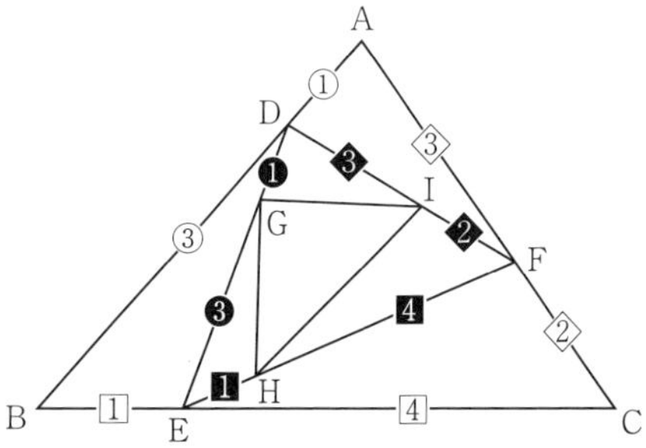

(2)　(1)と同様に考えると，三角形BEDの面積は，$100\times\frac{1}{1+4}\times\frac{3}{3+1}=15$(cm²)，三角形CFEの面積は，$100\times\frac{2}{2+3}\times\frac{4}{4+1}=32$(cm²)となるので，三角形DEFの面積は，100－(15＋15＋32)＝38(cm²)と求められる。つまり，三角形DEFの面積は三角形ABCの面積の，$38\div100=\frac{19}{50}$(倍)になる。ここで，○の比と●の比，□の比と■の比，◇の比と◆の比はそれぞれ等しいから，三角形ABCの面積に対する三角形DEFの面積の割合と，三角形DEFの面積に対する三角形GHIの面積の割合は同じになることがわかる。つまり，三角形GHIの面積は三角形DEFの面積の$\frac{19}{50}$倍なので，三角形GHIの面積は，$38\times\frac{19}{50}=14\frac{11}{25}$(cm²)と求められる。

6　数列，約束記号

(1)　$\frac{5}{7}+\frac{10}{7}+\frac{15}{7}+\frac{20}{7}+\cdots+\frac{310}{7}$の分子には５の倍数が並んでいる。また，並んでいる個数は全部で，310÷５＝62(個)だから，分子の和は，５＋10＋…＋310＝(５＋310)×62÷２＝9765とわかる。よって，$\frac{5}{7}+\frac{10}{7}+\frac{15}{7}+\frac{20}{7}+\cdots+\frac{310}{7}=\frac{9765}{7}=1395$と求められる。

(2)　下の図のように７個ずつ組にすると，各組の同じ位置に並んでいる数は５ずつ大きくなるので，〈　〉の値(図のかげをつけた数)も５ずつ大きくなる。また，62÷７＝８余り６より，全体は９組よ

１組	$\frac{5}{7}\left(=\frac{5}{7}\right)$	$\frac{10}{7}\left(=1\frac{3}{7}\right)$	$\frac{15}{7}\left(=2\frac{1}{7}\right)$	$\frac{20}{7}\left(=2\frac{6}{7}\right)$	$\frac{25}{7}\left(=3\frac{4}{7}\right)$	$\frac{30}{7}\left(=4\frac{2}{7}\right)$	$\frac{35}{7}(=5)$
	↓ 0	↓ 1	↓ 2	↓ 2	↓ 3	↓ 4	↓ 5
２組	$\frac{40}{7}\left(=5\frac{5}{7}\right)$	$\frac{45}{7}\left(=6\frac{3}{7}\right)$	$\frac{50}{7}\left(=7\frac{1}{7}\right)$	$\frac{55}{7}\left(=7\frac{6}{7}\right)$	$\frac{60}{7}\left(=8\frac{4}{7}\right)$	$\frac{65}{7}\left(=9\frac{2}{7}\right)$	$\frac{70}{7}(=10)$
	↓ 5	↓ 6	↓ 7	↓ 7	↓ 8	↓ 9	↓ 10

り１個少ないことがわかる。そこで，１組から９組までの和から，９組の最後の数をひいて求めることにする。１組の和は，$0+1+2+2+3+4+5=17$であり，１組ごとに，$5\times7=35$ずつ増えるので，９組の和は，$17+35\times(9-1)=297$とわかる。よって，１組から９組までの和は，$17+52+\cdots+297=(17+297)\times9\div2=1413$と求められる。また，９組の最後の数は，$5\times9=45$だから，$\langle\frac{5}{7}\rangle+\langle\frac{10}{7}\rangle+\langle\frac{15}{7}\rangle+\langle\frac{20}{7}\rangle+\cdots+\langle\frac{310}{7}\rangle=1413-45=1368$となる。

〔ほかの解き方〕 たとえば，$\frac{5}{7}$を$\langle\frac{5}{7}\rangle$にすると$\frac{5}{7}$が切り捨てられ，$\frac{10}{7}$を$\langle\frac{10}{7}\rangle$にすると$\frac{3}{7}$が切り捨てられる。ほかの場合も同様なので，１つの組で切り捨てられる数の合計は，$\frac{5}{7}+\frac{3}{7}+\frac{1}{7}+\frac{6}{7}+\frac{4}{7}+\frac{2}{7}=3$とわかる。よって，１組から９組までで切り捨てられる数の合計は，$3\times9=27$になる。さらに，組の最後の数は切り捨てられることはないから，(2)の答えは(1)の答えよりも27小さくなる。したがって，(2)は，$1395-27=1368$と求めることもできる。

7 周期算，場合の数

(1) 箱の中の玉の個数は右の図１のように変化するから，７回目の操作後には１回目の操作後と同じ個数になる。よって，その後は１回目から６回目までと同じ個数がくり返されることになる。$30\div6=5$より，30回目の操作後の個数は６回目の操作後の個数と同じであり，８個とわかる。

図１

①　②　③　④　⑤　⑥　⑦

36→16→32→12→24→4→8→16→…

(2) ０個から順にもどしていくと，右の図２のようになる。よって，最初に入っていた個数で考えられるのは，15，25，50，80個の４通りである。

図２

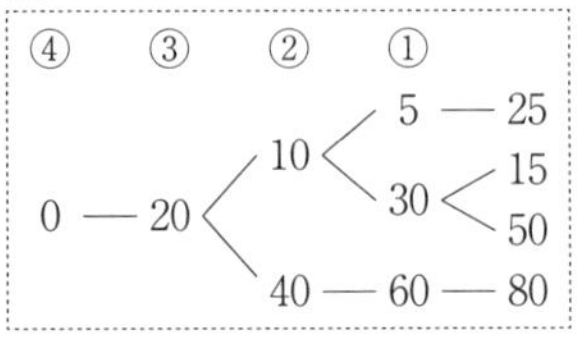

8 ニュートン算

(1) 受付場所が５ヵ所のとき，最初の10分間で並んでいる人の数は，$480-300=180$(人)減る。次の10分間でも同様に180人減るから，受付開始20分後に並んでいる人の数は，$300-180=120$(人)になる。

(2) 受付場所が５ヵ所のときは，１分間に，$180\div10=18$(人)の割合で減る。また，並んでいる人がいなくなったのは，受付開始の，１時間－20分＝40分後なので，受付場所を４ヵ所にしていた時間は，$40-20=20$(分)である。この20分で120人の列がなくなったから，受付場所が４ヵ所のときは１分間に，$120\div20=6$(人)の割合で減る。よって，１ヵ所の受付場所が１分間に受付をする人数を①人，１分間に列に加わる人数を[1]人として図に表すと，右上の図のようになる。したがって，⑤－④＝①にあたる人数が，18－６

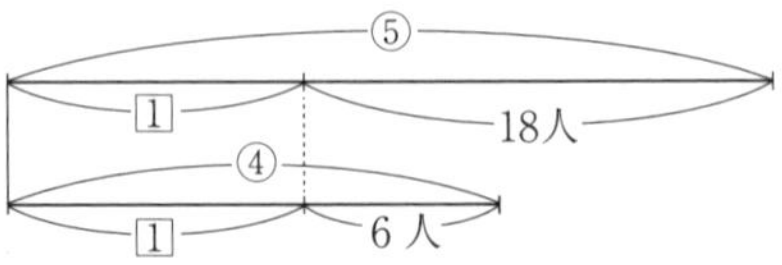

＝12(人)とわかるので，①にあたる人数，つまり１分間に列に加わる人数は，$12\times5-18=42$(人)と求められる。

9 グラフ―水の深さと体積

⑴　グラフに開いている蛇口《じゃぐち》と排水口《はいすいこう》を書き入れると，右のようになる。途《と》中《ちゅう》でＣが開いていなければ点線のように水が入っていたから，Ｃが開いていないときに満水になるまでの時間は，$60-12=48$(分)とわかる。また，Ａだけを開けているときと，ＡとＢを開けているときで，同じ時間に入る水の量の比は，$5:(5+6)=5:11$なので，同じ量の水を入れるのにかかる時間の比は，$\frac{1}{5}:\frac{1}{11}=11:5$となる。ここで，Ａだけで水そうのちょうど半分まで水を入れたので，アとイの比は$11:5$となる。アとイの和が48分だから，$ア=48\times\frac{11}{11+5}=33$(分)と求められる。したがって，Ｂを開けたのは33分後である。

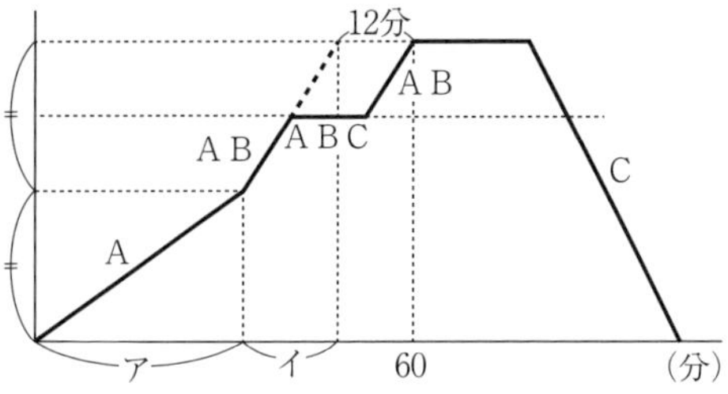

⑵　Ａから１分間に入る水の量を５とすると，水そうの半分の水の量が，$5\times33=165$なので，水そうの容積は，$165\times2=330$となる。また，Ａ，Ｂ，Ｃをすべて開けている間は水の量は変わらないから，Ｃから１分間に出る水の量は，ＡとＢから１分間に入る水の量の和と等しくなる。よって，Ｃから１分間に出る水の量は，$5+6=11$なので，再びＣを開けてから空になるまでの時間は，$330\div11=30$(分間)である。

10 平面図形―面積，相似

⑴　右の図で，長方形ABCDの面積を１とすると，三角形ABCの面積は$\frac{1}{2}$，三角形APCの面積は，$\frac{1}{2}\times\frac{3}{4}=\frac{3}{8}$になる。また，三角形AEXと三角形PEBは合同だから，$AE:EP=1:1$である。さらに，三角形AFXと三角形CFBは相似であり，相似比は，$AX:CB=1:4$なので，$AF:FC=1:4$とわかる。よって，三角形AEFの面積は三角形APCの面積の，$\frac{1}{1+1}\times\frac{1}{1+4}=\frac{1}{10}$(倍)だから，$\frac{3}{8}\times\frac{1}{10}=\frac{3}{80}$と求められる。したがって，斜線《しゃせん》部分①の面積は長方形ABCDの面積の，$\frac{3}{80}\div1=\frac{3}{80}$(倍)である。

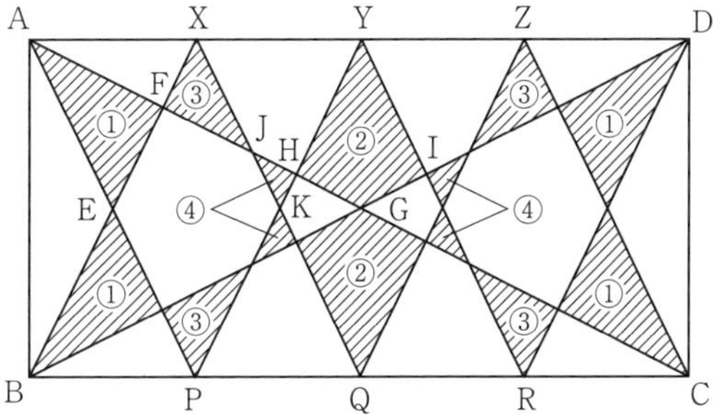

⑵　三角形ACDの面積は$\frac{1}{2}$，三角形AGDの面積は，$\frac{1}{2}\times\frac{1}{2}=\frac{1}{4}$である。また，三角形AHYと三角形CHPは相似であり，相似比は，$AY:CP=2:3$なので，$AH:HC=2:3$とわかる。よって，三角形AHYの面積は三角形ACDの面積の，$\frac{2}{2+3}\times\frac{1}{2}=\frac{1}{5}$(倍)だから，$\frac{1}{2}\times\frac{1}{5}=\frac{1}{10}$となる。同様に，三角形DIYの面積も$\frac{1}{10}$なので，四角形YHGIの面積は，$\frac{1}{4}-\frac{1}{10}\times2=\frac{1}{20}$と求められる。したがって，斜線部分②の面積は長方形ABCDの面積の，$\frac{1}{20}\div1=\frac{1}{20}$(倍)である。

⑶　APとXQ，XBとYPはそれぞれ平行だから，３つの三角形AEF，JXF，JKHは相似である。ここで，APとXQの長さを１とすると，ＥはAPの真ん中の点，ＫはXQの真ん中の点なので，$AE=XK=\frac{1}{2}$となる。また，三角形AJXと三角形CJQは相似であり，相似比は，$AX:CQ=1:2$だか

ら，XJ：JQ＝１：２となる。よって，$XJ=1\times\frac{1}{1+2}=\frac{1}{3}$，$JK=\frac{1}{2}-\frac{1}{3}=\frac{1}{6}$なので，３つの三角形AEF，JXF，JKHは，相似比が，$AE:JX:JK=\frac{1}{2}:\frac{1}{3}:\frac{1}{6}=3:2:1$となり，面積の比は，$(3\times3):(2\times2):(1\times1)=9:4:1$とわかる。さらに，(1)より三角形AEFの面積は$\frac{3}{80}$だから，三角形JXFの面積は，$\frac{3}{80}\times\frac{4}{9}=\frac{1}{60}$，三角形JKHの面積は，$\frac{3}{80}\times\frac{1}{9}=\frac{1}{240}$と求められる。次に，斜線部分の同じ番号をつけた三角形はそれぞれ合同であり，①と③と④は４個ずつ，②は２個あるので，斜線部分をすべて合わせた面積は，$\left(\frac{3}{80}+\frac{1}{60}+\frac{1}{240}\right)\times4+\frac{1}{20}\times2=\frac{1}{3}$とわかる。したがって，斜線部分をすべて合わせた面積は長方形ABCDの面積の，$\frac{1}{3}\div1=\frac{1}{3}$(倍)である。

社　会　＜第１回試験＞（40分）＜満点：75点＞

解　答

1 **問１**　カ　**問２**　**A**　イ　**B**　カ　**問３**　イ，エ　**問４**　エ　**問５**　エ　**問６**　オ　**問７**　カ　**問８**　ウ　**問９**　西表(島)　**問10**　エコツーリズム　**問11**　イ
2 **問１**　オ　**問２**　福岡(県)志賀(島)　**問３**　山上憶良　**問４**　三世一身法　**問５**　エ　**問６**　増上寺　**問７**　エ　**問８**　イ　**問９**　イ　**問10**　原敬　**問11**　全国水平社　**問12**　オ　**問13**　サミット　**3** **問１**　国債　**問２**　情報公開(制度)　**問３**　ア(と)エ　**問４**　ウ　**問５**　独立行政(法人)　**問６**　エ　**問７**　イ　**問８**　ハザード(マップ)　**問９**　パリ協定　**問10**　ウ　**4** **問１**　ウ　**問２**　イ　**問３**　ユニバーサルデザイン　**問４**　(例)　リサイクルを意識してごみを分別することが自然になり，レジ袋の有料化という体験を通じてリデュースも社会に広まりつつあるが，さらにリユースを生活に定着させることで，３Ｒのすべての要素が根付いた循環型社会の実現をめざすべきである。

解　説

1　沖縄県の地理を題材とした問題

問１　11～２月の降水量が多い①は日本海側の気候に属する金沢，３～９月の降水量が比較的多く，12～２月の降水量が少ない②は太平洋側の気候に属する東京，５・６月と８・９月の降水量が特に多い③は南西諸島の気候に属する那覇である。

問２　台風は，西太平洋の赤道以北の地域で発生した熱帯高気圧のうち，中心付近の最大風速が毎秒17.2m以上になったものをいう。資料の図２は月別に見たその標準的な進路を示したもので，そこからもわかるように，日本に近づく台風の多くは，発生後，小笠原気団からなる太平洋高気圧の縁《ふち》を迂回《うかい》するような形で北上し，中緯度付近の上空を吹く偏西《へんせい》風の影響を受けて，東向きに進路を変えながら進んでいく。

問３　勢力の強い台風が付近を通過することが多い沖縄県では，伝統的な住居には強風に備えたくふうが見られ，アとウはその内容として正しい。なお，高い気温や湿度をしのぐため，間口は大きくしてあるから，イは誤り。屋上に貯水タンクを設置してある住居が多いのは，沖縄には長い河川が少ないことや，水を通しやすい地層(琉球石灰層)があることから，降った雨の多くは短時間で海

に流れ出てしまい，水不足となって断水になりやすいためだから，エも誤りである。

問４　電照菊の栽培がさかんな愛知県と沖縄県が第１位，第２位をしめる①はきく，砂丘の周辺でらっきょうの栽培がさかんな鳥取県が第１位である③はらっきょうと判断できる。残る②はオクラで，温暖な気候の九州・四国地方などでさかんに栽培されている。

問５　江戸時代，蝦夷《えぞ》地(北海道)南部を領地としていた松前藩は江戸幕府からアイヌとの交易を独占することを認められ，こんぶなどの産物を売り，大きな利益をあげていた。また，江戸時代に琉球王国(沖縄県)を支配下においた薩摩藩(鹿児島県)は，中国で需要《じゅよう》の多いこんぶを琉球を通じて輸出したため，琉球でこんぶを使った郷土料理が生まれた。

問６　観光業がさかんで，基地関係や基地関係者に対する仕事に従事する人の多い沖縄県は，東京都についで第３次産業従事者の割合が高いから，①が沖縄県と判断できる。残る２つのうち，年間商品販売額が多い②が北海道，少ない③が秋田県である。

問７　国のさまざまな機能や企業などが集中していることで働きざかりの20～50代の人口が多い①は東京都，少子高齢化の傾向が最も強く見られる②が秋田県，20歳未満の人口の比率が高い③は，出生率が高いことで知られる沖縄県である。

問８　宮崎県の順位から，Ｙが肉用牛でＺが豚と判断できる。したがって，②が鹿児島県で，③が北海道であることがわかる。残るＸが採卵鶏で，①は千葉県になる。

問９　特別天然記念物のイリオモテヤマネコ(西表山猫)が生息することから，西表島と判断できる。八重山列島に属する西表島は，亜《あ》熱帯性の照葉樹林が広がり，希少な動植物も多く，島全体が西表石垣国立公園に含まれる。

問10　旅行者に地域の歴史や自然環境などについて解説しながら，それらを守る意識を高めてもらうことを目的とした観光は，エコツーリズムとよばれる。地域の活性化にもつながることから各地で進められており，国も2007年に「エコツーリズム推進法」を制定するなどして，これを支援している。

問11　正距方位図法の地図は中心からの距離と方位が正しく描かれているから，ここでは中心である東京からの直線距離を測ればよいことになる。したがって，東京からの距離が近い順にソウル，ペキン(北京)，タイペイ(台北)，ホンコン(香港)となり，沖縄より近いのはソウルであることがわかる。

2　**各時代の歴史的なことがらについての問題**

問１　Ｘ　佐賀県の吉野ヶ里遺跡は，弥生時代にあった小国の１つと考えられている環濠《かんごう》集落跡。縄文時代末期の水田や水路の跡が発見されているのは，福岡県の板付遺跡や佐賀県の菜畑遺跡などである。　Ｙ　稲作を基礎とする弥生文化が広まったのは，東北地方北部までである。　Ｚ　銅鐸《どうたく》が何のためにつくられたのか確かなことはわかっていないが，祭りの道具として使われたとする説が最も有力である。また，銅鐸の表面には当時の人々の生活の様子がわかる絵が描かれており，その中には稲の脱穀をする人々や，収穫した稲を保管する高床の倉庫など，稲作に関するものも多いから，この文は正しいと考えられる。

問２　江戸時代の1784年，福岡県の志賀島で作業をしていた農民が，「漢委奴国王《かんのわのなのこくおう》」と刻まれた金印を発見した。古代中国の歴史書『後漢書』東夷伝《とういでん》の中に，紀元57年に倭《わ》(日本)の奴国《なこく》の王が後漢(中国)に使いを送ったさいに光武帝から金印を授けられたという記述があり，志賀島で見つかった金印はそのときのものと考えられている。

問３　「貧窮問答歌《ひんきゅうもんどうか》」は『万葉集』に収められている長歌。筑前《ちくぜん》国(福岡県北西部)の国司なども務めた官人・歌人の山上憶良《やまのうえのおくら》が，農民の苦しい生活の様子をよんだ歌である。

問４　723年，朝廷は三世一身法《さんぜいっしんのほう》を出した。これは，かんがい設備も含め新たに開墾《かいこん》した土地の３代にわたる私有を認めたもので，開墾を奨励《しょうれい》することがねらいであった。しかし，期限付きのため効果がなかったことから，朝廷は743年に墾田永年私財法を出し，新たに自分で開墾した土地の永久私有を認めることとした。

問５　ア　承久《じょうきゅう》の乱(1221年)をおこしたのは後鳥羽上皇。後醍醐《ごだいご》天皇は鎌倉幕府の打倒をはたし，建武の新政を行った人物である。　イ　1232年に御成敗式目(貞永式目)を制定したのは第３代執《しっ》権《けん》の北条泰時《やすとき》。北条義時はその父にあたる人物で，第２代執権として承久の乱をしずめた。　ウ　鎌倉幕府が1297年に出した永仁の徳政令は，御家人の生活を救うため，御家人が質入れして失った土地を無償《むしょう》で取りもどさせるものであったが，効果は一時的で，逆に経済の混乱を招き，幕府への不満を高めることとなった。

問６　東京都港区にある浄土《じょうど》宗の大本山である寺院は増上寺。14世紀末に創建され，16世紀末に徳川家康によって現在地に移された。以後，徳川家とのつながりを強め，上野の寛永寺とともに徳川家の菩提寺《ぼだいじ》となり，15人の将軍のうち６人(秀忠《ひでただ》，家宣《いえのぶ》，家継《いえつぐ》，家重《いえしげ》，家慶《いえよし》，家茂《いえもち》)の墓がある。

問７　今川氏は駿河《するが》(静岡県)，島津氏は薩摩(鹿児島県)を根拠地とした戦国大名で，ともに守護大名から戦国大名へと成長し，勢力を広げた。

問８　「江戸の金遣《づか》い，大坂(大阪)の銀遣い」といわれたように，江戸ではおもに金貨が，大阪ではおもに銀貨が取引に用いられていたから，イが誤りである。

問９　ア　1915年，日本は中華民国の袁世凱《えんせいがい》政権に対し，ドイツが中国の山東省に持っていた権益を日本が引き継《つ》ぐことなどを内容とする二十一か条の要求を突きつけ，その大部分を認めさせた。　イ　第一次世界対戦中の日本国内の様子について述べた文であり，内容も正しい。　ウ　パリで第一次世界大戦の講和会議が開かれたさい，アメリカのウィルソン大統領の提案にもとづき，1920年に国際連盟が発足した。　エ　1919年１月，パリ講和会議で中国に対する日本の要求が承認されると，同年５月４日，これを不服として，中国の民衆がおこした反日本・反帝国主義の運動は五・四運動とよばれる。三・一独立運動は，同年３月に朝鮮でおきた日本からの独立をめざす運動である。

問10　1918年，米騒動《そうどう》の責任をとって寺内正毅《まさたけ》内閣が総辞職し，代わって立憲政友会総裁の原敬《たかし》が内閣総理大臣に就任した。原内閣は，外務・陸軍・海軍以外のすべての大臣を立憲政友会の党員が務めるわが国初の本格的政党内閣であった。

問11　明治時代初めに解放令が出されてからも部落差別に苦しめられてきた人々は，みずからの手で差別をなくすことをめざし，1922年に全国水平社を結成した。

問12　「日本列島改造論」は，1972年７月に首相となった田中角栄が掲げた政策。田中は同年９月，北京を訪れ，中華人民共和国の周恩来首相など中国首脳と会談。日中共同声明に調印し，中国との国交が正常化した。なお，アは1964年，イは1960年，ウは1972年５月，エは1954年の出来事である。

問13　1973年に第一次石油危機がおきて以来続いた世界的な不況を打開するため，1975年11月，フランスのパリ郊外のランブイエ城に主要６か国(アメリカ，イギリス，フランス，ドイツ，イタリア，日本)の首脳が集まり，第１回先進国首脳会議(現在は「主要国首脳会議」とよばれる)が開かれた。その後，毎年開かれている同会議の通称は「サミット」で，「山頂」を意味する英語である。

3 行政の仕事を題材とした問題

問１　税収だけでは歳出に対する歳入が不足する場合，政府は公債《こうさい》を発行して不足分を補うことになる。国が発行する公債を国債といい，1970年代以降，政府は多額の国債を発行し続けているが，国債は国民に対する国の借金であるため，毎年利子を支払い，期限がきたものについては元金を返済しなければならず，そのための費用である国債費が，財政を圧迫するようになっている。

問２　行政の透明《とうめい》化のために重要な役割を果たしているのは情報公開制度。1980年代から一部の地方自治体で制度化されるようになり，1999年には情報公開法が制定され，国の行政もその対象となった。

問３　日本の社会保障制度は日本国憲法第25条が規定する生存権にもとづくもので，社会保険，社会福祉，公的扶助《ふじょ》，公衆衛生の４つを柱としている。したがって，アとエが正しい。年金(年金保険)は社会保険に属する制度であるから，イは誤り。医療費は，医療保険の加入者が納める保険料と税金でまかなわれるから，ウも誤りである。

問４　1982～87年に首相を務め，行政改革の方針のもとで国営企業の民営化を推し進めたのは中《なか》曽《そ》根《ね》康弘《やすひろ》。その政策にもとづき，国営事業のうち日本国有鉄道，日本電信電話公社，日本専売公社が民営化され，それぞれJRグループ各社，NTT(日本電信電話株式会社)，JT(日本たばこ産業株式会社)となった。

問５　国立公文書館や造幣《ぞうへい》局は，かつては国の機関であったが，現在は独立行政法人となっている。独立行政法人は1990年代後半に橋本龍《りゅう》太《た》郎《ろう》内閣が行政改革の一環として設立したもので，国から独立した法人組織ではあるが，その運営は政府の管理の下で行われる。国立大学や博物館，美術館，病院，研究機関などがその対象となっている。

問６　アは薬事法，イは消防法，ウは航空法などの法律が改正されたことで，それぞれ可能になった。書籍や雑誌，新聞，音楽用のCDなどは，言論の自由や文化の保護という見地から小売店での定価販売が義務づけられている。1953年に設けられたこの制度は「再販制度」とよばれ，現在も続いているから，エが誤りである。

問７　現在，生活保護の被保護世帯数は，高齢者世帯，傷病・障害者世帯，母子世帯の順となっている。生活保護がおもに傷病・障害などの理由で，収入が少ない世帯を対象として設けられていることから考える。なお，日本の生活保護制度は，預貯金がほとんどないことや扶養《ふよう》する親族がいないことなど，申請の条件が厳格であり，困窮《こんきゅう》する家庭を救済しきれていないとして改善を求める声もある。

問８　火山の噴火や津波・洪水などの自然災害の発生を予測し，被害の想定範囲や避難場所，避難経路などを示した地図はハザードマップとよばれ，多くの自治体によって作成されている。

問９　2020年以降の温室効果ガス排出削減《さくげん》の目標を定めたのはパリ協定。2015年にパリで開かれたCOP21(気候変動枠《わく》組条約第21回締約《ていやく》国会議)で196か国により調印されたもので，世界的な平均気温上昇を産業革命前の２度未満におさえることや，すべての参加国に排出削減に向けての計画の作成・提出を義務づけ，５年ごとに見直すことなどが定められている。

問10　国民負担率は，(国民が負担する税金＋社会保障の費用)÷国民所得で表される。この数値が高くなるほど，私たちが自由に使えるお金が少なくなる。1990～2000年代にはおもに30％台で推移していたが，2010年代に入り，40％を超《こ》すようになった。その理由としては，消費税の税率が上がったことや，高齢化の進行にともない，医療や保険などについての負担が増えたことなどが考えられる。

４　３Ｒ(リデュース・リユース・リサイクル)を題材とした問題

問１　家電リサイクル法の対象となっているのは，テレビ，冷蔵庫，洗濯機，エアコンである。これらの家電製品を処分する場合には，消費者が費用を負担して販売店が引き取り，製造業者がリサイクルすることが義務づけられている。

問２　アルミニウムは，かつては原料のボーキサイト鉱石を輸入して国内でさかんに生産されていたが，近年は安い電力の得られる水力発電のさかんな国や，自国で火力発電の燃料が得られる国などからアルミニウム新地金を輸入して，製品に加工している。ボーキサイトから精錬《せいれん》されたアルミニウム新地金は100％を海外からの輸入に頼っている。2018年における日本の輸入先は輸入量の多い順に，オーストラリア，ロシア，中国，アラブ首長国連邦となっている。

問３　文化や言語，性別，障害の有無などにかかわらず，すべての人にとって使いやすいように配慮されたデザインや設計は，ユニバーサルデザインとよばれる。右利き，左利きいずれの人でも使えるはさみも，そうした例の１つである。

問４　アルミ缶《かん》やペットボトルを捨てるときのように「リサイクルを意識しながらごみを分別することが自然になっている」とあること，「レジ袋の有料化という体験を通じて」リデュースという考え方が社会に定着していくと確信しているとあること，「やがてリユースも私たちの生活に定着していくでしょう」とあること，「３Ｒのすべての要素が根付いたとき，日本は循環《じゅんかん》型社会になったと言える」とあることなどがポイントになる。

理　科　＜第１回試験＞（40分）＜満点：75点＞

解　答

１　(1)　(カ)　(2)　(ウ)　(3)　(例)　空気やテーブルより，氷水の方が熱を伝えやすいから。　(4)　マイクロプラスチック　(5)　(エ)　**２**　(1)　**あ**　がく　**い**　おしべ　**う**　はなびら(かべん)　(2)　種子　(3)　(あ)，(お)　(4)　(う)，(え)，(く)　(5)　(う)　(6)　(ｉ)　(例)　虫によってお花の花粉がめ花につかないようにするため。　(ii)　(例)　ツルレイシは，め花にツルレイシのお花の花粉がついたときに実ができる。　**３**　(1)　55kg　(2)　４ｍ　(3)　180kg以下　(4)　360kg以下　(5)　28kg　(6)　23kg　(7)　16m　**４**　(1)　逆断層　(2)　(ウ)　(3)　(ク)　(4)　(あ)　(エ)　(え)　(イ)　(5)　**３番目**…(エ)　**７番目**…(サ)　**９番目**…(ウ)　(6)　(例)　((あ)の地層のつぶの形の方が)丸みをおびている。／(その理由は)川の水で流されてきて，角がけずられたから。　(7)　(オ)　**５**　(1)　**Ａ**　(ウ)　**Ｂ**　(ア)　(2)　1.83ｇ　(3)　2.505ｇ　(4)　(ア)　(5)　(ア)　(6)　(エ)　(7)　(オ)

解　説

１　親子の会話をテーマにした問題

(1)　地球から見た月と太陽がほぼ同じ大きさに見えるのは，地球からのきょりの比と直径の比がほぼ同じだからである。よって，38万km：１億5000万km＝(月の直径)：140万kmとなるので，38万×140万÷１億5000万＝3546.6…より，月の直径は約3547kmと求められる。

(2)　このレンズは，レンズを通った光を１点に集めているので，とつレンズである。また，図３の場合はスクリーンにＹのような倒立《とうりつ》(上下左右が逆)の実像が映り，図４の場合はレンズを通してＸのような正立(上下左右がそのまま)のきょ像が見られる。

(3)　お父さんのアイスは表面の一部がテーブルと，残りの大部分が空気とふれているのに対して，芝太郎君のアイスは氷水にふれている(全体が氷水にふれているかどうかはわからない)。そして，お父さんのアイスはそれほどとけなかったが，芝太郎君のアイスはとけた。このことから，空気やテーブルよりも氷水の方がアイスに対して熱を伝えやすいと考えられる。

(4)　自然環境《かんきょう》に出されたプラスチックごみが細かく砕《くだ》かれ，大きさが一般《いっぱん》に５mm以下のものをマイクロプラスチックという。海洋中のマイクロプラスチックが海洋生物に深刻な影響《えいきょう》をおよぼしていることも問題となっている。

(5)　(ア)について，くちばしはあごが突出《とっしゅつ》したもので，中には骨がある。(イ)について，つばさにも骨がある。(ウ)について，足は２本である。(オ)について，尾羽《おばね》の根元には尾《び》ついなどの骨がある。(カ)について，カラスもほかの多くの鳥と同様に，産卵や子育てのための巣をつくる。(キ)について，コウモリは夜行性で，超《ちょう》音波を出してエサを見つける。

2 植物の花のつくりと受粉についての問題

(1)　「あ」は花のつくりを支えるがく，「い」は花粉をつくるおしべ，「う」は花びら(花弁《かべん》)である。

(2)　アブラナは菜の花とも呼ばれ，この種子からとれる油(菜種油)はかつて灯火に用いられていた。なお，現在食用として使われている菜種油は主にセイヨウアブラナの種子からとっている。

(3)　ここではキャベツとハクサイがアブラナ科である。ナス，トマト，ジャガイモはナス科，キュウリはウリ科に属する。

(4)　お花(オスの花)とめ花(メスの花)が別々にさくものとしては，ツルレイシと同じウリ科のヘチマのほか，マツとトウモロコシがあてはまる。

(5)　ツルレイシなどのウリ科の植物は，お花はがくの下にふくらみがなく，め花はがくの下にふくらみがある。このふくらみは受粉後に実となる子房《しぼう》である。ツルレイシでは子房が実を小さくしたような細長い形をしている。

(6)　(i)　ここでは受粉と結実に関する実験を行っているので，実験操作以外に受粉することがないようにしなければならない。ツルレイシは虫ばい花なので，虫による受粉を防ぐために，つぼみのときからビニールのふくろをかぶせる。　(ii)　ＡとＣを比べると，花粉がついため花だけ実ができることがわかる。また，ＢとＣを比べると，ツルレイシ以外の花粉がついても実はできないと考えられる。

3 かっ車と力のつり合いについての問題

(1)　動かっ車は持ち上げるのに必要な力を半分にすることができるので，図２において，登る人の体重が110kgの場合，“支える”のに必要なインストラクターの体重は，110÷２＝55(kg)となる。

(2)　動かっ車を使うと，持ち上げるのに必要な力を半分にすることができるかわりに，持ち上げるために引く命づなの長さが２倍になる。登る人が２ｍ登るときには，インストラクターが引く命づなの長さは，２×２＝４(m)となる。

⑶　体重が50kgのインストラクターが“よゆうを持って支える”ためには，インストラクターが引く命づなにかかる力を，50－５＝45(kg)以下にしなければならない。図３では動かっ車を２つつないで登る人を支えるので，登る人の体重は，45×２×２＝180(kg)以下となる必要がある。

⑷　図４で，インストラクターが引く命づなにかかる力は⑶と同様に45kg以下となる。動かっ車を３つ使っているので，登る人の体重を，45×２×２×２＝360(kg)以下とする。

⑸　命づなが持ち上げる重さは全部で，100＋６×２＝112(kg)なので，“支える”のに必要なインストラクターの体重は，112÷２÷２＝28(kg)になる。

⑹　一番下の動かっ車を持ち上げる命づなにかかる力は，(102＋６)÷２＝54(kg)，下から２番目の動かっ車を持ち上げる命づなにかかる力は，(54＋６)÷２＝30(kg)なので，下から３番目の動かっ車を持ち上げる命づなにかかる力，つまりインストラクターが引く力は，(30＋６)÷２＝18(kg)となる。したがって，“よゆうを持って支える”ために必要なインストラクターの体重は，18＋５＝23(kg)とわかる。

⑺　動かっ車を３つ使って登る人を持ち上げるので，登る人が２m登るとき，インストラクターが引く命づなの長さは，２×２×２×２＝16(m)になる。

４　地層についての問題

⑴　X—Yのような地層のずれを断層という。図では，断層のななめ上側(左側)の地層がななめ下側(右側)の地層に対してずり上がっているので，左右からおされる力がはたらいてできた逆断層である。

⑵　断層が生じるときの大地のふるえが地しんとなる。

⑶　れき岩・砂岩・でい岩に含《ふく》まれるれき・砂・どろは，つぶの大きさで分類される。つぶの大きさが２mm以上のものはれき，約0.06～２mmのものは砂，約0.06mm以下のものはどろである。

⑷　ホタテガイは冷たい海の浅い砂地の海底にすむので，ホタテガイの化石を含む(あ)の地層ができた当時，ここは冷たい海の浅い砂地の海底であったと推測できる。また，サンゴは暖かくて浅い海底にすむので，サンゴの化石を含む(え)の地層ができた当時，ここは暖かくて浅い海底だったと考えられる。

⑸　まず，(え)～(か)の地層の堆積《たいせき》順について，(お)の地層は図２の中生代のアンモナイトの化石，(か)の地層は図３の古生代のサンヨウチュウの化石を含むことから，地層は，(か)→(お)→(え)の順に堆積した。次に，X—Yの断層から見て左右の地層ともしゅう曲しているので，(え)～(か)の地層の堆積後にしゅう曲し，それからX—Yの断層が生じた。X—Yの断層の上側は不整合面((う)の地層の下側に見られる波を打った境目)で切れており，断層が生じた後に不整合面がつくられた。不整合面は，地層がりゅう起して地上に現れ，上面がしん食されたあと，再びちん降して海底となり，その上に新たな地層が堆積することでできる。そして，最後に(う)→(い)→(あ)の順に地層が堆積し，再びりゅう起して地上に現れ，現在に至る。

⑹　(あ)の地層は，川に流されてきた土砂が海に出て，そのうちおもに砂が堆積してできたものである。よって，含まれる砂のつぶは流水のはたらきを受けていて，角がとれて丸みをおびている。一方，(い)の地層のぎょうかい岩はおもに火山灰が降り積もってできたもので，流水のはたらきをほとんど受けていないため角張っている。

(7)　図２のアンモナイトが生息していた中生代は，キョウリュウが栄えていた時代である。

5　水よう液の性質と中和についての問題

(1)　まず，操作④より，Ｃは塩酸と決まる。また，操作①～③より，Ａはにおいがあるアルカリ性の水よう液なのでアンモニア水，Ｄは白いつぶがとけているアルカリ性の水よう液なので水酸化ナトリウム水よう液とわかる。よって，Ｂは食塩水である。

(2)　水酸化ナトリウム水よう液の体積が40cm^{3}までは比例のグラフなので，水酸化ナトリウム水よう液を30cm^{3}加えたときに残る固体の重さは，$2.44\times\frac{30}{40}=1.83$(g)である。

(3)　水酸化ナトリウム水よう液を40cm^{3}加えたときに完全に中和するので，それ以上加えたときは，中和によってできた食塩2.44gと，{(加えた体積)－40}cm^{3}の水酸化ナトリウム水よう液にとけている水酸化ナトリウムが固体となって残る。加えた水酸化ナトリウム水よう液が80cm^{3}のときは，80－40＝40(cm^3)の水酸化ナトリウム水よう液にとけている，4.11－2.44＝1.67(g)の水酸化ナトリウムが残る。よって，100cm^{3}加えた場合には，100－40＝60(cm^3)の水酸化ナトリウム水よう液にとけている，$1.67\times\frac{60}{40}=2.505$(g)の水酸化ナトリウムが残る。

(4)　水酸化ナトリウム水よう液40cm^{3}に水酸化ナトリウムは1.67gとけている。水酸化ナトリウム水よう液40cm^{3}の重さは，1.04×40＝41.6(g)だから，こさは，1.67÷41.6×100＝4.01…(％)と求められる。よって，(ア)が適当である。

(5)　水を蒸発させても固体は残らないので，水でぬれたじょう発皿を使用しても，結果は図１のグラフと同じになる。

(6)　よりこい水酸化ナトリウム水よう液を用いると，40cm^{3}より少ない体積で完全に中和する。ただし，塩酸の体積は変わっていないので，完全に中和してできる食塩は2.44gのままである。また，完全に中和した後は，よりこい水酸化ナトリウム水よう液にとけている水酸化ナトリウムの重さが上乗せされるので，増え方(グラフのかたむき)が図１よりも大きくなる。したがって，(エ)のようなグラフとなる。

(7)　加えた塩酸が０cm^{3}のとき，水酸化ナトリウム水よう液20cm^{3}にとけている水酸化ナトリウムが残る。また，完全に中和した後(加えた塩酸が10cm^{3}より多い場合)は，塩酸は加熱しても固体を残さないので，残る固体の重さは一定になる。よって，(オ)のグラフが選べる。

国　語　＜第１回試験＞（50分）＜満点：100点＞

解　答

一　下記を参照のこと。　二　下記を参照のこと。　三　**問１**　(例)　将来，地球の生命維持システムが不可逆的に劣化すること。　**問２**　(例)　現在および将来の世代にわたり，地球の生命維持システムを保護すること。　**問３**　(例)　環境を犠牲にしないで，生活の満足を実現させていくべきだ。　**問４**　(例)　(文明は本来，)環境や気候といった地球の生命維持システムに依存する関係にあるので，高い生活の満足度を満たすために文明の環境負荷が膨大になり，環境や気候が持続不可能になれば，文明自体も持続不可能となるということ。　四　**問１**　(例)　鍛冶屋の仕事を継ぐ前にまず進学すること。　**問２**　(例)　鍛冶屋の仕事に限らず，さまざまなことを学ぶことの大切さを浩太に気づかせることになるから。　**問３**　(例)　浩太には努力を積み重ねることで成長できる力があるということ。　**問４**　(例)　鍛冶屋の仕事に限らず，世の中にはたくさん学ぶことがあるということと，人として成長していくためには日々努力を重ねることが大切だということ。

●漢字の書き取り

一　①　車　②　貯　③　密　④　楽　⑤　易　二　①　買　②　休　③　西　④　森　⑤　折

解　説

一　熟語の完成

①　『車輪の下』は，ヘルマン・ヘッセの代表作で自伝的な小説。　②　「貯水池」は水道や農業，発電用の水をためておくための池。　③　「密生」は，樹木などがすきまなく生えていること。　④　「楽園」は，苦しみのない楽しいところ。　⑤　「交易」は，たがいに品物をやりとりしたり，売買したりすること。

二　漢字の書き取り

①　「買って出る」は，自分からすすんで引き受けること。　②　「骨休め」は，体を休めてつかれをいやすこと。　③　太陽が沈《しず》む方角は西。　④　「木を見て森を見ず」は，“細かい部分にこだわりすぎて大きく全体をとらえないために，本質をつかめない”という意味のことわざ。　⑤　「鼻を折る」は，“得意になっている相手を厳しくやりこめる”という意味。

三　出典は山本良一《やまもとりょういち》の『気候危機』による。人類がより高い生活の満足度を満たすために環境《かんきょう》に膨《ぼう》大《だい》な負《ふ》荷《か》を与《あた》え，環境と気候が持続不可能になったならば，文明そのものも持続できないようになることを訴《うった》えた文章。

問１　「その要点は」以降に報告書の内容がまとめられている。「より速い気候変化が起こっていること」，「多数の生物種と生物個体が～急速に絶滅《ぜつめつ》・死亡していること」，「広範《こうはん》な生態系が一斉《いっせい》に消失していること」，「大気・水・土地の環境汚染《おせん》が記録的なレベルで増加しつつあり～人々や野生生物を傷つけつつあること」が示され，その結果として「今日の子どもたちが中年になる頃《ころ》」には，人類の繁栄《はんえい》と存在にとって不可欠な地球の生命維持システムは～劣化《れっか》してしまう」ということが訴えられている。

問２　前の段落で述べられているように，「持続可能な開発」の概念《がいねん》は，「以前は将来の世代の欲求を満たしつつ，現在の世代の欲求も満足させるような開発」を意味していたが，再定義されることにより「現在および将来の世代の人類の繁栄が依存《いぞん》している地球の生命維持《いじ》システムを保護」することに変わったのである。

問３　後で述べられているように，「左上にあればあるほど，公正で持続可能な社会が実現されている」国だが，ベトナム以外の日本をふくめたほとんどの国は右肩《みぎかた》上がりの曲線近くにあり，「生活の満足を実現するために環境を犠牲《ぎせい》にしている」国であることがわかる。この図からは，ベトナムのようになるべく環境を犠牲にしないで，生活の満足を実現することが求められているととらえられる。

問４　「文明の環境負荷が膨大でいくつかの環境容量を超《こ》えていることから，現在の文明の持続不可能性」について，筆者は「現在および将来の世代の人類の繁栄が依存《いぞん》している地球の生命維持システム」が「不可逆的にグローバルに劣化」した場合，「現在の文明が持続不可能であること」を説明している。このように現在の文明は「環境と気候」という「地球の生命維持システム」に依存する関係にあるのだから，「環境と気候が持続不可能」であれば「文明が持続不可能」となる。

四　**出典は伊《い》集院《じゅういん》静《しずか》の『親方と神様』による。**長年鍛冶《かじ》職人として暮らしてきた六郎《ろくろう》のもとに，十二歳《さい》の浩太《こうた》という少年がやってくる。進学しないで鍛冶屋の仕事を継《つ》ぎたがっている浩太を，進学するように説得してほしいという母親と教師の頼《たの》みを聞き入れ，六郎は浩太を連れて山に登る。

問１　前書きに，十二歳の浩太が進学せずに鍛冶屋の仕事を継ぎたいと母親に告げ，それに対して母親は六郎にあきらめさせるように頼んだとある。その後，須崎《すざき》という教師が六郎のもとを訪《おとず》れ，「鍛冶屋になる夢を捨てろとは一度も言って」いないと断ったうえで，次の日母親をともなって「説得して欲しいと頼みにきた」のである。その内容は「進学した方がおまえのためだと～裏《うら》切られたと思うに違《ちが》いない」という一文の内容からとらえることができる。

問２　六郎は浩太に対して，自分が親方から言われた「玉鋼《たまはがね》のようにいろんなもんが集まって一人前になる」という言葉を伝えようと考えている。そのうえで「今はすぐにできんでもひとつひとつ丁寧《ていねい》に集めていけばいつか必ずできるようになる」と伝え，今は進学をしてさまざまなことを学ぶことが大切であることを，浩太に気づかせようとしているのである。そのことは，「わしだけがおまえの親方ではない」という六郎の言葉からも伝わってくる。

問３　「玉鋼」の話題を通じて，「いろんなもんが集まって一人前になる」ことや，「ちいさなものをおろそかにせずひとつひとつ集めたものが一番強い」ということを六郎は親方から教えられ，同じように「今はすぐにできんでもひとつひとつ丁寧に集めていけばいつか必ずできるようになる」ということを，浩太に伝えようとしている。つまり，たとえ小さなものであっても努力を積み重ねていくことが人を成長させることになり，浩太にはその力があるということを伝えたかったのである。

問４　問１でみたように，六郎は浩太に対して進学するようにと説得するよう頼まれ，そのために山登りに連れて行った。そして，問２，問３でみたように，さまざまなことを学ぶことの大切さと同時に，人として成長していくためにはなにごともおろそかにせず努力を積み重ねることが大切だということを浩太に伝えようとしている。

Dr.福井の

入試に勝つ！脳とからだのウルトラ科学

寝る直前の30分が勝負！

みんなは，寝る前の30分間をどうやって過ごしているかな？　おそらく，その日の勉強が終わって，くつろいでいることだろう。たとえばテレビを見たりゲームをしたり――。ところが，脳の働きから見ると，それは効率的な勉強方法ではないんだ！

実は，キミたちが眠っている間に，脳は強力な接着剤を使って海馬《かいば》（脳の，知識をためる倉庫みたいな部分）に知識をくっつけているんだ。忘れないようにするためにね。もちろん，昼間に覚えたことも少しくっつけるが，やはり夜――それも“寝る前”に覚えたことを海馬にたくさんくっつける。寝ている間は外からの情報が入ってこないので，それだけ覚えたことが定着しやすい。

もうわかるね。寝る前の30分間は，とにかく勉強しまくること！　そうすれば，効率よく覚えられて，知識量がグーンと増えるってわけ。

では，その30分間に何を勉強すべきか？　気をつけたいのは，初めて取り組む問題はダメだし，予習もダメ。そんなことをしても，たった30分間ではたいした量は覚えられない。

寝る前の30分間は，とにかく「復習」だ。ベストなのは，少し忘れかかったところを復習すること。たとえば，前日の勉強でなかなか解けなかった問題や，1週間前に勉強したところとかね。一度勉強したところだから，短い時間で多くのことをスムーズに覚えられる。そして，30分間の勉強が終わったら，さっさとふとんに入ろう！

ちなみに，寝る前に覚えると忘れにくいことを初めて発表したのは，アメリカのジェンキンスとダレンバッハという２人の学者だ。

Dr.福井（福井《ふくい》一成《かずしげ》）…医学博士。開成中・高から東大・文Ⅱに入学後，再受験して翌年東大・理Ⅲに合格。同大医学部卒。さまざまな勉強法や脳科学に関する著書多数。

2021年度　芝　中　学　校

〔電　話〕(03) 3431－２６２９
〔所在地〕〒105-0011　東京都港区芝公園３－５－37
〔交　通〕JR山手線－「浜松町駅」より徒歩15分
東京メトロ日比谷線－「神谷町駅」より徒歩５分

【算　数】〈第２回試験〉（50分）〈満点：100点〉

次の問いの□をうめなさい。

1　次の計算をしなさい。

(1)　$\left(0.5-\frac{1}{7}\right)\div5+\frac{1}{35}\times3.75\div0.75+\left(\frac{1}{3}-\frac{1}{35}\right)\times\left(0.5-\frac{1}{16}\right)\times\frac{5}{14}=\square$

(2)　$50-\square\div\left\{\left(0.15+\frac{9}{20}\right)\div0.02+(9\times9-8\times8)\right\}=7$

2　４％の食塩水Ａと８％の食塩水Ｂがあり，それらを混ぜると，5.2％の食塩水が500ｇできます。

この食塩水Ａから□ｇを取り出し，代わりに水を同じ量だけ加えたのち，食塩水Ｂを混ぜると4.6％の食塩水が500ｇ作れます。

3　１以上99以下の奇数の中で，５の倍数でない整数の集まりをＡとします。

(1)　Ａの中の数をすべてたすと□です。
また，Ａの中の数をすべてかけてできる整数の一の位の数は□です。

(2)　Ａの中で，約数の個数が偶数個である整数は全部で□個です。

4　Ａ君は午前７時に家から８km離れている公園に向かって，時速４kmで歩き始めました。その途中，早く公園に到着しようと思い，時速12.5kmで走りました。すると，Ａ君は午前８時９分に公園に到着しました。Ａ君が歩いた時間は□分です。

次の日，Ａ君は午前７時に家から公園に向かって，時速４kmで歩き始めましたが，家から□km離れた地点で忘れ物に気がついて，歩いて家に戻りました。家に戻ってから１分36秒後に，今度は公園に向かって時速12.5kmで走ったところ，午前８時13分に公園に到着しました。

5　水そうに蛇《じゃ》口Ａと排水口Ｂがついています。蛇口Ａを使うと空の水そうが45分で満水になります。また，排水口Ｂを使うと満水の水そうが60分で空になります。

今，空の水そうに最初の20分間，蛇口Ａと排水口Ｂを開き，その後，□分間排水口Ｂを閉めました。次に，排水口Ｂを開き蛇口Ａを閉め，その８分後に蛇口Ａを開けました。蛇口Ａを開けてから36分後には水そうが満水になりました。

6　図の四角形ABCDは１辺の長さが12cmの正方形で，点Eは辺ABのまん中の点で，三角形FCEは三角形BCEをECについて折り返したものです。また，点G，Hは，CFとEFの延長線と辺ADの交わった点です。

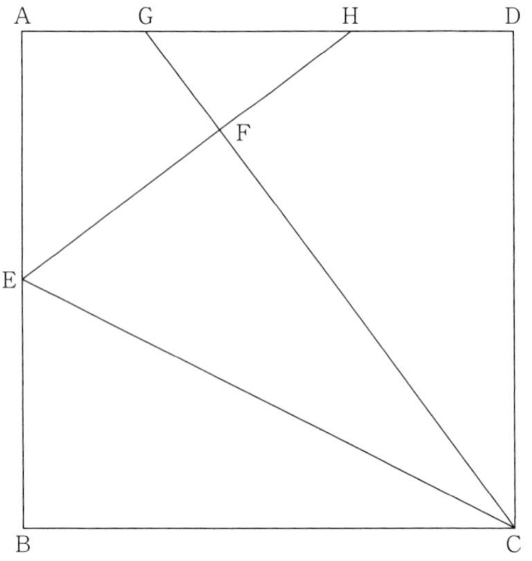

(1)　AGの長さは［　　　］cmです。

(2)　GHの長さは［　　　］cmです。

7　AさんとBさんは初め14枚ずつカードを持っています。じゃんけんをして勝った人が，以下のルールにしたがってカードを出し，カードがなくなった人を優勝とします。ただし，あいこはないとします。

ルール：グーで勝ったら２枚，チョキまたはパーで勝ったら４枚出すことができます。

(1)　最も少ない回数でAさんが優勝するとき，２人の手の出し方は［　　　］通りあります。

(2)　最も多い回数でAさんが優勝するとき，２人の手の出し方は［　　　］通りあります。

8　下の図は，AB＝４cm，BC＝５cm，CA＝３cmの三角柱です。CP＝１cm，AQ＝AR＝２cmで，３点P，Q，Rを通る平面で切ったとき，切り口の平面と辺BCの交わった点をSとするとき，BSの長さは［　　　］cmです。

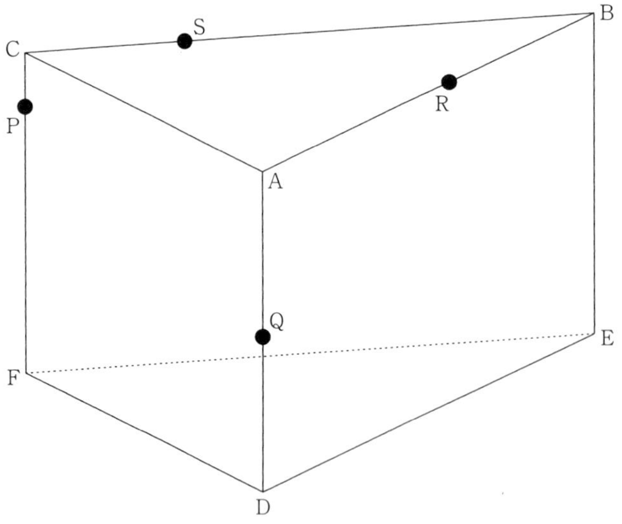

9　次のように，数字がある規則にしたがって並んでいます。

1，2，3，4，2，4，6，8，3，6，9，12，4，8，12，……

(1)　48が２回目に出てくるのは１から数えて□番目です。

(2)　１から□番目までの数の和は4836です。

10

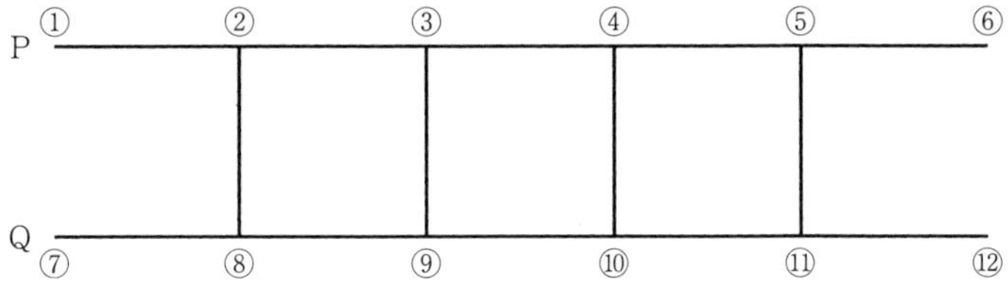

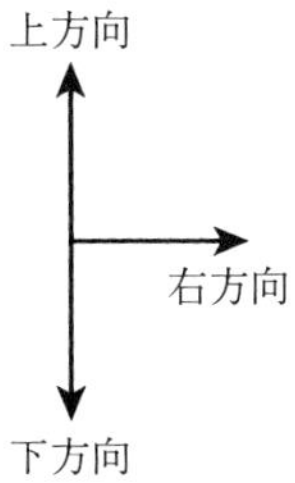

上の図のような経路を，Ｐは地点①から，Ｑは地点⑦から出発します。Ｐ，Ｑは経路上を右方向，上方向，下方向のいずれかの方向に移動し，一度通った経路には戻らないで進みます。各点と点の間の長さはすべて10cmです。

また，ＰとＱの速さの比は２：１です。

下のグラフは，そのときのＰとＱを結ぶ経路で最も短い長さと時間の関係を表すグラフです。

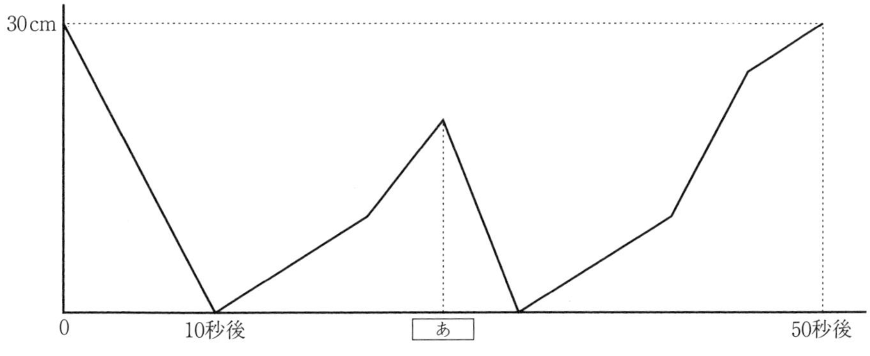

(1)　Ｐの速さは毎秒□cmです。

(2)　グラフの あ は，□秒後です。

(3)　Ｐは30秒後に，①～⑫の□の地点に到着します。

(4)　Ｐが止まるまでにたどった地点を，たどった順番に並べると，

①→②→□→□→□→□→□→□→□→□となります。

【社　会】〈第２回試験〉（40分）〈満点：75点〉

1　次の地図をみて，あとの設問に答えなさい。

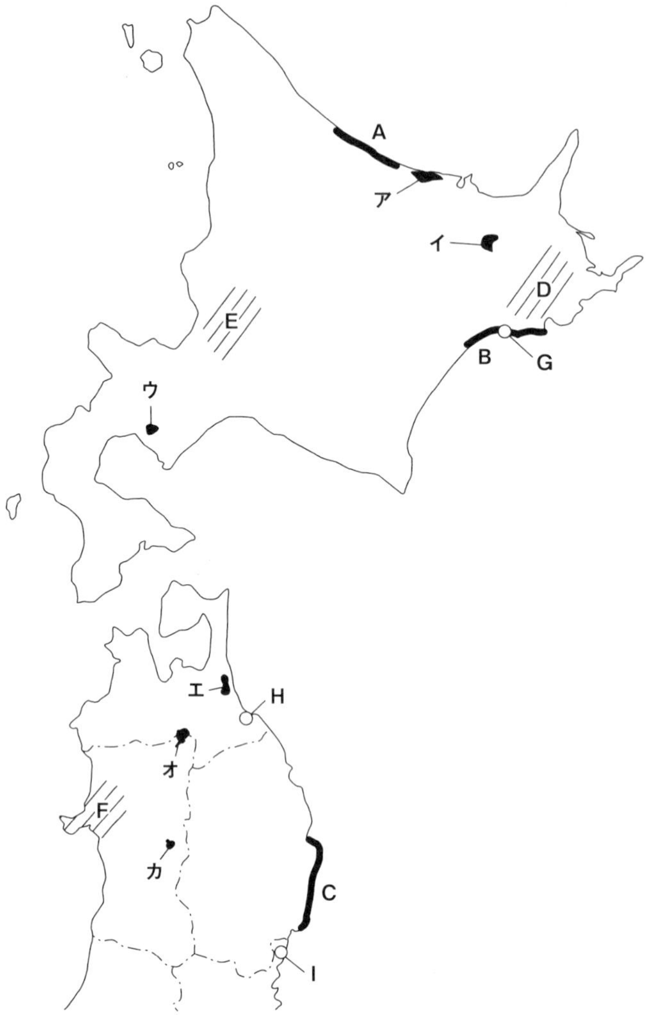

問１　次の(1)～(3)は，地図中のア～カのいずれかの湖について，特徴を説明したものです。(1)～(3)の特徴に当てはまる湖を地図中のア～カの中からそれぞれ選び，記号で答えなさい。

(1)　ドーナツ型の湖で，中央部に無人島があるカルデラ湖。南岸に活火山をもち，この一帯はジオパークに登録されている。

(2)　平均水深が10ｍくらいと浅く，しらうおやしじみなどの漁業がさかんな潟湖。冬には凍った湖上で穴を開けてのわかさぎ釣りがみられる。

(3)　日本で３番目に大きな湖で，長さ25kmにもおよぶ砂州によって海と仕切られた潟湖。かきやほたて貝の養殖がさかんである。

問２　次の(4)～(6)は，地図中のＡ～Ｃのいずれかの沿岸について，特徴を説明したものです。(4)～(6)とＡ～Ｃとの組み合わせとして正しいものを，以下のア～カの中から一つ選び，記号で答えなさい。

(4)　この沿岸は，寒流の親潮が流れ春から夏にかけて濃霧が発生しやすい。６～８月にかけては月の半分以上で霧が観測され，気温があまり上がらない。

(5) この沿岸は，ロシアのアムール川の河口付近でできた流氷が北西の季節風にのって移動し，2～3月ごろにおし寄せてくる。この沿岸の観光資源にもなっている。

(6) この沿岸は，リアス海岸として有名で，波の静かなおだやかな湾内ではかき，わかめの養殖などの漁業がさかんである。

	ア	イ	ウ	エ	オ	カ
(4)	A	A	B	B	C	C
(5)	B	C	C	A	A	B
(6)	C	B	A	C	B	A

問3　次の(7)～(9)は，地図中のD～Fのいずれかの地域について，農業の特徴を説明したものです。(7)～(9)とD～Fとの組み合わせとして正しいものを，以下のア～カの中から一つ選び，記号で答えなさい。

(7) 第二次世界大戦後，稲作を効率よく行うために耕地整理を行い，日本で2番目に広かった湖を干拓し，広大な稲作地になった。

(8) 泥炭地とよばれる耕作に適さない湿地が広がっていたが，排水路の整備や客土による土壌改良にとり組んだ結果，全国有数の水田単作地帯になった。

(9) 厚い火山灰におおわれているうえ，夏でも低温で霧が多いなど，きびしい自然条件を克服して酪農地帯になった。

	ア	イ	ウ	エ	オ	カ
(7)	D	D	E	E	F	F
(8)	E	F	F	D	D	E
(9)	F	E	D	F	E	D

問4　次の表1中のⅠ～Ⅲは，地図中の太平洋に面した漁港G～Iのいずれかについて，魚種別の水揚げ量を示したものです。Ⅰ～ⅢとG～Iとの組み合わせとして正しいものを，以下のア～カの中から一つ選び，記号で答えなさい。

表1

Ⅰ	
たら類	56746
いわし類	28805
さば類	10815
いか類	8252
その他	10659
合計	115277

Ⅱ	
さば類	54924
いか類	26592
いわし類	10505
たら類	6717
その他	12626
合計	111364

Ⅲ	
かつお類	22982
さんま	11772
まぐろ類	10734
さめ	9461
その他	21195
合計	76144

単位はトン　2015年分「水産物流通調査」より作成

	ア	イ	ウ	エ	オ	カ
Ⅰ	G	G	H	H	I	I
Ⅱ	H	I	I	G	G	H
Ⅲ	I	H	G	I	H	G

問5　次の表2中のⅣ～Ⅵは，青森県・岩手県・秋田県のいずれかの耕地面積などを示したものです。Ⅳ～Ⅵと青森県・岩手県・秋田県との組み合わせとして正しいものを，以下のア～カの中から一つ選び，記号で答えなさい。

表2

	耕地面積(千 ha)	田(%)	畑(%)		
			普通畑	樹園地	牧草地
Ⅳ	151.0	53	23	15	9
Ⅴ	150.1	63	17	2	18
Ⅵ	147.6	87	8	2	3

統計年次は2018年『データでみる県勢2020』より作成

	ア	イ	ウ	エ	オ	カ
Ⅳ	青森県	青森県	岩手県	岩手県	秋田県	秋田県
Ⅴ	岩手県	秋田県	秋田県	青森県	青森県	岩手県
Ⅵ	秋田県	岩手県	青森県	秋田県	岩手県	青森県

問6　次の表3中のＪ～Ｌは，ヨーグルト，ぶり，かまぼこのいずれかについて，１世帯あたりの年間購入額(2016～2018年平均，２人以上世帯)の多い県を示したものです。Ｊ～Ｌとヨーグルト，ぶり，かまぼことの組み合わせとして正しいものを，以下のア～カの中から一つ選び，記号で答えなさい。

表3

Ｊ		Ｋ		Ｌ	
富山	8245	岩手	16600	宮城	10512
石川	6156	千葉	16448	長崎	7148
長崎	5727	山形	15888	富山	5496

単位は円　『データでみる県勢2020』より作成

	ア	イ	ウ	エ	オ	カ
Ｊ	ヨーグルト	ヨーグルト	ぶり	ぶり	かまぼこ	かまぼこ
Ｋ	ぶり	かまぼこ	かまぼこ	ヨーグルト	ヨーグルト	ぶり
Ｌ	かまぼこ	ぶり	ヨーグルト	かまぼこ	ぶり	ヨーグルト

問7　次のＭ～Ｏは，青森県・秋田県・宮城県のいずれかで行われる祭りについて説明したものです。Ｍ～Ｏと青森県・秋田県・宮城県との組み合わせとして正しいものを，以下のア～カの中から一つ選び，記号で答えなさい。

Ｍ：この祭りは，つらなるちょうちんを米たわらに，竿燈《かんとう》全体を稲穂に見たてており，豊作をいのるものです。

Ｎ：この祭りは，ねぶたと呼ばれる山車《だし》灯籠《とうろう》を引いて街中を練り歩き，灯籠流し同様に無病息災をいのるものです。

Ｏ：この祭りでは，商売繁盛，無病息災など様々な願いを込めて，七つ飾りといわれる小物が飾られます。街中が色鮮やかな七夕飾りで埋め尽くされます。

	ア	イ	ウ	エ	オ	カ
M	青森県	青森県	秋田県	秋田県	宮城県	宮城県
N	秋田県	宮城県	宮城県	青森県	秋田県	青森県
O	宮城県	秋田県	青森県	宮城県	青森県	秋田県

問８　次の表４は，地図中の道県における太陽光，風力，地熱のいずれかの発電電力量が，全国に占める割合を示したものです。Ｐ～Ｒと太陽光，風力，地熱との組み合わせとして正しいものを，以下のア～カの中から一つ選び，記号で答えなさい。

表４

P	
北海道	14.1
青森	14.1
秋田	10.7
岩手	4.1

Q	
北海道	5.8
青森	3.9
宮城	3.3
岩手	1.9
秋田	1.0

R	
秋田	23.1
岩手	11.4
北海道	5.6

単位は％　統計年次は2018年『データでみる県勢2020』より作成

	ア	イ	ウ	エ	オ	カ
P	太陽光	太陽光	風力	風力	地熱	地熱
Q	風力	地熱	地熱	太陽光	太陽光	風力
R	地熱	風力	太陽光	地熱	風力	太陽光

問９　次の表５中のⅦ～Ⅸは，北海道・岩手県・宮城県のいずれかについて，製造品出荷額等の割合と総出荷額を示したものです。表中のＳ～Ｕには，輸送用機械，食料品，パルプ・紙のいずれかが当てはまります。Ｓ～Ｕと輸送用機械，食料品，パルプ・紙との組み合わせとして正しいものを，以下のア～カの中から一つ選び，記号で答えなさい。

表５

Ⅶ	
S	13.9
T	12.2
電子部品	11.6
石油・石炭製品	10.7
生産用機械	9.8
その他	41.8
44953億円	

Ⅷ	
S	35.3
石油・石炭製品	14.8
U	6.4
鉄鋼	5.9
T	5.8
その他	31.8
62126億円	

Ⅸ	
T	25.4
S	15.0
生産用機械	8.2
電子部品	7.8
金属製品	5.1
その他	38.5
25432億円	

単位は％　統計年次は2017年『データでみる県勢2020』より作成

	ア	イ	ウ	エ	オ	カ
S	輸送用機械	輸送用機械	食料品	食料品	パルプ・紙	パルプ・紙
T	食料品	パルプ・紙	パルプ・紙	輸送用機械	輸送用機械	食料品
U	パルプ・紙	食料品	輸送用機械	パルプ・紙	食料品	輸送用機械

問10　東北地方は米づくりがさかんです。世界では，米を主食とするアジアで人口を養うために

たくさんつくられています。次の表は，世界で米の生産量が多い国と，その国の生産量が世界に占める割合を示したものです。表中の（Ｘ）に当てはまる国名を答えなさい。

	国名	（%）
１位	中国	27.6
２位	インド	21.9
３位	（ Ｘ ）	10.6
４位	バングラデシュ	6.4
５位	ベトナム	5.6

統計年次は2017年
『データブック オブ・ザ・ワールド2020』
より作成

2　次の略年表を見て，あとの設問に答えなさい。

	≪Ａ≫
７世紀	白村江の戦いがおこる
	≪Ｂ≫
９世紀	遣唐使の派遣が停止される
	≪Ｃ≫
12世紀	1 <u>大輪田泊の修築が行われる</u>
	≪Ｄ≫
15世紀	2 <u>日明貿易が始まる</u>
	≪Ｅ≫
16世紀	3 <u>文禄の役がおこる</u>
	≪Ｆ≫
17世紀	ポルトガル船の来航が禁止される
	≪Ｇ≫
19世紀	異国船打払令が出される
	≪Ｈ≫
20世紀	4 <u>ポーツマス条約が締結される</u>
	≪Ｉ≫
	日中戦争が始まる
	≪Ｊ≫
	朝鮮戦争がおこる
	≪Ｋ≫

問１　下線部１・３の出来事に関係の深い人物について説明した文を，次のア～オよりそれぞれ一つずつ選び，記号で答えなさい。またあわせてその人物名を答えなさい。

ア．朝廷から関白に任じられたこの人物は，伝統的な天皇の権威を利用して大名をおさえ，天下統一を実現しました。

イ．鎌倉を拠点にして関東一帯の支配をかためたこの人物は，朝廷から征夷大将軍に任命され，全国の武士を従える地位につきました。

ウ．関ヶ原の戦いで勝利をおさめたこの人物は，その３年後には朝廷から征夷大将軍に任じられ，江戸に幕府を開きました。

エ．長い間続いた南北朝の争乱を終わらせたこの人物は，京都に「花の御所」とよばれる豪華な屋敷を建て，ここで政治を行いました。

オ．武士としてはじめて太政大臣に就任したこの人物は，娘を天皇の后にし，一族の者も朝廷の高い位や役職を独占しました。

問２　下線部２について述べた次の文Ｘ・Ｙの正誤の組み合わせとして正しいものを，下のア～エより一つ選び，記号で答えなさい。

Ｘ　この貿易では，倭寇と区別するために，室町幕府が発行した勘合という合い札をもった船が，日本と明との間を往復しました。

Ｙ　明からは鉄砲・火薬・生糸・絹織物などが輸入され，日本からは銅・硫黄・刀剣などが輸出されました。

ア．Ｘ－正　Ｙ－正　　イ．Ｘ－正　Ｙ－誤

ウ．Ｘ－誤　Ｙ－正　　エ．Ｘ－誤　Ｙ－誤

問３　下線部４について，日本側の代表としてこの条約を結んだ人物に，最も関係の深い事柄を，次のア～オより一つ選び，記号で答えなさい。

ア．領事裁判権の撤廃　　イ．ノルマントン号事件

ウ．シベリア出兵　　エ．関税自主権の回復

オ．護憲運動

問４　≪Ａ≫の時期について述べた次の文Ⅰ～Ⅲを，年代の古いものから順に並べかえた場合，正しいものはどれですか。下のア～カより選び，記号で答えなさい。

Ⅰ　倭王武が中国の皇帝に送った手紙には，ヤマト政権が地方の豪族たちを服属させたことが記されていました。

Ⅱ　百済から公式に伝えられた仏教の受容をめぐって，蘇我氏と物部氏が対立しました。

Ⅲ　朝鮮半島に渡った倭の軍が，好太王に率いられた高句麗の軍と戦いました。

ア．Ⅰ－Ⅱ－Ⅲ　　イ．Ⅰ－Ⅲ－Ⅱ

ウ．Ⅱ－Ⅰ－Ⅲ　　エ．Ⅱ－Ⅲ－Ⅰ

オ．Ⅲ－Ⅰ－Ⅱ　　カ．Ⅲ－Ⅱ－Ⅰ

問５　≪Ｂ≫の時期に栄えた天平文化について述べた文として正しいものを，次のア～エより一つ選び，記号で答えなさい。

ア．桓武天皇は，仏教の力で世の中の不安を取り除き，国家を守ろうと考え，国ごとに国分寺と国分尼寺を建てるよう命じました。

イ．都の貴族の間では，和歌をつくることが盛んになり，『古今和歌集』が成立しました。

ウ．天皇が日本を治めるようになったいわれを説明する歴史書として，『古事記』や『日本書紀』が編さんされました。

エ．遣唐使とともに唐に渡って仏教を学んだ最澄と空海は，帰国後にそれぞれ天台宗と真言宗を開きました。

問６　≪Ｃ≫の時期には，阿弥陀仏を信じて念仏を唱えると，死後，極楽浄土に往生できるという浄土教の教えが広まり，貴族たちもきそって阿弥陀仏をまつる阿弥陀堂を建築しました。右の写真は，その頃に建てられた阿弥陀堂の一つですが，これを建立した人物は誰ですか。

問７　次の史料は，≪Ｄ≫の時期（13世紀後半）に紀伊国（和歌山県）の阿氏河荘《あてがわのしょう》の農民たちが，地頭の不当な支配を荘園領主に訴えた文書の一部です。これを参考にして，当時の農民や農業に関して述べたａ～ｄの文について，正しいものの組み合わせを，下のア～エより一つ選び，記号で答えなさい。なお史料は読みやすくするため，現代語に訳されていたり，一部書き直したりしているところもあります。

> （荘園領主に納める）材木が遅れていますが，地頭が上京するとか，近くの工事の際の労役だなどと言っては，村人をこき使うので，その余裕がありません。わずかに残った人を，材木を運び出すのに山へ行かせたところ，地頭が「逃げた百姓の畑に麦をまけ」と言って，山から追い戻されてしまいます。「お前たちがこの麦をまかなければ，妻たちを閉じ込めて，耳を切り，鼻をそぎ，髪を切って尼にして，縄でしばって痛めつけるぞ」と言って責め立てられるので，材木の納入がますます遅くなります。

ａ　この時代の農民は，荘園領主と地頭による二重の支配を受けており，かれらはそれぞれに対して税を納めなくてはなりませんでした。

ｂ　農民たちは神社などで寄合を開くなどして団結を強め，しばしば一揆を結んで領主の支配に抵抗しました。

ｃ　西日本を中心に，同じ田畑で稲を刈り取ったあとに麦を栽培する二毛作が広まりました。

ｄ　備中ぐわや千歯こきなどの農具が考案され，干鰯《ほしか》や油かすが肥料として用いられるようになりました。

ア．ａ・ｃ　　イ．ａ・ｄ
ウ．ｂ・ｃ　　エ．ｂ・ｄ

問８　≪Ｅ≫の時期におきた応仁の乱によって，日本は戦国時代に突入したといわれています。この時代には，下位の者が上位の者を実力で打ち倒してその地位をうばうという特徴が認められますが，このような風潮を何といいますか。**漢字３文字**で答えなさい。

問９　≪Ｆ≫の時期の江戸幕府による政策に関して述べた次の文Ｘ・Ｙについて，その正誤の組み合わせとして正しいものを，下のア～エより一つ選び，記号で答えなさい。

Ｘ　徳川家康は，日本の商船に朱印状を与えて海外へ渡ることを許可し，外国との貿易を奨励しました。その結果，東南アジアの各地には，日本人の住む日本町ができました。

Ｙ　1635年に武家諸法度が改定され，大名には参勤交代が義務づけられましたが，これは本来大名たちの財力を弱め，幕府に反抗できなくすることを目的としたものでした。

ア．Ｘ－正　Ｙ－正　　イ．Ｘ－正　Ｙ－誤
ウ．Ｘ－誤　Ｙ－正　　エ．Ｘ－誤　Ｙ－誤

問10　≪Ｇ≫の時期におきた次の出来事ア～オを，年代の古いものから順に並べかえた場合，**４番目**にくるものはどれですか。記号で答えなさい。

ア．公事方御定書が制定され，裁判の公正がはかられました。

イ．生類憐みの令の発令により，生類すべての殺生が禁じられました。

ウ．棄捐令を出して，旗本・御家人らの借金を帳消しにしました。

エ．明暦の大火が発生し，江戸の町の半分以上が焼失しました。

オ．商工業者の株仲間を積極的に奨励し，営業税の増収をめざしました。

問11　≪Ｈ≫の時期に，第一国立銀行や大阪紡績会社などを創立して「日本資本主義の父」とよばれ，2024年に発行される予定の新１万円札の図柄に採用された人物は誰ですか。

問12　≪Ｉ≫の時期について述べた文として**誤っているもの**を，次のア～エより一つ選び，記号で答えなさい。

ア．普通選挙法が成立し，満25歳以上のすべての男性に衆議院議員の選挙権が与えられました。

イ．北京郊外の盧溝橋で，日中両軍が武力衝突したことをきっかけに，満州事変が始まりました。

ウ．電灯が農村にも普及し，東京・大阪・名古屋ではラジオ放送も開始されました。

エ．海軍の青年将校らによって犬養毅首相が暗殺され，政党内閣の時代が終わりました。

問13　≪Ｊ≫の時期に関して，太平洋戦争終結後の日本の民主化について述べた次の文Ⅰ～Ⅲを，年代の古いものから順に並べかえた場合，正しいものはどれですか。下のア～カより選び，記号で答えなさい。

Ⅰ　連合国軍最高司令官総司令部(GHQ)の指令で，軍隊の解散が行われました。

Ⅱ　国民主権・平和主義・基本的人権の尊重の３つを原則とする日本国憲法が公布されました。

Ⅲ　戦後初の衆議院議員総選挙が行われ，39名の女性議員が誕生しました。

ア．Ⅰ－Ⅱ－Ⅲ

イ．Ⅰ－Ⅲ－Ⅱ

ウ．Ⅱ－Ⅰ－Ⅲ

エ．Ⅱ－Ⅲ－Ⅰ

オ．Ⅲ－Ⅰ－Ⅱ

カ．Ⅲ－Ⅱ－Ⅰ

問14　≪Ｋ≫の時期に関して，次のＸ・Ｙの出来事とそれぞれ最も関係の深い内閣は①～④のどれですか。組み合わせとして正しいものを，下のア～エより選び，記号で答えなさい。

Ｘ　日韓基本条約の締結　　Ｙ　消費税の導入

①　池田勇人内閣　　②　佐藤栄作内閣

③　中曽根康弘内閣　　④　竹下登内閣

ア．Ｘ－①　Ｙ－③

イ．Ｘ－①　Ｙ－④

ウ．Ｘ－②　Ｙ－③

エ．Ｘ－②　Ｙ－④

3　次の文章を読んで，あとの設問に答えなさい。

江戸時代中期の学者で荻生《おぎゅう》徂徠《そらい》(以下，徂徠)という人物がいます。徂徠は，当時幕府の重職にあった柳沢《やなぎさわ》吉保《よしやす》に抜擢《ばってき》され，のちに８代将軍徳川吉宗の1御用学者にまでなりました。2吉宗に提出した政治改革論『政談』は，物事に対する当時の考えをくつがえすものであり，近代的なものの考え方がみてとれるものとして，現代でも評価されています。

落語の演目にある「徂徠豆腐」という噺《はなし》をご存じでしょうか。これは3芝増上寺周辺が話の舞台で，貧しかった時代に豆腐屋に助けられたことを恩に感じた徂徠が，大火で焼失してしまった豆腐屋に新しいお店を贈るというストーリーです。この大火は，忠臣蔵として知られる赤穂浪士の討ち入りによるものでした。噺のクライマックスでは，討ち入りを果たした47人の浪士に対し，徂徠ら幕府側が下した処罰について，豆腐屋の店主と徂徠との議論が起こります。

浪士に対し切腹を命じた決定に納得がいかない店主は，徂徠から受けた施しをつっぱねますが，これに対し徂徠は「豆腐屋殿は，お金がなくて豆腐をただ食いした私の行為を「出世払い」にして，盗人となることから私を救ってくれた。法を曲げずに情けをかけてくれたから，今の私がある。私も学者として法を曲げずに浪士に最大の情けをかけた。それは豆腐屋殿と同じ」と法の重要性を説きました。さらに，「武士が美しく咲いた以上は，見事に散らせるのも情けのうち。武士の大刀は敵のために，小刀は自らのためにある」と武士の道徳について語りました。これに納得した豆腐屋は，浪士の切腹と徂徠からの贈り物をかけて「先生はあっしのために自腹を切って下さった」と答え，オチがつきます。

実際の4赤穂浪士に対する処分については，幕府の中でも意見が分かれていて，最終的にどのような判断が下されるのか，世の中がとても注目していました。幕府から意見を求められた徂徠は，武士の道徳の重要性とともに，ルールを守ることの重要性をも説き，幕府の下した判断に影響を与えることになりました。徂徠のものの見方は，法と道徳を切り離して政治を考えていくという，冒頭に述べた「近代的なものの見方」の出発点と評価されることとなったのです。

問１　下線部１について，御用学者とは幕府に雇われて学術研究を行っていた者のことを指します。徳川家康に仕えた林羅山以来，幕府の中心的な学問となっていったものは何ですか。正しいものを次から選び，記号で答えなさい。

ア．神学　　イ．国学

ウ．儒学　　エ．蘭学

問２　下線部２に関連して，以下の設問に答えなさい。

> 近年は，太平が久しくつづいて，世の中に変化がないので，世の風習が一定して，家柄というものが定まり，幕臣の家でも上級から中級・下級にいたるまで，それぞれ大体の立身の限度も定まっているので，人々の心に励みがなくなって，立身しようとするよりも，失敗して家を潰したりしないように考えた方がよいということで，何事につけてもいい加減にして世渡りするという気持ちになり，人々の心が非常に横着(できるだけ楽をしてすまそうとすること)になっている。

尾藤正英　抄訳『政談』より

(1)　上の資料は，徂徠が当時の世の中の問題点を述べている部分です。この問題を解決するために，徂徠が実際に考えた政策はどのようなことでしょう。この政策は，のちに将軍に提案し実際に実行されています。もっともふさわしいものを一つ選び，記号で答えなさい。

ア．学歴主義　　イ．年功序列主義

ウ．能力主義　　エ．身分主義

(2)　政治をする者が，徂徠のような専門家に広く意見をきくことは現代でもよくあることです。国会の法案審議の過程において，委員会が利害関係者や専門家に意見をきく会のことを何といいますか。

問３　下線部３に関連して，以下の設問に答えなさい。

> 江戸時代の自治は，現代とは大きく違っていました。徂徠が生きていた江戸時代中期には，江戸の人口は，町人だけでも50万人ほどだったと言われています。大勢いる町人たちを管理するためには，多くの役人が必要となるはずなのですが，実際のところは，役人の数はとても少数で，各地区の運営は町人たちに任されている部分が大きかったと言われています。
>
> それに比べ現代の$_A$地方自治制度は，担う仕事がより複雑になっているため，多くの人員を必要とします。現在，$_B$地方の財政は，切迫したものとなっています。財政健全化をめざすには，江戸の世の中のように$_C$自分たちでできることは協力し合って解決することが必要になってくるのかもしれません。

(1)　次のページの地図中に示されているサクラ川は，描かれた当時は下水の役目を果たしており，川の管理は町内の人々が協力して行っていたと言われています。現代において，下水道の整備や管理を中心的に行っているのはどれですか。次から選び，記号で答えなさい。

ア．国　　イ．地方公共団体　　ウ．民間企業　　エ．町内会

(2)　江戸時代の人々は，武士は武家地，僧侶は寺社地，町人は町人地というように居住地が決められていました。なかでも町人地の人口密度は高く，長屋という集合住宅に多くの町人が住んでいました。江戸の人口増加に伴って，新たに組み込まれた芝増上寺周辺の町人地は，東海道に沿って分布していたことでとてもにぎわっていたようです。地図中のＸ～Ｚはそれぞれどの居住地を示していますか。正しい組み合わせを次から選び，記号で答えなさい。

ア．Ｘ－武家地　Ｙ－寺社地　Ｚ－町人地

イ．Ｘ－武家地　Ｙ－町人地　Ｚ－寺社地

ウ．Ｘ－寺社地　Ｙ－町人地　Ｚ－武家地

エ．Ｘ－寺社地　Ｙ－武家地　Ｚ－町人地

オ．Ｘ－町人地　Ｙ－武家地　Ｚ－寺社地

カ．Ｘ－町人地　Ｙ－寺社地　Ｚ－武家地

(3)　下線部Ａに関連して，選挙管理委員会や教育委員会などのように，政治的中立性を保つため，独立性が求められている機関を何といいますか。

(4)　下線部Ｂについて，地方自治体の歳入のうち，地方公共団体間の財政の不均衡を解消するために国が使い道を限定せずに支給するお金を何といいますか。

(5)　下線部Ｃについて，以下のことばは，本来は防災上の観点から使われますが，最近では，

広く政治一般で使われることもあります。空欄には，隣近所で助け合い命を守るという意味の語が入ります。適切な語を答えなさい。

「自助　〇〇　公助」

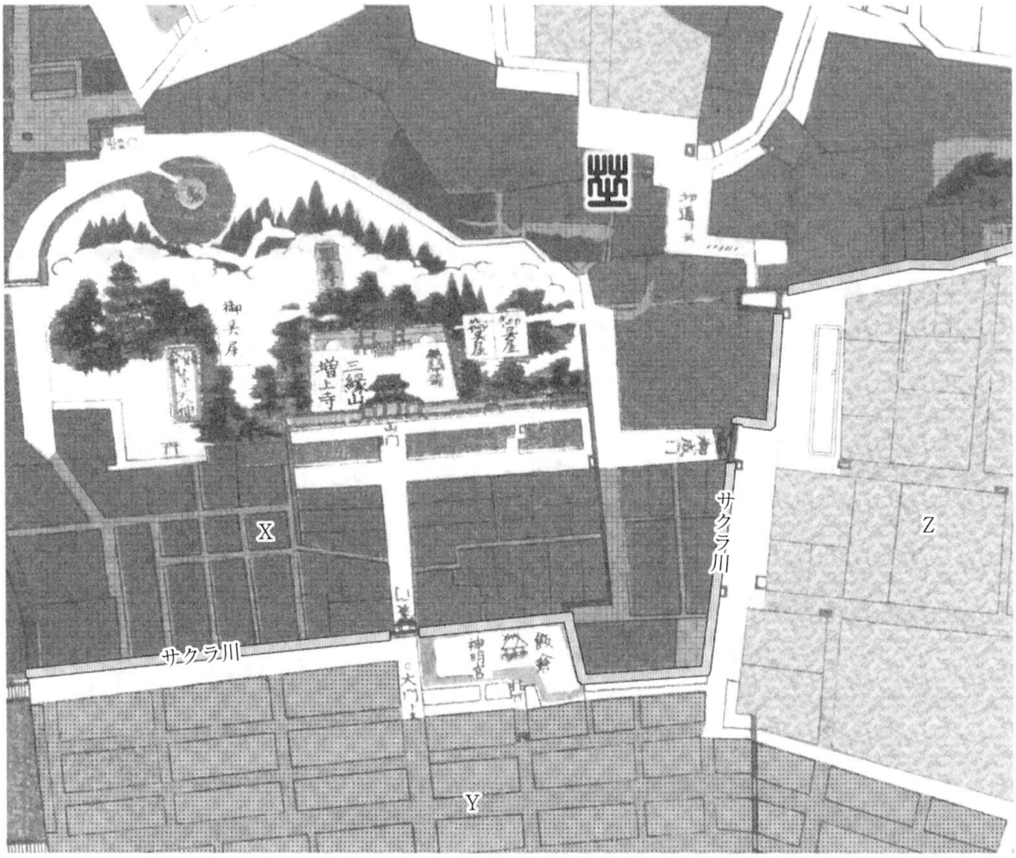

…現在の芝中学校がある場所

江戸時代後期の芝増上寺周辺(『増補改正芝口南西久保愛宕下之図』より)

問４　下線部４について，旧暦の２月４日は，赤穂浪士の命日と言われています。赤穂浪士のお墓がある寺では，毎年２回，義士祭という行事が開催されています。赤穂浪士と関係が深い寺としてもっともふさわしいものを次から選び，記号で答えなさい。

ア．寛永寺　　イ．泉岳寺

ウ．浅草寺　　エ．築地本願寺

問５　徂徠は，赤穂浪士に対する処分について幕府から意見を求められたとき，「徂徠豆腐」と同じような回答をしたと言われています。徂徠の意見にもっとも近いものを次から選び，記号で答えなさい。

ア．武士の忠義を認め，赤穂浪士の討ち入りを全面的に評価した。

イ．武士の忠義を一切認めることなく，幕府側に立って厳しい処罰を下した。

ウ．法にのっとり処罰するとともに，武士の忠義を守る立場にも立った。

エ．新しいルールの必要性を説き，武士の忠義を守る立場に立った。

4 次の文章を読んで，あとの設問に答えなさい。

自由にものを売買できる市場においては，基本的にAものを欲しがる欲求と，市場に送り出されたものの量との関係によって値段が決まる，ということを勉強してきてくれていると思います。21世紀にはいって，こうした関係によって決まるはずの値段が，著しくバランスをくずしてしまうようなことが，日本でもしばしば見られるようになりました。十分な量の商品が市場には送り出されているのに，実際には消費者に行き渡らず，物不足となって高値で取引される現象です。

家庭用テレビゲーム機が代表的な例です。みなさんの中にも大好きな人が多いことと思いますが，人気のあるものは発売日前から予約がいっぱいになってしまいます。そして発売日になると転売をおこなう人が現れ，店頭価格の何倍もの高値で取り引きしてしまいます。多くの場合，欲しがっている人に対して十分な量の製品を，市場に売り出していると製造会社は主張します。ということは，ある一部にかたよって購入されている，すなわちB買い占めが起こっているのです。

インターネットの普及が，買い占めを組織的におこないやすくしてしまっている側面があります。専用のプログラムを用いて，販売サイトに出品した瞬間に大量に購入を申し込み，商品を買い占めてしまうのです。そしてオークションサイトやフリーマーケットサイトに高額で出品し，大きな利益を得ています。

本来，仕入れた値段に価格を上乗せして品物を販売すること自体は，商業の大原則ともいうべきものです。問題はそれが，多くの人々の欲求を満たさないまま，一部の人の大きな利益になっているという点にあります。専用プログラムを用いるようなやり方は，一般の消費者に対して対等な条件で買い付けているとは言いがたいものです。ですから購入できなかった消費者には，大きな不満が残ることになります。

また，商品を市場に送り出す側の立場からしても，このことで商品に悪いイメージがついてしまい，利益を損ねるという問題があるので，なんとか転売を防ごうと対策を考えることになります。そしてまた転売をしようとする側も，それを上回る手段を生み出すというイタチごっこにおちいり，送り出す側の大きな負担になってしまうのです。

従来，政府は経済的自由を尊重して，買い占めと転売の問題には深く立ち入らないようにしてきていました。しかし，議員立法によって成立したCチケット不正転売禁止法が令和元年6月から施行され，コンサートやスポーツの試合への入場チケットについて，高額転売を禁じる方針に転換しました。イベントの興行主等が，販売したチケットに「転売を禁じる」といった文言を明記し，販売した相手かどうかの本人確認を入場の際におこなうことで，販売価格をこえた転売を罰することができるようになったのです。

この法律はあくまでチケットに限定したものでしたが，令和2年3月には国民生活安定緊急措置法がマスクにも適用され，転売が禁じられました。新型ウイルスの流行によって，みなさんもマスクを手に入れづらかった経験をしたはずです。そのことは国民の生活を，ひいては生命をおびやかすものだと政府が認識し，商取引の自由への介入をおこなう形となったのです。

自由を追求することは，とても重要な国民の権利ではありますが，いきすぎた自由は，ほかの人の権利をおびやかすことが多々あります。そうなったときには，内閣や国会が介入して法をつくり，罰則を設けます。転売の問題は，身近な事例として，私たちにそのことを教えてくれます。家庭用ゲーム機の転売を禁じる法律は，現時点では存在しませんが，だからといって公平とは言えない手段を用いて利益をむさぼり，商品を生み出す側に余分な手間ひまをかけさせることが続くのならば，規制することも起こりえます。自由を追い求めようとするならば，何よりもバランス感覚が大事なのだと思います。

問１　下線部Aについて，この部分を，下の空欄に適するような漢字２字ずつの語で書きかえなさい。その際，順序にも気をつけること。

□□と、□□

問２　下線部Bについて，以下のア～エより，誤りをふくむものを一つ選び，記号で答えなさい。

ア．天明の飢饉のときに，米を買い占めているとされた商人への打ちこわしがあいつぎ，田沼意次が失脚した。

イ．シベリア出兵のときに，買い占めがあいついだことで米の値段が上がり，栃木県で米騒動が始まった。

ウ．第４次中東戦争のときに，原油価格が高騰して狂乱物価と呼ばれ，トイレットペーパーの買い占めが起こった。

エ．東日本大震災のときに，首都圏での物流が一時的に停滞し，食料品やトイレットペーパーの買い占めが起こった。

問３　下線部Cについて，チケット不正転売禁止法施行の３ヶ月後には，スポーツの大規模な国際大会が日本で開幕しました。流行語「ONE TEAM」を生み出した，このスポーツは何ですか。

問４　筆者は，家庭用ゲーム機の転売をめぐってどのようなことが起こりえると考えているでしょうか。以下の条件のもとに120字以内で答えなさい。

《条件》　次のことばを必ず使い，使ったことばには下線を引くこと。同じことばは何回使ってもかまわないが，そのたびに下線を引くこと。また，句読点や記号は１字と数えること。

[尊重　　対等　　負担]

【理　科】〈第２回試験〉（40分）〈満点：75点〉

1　次の文を読み，問いに答えなさい。

20XX年，芝太郎君は目標だった宇宙飛行士となり，有人火星探査計画の一員として，ついに念願の火星に降り立ちました。火星は直径が地球の半分ほどしかなく，表面積も地球の４分の１ほどですが，自転の周期は約25時間で，季節もあるという点で地球に似たわく星と言われています。そのために，人類は長い間，火星への移住を計画してきました。

無事，①火星の表面に宇宙船が着陸した後，芝太郎君たち乗組員は，すぐに基地に入りました。火星は地球と比べて酸素がとても少ないため，気密性の高い基地内で生活をしなくてはなりません。基地の中には，様々なトレーニング用具があります。②火星にたい在する間は，毎日トレーニングをしていないと，筋力がおとろえて足がすぐに細くなってしまうからです。

次の日の朝，芝太郎君は仲間とともに宇宙服を着て，外での作業に出かけました。基地の周りにはいたるところにソーラーパネルが設置してあり，太陽の光をエネルギーに変えています。時間によっては太陽光が得られないときもあるので，ソーラーパネルには③じゅう電のできる電池がつながれていました。芝太郎君はそれらの機器を入念に点検していきました。

作業が終わった後，ふと空をながめ，火星の空が赤いことに気づきました。「そうだ，この赤い色は，④酸化鉄が舞《ま》っているからだった。本で読んだとおりだなぁ」と芝太郎君は感動してつぶやきました。

基地にもどり，トレーニングをしたあと，体をふいてさっぱりとした芝太郎君は，地球から持ってきた大好物の⑤ビン入りジュースをグラスに注いで飲み干し，火星での一日を終えたのでした。

(1)　下線部①について。着陸するときには減速しなければなりませんが，火星は大変減速しにくいと言われています。その理由として最も適当なものを次の中から１つ選んで，記号で答えなさい。

(ア)　火星の重さは地球の10分の１しかなく，重力が小さいため。
(イ)　火星は地球より太陽から遠いので，太陽の引力によるブレーキがきかないため。
(ウ)　火星は地球より太陽に近いので，太陽の引力が火星の引力に加わるため。
(エ)　火星は地球より大気がうすいので，ていこうが少ないため。
(オ)　火星は地球より自転のスピードがおそいので，宇宙船との速度差が大きいため。
(カ)　火星は酸素が少ないので，逆ふん射ロケットに点火できないため。
(キ)　火星の大気にある酸化鉄が，ていこうを減らす役割をはたすため。

(2)　下線部②について。火星にいると足が細くなってしまう理由として最も関係の深いものを次の中から１つ選んで，記号で答えなさい。

(ア)　火星の気温　　(イ)　火星のしつ度　　(ウ)　火星の大きさと重さ
(エ)　火星と太陽のきょり　　(オ)　火星に存在する水の量

(3)　下線部③について。この電池は，現在けい帯電話やパソコン用の電池として最も一ぱん的に使われているじゅう電式の電池でした。この電池の名称《しょう》を答えなさい。

(4)　下線部④について。鉄を強く熱するとこれとは異なる色の酸化物が得られます。何色の酸化物が得られますか。次の中から１つ選んで，記号で答えなさい。

(ア)　黒　　(イ)　白　　(ウ)　緑　　(エ)　黄　　(オ)　銀

(5) 下線部⑤について。下図のような形のビンとグラスを使った以下の実験について，問いに答えなさい。

実験１

ジュースが半分入っているビンの口に横から息をふきかけたら音が鳴りました。

次に空にした同じビンの口に横から息をふきかけたら，このときも音が鳴りました。

実験２

ジュースが入っているグラスの真ん中あたりを棒でたたくと音が鳴りました。

次に空にした同じグラスの真ん中あたりを棒でたたくと，このときも音が鳴りました。

実験１と実験２について，ジュースが入っているときと比べると，ビンまたはグラスが空のときの音の高さはどうなりますか。正しい組み合わせを表中の(ア)～(ケ)から１つ選んで，記号で答えなさい。

	実験１	実験２
(ア)	高くなる	高くなる
(イ)	高くなる	同じ
(ウ)	高くなる	低くなる
(エ)	同じ	高くなる
(オ)	同じ	同じ
(カ)	同じ	低くなる
(キ)	低くなる	高くなる
(ク)	低くなる	同じ
(ケ)	低くなる	低くなる

2 生き物とかん境は密接に関わっています。①私たちヒトも生き物の一種で，そのヒトが今，②地球のかん境に大きなダメージをあたえつつあります。地球にしめる海の面積は約71％で，③生き物は，太古にその海で誕生したといわれています。海の水や地表の水は太陽の熱によって蒸発して水蒸気となり，雲になって雨や雪として地上に降りそそぎます。これらの雨や雪が森林に降り，一部を植物が利用して④光合成をおこなっています。水は地下水などになり，それらの水が集まり，川となって，海に流れこみます。これは自然界の水のじゅんかんです。自然界には他の⑤物質のじゅんかんもあります。そのひとつに⑥食物連さを通した物質のじゅんかんがあります。

(1) 下線部①について。生き物は，モンシロチョウはこんちゅう類，ヒキガエルはりょうせい類のように分類されます。私たちヒトは何類になりますか。ひらがなで答えなさい。

(2) 下線部①について。健康なヒトの成人の体にふくまれる水の割合はどれぐらいですか。次の中から最も適当なものを１つ選んで，記号で答えなさい。

(ア)　０～10％　　(イ)　20～30％　　(ウ)　40～50％

(エ)　60～70％　　(オ)　80～90％

(3) 下線部②について。今，地球規模のかん境問題として，「地球温暖化」があります。「地球温暖化」はヒトの活動のえいきょうが大きいと考えられています。そのヒトの活動のえいきょうとはどのようなものですか。下の２つの用語を用いて42字以内で説明しなさい。句読点や記号は１字と数えること。

化石燃料　　温室効果

(4)　下線部③について。「生き物は体内に海を持っている。」という表現があります。

これは生物が海で誕生したため，生物の体液が海水の成分に近い，という考え方です。一方，生物の種類により，その生息かん境のちがいから，体液の塩分のう度は様々です。

右のグラフはウニ，ヒト，カエルのそれぞれの体液と海水の塩分のう度を表したものです。

これを参考にして，下の(あ)～(え)の動物の体液の塩分のう度の大小を＝(等号)，＜(不等号)の２種類の記号を使い，左から小さい順に表しなさい。

例　あ＜い＝う＜え

(あ)　タコ　　(い)　ネズミ　　(う)　イモリ　　(え)　イソギンチャク

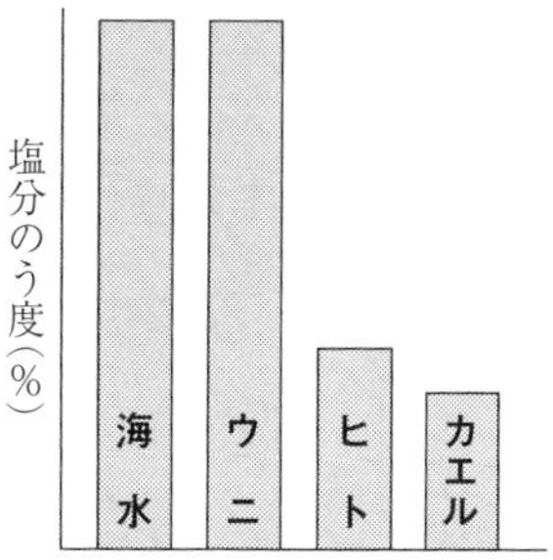

(5)　下線部④について。光合成と物質について述べた文のうち，正しいものを次の中から１つ選んで，記号で答えなさい。

(ア)　二酸化炭素と水は葉からとり入れられ，葉でデンプンがつくられる。

(イ)　二酸化炭素は根から，水は葉からとり入れられ，根でデンプンがつくられる。

(ウ)　二酸化炭素は根から，水は葉からとり入れられ，葉でデンプンがつくられる。

(エ)　二酸化炭素と水は根からとり入れられ，葉でデンプンがつくられる。

(オ)　二酸化炭素は葉から，水は根からとり入れられ，葉でデンプンがつくられる。

(カ)　二酸化炭素は葉から，水は根からとり入れられ，根でデンプンがつくられる。

(6)　下線部⑤について。植物は光合成をすることで，二酸化炭素にふくまれている炭素を体に取りこみます。この炭素は物質のじゅんかんによって，私たちヒトの体に入ってきます。私たちの体に入った炭素のゆくえとしてまちがっているものを次の中から１つ選んで，記号で答えなさい。

(ア)　骨の主成分となる

(イ)　はく息にふくまれて空気中にもどっていく

(ウ)　血液中に吸収される

(エ)　かみの毛の成分となる

(オ)　便の一部としてはい出される

(カ)　筋肉の材料となる

(7)　下線部⑥について。食物連さの中で，自分で養分をつくり出すことができずに他の生物を食べることで養分をとり入れるものを自然界の「消費者」といいます。

自然界の「消費者」は次の(あ)～(こ)のどれですか。すべて選んで，記号を50音順に並べて答えなさい。

(あ)　シイタケ　　(い)　サメ　　(う)　ワカメ　　(え)　イネ

(お)　アサリ　　(か)　ミジンコ　　(き)　ミカヅキモ　　(く)　バッタ

(け)　タンポポ　　(こ)　アオカビ

3　同じ太さ，同じ長さの電熱線を使い，電熱線の数や電池の個数を変えた直列回路をつくりました。次に電池の個数と電流の大きさを調べる実験と，一定時間電流を流した時の電熱線の発熱量を調べる実験を行いました。

グラフ1は，電熱線を1本にして，電池の個数と電流の大きさとの関係を示しています。電池1個の時の電流の大きさを1としています。

グラフ2は，電熱線を1本にして，電池の個数と発熱量との関係を示しています。電池1個の時の発熱量を1としています。

グラフ3は，電池を1個にして，電熱線の数と回路全体の発熱量との関係を示しています。電熱線1本の時の発熱量を1としています。

グラフ1

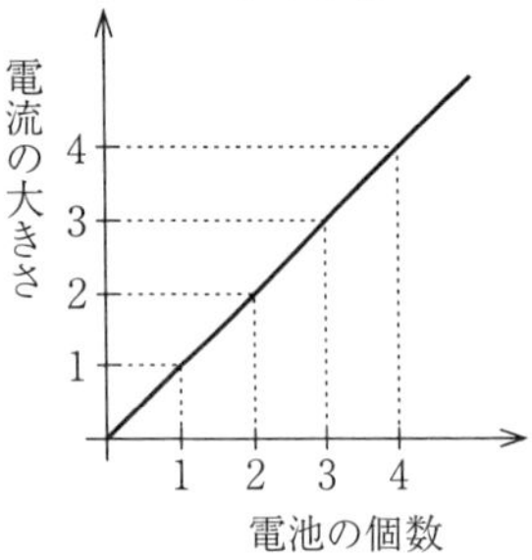

グラフ2

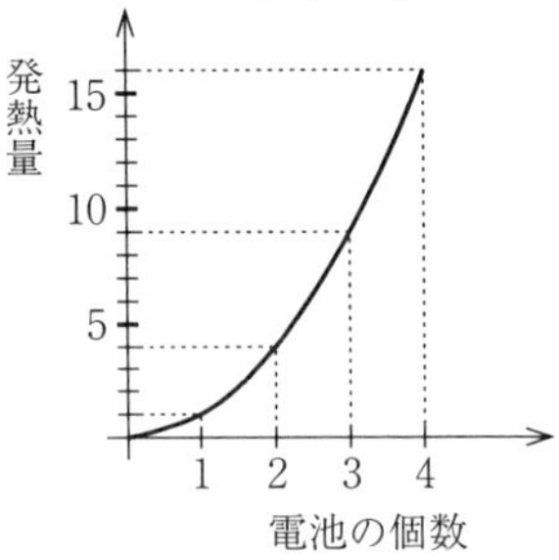

グラフ3

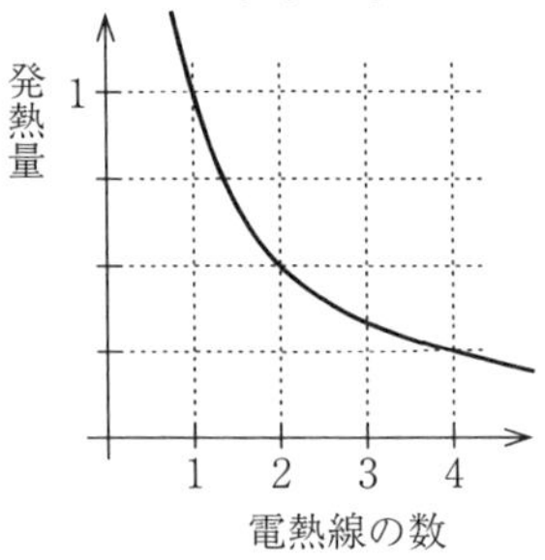

上の実験で用いた電池と電熱線を組み合わせてつくった，次のページの回路A～Hがあります。グラフと回路A～Hについて次の各問いに答えなさい。解答は整数または小数で表し，割り切れないときは小数第3位を四捨五入し小数第2位まで求めなさい。

(1)　電熱線[あ]と同じ大きさの電流が流れている電熱線を[う]～[さ]の中からすべて選んで，記号を50音順に並べて答えなさい。

(2)　電熱線[い]と同じ大きさの電流が流れている電熱線を[う]～[さ]の中から1つ選んで，記号で答えなさい。

(3)　電熱線[さ]の発熱量は，電熱線[あ]の発熱量の何倍ですか。

(4)　回路全体の発熱量が，回路Dと同じになる回路はどれですか。次の(ア)～(キ)の中から1つ選んで，記号で答えなさい。

(ア)　A　　(イ)　B　　(ウ)　C　　(エ)　E　　(オ)　F　　(カ)　G　　(キ)　H

(5)　電熱線[あ]を20℃の水10gの中に入れて1分間電流を流すと，水温が21℃になります。容器の温度変化，外に逃《に》げる熱，外から入ってくる熱について考える必要はありません。

①　電熱線[あ]を20℃の水30gの中に入れて15分間電流を流すと，水温は何℃になりますか。

②　電熱線[う]を20℃の水80gの中に入れて10分間電流を流したときの水温と，電熱線[か]のみを20℃の水X〔g〕の中に入れて9分間電流を流したときの水温が同じになるようにしたい。Xの値はいくらですか。

(6)　回路Gのa～fの中からいろいろな組み合わせの2点を選び導線でつなぎました。この時，つなぐ前後でgに流れる電流に変化のない組み合わせがありました。組み合わせとして適するものを(ア)～(ソ)の中からすべて選んで，記号を50音順に並べて答えなさい。

(ア)　aとb　　(イ)　aとc　　(ウ)　aとd　　(エ)　aとe　　(オ)　aとf

(カ)　bとc　　(キ)　bとd　　(ク)　bとe　　(ケ)　bとf　　(コ)　cとd

(サ)　c と e　　(シ)　c と f　　(ス)　d と e　　(セ)　d と f　　(ソ)　e と f

(7)　回路Hのhとiを導線でつなぎました。jに流れる電流はつなぐ前の何倍になりますか。

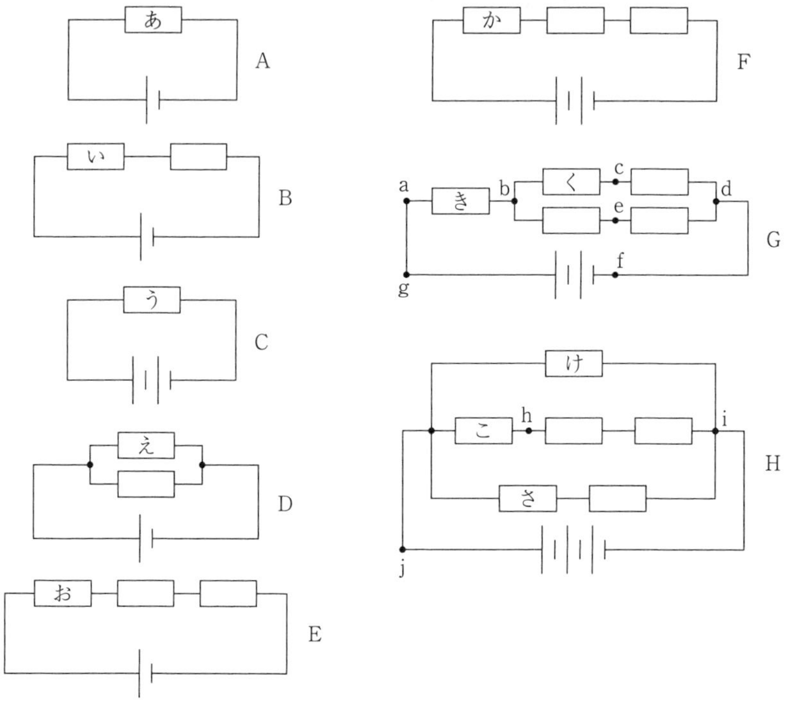

4　次の各問いに答えなさい。

(1)　星には，さそり座のように星座を形づくっている星(こう星)と，火星や金星のように星座にふくまれない星(わく星)があります。なぜ，火星や金星などのわく星は星座にふくまれないのでしょうか。その理由に最も関係の深いものを，次の中から1つ選んで，記号で答えなさい。

(ア)　火星や金星は，自分で光っていないので，明るくなったり暗くなったりするから。

(イ)　火星や金星は，星座を形づくっている星にくらべて大変小さいから。

(ウ)　火星や金星は，太陽のまわりを回っているが，星座を形づくっている星は1日1回地球のまわりを回っているから。

(エ)　星座を形づくっている星は非常に遠くにあるが，火星や金星はずっと近くにあり，地球と同じく太陽のまわりを回っているから。

(オ)　星座を形づくっている星は，みな地球から同じきょりにあるが，火星や金星は，それよりずっと遠くにあるため，見える方向が季節によって変わるから。

(カ)　星座が考えられた時代には，火星や金星はよく見えなかったから。

(キ)　火星や金星には，よいの明星・あけの明星という特別の名前があるから。

(2)　星について述べた次の文のうち，まちがっているものを2つ選んで，記号を50音順に並べて答えなさい。

(ア)　星の等級は明るさによって分けてあり，明るいほど数字が大きくなる。

(イ)　オリオン座のリゲルと，さそり座のアンタレスを比べると，リゲルの方が表面温度が高い。

(ウ)　オリオン座の三つ星はほぼ真東からのぼって真西にしずむことから，午後6時に真東に見えた三つ星は，真夜中に南中するといえる。

(エ)　オリオン座が真夜中に南中する日は，さそり座は見えない。

(オ)　全天で一番明るいこう星はシリウスだが，星が放っている光の量が最も多いのはシリウスとは限らない。

(カ)　七夕のおりひめ星は，はくちょう座のベガで，ひこ星はしし座のアルタイルである。

(キ)　夏の大三角はデネブ，アルタイル，ベガで，冬の大三角はベテルギウス，シリウス，プロキオンである。

(3)　星の等級について，１等星と６等星の明るさの差は100倍で，１等級ちがうと明るさは約2.5倍ちがいます。では，１等星と５等星の明るさの差は約何倍ですか。次の中から最も近いものを１つ選んで，記号で答えなさい。

(ア)　6.3倍　　(イ)　10倍　　(ウ)　16倍　　(エ)　34倍　　(オ)　40倍　　(カ)　97倍

(4)　北極星について述べた次の文のうち，まちがっているものを３つ選んで，記号を50音順に並べて答えなさい。

(ア)　北極星は日本では北の方角に見えるが，北極では真上に見える。

(イ)　北極星はオーストラリアでは南の方角に見える。

(ウ)　北極星は，おおぐま座の頭にあたる。

(エ)　日本では，北極星は晴れていれば一晩中見ることができる。

(オ)　北極星は，こぐま座の尾《お》にあたる。

(カ)　地球の回転する中心のじくを北へのばすと，北極星の方向になる。

(キ)　北極星は１等星である。

(5)　月について述べた次の文のうち，まちがっているものを２つ選んで，記号を50音順に並べて答えなさい。

(ア)　上げんの月が南中するのは午前６時ころであり，月の右半分が光って見える。

(イ)　日本で新月が見えないのは，月が太陽と同じ方向にあるためで，北極では見えることがある。

(ウ)　三日月の時期には，月のかげになっている部分が見えることがある。これは，地球が太陽の光を反射するからである。

(エ)　下げんの月の時，月から地球を見ると，やはり半分だけが明るく見える。

(オ)　月食は満月の時に起こる。

(カ)　月が地球のまわりを回る向きは，地球の自転の向きと同じで，北側から見ると反時計回りである。

(6)　次の図は，東京で見た北の空を示しています。また，横の点線は高度，縦の点線は方位角をそれぞれ表しますが，数値は入れてありません。高度とは，地平線からの角度を表し，地平線は0°で真上は90°になります。また，方位角とは方角を表す数値で，北を0°として時計回りの角度で表します。そうすると，東は90°で南は180°，西は270°となります。

では，Ａの星とＢの星の６時間後の高度と方位角の値はどうなりますか。次の中からそれぞれ１つ選んで，記号で答えなさい。同じ記号を２度用いてもかまいません。

(ア)　高度は大きくなり，方位角は小さくなる。

(イ)　高度は大きくなり，方位角も大きくなる。

(ウ)　高度は大きくなり，方位角は変わらない。
(エ)　高度は小さくなり，方位角も小さくなる。
(オ)　高度は小さくなり，方位角は大きくなる。
(カ)　高度は小さくなり，方位角は変わらない。
(キ)　高度は変わらず，方位角は小さくなる。
(ク)　高度は変わらず，方位角は大きくなる。

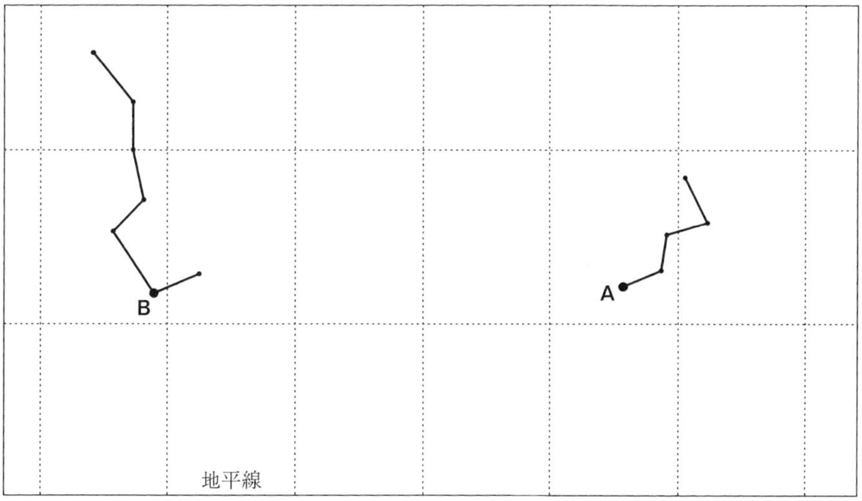

5　次の文を読み，問いに答えなさい。

反応の前後で物質の重さにどのような変化があるかを調べるために，次の実験を行いました。

【実験１】

塩酸に石灰石を加えると，二酸化炭素が発生します。105ｇのビーカーに塩酸100ｇを入れたものを４個用意し，それぞれに重さの異なる石灰石を加えたところ，いずれも二酸化炭素が発生し，石灰石はすべてとけました。

図１のように反応前のビーカーと塩酸の重さの合計をW_1〔ｇ〕，加えた石灰石の重さをW_2〔ｇ〕，反応後のビーカーと水よう液の重さの合計をW_3〔ｇ〕として，測定した結果をまとめると表１のようになりました。

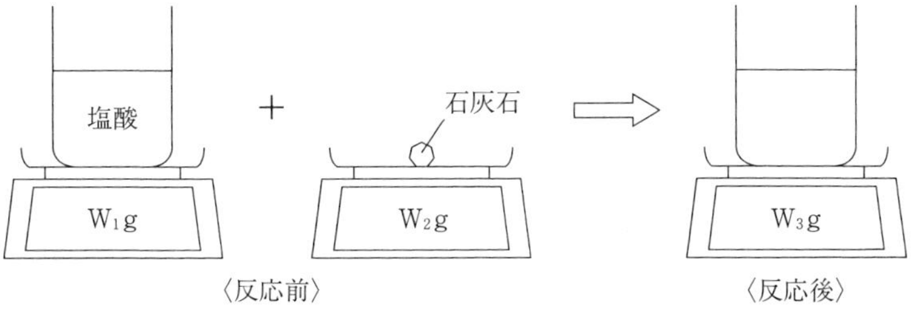

図１

表１

ビーカーと塩酸の重さの合計：W_1〔ｇ〕	205.0	205.0	205.0	205.0
加えた石灰石の重さ：W_2〔ｇ〕	6.0	7.7	8.8	12.2
反応後のビーカーと水よう液の重さの合計：W_3〔ｇ〕	208.6	209.6	（ X ）	212.3
反応前後の合計の重さの変化：W_4〔ｇ〕	2.4	3.1	3.5	4.9

(1)　二酸化炭素に関する記述として誤りをふくむものを次の中から１つ選んで，記号で答えなさい。

(ア)　水よう液は酸性である

(イ)　石灰水に通してできるちんでんは炭酸カルシウムである

(ウ)　過酸化水素水に二酸化マンガンを加えても発生する

(エ)　卵のからにさく酸を加えても発生する

(オ)　空気よりも重い

(2)　表１の(Ｘ)に当てはまる値を求めなさい。

(3)　W_4 の値が示すものとして最も適当なものを次の中から１つ選んで，記号で答えなさい。

(ア)　反応した塩酸の重さ

(イ)　反応せずに残った塩酸の重さ

(ウ)　発生した二酸化炭素の重さ

(エ)　反応した塩酸の重さから発生した二酸化炭素の重さを引いた重さ

(オ)　反応した塩酸の重さに発生した二酸化炭素の重さを加えた重さ

(4)　ビーカーと塩酸の重さを変えずに石灰石を10.3g加えたとき，W_4 は何gになりますか。次の中から最も適するものを１つ選んで，記号で答えなさい。

(ア)　3.9g　　(イ)　4.1g　　(ウ)　4.3g　　(エ)　4.5g　　(オ)　4.7g

(5)　石灰石の代わりにマグネシウム片10.0gを加えたところ，気体が発生し，すべてとけました。このときの反応後のビーカーと水よう液の重さの合計に関する記述として，正しいものを次の中から１つ選んで，記号で答えなさい。

(ア)　加えた固体はとけて水よう液の一部となっているので，反応後のビーカーと水よう液の重さの合計は215.0gとなる。

(イ)　加えた固体はとけてなくなるので，反応後のビーカーと水よう液の重さの合計は205.0gとなる。

(ウ)　空気より軽い気体が発生し，反応後のビーカーと水よう液の重さの合計は215.0gよりも小さくなる。

(エ)　空気より軽い気体が発生し，反応後のビーカーと水よう液の重さの合計は215.0gよりも大きくなる。

(オ)　空気より重い気体が発生し，反応後のビーカーと水よう液の重さの合計は215.0gよりも小さくなる。

(カ)　空気より重い気体が発生し，反応後のビーカーと水よう液の重さの合計は215.0gよりも大きくなる。

気体の反応の前後で物質の体積にどのような変化があるかを調べるために，次の実験を行いました。

【実験２】

図２のような気体の体積を測ることのできる容器に電極を取り付けて，水素と酸素の混合気体 100cm^3 を入れました。電極で電気火花を起こして点火すると水素が燃焼し，気体部分の体積が減少しました。混合気体にふくまれる水素と酸素の体積の割合を表２の①〜④のように変えながら，点火後に残った気体の体積を測定しました。測定するときには，容器の内側と外側

の水面を同じ高さに合わせました。実験中，容器内の水蒸気は無視できるものとし，水素の燃焼により生じた水はすべて水そうの水の一部になるものとします。また，温度変化による気体の体積の変化はないものとします。

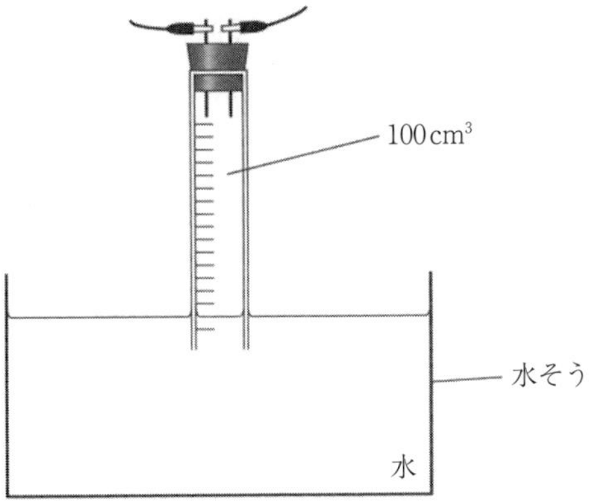

図２

表２

	①	②	③	④
水素〔cm³〕	20	40	60	80
酸素〔cm³〕	80	60	40	20
点火後に残った気体〔cm³〕	70	40	10	（ Y ）

(6) 水素と酸素が反応するときにはいつも決まった体積比で反応します。表２の（　Y　）に当てはまる値と，このとき残った気体の種類を答えなさい。ただし，値が割り切れない場合は小数第１位を四捨五入して整数で答えること。

(7) 水素と空気を50cm³ずつ入れて点火すると，実験後に残る気体の体積は何cm³になりますか。ただし，空気は体積で80％のちっ素と20％の酸素のみからなるものとします。値が割り切れない場合は小数第１位を四捨五入して整数で答えなさい。

(8) 一酸化炭素は炭素をふくむ物質の不完全燃焼で生じ，空気中で燃やすと二酸化炭素が生じます。いま，実験２の装置の水に水酸化ナトリウムをとかし，一酸化炭素20cm³と空気80cm³を容器に入れて点火すると，一酸化炭素がすべて燃焼し，生じた二酸化炭素は水酸化ナトリウム水よう液にすべて吸収されました。このとき残った気体の体積は70cm³でした。残った気体にふくまれる酸素は何cm³ですか。ただし，空気は体積で80％のちっ素と20％の酸素のみからなるものとします。値が割り切れない場合は小数第１位を四捨五入して整数で答えなさい。

不思議と馴染《なじ》んでくるものだとよく知っていたからだ。④兄弟はただ黙《だま》って、チョッキと苺とシャンプーと夜更かしの小石がカチカチと鳴る音に、耳を澄《す》ませるばかりだった。

（作問の都合上省略した部分があります。）

問一　――線部①〈母親にとって一つ希望の光が差したのは、弟にだけは兄の言葉が通じていると気づいた時だった〉について、ここで母親は、どのように考えることで「希望」を見出《みいだ》したのですか。解答欄《かいとうらん》の「と考えること。」につながる形で、**10**字以内で説明しなさい。

問二　――線部②〈言語学者は雑音の一言で片付けた〉について、言語学者がこのように判断したのは、お兄さんの言葉がどのようなものだったからですか。解答欄の「お兄さんの言葉が」という書き出しに続けて、**15**字以上**25**字以内で説明しなさい。

問三　――線部③〈小島に接岸する小父さんの手漕ぎボートに同乗したがり、できれば自分でオールを漕ぎたいほどの熱意を見せた〉とありますが、それはどういうことですか。**50**字以上**60**字以内で説明しなさい。

問四　――線部④〈兄弟はただ黙って、チョッキと苺とシャンプーと夜更かしの小石がカチカチと鳴る音に、耳を澄ませるばかりだった〉とありますが、それはどういうことですか。お兄さんの言葉の特徴を踏《ふ》まえて**70**字以上**80**字以内で説明しなさい。

お兄さんの言語を知らない人に、それを再現して聞かせるのは、たとえ小父さんでも難しかった。分かることと、喋ることは別だった。カードの絵を当てるように、単語一つ一つを発音するのは可能だとしても、それは単なる断片《だんぺん》に過ぎず、言語の全体を支える骨格と、根底を流れる響《ひび》きの魅力をよみがえらせるのは不可能だった。

②言語学者は雑音の一言で片付けたが、愚《おろ》かとしか言いようがない。お兄さんの言語は乱雑さとは正反対にあった。文法は例外を許さない強固なルールに則《のっと》って組み立てられ、語彙《ごい》は豊富で、時制、人称《にんしょう》、活用形なども整っていた。好ましい素朴《そぼく》さと、長い年月を費《つい》やして形成された地層のような安定と、思いがけない細やかさが絶妙《ぜつみょう》に共存していた。

しかし最も特徴《とくちょう》があるのは発音だった。音節の連なりには、誰も真似《まね》できない独特な抑揚《よくよう》と間があった。ただ単に独り言をつぶやいているだけの時でも、まるでお兄さん一人にしか見えない誰かに向かって、歌を捧《ささ》げているかのように聞こえた。一番近いのは何かと聞かれれば、それはやはり、僕《ぼく》たちが忘れてしまった言葉、といつかお兄さんが言い表した、小鳥のさえずりだった。

それほどの言語であったのに、お兄さんは書き言葉を残さなかった。喋るだけで十分、紙に書く必要などない、という態度だった。逆に言えば、耳と目をつなぐ目印となるものがないままに、一つの言語を編み出したことになる。小鳥のさえずりだけをお手本に、お兄さんはただ一人、自分で自分の耳に音を響《ひび》かせながら、小島に散らばる言葉の小石を、一個一個ポケットに忍《しの》ばせた。小鳥たちのさえずりからこぼれ落ちた言葉の結晶《けっしょう》を、拾い集めていった。

当然ながら母親は、③小島に接岸する小父さんの手漕ぎボートに同乗したがり、できれば自分でオールを漕ぎたいほどの熱意を見せた。小島に上陸できるのならば、どんな努力もいとわなかった。小父さんの手を借りながら、彼女は少しずつ息子の言葉を覚えようとし、実際、最初の頃の訳も分からない状態から脱《だっ》したが、小父さんからすれば十分とは言いがたかった。彼女の耳は既《すで》に、語尾《ごび》の微妙《びみょう》な変化を聞き分ける柔軟性《じゅうなんせい》を失っていたし、しばしば、こうあってほしいという願望を織《お》り込《こ》んで、本来の意味を歪《ゆが》める場合があった。

それでも母親は、自分には息子の言葉が分かる、との自負を持つようになった。お兄さんの言っている意味が分からない時でも、分かった振りをした。振りを続けながら、本当は分かっているのだと自分に思い込ませた。

母親の間違いに気づいても、小父さんは訂正《ていせい》しなかった。例えばある時、

「チクチクするチョッキは嫌だ」

とお兄さんが言った。

「あら、そう？　安物の苺《いちご》だったからかしら」

と母親は答えた。チョッキと苺は、発音がよく似ているのだった。

「今度からは産毛《うぶげ》をちゃんと洗い落とさなくちゃね」

あくまでも昨夜食べた苺について語る母親の言葉を背中で聞きながら、お兄さんは毛糸のチョッキを脱《ぬ》ぎ、タンスの引き出しの一番下に押し込めた。

あるいはお兄さんが、

「シャンプーはしない。髪《かみ》が濡《ぬ》れると半分死んだ気持になるから」

と言った時は、母親は大きくうなずいて同意した。

「本当にそうねえ。あなたの言うとおり。夜遅《よるおそ》くまで起きているのは、体に毒よ」

シャンプーと夜更《よふ》かしの発音は、さほど似ているとは言えなかった。

小父さんもお兄さんも、母親に向って「間違っている」と言わなかった。どんなに形の違う小石でも、一緒にポケットに入れておくうち、

その訪問には通訳として小父さんも同行した。お兄さんは十三歳、小父さんは六歳になっていた。言語学者のいる研究施設《しせつ》は、汽車を乗《の》り継《つ》いで三時間近くもかかる遠い海沿いの街にあった。母子三人で一《いっ》緒《しょ》に遠出をするのはそれが初めてで、そして最後になった。（中略）

研究所は古めかしく陰気《いんき》くさい建物で、両側にいくつも扉《とびら》の並ぶ、黒光りする廊下《ろうか》が長く続いていた。母親はお兄さんの手をしっかりと握《にぎ》り、小父さんはその後ろを遅《おく》れないようについていった。時折すれ違う人はあったが、場違いな親子連れに注意を払《はら》う者はいなかった。薄暗《うすくら》がりの中、バスケットの留め金だけがぼんやり光って見えていた。

言語学者はぼそぼそとはっきりしない声で喋る、ほとんど腰《こし》の曲がりかけた老人だった。三人を歓迎《かんげい》していないのは明らかで、母親が手《て》土産《みやげ》の菓子箱《かしばこ》を差し出しても、面倒《めんどう》そうな表情を見せるばかりだった。呼吸器の病なのか、時折、喉《のど》が破れるような気味の悪い咳《せき》をして小父さんをびっくりさせた。

しかしすぐさま小父さんは、研究室のテーブルにセットされた録音装置に心を奪《うば》われ、言語学者の愛想《あいそ》の悪さも恐《おそ》ろしい咳のことも忘れてしまった。それはかつて彼が見たどんな機械よりも魅惑的《みわくてき》だった。思わず回してみたくてたまらない気持にさせる大小さまざまなつまみ、怯《おび》える昆虫《こんちゅう》の触角《しょっかく》のように左右に振《ふ》れる針、秘密めいた曲線を描《えが》くテープ。何もかもが小父さんを虜《とりこ》にした。

言語学者は絵の描かれたカードをお兄さんに見せ、それが何か答えさせた。

「スプーン」「天道虫《てんとうむし》」「麦藁帽子《むぎわらぼうし》」「ラッパ」「キリン」

お兄さんは自分の言語で答えた。

言語学者によって何度繰《く》り返《かえ》しめくられてきたのだろう。カードはどれも色あせ、手垢《てあか》で薄汚《うすよご》れ、裏側はセロテープで何重にも補強されていた。天道虫は片脚《かたあし》をもがれ、ラッパの口からは何か奇妙《きみょう》な染《し》みが噴《ふ》き出《だ》し、キリンの首は折れ曲がって、打ちしおれた様子になっていた。

それはあまりにも簡単すぎるテストだった。もちろんお兄さんは全部正解したが、正解だと分かるのは小父さん一人だった。

他にもお兄さんは家族構成や好きな勉強について質問されたり、絵本を読まされたり、童謡《どうよう》を歌わされたりした。適宜《てきぎ》言語学者が録音機を回し、簡単なメモを取った。母親は励《はげ》ますように、息子の背中を撫《な》でた。どう形式を変えようと、お兄さんの口から発せられる言語は一《いっ》貫《かん》していた。その間、白いバスケットを握って離《はな》さなかった以外、彼は礼儀正《れいぎただ》しい態度を保ち続けた。（中略）

「どこの言語でもありません」

不意にテープが止まった。

「単なる雑音です」

母親が、えっ、と聞き返す間もなく言語学者は追《お》い討《う》ちをかけた。

「言葉でさえ、ないものですな」

老人はカードを束ね、大きな音を立てて机の引き出しに仕舞《しま》った。それで終わりだった。

研究対象としている少数言語の収集に、何ら役に立たないことが確《かく》認《にん》された途端《とたん》、老人の表情は一段と無愛想になった。「そうですか……」とただつぶやくばかりの母親を慰《なぐさ》める気配も、お兄さんにいたわりの言葉を掛ける素振《そぶ》りも見せなかった。（中略）

地図にも載《の》らないどこか遠い小島に暮らす、内気で善良な人々が息子の仲間ではないだろうか、という母親の願いは打《う》ち砕《くだ》かれた。小島の住人はお兄さん一人だった。けれどそこは決して荒涼《こうりょう》とした不毛の地ではなかった。波は穏《おだ》やかで、思索《しさく》にふけるに相応しい木陰《こかげ》があちこちにあり、頭上では小鳥たちがさえずっている。そしていつでも小父さんが好きな時に、手漕《てこ》ぎボートに乗って接岸することができる。

よその子供に比べれば、多少ゆっくりとしたペースではあったものの、ちゃんと言葉を覚え、字を書く練習にも取り組んでいたお兄さんが、どういうきっかけからか無口な数か月を過ごしたのち、不意に意味不明の言葉を喋り出した時、母親は驚《おどろ》きうろたえた。脳《のう》の発達途《と》中《ちゅう》に起こる一時的な混乱《こんらん》で、知恵熱《ちえねつ》みたいなものに違《ちが》いないと、自らを納得《なっとく》させてみたり、大人をからかうちょっとした冗談《じょうだん》だろう、明日になればすっかり元通りだと、ことさら楽観的に考えてみたりした。しかし母親の願いは叶《かな》えられなかった。いつまで経《た》っても〝正しい〟言葉は戻《もど》ってこなかった。

もちろんあらゆる努力がなされた。検査入院、精神分析《ぶんせき》、薬物投与《とうよ》、言語訓練、断食療法《だんじきりょうほう》、転地療養……。お兄さんは嫌《いや》がらず、母親をはじめ大人たちの指示に素直《すなお》に従《したが》った。クレヨンで家族の絵を描《えが》き、苦い粉薬を飲み、電流を流す必要があると言われれば黙《だま》って頭を差し出した。けれどお兄さんがそうしたのは、治りたいからではなく、母親をこれ以上がっかりさせないためだった。

彼女《かのじょ》の努力にもかかわらず、お兄さんの新しい言語は廃《すた》れるどころか逆に勢力を伸《の》ばし、彼《かれ》の中にひたひたと浸透《しんとう》していった。日々単語の数は増え、文章は繊細《せんさい》になり、文法は固定化された。声帯と舌と唇《くちびる》は新しい動き方を習得し、たちまちそれに慣れ、以前よりむしろ活発になったようでさえあった。元の言語はひっそりと退場していった。

どんなにじたばたしても無駄《むだ》だと悟《さと》って以降《いこう》の母親は、その問題に関し、思慮深《しりょぶか》い態度を貫《つらぬ》いた。イライラして声を荒《あら》げたり、泣いて懇《こん》願《がん》したり、投げやりになったりはしなかった。会話が成立しないと分かっていても息子《むすこ》に話《はな》し掛《か》け、彼が何を言おうとしているか推《お》し量《はか》ろうと努めた。その愛情深い態度は、生涯《しょうがい》を通し、彼女が息子に対して示し続けたものだった。

①母親にとって一つ希望の光が差したのは、弟にだけは兄の言葉が通じていると気づいた時だった。兄の言葉が変わってしまったあとも、兄弟は以前と同じように顔を突《つ》き合《あ》わせ、二人だけの遊びに熱中していた。そこに混乱は見られなかった。

「なぜ分かるの？」

母親は何度も弟に尋《たず》ねた。しかし弟はもじもじするばかりで何も答えられなかった。

なぜ分かるのか。母親が死に、お兄さんが死んだあとになっても時折、小父さんはその問いについて考えてみたが、やはり適切な理由は思《おも》い浮《う》かばなかった。そもそも分かる、というのがどういうことなのかがあいまいだった。小父さんにとって、その言語は、自分のすぐそばにお兄さんがいるのと同じくらいの確かさを持っていた。威風堂々《いふうどうどう》として、ごく自然で、どこにも疑問を差し挟《はさ》む余地はなかった。お兄さんが一言発すれば、小父さんの鼓膜《こまく》は相応《ふさわ》しい形に窪《くぼ》み、それを受け止め、二人の間を秘密の信号で結んだ。兄弟の鼓膜には、二人だけに通じる、生まれる前からの約束が取《と》り交《か》わされていた、としか言いようがない。（中略）

どういういきさつからか、一度母親が言語学の専門家にお兄さんの言葉を聞いてもらおうと試みたことがあった。息子はただ自分勝手に滅茶苦茶《めちゃくちゃ》に喋っているのではない、周囲の人間が知らないだけで、実はこれは、どこか遠い国の人々が実際に使っている言語なのかもしれない、息子はいつの間にかそれを習得したのだ、誰にも気づかれないうちに、こっそりと……。そう彼女は考えはじめていた。息子の発する言葉の受け手が、弟たった一人ではあまりにもかわいそうすぎて我《が》慢《まん》ができなかったのか、あるいは、少数言語を独学で身につける特別な才能が、息子に授《さず》けられたのではないかという幻想《げんそう》にすがりたかったのか、いずれにしても母親は必死だった。

とつしかありません。

そのときの自分の全力を尽《つ》くす。自分のすべてをそこに投じるというのがそれです。その意味は、無心、つまり、まっさらな心で一つひとつの作業にあたるということです。集中力がもっとも高まるのがその状態なのです。

「禅の庭」では敷《し》いた白砂《はくしゃ》に箒目《ほうきめ》(砂紋《さもん》)をつけます。注6 レーキのようなかたちをした鉄製の専用道具を使うのですが、心に迷いや戸惑《とまど》い、雑念があると、きれいな箒目は引けません。ゆがんだり、曲がったりするのです。

石の置き方にしてもそう。ああでもないこうでもない、と考えてしまって、ピタリと位置が定まりません。そのときは仕切り直しが必要です。「しっくりこないが、まあ、いいか」は「禅の庭」づくりにはないのです。

自分の力量があらわれるということは、④怖《こわ》いことである反面、おもしろさでもあります。つくった「禅の庭」によって力量の向上、自分の成長が感じとれるのです。

(枡野俊明『人生は凸凹だからおもしろい　逆境を乗り越えるための「禅」の作法』より。
問題作成の都合上、表現を改めた部分があります。)

注1　古刹—歴史のある古い寺。
注2　会得—よく理解して自分のものとする。
注3　在野の人—ここでは、僧侶になっていない一般《いっぱん》の民間人のこと。
注4　薫陶—よい影響《えいきょう》、感化。
注5　指標—目じるし。
注6　レーキ—鉄製の歯を、くし形に並べて柄《え》をつけた器具。くま手。

問一　——線部①〈禅寺の庭であっても「禅の庭」ではない〉とありますが、筆者は「禅の庭」であるためには何が必要だと考えていますか。**15**字以内で答えなさい。

問二　——線部②〈自然という禅の美を映し出した「禅の庭」がそこにつくり出される〉とありますが、筆者は〈自然という禅の美を映し出〉すためには、どのようにすべきだと考えていますか。主語も含めて**15**字以上**25**字以内で答えなさい。

問三　——線部③〈「禅の庭」をつくる作業は一瞬一瞬が正念場です〉とありますが、〈「禅の庭」をつくる〉作業が、なぜ「正念場」となるのですか。「禅の世界では」に続く形で、**20**字以上**30**字以内で答えなさい。

問四　——線部④〈怖いことである反面、おもしろさ〉とありますが、それはなぜですか。本文全体をふまえて、**60**字以上**70**字以内で説明しなさい。

四

この文章は小川洋子の『ことり』の一部です。よく読んで、後の問いに答えなさい。

幼稚園《ようちえん》の鳥小屋の掃除《そうじ》をしているうちに子供《こども》たちから〈小鳥の小父《おじ》さん〉と呼《よ》ばれるようになった主人公には、七つ上のお兄さんがいました。

次の文章は兄弟がまだ幼《おさな》い頃《ころ》の話です。

お兄さんが自分で編み出した言語で喋《しゃべ》りはじめたのは、十一歳《さい》を過ぎたあたりの頃だったので、小鳥の小父さんが物心ついた時には既《すで》に、その言語は完成され、揺《ゆ》るぎない地位を確立していた。つまり小父さんはお兄さんが、両親や近所のおばさんやラジオのアナウンサーが喋っている、誰《だれ》にでも通じるごく当たり前の言葉を口にするのを、一度も聞いたことがなかった。

「禅の庭」であるか、そうでないかを分かつのは〝形式〟ではないのです。禅の修行によって、あるいは禅僧の薫陶によって、自分が到達《とうたつ》（会得）した禅的な心の境地が、そこに表現されているか否《いな》か。それが「禅の庭」であるか、ただ形式に倣った庭であるか、を分ける〝注5指標〟といっていいでしょう。

（中略）

「自然」は「しぜん」ではなく、「じねん」と読みます。たくまないというのがその意味です。「禅の庭」づくりで不可欠なのがこの姿勢、心の在り様です。庭にかぎらず、何かをつくるときにふと頭をよぎるのが、「うまくつくってやろう」という思いでしょう。そう、自我《じが》が前面に出てしまうのです。

それが作為《さくい》につながります。すなわち、「どうつくったら人が『みごと！』と感じるだろう」「人に『すばらしい！』といわせるにはどうしたらいいのだろう」といったことにとらわれるわけです。たくむ心、たくらみの思いが頭をもたげてくる。

そうしてできあがった「禅の庭」はいたずらに技巧《ぎこう》に走ったものにならざるを得ません。禅の美とはほど遠いものになってしまうのです。「禅の庭」づくりを担《にな》う石立僧《いしだてそう》であった鉄船宗熙《てっせんそうき》にこんな言葉があります。

「三万里程を寸尺に縮む」

三万里程とは雄大《ゆうだい》な大自然のことです。その大自然の景観、景色をわずかな空間に落《お》とし込《こ》むというのがこの言葉の意味です。これが「禅の庭」、とりわけ枯山水の本来の姿です。もちろん、〝つくる〟という作業をするわけですから、自然をそのまま表現することはできません。しかし、そのなかで、できるかぎりありのままの自然を感じさせるものにしていくことにつとめる。

そのために大切なのは、自我（作為）を削《そ》ぎ落《お》とし、無我（無心）になることです。どこまで無我になることができるかで、「禅の庭」のできばえは決まる。そういってもけっして過言ではありません。無我になることによって、②自然という禅の美を映し出した「禅の庭」がそこにつくり出されるのです。

無我になるとはこういうことだ、とわたしは思っています。

そのときの自分が、その場所（「禅の庭」をつくる空間）で、できることを精いっぱいやっていく。そのことだけにひたすら心血を注ぐ。そうしていたら、たくむ心にとらわれることはなくなります。

（中略）

③「禅の庭」をつくる作業は一瞬《いっしゅん》一瞬が正念場です。禅では行住坐《ぎょうじゅうざ》臥《が》、すなわち、日常の立ち居ふるまいのすべてが修行であると考えます。「禅の庭」づくりも、もちろん修行。それも、厳しく自分を問われる修行だといっていいでしょう。常に正念場に臨《のぞ》む心がまえをもって作業にあたらなければなりません。

自分を問われるのは、「禅の庭」にはそのときの自分が誤魔化《ごまか》しようもなくあらわれてしまうからです。禅僧として修業を重ねてきて達している心の境地、一般的《いっぱんてき》な言葉を使えば人間性や生き方が、「禅の庭」にはそのままあらわれるのです。

小細工や付《つ》け焼《や》き刃《ば》はいっさい通用しません。たとえば、先人がつくったすばらしい「禅の庭」の石組みをまねて、それを自分がつくる「禅の庭」に展開したとしても、歴然たる違《ちが》いがあからさまになってしまう。見る人が見れば、

「ずいぶん背伸《せの》びをしているが、〝本物〟には及《およ》びもつかないな」

ということになるわけです。そのときの自分の力量（人間性、生き方……）以上のことは、どうあがいてもできないのです。「禅の庭」づくりでいちばん恐《おそ》ろしいのは、そのことだといっていいでしょう。

ですから、「禅の庭」をつくるにあたって最大限にできることはひ

二〇二一年度　芝中学校

【国語】〈第二回試験〉（五〇分）〈満点：一〇〇点〉

一　次の①～⑤の□に当てはまる言葉を語群から選び、漢字で答えなさい。

① 七時三十分発の□行列車に乗る。
② 地球の平□気温を調べる。
③ 温泉の□気で野菜をゆでる。
④ 人間にとって「□食住」はどれも重要だ。
⑤ 配送センターの倉□に品物を保管する。

《語群》　ジョウ　イ　コ　キン　キュウ

二　次の①～⑤の□に当てはまる漢字一字を自分で考えて答えなさい。

① 人類は遠い昔から畑を□していた。
② 誕生日会に家族と食事をしておなかが□たされた。
③ 古代バビロニアは文字を持ち、農業をすることで□えた。
④ 釈迦《しゃか》は一本の蜘蛛《くも》の糸を□らした。
⑤ かごに入れられたニワトリを□してあげた。

三　次の文章を読んで後の問いに答えなさい。

筆者は禅宗《ぜんしゅう》の僧侶《そうりょ》であり、禅の思想と日本文化に根ざした「禅の庭」を創作する庭園デザイナーとして国内外で活躍《かつやく》しています。

「禅の庭」というと、みなさんは禅寺《ぜんでら》にある庭がすべてそうだと思っているのではないでしょうか。もちろん、「禅の庭」のある禅寺もありますが、その多くは注1古刹《こさつ》で、①禅寺の庭であっても「禅の庭」ではないことも少なくないのです。

こんなふうにいうと、禅問答にも似て〝ややこしい〟と感じるかもしれません。説明しましょう。

「禅の庭」であるための要件は端的《たんてき》にいえばひとつです。作者、つまり、つくり手が禅の修行《しゅぎょう》を通して、禅というもの（その考え方や教え、世界観など）を身体で注2会得《えとく》しているというのがそれです。

「禅の庭」には一定の形式がありますから、それを知識として理解し、技法を学べば、形式に則《のっと》った庭、形式に倣《なら》った庭をつくることはできます。たとえば、「禅の庭」の代表的な形式である枯山水《かれさんすい》の庭もできてしまう。

しかし、つくり手が行によって禅を会得していない庭師さんや造園業者さんであったら、その枯山水は「禅の庭」ではないのです。枯山水の形式でつくられた庭といういい方しかできません。少なくとも、わたしはそう考えています。

そうであるからといって、「禅の庭」のつくり手は、必ずしも禅僧である必要はないのです。注3在野の人であっても、長年にわたって禅寺に赴《おもむ》き、住職である禅僧の注4薫陶《くんとう》を受けたり、坐禅《ざぜん》にとり組んだりするなかで、禅を会得していれば（そういう人を居士《こじ》と呼びます）、その人がつくった庭はれっきとした「禅の庭」なのです。

2021年度

芝 中 学 校

▶解説と解答

算 数 ＜第２回試験＞（50分）＜満点：100点＞

解 答

[1] (1) $\frac{11}{42}$ (2) 2021 [2] 75 g [3] (1) 2000, **一の位の数**…1 (2) 36個
[4] 45分, 1.1km [5] 37分間 [6] (1) 3 cm (2) 5 cm [7] (1) 48通り
(2) 2772通り [8] $3\frac{1}{3}$cm [9] (1) 63番目 (2) 123番目 [10] (1) 2 cm
(2) $23\frac{1}{3}$秒後 (3) ⑩ (4) ①→②→⑧→⑨→③→④→⑩→⑪→⑤→⑥

解 説

[1] 四則計算, 逆算

(1) $\left(0.5-\frac{1}{7}\right)\div 5+\frac{1}{35}\times 3.75\div 0.75+\left(\frac{1}{3}-\frac{1}{35}\right)\times\left(0.5-\frac{1}{16}\right)\times\frac{5}{14}=\left(\frac{1}{2}-\frac{1}{7}\right)\div 5+\frac{1}{35}\times 3\frac{3}{4}\div\frac{3}{4}+\left(\frac{35}{105}-\frac{3}{105}\right)\times\left(\frac{1}{2}-\frac{1}{16}\right)\times\frac{5}{14}=\left(\frac{7}{14}-\frac{2}{14}\right)\div 5+\frac{1}{35}\times\frac{15}{4}\times\frac{4}{3}+\frac{32}{105}\times\left(\frac{8}{16}-\frac{1}{16}\right)\times\frac{5}{14}=\frac{5}{14}\times\frac{1}{5}+\frac{1}{7}+\frac{32}{105}\times\frac{7}{16}\times\frac{5}{14}=\frac{1}{14}+\frac{1}{7}+\frac{1}{21}=\frac{3}{42}+\frac{6}{42}+\frac{2}{42}=\frac{11}{42}$

(2) $\left(0.15+\frac{9}{20}\right)\div 0.02+(9\times 9-8\times 8)=\left(0.15+\frac{45}{100}\right)\div 0.02+(81-64)=(0.15+0.45)\div 0.02+17=0.6\div 0.02+17=30+17=47$より, $50-\square\div 47=7$, $\square\div 47=50-7=43$ よって, $\square=43\times 47=2021$

[2] 濃度《のうど》

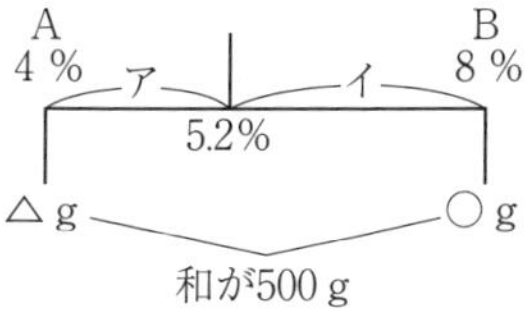

用意されている食塩水Aの量を△g, 食塩水Bの量を○gとして図に表すと, 右の図のようになる。この図で, ア：イ＝(5.2－4)：(8－5.2)＝3：7だから, △：○＝$\frac{1}{3}$：$\frac{1}{7}$＝7：3となる。また, △と○の和は500 gである。よって, △＝$500\times\frac{7}{7+3}$＝350(g), ○＝500－350＝150(g)とわかる。ここで, 食塩水Aから□gを取り出し, 代わりに同じ量の水を加えた食塩水をCとすると, 食塩水Cの量も350 gになる。次に, 4.6%の食塩水500 gにふくまれている食塩は, 500×0.046＝23(g), 食塩水Bにふくまれていた食塩は, 150×0.08＝12(g)なので, 食塩水Cにふくまれていた食塩は, 23－12＝11(g)とわかる。したがって, 食塩水Cは, 11÷0.04＝275(g)の食塩水Aに水を加えたものだから, □＝350－275＝75(g)と求められる。

[3] 数列, 素数の性質

(1組)	1,	3,	~~5~~,	7,	9
(2組)	11,	13,	~~15~~,	17,	19
⋮	⋮	⋮	⋮	⋮	⋮
(9組)	81,	83,	~~85~~,	87,	89
(10組)	91,	93,	~~95~~,	97,	99

(1) 奇数《きすう》は2ごとにあらわれ, 5の倍数は5ごとにあらわれるので, 2と5の最小公倍数である10ごとに組に分けると, 右の図のようになる。また, 1組の和は, 1＋3＋7＋9＝20であり, 各組の同じ位置にある整数は10ずつ大きくなるから, 各組の和は, 10×4＝40ずつ増える。よって, 10組の和は, 20＋40×(10－1)＝380なので, Aの中の数をすべてたすと,

$20+60+\cdots+380=(20+380)\times10\div2=2000$になる。次に，各組の一の位の数をかけると，どの組も，$1\times3\times7\times9=189$となる。つまり，どの組も一の位の数は９になる。さらに，$9\times9=81$，$1\times9=9$，$9\times9=81$，…より，９を奇数個かけた数の一の位は９，９を偶数《ぐうすう》個かけた数の一の位は１になるから，９を10個かけた数の一の位は１である。したがって，Ａの中の数をすべてかけてできる整数の一の位の数は１である。

(2)　Ａの中で，１は約数が｛1｝の１個，９は約数が｛1，３，９｝の３個，49は約数が｛1，７，49｝の３個，81は約数が｛1，３，９，27，81｝の５個で，いずれも約数の個数が奇数個である。また，Ａにふくまれる整数の個数は，$4\times10=40$(個)である。よって，Ａの中で約数の個数が偶数個である整数は，$40-4=36$(個)ある。

4　速さ，つるかめ算

はじめの日に家を出てから公園に着くまでの時間は，８時９分－７時＝１時間９分＝69分であり，右の図１のようにまとめることができる。69分すべて走ったとすると，$12.5\times\frac{69}{60}=\frac{115}{8}$(km)進むので，実際に進んだ距離《きょり》よりも，$\frac{115}{8}-8=\frac{51}{8}$(km)長くなる。ここで，走る代わりに歩くと，進む距離は１時間あたり，$12.5-4=8.5$(km)短くなる。よって，歩いた時間は，$\frac{51}{8}\div8.5=\frac{3}{4}$(時間)，つまり，$60\times\frac{3}{4}=45$(分)と求められる。また，次の日の進行のようすを図に表すと，上の図２のようになる。図２で，走った時間は，$8\div12.5=\frac{16}{25}$(時間)，つまり，$60\times\frac{16}{25}=38.4$(分)であり，走る前に家に，$1\frac{36}{60}=1.6$(分)いたから，Ａ君が家に戻《もど》った時刻は，８時13分－(38.4分＋1.6分)＝７時73分－40分＝７時33分とわかる。したがって，歩いた時間は，７時33分－７時＝33分なので，歩いた距離は，$4\times\frac{33}{60}=2.2$(km)であり，家から忘れ物に気がついた地点までの距離は，$2.2\div2=1.1$(km)と求められる。

図１

歩く(時速４km)　｝合わせて
走る(時速12.5km)｝69分で８km

図２

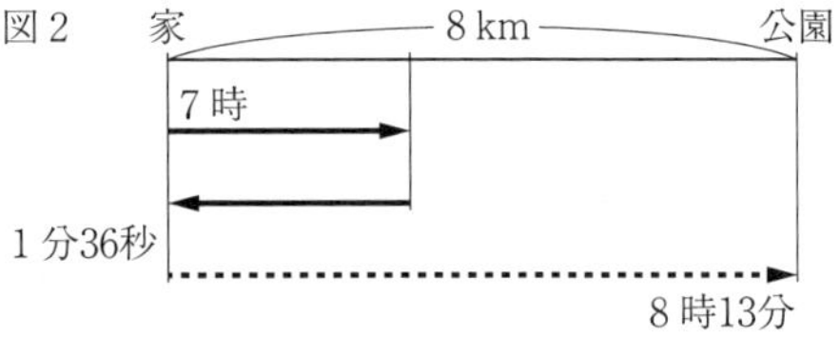

5　水の深さと体積

水そうの容積を45と60の最小公倍数である180とすると，Ａから１分間に入る量は，$180\div45=4$，Ｂから１分間に出る量は，$180\div60=3$となる。すると，ＡとＢを開けたときに１分間に増える量は，$4-3=1$となるので，20分後の水の量は，$1\times20=20$となり，右のグラフのように表すことができる。このグラフで，最後の36分間で増えた量は，$1\times36=36$だから，ア＝180－36＝144とわかる。また，Ｂだけを開けた８分間で減った量は，$3\times8=24$なので，イ＝144＋24＝168と求められる。よって，Ａだけを開けている間に増えた量は，168－20＝148だから，Ａだけを開けていた時間(□)は，$148\div4=37$(分間)とわかる。

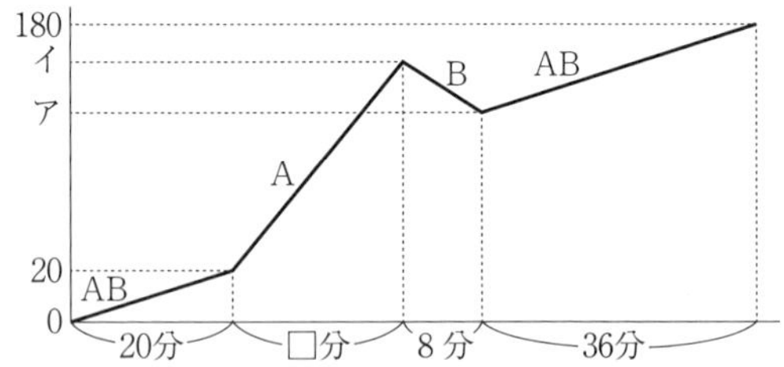

〔ほかの考え方〕　Ｂを開けていた時間の合計は，20＋８＋36＝64(分)なので，Ｂから排水《はいすい》した量の合計は，$3\times64=192$である。よって，Ａから入れた量の合計は，180＋192＝372なので，Ａを

開けていた時間の合計は，372÷４＝93(分)とわかる。したがって，□＝93－(20＋36)＝37(分間)と求めることもできる。

6 平面図形―相似

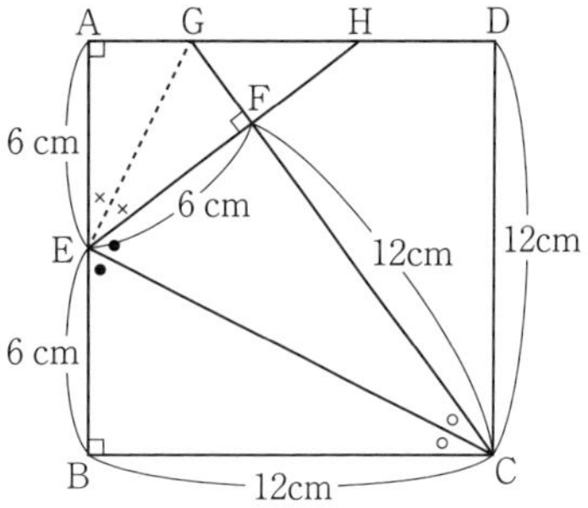

⑴　右の図で，三角形BCEと三角形FCEは合同だから，●印と○印をつけた角の大きさはそれぞれ等しい。また，三角形AEGと三角形FEGは合同なので，×印をつけた角の大きさは等しい。ここで，●２個と×２個の和は180度だから，●１個と×１個の和は，180÷２＝90(度)になる。さらに，●１個と○１個の和は，180－90＝90(度)である。よって，×と○の大きさは等しいので，三角形AEGと三角形BCEは相似になり，相似比は，AE：BC＝６：12＝１：２となる。したがって，AGの長さは，BE×$\frac{1}{2}$＝６×$\frac{1}{2}$＝３(cm)と求められる。

⑵　三角形FGHと三角形DGCは相似であり，FG＝AG＝３cm，DG＝12－３＝９(cm)より，相似比は，FG：DG＝３：９＝１：３とわかる。よって，GHの長さは，GC×$\frac{1}{3}$＝(３＋12)×$\frac{1}{3}$＝５(cm)と求められる。

7 場合の数

⑴　最も少ない回数でＡさんが優勝するのは，Ａさんが４回連続して勝つ場合，つまり，２枚→４枚→４枚→４枚の順(…㋐)か，４枚→２枚→４枚→４枚の順(…㋑)か，４枚→４枚→２枚→４枚の順(…㋒)か，４枚→４枚→４枚→２枚の順(…㋓)にカードを出す場合である。また，２枚出すような手の出し方は１通りあり，４枚出すような手の出し方は２通りある。よって，㋐は，１×２×２×２＝８(通り)あり，同様に，㋑，㋒も８通りずつある。㋓は，４回目はグー，チョキ，パーのどれで勝っても２枚出すことができるとすると，２×２×２×３＝24(通り)ある。したがって，２人の手の出し方は全部で，８＋８＋８＋24＝48(通り)と求められる。

⑵　最も多い回数でＡさんが優勝するのは，ＡさんとＢさんがグーで６回ずつ勝ち，最後にＡさんがグー，チョキ，パーのどれかで勝つ場合である。１回目から，６×２＝12(回目)までのうち，Ａさん(またはＢさん)が勝つ６回の選び方は，12個から６個を選ぶ組み合わせの数と等しいので，$\frac{12\times11\times10\times9\times8\times7}{6\times5\times4\times3\times2\times1}$＝924(通り)ある。また，最後のＡさんの手の出し方は３通りある。よって，２人の手の出し方は全部で，924×３＝2772(通り)と求められる。

8 立体図形―分割，相似

右の図１のように，ACとQPを延長して交わる点をＧとすると，直線GRと辺BCが交わる点がＳになる。図１で，三角形GPCと三角形GQAは相似であり，

図１

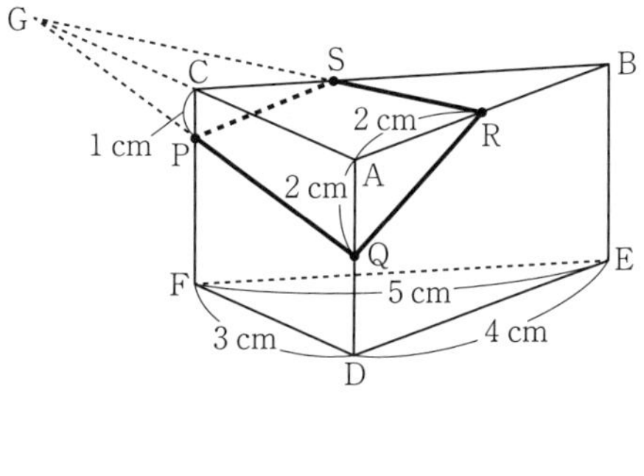

図２

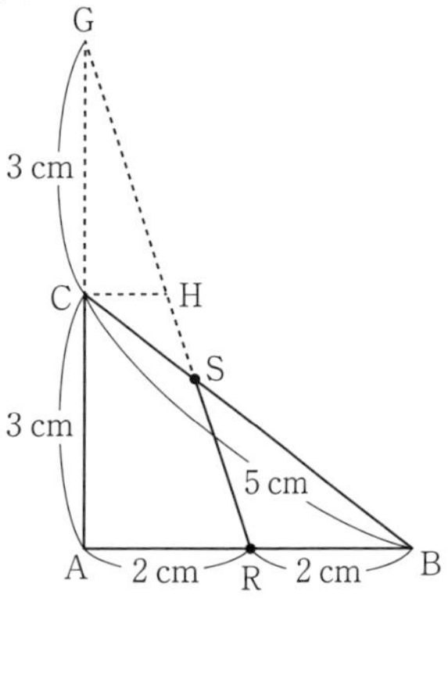

相似比は，CP：AQ＝１：２だから，GC：CA＝１：（２－１）＝１：１となり，GC＝３cmとわかる。よって，真上から見ると，上の図２のようになる。図２のように，Cを通りABに平行な直線CHを引くと，三角形GCHと三角形GARは相似であり，相似比は，GC：GA＝３：（３＋３）＝１：２なので，CH＝AR×$\frac{1}{2}$＝２×$\frac{1}{2}$＝１(cm)とわかる。さらに，三角形CSHと三角形BSRは相似であり，相似比は，CH：BR＝１：２だから，BS＝５×$\frac{2}{1+2}$＝$\frac{10}{3}$＝$3\frac{1}{3}$(cm)と求められる。

9 数列

(1) 右の図のように４個ずつの組に分けると，N組には左から順に，Nを１倍，２倍，３倍，４倍した数が並ぶ。よって，48が１回目に出てくるのは，48÷４＝12(組)の左から４番目であり，２回目に出てくるのは，48÷３＝16(組)の左から３番目とわかる。したがって，２回目に出てくるのは１から数えて，４×(16－１)＋３＝63(番目)である。

(１組)	1,	2,	3,	4
(２組)	2,	4,	6,	8
(３組)	3,	6,	9,	12
⋮	⋮	⋮	⋮	⋮
(12組)	12,	24,	36,	48
⋮	⋮	⋮	⋮	⋮
(16組)	16,	32,	48,	64

(2) １組の和は，１＋２＋３＋４＝10である。また，各組の和は１組の和をそれぞれ２倍，３倍，…にしたものなので，１組からN組までの和は，10＋20＋30＋…＋(10×N)＝(10＋10×N)×N÷２と表すことができる。よって，はじめに，この式の値が4836以下になる最も大きいNの値を求める。N＝30とすると，(10＋10×30)×30÷２＝4650，N＝31とすると，(10＋10×31)×31÷２＝4960となるので，最も大きいNの値は30であり，１組から30組までの和が4650とわかる。さらに，31組の数は{31，62，93，124}なので，4650＋31＝4681，4681＋62＝4743，4743＋93＝4836より，和が4836になるのは，31組の３番目までたしたときとわかる。したがって，和が4836になるのは１から，４×30＋３＝123(番目)までたしたときである。

10 グラフ―図形上の点の移動，速さと比

(1) ＰとＱの速さの比が２：１であり，10秒後にＰとＱが出会っていることから，出発してから10秒後までは右の図１のように動いたことがわかる。よって，Ｐの速さは毎秒，10×２÷10＝２(cm)である。

図１

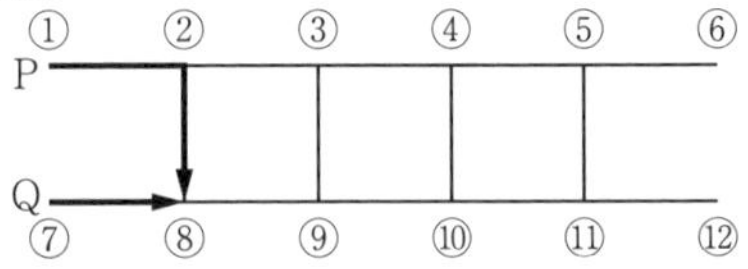

(2) Ｐは，10÷２＝５(秒)ごとに１つの辺を動き，Ｑは10秒ごとに１つの辺を動くので，ＰとＱは右の図２のように動いている(Ｐは45秒後に⑥の地点に到《とう》着《ちゃく》して止まる)。よって，20秒後には，右下の図３のように，Ｐは③の地点，Ｑは⑨の地点にいて，このときのPQ間の経路は10cmとなる。この後，PQ間の経路は長くなっていき，ＰとＱが動いた長さの和が10cmになったとき(あ秒後)に，10＋10＝20(cm)となり，その後は短くなっていき，ＰとＱが⑩の地点に到着したときに０cmとなる。したがって，PQ間の経路が20cmになるのはＰが③の地点から，10×$\frac{2}{2+1}$＝$\frac{20}{3}$(cm)動いたときなので，あは，20＋$\frac{20}{3}$÷２＝$23\frac{1}{3}$(秒後)と求められる。

図２

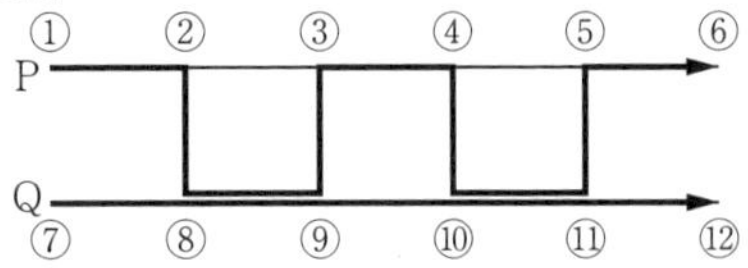

図３

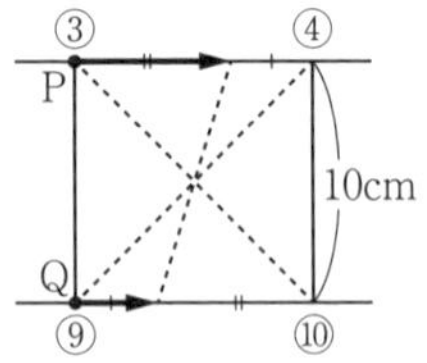

(3) Ｐは５秒ごとに１つの辺を動くから，30秒後には⑩の地点に到着する。

(4) Ｐが止まるまでにたどった地点は，①→②→⑧→⑨→③→④→⑩→⑪→⑤→⑥となる。

社　会　＜第２回試験＞（40分）＜満点：75点＞

解　答

1　**問１**　(1)　ウ　(2)　エ　(3)　ア　**問２**　エ　**問３**　カ　**問４**　ア　**問５**　ア　**問６**　エ　**問７**　エ　**問８**　エ　**問９**　エ　**問10**　インドネシア　2　**問１**　**下線部１**…オ，平清盛　**下線部３**…ア，豊臣秀吉　**問２**　エ　**問３**　エ　**問４**　オ　**問５**　ウ　**問６**　藤原頼通　**問７**　ア　**問８**　下剋上　**問９**　ア　**問10**　オ　**問11**　渋沢栄一　**問12**　イ　**問13**　イ　**問14**　エ　3　**問１**　ウ　**問２**　(1)　ウ　(2)　公聴会　**問３**　(1)　イ　(2)　ウ　(3)　行政委員会　(4)　地方交付税交付金　(5)　共助　**問４**　イ　**問５**　ウ　4　**問１**　需要(と、)供給　**問２**　イ　**問３**　ラグビー　**問４**　(例)　公平とは言えない手段で商品を買い占め，転売するなど，対等な条件とは言えない取り引きが行われ，それを防ごうとする企業には大きな負担が強いられる。経済的自由は尊重すべきであるが，そうした状況が続けば，法律による規制が必要になってくる。

解　説

1　北海道・東北地方の自然環境と産業を中心とした問題

問１　(1)　ウの洞爺《とうや》湖は北海道南西部にあるカルデラ湖で，付近にある有珠《うす》山や昭和新山などとともに，一帯は世界ジオパークに認定されている。　(2)　エの小川原湖は青森県東部にある汽水湖で，わかさぎ，しらうお，しじみなどの水産資源が豊富なことで知られる。　(3)　アのサロマ湖は北海道北東部にある全国第３位の面積を持つ湖で，かきやほたて貝の養殖《ようしょく》がさかんなことで知られる。　なお，イは屈斜路《くっしゃろ》湖(北海道)，オは十和田《とわだ》湖(青森県・秋田県)，カは田沢湖(秋田県)。

問２　(4)　Ｂの北海道東部の太平洋沿岸は，沖合いを寒流の親潮(千島海流)が流れ，さらにその南を暖流の黒潮(日本海流)が流れており，夏にはその上を南東の季節風が吹いてくることから，温度差により濃霧が発生しやすくなる。　(5)　Ａの北海道北東部のオホーツク海沿岸は，北から押し寄せてくる流氷が２～３月ごろに接岸することで知られる。　(6)　Ｃの三陸海岸の南部は，代表的なリアス海岸であり，多くの漁港があるほか，かきやわかめの養殖もさかんである。

問３　(7)　Ｆの八郎潟(秋田県)は，かつては琵琶湖(滋賀県)につぐ日本第２位の面積を持つ湖であったが，1950～70年代に行われた干拓《かんたく》工事により，大部分が陸地化された。干拓地には大潟村が建設され，機械を用いた大型農業が行われている。　(8)　泥炭《でいたん》地が広がるＥの石狩《いしかり》平野(北海道)では，第二次世界大戦後，ほかの場所から土を運び入れる「客土」による土地改良が進められ，全国有数の稲作地帯となった。　(9)　Ｄの根釧《こんせん》台地(北海道)は火山灰の台地で，また沖合を流れる寒流の親潮の影響で夏に濃霧が発生して日光が届かず気温が低いため，作物の栽培には適さず原野が広がっていた。しかし，第二次世界大戦後，パイロットファームとよばれる実験農場や別海町を中心とする「新酪農《らくのう》村」計画などにより，酪農地帯となった。

問４　水揚《みずあ》げ量の合計が多いⅠとⅡのうち，たら類の水揚げ量が特に多いⅠはＧの釧路《くしろ》港(北海道)，さば類といか類の水揚げ量が特に多いⅡはＨの八戸《はちのへ》港(青森県)と判断できる。残るⅢはⅠの気仙沼《けせんぬま》港(宮城県)で，三陸沖の豊かな漁場を控え，暖流系の魚であるかつお類・まぐろ類や，寒流系の魚であるさんまなどの水揚げ量が多い。特にかつおについては，春から夏に北上し，秋に三陸沖を南下する「戻りがつお」が多く水揚げされる。

問５　樹園地の割合が他よりも高いⅣはりんごの生産がさかんな青森県，牧草地の割合が他よりも高いⅤは酪農がさかんな岩手県，田の割合が非常に高いⅥは米の収穫量が新潟県，北海道についで全国第３位である秋田県と判断できる。

問６　Ｊはぶりで，富山県と石川県が面する富山湾ではぶり漁がさかんである。特に11～２月ごろ，日本海を南下してくるものをとった「寒ぶり」がよく知られている。Ｋはヨーグルトで，上位の岩手県と千葉県はどちらも酪農がさかんであり，牛乳や乳製品の生産量が多い。Ｌはかまぼこで，上位の県はいずれも水産業と水産加工業がさかんであり，特に第１位の宮城県は仙台市の「笹かまぼこ」などかまぼこが特産品となっている。

問７　いずれも東北三大祭りに数えられる祭りについて述べた文で，Ｍは秋田市の秋田竿燈《かんとう》まつり，Ｎは青森市の青森ねぶた祭，Ｏは仙台市の仙台七夕まつりである。

問８　太陽光は全国各地に，風力は全国各地の海岸沿いに，地熱は東北地方や九州地方に，それぞれ発電所が多く分布している。よって，東北地方に属する秋田県と岩手県の占《し》める割合が高いＲは地熱，各道県の占める割合が低いＱは太陽光，残ったＰは風力と判断できる。

問９　Ⅷは，総出荷額が最も多く，石油・石炭製品や鉄鋼が上位にあることから，北海道と判断できる。また，北海道で出荷額が最も多いＳは食料品で，北海道だけに上位に入っているＵはパルプ・紙，残ったＴは輸送用機械とわかる。なお，ⅦとⅨのうち，総出荷額がより多いⅦが宮城県で，少ない方のⅨが岩手県である。

問10　米の生産量は世界第１位の中国と第２位のインドだけで世界の生産量の約半分を占め，以下，インドネシア，バングラデシュ，ベトナム，タイ，ミャンマー，フィリピンなどのアジア各国が続く。インドネシアの人口は約2.7億人で，中国(約14.3億人)，インド(約13.7億人)，アメリカ合衆国(約3.3億人)についで人口が多い。また，インドネシアでは米が主食とされており，農業は稲作が中心である。統計資料は『日本国勢図会』2020／21年版による。

２　外交を中心とした歴史についての問題

問１　アは豊臣秀吉，イは源頼朝，ウは徳川家康，エは足利義満，オは平清盛について，それぞれ述べた文である。12世紀後半，平清盛は大輪田泊《おおわだのとまり》(現在の神戸港の一部)を修築するなど瀬戸内海の航路を整備し，宋(中国)と貿易を行って大きな利益をあげた。また，豊臣秀吉は1590年に全国統一をはたすと，明(中国)の征服《せいふく》をくわだて，まず朝鮮に明への先導役をつとめるよう要求した。しかし，朝鮮がこれを拒否したことから，1592～93年(文禄《ぶんろく》の役)と1597～98年(慶長《けいちょう》の役)の２度にわたり遠征軍を派遣(朝鮮出兵)し，苦戦が続く中で病死した。

問２　勘合《かんごう》は明の政府が発行するものであったから，Ｘは誤り。また，日明貿易におけるおもな輸入品は銅銭，生糸，絹織物で，鉄砲や火薬は南蛮《なんばん》貿易における輸入品であったから，Ｙも誤りである。

問３　1905年，日露戦争の講和会議がアメリカのポーツマスで開かれ，外務大臣の小村寿太郎《じゅたろう》が日本代表として講和条約に調印した。小村は1911年，アメリカとの間で関税自主権の回復に成功し，幕末に結ばれた不平等条約の改正を達成したことでも知られる。なお，不平等条約のうちの領事裁判権(治外法権)は，1894年に外務大臣の陸奥《むつ》宗光《むねみつ》が撤廃《てっぱい》に成功した。

問４　Ⅰは５世紀，Ⅱは６世紀後半，Ⅲは４世紀末のできごとである。

問５　ア「桓武天皇」ではなく「聖武天皇」が正しい。桓武天皇は794年に平安京(京都府)に都を移した天皇である。　イ，エ　平安時代にあてはまることがらである。　ウ　天平文化が栄えたのは奈良時代で，この時代には歴史書の『古事記』と『日本書紀』が編さんされているから，正しい。

問６　写真の建物は11世紀半ばに藤原頼通《よりみち》が宇治(京都府)に建てた平等院鳳凰《ほうおう》堂。父の道長の別荘を頼通が寺院としたもので，この時代を代表する阿弥陀《あみだ》堂建築として知られる。

問７　13世紀後半は，鎌倉時代にあたる。この時代の農民や農業のようすに関するものであるから，ａとｃがあてはまる。なお，ｂは室町時代，ｄは江戸時代について述べた文である。

問８　応仁の乱の後，下の身分の者が上の身分の者を倒して実力で成り上がっていく下剋上《げこくじょう》の風潮が広がり，戦国の世に入った。

問９　Ｘは朱印船貿易，Ｙは参勤交代について述べた文で，どちらも正しい。なお，参勤交代は，家臣である大名が主君である将軍を警護するなどの名目で設けられた。

問10　アは18世紀前半に第８代将軍徳川吉宗が，イは17世紀末に第５代将軍徳川綱吉《つなよし》が，ウは18世紀末に老中松平定信が，オは18世紀半ばに老中田沼意次《おきつぐ》が，それぞれ行った政策。エの明暦《めいれき》の大火は1657年のできごとである。

問11　2024年度から新しく発行される１万円札の肖像《しょうぞう》は，これまでの福沢諭吉《ゆきち》から渋沢栄一に変わる。渋沢栄一は明治時代に多くの企業の設立・経営にたずさわったため，「日本資本主義の父」ともよばれる。

問12　北京《ペキン》郊外の盧溝橋《ろこうきょう》で日中両軍が武力衝突したことをきっかけに始まったのは日中戦争(1937～45年)であるから，イが誤っている。なお，満州事変(1931～33年)は奉天《ほうてん》(現在の瀋陽《シェンヤン》)郊外の柳条湖《りゅうじょうこ》付近で，関東軍(満州に置かれた日本軍)が南満州鉄道の線路を爆破したことをきっかけに始まった。

問13　Ⅰは1945年，Ⅱは1946年11月３日，Ⅲは1946年４月のできごとである。1945年12月の選挙法改正により女性の参政権が認められたことや，新憲法の公布は帝国議会(衆議院と貴族院)での審議・可決を経たものであることをおさえておく。

問14　1965年，佐藤栄作内閣は大韓民国(韓国)と日韓基本条約を結び，韓国との国交樹立に成功した。また，消費税は竹下登内閣のときの1989年，税率３％で導入された。なお，池田勇人《はやと》は佐藤栄作の前，中曽根《なかそね》康弘《やすひろ》は竹下登の前の首相である。

３ 法と道徳を題材とした問題

問１　林羅山《らざん》は徳川家康に仕えた朱子学派の儒学《じゅがく》者で，以後，秀忠《ひでただ》，家光，家綱まで４代の将軍に仕え，幕府の政策決定にかかわった。また，その子孫は林家とよばれ，幕府の教育と学問の中心的存在となった。

問２　(1)　荻生徂徠《おぎゅうそらい》は，武士たちが自分の地位や家柄《いえがら》を守ることばかりを考えている状況を，批判的に見ている。したがって，各自の能力を社会の発展のために用いるべきだという「能力主義」の政策を考えたと判断できる。　(2)　国会での審議は，まず委員会で行われ，その後，本会議で審議・議決される。委員会では，必要に応じて専門家や利害関係者などの意見を聞くために公聴会が開かれる。なお，公聴会は，予算の審議や予算をともなう議案の審議のさいには，必ず開かれることになっている。

問３　(1)　上下水道事業は地方公共団体の仕事であり，水道局などによって運営されている。　(2)　増上寺の周辺であるＸは寺社地，細かく区画されているＹは町人地(細長い建物は長屋)，区画が広いＺは武家地であると考えられる。　(3)　一般の行政機関からある程度独立して仕事を行う機関を行政委員会という。国の機関である国家公安委員会や，地方公共団体に置かれる選挙管理委員会や教育委員会，公安委員会(都道府県のみ)，農業委員会(市町村のみ)などがある。　(4)　地方公共団体間の財政の不均衡《ふきんこう》を解消するため，国が使いみちを指定せずに支給するのは地方交付税交付金。同じように国が自治体に支給する国庫支出金は，国が自治体に委託するなどした仕事についての費用を国が負担するものである。　(5)「自助，共助，公助」は，防災上あるいは災害時の対応として必要なものとして，阪神・淡路大震災以降，唱えられるようになった考え方である。「自助」はまず自分の手で自身や家族の安全を守ること，「共助」は地域の住民とともに助け合うこと，「公助」は行政や公的機関が支援することである。近年は政治一般の分野でも使われるようになり，菅首相が就任時にみずからの政治理念としてこの言葉を使い，話題となった。

問４　1701年，江戸城内において赤穂《あこう》藩(兵庫県)の藩主である浅野長矩《ながのり》が高家(幕府の儀礼を司る旗本)である吉良義央《きらよしなか》に切りつけ，傷を負わせる事件を起こしたため，長矩は切腹，赤穂藩は取りつぶしとなった。その後，長矩の旧家臣だった大石良雄らは，この事件は長矩と義央の間のけんかであると主張し，浅野家の再興と義央の処分を幕府に求めたがかなえられなかったため，1702年，大石良雄ら四十七士は「仇討《あだう》ち(かたきうち)」と称して義央の屋敷に討ち入り，義央を殺害した。この事件を赤穂事件といい，浪士らは幕府により切腹を命じられ，遺骸《いがい》は主君が眠る泉岳寺《せんがくじ》(東京都港区高輪)に葬《ほうむ》られた。泉岳寺は17世紀初めに創建された曹洞《そうとう》宗の寺院で，現在も毎年４月初旬と，討ち入りの日である12月14日に「義士祭」が開かれる。なお，一連のできごとは「忠臣蔵」ともよばれ，現在にいたるまで歌舞伎《かぶき》や浄瑠璃《じょうるり》などに脚色されて上演され，多くの映画やドラマの題材とされてきた。

問５　赤穂浪士については，世間ではこれを「忠義の鑑《かがみ》」として賞賛し，寛大な処分を求める声も多かったが，徂徠は浪士たちの行動を法にそむくものとして毅然《きぜん》として処分すべきであるとするとともに，武士の道徳に沿ったものではあることから，処刑ではなく切腹という武士の体面を重んじた方法を選択《せんたく》することを主張し，幕府の処分もその意見に沿ったものとなった。本文の最後の段落に「幕府から意見を求められた徂徠は，武士の道徳の重要性とともに，ルールを守ることの重要性をも説き」とあることに着目する。

４　市場経済の原則を題材とした問題

問１　ものを欲しがる欲求を需要《じゅよう》，それを市場に送り出すことを供給という。自由主義経済の下では，商品の価格は，原則としてその商品についての需要量と供給量のバランスによって決定される。

問２　イは，「栃木県」ではなく「富山県」が正しい。なお，米騒動《そうどう》(1918年)は，富山県の漁村で主婦たちが米の安売りを求めて米屋に押しかけ，警察が出動する騒ぎとなり，それが新聞で報じられたことがきっかけで全国に広がった。

問３　2019年９月から11月にかけて，ラグビーのワールドカップが日本で開かれた。この大会で日本チームは，４戦全勝で初めて予選リーグを突破し，ベスト８に進出。快進撃に国中が大きく盛り上がり，チームのスローガン(標語)である「ONE TEAM《ワンチーム》」は流行語ともなった。

問４　本文には，人気のある家庭用ゲーム機がインターネット上で専用のプログラムを用いて買い占められ，転売されるなど，一般の消費者に対して対等な条件で販売されているとはいえない状況が存在すること，そうした転売を防ぐために商品を市場に送り出す企業などに大きな負担がかかっていること，経済的自由は尊重されるべきではあるが，そうした状況が続けば，買い占めや転売を法律で規制する必要が生じるかもしれないことなどが記されている。

理　科　＜第2回試験＞（40分）＜満点：75点＞

解　答

1 (1) (エ)　(2) (ウ)　(3) リチウムイオン電池　(4) (ア)　(5) (キ)　2 (1) ほにゅう(類)　(2) (エ)　(3) (例) 化石燃料を大量に消費して，温室効果が高い二酸化炭素を空気中に多く放出していること。　(4) (う)＜(い)＜(あ)＝(え)　(5) (オ)　(6) (ア)　(7) (あ)，(い)，(お)，(か)，(く)，(こ)　3 (1) え，き，こ　(2) く　(3) 2.25倍　(4) (カ)　(5) ① 25℃　② 8 g　(6) (サ)，(セ)　(7) 1.36倍　4 (1) (エ)　(2) (ア)，(カ)　(3) (オ)　(4) (イ)，(ウ)，(キ)　(5) (ア)，(イ)　(6) **A** (ア)　**B** (エ)　5 (1) (ウ)　(2) 210.3　(3) (ウ)　(4) (イ)　(5) (ウ)　(6) **値**…40　**気体の種類**…水素　(7) $70cm^3$　(8) $6\ cm^3$

解　説

1 有人火星探査計画をテーマにした問題

(1) 地球上で物体を空高くから落として地表に安全に着陸させるときには，パラシュートを使うことが多い。これは広がったパラシュートにあたる空気のていこうによって，宇宙船を減速させることができるからである。火星の場合，大気が地球に比べて非常にうすいので，パラシュートでは減速しにくい。

(2) 火星の大きさ(半径)は地球の約半分で，重力は地球の約$\frac{2}{5}$しかない。そのため，火星では体を支えるために必要な力が地球にいるときよりも小さくなるので，長い間トレーニングしていないと，足の筋肉がおとろえて足が細くなってしまう。

(3) 現在，けい帯電話やノート型パソコンの電池として最も使用されているじゅう電式電池は，リチウムイオン電池である。なお，似た名称のリチウム電池は，じゅう電式ではなく，コイン型のものが多い。

(4) 空気中で鉄を強く熱したときにできる酸化鉄は，黒いため黒さびともよばれ，鉄の内部を保護するはたらきがある。

(5) 実験1では，ビンの中の空気が振動《しんどう》して音が鳴るので，ジュースが多く空気が少ないほど高い音が出る。一方，実験2では，グラスが振動して音が鳴るので，グラスにジュースを多く入れるほど，グラスのかべがジュースにじゃまされて振動しにくくなるので，低い音が出る。

2 生物とかん境についての問題

(1) ヒトは子を産んで乳で育てるほにゅう類に属する。

(2) ヒトの成人の体にふくまれる水の割合は約60～70％である。

(3) 地球温暖化のおもな原因は，石炭や石油，天然ガスなどの化石燃料の大量消費による大気中の二酸化炭素のう度の増加と考えられている。二酸化炭素は，地面から宇宙へ放出される熱線を吸収してたくわえるという性質が強い。そのため，大気中に二酸化炭素が増加すると，大気に熱がこもるようになる。このようすは，温室に似ていることから温室効果とよばれる。なお，温室効果ガスには二酸化炭素のほかにメタン，フロンなどがある。

⑷　イモリはカエルと同じりょうせい類なので，体液の塩分のう度が最も小さい。また，ネズミはヒトと同じほにゅう類なので，体液の塩分のう度はイモリより大きい。そして，タコやイソギンチャクはウニと同じ海にすむ動物なので，体液の塩分のう度は海水と同じであると考えられる。

⑸　植物は，おもに葉でおこなわれる光合成のはたらきによって，葉の気孔《きこう》を通してとり入れた空気中の二酸化炭素と根から吸収した土の中の水を材料に，日光をエネルギーとしてデンプンをつくり出す。このとき酸素もつくり出されて気孔から空気中に放出される。

⑹　骨の主成分はカルシウムである。

⑺　自然界の「消費者」は「自分で養分をつくり出すことができずに他の生物を食べることで養分をとり入れる」ので，光合成をおこなわない生物はすべてあてはまる。なお，シイタケやアオカビなどの菌《きん》類は，そのはたらきから，分解者ともよばれている。

3　電池や電熱線のつなぎ方についての問題

⑴，⑵　グラフ１より，電熱線に流れる電流の大きさは，直列につないだ電池の個数に比例する。また，電熱線に流れる電流の大きさは，電熱線を直列につないだときには本数に反比例するが，電熱線を並列につないだときには変化しない。よって，「あ」に流れる電流の大きさを１とすると，「い」には，$1\div2=0.5$，「う」には，$1\times2=2$，「え」には１，「お」には，$1\div3=\frac{1}{3}$，「か」には，$1\times2\div3=\frac{2}{3}$，「け」には，$1\times3=3$，「こ」には，$1\times3\div3=1$，「さ」には，$1\times3\div2=1.5$の大きさの電流が流れる。回路Ｇは，電流がｂ→ｃ→ｄを流れる部分でのていこう(電流の流れにくさ)は電熱線が１本のときの２倍になり，電流がｂ→ｅ→ｄを流れる部分でもていこうが２倍になるが，ｂｄ間にはこれら２組を並列につないでいるので，ｂｄ間のていこうは電熱線，$2\div2=1$(本)と等しくなる。したがって，「き」には，$1\times2\div2=1$，「く」には，$1\div2=0.5$の大きさの電流が流れる。

⑶　グラフ１とグラフ２から，流れる電流の大きさが□倍になると，電熱線１本の発熱量は，(□×□)倍になる。したがって，回路Ａの「あ」の発熱量を１とすると，「さ」の発熱量は，$\frac{3}{2}\times\frac{3}{2}=\frac{9}{4}=2.25$(倍)になる。

⑷　⑶と同様にして，それぞれの回路全体の発熱量を求めると，それぞれの回路全体の発熱量は，Ｂは，$0.5\times0.5\times2=0.5$，Ｃは，$2\times2=4$，Ｄは，$1\times1\times2=2$，Ｅは，$\frac{1}{3}\times\frac{1}{3}\times3=\frac{1}{3}$，Ｆは，$\frac{2}{3}\times\frac{2}{3}\times3=\frac{4}{3}$，Ｇは，$1\times1+0.5\times0.5\times4=2$，Ｈは，$3\times3+1\times1\times3+1.5\times1.5\times2=16.5$となる。よって，回路全体の発熱量がＤと同じになる回路はＧである。

⑸　①　電熱線で水をあたためるとき，上昇《じょうしょう》する温度は水の重さに反比例し，電流を流した時間に比例する。また，「あ」を20℃の水10ｇの中に入れて１分間電流を流すと，水温は，$21-20=1$(℃)上昇する。したがって，「あ」を20℃の水30ｇの中に入れて15分間電流を流すと，水温は，$1\div\frac{30}{10}\times\frac{15}{1}=5$(℃)上昇して，$20+5=25$(℃)になる。　②　上昇する温度は電熱線の発熱量にも比例するので，「う」を20℃の水80ｇの中に入れて10分間電流を流すと，水温は，$4\div\frac{80}{10}\times\frac{10}{1}=5$

(℃)上昇する。よって，$\frac{2}{3}\times\frac{2}{3}\div\frac{X}{10}\times\frac{9}{1}=5$が成り立ち，$X=8$（g）と求められる。

(6)　回路Gでは，b→c→d，b→e→dに同じように電流が流れるので，cとeをつないでも，c→e，e→cのどちらの向きにも電流が流れない(つまり，cとeをつないでいないときと同じ状態になる)。したがって，(サ)はつなぐ前後でgに流れる電流に変化がない。また，dとfの間には導線しかないので，(セ)もつなぐ前後でgに流れる電流に変化がない。なお，(サ)と(セ)以外は，選んだ２点間に電熱線があり，２点間を導線で結ぶとショートしてほとんどの電流が導線に流れるようになるため，導線をつないだ後はつなぐ前に比べてgに流れる電流が多くなる。

(7)　回路Hのhとiを導線でつなぐ前のjに流れる電流の大きさは，３＋１＋1.5＝5.5である。また，hとiを導線でつなぐと「こ」に流れる電流の大きさは３となり，jに流れる電流の大きさは，３＋３＋1.5＝7.5となる。よって，7.5÷5.5＝1.363…より，1.36倍と求められる。

4　天体についての小問集合

(1)　太陽のように，自分で光を放って輝《かがや》いている天体をこう星という。また，地球のように，太陽などのこう星のまわりを公転していて，自分では光を出していない天体をわく星という。星座を形づくっている星はこう星で，地球から非常に遠いところにあるので，星座はいつでも同じ位置関係で見える。一方，火星や金星などの太陽系のわく星は，地球と同様に太陽のまわりを公転しており，地球に近い位置にあるので，星座に対する位置が毎日変化する。

(2)　(ア)　星の等級は，肉眼で見える最も明るい約20個のこう星が１等星，なんとか見える暗い星が６等星と定められている。　(イ)　星の色は，星の表面温度によって変わる。青白い星は表面温度が最も高く，白色，黄色，橙《だいだい》色，赤色の順に低くなる。オリオン座のリゲルは青白色，さそり座のアンタレスは赤色の星である。よって，リゲルの方が表面温度が高い。　(ウ)　オリオン座の中央の三つ星は春分・秋分の日の太陽の通り道とほぼ同じ道すじを通るので，午後６時に真東に見えた場合，真夜中に南中する。　(エ)　オリオン座は冬，さそり座は夏の代表的な星座なので，一方が真夜中に南中する日には，もう一方は見えない。　(オ)　シリウスが全天で一番明るいのは，地球に比較《ひかく》的近い位置にあるからであり，放っている光の量がシリウスより多い星はたくさんある。(カ)，(キ)　夏の大三角は，こと座のベガ，はくちょう座のデネブ，わし座のアルタイルの３つの星を結んだ三角形である。七夕伝説では，ベガがおりひめ星，アルタイルがひこ星とよばれている。また，冬の大三角は，こいぬ座のプロキオン，おおいぬ座のシリウス，オリオン座のベテルギウスの３つの星を結んだ三角形である。

(3)　１等星と６等星の明るさの差は100倍で，５等星と６等星の明るさの差はおよそ2.5倍ちがうので，１等星と５等星の明るさの差はおよそ，100÷2.5＝40(倍)と求められる。

(4)　北極星は地軸《ちじく》を北にのばした線上にあるので，南半球にあるオーストラリアからは，北極星は地平線(水平線)の下にあって見ることができない。また，北極星はこぐま座の尾にある２等星である。

(5)　(ア)　上げんの月が南中するのは午後６時ころである。　(イ)　新月のときには月が太陽とほぼ同じ方向にあるので，地球上のどの地点でも新月を見ることはできない。　(ウ)　三日月の時期には，地球が太陽の光を反射することで，月のかげになっている部分が見えることがある。　(エ)　下げんの月のときには，太陽―地球―月のつくる角度が90度なので，月から地球を見ると，半分だけが明るく見える。　(オ)　月食は，月―地球―太陽がこの順で一直線上に並ぶ満月のときに，地球の大きなかげの中に月が入りこむために見られる現象である。　(カ)　月の公転と自転の向きはどちらも地球の公転と自転の向きと同じで，北側から見ると反時計まわりである。

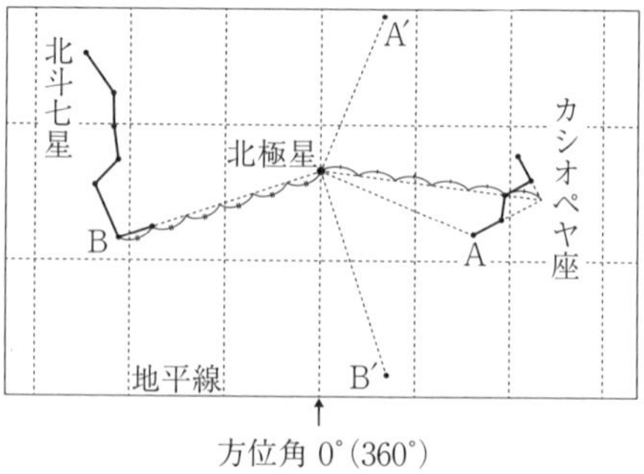

⑹　示された図に北極星をかき入れると，右の図のようになる。地球の日周運動により，北極星のまわりの星は反時計まわりに６時間でおよそ，$360\times\frac{6}{24}=90$(度)移動するので，Ａの星はＡ′の位置に，Ｂの星はＢ′の位置に移動する。したがって，Ａの星には(ア)，Ｂの星には(エ)があてはまる。

5　気体の発生と燃え方についての問題

⑴　過酸化水素水に二酸化マンガンを加えたときに発生する気体は，酸素である。

⑵，⑶　実験１のように，異なるものを混ぜ合わせるなどして変化させる場合，形・状態の変化や反応の有無によらず，合計の重さは変化しない。実験１の反応前後で合計の重さが変化しているのは，塩酸と石灰石が反応したときに発生した二酸化炭素が空気中に逃《に》げたためである。よって，表１について，$W_1+W_2=W_3+W_4$が成り立つので，(X)は，$205.0+8.8-3.5=210.3$(ｇ)と求められる。

⑷　実験１で石灰石を12.2ｇ加えたときにも石灰石はすべてとけているので，10.3ｇの石灰石はすべてとける。W_4は加えた石灰石の重さに比例するので，$2.4\times\frac{10.3}{6.0}=4.12$より，(イ)が選べる。

⑸　塩酸にマグネシウムを加えると，水素を発生しながらとけ，水素は空気中に逃げる。水素は最も軽い気体である。また，ビーカーと塩酸と加えたマグネシウムの合計の重さは，$205.0+10.0=215.0$(ｇ)であり，反応後のビーカーと水よう液の重さの合計は，逃げた水素の重さのぶんだけ215.0ｇよりも小さくなる。

⑹　点火後に残る気体は，水素か酸素のどちらか一方だけである。①では，20cm^{3}の水素と，$80-70=10$(cm^3)の酸素が反応しているので，水素と酸素は，$20:10=2:1$の体積比で反応することがわかる。②では，40cm^{3}の水素と，$40\times\frac{1}{2}=20$(cm^3)の酸素が反応して，酸素が，$60-20=40$(cm^3)残っている。③では，60cm^{3}の水素と，$60\times\frac{1}{2}=30$(cm^3)の酸素が反応して，酸素が，$40-30=10$(cm^3)残っている。したがって，④では，20cm^{3}の酸素と，$20\times\frac{2}{1}=40$(cm^3)の水素が反応して，水素が，$80-40=40$(cm^3)残る。

⑺　50cm^{3}の空気には，ちっ素が，$50\times\frac{80}{80+20}=40$(cm^3)，酸素が，$50-40=10$(cm^3)ふくまれている。ここで，10cm^{3}の酸素と反応する水素は，$10\times\frac{2}{1}=20$(cm^3)であり，実験後に残る水素の体積は，$50-20=30$(cm^3)である。また，ちっ素は反応しないので，実験の前後で体積の変化はない。よって，実験後に残る気体の体積の合計は，$30+40=70$(cm^3)となる。

⑻　80cm^{3}の空気には，ちっ素が，$80\times\frac{80}{80+20}=64$(cm^3)ふくまれている。したがって，実験後に残った気体は酸素とちっ素だけなので，そこにふくまれる酸素は，$70-64=6$(cm^3)とわかる。

国語 ＜第２回試験＞（50分）＜満点：100点＞

解答

一 下記を参照のこと。　二 下記を参照のこと。　三 **問１** （例） 作者が行で禅を会得すること。　**問２** （例） 作者が自我を削ぎ落とし，無我の境地で心血を注ぐ。　**問３** （例） （禅の世界では，）日常のすべてが修行であり，つねに全力を尽くす必要があるから。　**問４** （例） 禅の庭にはそのときの自分が誤魔化しようもなくあらわれてしまう怖さがある反面，つくった禅の庭によって力量の向上，自分の成長を感じ取れるから。　四 **問１** （例） 兄の言葉は覚えられる（と考えること。）　**問２** （例） （お兄さんの言葉が，）研究対象としている少数言語の収集に役立たないから。　**問３** （例） 少しでも早く弟と同じように兄の言葉を覚えて，兄が何を言っているのかを理解することに積極的に努力をしたということ。　**問４** （例） 独特な抑揚と間がある兄の発音を聞き分ける柔軟性を失った母親をこれ以上がっかりさせないために，あえて間違いを訂正しないで，母の解釈のままにしておいたということ。

●漢字の書き取り

一 ① 急　② 均　③ 蒸　④ 衣　⑤ 庫　二 ① 耕　② 満　③ 栄　④ 垂　⑤ 放

解説

一 熟語の完成

① 「急行列車」は，各駅ではなく主要な駅にだけ停車して速く進む列車。　② 「平均」は，いくつかの数値の中間的な数値を求めること。　③ 「蒸気」は，水が熱せられて気体になったもの。　④ 「衣食住」は，着るものと食べるものと住むところ。人間の暮らしに欠かせないもの。　⑤ 「倉庫」は，品物を保管しておくための建物。

二 漢字の書き取り

① 音読みは「コウ」で，「耕作」などの熟語がある。　② 音読みは「マン」で，「満腹」などの熟語がある。　③ 音読みは「エイ」で，「栄光」などの熟語がある。　④ 音読みは「スイ」で，「垂直」などの熟語がある。　⑤ 音読みは「ホウ」で，「放流」などの熟語がある。

三 **出典は枡《ます》野《の》俊明《しゅんみょう》の『人生は凸凹《でこぼこ》だからおもしろい―逆境を乗り越《こ》えるための「禅《ぜん》」の作法』による。**「禅の庭」をつくることは，作者が修行により禅を会得《えとく》し，禅的な心の境地を庭に表現することであると述べている。

問１ 筆者は「『禅の庭』であるための要件は端的《たんてき》にいえばひとつ」であると述べ，それは「作者，つまり，つくり手が禅の修行《しゅぎょう》を通して，禅というもの（その考え方や教え，世界観など）を身体で会得している」ことだと指摘《してき》している。そのうえで，「行によって禅を会得していない」人が「形式に則《のっと》った庭，形式に倣《なら》った庭」をつくったとしても，それは「禅の庭」ではないと説明している。

問２ 「禅の庭」に「自然《じねん》という禅の美を映し出」すためには，「たくむ心，たくらみの思い」，つまり，作者の自我を前面に出してはいけないことを筆者は指摘している。そのうえで筆者は，「自我（作為《さくい》）を削《そ》ぎ落とし，無我（無心）になること」が大切で，禅の庭をつくることに「ひたすら心血を注ぐ」ことができれば，「たくむ心にとらわれることはなくなります」と述べている。

問３　筆者は，禅では「日常の立ち居ふるまいのすべてが修行」であり，「『禅の庭』づくりも，もちろん修行」で「それも，厳しく自分を問われる修行だといっていいでしょう」と述べている。そのうえで，「『禅の庭』をつくるにあたって最大限にできることはひとつしかありません」と述べ，それが「そのときの自分の全力を尽《つ》くす」ことであるために，「正念場」という言葉を用いている。

問４　「『禅の庭』にはそのときの自分が誤魔化《ごまか》しようもなくあらわれてしまう」ために，「そのときの自分の力量（人間性，生き方……）以上のことは，どうあがいてもできない」ことが「いちばん恐《おそ》ろしい」と筆者は述べている。その一方で，「禅の庭」づくりは「厳しく自分を問われる修行」であり，「つくった『禅の庭』によって力量の向上，自分の成長が感じとれる」おもしろさがあるのだと考えられる。

四　**出典は小川洋子《おがわようこ》の『ことり』による。**自分で編み出した言葉を喋《しゃべ》りはじめた兄と，その言葉を一人だけ理解できた弟（小父《おじ》さん）のようすを描《えが》いている。

問１　「弟にだけは兄の言葉が通じていると気づいた」母親は，その後「少しずつ息子の言葉を覚えようとし，実際，最初の頃《ころ》の訳も分からない状態から脱《だっ》した」とある。母親は，兄の言葉を覚えられるのであれば兄の意思を理解できると，希望を感じたのである。

問２　言語学者は兄たちの訪問を「歓迎《かんげい》していないのは明らか」だったが，もともと無愛想《ぶあいそう》だった学者の表情が「一段と無愛想になった」のは，兄の言葉が「研究対象としている少数言語の収集に，何ら役に立たないことが確認《かくにん》された」からである。

問３　「小島の住人はお兄さん一人だった」，「いつでも小父さんが好きな時に，手漕《てこ》ぎボートに乗って接岸することができる」などから，「小島」は“兄の言葉の世界”を，「手漕ぎボートに乗って接岸すること」は“兄の意思を理解すること”をたとえた表現とわかる。これらの比喩《ひゆ》をふまえて，母親の「努力」をまとめる。

問４　ここでの「小石」は，少し前の「小島に散らばる言葉の小石を，一個一個ポケットに忍《しの》ばせた」に対応している。兄の言葉で「最も特徴《とくちょう》があるのは発音」で，「誰《だれ》も真似《まね》できない独特な抑揚《よくよう》と間があった」という点をおさえる。「耳は既《すで》に，語尾《ごび》の微妙《びみょう》な変化を聞き分ける柔軟性《じゅうなんせい》を失っていた」ために，母親は「チョッキと苺《いちご》」や「シャンプーと夜更《よふ》かし」を間違《まちが》えているが，弟も兄もそれを指摘しないでいる。このような配慮《はいりょ》は，「治りたいからではなく，母親をこれ以上がっかりさせないため」にさまざまな治療《ちりょう》に兄が素直《すなお》に従った気遣《きづか》いに通じている。

2020年度　芝　中　学　校

〔電　話〕 (03) 3431－２６２９
〔所在地〕 〒105-0011　東京都港区芝公園３－５－37
〔交　通〕 JR山手線―「浜松町駅」より徒歩15分
東京メトロ日比谷線―「神谷町駅」より徒歩５分

【算　数】〈第１回試験〉（50分）〈満点：100点〉

次の問いの □ をうめなさい。

1　次の計算をしなさい。

(1)　$6\frac{1}{12}-1\frac{2}{3}+\left(1.375-\frac{5}{8}+1\frac{1}{4}\right)\div\frac{3}{10}\times 0.125-\frac{1}{4}=\square$

(2)　$61\times 61-2020\div\left(\square+1.2\div 2\frac{2}{3}\right)=121$

2　(1)　３で割ると１余り，７で割ると５余る整数のうち，２けたで一番小さい数は □ です。

(2)　３で割ると１余り，７で割ると５余り，５で割ると１余る整数のうち，３けたで一番大きい数は □ です。

3　５種類のアイスクリームがあります。この中から４種類のアイスクリームをそれぞれ１つずつ買うとき，合計金額はそれぞれ

680円，750円，830円，960円，1000円

となります。５種類の中で３番目に高いアイスクリームの値段は □ 円です。

4　２，５，８，11，14，17，20，…のように３で割ると２余る数が2019個並んでいます。この2019個の数をそれぞれ５で割ったときの余りの合計は □ です。

5　右の図のように，点A，B，C，D，E，F，G，H，Iは三角柱の辺を４等分した点です。

点A，B，Cのなかから１点，点D，E，Fのなかから１点，点G，H，Iのなかから１点をそれぞれ選び，その３点を通る平面で三角柱を切ったときにできる２つの立体の体積が等しくなりました。このような三角柱の切り方は全部で □ 通りあります。

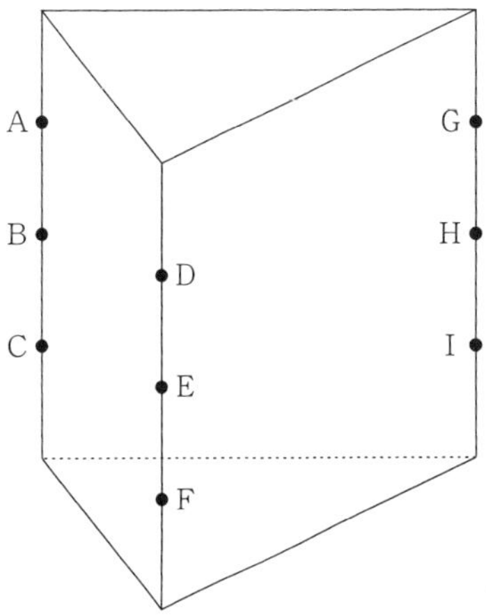

6　商品を１個 □ 円で, □ 個仕入れました。仕入れた商品の８％は売れ残ると予想し，全体で5640円の利益が得られるように，１個93円で売ることにしました。
　商品を売ったところ，実際は２％の売れ残りで済みました。その結果，全体で7035円の利益を得ることができました。

7　図のように辺 AB の４等分点と辺 AG の３等分点があります。
(1)　三角形 ADG の面積は，三角形 ABC の面積の □ 倍です。
(2)　四角形 DECF の面積は，三角形 ABC の面積の □ 倍です。

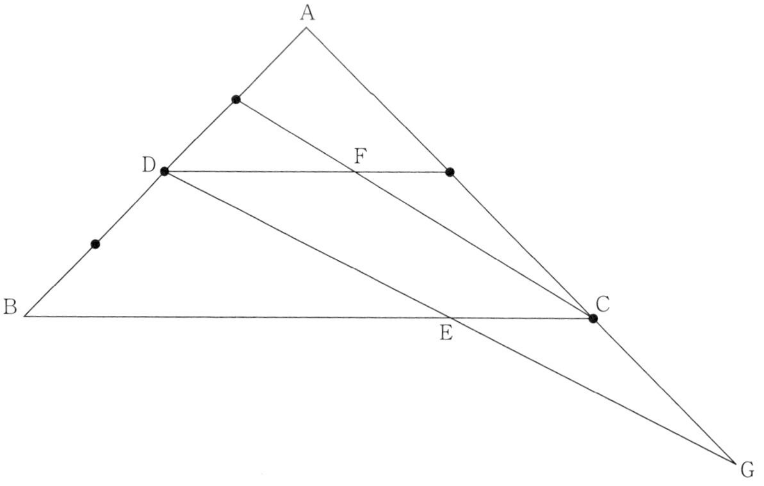

8　空《から》の容器を水でいっぱいにするのに，給水管Ａだけを使うと90分，給水管Ａと給水管Ｂを同時に使うと54分，給水管Ｂと給水管Ｃを同時に使うと30分かかります。
(1)　この空の容器を水でいっぱいにするのに，給水管Ａ，Ｂ，Ｃを同時に使うと，□ 分 □ 秒かかります。
(2)　この空の容器を水でいっぱいにするのに，最初 □ 分間だけ給水管ＡとＣを同時に使い，その後，給水管Ａ，Ｂ，Ｃを同時に使ったところ，水を入れ始めてから24分かかりました。

9　１辺が 12cm の正方形 ABCD において，右の図のように，正方形の辺を３等分する点を点ア，イ，ウ，エ，オ，カ，キ，クとします。
　また，正方形の２本の対角線が交わる点を点ケとします。
(1)　３点イ，エ，ケを結んでできる三角形の面積は □ cm^2 です。
(2)　点ア，イ，ウ，エ，オ，カ，キ，クの８個の点をすべて通る円の面積は □ cm^2 です。
ただし，円周率は3.14とします。

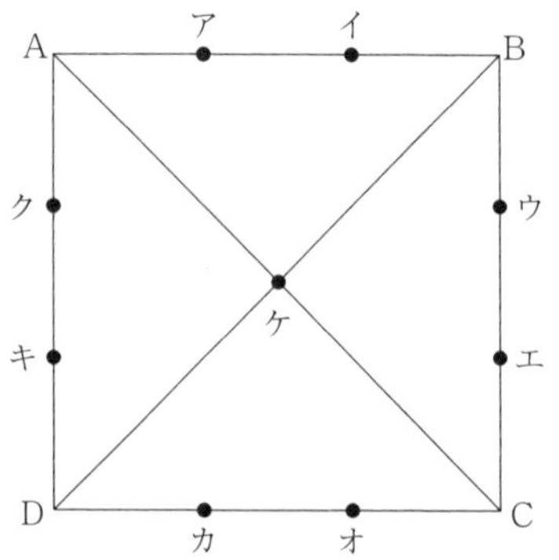

10　下のグラフはＡ駅からＳ駅を通りＢ駅まで行く特急と急行のダイヤを表したものです。

AS 間の距離は 35km，SB 間の距離は 45km です。特急の速さは時速□km です。急行は特急の待ち合わせのため，Ｓ駅で□分間停まり，特急は急行がＳ駅に着いて２分後に通過します。

ある日，特急は定時に出発しましたが，天候が悪く通常より速度を落として運転しました。しかし，時速□km 以上で走ったので，急行をＳ駅で追い抜くことができ，さらに急行はダイヤ通りに運転できました。ただし，急行は特急が通過してから１分後には発車できるものとします。

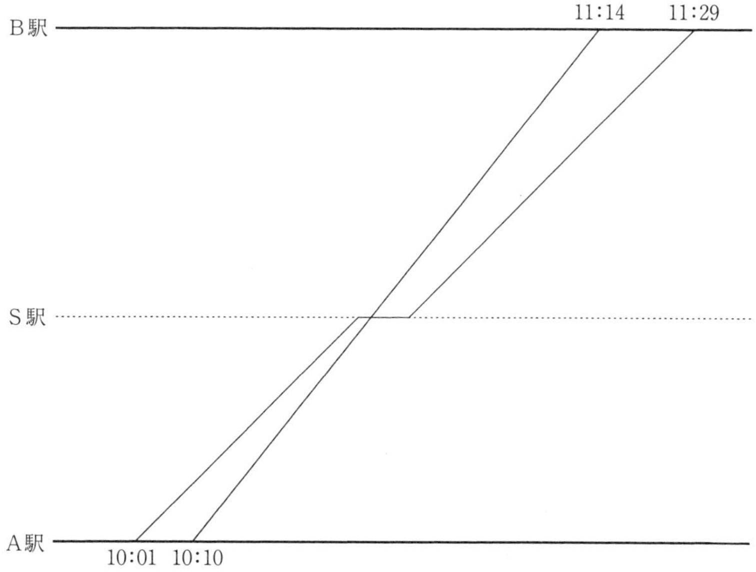

【社　会】〈第１回試験〉（40分）〈満点：75点〉

1　次の地図をみて，あとの各問いに答えなさい。

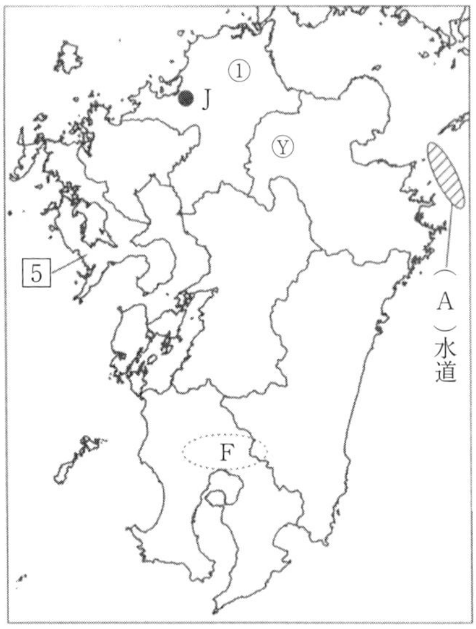

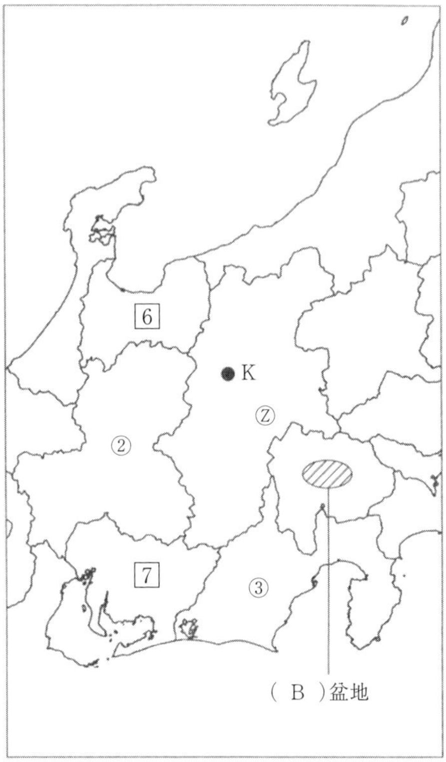

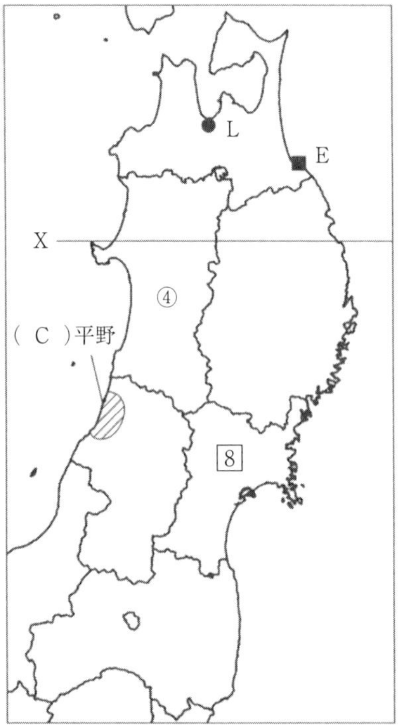

問１　地図中の(A)～(C)に当てはまる語句を答えなさい。

問２　地図中に**河口が存在しない**＊一級水系の河川として最も適当なものを，次のア～エの中から一つ選び，記号で答えなさい。

＊河川法によって国土保全上または国民経済上特に重要な水系を政令で指定したもの。

ア．大井川　　イ．雄物川　　ウ．球磨川　　エ．高梁《はし》川

問３　地図中の都市Eなどでは漁業がさかんであり，水揚げされた水産物は東京の市場などに運ばれ，私たちの食卓に並びます。このように遠く離れた場所で捕れた新鮮な魚介類などが食

べられるのは，産地から消費地まで冷凍や冷蔵によって低温の状態を維持したまま流通させられる体制が構築されているためです。このような物流方式を何と言うかカタカナで答えなさい。

問４　地図中のＦ付近には，周辺の火山から噴出されたものが堆積して形成された台地が広がっています。この台地の名称をカタカナで答えなさい。

問５　地図中の線Ｘはある緯度を示している緯線です。Ｘの緯線が**通過していない国**として最も適当なものを，次のア～エの中から一つ選び，記号で答えなさい。

ア．アメリカ合衆国　　イ．イタリア　　ウ．スペイン　　エ．ドイツ

問６　次の図１は，地図中のＪ～Ｌの各地点における気温と降水量を示したものです。地図中のＪ～Ｌと図１中のⅠ～Ⅲとの正しい組み合わせを，以下のア～カの中から一つ選び，記号で答えなさい。

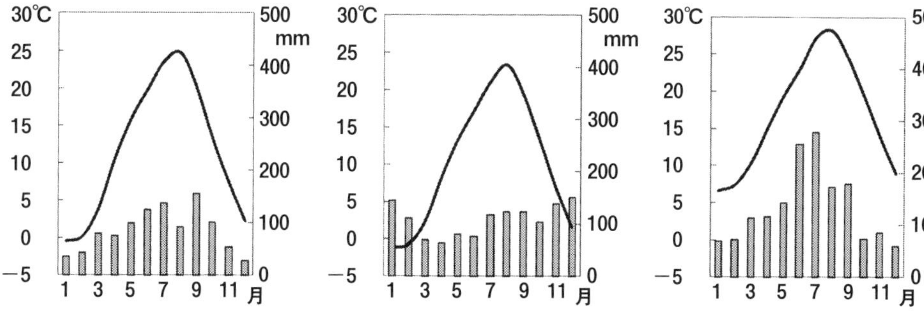

Ⅰ　　Ⅱ　　Ⅲ

気象観測データ(気象庁)より作成

図１

	ア	イ	ウ	エ	オ	カ
Ⅰ	Ｊ	Ｊ	Ｋ	Ｋ	Ｌ	Ｌ
Ⅱ	Ｋ	Ｌ	Ｊ	Ｌ	Ｊ	Ｋ
Ⅲ	Ｌ	Ｋ	Ｌ	Ｊ	Ｋ	Ｊ

問７　次の表１は，地図中の①～④の県の製造品出荷額等の割合を示したものです。①の県を示しているものとして正しいものを，表１中のア～エの中から一つ選び，記号で答えなさい。

表１

ア	
輸送用機械	24.8
電気機械	12.8
化学	10.6
食料品	8.1
飲料・飼料	6.4

イ	
電子部品	27.5
食料品	8.7
生産用機械	6.4
業務用機械	6.3
化学	6.2

ウ	
輸送用機械	18.2
生産用機械	9.2
プラスチック製品	8.6
金属製品	8.5
窯業・土石	6.9

エ	
輸送用機械	34.4
食料品	10.7
鉄鋼	9.2
飲料・飼料	6.3
金属製品	5.4

数字の単位は％　統計年次は2016年　『データでみる県勢2019』より作成

問８　次の表２は，地図中の[5]～[8]の県の＊昼夜間人口比率，年平均人口増減率，＊＊一戸建て住宅比率を示したものです。[8]の県を示しているものとして正しいものを，表２中のア～エの中から一つ選び，記号で答えなさい。

＊昼間の人口÷夜間の人口×100で算出される。　　＊＊対居住世帯あり住宅数で算出。

表２

	昼夜間人口比率（2015年）	年平均人口増減率（2010～2015年）	一戸建て住宅比率（2013年）
ア	101.4	0.19%	50.9%
イ	100.3	−0.12%	55.4%
ウ	99.8	−0.71%	66.6%
エ	99.8	−0.50%	79.7%

『データでみる県勢2019』
及び『統計でみる都道府県のすがた2019』より作成

問９　地図中のⓎは林業がさかんな地域の一つです。右の図２は，日本の木材の供給量について，国産材と輸入材を分けて示したものです。図２から読み取れることがらについて述べた文として，内容が**誤っているもの**を次のア～エの中から一つ選び，記号で答えなさい。

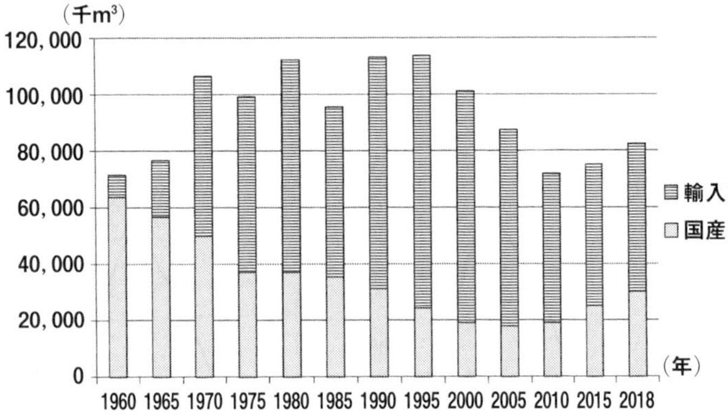

図２　平成30年木材需給表より作成

ア．海外から安価な木材が輸入されるようになり，日本の木材の自給率は1960年から2018年まで低下し続けている。

イ．1960年代は，輸入材より国産材の供給量が多かったが，1980年代では輸入材が国産材を上回っている。

ウ．2000年や2005年では，国産材の供給量の３倍以上の輸入材を海外から輸入している。

エ．木材全体の供給量は2000年頃から徐々に減少していたが，2010年以降は再び増加傾向を示している。

問10　地図中のⓏの地域ではレタスなどの栽培がさかんです。次の図３は，東京都の市場で取引されるレタスの出荷元都道府県の割合を示したものであり，Ｐ～Ｒには茨城県，静岡県，長野県のいずれかが当てはまります。Ｐ～Ｒに当てはまる県の組み合わせとして最も適当なものを，次のページのア～カのうちから一つ選び，記号で答えなさい。

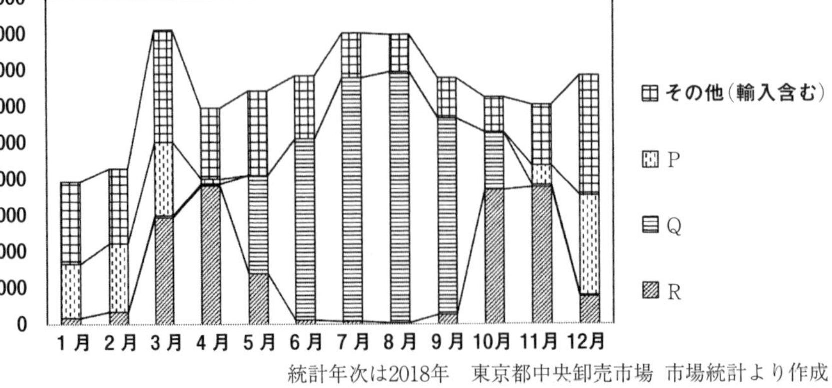

統計年次は2018年　東京都中央卸売市場 市場統計より作成

図３

	ア	イ	ウ	エ	オ	カ
P	茨城県	茨城県	静岡県	静岡県	長野県	長野県
Q	静岡県	長野県	茨城県	長野県	茨城県	静岡県
R	長野県	静岡県	長野県	茨城県	静岡県	茨城県

2　次のA～Fの文章を読んで，あとの設問に答えなさい。

A　3世紀中頃になると，西日本を中心に1古墳が出現しました。古墳が営まれた3世紀中頃から7世紀までを古墳時代とよびます。古墳づくりには多くの材料や労働力が必要だったことから，古墳の出現は富と権力を持った豪族が各地に現れたことを示しています。また古墳時代には朝鮮半島や中国との交流もさかんであり，主として2朝鮮半島からやってきた渡来人たちによって，大陸の進んだ技術や文化が伝えられました。

問1　下線部1について，古墳の中でも最大の規模をほこり，仁徳天皇の墓とも伝えられている大仙古墳は，何という古墳群の中にありますか。

問2　下線部2について，古墳時代に渡来人たちによって伝えられた技術や文化として**適当でないもの**を，次のア～オより一つ選び，記号で答えなさい。

ア．須恵器　　イ．漢字　　ウ．仏教　　エ．青銅器　　オ．養蚕

B　9世紀後半から10世紀になると，それまでに受け入れられてきた唐の文化を基礎にしながら，日本人の人情や好みを加味し，さらに日本の自然にあうように工夫した文化が生まれてきました。この文化は3摂関政治の頃に最も栄えましたが，その大きな特色として，かな文字の発達があげられます。かな文字を使うことによって，人びとの気持ちや考えを日本語で生き生きと表現できることになり，4多くの文学作品が生まれました。

問3　下線部3について，都で摂関政治が行われていた頃の地方政治は，国司に任せきりになっていたため，中には不正をはたらく者もいました。そのような例として，尾張国の郡司や農民たちから，3年間に行った悪政を31か条にわたって朝廷に訴えられた国司は誰ですか。

問4　下線部4について，この頃に成立した文学作品として**適当でないもの**を，次のア～オより一つ選び，記号で答えなさい。

ア．古今和歌集　　イ．徒然草　　ウ．土佐日記　　エ．源氏物語　　オ．枕草子

C　室町時代には幕府が京都におかれていたことや5東アジアとの活発な交流によって，公家の文化と武家の文化，大陸の文化とそれまでの日本の文化との融合がすすみました。また，都市や農村の民衆も文化の担い手として登場し，都市と農村，中央文化と地方文化との交流の中から，しだいに日本固有の文化が形づくられていき，やがて6今日の伝統文化の基盤が確立されました。

問5　下線部5について，朝鮮からのおもな輸入品に木綿がありました。木綿はのちに麻にかわって庶民衣料の中心的な素材となりましたが，その理由としてどういうことが考えられますか。麻と比べて木綿が優れている点を一つ，簡潔に答えなさい。

問6　下線部6について，室町時代にその基盤が確立された伝統文化として**適当でないもの**を，次のア～オより一つ選び，記号で答えなさい。

ア．歌舞伎　　イ．狂言　　ウ．生花　　エ．茶の湯　　オ．能

D　政治の安定とめざましい経済の発展を背景に，17世紀後半から18世紀初めにかけて，大阪や京都などの上方を中心に町人の文化が栄えました。町人が社会の担い手になったことにより，7文学作品にも町人の日常生活をえがいたものが多くなりました。また平和な時代を迎えたことにより，8武士には政治を運営する者としての学問や教養が求められるようにもなりました。

問７　下線部７について，浮世草子とよばれる小説の作者で，『日本永代蔵』や『世間胸算用』などの代表作を残した人物は誰ですか。

問８　下線部８について，江戸幕府は儒学の中でもとくに朱子学を奨励しましたが，朱子学のどのような点が幕府にとって都合がよいと考えられたのですか。解答欄に合うように，簡潔に答えなさい。

E　富国強兵をめざす明治政府は，9西洋の技術や社会制度，さらには学問・思想までも取り入れて近代化をはかろうとしました。その結果，横浜などの貿易港や東京のような大都市を中心に10人々の生活も西洋風なものに大きく変化しました。こうした近代化の波はしだいに地方へも広まっていきましたが，その一方で，日本の伝統的な美術や芸能は軽視されることも多くなりました。

問９　下線部９について，明治政府は近代化をはかるために多くのお雇い外国人を西洋から招きましたが，アメリカ人のモースもその一人でした。モースは1877年に大森貝塚を発見したことでも知られていますが，こうした貝塚が全国につくられていた時代に関する次の文Ｘ～Ｚの正誤の組合せとして正しいものを，下のア～カより選び，記号で答えなさい。

Ｘ　人びとは狩りや漁，採集の生活をしており，食物を求めてたえず移動しながら暮らしていたと考えられています。

Ｙ　土偶はおもに女性をかたどった土製の人形で，魔よけや安産，収穫の豊かさなどを祈ってつくられたものと考えられています。

Ｚ　この時代には新たに骨角器や磨製石器などが使用されるようになり，打製石器が使われることはなくなりました。

ア．Ｘ－正　Ｙ－誤　Ｚ－誤　　イ．Ｘ－正　Ｙ－正　Ｚ－誤
ウ．Ｘ－正　Ｙ－誤　Ｚ－正　　エ．Ｘ－誤　Ｙ－正　Ｚ－正
オ．Ｘ－誤　Ｙ－誤　Ｚ－正　　カ．Ｘ－誤　Ｙ－正　Ｚ－誤

問10　下線部10について，このような風潮を「文明開化」とよびますが，次のア～エより「文明開化」と**関係のないもの**を一つ選び，記号で答えなさい。

ア．太陽暦の採用　　イ．郵便制度の確立　　ウ．日刊新聞の創刊　　エ．電灯の普及

F　11太平洋戦争終結後の10年間で日本経済は戦前の水準を回復し，その後1970年代初めまで高度経済成長とよばれる急成長がつづきました。この高度経済成長期には，工業生産が大幅に増大し，貿易黒字が続くとともに，12人々の生活水準も急速に高まりました。一方，経済成長を最優先に考えるあまり，環境に対する配慮を怠った結果，13工場からの廃液や排ガスを原因とする深刻な公害問題も発生しました。

問11　下線部11について，1956年度の「経済白書」には，戦後復興の終了を宣言した言葉が記載されていました。当時流行語ともなったこの言葉を９文字で答えなさい。

問12　下線部12について，高度経済成長期は「三種の神器」とよばれる電化製品が急速に家庭に普及した時期でもありました。次のページのア～エより「三種の神器」の組合せとして正し

いものを選び，記号で答えなさい。

ア．カラーテレビ・電気冷蔵庫・電気洗濯機　　イ．カラーテレビ・電気冷蔵庫・クーラー

ウ．白黒テレビ・電気洗濯機・クーラー　　エ．白黒テレビ・電気冷蔵庫・電気洗濯機

問13　下線部13について，公害への対策として1971年に設置された国の行政機関を何といいますか。

3　次の文章を読んで，あとの設問に答えなさい。

昨年の10月１日から1消費税が引き上げられました。[①]税率を導入したことによって2一部の商品は８％にとどまっていますが，多くの商品で10％になり，税収が増えることが期待されています。一方で，二つの税率が混在して混乱が生じたことや，増税によって消費の冷え込みが心配されることなどマイナス面も指摘されています。

そもそも消費税は1989年に初めて導入され，税率は[②]％でした。当初は消費税を課すことへの国民の反対もあったようですが，消費税は[　　X　　]などのメリットがあることが理由となり導入されました。その後も国の財政赤字を解消することなども目的となり，税率は上昇し続けて，導入から30年の年月をかけて現在の10％にまで引き上げられてきました。

3政府は，今回の増税で得た税収を社会保障関係費にあてるとして使い道を示しています。日本は1970年代中頃から出生率の低下がはじまり，高齢者の割合が高くなってきました。現在では総人口にしめる65歳以上の高齢者の割合は約[③]％となり，4公的年金制度の維持など高齢者をめぐる政策は課題に直面しています。5国債の発行によって財政収支のバランスをとることは将来世代への負担を強いることにもなりますから，現在を生きる我々が納める税金でなるべくまかなわなければならないということなのです。

現在の財政状況を考えると，これからさらに消費税の税率が上がることが考えられます。実際に海外では日本よりも高い税率を課している国も多くあるため，税率アップの余地は十分に残されています。しかし，最初に述べたように消費税は文字通り消費に直結する税金であり，増税することで購買意欲が低下し，6経済の不況を引き起こすおそれもあるので，慎重に見極めていかなければなりません。

税金を集め，使い道を決めていくという財政の役割はとても大切なことです。とくに社会保障に関する内容は世代間の意見の相違もみられます。芝中学校，芝高等学校での６年間で一般社会のことを様々な角度から勉強することで自分なりの意見を持ち，行動できる人物になってもらいたいと思います。

問１　文中の空欄[①]に適することばを漢字２字でいれなさい。

問２　文中の空欄[②]に適する数字をいれなさい。

問３　文中の空欄[③]に当てはまる数値として，次のア～エから最も近いものを選び，記号で答えなさい。

ア．８　　イ．18　　ウ．28　　エ．38

問４　文中の空欄[X]に**当てはまらないもの**を次のア～エから一つ選び，記号で答えなさい。

ア．誰に対しても税率は同じなので低所得者にとって負担感がない

イ．商品の購入時に課されるので，支払いを忘れることがない

ウ．累進課税方式をとる税よりも不況時の大幅な税収減がない

エ．退職した高齢者からも徴収できるので世代間の不公平感がない

問５　下線部１について，現在，消費税を含む３つの税で国の税収の８割以上をまかなおうとしています。消費税以外の２つを次のア～オから選び，記号で答えなさい。

ア．相続税　　イ．所得税　　ウ．法人税　　エ．酒税　　オ．自動車税

問６　下線部２について，対象となる場合として正しいものを次のア～エから一つ選び，記号で答えなさい。

ア．家で食事をするためにスーパーマーケットで野菜を購入した。

イ．家族と住むためにマンションを購入した。

ウ．家族とレストランで食事をして，その代金を支払った。

エ．友人とプロ野球を見にいくために観戦チケットを購入した。

問７　下線部３について，内閣から独立した行政機関で，税金が適正に無駄なく使われているかどうかをみている機関を答えなさい。

問８　下線部４について，公的年金制度は日本の社会保障制度の中でどの分野に当てはまりますか。正しいものを次のア～エから一つ選び，記号で答えなさい。

ア．公的扶助　　イ．社会福祉　　ウ．社会保険　　エ．公衆衛生

問９　下線部５について，右の資料は国の一般会計歳出の主な項目別割合の推移を示しています。この中で国債費を示した項目を右のア～エから一つ選び，記号で答えなさい。

【一般会計歳出の主要経費別割合の推移】

	ア	イ	ウ	エ
1990年	23.0	16.6	10.0	20.7
2000年	16.7	19.7	13.3	24.0
2010年	19.3	29.6	6.1	20.5
2019年	15.3	33.6	6.8	23.2

(注)　2019年度は予算案

『日本国勢図会 2019/2020』より

問10　下線部６について，消費税が導入された頃に日本は好景気でしたが，その後は反動から長い不況を経験することになりました。このときの，土地や株式の価格が本来の価値とかけはなれて上昇したことによる好景気をなんといいますか。

4　次の文章を読んで，あとの設問に答えなさい。

英語に「unselfish(アンセルフィッシュ)」ということばがあります。日本語に訳すと「自分だけでなく」とか「利他的」という意味になります。個人の活躍よりもチームの勝利を優先するバスケットボールなどのチームスポーツで重んじられる言葉です。私たちは仲間を思う献身的なふるまいの根底にある，自分の利益をかえりみない気持ちに心を動かされ，これを高く評価するのです。

ところで，1一昨年の2018年は日本のハワイ移民が始まってから150年目に当たります。ハワイに渡った日本人たちの多くはサトウキビ畑の労働者として契約し，ある程度稼いだ後に日本に戻る人もいれば，そのままハワイに残った人もいました。ハワイに残った日系二世・三世の人びとはアメリカ社会になかなか受け入れられず，とくに日本とアメリカ合衆国が対立した第二次世界大戦のときには大変な苦労があったそうです。2アメリカは世界各国からの移民で構成されている多民族国家として知られています。異なる価値観を持った人が集まるアメリカ社会では，ときに「アンセルフィッシュ」な態度が求められます。そこで日系人たちはアメリカ社会で受け入れられるために積極的に従軍を志願し，日系人部隊の陸軍第442歩兵連隊が編成されました。彼らは終戦までに4000人以上の死傷者を出しながらヨーロッパを転戦しました。

この部隊は合衆国史上もっとも多くの勲章を受けた部隊として知られています。

しかし，自己犠牲をかえりみない利他的な気持ちで軍に志願した人ばかりではありませんでした。私の親せきで，20世紀の初頭に3福島県からハワイへ渡った人の子孫にあたる日系二世の人がいて，「昔は軍に入るとタダで大学に入れたので，自分からアメリカ軍に志願した」という話を聞きました。アメリカ社会に日系人が受け入れられなかったころは良い仕事を見つけるのも大変だったので，大学を卒業して良い仕事に就くチャンスを得るために軍に入った人は当時多かったそうです。もちろん従軍は戦争中であろうとなかろうと楽ではなかったそうですし，従軍を志願することでアメリカ社会に貢献しようとしたことは同じで，なによりこうした功績をあげるために努力を積み重ねてきたことは疑いありません。

昨年は日本でラグビーのワールドカップが開催されましたが，ラグビーの日本代表に多くの外国人選手が入っていることも話題の一つとなりました。例えばサッカーなど多くの競技では，その国の国籍を有していることを代表選手の資格の条件としているので，ラグビーの代表資格に違和感を持つ人が多かったようです。

ラグビーでは，選手本人の国籍にかかわらず，ひとつの国に36か月以上住み続け，かつ他の国の代表選手に選出されていなければ，その国の代表になる資格を得ます。ある国の代表になった選手は，他国の代表選手になることはできません。したがって選手は所属する協会や組織に，選手としてのキャリアやラグビー人生をささげることになります。選手の中には日本のために戦いたいと思って代表選手を目指す人もいれば，単にレベルの高い世界大会に出たいという人もいるかもしれません。たとえ出発点が個人的で利己的であったとしても自分の生まれた国の代表になる可能性を捨てて日本のラグビー界に貢献しようとする選手に協会がこたえようとするのは十分に理解できます。

私たちは動機の純粋性に目を向けがちですが，それだけでなく，良い結果を導こうと努力した過程を貢献として評価してよいのではないでしょうか。

問1　下線部1について，ハワイ移民が始まった年に起きた出来事としてふさわしいものを，下のア～エから一つ選び，記号で答えなさい。

ア．徳川慶喜が大政奉還を申し出た　　イ．版籍奉還を行った

ウ．江戸を東京と改めた　　エ．徴兵制が定められた

問2　下線部2について，アメリカ合衆国に多くの人種や民族が集まり住んでいることを象徴することばを，以下の空欄に当てはまるように答えなさい。

人種の□□□□□□

問3　下線部3について，2017年の生産量において，福島県が日本で第2位である作物を，下のア～エから一つ選び，記号で答えなさい。

ア．日本なし　　イ．かき　　ウ．りんご　　エ．もも

問4　2か所の二重下線部について，筆者はこれらの人たちにどのような思いを持っていますか。以下の条件にしたがって，120字以内で答えなさい。

《条件》

次のことばを必ず使い，使ったことばには下線を引くこと。同じことばは何回使ってもかまわないが，そのたびに下線を引くこと。また，句読点や記号は一字と数えること。

[利己的　　功績　　利益]

【理　科】〈第１回試験〉（40分）〈満点：75点〉

1　芝太郎君の書いた次の文を読んで，後の問いに答えなさい。

ぼくたちは夏の校外学習で群馬県に行ってキャンプをしました。キャンプ場は(ア)まわりを山でかこまれていました。しおりにキャンプ地の位置情報がのっていて(イ)北緯《い》36.8°，(ウ)東経139°，(エ)標高500mでした。

着いたその日は朝から雨がふっていて，小雨のふる中で夕食の支度《したく》を始めました。まず，かまどで火を起こそうとしましたが，一生懸命《けんめい》息をふきかけても①なかなか薪《たきぎ》に火がつきませんでした。その後，着火材を使ったり，ガスバーナーを用いたりしてやっと火を起こすことができました。

キャンプ二日目は快晴になりました。緑豊かで空気がおいしく，鳥や虫の鳴き声も快かったです。キャンプ場の周辺をさんぽしているとき，セミをつかまえました。セミを観察していた友だちが「②セミの口っておもしろい形をしているね」といっていました。昼食をとった後，③池で生物の観察をしました。

三日目，帰りのバスの中で，友だちと翌日学校であう約束をしました。そのとき，④スポーツドリンクのことが話題になりました。友だちが，持っていた未開封《みかいふう》のペットボトルを示して「ぼくは，明日これを凍《こお》らせて持っていくよ」といったので，「だめだよ，このペットボトルのラベルに⑤『凍らせないでください。容器が破損する場合があります。』って書いてあるじゃないか」と注意しました。

(1)　下線部①について。火がつきにくくなった理由として最も適するものを次の中から１つ選んで，記号で答えなさい。

(ア)　雨の日は火の周りで空気の対流が起こらず，酸素が効率よく供給されないため

(イ)　酸素が小雨にとけて，空気中の酸素の量がとても少なくなるため

(ウ)　薪の中の燃える物質は，気体になるとすぐに小雨にとけてしまうため

(エ)　息を吹きかけても息のほとんどは二酸化炭素であり，酸素が不足してしまうため

(オ)　薪に含《ふく》まれた水の温度上昇《じょうしょう》やじょう発に多くの熱が使われ，温度が上がりにくいため

(2)　キャンプ二日目の朝，芝太郎君は朝日が射してくるのが東京にいたときよりも１時間も遅《おそ》いことに気づきました。その理由に最も関係の深いことがらを，本文中の下線部(ア)〜(エ)の中から１つ選んで，記号で答えなさい。

(3)　下線部②について。セミの頭の絵を右の中から１つ選んで，記号で答えなさい。ただし，図の大きさは実物大ではありません。

(ア)
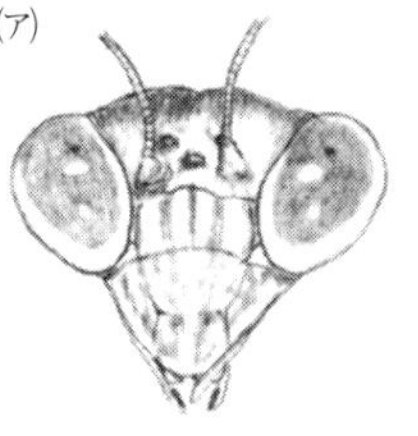

(イ)
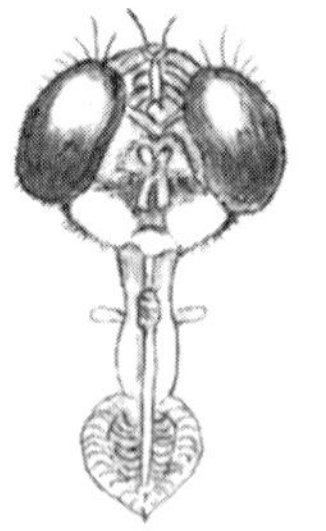

(ウ)
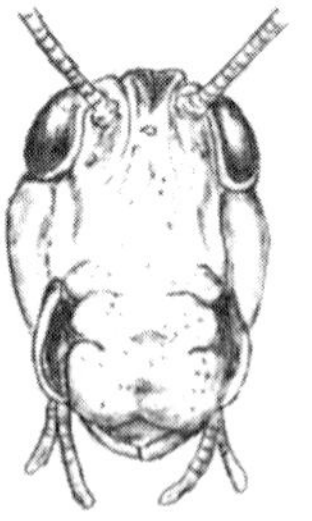

(エ)
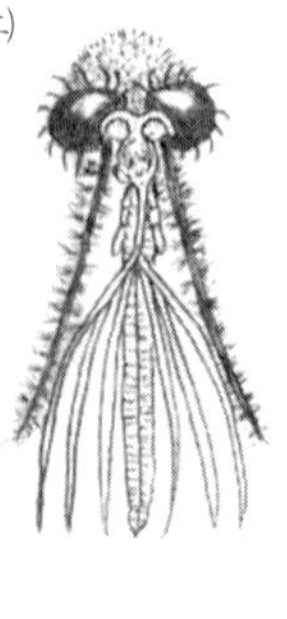

(オ)

(カ)
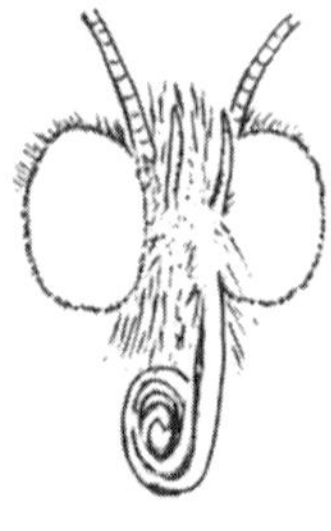

(4)　下線部②について。セミの食べ物について説明した文として適するものを，次の中から1つ選んで，記号で答えなさい。

(ア)　アブラムシを食べる

(イ)　花の蜜《みつ》を吸う

(ウ)　植物の葉を食べる

(エ)　木の幹や根から樹液を吸う

(オ)　人間など大きな動物の血液を吸う

(カ)　木の表面につく幼虫やさなぎの体液を吸う

(5)　下線部③について。友だちが「いま見ているハチやゲンゴロウはほんとうにそこにいるのかな」と疑問を投げかけてきました。

図1で芝太郎君は光線(え)と(お)を見ていて，その2つの光線を延長した点線の交点の位置にハチの像が見えます。

このように，物体からでた光が途中《とちゅう》で進路を変えていても，人は最終的に自分の目に入ってきた光の延長線上にその物体の像を見ます。

次に，ゲンゴロウについて考えましょう。図2の(あ)～(お)は水中のゲンゴロウで反射して空気中に出てきた光線で，点線はそれぞれの光線を延長したものです。この場合，どの光線を見るかによってゲンゴロウの像の位置は変わります。いま，芝太郎君は光線(う)と光線(え)を見ています。芝太郎君が見ている像と同じ位置にゲンゴロウの像が見えるのはどの2つの光線を見たときですか。次の組み合わせの中から適するものを2つ選んで，記号で答えなさい。

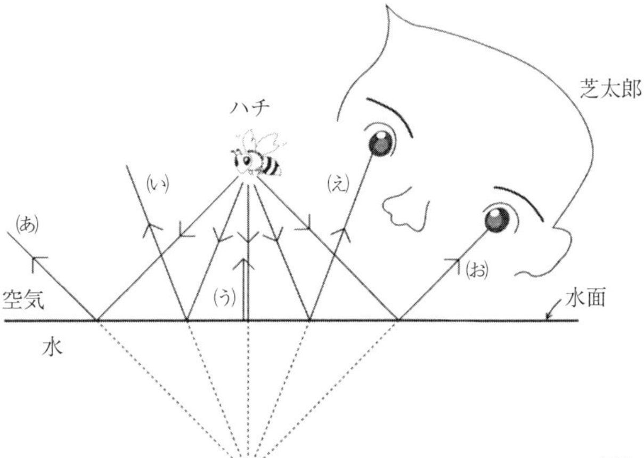

図1

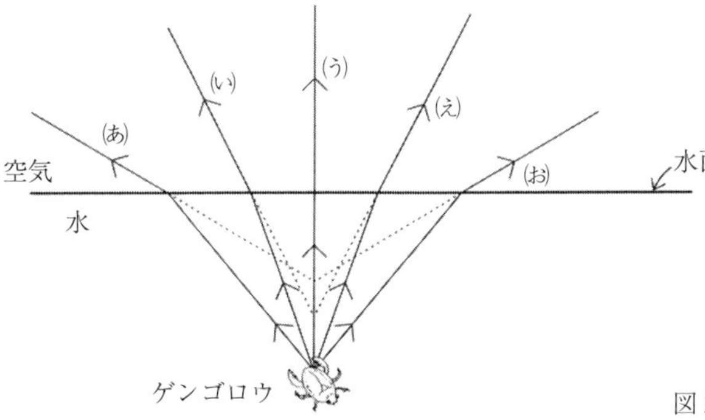

図2

(ア)　光線(あ)と光線(い)　　(イ)　光線(あ)と光線(う)　　(ウ)　光線(あ)と光線(え)

(エ)　光線(あ)と光線(お)　　(オ)　光線(い)と光線(う)　　(カ)　光線(い)と光線(え)

(キ)　光線(い)と光線(お)　　(ク)　光線(う)と光線(お)

(6)　下線部④について。二人が話題にしていたスポーツドリンクに含まれる砂糖のこさは6.0%でした。このよう液530gをペットボトルから出して凍らせると200gの氷ができました。このとき，氷のまわりのスポーツドリンクのこさは何%ですか。ただし，氷は水のみを含み，砂糖を含まないものとします。割り切れない場合は，小数第二位を四捨五入して小数第一位まで答えなさい。

(7)　下線部⑤について。凍らせると破損するのはなぜですか。その理由を答えなさい。

2　海，森林，草原など，そこにある自然かん境と，そこに生きる様々な生物全てをまとめて生態系と言います。生態系では，生物どうしはたがいに様々な関係でつながっています。下の図はある里山における生物どうしの関係をあらわしたものです。生物と生物をつないでいる矢印は，食べられる側 → 食べる側 を示しています。後の問いに答えなさい。

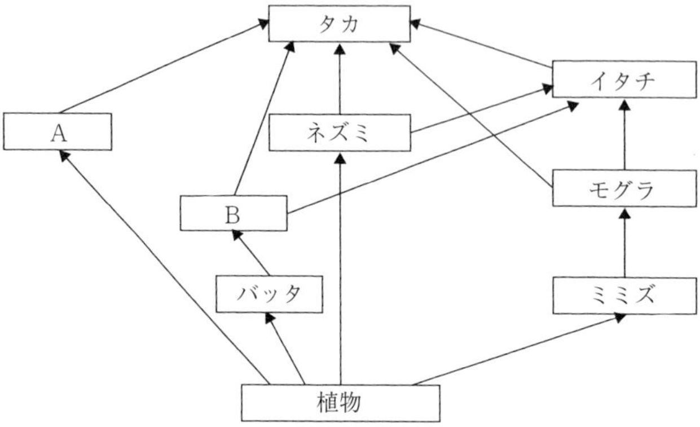

(1)　このような生物どうしのつながりを何と言いますか。ひらがなで答えなさい。

(2)　図にある生物の中で，個体数が最も少ないと思われるものを答えなさい。

(3)　図中の A と B に当てはまる生物を下からそれぞれ１つ選び，記号で答えなさい。

(ア)　カエル　　(イ)　シカ　　(ウ)　コウモリ　　(エ)　ダンゴムシ

(オ)　クマ　　(カ)　クモ　　(キ)　ウサギ　　(ク)　カナブン

(4)　ネズミとイタチについて述べた文章で正しいものをすべて選び，記号で答えなさい。

(ア)　イタチは，門歯が他の歯に比べて良く発達している

(イ)　体に対する消化管の長さは，ネズミの方が長い

(ウ)　イタチはネズミよりも目が顔の横に位置している

(エ)　ネズミにはしっぽがあるが，イタチにはしっぽがない

(オ)　両方とも，母乳で子どもを育てる

(カ)　一生の長さはネズミの方が長い

(5)　自然界にもともとなかった化学物質が，人間の出すゴミや工場などのはい水から水中や土の中にたまり，それを生物が体の中に取りこんでしまうことがあります。このような物質は生物の体内で分解されたりはい出されたりしにくいことが多く，生態系の 食べられる側 → 食べる側 の関係によって，生物から生物へ移動します。このような物質が特定の生物の体に多くたまると，子孫が残せなくなり，種の数を大きく減らしてしまう事があります。私たち人間の活動が，生態系に大きなえいきょうをあたえているのです。

このような物質の例として，農薬に使われたDDTという物質があります。図に示した生物たちの体内におけるDDTの濃《のう》度《ど》を測定したところ，右の表のようになりました。表中の[ppm]は濃度の単位です。

この表から言えることに関して，次のページの(ア)～(ク)から正しいものをすべて選んで，記号で答えなさい。なお，ここではミミズは草食動物とみなして答えなさい。

動物	DDTの濃度[ppm]
A	16
タカ	16000
ネズミ	80
イタチ	5700
モグラ	2800
ミミズ	84

(ア)　肉食動物のDDTの濃度は，草食動物に比べて必ず10倍以上ある。

(イ)　肉食動物のDDTの濃度は，草食動物に比べて最大でも100倍以内である。

(ウ)　食べる側は，食べられる側よりも必ずDDTの濃度が大きい。

(エ)　食べる側は，食べられる側よりも必ずDDTの濃度が小さい。

(オ)　食べる側は，食べられる側よりDDTの濃度が大きいものもいれば，小さいものもいる。

(カ)　食べられる側から食べる側へ，DDTの濃度は必ず10倍になる。

(キ)　肉食動物どうしを比べると，DDTの濃度は10倍以上開きがある場合がある。

(ク)　草食動物どうしを比べると，DDTの濃度は10倍以上開きがある場合がある。

(6)　バッタは，夏に成長して秋には卵を産み，そのまま冬をこします。次のこん虫のうち，冬を卵でこすもの，幼虫でこすものとして正しい組み合わせを(ア)～(ク)から1つ選んで記号で答えなさい。

記号	卵でこすもの	幼虫でこすもの
(ア)	カブトムシ	カマキリ
(イ)	カブトムシ	スズムシ
(ウ)	スズムシ	カブトムシ
(エ)	スズムシ	アリ
(オ)	アリ	カブトムシ
(カ)	アリ	カマキリ
(キ)	カマキリ	スズムシ
(ク)	カマキリ	アリ

(7)　図にある，植物と動物合わせて9種類の生物のうち，1種類の生物だけが当てはまるものを次の(ア)～(ク)から1つ選び，記号で答えなさい。

(ア)　昼は呼吸をしているが，夜は呼吸をしていない

(イ)　昼も夜も呼吸をしていない

(ウ)　植物だけを食べている

(エ)　動物だけを食べている

(オ)　陸上に卵を産み，子を増やす

(カ)　水中または水上に卵を産み，子を増やす

(キ)　呼吸器官として，肺を持っていない

(ク)　呼吸器官として，えらを持っていない

3　次の文を読んで，後の問いに答えなさい。

芝太郎君は，夏休みの7月にお父さんとある川へ遊びに行きました。川は上から見ると，図1のように流れていました。川岸の一部では図2のような地層が見られました。また，図1のC－Dの断面は図3のようになっていました。地層を調べてみると，砂岩やでい岩の中からアサリやマテガイの化石が見つかりました。

また，この日はとても天気がよくて，まっ青な空には①<u>昼間なのに月が白く見えていました</u>。時刻は午後3時で月の見えた方角はおよそ東です。芝太郎君は日なたにでて，②<u>ちょうど月をかくすように月と同じ方向に腕《うで》をのばしてテニスボールをもって見たところ(図4)，ボールに</u>

日光のあたったところと，かげのところができました。

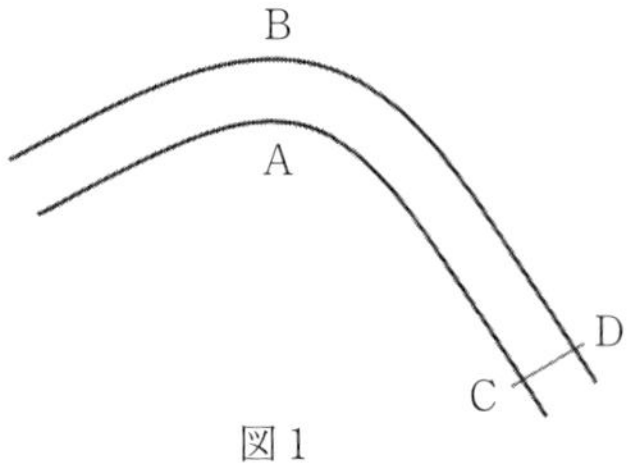

図1

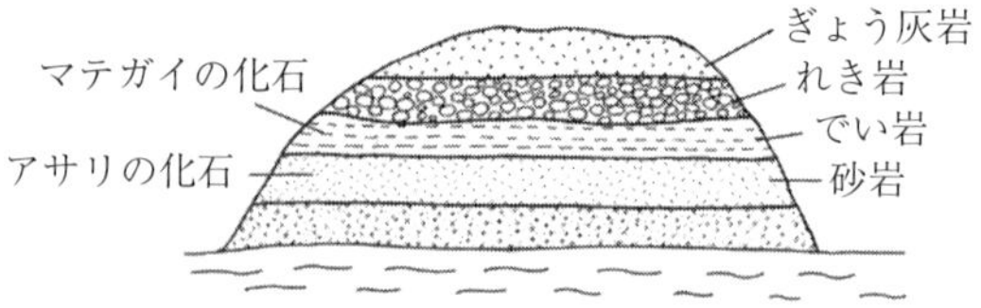

図2

図3

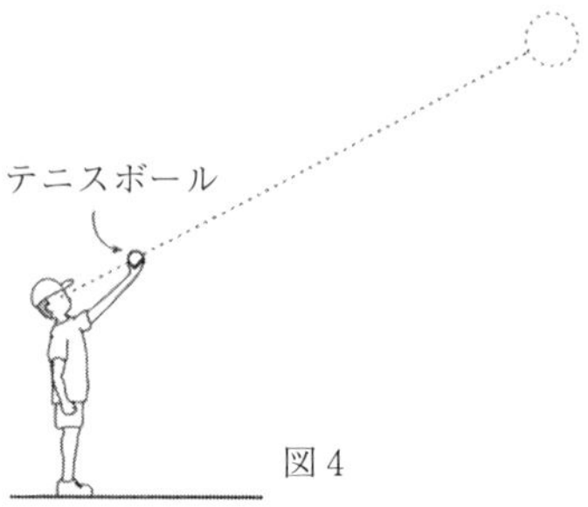

図4

(1) 地層が見られたのは図1のAの側ですか，それともBの側ですか。最も適当なものを次の中から1つ選んで，記号で答えなさい。

(ア) Aの側の方が川の流れが速くなっています。そのためけずられやすくて，Aの側では崖《がけ》ができ，地層が見られました。

(イ) Bの側の方が川の流れが速くなっています。そのためけずられやすくて，Bの側では崖ができ，地層が見られました。

(ウ) Bの側の方が川の流れがおそくなっています。そのため砂や小石がたまりやすく，それが図のような地層になって見えていました。

(エ) Aの側の方が川の流れがおそくなっています。そのため砂や小石がたまりやすく，それが図のような地層になって見えていました。

(2) 図2のれき岩・砂岩・でい岩・ぎょう灰《かい》岩はそれぞれ小石の固まった岩石・砂の固まった岩石・どろの固まった岩石・火山灰《ばい》の固まった岩石です。これらの岩石をまとめて何と呼びますか。ひらがなで答えなさい。

(3) 図2の地層をつくっている砂やどろなどがたまった時，この場所はどんな様子だったと考えられますか。次の中から最も適するものを1つ選んで，記号で答えなさい。

(ア) かわいた陸地　(イ) 湖

(ウ) 川の中流　(エ) 川の下流

(オ) 比かく的陸に近い浅い海　(カ) 陸からずっと遠い深い海

(4) 下線部①について。空に見えていた月の形として考えられるものを次の中から1つ選んで，記号で答えなさい。

(ア)　(イ)　(ウ)　(エ)　(オ)　(カ)

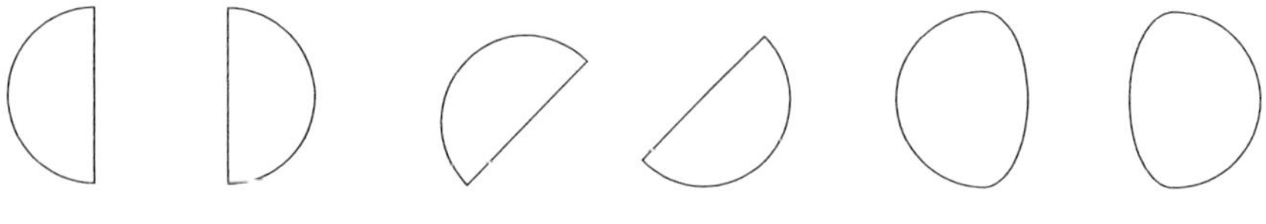

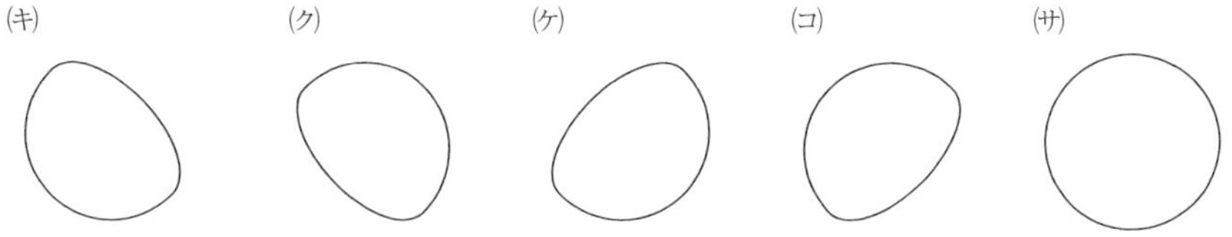

(5)　下線部②について。日光のあたったところの形はどのようになりますか。次の中から１つ選んで，記号で答えなさい。

(ア)　月とほぼ同じに見えた　　(イ)　月よりずっと細く見えた
(ウ)　月よりずっと丸い形に見えた　　(エ)　形は似ているが向きがちがっていた
(オ)　場合によってちがいが大きいのでなんともいえない

(6)　**(5)**の答のような結果になる理由として正しいものを次の中から１つ選んで，記号で答えなさい。

(ア)　月と地球と太陽は大きな三角形になっていて，その形は正三角形にちかいから
(イ)　月は遠くにあるが，テニスボールは近くにあるから
(ウ)　月と地球のきょりに比べて，太陽はずっと遠くにあるから
(エ)　月と地球と太陽のきょりはいつも少しずつ変化しているから
(オ)　月と地球と太陽の方角はいつも少しずつ変化しているから
(カ)　太陽は月の向こう側にあるから

(7)　この川のＣ－Ｄでの断面積は12.3m^2です。川の真ん中にウキを投げ入れて川の流れの速さをはかると60cm/秒で流れていることがわかりました。この断面のどこでも同じ速さで水が流れているとすると，ここでは１秒間に何m^3の水が流れていますか。小数第二位を四捨五入して小数第一位まで求めなさい。

(8)　図２の地層に見られるれき岩層には，いろいろな種類の岩石が入っていました。次のスケッチはそれらの岩石を拡大または縮小したものです。実際の大きさがわかるように図の下に短線とその長さを入れてあります。この中から安山岩と砂岩をそれぞれ１つ選んで，記号で答えなさい。

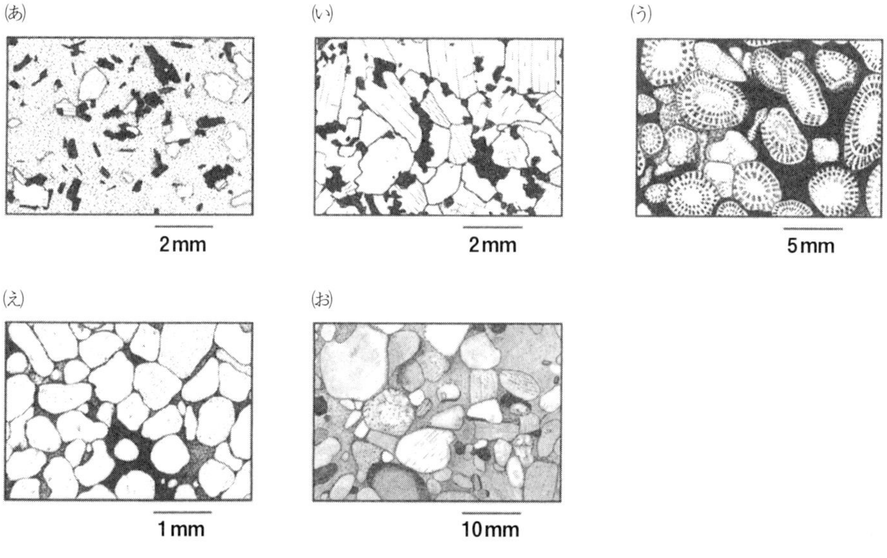

4　芝太郎君は石油に代わるエネルギーの候補の1つと考えられているエタノールについて，その燃料としての性質を調べるために次の【実験1】～【実験4】を行いました。各実験の内容を読んで，後の問いに答えなさい。ただし，空気は体積百分率で80％のちっ素と20％の酸素からなるものとし，それ以外の気体はとても少ないため無視できるものとします。

【実験1】　密閉容器に $2000\,cm^3$ の空気とエタノール $0.3\,cm^3$ を入れ，エタノールを燃焼させると，エタノールが全て燃焼しました。容器内に残った気体を十分な量の石灰水に通し，さらに乾《かん》そう剤《ざい》で水および水じょう気を取り除くと，気体の体積は $1640\,cm^3$ となりました。

【実験2】　①　芝太郎君は，図1のように容積が $500\,cm^3$ のペットボトルに羽とストローのガイドをつけたペットボトルロケットを作成しました。ロケットの底面には燃料となるエタノールを入れる小さな穴が開いています。

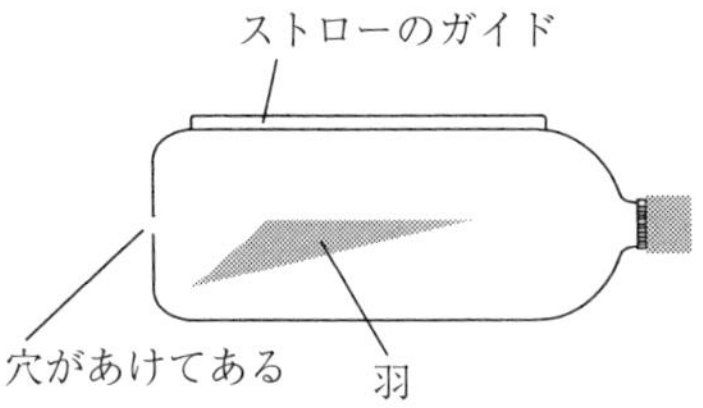

図1

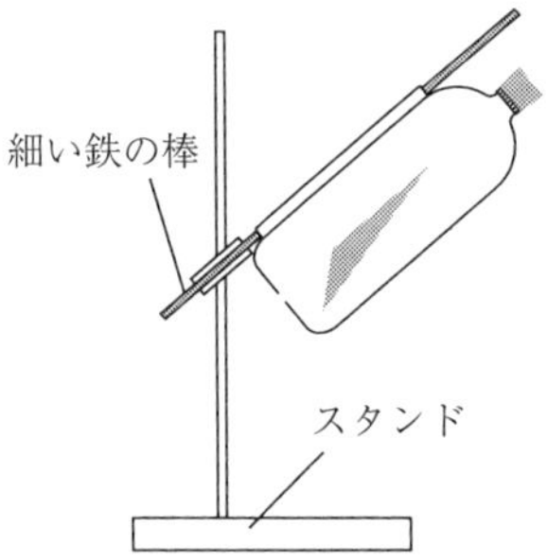

図2

②　図2のようにスタンドに細い鉄の棒を固定して，ストローのガイドに通しました。

③　エタノールをペットボトルの底面の穴から入れ，手で温めて十分に気化させた後，穴にマッチの火を近づけると中の気体に着火し，穴から気体がふん出してロケットが飛びました。エタノールの量と飛んだきょりの関係は表1のようになりました。

表1

エタノール〔cm^3〕	飛んだきょり〔m〕
0.02	2.8
0.04	5.5
0.10	7.0
0.15	6.7
0.20	6.2
2.0	—

問1　【実験1】について。エタノールの燃焼に使われた酸素は何 cm^3 ですか。割り切れない場合は四捨五入をし，整数値で答えなさい。ただし，エタノールを燃焼させると，二酸化炭素と水ができるものとします。

問2　【実験2】について。次の芝太郎君とお父さんとの会話を読んで後の(1)～(4)に答えなさい。

お父さん：ペットボトルロケットが最もたくさん飛ぶのはエタノールを何 cm^3 入れたときだと思う？
芝 太 郎：エタノールをたくさん入れるほどたくさん飛ぶんじゃないかな。
お父さん：結果をみると，$0.10cm^3$ を境にして飛んだきょりは小さくなっているよ。
芝 太 郎：本当だ。どうしてだろう。
お父さん：エタノールが多すぎるとすべて燃えずに残ってしまうことが原因じゃないかな。調べてみたら，①エタノールは気体になると体積が約400倍になるようだよ。これを元に，例えば液体のエタノールを $0.07cm^3$ 入れた場合を考えてみようよ。液体のエタノールが全て気体になると（ A ）cm^3 になる。これがペットボトルの外に出ずに残り，この分の空気がペットボトルの底の穴からおし出されると仮定すると，ペットボトルに残った酸素は(　B　)cm^3 ということになるよ。

芝 太 郎：えーと，そこに点火したときのことを考えると，【実験１】の結果から，エタノール 0.07cm^3 をすべて燃やすのに必要な酸素の体積を計算して，エタノールと酸素の過不足を考えると，(　　C　　)。

お父さん：ところで，エタノールを 2.0cm^3 入れたときの結果はどうなったの？

芝 太 郎：②ロケットが飛ぶような気体のふん出が起こらなかったよ。ペットボトルの底の穴から青白い火が静かに燃えていただけだった。

(1) 文中の(A)，(B)に当てはまる数値の組合せとして正しいものを右の(ア)～(カ)から１つ選んで，記号で答えなさい。

	(A)	(B)
(ア)	28	94.4
(イ)	28	377.6
(ウ)	28	472
(エ)	280	176
(オ)	280	220
(カ)	400	100

(2) 文中の(C)に当てはまる文として正しいものを次の中から１つ選んで，記号で答えなさい。

(ア)　エタノールはすべて燃えて，酸素も残らないことになるね

(イ)　エタノールはすべて燃えて，酸素が 10.4cm^3 残ることになるね

(ウ)　エタノールはすべて燃えて，酸素は 388cm^3 残ることになるね

(エ)　エタノールは気体の体積で 236cm^3 残って，酸素は残らないことになるね

(オ)　エタノールは気体の体積で 148cm^3 残って，酸素は残らないことになるね

(3) 下線部①について。仮定にしたがって考えると，ロケットの飛ぶきょりが最も大きくなるのはエタノールを何 cm^3 入れたときですか。次の中から１つ選んで，記号で答えなさい。なお，ロケットの飛ぶきょりは，燃焼したエタノールの量のみで決まるものとし，燃焼したエタノールが多いほどきょりが大きくなるものとします。

(ア)　0.07cm^3　　(イ)　0.08cm^3　　(ウ)　0.09cm^3

(エ)　0.10cm^3　　(オ)　0.11cm^3

(4) 下線部②について。実験結果の説明として正しいものを次の中から１つ選んで，記号で答えなさい。

(ア)　ペットボトル内に酸素がほとんどないが，エタノールは酸素がなくても燃えるので，静かに高温の火を出しながら燃えていた。

(イ)　ペットボトル内に酸素がほとんどないため，エタノールが燃えずにペットボトルに火がついてしまったが，ペットボトルは固体であるため，ゆっくりと燃えていた。

(ウ)　ペットボトル内に酸素がほとんどないため，穴から出て酸素にふれたエタノールのみがゆっくりと燃えていた。

(エ)　ペットボトル内でエタノールが一度に大量に燃えて，エタノールも酸素もなくなったため，ふん出する気体がなかった。

(オ)　ペットボトル内でエタノールが大量に気化したことにより気化熱が吸収されて温度が上がりにくいため，ゆっくりと燃えていた。

【実験3】　芝太郎君は，いろいろな気体をスプレーでペットボトルに満たしてロケットを飛ばす実験を行いました。ペットボトルに入れたエタノールの量と気体の組合せを右の表2に示します。

表2

	エタノール〔cm^3〕	気体
(ア)	0	ちっ素
(イ)	0	酸素
(ウ)	0	二酸化炭素
(エ)	0.20	ちっ素
(オ)	0.20	酸素
(カ)	0.20	二酸化炭素

問3　【実験3】について。ロケットが飛ぶと思われる組合せを表2の(ア)～(カ)からすべて選んで，記号で答えなさい。

【実験4】　芝太郎君はエタノールがお酒にふくまれていることを知り，お酒からできるだけこいエタノールよう液を得るために図3のような装置を作ってガスコンロでお酒を加熱して，発生したじょう気を冷やして再び液化させました。しばらくすると試験管に液体が集まりました。試験管に20cm^3のよう液が集まったところで実験を終わりにしました。

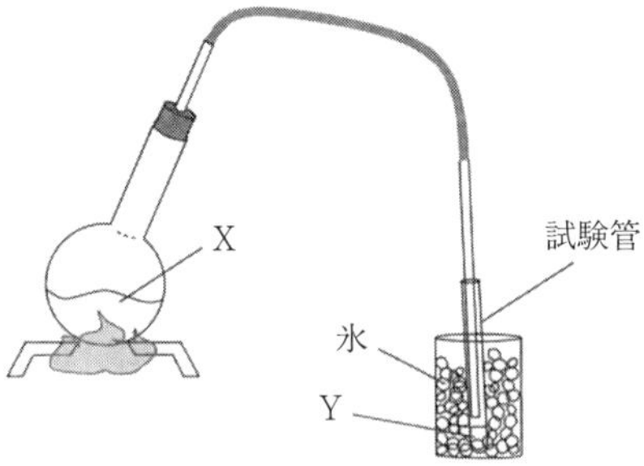

図3

問4　【実験4】について。実験後，フラスコに残ったよう液Xと試験管に集まったよう液Yのエタノールのこさについて正しいものを次の中から1つ選んで，記号で答えなさい。

(ア)　Xの方がこい　　(イ)　Yの方がこい　　(ウ)　どちらも等しい

5　芝太郎君は，友だちの東《あずま》君，港《みなと》君とアスレチックの施設《しせつ》に行き，次の3つのアトラクションで遊びました。各アトラクションの説明文を読んで，後の問いに答えなさい。

アトラクション①　「ブランコでバトンリレー」
アトラクション②　「斜面《しゃめん》でバンジー」
アトラクション③　「ツルツル斜面登り」

アトラクション①　「ブランコでバトンリレー」について。このアトラクションでは，図1のようにロープの長さの等しい3つのブランコA，B，Cと同じ高さの4つの止まり木D～Gが同一面内に並んでいます。止まり木の間隔《かんかく》は等しく，止まり木と止まり木の中央で各ブランコはつり下げられています。ブランコAに芝太郎君，Bに港君，Cに東君が乗っています。はじめバトンは芝太郎君が持っています。芝太郎君が止まり木を離《はな》れてから最短時間で東君にバトンが渡《わた》るように，港君と東君は止まり木を離れ，その後他の止まり木にはさわらないものとします。衝突《しょうとつ》を防ぐため，止まり木から離れるときは勢いをつけずに柱から手を離すものとします。途中でブランコをこぐ動作も禁止です。空気の抵抗《ていこう》は無視でき，ブランコの振《ふ》れ幅《はば》は減らないものとします。人の体重が違《ちが》ってもブランコが一往復する時間は変わりません。

(1)　図１のように芝太郎君は止まり木Ｅ，港君は止まり木Ｆ，東君は止まり木Ｇからスタートします。どのタイミングで東君は止まり木を離れたらよいですか。次の中から可能なものをすべて選んで，記号で答えなさい。

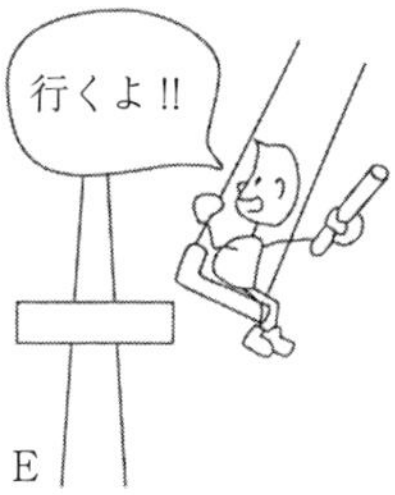

(ア)　芝太郎君がＥを離れるとき
(イ)　芝太郎君がＥを離れ，Ｄに向かっている途中
(ウ)　芝太郎君がＤを折り返すとき
(エ)　芝太郎君がＤを折り返してからＥに向かう途中
(オ)　芝太郎君がＥにはじめて戻《もど》ったとき

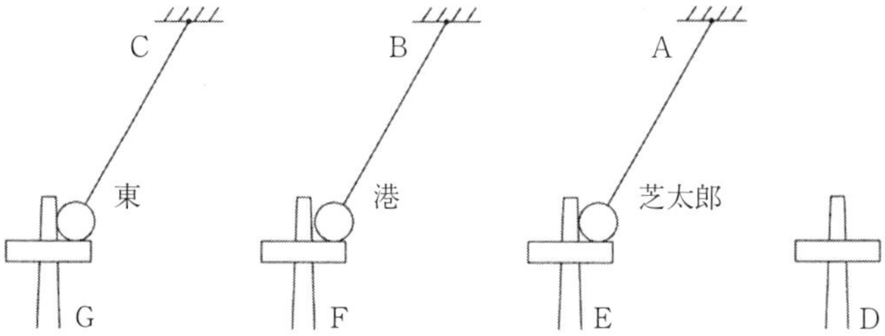

図１

アトラクション②　「斜面でバンジー」について。このアトラクションは，図２のように人がゴムの付いたソリに乗って斜面上を往復運動して楽しむものです。ソリと斜面との摩擦《まさつ》，空気の抵抗およびゴムの重さは無視できるとし，ゴムはからまないものとします。斜面の下は水平な芝生《しばふ》となめらかにつながっていて，芝生の上をすべるときソリは摩擦を受けてやがて止まります。

はじめソリにはバンジージャンプ用のゴムが取り付けられています。ゴムには自然の長さがあり，ゴムがたるんでいるときソリはゴムから力を受けません。ゴムが伸《の》びると，ソリはゴムから力を受けます。スタート地点をＯ，すべりはじめてからゴムが伸びはじめる地点をＰ，ゴムによって往復運動している間でソリの速さが最も大きくなる地点をＱ，ゴムが最も伸びた地点をＲとします。

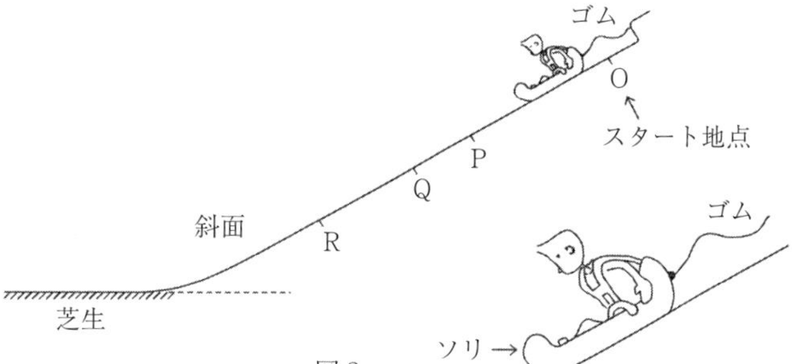

図２

普通《ふつう》のバンジージャンプではゴムは付いたままですが，このアトラクションではソリに乗っている人がレバーを操作することで，ゴムをソリから切り離すことができます。ＯとＲの間を一往復した後，どこかのタイミングでゴムを切り離して芝生におりるものとします。

(2)　ゴムを切り離す地点によって芝生の上をすべる距離《きょり》は異なります。芝生の上をすべる距離が最も短くなるのはどの地点でゴムを切り離したときですか。次の中から１つ選んで，記号で答えなさい。

(ア)　Ｏ　　(イ)　ＯとＰの途中
(ウ)　Ｐ　　(エ)　ＰとＱの途中
(オ)　Ｑ　　(カ)　ＱとＲの途中
(キ)　Ｒ

(3)　ゴムを切り離した後，ソリが芝生の上をすべる距離が最も長くなるのは，どのタイミングでゴムを切り離したときですか。次の中からすべて選んで，記号で答えなさい。

(ア)　Ｏ　　(イ)　ＯとＰの途中　　(ウ)　Ｐ　　(エ)　ＰとＱの途中

(オ)　Ｑ　　(カ)　ＱとＲの途中　　(キ)　Ｒ

アトラクション③　「ツルツル斜面登り」について。まずこのアトラクションを理解するために，図３のように摩擦のない斜面上に重さ１kgの台車をのせ，斜面と平行にばねばかりで支えてつり合わせる実験をしました。「斜面と水平面のなす角度」を変えて，そのときの「ばねばかりの値」を測定し，表の結果を得ました。

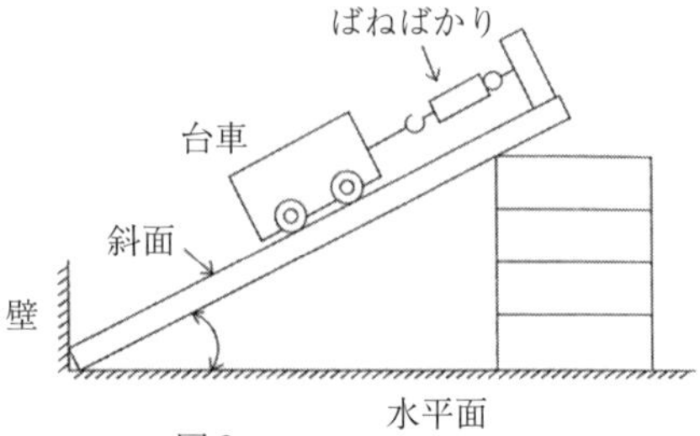

図３

表

斜面と水平面のなす角度[度]	10	20	25	30	35	40	45	50	60	70	80
ばねばかりの値[kg]	0.17	0.34	0.42	0.50	0.57	0.64	0.71	0.77	0.87	0.94	0.98

アトラクション③は，芝太郎君と港君が行いました。芝太郎君の体重は40kg，港君の体重は54kg，木箱の重さは10kgです。木箱と斜面の間に摩擦はなく，滑車《かっしゃ》やロープの重さは考えないものとします。答が小数を含む場合には，小数第二位を四捨五入して小数第一位まで書きなさい。

(4)　はじめに図４のように，斜面上に置いた木箱に芝太郎君がのってロープをつかみ，港君がロープを持って支えました。港君は体重計にのっています。木箱が斜面上で静止しているとき，体重計は29kgを示していました。

図４では，斜面と水平面のなす角度は何度ですか。ただし，図の斜面の傾きは実際とは異なります。

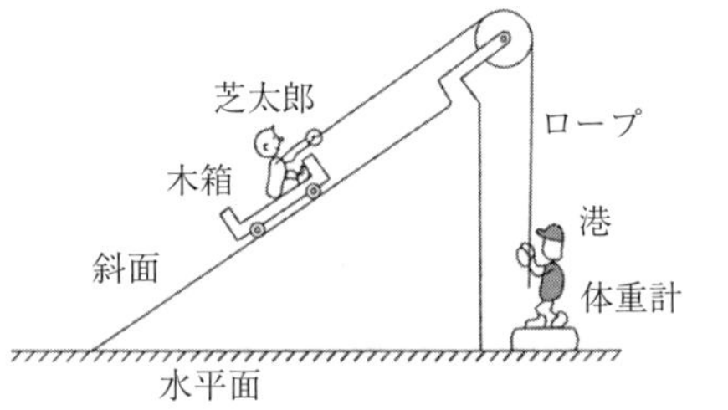

図４

(5)　次に，図４と同じ傾きをもつ斜面で図５のように，港君が木箱にのり芝太郎君がロープを持って支えました。芝太郎君は体重計にのっています。木箱が斜面上で静止しているとき，体重計は何kgを示しますか。

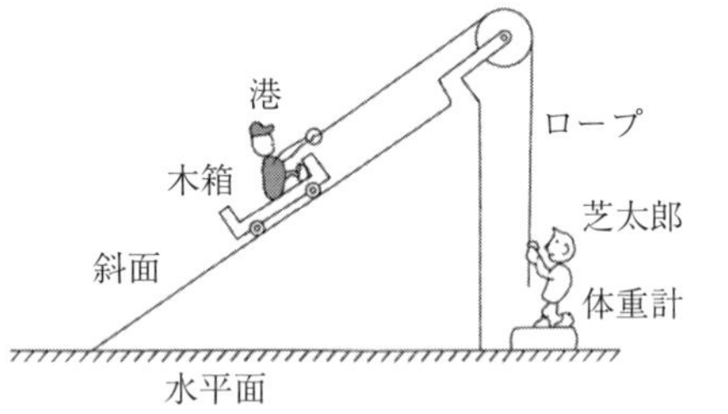

図５

(6)　図６では斜面と水平面のなす角度は45度です。図６のように，港君が滑車を付けた木箱にのり，芝太郎君がロープを持って支えました。ロープのもう一方の端《はし》は斜面の上部に固定されています。芝太郎君は体重計にのっています。木箱が斜面上で静止しているとき，体重計は何kgを示しますか。また，木箱を斜面にそって５ｍ移動するには，芝太郎君はロープを何ｍたぐり寄せればよいですか。

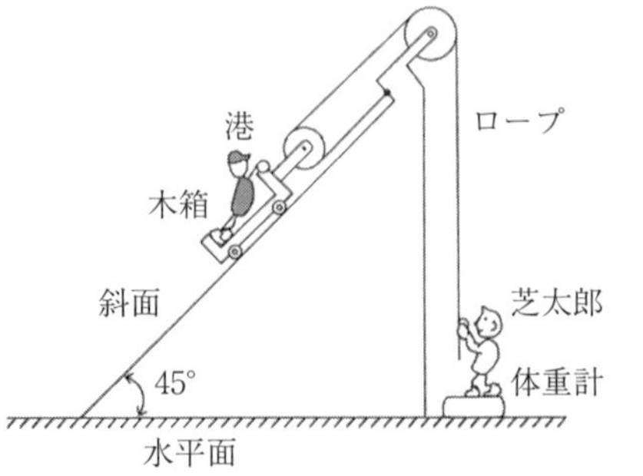

図６

〈山沢君〉にはある気づきが芽生えたと思われます。〈山沢君〉の心に芽生えた気づきとは何ですか。気づいた理由と合わせて**45**字以上**55**字以内で答えなさい。

問四　――線部⑤〈ぼくはかけ足で図書館にむかった〉とありますが、この時の〈ぼく〉はどのような気持ちですか。〈山沢君〉との対局前までの様子と、〈かけ足〉となったきっかけも合わせて**80**字以上**90**字以内で答えなさい。

「小学5年生の5月でアマチュア初段というのは、正直に言えば、プロを目ざすには遅《おそ》すぎます。しかし野崎君には伸びしろが相当あると思いますので、親御《おやご》さんのほうでも、これまで以上に応援《おうえん》してあげてください」

そう言うと、有賀先生は足早に廊下を戻っていった。

まさか、ここまで認めてもらっているとは思わなかったので、②ぼくは呆然《ぼうぜん》としていた。将棋界《しょうぎかい》のことをなにも知らない父と母はキツネにつままれたような顔をしている。二人とも、すぐに仕事に戻らなければならないというので、詳《くわ》しいことは今晩話すことにした。

103号室に戻り、カバンを持って出入り口にむかうと、山沢君が立っていた。ぼくより20センチは小さくて、腕《うで》も脚《あし》もまるきり細いのに、負けん気の強そうな顔でこっちを見ている。

「つぎの対局は負けないよ。絶対に勝ってやる」

「うん、また指そう。そして、一緒《いっしょ》に強くなろうよ」

ぼくが言うと、山沢君がメガネの奥の目をつりあげた。

「なに言ってんだよ。③将棋では、自分以外はみんな敵なんだ」

小学2年生らしいムキになった態度がおかしかったし、「自分以外はみんな敵だ」と、ぼくだって思っていた。

「たしかに対局中は敵だけど、盤を離《はな》れたら、同じ将棋教室に通うライバルでいいんじゃないかな。ぼくは初段になったばかりだから、三段になろうとしているきみをライバルっていうのは、おこがましいけど」

ぼくの心ははずんでいた。個人競技である将棋にチームメイトはいないが、ライバルはきっといくらでもあらわれる。勝ったり負けたりをくりかえしながら、一緒に強くなっていけばいい。

「そういえば、有賀先生のおとうさんが教えた大辻弓彦《おおつじゆみひこ》さんっていうひとが、関西の奨励会でがんばっているんだってね。大辻さんが先にプロになって、きみとぼくもプロになって、いつかプロ同士で対局できたら、すごいよね」

奨励会試験に合格するにはアマ四段の実力が必要とされる。それに試験では奨励会員との対局で五分以上の星をあげなければならない。合格して奨励会に入っても、四段＝プロになれるのは20パーセント以下だという。

それがどれほど困難なことか、正直なところ、ぼくにはよくわかっていなかった。でも、どれほど苦しい道でも、絶対にやりぬいてみせる。

「このあと、となりの図書館で棋譜をつけるんだ。今日の、引き分けだった対局の」

ぼくが言うと、④山沢君の表情がほんの少しやわらかくなった。

「それじゃあ、またね」

三つも年下のライバルに言うと、⑤ぼくはかけ足で図書館にむかった。

（佐川光晴『駒音高く』より。）

注1　棋譜―将棋や碁の対局での手順を記録したもの。
注2　賛辞―ほめたたえる言葉。
注3　奨励会―プロ棋士を目指す者が所属する研修機関。

問一　――線部①〈目にもの見せてやる〉とありますが、この時の〈ぼく〉はどのような気持ちですか。解答欄《かいとうらん》の「～という気持ち。」につながるように**20**字以上**30**字以内で答えなさい。

問二　――線部②〈ぼくは呆然としていた〉とありますが、〈ぼく〉はどうして〈呆然としていた〉のですか。**30**字以上**40**字以内で答えなさい。

問三　――線部③〈将棋では、自分以外はみんな敵なんだ〉から――線部④〈山沢君の表情がほんの少しやわらかくなった〉までで、

「残念だけど、今日はここまでにしよう」

ぼくに手番がまわってきたところで、有賀先生が対局時計を止めた。

「もうすぐ3時だからね」

そう言われて壁の時計を見ると、短針は「3」を指し、長針が「12」にかかっている。40分どころか、1時間半も対局していたのだ。

ぼくは盤面《ばんめん》に視線を戻《もど》した。ぼくの玉はすでに相手陣《あいてじん》に入っていて、詰ませられることはない。山沢君も入玉をねらっているが、10手あれば詰ませられそうな気がする。ただし手順がはっきり見えているわけではなかった。

「すごい勝負だったね。ぼくが将棋教室を始めてから一番の熱戦だった」

プロ五段の有賀先生から最高の注2賛辞《さんじ》をもらったが、ぼくは詰《つ》み筋《すじ》を懸命《けんめい》に探し続けた。

「馬引きからの7手詰《づ》めだよ」

山沢君が悔しそうに言って、ぼくの馬を動かした。

「えっ？」

まさか山沢君が話しかけてくるとは思わなかったので、ぼくはうまく返事ができなかった。

「こうして、こうなって」

詰《つ》め将棋《しょうぎ》をするように、山沢君が盤上《ばんじょう》の駒を動かしていく。

「ほら、これで詰みだよ」

（なるほど、そのとおりだ）

頭のなかで答えながら、ぼくはあらためてメガネをかけた小学2年生の実力に感心していた。

「プロ同士の対局では、時間切れ引き分けなんてない。それは研修会でも、注3奨励会《しょうれいかい》でも同じで、将棋の対局はかならず決着がつく。でも、ここは、小中学生むけのこども将棋教室だからね。今日の野崎君と山沢君の対局は引き分けとします」

有賀先生のことばに、ぼくはうなずいた。

「さあ、二人とも礼をして」

「ありがとうございました」

山沢君とぼくは同時に頭をさげた。そして顔をあげたとき、山沢君のうしろにぼくの両親が立っていた。

「えっ、あれっ。ああ、そうか」

ぼくは母が3時前に来る約束になっていたことを思いだしたが、まさか父まで来てくれるとは思ってもみなかった。もうBコースの生徒たちが部屋に入ってきていたので、ぼくは急いで駒を箱にしまった。

「みなさん、ちょっと注目。これから野崎君に認定書《にんていしょ》を交付します」

ふつうは教室が始まるときにするのだが、有賀先生はぼくの両親に合わせてくれたのだ。

「野崎翔太殿《どの》。あなたを、朝霞こども将棋教室初段に認定《にんてい》します」

みんなの前で賞状をもらうなんて、生まれて初めてだ。そのあと有賀先生の奥《おく》さんが賞状を持ったぼくと有賀先生のツーショット写真を撮《と》ってくれた。両親が入った4人での写真も撮ってくれた。

「野崎さん、ちょっといいですか。翔太君も」

有賀先生に手招きされて、ぼくと両親は廊下《ろうか》に出た。

「もう少し、むこうで話しましょうか」

どんな用件なのかと心配になりながら、ぼくは先生についていった。

「翔太君ですが、成長のスピードが著《いちじる》しいし、とてもまじめです。今日の一局も、じつにすばらしかった」

有賀先生によると、山沢君は小学生低学年の部で埼玉県《さいたまけん》のベスト4に入るほどの実力者なのだという。来年には研修会に入り、奨励会試験の合格、さらにはプロの棋士《きし》になることを目標にしているとのことだった。

見遠回りな提案は、筆者のどのような考えによるものですか。本文全体の内容を踏《ふ》まえ、**80**字以上**90**字以内で答えなさい。

四　次の文章を読んで後の問いに答えなさい。

小学5年生の「ぼく」（野崎《のざき》 翔太《しょうた》）は、将棋《しょうぎ》を始めてから負けたことがなかったが、半年ほど経《た》ち小学2年生の山沢貴司《やまさわたかし》との対局で初めて負けた。その悔《くや》しさから、しっかりと注1棋譜《きふ》の研究をして山沢君への対策を練ってきた。

朝霞《あさか》こども将棋教室では、最初の30分はクラス別に講義がおこなわれる。ぼくは初段になったので、今日から山沢君たちと同じ、一番上のクラスだ。ところが、有段者で来ているのはぼくと山沢君だけだった。

「そうなんだ。みんな、かぜをひいたり、法事だったりでね」

講義のあとは、ぼくと山沢君が対戦し、2局目は有賀《ありが》先生がぼくたち二人を相手に二面指しをするという。前にも、先生が3人の生徒と同時に対局するところを見たが、手を読む速さに驚《おどろ》いた。プロが本気になったらどれほど強いのか、ぼくは想像もつかなかった。

「前回と同じ対局になってしまうけど、それでもいいかな？　先手は野崎君で」

「はい」

ぼくは自分を奮い立たせるように答えたが、山沢君はつまらなそうだった。

（よし。①目にもの見せてやる）

ぼくは椅子《いす》にすわり、盤《ばん》に駒《こま》を並べていった。

「おねがいします」

二人が同時に礼をした。山沢君が対局時計のボタンを押《お》すと、ぼくはすぐに角道を開けた。山沢君もノータイムで角道を開けた。続いて、ぼくが飛車先の歩を突《つ》くと、山沢君は少し考えてから、同じく飛車先の歩を突いた。どうせまた振《ふ》り飛車でくると思っていたはずだから、居飛車《いびしゃ》を選んだぼくに合わせようとしているのだ。

（よし、そうこなくちゃな）

ぼくは飛車先の歩を突き、山沢君も飛車先の歩を突いた。ぼくが飛車先の歩を伸《の》ばせば、山沢君も飛車先の歩を伸ばす。この流れなら、まずまちがいなく横歩《よこふ》取りになる。あとは、研究の成果と、自分の読みを信じて、一手一手を力強く指すのみ。

序盤《じょばん》から大駒《おおごま》を切り合う激しい展開で、80手を越《こ》えると双方《そうほう》の玉が露出《ろしゅつ》して、どこからでも王手がかかるようになった。しかし、どちらにも決め手がない。ぼくも山沢君もとっくに持ち時間はつかいきり、ますます難しくなっていく局面を一手30秒以内で指し続ける。壁《かべ》の時計に目をやる暇《ひま》などないが、たぶん40分くらい経っているのではないだろうか。持ち時間が10分の将棋は30分あれば終わるから、ぼくはこんなに長い将棋を指したことはなかった。これでは有賀先生との2局目を指す時間がなくなってしまう。

「そのまま、最後まで指しなさい」

有賀先生が言って、そうこなくちゃと、ぼくは気合いが入った。かなり疲《つか》れていたが、絶対に負けるわけにはいかない。山沢君だって、そう思っているはずだ。

（勝ちをあせるな。相手玉を詰《つ》ますことよりも、自玉が詰まされないようにすることを第一に考えろ）

細心の注意を払《はら》って指していくうちに、形勢がぼくに傾《かたむ》いてきた。ただし、頭が疲れすぎていて、目がチカチカする。指がふるえて、駒をまっすぐにおけない。

ギャップに苦しむ人には、より高い社会的なポジションに就《つ》くことで自信が回復すると思っている人がたいへん多いのですが、これは誤りです。高い社会的地位を達成したとしても、自信がそれに追いつかないという現象がしばしば起こる。なぜか？　自信の拠り所が承認だからです。ただし、他者からの承認を得るということは、スクールカーストにおいて上位に位置するということではありません。先ほどの「人間の自己愛は一生涯成長し続ける」と言った精神分析家は、思春期・青年期において、大人でも同年代の友達でも彼氏《かれし》や彼女《かのじょ》でもいい、大事な他者との関係が長く続いていくことが一番価値のある承認だという意味のことを言っています。私もまったく同感です。

　自信を高めるには、他者との持続的で安定的で良好な関係が重要です。一人や二人でもいい、長持ちする関係を保つことが非常に大きな意味を持ちます。③自己愛とは、そうやって鍛《きた》えられてゆくものです。

　ここまでが現状分析の話です。では、みなさんにこれからどうしてほしいかを少し話したいと思います。

　まず、自分が置かれている「状況《じょうきょう》」を自覚してください。それを認識《にんしき》しないと空気やカーストというものに流されてしまう可能性があります。よく認識を深め、知恵《ちえ》や趣味《しゅみ》で武装することで、不本意な状況に流されるのを防いでください。

　それから、面と向かっての対話をたくさんしてください。対話は適切に使うと、人を癒《いや》す力や人を成長させる力がある。メールやＬＩＮＥではなく、面と向かって相手の存在に配慮《はいりょ》しながら、言葉を生み出していく作業をしてください。欧米圏《おうべいけん》では言葉＝現実です。新しい言葉が生まれれば、新しい現実が生まれることと同じことです。私自身もそう思いますし、みなさんにもそう思ってほしい。

　また先ほどから自信を持つためには承認を得ることだと話していますが、④承認を得るより人を承認することから始めてください。愛されたければ、まず人を愛せとよく言いますが、同じことです。

（『学ぶということ〈続・中学生からの大学講義〉１』所収
斎藤　環「つながることと認められること」より。
作問の都合上、表現を改めた部分があります。）

注１　フォロワー―ネット上に存在する特定の人物の発言（ツイート）などに注目し、その最新情報を自動的に追いかけられる状態にしている人のこと。

注２　ＳＮＳ―ソーシャル・ネットワーキング・サービスの略。インターネットを介《かい》して、実際に対面することなしに人間関係を構築することを目的としたサービスの総称《そうしょう》。FacebookやTwitter、LINEなどが含まれる。

注３　スクールカースト―学校のクラス内で、自然と各人をレベル分けし、上下関係として固定したもの。インドに古来伝わる階級制度である「カースト」をもとにした造語。

注４　精神分析家―主に精神分析という理論を用いて活動する医師や心理士のこと。

問一　――線部①〈このようないびつな承認の現象〉とは、どのような現象ですか。**15**字以上**25**字以内で答えなさい。

問二　――線部②〈自分が嫌いという人はしばしば、プライドは高いけど自信がない〉とありますが、〈自分が嫌いという人〉に〈自信がない〉のは、なぜですか。**25**字以上**35**字以内で答えなさい。

問三　――線部③〈自己愛とは、そうやって鍛えられてゆくものです〉とありますが、〈自己愛〉は、どうすることで〈鍛えられ〉ますか。**25**字以上**35**字以内で答えなさい。

問四　――線部④〈承認を得るより人を承認することから始めてください〉とありますが、〈いまの若い世代〉に向けた、こうした一がっています。

スクールカーストの上位下位を決めるのはほとんど「コミュ力」の評価で、そこには友人が多いとか、異性にもてるかどうかという一元化された評価軸《じく》しか存在しません。そうした評価軸になじみすぎた人は、ほんとうの評価軸となるべき個人の才能ではなく、いびつな承認欲求を持ちやすい。たとえば、あの人は無口だけれども絵がすごく上《う》手《ま》いとか、将棋《しょうぎ》の才能があるだとか、他の評価軸で尊敬することができれば救いがあるのですが、対人評価が一元化しているとスクールカーストのような全体主義を受け入れやすくなるのです。本来、対人評価は多様であればあるほど面白《おもしろ》いのですが、残念ながらいまの教室からは多様性が失われつつあるのではないでしょうか。

また、承認は誰からされても良い訳ではないようです。承認にもいくつかの段階があって、たとえば思春期を過ぎて家族から承認されてもあまり嬉《うれ》しくない。家族が自分を認めてくれるのはある意味当たり前なので、どちらかと言うと仲間内で承認されるほうが嬉しい。もっと言えば、より親密な関係の人、たとえば親友や仲の良い友達からの承認の価値のほうが高く、さらに異性からの承認はもっとも価値が高いようです。

もちろん本来は人間の価値は承認のみでは決まりません。ところが人は親密な関係の人や異性からの承認がより価値のあるものだという考えにしばしば囚《とら》われます。このような考え方を中学や高校で身につけると、その人の人生に長く影《かげ》を落とします。ですから、私が今日、場合によってはみなさんにとって耳の痛い話をしているのは、みなさんがいま抱《いだ》いている価値観はほんとうに正しいのか、ということを問いかけているのです。それはひょっとすると、現代の日本の教室空間でしか通用しない、狭《せま》い価値観かもしれない。その可能性を考えてみて欲《ほ》しいのです。

（中略）

みなさんは「自己愛」ということばにどんな印象を持ちますか？

このことばは意外なほど評判が悪い。「自己愛的な人」というと「自己中心的な人」と混同しがちですが、じつはちがいます。自己愛とは自分という存在を温存していこう、サバイバルしていこうという欲望のことを呼びます。とすればみなさん全員、自己愛を持っていますよね。ある注4精神分析家《ぶんせきか》は「人間の自己愛は一生涯《いっしょうがい》成長し続ける」と言っています。私はこれを真理だと思う。成長や成熟は大人になったら終わるのではなく、特に自己愛は一生成熟・成長が続いていくのです。

自己愛を成長させるのは「他者」です。あとで詳《くわ》しく説明しますから覚えておいてください。自分が親密に感じている「他者」が自己愛に成長のエネルギーを補充《ほじゅう》してくれる、この成長のメカニズムをよくイメージしてください。イメージを持っていないと自分が成長・成熟する可能性がないといった間違《まちが》った考えに陥《おちい》ることがあります。とくに中学、高校、大学と進むにつれ若い人はしばしば自己嫌悪《けんお》や自分には価値がない、そんな自分が嫌《きら》いであるという意識に囚われてしまうことがあります。

自己愛には二種類あって、ひとつはプライド、もうひとつは自信です。②自分が嫌いという人はしばしば、プライドは高いけど自信がない。精神医学的に、そうした人は非常に困った意識状態にあると言えます。なぜなら、その人は自分が他人から見てどんな人間か、また自分がいかにだめな人間であるかという苦しい自問自答を延々と続けなければならないからです。自信とプライドとのギャップはできるだけ縮めておくに越《こ》したことはない。

二〇二〇年度 芝中学校

【国語】〈第一回試験〉〈五〇分〉〈満点：一〇〇点〉

一　次の①～⑤の□に当てはまる言葉を語群から選び、漢字で答えなさい。

① 五・七・五の□句を作った。
② 体操選手がみごとな□返りで着地した。
③ 園□たちが手をつないで歩いている。
④ 食べ過ぎは体に□だ。
⑤ □相を変えて飛びこんできたが、たいしたことではなかった。

《語群》　チュウ　ハイ　ドク　ケッ　ジ

二　次の①～⑤の□に当てはまる漢字一字を自分で考えて答えなさい。

① 冷たく固い□でも、とけると水になる。
② うまくいったからといって、決してぬか□びをしてはならない。
③ 男の子はうれしくなって、口□を吹《ふ》き始めた。
④ 「立つ□あとを濁《にご》さず」で、試合後のロッカールームはとてもきれいだった。
⑤ 今晩はあたたかい□船につかってゆっくり休もう。

三　次の文章は、精神科医の斎藤環《さいとうたまき》が、「つながることと認められること」と題した講演の中で「承認《しょうにん》の問題」について述べた部分をもとにしたものである。よく読んで、後の問いに答えなさい。

社会とのつながりにおいて人から承認されることが、ほとんどの人が持っている自信の拠《よ》り所《どころ》で、承認はとても重要な意味を持つ。まだ社会的なポジションが定まっていなくても、偉大《いだい》な業績を残していなくても、自信を持つことができるとしたら、それは承認の力なのです。

Facebookを利用したことがある人はわかると思いますが、あの「いいね！」ボタンこそが承認です。Twitterだと注1フォロワー数かリツイートの数が承認に当たります。いまや注2ＳＮＳは、人からの承認を数値化できるという身もふたもないものになりましたが、ある意味わかりやすい。バイト先の冷蔵庫に自分が入った写真をツイートするなど、いわゆるバカッターという現象が流行《はや》ったことがありました。全世界から馬鹿《ばか》にされ炎上騒《えんじょうさわ》ぎになりましたが、あれをやった人たちは「バカな行為《こうい》」を承知の上で、仲間内で笑いを取り承認してほしいがためにやったのでしょう。承認稼《かせ》ぎが暴走すること、これがバカッターのメカニズムです。

このように逸脱《いつだつ》したケースを見ると、いまの若い世代がどれだけ承認されることに対して飢《う》えているか、それ以外の自信の拠り所を失っているかがよくわかる。かつては家柄《いえがら》や家の財産、成績がいい、スポーツができる、絵の才能があるなど、誰《だれ》もが認める客観的な能力評価から自信を得ることもありましたが、いまはちがいます。能力があってもなくても承認がすべてだからです。人に認めてもらって、ついでに「いいね！」ボタン一〇〇個くらい押《お》してもらってなんぼです。承認されない能力は価値がないのです。なぜ、①このようないびつな承認の現象が起こったかは、先ほどの注3スクールカーストの話とつな

2020年度 芝中学校 ▶解説と解答

算　数　＜第１回試験＞（50分）＜満点：100点＞

解　答

[1] (1)　5　(2)　$\frac{1}{9}$　[2] (1)　19　(2)　901　[3] 225円　[4] 4036　[5] 7通り　[6] 63円，250個　[7] (1)　$\frac{3}{4}$倍　(2)　$\frac{7}{24}$倍　[8] (1)　22分30秒　(2)　9分間　[9] (1)　20cm^2　(2)　125.6cm^2　[10] 75，8，$63\frac{7}{11}$

解　説

[1] 四則計算，逆算

(1)　$6\frac{1}{12}-1\frac{2}{3}+\left(1.375-\frac{5}{8}+1\frac{1}{4}\right)\div\frac{3}{10}\times0.125-\frac{1}{4}=\frac{73}{12}-\frac{5}{3}+\left(1\frac{3}{8}-\frac{5}{8}+\frac{5}{4}\right)\div\frac{3}{10}\times\frac{1}{8}-\frac{1}{4}=\frac{73}{12}-\frac{5}{3}+\left(\frac{11}{8}-\frac{5}{8}+\frac{10}{8}\right)\div\frac{3}{10}\times\frac{1}{8}-\frac{1}{4}=\frac{73}{12}-\frac{5}{3}+\frac{16}{8}\times\frac{10}{3}\times\frac{1}{8}-\frac{1}{4}=\frac{73}{12}-\frac{5}{3}+\frac{5}{6}-\frac{1}{4}=\frac{73}{12}-\frac{20}{12}+\frac{10}{12}-\frac{3}{12}=\frac{60}{12}=5$

(2)　$61\times61=3721$，$1.2\div2\frac{2}{3}=\frac{6}{5}\div\frac{8}{3}=\frac{6}{5}\times\frac{3}{8}=\frac{9}{20}$より，$3721-2020\div\left(\square+\frac{9}{20}\right)=121$，$2020\div\left(\square+\frac{9}{20}\right)=3721-121=3600$，$\square+\frac{9}{20}=2020\div3600=\frac{2020}{3600}=\frac{101}{180}$　よって，$\square=\frac{101}{180}-\frac{9}{20}=\frac{101}{180}-\frac{81}{180}=\frac{20}{180}=\frac{1}{9}$

[2] 整数の性質

(1)　3で割ると1余る数は{1，4，7，…}であり，これらは3の倍数よりも，3－1＝2小さい数と考えることができる。同様に，7で割ると5余る数は{5，12，19，…}であり，これらは7の倍数よりも，7－5＝2小さい数と考えることができる。よって，両方に共通する数は，3と7の公倍数よりも2小さい数である。また，3と7の最小公倍数は，3×7＝21だから，このような数は21の倍数よりも2小さい数である。したがって，2けたで一番小さい数は，21－2＝19と求められる。

(2)　(1)より，3で割ると1余り，7で割ると5余る数は{19，40，61，…}となる。このうち，5で割ると1余る一番小さい数は61である。また，21と5の最小公倍数は，21×5＝105なので，すべてに共通する数は，61に105の倍数を加えてできる数とわかる。999÷105＝9余り54より，3けたで一番大きい数は，61＋105×(9－1)＝901と求められる。

[3] 消去算

A	B	C	D	E	合計
○	○	○	○		680円
○	○	○		○	750円
○	○		○	○	830円
○		○	○	○	960円
	○	○	○	○	1000円

値段が安い方から順にA，B，C，D，Eとして表にまとめると，右のようになる。これらをすべて加えると，A，B，C，D，Eを4個ずつ買ったときの合計金額が，680＋750＋830＋960＋1000＝4220(円)とわかるから，A，B，C，D，Eを1個ずつ買ったときの合計金額は，4220÷4＝1055(円)となる。ここからA，B，D，Eの合計

をひくと，Cの値段は，1055－830＝225(円)と求められる。

4 整数の性質，周期算

3と5の最小公倍数である，3×5＝15ごとに組に分けると，右の図のようになる。これらの数を5で割ったときの余りは，どの組も{2，0，3，1，4}となる。また，2019÷5＝403余り4より，2019個は403組と4個になることがわかる。さらに，1組の余りの和は，2＋0＋3＋1＋4＝10であり，最後の4個の和は，2＋0＋3＋1＝6だから，2019個の和は，10×403＋6＝4036と求められる。

1組	2，	5，	8，	11，	14
2組	17，	20，	23，	26，	29
3組	32，	35，	38，	41，	44

5 立体図形，場合の数

三角柱の高さを4とすると，高さにあたる3辺の長さの和は，4×3＝12になるから，切断した2つの立体の高さにあたる3辺の長さの和が，どちらも，12÷2＝6になるように切ればよい。たとえば，右の図のように切ると，下側の立体の高さにあたる3辺の長さの和は，3＋1＋2＝6となるので，上側の立体の高さにあたる3辺の長さの和も，12－6＝6になる。このような切り方は，一方の立体の高さにあたる3辺の長さが，㋐{1，2，3}，㋑{2，2，2}となる場合が考えられる。㋐になるような点の選び方は，3×2×1＝6(通り)，㋑になるような点の選び方は1通りあるから，全部で，6＋1＝7(通り)とわかる。

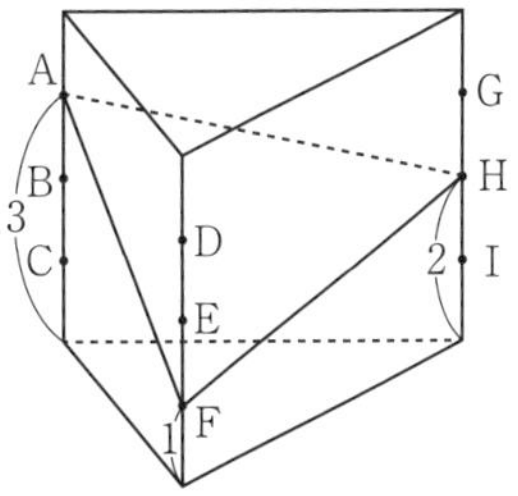

6 売買損益，相当算

すべて売れた場合の売り上げを1とする。仕入れた個数の8％が売れ残ると売り上げも8％少なくなり，仕入れた個数の2％が売れ残ると売り上げも2％少なくなるから，右の図のように表すことができる。この図から，0.08－0.02＝0.06にあたる金額が，7035－5640＝1395(円)とわかるので，(すべて売れた場合の売り上げ)×0.06＝1395(円)と表すことができる。よって，すべて売れた場合の売り上げは，1395÷0.06＝23250(円)だから，仕入れた個数は，23250÷93＝250(個)と求められる。さらに，仕入れた個数の8％が売れ残ったときの売り上げは，23250×(1－0.08)＝21390(円)なので，全体の仕入れ値は，21390－5640＝15750(円)となり，1個あたりの仕入れ値は，15750÷250＝63(円)とわかる。

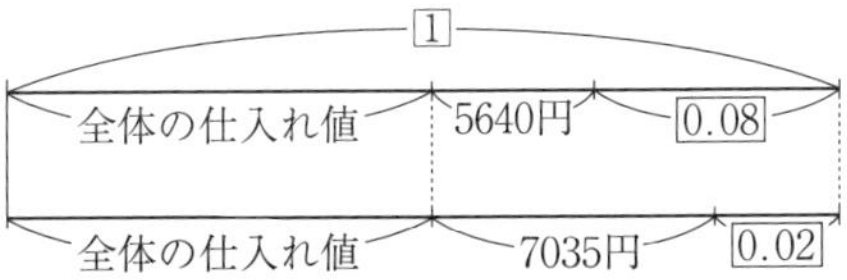

7 平面図形―辺の比と面積の比，相似

(1) 右の図で，三角形ADGの底辺をAD，三角形ABCの底辺をABとすると，この2つの三角形の底辺の比は，AD：AB＝2：4＝1：2となる。このとき，高さの比は，GA：CA＝3：2だから，面積の比は，(1×3)：(2×2)＝3：4とわかる。よって，三角形ADGの面積は三角形ABCの面積の$\frac{3}{4}$倍である。

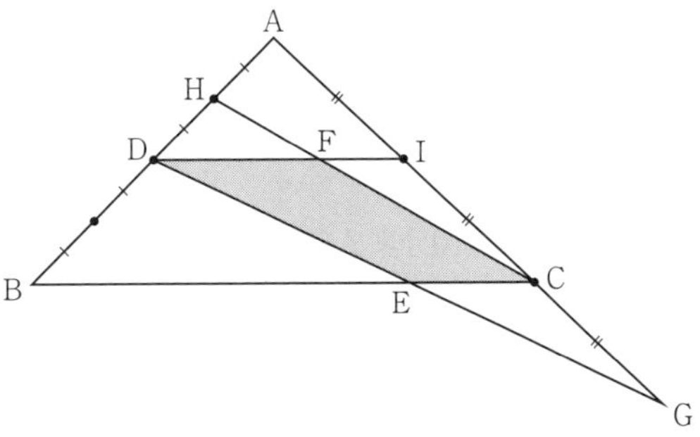

(2) 三角形ABCの面積を1とすると，三角形HBCの面積は$\frac{3}{4}$になる。また，AD：DB＝AI：IC＝1：1より，DIとBCは平行とわかるので，三

角形HDFと三角形HBCは相似になる。このとき，相似比は１：３だから，面積の比は，（１×１）：（３×３）＝１：９となり，三角形HDFの面積は，$\frac{3}{4}\times\frac{1}{9}=\frac{1}{12}$と求められる。次に，三角形GECと三角形GDIは相似であり，相似比は１：２なので，EC＝１とすると，DI＝２となる。さらに，三角形ADIと三角形ABCも相似であり，相似比は１：２だから，BC＝$2\times\frac{2}{1}=4$とわかる。すると，BE＝４－１＝３となるから，三角形DBEの面積は三角形ABCの面積の，$\frac{2}{4}\times\frac{3}{4}=\frac{3}{8}$と求められる。よって，三角形DBEの面積は，$1\times\frac{3}{8}=\frac{3}{8}$なので，四角形DECFの面積は，$\frac{3}{4}-\left(\frac{1}{12}+\frac{3}{8}\right)=\frac{7}{24}$とわかる。したがって，四角形DECFの面積は三角形ABCの面積の，$\frac{7}{24}\div 1=\frac{7}{24}$(倍)である。

8 仕事算，つるかめ算

⑴　容器の容積を，90と54と30の最小公倍数である270とする。また，Ａ，Ｂ，Ｃから１分間に入る水の量をそれぞれⒶ，Ⓑ，Ⓒとすると，Ⓐ＝270÷90＝３，Ⓑ＋Ⓒ＝270÷30＝９となる。よって，Ⓐ＋Ⓑ＋Ⓒ＝３＋９＝12だから，Ａ，Ｂ，Ｃを同時に使うと，270÷12＝22.5(分)かかる。これは，60×0.5＝30(秒)より，22分30秒となる。

⑵　Ⓐ＋Ⓑ＝270÷54＝５より，Ⓑ＝５－３＝２，Ⓒ＝９－２＝７とわかる。よって，最初は毎分，３＋７＝10の割合で入れ，途《と》中《ちゅう》から毎分12の割合で入れたので，右のようにまとめることができる。毎分12の割合で24分入れると，24×12＝288入り，実際に入れた量よりも，288－270＝18多くなるから，毎分10の割合で入れた時間は，18÷(12－10)＝９(分)と求められる。よって，ＡとＣで入れた時間は９分間である。

（ＡとＣ）　　毎分10｝合わせて
（ＡとＢとＣ）毎分12｝24分で270

9 平面図形―面積

⑴　右の図１で，四角形イクカエは正方形になる。また，正方形イクカエの外側にある４つの直角三角形の面積はどれも，４×８÷２＝16(cm²)であり，正方形ABCDの面積は，12×12＝144(cm²)だから，正方形イクカエの面積は，144－16×４＝80(cm²)とわかる。さらに，正方形は対角線で４つの合同な直角二等辺三角形に分かれるので，三角形イエケの面積は，80÷４＝20(cm²)と求められる。

図１

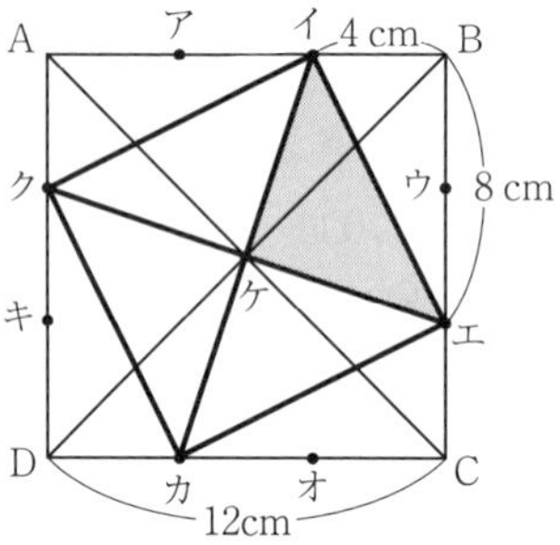

図２

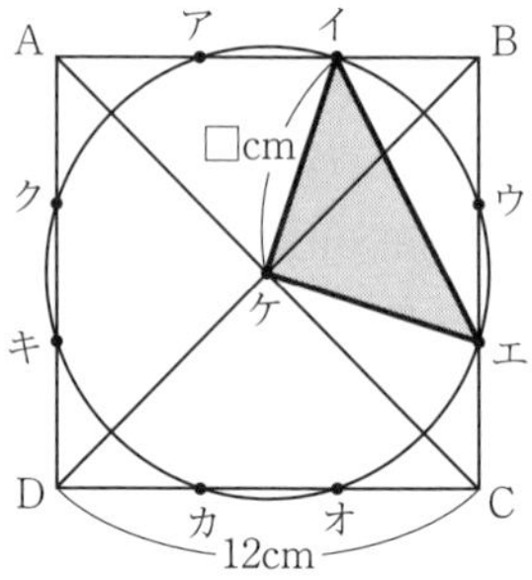

⑵　右上の図２の円の面積を求めればよい。円の半径を□cmとすると，直角二等辺三角形イエケの面積が20cm²だから，□×□÷２＝20(cm²)と表すことができる。よって，□×□＝20×２＝40なので，円の面積は，□×□×3.14＝40×3.14＝125.6(cm²)とわかる。

10 グラフ―速さ

特急は10時10分にＡ駅を出発し，11時14分にＢ駅に着いている。このとき，走った時間は，11時14分－10時10分＝１時間４分であり，走った距離《きょり》は，35＋45＝80(km)だから，特急の速さは時速，$80\div 1\frac{4}{60}=75$(km)とわかる。次に，特急がAS間にかかった時間は，35÷75×60＝28(分)なので，特急がＳ駅を通過した時刻は，10時10分＋28分＝10時38分である。これは急行がＳ駅に着いた２分後だから，急行がＳ駅に着いた時刻は，10時38分－２分＝10時36分と求められる。よって，急行が

AS間にかかった時間は，10時36分－10時１分＝35分なので，急行の速さは時速，$35\div\frac{35}{60}=60$(km)とわかる。すると，急行がSB間にかかった時間は，$45\div60\times60=45$(分)だから，急行がＳ駅を出発した時刻は，11時29分－45分＝10時44分となる。したがって，急行がＳ駅で停まっていた時間は，10時44分－10時36分＝８分間である。最後に，特急が右のグラフのように進むときの速さを求める。このとき，特急がＳ駅を通過する時刻は，10時44分－１分＝10時43分なので，特急がAS間にかかった時間は，10時43分－10時10分＝33分とわかる。よって，このときの特急の速さは時速，$35\div\frac{33}{60}=63\frac{7}{11}$(km)以上である。

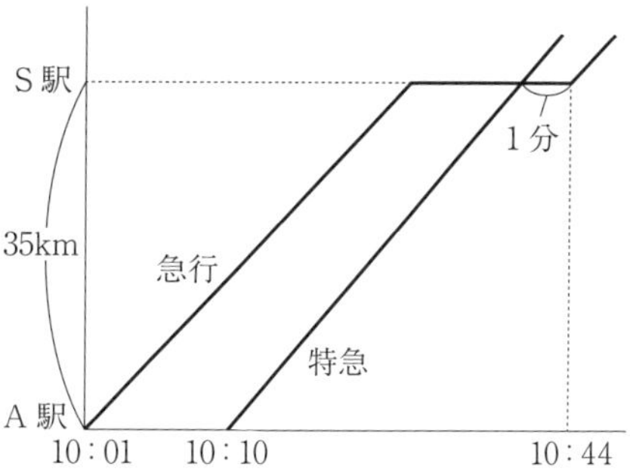

社　会　＜第１回試験＞（40分）＜満点：75点＞

解　答

[1] 問１　Ａ　豊後(水道)　Ｂ　甲府(盆地)　Ｃ　庄内(平野)　問２　エ　問３　コールドチェーン　問４　シラス(台地)　問５　エ　問６　エ　問７　エ　問８　イ　問９　ア　問10　エ　[2] 問１　百舌鳥(古墳群)　問２　エ　問３　藤原元命　問４　イ　問５　(例)　保温性に優れているうえ，加工がしやすい。　問６　ア　問７　井原西鶴　問８　(例)　身分の上下にもとづく秩序(を重んじたから)　問９　カ　問10　エ　問11　もはや戦後ではない　問12　エ　問13　環境庁　[3] 問１　軽減(税率)　問２　３(％)　問３　ウ　問４　ア　問５　イ，ウ　問６　ア　問７　会計検査院　問８　ウ　問９　エ　問10　バブル(景気)　[4] 問１　ウ　問２　サラダボウル　問３　エ　問４　(例)　私たちは，仲間を思う献身的なふるまいや自分の利益をかえりみない気持ちを高く評価しがちだが，たとえ出発点が個人的で利己的であったとしても，功績をあげるため，あるいはよい結果を導くために努力を重ねてきた過程を評価してもよいのではないか。

解　説

[1] 日本の自然や産業などについての問題

問１　Ａ　大分県と愛媛県の間にあるのは豊後《ぶんご》水道。北は瀬戸内海，南は太平洋に接し，両岸にはリアス海岸が発達している。　Ｂ　山梨県の中央部には甲府盆地が広がっている。甲府盆地では果樹栽培がさかんで，山梨県のぶどうとももの生産量はいずれも全国第１位である。　Ｃ　山形県の北西部の最上川下流域には，水田単作地帯として知られる庄内平野が広がっている。

問２　高梁《たかはし》川は岡山県西部を流れ，瀬戸内海に注ぐ河川なので，３つの地図中には見られない。なお，大井川は静岡県を，雄物川は秋田県を，球磨《くま》川は熊本県を流れる河川。

問３　産地から消費地まで保冷トラックなどを用いて農産物や水産物を運ぶしくみは，コールドチェーンとよばれる。鮮度を保ったまま輸送できるので，消費地から離れた産地でもさまざまな商品を出荷することが可能になった。

問４　鹿児島県の大部分や宮崎県南部には，シラスとよばれる火山灰土が厚く積もった台地が広がる。シラス台地は水持ちが悪く，水田には適さないため，さつまいもなどの畑作が行われてきた。しかし，大隅半島の笠野原では，灌漑《かんがい》用のための用水路を引くなどして土地改良を進めた結果，野菜や茶，肉牛・豚・にわとりなどの畜産がさかんになった。

問５　地図中のＸは北緯40度の緯線で，日本では秋田県の八郎潟を通ることで知られる。この緯線はアメリカ合衆国中央部を通り，ヨーロッパではイタリア南部やスペイン中央部などを通過している。ドイツは北緯47～55度付近に位置する。

問６　年間降水量が少なく，１・２月の平均気温が０℃前後であるⅠは地図中Ｋの松本(長野県)，11～２月の降水量が多いⅡは地図中Ｌの青森(青森県)，６・７月の降水量が特に多く，１月の平均気温が５℃以上であるⅢは地図中Ｊの福岡(福岡県)である。

問７　地図中①の福岡県にあてはまるのはエ。宮若《みやわか》市や苅田《かんだ》町などで自動車工業が，北九州市で鉄鋼業がさかんであることから，輸送用機械や鉄鋼の出荷額が多くなっている。なお，電子部品の出荷額が多いイは，高速道路沿いの地域などに半導体工場が多く進出している④の秋田県。窯業《ようぎょう》・土石が出荷額で上位に入っているウは，陶磁器工業がさかんな②の岐阜県。残るアは③の静岡県で，自動車やオートバイの生産がさかんなことから，輸送用機械の出荷額が特に多くなっている。

問８　昼夜間人口比率が100を超《こ》えており，年平均人口増減率がプラスのアは地図中[7]の愛知県。昼夜間人口比率が100をわずかに超え，年平均人口増減率のマイナスの幅が小さいイは地図中[8]の宮城県。年平均人口増減率のマイナスの幅が最も大きいウは地図中[5]の長崎県。残るエは一戸建て住宅比率が最も高いので，地図中[6]の富山県である。一戸建て住宅比率は，集合住宅や賃貸住宅が多い都市部で低く，郊外や農村部で高くなる傾向《けいこう》があるので，その数値も判断材料になる。

問９　木材の自給率は1960年から2005年ごろまで低下を続けたが，近年は上昇傾向にあるから，アが誤り。なお，地図中のⓎは大分県の日田地方で，スギやヒノキの生産がさかんである。

問10　12～３月に大きな割合を占《し》めているＰは静岡県。冬の間，晴天が続き，温和な気候を生かして冬レタスの生産がさかんである。５～９月に大きな割合を占めるＱは長野県。夏でも涼しい高原の気候を利用した高原野菜の栽培がさかんである。春と秋に大きな割合を占めるＲは茨城県。大消費地である東京に近いという利点を生かし，レタスをはじめさまざまな野菜を生産・出荷している。

[2] 各時代の歴史的なことがらについての問題

問１　大阪府堺市にある大仙(山)古墳は，百舌鳥《もず》古墳群の中にある。百舌鳥古墳群は，羽曳野《はびきの》市・藤井寺市にある古市古墳群とともに，2019年に「百舌鳥・古市古墳群」としてユネスコ(国連教育科学文化機関)の世界文化遺産に登録された。

問２　３世紀後半から７世紀にかけて，中国大陸や朝鮮半島から日本に渡ってきた渡来人により，漢字や儒教《じゅきょう》，仏教のほか，須恵器《すえき》とよばれるうすくて固い土器，進んだ養蚕の技術などが伝えられた。青銅器が伝わったのは弥生時代のことである。

問３　10世紀末，藤原元命《もとなが》は郡司や百姓《ひゃくしょう》たちからその悪政を訴《うった》えられ，尾張国(愛知県西部)の国司をやめさせられた。訴えの内容は31か条からなる「尾張国郡司百姓等解文《げぶみ》」として伝えられている。

問４　アは紀貫之《きのつらゆき》らによって編さんされた勅撰《ちょくせん》和歌集，ウは紀貫之による日記，エは紫式部による長編小説，オは清少納言による随筆で，いずれも平安時代中期の作品。イは吉田兼好《けんこう》(兼好法師)による随筆で，鎌倉時代後半に成立した。

問５　木綿は日本では戦国時代以降に各地で栽培されるようになり，衣服などの材料として広く使われるようになった。木綿の優れている点としては，保温性がよいことや加工しやすいこと，肌ざわりがよいこと，染色しやすいことなどがあげられる。麻は通気性に優れることから，現在でも夏用の衣服の材料に用いられる(保温性に乏《とぼ》しいので冬の衣類に向かない)ほか，引っ張る力に対して強いことから，袋や縄などの材料としても使われている。

問６　歌舞伎《かぶき》は安土桃山時代に出雲阿国《いずものおくに》が始めた歌舞伎踊《おど》りが起源とされ，江戸時代に演劇として確立した。

問７　井原西鶴《さいかく》は17世紀後半，元禄文化が栄えた上方(京都・大阪)で活躍《かつやく》した浮世草子・人形浄《じょう》瑠璃《るり》作者，俳諧《はいかい》師で，『日本永代蔵《にっぽんえいたいぐら》』や『世間胸算用《せけんむなざんよう》』のような浮世草子とよばれる小説で町人の世界を描き，人気を集めた。

問８　朱子学は宋の時代の中国で生まれた儒学《じゅがく》の一派で，鎌倉時代に留学僧らによって日本に伝えられた。江戸幕府がこれを奨励《しょうれい》したのは，父と子，主君と家来といった上下関係にもとづく身分的秩序《ちつじょ》を重んじる点が，幕藩体制を安定させるうえで都合がよかったためである。

問９　X　縄文時代には小規模な集落がつくられるようになり，なかには青森県の三内丸山遺跡に見られるような大規模な集落跡も見つかっており，クリやクルミ，マメ，エゴマなどを栽培したこともわかっている。　　Y　全国で貝塚がつくられたのは縄文時代で，その時代のようすとして正しい。　　Z　縄文時代には磨製石器がつくられるようになったが，打製石器が使われなくなったわけではない。

問10　アは1872年，イは1871年のできごと。ウについて，日刊新聞は1870年に創刊された「横浜毎日新聞」が最初で，ア～ウはいずれも文明開化の時期にあてはまる。エについて，上野―高崎間の鉄道開通式で白熱電球が点灯されたのは1884(明治17)年のことで，一般家庭に電灯が普及《ふきゅう》するようになったのは明治時代末期から大正時代にかけてである。

問11　「経済白書」は経済企画庁(2001年からは内閣府)が毎年発表している文書で，正式には「年次経済報告」という。朝鮮戦争による特需《とくじゅ》を経て日本経済が復興し，輸出額も第二次世界大戦前の水準に回復した1956年度の「経済白書」のなかの「もはや戦後ではない」という一節は，当時の好調な経済と社会の状況を表すものとして流行語にもなった。

問12　1960年前後に全国の家庭に急速に普及し，「三種の神器」とよばれたのは，白黒テレビ，電気洗濯機，電気冷蔵庫である。なお，1970年前後に普及が進み，３Ｃとよばれたのはカラーテレビ，自動車(カー)，クーラー(エアコン)である。

問13　1971年，それまで各省庁間でばらばらに行われていた公害行政と環境保全政策を一本化するために環境庁が設置され，2001年の中央省庁再編のさいに環境省に格上げされた。

３　消費税を題材とした問題

問１　課税対象の一部について，標準税率より低い税率を適用することを軽減税率という。2019年10月，消費税の税率が10％に引き上げられたさい，酒類と外食を除く飲食料品と定期購読《こうどく》の新聞代については軽減税率が適用され，税率は従来通り８％のまますえ置かれた。

問２　消費税は，竹下登内閣のときの1989年４月に初めて導入され，税率は３％であった。その後税率は，橋本龍太郎内閣のときの1997年４月に５％，安倍晋三内閣のときの2014年４月に８％，同じ安倍内閣のときの2019年10月に10％へと引き上げられている。

問３　少子高齢化の進行する日本において，日本の総人口に占める65歳以上の高齢者の割合は年々増加を続けており，2018年には過去最高の28.1％となっている。

問４　消費税は誰に対しても税率が同じであるため，所得が少ない人ほど負担感が増すことになる。したがって，アがあてはまらない。

問５　2018年度の国の歳入のうち，租税及《およ》び印紙収入が占める割合は60.5％。その内訳は，所得税30.3％，消費税27.9％，法人税19.4％の順となっているから，この３つで国の税収の８割近くを占めていることになる。

問６　問１で見たように，「酒類と外食を除く飲食料品」は軽減税率の対象になるから，ここではアがあてはまる。

問７　国や政府関係機関などの決算を検査し，税金が適正に使われているかどうかをチェックする機関は会計検査院。日本国憲法第90条で設置が規定された行政機関で，内閣から独立した地位にあり，内閣が国会に決算を提出する前に検査を行い，その結果を国会に報告する。

問８　公的年金には健康保険などの医療《いりょう》保険，厚生年金や国民年金などの年金保険，介護《かいご》保険などがあるが，すべて社会保険にあてはまる。

問９　表中のアは地方交付税交付金等，イは社会保障関係費，ウは公共事業費，エは国債《こくさい》費である。国債費は政府が過去に発行した国債の元金や利子の返済にあてる費用で，近年はその巨額の費用が国の財政を圧迫している。

問10　1980年代後半の日本では，好景気を背景に多くの企業や投資家が土地や株式に多額の資金をつぎこんだことから，地価や株価が上昇を続けた。その結果，経済の規模が実体以上の価値を持つような状態となったことから，のちにこれをバブル景気(バブルとは「泡《あわ》」を意味する英語)とよんだ。1990年代に入ると地価と株価が急落し(バブルの崩壊《ほうかい》)，企業の倒産や事業の縮小があいつぎ，日本経済はその後長く低迷することとなった。

4　アンセルフィッシュ(利他的)という言葉を題材とした問題

問１　アは1867年10月，イは1869年６月，ウは1868年７月，エは1873年１月のできごと。2018年の150年前は1868年なので，ウがあてはまる。

問２　アメリカは，インディオとよばれる先住民のほか，ヨーロッパ系やアフリカ系，アジア系など多くの人種や民族が混ざり合って暮らしていることから，「人種のるつぼ」(るつぼは金属をとかすつぼ)という言葉でたとえられてきた。しかし，近年，さまざまな人種や民族が暮らしてはいるが，それぞれが固有の文化や習慣を守りながら共存するのが望ましいと考えられていることから，「人種のサラダボウル」とよばれるようになった。

問３　2017年におけるももの生産量の都道府県別割合は，山梨県31.4％，福島県22.9％，長野県11.6％の順となっている。統計資料は『日本国勢図会』2019／20年版による。

問４　本文の最初の部分で，「私たちは仲間を思う献身《けんしん》的なふるまいの根底にある，自分の利益をかえりみない気持ちに心を動かされ，これを高く評価するのです」と述べている。その一方で，第二次世界大戦のときに自ら志願して日系人部隊に従軍した人のなかには，経済的な理由などから志願した者もいたことや，ラグビー日本代表のなかにも，さまざまな理由から代表に加わった選手がいるかもしれないことを例にあげている。そして，本文の後半や最後では，そうした人たちも「こうした功績をあげるために努力を積み重ねてきたことは疑いありません」と述べるとともに，「たとえ出発点が個人的で利己的であったとしても～よい結果を導こうと努力した過程を貢献として評価してよいのではないでしょうか」と主張している。以上のような点をふまえて，筆者の考えをまとめればよい。

理科　＜第１回試験＞（40分）＜満点：75点＞

解答

1 (1) (オ)　(2) (ア)　(3) (オ)　(4) (エ)　(5) (オ)，(カ)　(6) 9.6％　(7) （例） 水は氷になると体積が増えるから。　2 (1) しょくもつれんさ　(2) タカ　(3) A…(キ)，B…(ア)　(4) (イ)，(オ)　(5) (ア)，(ウ)　(6) (ウ)　(7) (カ)　3 (1) (イ)　(2) たいせきがん　(3) (オ)　(4) (ク)　(5) (ア)　(6) (ウ)　(7) 7.4m^3　(8) **安山岩**…(あ)，**砂岩**…(え)　4 **問１** 360cm^3　**問２** (1) (ア)　(2) (イ)　(3) (イ)　(4) (ウ)　**問３** (オ)　**問４** (イ)　5 (1) (ア)，(オ)　(2) (キ)　(3) (ア)，(イ)，(ウ)　(4) 30度　(5) 8kg　(6) **体重計**…17.3kg，**ロープ**…10m

解説

1 夏の校外学習をテーマにした問題

(1) 小雨のふる中で行っているので，薪《たきぎ》がしめっていると考えられる。すると，加えた熱が薪に含《ふく》まれる水分の温度上昇《じょうしょう》やじょう発に使われてしまい，それだけ温度が上がりにくいので，火がつきにくくなる。

(2) キャンプ場のある群馬県は，緯《い》度や経度が東京と大きく離《はな》れていないので，地平線から太陽がのぼる時刻に大きな差はない。しかし，まわりを山でかこまれていると，太陽が地平線から山の上まで動くのに時間がかかるため，太陽がすがたを現す時刻がおそくなる。なお，東側に地平線が広がっている場合，同じ地点でも標高が高くなるほど，太陽がすがたを現す時刻は早くなる。

(3) (ア)はトンボ，(イ)はハエ，(ウ)はバッタ，(エ)はカ，(オ)はセミ，(カ)はチョウである。

(4) セミは，成虫は木の幹，幼虫は木の根に口を刺《さ》して，木の中の液を吸う。

(5) 芝太郎君が見ているゲンゴロウの像の位置は，空気中の光線(う)と光線(え)をそれぞれ水中側に延長したときの交点である。空気中の光線(い)も水中側に延長するとその交点にくるから，光線(い)と光線(う)，または光線(い)と光線(え)を見たときも同じ位置に像が見える。

(6) 6.0％のこさのよう液530ｇに含まれている砂糖の重さは，530×0.06＝31.8(ｇ)である。また，200ｇの氷ができると，こおっていないよう液の重さは，530－200＝330(ｇ)となる。このよう液のこさは，31.8÷330×100＝9.63…より，9.6％である。

(7) スポーツドリンクのほとんどは水で，水は氷になると体積が約1.1倍に増える。したがって，未開封《かいふう》のままペットボトルを凍《こお》らせると，中身の体積が増し，容器を内側から強くおして破損させる危険性がある。

2 生物どうしのつながりについての問題

(1) “食べる・食べられる”の関係でつながっている生物どうしの関係を食物連鎖《れんさ》という。

(2) ふつう，食べられる生物の方が食べる生物よりも数が多い。よって，食物連鎖の中でほかの動物に食べられない動物が，最も個体数が少ない。

(3)　Ａには，タカに食べられる草食動物があてはまり，ここではウサギが選べる。Ｂには，バッタを食べ，イタチやタカに食べられる動物があてはまり，ここではカエルがあてはまる。

(4)　ここでは，ネズミは草食動物，イタチは肉食動物になる。　(ア)　肉食動物は犬歯が発達している。　(イ)　肉より草の方が消化しにくいため，消化管の長さは草食動物の方が肉食動物より長い。　(ウ)　肉食動物の目は，獲物《えもの》までの距離《きょり》をはかりやすいように，顔の正面についている。一方，草食動物の目は顔の横についており，視野を広くし敵を見つけやすくしている。　(エ)　イタチにもネズミにもしっぽがある。　(オ)　ネズミもイタチもほ乳類なので，母乳で子を育てる。

(カ)　動物には一般に，からだが大きいほど一生の長さが長い傾向《けいこう》がある。ネズミの一生の長さは１～２年，イタチの一生の長さは２年程度とされている。

(5)　表で，Ａのウサギ，ネズミ，ミミズは草食動物，タカ，イタチ，モグラは肉食動物になる。なお，以下で述べる数値は表中のDDTの濃度《のうど》で，単位は省略する。　(ア)　肉食動物の最小値はモグラの2800，草食動物の最大値はミミズの84で，2800÷84＝33.3…(倍)あるから，必ず10倍以上ある。　(イ)　タカの16000はミミズの約190倍もある。　(ウ)～(オ)　肉食動物の数値は草食動物より必ず大きく，肉食動物どうしで比べても，食べる側の方が食べられる側よりも必ず大きくなっている。　(カ)，(キ)　モグラとイタチ，イタチとタカの間では10倍になっていない。　(ク)　Ａのウサギとミミズの間でも約５倍しかない。

(6)　カブトムシは幼虫，カマキリとスズムシは卵，アリは成虫でそれぞれ冬をこす。

(7)　９種類の生物のうち，水中または水上に卵を産むのはＢのカエルだけである。

3　地層と岩石，月の見え方についての問題

(1)　川の流れが曲がっている部分では，流れの外側の方が内側より流れが速い。そのため，しん食作用がさかんな流れの外側の川岸は崖《がけ》になりやすく，たい積作用がさかんな流れの内側の川岸は川原になりやすい。

(2)　れき・砂・どろが積もってできたれき岩・砂岩・でい岩や，火山灰が降り積もってできたぎょう灰岩など，たい積によってつくられた岩石をたい積岩という。

(3)　でい岩にはマテガイの化石，砂岩にはアサリの化石がふくまれている。マテガイやアサリは浅い海にすんでいるので，これらの岩石は比かく的陸に近い浅い海でできたと考えられる。

(4)　午後３時に東に見られる月は，上弦《じょうげん》の月からさらに満ちた形で，(カ)，(ク)，(ケ)の形があてはまる。(カ)は南に来たときの向き，(ク)は東から南東に来たときの向き，(ケ)は南西から西に来たときの向きとなる。

(5)，(6)　月と地球の距離に比べて太陽は非常に遠くにあるため，月や地球に届く太陽の光は平行光線とみなしてよい。そのため，図４のようにしたとき，月にもテニスボールにも同じように太陽の光があたるので，月の明るい部分の形とテニスボールの明るい部分の形はほぼ同じとなる。

(7)　断面積12.3m^2の水が１秒間で60cm動くので，１秒間に，12.3×0.6＝7.38より，7.4m^3の水が流れている。

(8)　安山岩は火山岩の一種で，非常に小さい粒《つぶ》の集まりの中に角ばった大きな粒がまだらに散らばったつくりをしている(はん状組織)ので，(あ)が選べる。また，砂岩をつくる砂の粒は0.06～２mmとされており，流れる水のはたらきを受けているため角が丸みをおびている。したがって，(え)が砂

岩となる。

4 エタノールの燃焼についての問題

問１　燃焼で発生した二酸化炭素と水は取り除かれているので，減った体積は燃焼で使われた酸素の体積と考えてよい。よって，エタノール0.3cm^3の燃焼で使われた酸素は，2000－1640＝360(cm^3)となる。

問２　⑴　0.07cm^3のエタノールが気体になると，体積が，0.07×400＝28(cm^3)になる。そして，この分の空気がおし出されると，ペットボトルに残った空気の体積は，500－28＝472(cm^3)になる。この中に含まれている酸素は，472×0.2＝94.4(cm^3)である。

⑵　実験１より，エタノール0.3cm^3の燃焼に360cm^3の酸素が使われるので，エタノール0.07cm^3の燃焼で使われる酸素の体積は，360÷0.3×0.07＝84(cm^3)である。ペットボトルには94.4cm^3の酸素が含まれているから，エタノールはすべて燃焼し，酸素が，94.4－84＝10.4(cm^3)残ることになる。

⑶　燃焼したエタノールが多いほどロケットが飛ぶ距離は大きくなるので，ペットボトルに入れたエタノールが完全に燃焼するのに必要な酸素の体積と，ペットボトル内にある酸素の体積が等しいときに，飛ぶ距離が最も大きくなる。入れるエタノールの体積を□cm^3とすると，⑴より，ペットボトル内の酸素の体積を求める式は，(500－□×400)×0.2となり，⑵より，完全に燃焼するのに必要な酸素の体積を求める式は，360÷0.3×□＝1200×□になる。この両方の式の値が等しいときの□の値を求めると，(500－□×400)×0.2＝1200×□，500－□×400＝1200×□÷0.2＝6000×□，□＝500÷6400＝0.078…(cm^3)，つまり，約0.08cm^3となる。

⑷　エタノールを2.0cm^3入れると，気体になったときの体積が，2.0×400＝800(cm^3)となり，空気はほぼすべておし出される。よって，エタノールはペットボトル内で燃えることができない。また，ペットボトルの容積以上にエタノールの気体が発生するため，エタノールの気体が穴から出て，それがまわりの空気に含まれる酸素を使って静かに燃える。

問３　燃えるもの(ここではエタノール)と酸素がそろっていないと，ものは燃えない。

問４　エタノールは水よりも沸点《ふってん》が低く，じょう発しやすい。よって，お酒は加熱によってエタノールがぬけてしまい，エタノールのこさはうすくなる。一方，試験管に集まったよう液は，主にエタノールのじょう気が冷えて集まったものなので，エタノールのこさはこい。

5 ものの運動についての問題

⑴　３つのブランコはロープの長さが等しいので１往復するのにかかる時間が等しい。芝太郎君がＥを離れ，１往復してＥに戻《もど》ってきたときに港君もＥにくれば，芝太郎君から港君にバトンが渡《わた》る。そのとき同時に東君がＧを離れると，東君と港君がＦで出会い，東君にバトンが渡る。また，芝太郎君がＥを離れるのと同時に東君もＧを離れると，芝太郎君と港君がＥに来たときに東君はＧに戻るから，やはり東君と港君がＦで出会うことができる。

⑵　ソリがＯから動き始めてＲに達した後，ソリはＯとＲの間を往復運動する。よって，ゴムが最も伸《の》びてソリがＲに達し，ソリが一瞬《いっしゅん》静止したときにゴムを切り離すと，ソリは最も低い位置からすべり始めたのと同様になるので，芝生におりたときの速さが最も遅《おそ》くなり，芝生の上をすべる距離も最も短くなる。

⑶　ソリがＯからＰに進む間は，ソリは往復運動の中で最も高い位置のＯからすべり始めたのと同様に動くので，この間でゴムを切り離すと，芝生におりたときの速さが最も速くなり，芝生の上を

すべる距離も最も長くなる。なお，ＰからＲに進む間は，ゴムの引っ張る力によってすべり降りる速さが遅くなるため，この間でゴムを切り離しても，芝生におりたときの速さがＯからＰに進む間のときに比べて遅くなる。

⑷　図４で，港君がロープを引く力は，54－29＝25(kg)である。一方，芝太郎君と木箱の重さの合計は，40＋10＝50(kg)なので，25÷50＝0.5より，斜面《しゃめん》と水平面のなす角度は30度とわかる。

⑸　港君と木箱の重さの合計は，54＋10＝64(kg)なので，ロープにかかる力は，64÷２＝32(kg)となる。したがって，体重計は，40－32＝８(kg)を示す。

⑹　斜面と水平面のなす角度が45度なので，港君と木箱の重さの合計を，64×0.71＝45.44(kg)とみなして考えると，ロープにかかる力は，45.44÷２＝22.72(kg)になる。したがって，体重計の示す値は，40－22.72＝17.28より，17.3kgになる。また，動滑車《かっしゃ》で支えられている木箱が斜面にそって５m移動するためには，芝太郎君はロープを２倍の，５×２＝10(m)たぐり寄せればよい。

国　語　＜第１回試験＞（50分）＜満点：100点＞

解　答

一　下記を参照のこと。　二　下記を参照のこと。　三　**問１**　(例)　一元化された評価軸の承認が自信の拠り所となる現象。　**問２**　(例)　自分が成長・成熟する可能性がないといった間違った考えに陥るから。　**問３**　(例)　大事な他者との持続的で安定的で良好な関係の中で承認を得ていくこと。　**問４**　(例)　個人の本当の評価軸は，他者からの承認ではなく個人の才能なのだから，知恵や趣味など自分の才能をみがき，他者との面と向かっての対話を通じて，他者との良好な関係を築くべきだという考え。　四　**問１**　(例)　棋譜の研究の成果を発揮して，今度こそ山沢君に勝ってみせる(という気持ち。)　**問２**　(例)　プロ五段の先生から，成長のスピードの著しさや伸びしろについて認められたから。　**問３**　(例)　個人競技である将棋はみんな敵だと思っていたが，盤を離れたら一緒に強くなっていくライバルでいてもいいということ。　**問４**　(例)　対局前はただ山沢君に勝ちたいとしか思っていなかったが，対局後は，山沢君とともに強くなって，いつかプロ同士で対局できることを目ざして，さらに実力を高めようと張り切っている。

●漢字の書き取り

一　①　俳　②　宙　③　児　④　毒　⑤　血　　二　①　氷　②　喜　③　笛　④　鳥　⑤　湯

解　説

一　熟語の完成，ことばの知識

①「俳句」は，五・七・五の十七音からなる，日本独特の定型詩。　②「宙返り」は，空中で体を回転させること。　③「園児」は，幼稚《ようち》園や保育園に通っている子ども。　④「毒」は，体などに有害であるもの。　⑤「血相を変える」は，おどろいたりおこったりして，顔色が変わること。

二　漢字の書き取り

① 「氷」は，氷点下で水が固体になったもの。　② 「ぬか喜び」は，まだ結果がはっきりしないうちに喜んで，あてが外れてむだになること。　③ 「口笛」は，口をすぼめて息をふき出すことで，笛のような音を出すこと。　④ 「立つ鳥あとを濁《にご》さず」は，水鳥が飛び去ったあとの水面がきれいであることから，“人も立ち去るときには，後始末をしっかりしてから行くべきだ”という意味。　⑤ 「湯船」は，お湯を入れて人が入るためのおけ。

三 **出典は『続・中学生からの大学講義１　学ぶということ』所収の「つながることと認められること（斎藤《さいとう》環《たまき》作）」による**。人間の価値は承認《しょうにん》のみでは決まらないということと，「自己愛」について述べている。

問１　筆者は，「社会とのつながりにおいて人から承認されることが，ほとんどの人が持っている自信の拠《よ》り所で，承認はとても重要な意味を持つ」と述べている。本来は，「多様」な「評価軸《じく》」にもとづいて「個人の才能」を「承認」すべきだが，いまはSNSにおける「『いいね！』ボタン」や「コミュ力」といった「一元化された評価軸しか存在」しなくなってしまっているというのである。このような状況《じょうきょう》を，筆者は「いびつ」だととらえている。

問２　前の部分で，「自己愛」とは「自分という存在を温存していこう，サバイバルしていこうという欲望」をいい，それは「他者」によって育まれ，「一生成熟・成長が続いていく」ものだと述べられている。ところが，「自己愛を成長させるのは『他者』」だというイメージを持てないと，「自分が成長・成熟する可能性がないといった間違《まちが》った考えに陥《おちい》」り，結果的に「自信」を失い，「自分が嫌《きら》い」になってしまうことになると筆者は指摘《してき》している。

問３　「そうやって」とあるので，前の部分に着目する。「自信の拠り所が承認」にあると述べられているとおり，人々は「承認」されることで「自信」，つまり「自己愛」を高めることができる。ただし，それは「一元化された評価軸」にもとづいてなされる「いびつな承認」ではなく，「持続的で安定的で良好な関係」を築いている他者からの「承認」によって達成されるのだと筆者は説明している。

問４　これまでみてきたとおり，筆者のいう「人を承認すること」とは，SNSにおいて「『いいね！』ボタン」を押《お》すことや，「コミュ力」で相手を評価するのとは異なる点をおさえる。現代の若者たちの「承認」が，そのようないびつなものになってしまっている状況を自覚したうえで，「ほんとうの評価軸となるべき個人の才能」をみがくために各人が「知恵《ちえ》や趣味《しゅみ》で武装すること」や，他者との「面と向かっての対話をたくさん」することを筆者はすすめている。このことは「大事な他者との関係」を築いていくために必要なことだと考えているのである。

四 **出典は佐川光晴《さがわみつはる》の『駒音《こまおと》高く』による**。小学五年生の「ぼく」（野崎翔太《のざきしょうた》）と，小学二年生の山《やま》沢貴司《さわたかし》が将棋《しょうぎ》で対局する場面である。

問１　「目にもの見せる」は，“相手を痛めつけて，力の差を思い知らせる”という意味。前の対局で小学二年生の山沢君に負けて悔《くや》しさを覚えた「ぼく」は，「しっかりと棋譜《きふ》の研究」をして彼《かれ》の「対策を練ってきた」。二回目の対戦を迎《むか》えた今，「ぼく」は今度こそ山沢君に勝ってみせると意気ごんでいるのである。

問２　「呆然《ぼうぜん》とする」は，あまりにも意外で，あっけにとられるようす。「ぼく」は，将棋の経験が浅かったため，自分の実力がどれほどのものか，まだ実感ができていなかった。ところが，「朝霞《あさか》こども将棋教室」で指導をしている「プロ五段の有賀《ありが》先生」から「成長のスピードは著《いちじる》しいし」，

「伸《の》びしろが相当ある」と高く評価され，あまりにも意外なことに「呆然と」したものと想像できる。

問３　続く部分から読み取る。「ぼく」自身，「個人競技である将棋にチームメイトは」おらず，「自分以外はみんな敵」だと思っていたが，山沢君との対局を通して，今後「きっといくらでもあらわれる」「ライバル」達と「勝ったり負けたりをくりかえしながら，一緒《いっしょ》に強くなっていけばいい」と考えるようになった。だから，「ぼく」は山沢君に対し，「敵」ではなく「ライバル」関係でいようと伝えているのである。そんな「ぼく」の思いを山沢君も理解したために，表情をやわらかくしたのだろうと考えられる。

問４　山沢君との対局の前までは，「ぼく」は彼に勝つことしか考えていなかった。しかし，対局後に，有賀先生から「正直に言えば，プロを目ざすには遅《おそ》すぎ」るが，「伸びしろが相当ある」と高く評価された「ぼく」は，自分も山沢君と一緒に「プロになって，いつかプロ同士で対局」したいと思い，「どれほど苦しい道でも，絶対にやりぬいてみせる」と決意している。「かけ足で図書館にむかった」という行動からは，山沢君に勝ちたいという目標から，プロになりたいというさらに高い目標ができた「ぼく」が，これまで以上に実力を高めようと張り切っている気持ちがうかがえる。

2020年度　芝　中　学　校

〔電　話〕 (03) 3431―２６２９
〔所在地〕 〒105-0011　東京都港区芝公園３―５―37
〔交　通〕 JR山手線―「浜松町駅」より徒歩15分
東京メトロ日比谷線―「神谷町駅」より徒歩５分

【算　数】〈第２回試験〉 (50分) 〈満点：100点〉

次の問いの □ をうめなさい。

1　次の計算をしなさい。

(1) $\left(\frac{5}{8}-0.5\right)\div\frac{1}{4}+\left(\frac{4}{7}-0.4\right)\div\frac{1}{5}-\left(\frac{5}{6}-0.3\right)\times1\frac{3}{7}=\square$

(2) $100-2\frac{2}{3}\times\left(2\frac{1}{4}-1\frac{1}{2}\right)-3\times(7+1.5\times\square)=50-45\div5$

2　積が6720で，最小公倍数が840であるような２つの整数の組は全部で □ 組あり，その中で２つの整数の差が最も小さい組は， □ と □ です。

3　６月30日の時点で倉庫にはこれまでに作った商品が □ 個入っています。翌日の７月１日から毎日 □ 個の商品を作り，倉庫に入れていきます。

７月１日から600個ずつ商品を出荷していくと７月25日に倉庫の商品はちょうどなくなります。また，７月１日から毎日720個ずつ出荷していくと７月20日に倉庫の商品はちょうどなくなります。

このとき，７月１日から毎日270個ずつ出荷していくと □ 月 □ 日に倉庫の商品はちょうどなくなります。

4　あるお店では，アメを３個買うごとに，おまけとしてアメを１個もらえます。また，アメを12個買うごとに，おまけとしてアメを１個もらえます。

たとえば，アメを24個買うと，３個買うごとのおまけのアメを８個，12個買うごとのおまけのアメを２個もらえ，おまけとして合計10個もらえることとなり，全部で34個のアメを手に入れることができます。

(1) おまけとしてアメを18個もらったとき，買ったアメは □ 個以上 □ 個以下です。

(2) 買ったアメとおまけのアメの合計が2020個のとき，買ったアメは □ 個です。

5　この問いでは，円周率は3.14とします。

(1) １辺の長さが10cmの正六角形の周の外側を半径２cmの円がすべることなく転がって一周すると，円の中心は □ cm移動し，円が通過した部分の面積は □ cm^2 になります。

(2) １辺の長さが10cmの正八角形と正九角形の周の外側を半径２cmの円がすべることなく転がって一周すると，正八角形と正九角形での円が通過した部分の面積の差は □ cm^2 です。

6　下の図の三角形ABC，三角形DCE，三角形FEGは，AB＝AC＝DC＝DE＝FE＝FGである同じ形の三角形で，面積はどれも45cm²です。また，ABの真ん中の点をH，HGとAC，DC，DE，FEが交わる点をそれぞれI，J，K，Lとします。

(1)　AB：DK＝□：□です。

(2)　斜線部の面積の和は□cm²です。

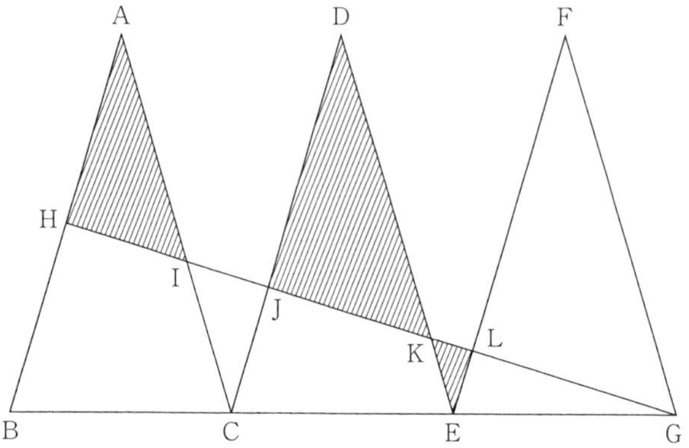

7　右の図のような，AB＝AC＝AD＝54cmである三角すいABCDがあります。

動点P，Q，Rがそれぞれ頂点B，C，D上にあり，P，Q，Rは同時にそれぞれ毎秒6cm，毎秒9cm，毎秒18cmの速さで頂点Aにむかい，Aに着いたらそれぞれ1秒間，2秒間，3秒間Aに止まった後，すぐにそれぞれもとのB，C，Dにむかいます。

P，Q，RがB，C，Dにもどったら，すぐにまた，Aにむかい，同じようにAに着いたら1秒間，2秒間，3秒間止まった後，またB，C，Dにむかいます。

このような運動をP，Q，Rは繰り返します。

下のグラフはそのようすを表したものです。

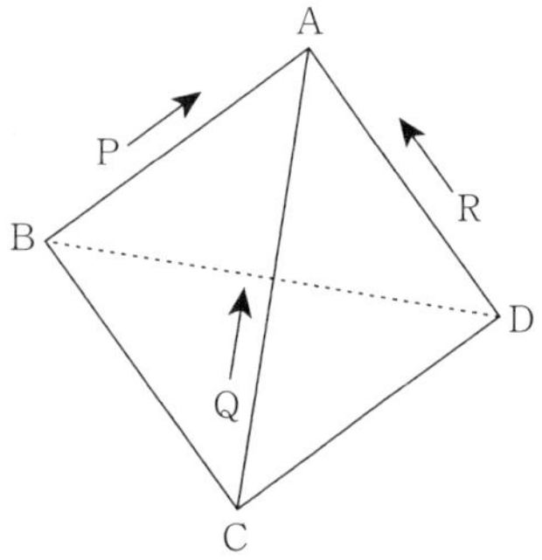

(1)　グラフの中の点Sとなったとき，2つの動点□と□はどちらもAから□cmのところにいます。

(2)　P，Q，Rは出発してから□秒後に初めてAで出あいます。

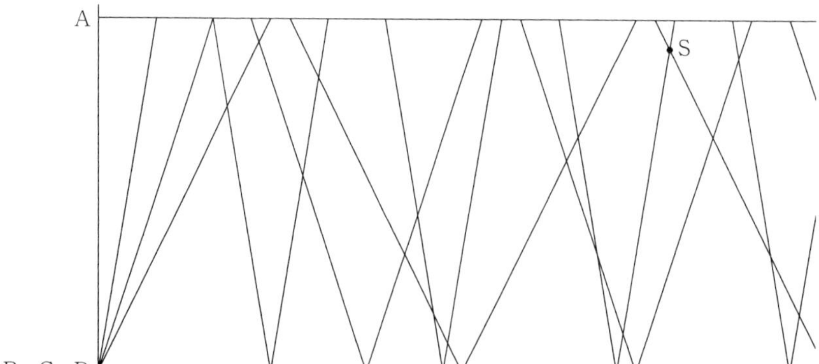

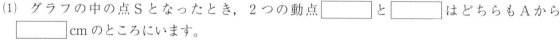

8　右の図のように，１辺が６cmの立方体ABCD-EFGHにおいて，点Ｉ，Ｊは辺BC，CDをそれぞれ２等分する点です。

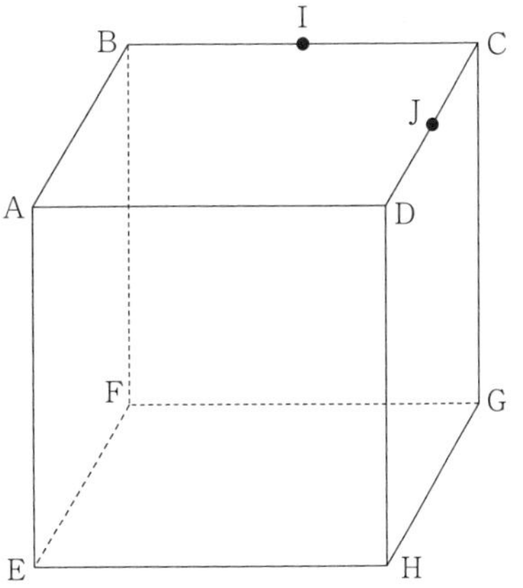

(1)　立方体ABCD-EFGHを３点Ｇ，Ｉ，Ｊを通る平面で切ったときにできる切り口の面積は［　　　］cm^2です。

(2)　立方体ABCD-EFGHを３点Ｈ，Ｉ，Ｊを通る平面で切ったときにできる切り口の面積は［　　　］cm^2です。

9　ハンバーガーショップ『ブーケ』へようこそ！
メニューは次の①～③の３種類です。どうぞご覧になってください。

～メニュー表～

①　ハンバーガー（単品）　１個　［あ］円
②　コーヒー（単品）　１杯　［い］円
③　セット（ハンバーガーとコーヒーをそれぞれ１つずつ）
　＊単品で１つずつ買う合計金額から10円引きで，ちょっぴりお得です。

☆イートイン限定割引　実施中☆
単品でハンバーガー３個以上とコーヒー３杯以上を合わせて買うとハンバーガーは３個目から［あ］円の20％引きですよ。
　ただし，セットの『10円引き』は適用されません。

※価格はすべて税抜きで表示しています。
　消費税は，テイクアウトでは８％，イートインでは10％が別途かかります。
　お支払いは現金のみとさせていただきます。

ハンバーガーショップ『ブーケ』

この店でセットを３つ買うとき，テイクアウトの方が，イートインより24円安くなります。
また，ハンバーガーとコーヒーを３つずつ買うとき，イートイン限定割引を使って買う方が，セットのテイクアウトより９円安くなります。

【社　会】〈**第２回試験**〉（40分）〈満点：75点〉

1　次の文章を読み，以下の各問いに答えなさい。

昨年の秋，関東地方に勢力の強い台風が次々と襲来し，各地で大きな被害が出ました。９月に襲来した台風15号では，進路の東側に入った（　A　）半島の九十九里浜などの(1)海沿いに高波が押し寄せ，台風が過ぎ去った後も停電や断水などが長期間に渡ってつづきました。10月に襲来した台風19号では(2)各地の河川が氾濫・決壊し，（　B　）川の上流部にあたる千曲川流域，郡山盆地や福島盆地などを通過して仙台平野から海へと注いでいる（　C　）川流域など，東日本の各地に大きな爪痕《つめあと》を残しました。昔から(3)地域の自然環境と向き合ってきた日本各地では，それぞれに適応した様々な工夫がみられます。(4)高知県の西部を流れる四国最長河川の（　D　）川で多くみられる沈下橋《ちんかばし》は，河川の増水に対応した工夫の一つです。

近年台風が強い勢力を保ったまま日本の本州付近に接近，上陸することが増えたという指摘もあり，その原因として地球温暖化が挙げられることもあります。温暖化に対しては国際的な取り組みが進められており，1992年に開かれた(5)国連環境開発会議（地球サミット）によって気候変動に関する条約が調印され，以後国際的な会議が定期的に開かれています。他の環境問題でも，国際的な取り組みが進められています。

環境問題や自然災害に対しては，民間や個人でも様々な取り組みが行われています。19世紀末のイギリスで始まったとされる，(6)自然環境や歴史環境を保護するために，住民がその土地を買い取ることにより保存していこうという運動はその一例です。私たち一人ひとりも地域のハザードマップや(7)地形図からの読み取りによって，住んでいる場所の特徴や警戒すべき自然災害についてより知ることができるかもしれません。ぜひ一度はみなさんも，自分が住んでいる場所について調べてみてください。

問１　文章中の（A）～（D）に当てはまる語句を答えなさい。

問２　下線部(1)に関して，日本は海岸線の総延長距離が世界で６番目に長い国であり，そのため海に関する自然災害を受けやすいとも言えます。日本よりも海岸線の総延長距離の**短い国**を次のア～エの中から一つ選び，記号で答えなさい。

ア．インドネシア　　イ．オーストラリア　　ウ．カナダ　　エ．ロシア

問３　下線部(2)に関して，河川の流量は流域の降水量と大きな関係があります。次の図１は釧路市，鳥取市，和歌山市の月別降水量の変化を示したものです。図１中の①～③と都市名との組み合わせとして正しいものを，次のページのア～カの中から一つ選び，記号で答えなさい。

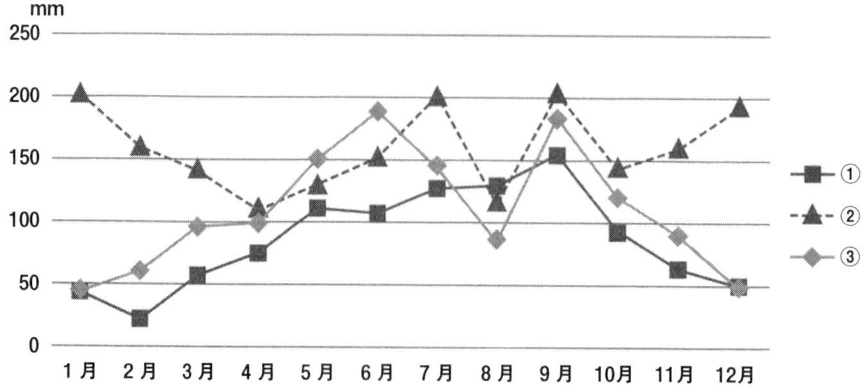

図１　　　　気象観測データ（気象庁）より作成

	ア	イ	ウ	エ	オ	カ
①	釧路市	釧路市	鳥取市	鳥取市	和歌山市	和歌山市
②	鳥取市	和歌山市	釧路市	和歌山市	釧路市	鳥取市
③	和歌山市	鳥取市	和歌山市	釧路市	鳥取市	釧路市

問４　下線部(3)に関して，地域の自然環境に適応しながら発達してきたものの一つの例に様々な作物の栽培があります。次の表１は，きゅうり，だいこん，はくさいの収穫量上位の都道府県と全国収穫量に占める割合を示したものです。表１の④～⑥に当てはまる作物の組み合わせとして正しいものを，以下のア～カの中から一つ選び，記号で答えなさい。

表１

④	
北海道	13.0
千葉	10.6
青森	9.7
鹿児島	7.1
宮崎	5.8

⑤	
宮崎	12.0
群馬	9.9
埼玉	8.3
福島	7.1
千葉	6.1

⑥	
茨城	27.7
長野	26.7
北海道	3.3
群馬	3.2
栃木	2.8

単位は％。統計年次は2017年。『データでみる県勢2019』より作成

	ア	イ	ウ	エ	オ	カ
④	きゅうり	きゅうり	だいこん	だいこん	はくさい	はくさい
⑤	だいこん	はくさい	きゅうり	はくさい	きゅうり	だいこん
⑥	はくさい	だいこん	はくさい	きゅうり	だいこん	きゅうり

問５　下線部(4)に関して，次の表２は高知県と佐賀県，兵庫県における森林率，乗用車の100世帯あたりの保有台数，携帯電話の100人あたり加入数を示したものです。表２中の⑦～⑨と県名との組み合わせとして正しいものを，以下のア～カの中から一つ選び，記号で答えなさい。

表２

	森林率(％)	携帯電話の100人あたり加入数(件)	乗用車の100世帯あたり保有台数(台)
⑦	67	104.2	92.2
⑧	45	97.9	153.4
⑨	84	98.3	113.4
東京都	36	344.9	44.7
全国	67	134.3	106.5

統計年次は2017年。林野庁資料
及び『データでみる県勢 2019』より作成

	ア	イ	ウ	エ	オ	カ
⑦	高知県	高知県	佐賀県	佐賀県	兵庫県	兵庫県
⑧	佐賀県	兵庫県	高知県	兵庫県	高知県	佐賀県
⑨	兵庫県	佐賀県	兵庫県	高知県	佐賀県	高知県

問6　下線部(5)に関して，この会議が開かれた国を次のア～オの中から一つ選び，記号で答えなさい。

ア．カナダ

イ．スイス

ウ．スウェーデン

エ．日本

オ．ブラジル

問7　下線部(6)に関して，このような運動は何と呼ばれていますか。解答欄に合うかたちでカタカナで答えなさい。

問8　下線部(7)に関して，次の図2は国土地理院発行の2万5千分の1の地形図(一部改変)です。これについて以下の(1)と(2)の問いに答えなさい。

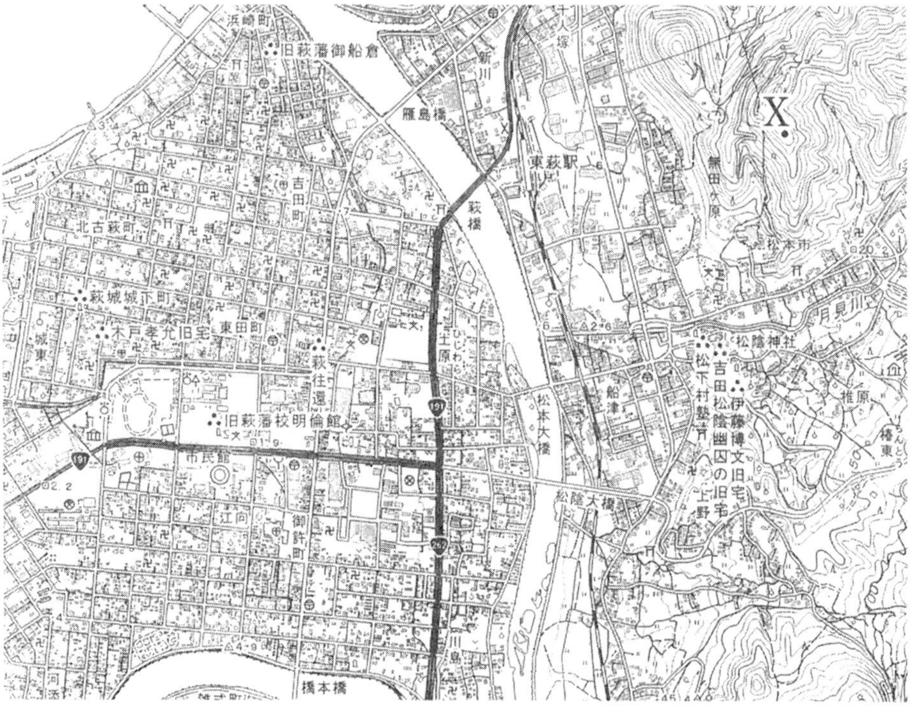

図2

(1)　図2中のX地点の海抜高度として，最も適当なものを次のア～エの中から一つ選び，記号で答えなさい。

ア．120m　　イ．180m　　ウ．240m　　エ．360m

(2)　図2から読み取れることがらについて述べた文として，**誤っているもの**を次のア～エの中から一つ選び，記号で答えなさい。

ア．東萩駅から西に進むと国道があり，その国道沿いには学校や神社がある。

イ．市役所の北西の方向には，図書館や病院などが位置している。

ウ．城下町の名残として川沿いには城跡がみられ，北西部には寺院が多い。

エ．東部の斜面には果樹園がみられ，付近には水田も分布している。

2　次の略年表を見て，あとの設問に答えなさい。

≪Ａ≫
聖徳太子(厩戸皇子)が摂政となる
≪Ｂ≫
1 大宝律令が完成する
≪Ｃ≫
藤原道長が摂政となる
≪Ｄ≫
平治の乱がおこる
≪Ｅ≫
2 文永の役がおこる
≪Ｆ≫
種子島に鉄砲が伝来する
≪Ｇ≫
徳川綱吉が将軍となる
≪Ｈ≫
戊辰戦争が終了する
≪Ｉ≫
3 日本が第一次世界大戦に参戦する
≪Ｊ≫
サンフランシスコ平和条約が調印される
≪Ｋ≫

問１　下線部１について述べた文として正しいものを，次のア～ウより一つ選び，記号で答えなさい。ただし正しいものがない場合は「エ」と答えなさい。

ア．すべての土地と人民は国のものであるとする公地公民の原則がはじめて打ち出されました。

イ．班田収授法を実施するために，最初の全国的な戸籍が作成されました。

ウ．租調庸などの税が男女を問わず課せられることになり，農民には重い負担となりました。

問２　下線部２について述べた次の文Ｘ・Ｙの正誤の組合せとして正しいものを，その下のア～エより一つ選び，記号で答えなさい。

Ｘ　鎌倉幕府の執権北条時宗は，元の再三にわたる服属要求をしりぞけ，博多湾沿岸にあらかじめ石塁を築かせて元の襲来にそなえました。

Ｙ　この戦いは，火器を武具とし集団戦を得意とする元軍に，日本軍は苦戦をしいられました。

ア．Ｘ－正　Ｙ－正　　イ．Ｘ－正　Ｙ－誤

ウ．Ｘ－誤　Ｙ－正　　エ．Ｘ－誤　Ｙ－誤

問３　下線部３について，このとき日本が参戦する口実としたものは何ですか。

問４　≪Ａ≫の時期には，倭の五王が中国にあいついで使者を送り，朝鮮半島南部での立場を有

利にしようとしていたことが中国の歴史書に記されています。これ以前より倭は，ある資源の確保を目的に朝鮮半島南部への進出を図っていましたが，その資源とは何ですか。

問５　≪Ｂ≫の時期におきた出来事について述べた次の文Ⅰ～Ⅲを，年代の古いものから順に並べかえた場合，正しいものはどれですか。下のア～カより選び，記号で答えなさい。

Ⅰ　天智天皇の死後，その後つぎをめぐる争いがおこり，天智の弟の大海人皇子が勝利して天武天皇となりました。

Ⅱ　中国にならった最初の本格的な都である藤原京が造営され，飛鳥から都が移されました。

Ⅲ　百済の復興を支援するため，朝廷は大軍を朝鮮半島へ派遣したが，唐と新羅の連合軍に大敗しました。

ア．Ⅰ－Ⅱ－Ⅲ　　イ．Ⅰ－Ⅲ－Ⅱ　　ウ．Ⅱ－Ⅰ－Ⅲ

エ．Ⅱ－Ⅲ－Ⅰ　　オ．Ⅲ－Ⅰ－Ⅱ　　カ．Ⅲ－Ⅱ－Ⅰ

問６　≪Ｃ≫の時期におきた出来事として**誤っているもの**を，次のア～エより一つ選び，記号で答えなさい。

ア．平将門の乱　　　　イ．遣唐使の派遣停止

ウ．『古事記』の完成　　エ．前九年合戦

問７　≪Ｄ≫の時期にはじめて院政を行った上皇は誰ですか。

問８　≪Ｅ≫の時期に，念仏(「南無阿弥陀仏」)を唱えれば，死後は誰もが平等に極楽浄土に往生できるという教えを説いた僧侶は誰ですか。

問９　≪Ｆ≫の時期におきた次の出来事ア～オを，年代の古いものから順に並べかえた場合，４番目にくるものはどれですか。記号で答えなさい。

ア．南北朝の合一が実現する。　　イ．琉球王国が建国される。

ウ．建武の新政が始まる。　　　　エ．日明貿易が始まる。

オ．加賀の一向一揆がおこる。

問10　≪Ｇ≫の時期の文化について述べた文として正しいものを，次のア～ウより一つ選び，記号で答えなさい。ただし正しいものがない場合は「エ」と答えなさい。

ア．雪舟によって水墨画が大成されました。

イ．十返舎一九の『東海道中膝栗毛』が人気を集めました。

ウ．出雲阿国が京都でかぶき踊りを始めました。

問11　≪Ｈ≫の時期には，ロシアの使節ラクスマンが根室へ来航して通商を求めましたが，江戸幕府は鎖国の方針をつらぬいてこの要求を断りました。このとき幕府で政治を主導していた人物は誰ですか。次のア～エより選び，記号で答えなさい。

ア．水野忠邦　　イ．徳川吉宗

ウ．松平定信　　エ．田沼意次

問12　≪Ｉ≫の時期について述べた次の文Ｘ・Ｙとそれぞれ最も関係の深い絵画は①～④のどれですか。組合せとして正しいものを，下のア～エより選び，記号で答えなさい。

Ｘ　自由民権運動が各地に広がると，政府はさまざまな法律を定めて，言論をおさえつけようとしました。

Ｙ　江戸幕府が欧米諸国と結んだ不平等条約の改正交渉を有利に進めるため，政府は極端な欧化政策をとりました。

①

②

③

④

ア．X－①　Y－③　　イ．X－①　Y－④

ウ．X－②　Y－③　　エ．X－②　Y－④

問13　≪J≫の時期におきた太平洋戦争に関して述べた次の文a～dについて，正しいものの組合せを，下のア～エより一つ選び，記号で答えなさい。

a　アメリカ合衆国との間で戦争を避けるための交渉が決裂したため，近衛文麿内閣は開戦にふみきりました。

b　日本軍は開戦から半年ほどの間で東南アジアから南太平洋にかけての広い地域を占領しましたが，ミッドウェー海戦でアメリカ軍に敗れると，しだいに敗色が濃くなっていきました。

c　戦争が長期化すると，政府は国家総動員法を制定し，国民や物資を優先的に戦争にまわすことができるようになりました。

d　沖縄では，住民を巻きこんだ激しい地上戦が行われ，日米あわせて20万人以上の尊い人命が失われました。

ア．a・c　　イ．a・d　　ウ．b・c　　エ．b・d

問14　≪K≫の時期におきた出来事について述べた次の文Ⅰ～Ⅲを，年代の古いものから順に並べかえた場合，正しいものはどれですか。下のア～カより選び，記号で答えなさい。

Ⅰ　大韓民国との間で日韓基本条約が結ばれ，国交が成立しました。

Ⅱ　日ソ共同宣言が調印され，その結果，ソ連の支持を受けて日本の国際連合加盟が実現しました。

Ⅲ　日中共同声明が発表され，日本と中華人民共和国との間で国交が正常化しました。

ア．Ⅰ－Ⅱ－Ⅲ　　イ．Ⅰ－Ⅲ－Ⅱ　　ウ．Ⅱ－Ⅰ－Ⅲ

エ．Ⅱ－Ⅲ－Ⅰ　　オ．Ⅲ－Ⅰ－Ⅱ　　カ．Ⅲ－Ⅱ－Ⅰ

問15　次の⑴・⑵の出来事は，略年表中の≪A≫～≪J≫のどの時期のことですか。あてはまる時期の記号を答えなさい。

⑴　五箇条の御誓文が発表される　　⑵　平清盛が太政大臣となる

3　次の文章および地図について，あとの設問に答えなさい。

現在，芝中学校周辺の麻布台から虎ノ門にかけて大規模な1再開発事業が行われています。地図に示されているように，都心にしてはとても広大な土地を利用する再開発事業です。なかには，2旧郵政省本庁舎があった場所に地上330メートルのビルが建設される予定もあるそうです。ビルが完成すると大阪にある「あべのハルカス」を抜いて日本一高いビルということになります。330メートルというと近くにある東京タワーとほぼ同じ高さです。

芝中学校という校名は，現在の所在地から新橋方面に広がる一帯を「芝地区」といったことに由来します。この一帯はもともと徳川家の菩提寺《ぼだいじ》である[　X　]寺の境内でした。周辺には武家屋敷も多く建ち並び，武士が生活するとともに，多くの町人も生活していて，賑わいを見せていたようです。その後，3明治時代になると，近くに多くの4官庁や外国公館ができたことにより，洋家具の需要が増え，洋家具業を営む人々が出てきました。やがて5芝周辺で生産された洋家具はその質の良さから「芝家具」といわれブランド化していきました。

戦後になって芝区，赤坂区，麻布区が合併し，港区が誕生します。港区は高度経済成長期を経て，ビジネスの中心地区となり，現在では新聞社や放送局などのマスコミやIT企業が多数立地している，6企業本社が多い区になりました。芝周辺も多くの企業が集まるオフィス街となっています。時代の変化の中，芝で洋家具業を営む人たちが減っていくことで，しだいに「芝家具」のことを知っている人も少なくなったようです。都心であったことに加え，一人の熟練した職人が手作りで一品ずつ生産するやり方が，7工場で多くの職人が作業工程を分業し，手作りで生産するシステムに移行できなかったことも，衰退した原因として考えられます。

芝中学の周辺はいつの時代もさきがけとなって発展してきたように思います。現在，行われている大規模な再開発事業が終わり，新しいまちができるころには皆さんは中学３年生です。どのような賑わいになっているか楽しみです。また，皆さんがどのように成長しているか楽しみです。

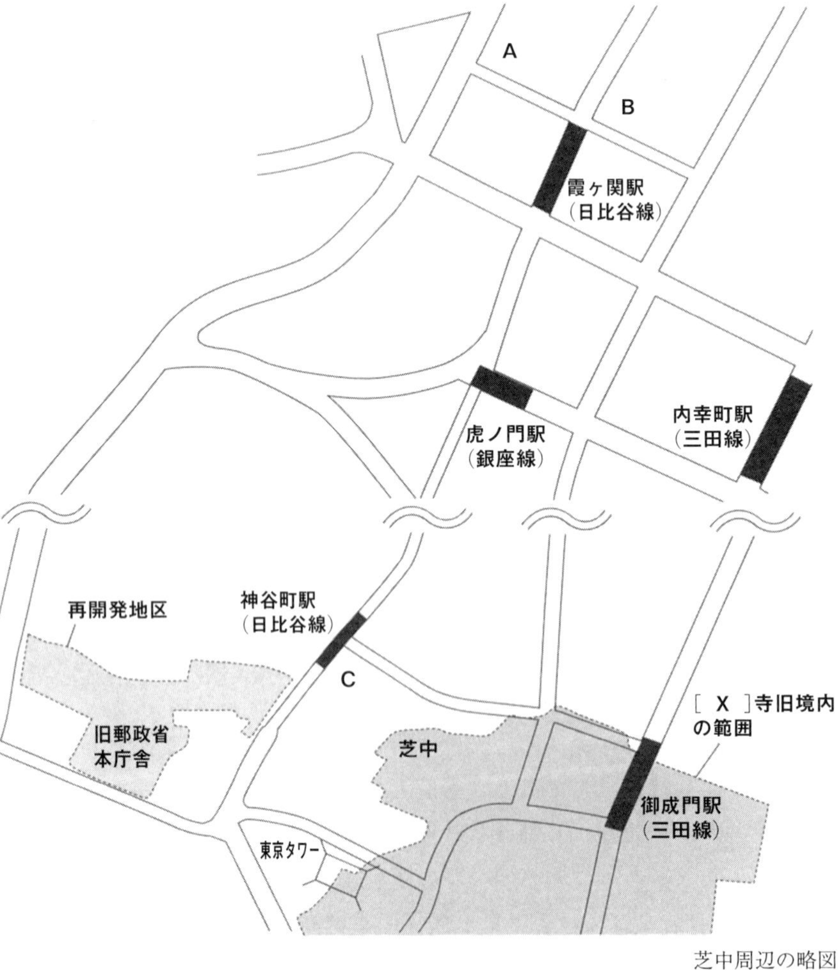

芝中周辺の略図

問１　下線部１について，地図中の**A**が示す，１府12省庁の一つで再開発事業や道路・港湾の整備を担い，外局に観光庁や気象庁が置かれている機関を答えなさい。

問２　下線部２について，郵政事業は現在民営化され日本郵政グループとなっていますが，戦後，民営化されてできた会社でないものをア～エから一つ選び，記号で答えなさい。

ア．JR

イ．JT

ウ．NTT

エ．ANA

問３　下線部３に関連して，以下の設問に答えなさい。

⑴　明治政府が封建的身分制を撤廃した結果，従来の藩主や公家は何と呼ばれるようになりましたか。漢字２字で答えなさい。

⑵　フランスの思想家ルソーの著書を翻訳して『民約訳解』をあらわし，人間の自由と平等の権利を説いた人物を答えなさい。

問４　下線部４に関連して，以下の設問に答えなさい。

⑴　地図中の**B**が示す場所にはいくつかの裁判所が置かれています。その中で次の条件にあてはまる裁判所をア～エから一つ選び，記号で答えなさい。

『全国50カ所にある裁判所の一つで，殺人や強盗などの重い刑事事件の第一審を行う。』

ア．東京高等裁判所

イ．東京簡易裁判所

ウ．東京地方裁判所

エ．東京家庭裁判所

⑵　地図中の**C**はある国の大使館で，以下の写真はここの上空から写したものです。扇形の建物は江戸時代に日本とこの国が貿易をしていた人工島をモチーフに建てられたそうです。地図中の**C**はどこの国の大使館ですか。

国土地理院地図空中写真閲覧サービスより

問５　下線部５について，このようにブランド化する産業を，地域の特性をいかして特定の業種が集中的に立地していることに着目して何といいますか。

問６　下線部６に関連して，会社の利益に対して課され，直接税として国に納める税のことを何といいますか。

問７　下線部７について，このことをカタカナで何といいますか。

問８　文中の空欄［Ｘ］に適する語を入れなさい。

4　次の文章を読んであとの設問に答えなさい。

2016年に日本政府は，「我が国が目指すべき未来社会の姿」として「Society 5.0」をかかげました。「Society」は「社会」という意味で，原始的な「狩猟社会」，稲作が始まった「1農耕社会」，蒸気機関の発明からの「工業社会」，コンピュータの出現による「情報社会」に次ぐ「第5段階の社会」が思いえがかれています。そこでは，インターネットと結びついた家電や人工知能の実用化によって，さまざまな問題を解決しようとしています。そのなかには，ドローンを使った宅配便の配達や，病院に行かなくても医師と相談できるテレビ電話診察など，地方の過疎地に住む人の生活に着目した技術も少なくありません。

こうして，先端技術が生活を便利にすることは意義のあることです。しかし，便利になって，そこに人が移り住み，過疎化に歯止めがかかるかというと，そう簡単ではないように思います。たとえば，バスを自動運転化すれば，人件費や労働時間を考えなくてすむため，運賃を下げたり本数を増やしたりすることができ，そこに住む人の生活は便利になります。しかし，運転手は仕事を失いますから，仕事を求めて別の場所に移っていかなくてはなりません。同じように，他の場面でも機械化によって仕事を失う人が出てくることでしょう。わたしたちははたらいてお金を得て，2食料をはじめとする生活に必要な品物を買っているので，はたらく場がなければ，そこで生活を続けることは困難です。このように，先端技術によって仕事がなくなり，結果として過疎化が進んでしまうことも考えられます。

日本国憲法では，第27条に「すべて国民は，勤労の権利を有し，義務を負ふ」と定めています。わたしたちははたらいて得たお金で自分や家族の生活を守ります。また，国や地方公共団体に納める税金は，公共事業や3公共サービス，あるいは社会保障などに使われ，社会をささえています。はたらくことが「義務」とされるのは，こうした役割を果たしているからです。

しかし，はたらくことの目的は，ただお金を得ることだけでしょうか。たとえば，小学生に将来の夢をたずねて，「プロ野球選手」とか「ノーベル賞科学者」と答えるときに，その動機がお金だけだとは考えたくありません。希望する職業に就いて，その世界で活躍することそれ自体が大きな目標だろうと思います。はたらくことを通じて，富を求めるだけでなく，生きがいや充実感を得たり，ともにはたらく仲間との結びつきを感じたりと，はたらくことそのものによろこびを感じる人も多いことでしょう。はたらくことが「権利」とされる一因はここにあると考えられます。憲法に，権利かつ義務と定められているのは，はたらくことが人間にとって根源的な営みであるからにほかなりません。

おとずれつつある社会は，たしかに人間の生活を便利で豊かなものにする可能性をもっています。しかし，人手不足を解消したり，重労働を機械に肩代わりさせたりということが最終的な目的でしょうか。過疎化の問題にしても，便利さを求めるだけでなく，人びとが生きがいや充実感をもって生きていける場を用意してこそ，人を呼び込むことができるのだと思います。具体的に，その場をどのようにつくるのがよいかはこれからの技術と社会の変化に注意していかなければなりませんが。

技術の発達で，社会の中のさまざまなことが変わるでしょう。しかし結局，人間が人間らしく生きるとはどのようなことか，という問いは，いつの時代も変わらずに私たちの前にあるのではないでしょうか。

問1　下線部1について，貧しい農民の様子を問答の形式で和歌に詠んだ，奈良時代の日本の歌人はだれですか。

問２　下線部２に関連して，日本ではさまざまな食料品を輸入にたよっています。外国との貿易にかかわる条約の一つである「TPP」を説明した以下の文の空欄［Ａ］に適切な語を補いなさい。

「［　Ａ　］を取り囲む地域の国々による，自由な貿易を目指してさまざまな面で協力していくことを取り決めた条約である。」

問３　下線部３に関連して，公的サービスを担う人を公務員といいます。これについて定めた日本国憲法第15条第２項の条文の空欄［Ｘ］と［Ｙ］にあてはまる語の組み合わせとして正しいものを下のア～エから選び，記号で答えなさい。

「すべて公務員は，［　Ｘ　］の奉仕者であつて，［　Ｙ　］の奉仕者ではない。」

ア．Ｘ－国民　Ｙ－天皇　　イ．Ｘ－全体　Ｙ－一部

ウ．Ｘ－日本　Ｙ－外国　　エ．Ｘ－平和　Ｙ－戦争

問４　二重線部について，過疎化をめぐる技術の進歩について，筆者はどのような未来を望んでいると考えられますか。以下の条件に従って120字以内で答えなさい。

《条件》

次のことばを必ず使い，使ったことばには下線を引くこと。同じことばは何回使ってもかまわないが，そのたびに下線を引くこと。また，句読点や記号は一字と数えること。

［意義　　根源的　　重労働］

【理　科】〈第2回試験〉（40分）〈満点：75点〉

1　芝太郎君の書いた次の文を読んで，後の問いに答えなさい。

夏に訪れたことのある群馬県の冬の様子を見たくて，家族で旅行しました。群馬県に入ると①雪が降っていました。予約していた民宿に近づくにつれて，東京では見たことのない積雪になっていきました。お父さんも「②この辺りはブナ林で，冬は葉をつけていないのできれいな雪景色だね」と感心していました。宿に向かう途中《とちゅう》，車窓から場所によって雪が黒くなっているのに気づきました。

夕食後，民宿のご主人からその土地の話を聴《き》きました。話の途中で「冬には動物を見つけることが少ないのはなぜかな？」と聞かれました。わからないで困った顔をしていたら，お父さんが「③この辺りには，冬眠《とうみん》をしている動物がいるよ」とヒントをくれました。

布団をしいているとき芝太郎君は昼間見た「雪が黒くなっている」疑問を思い出し，お父さんに聞きました。以下はそのときの会話です。

芝 太 郎：「来る途中，車窓からところどころ積もった雪が黒く見えたけど，何か理由があるの？」

お父さん：「ああ，昔から雪が降る地域では農地の雪をとかすために炭素粉末をまいたりするんだよ。④その炭素粉末が太陽光を吸収して温度が高くなることを利用して雪をとかすんだ。道路や通路などには塩化カルシウムがよく使われるね。⑤塩化カルシウムは水にとけると発熱して雪をとかしてくれる。しかも塩化カルシウムがとけた水は凍《こお》りにくくなる性質もあるから，凍結《とうけつ》防止にもなるんだよ。」

翌日，ご主人の許可を得て，庭で雪を集めてカマクラをつくりました。カマクラの中にキャンプ用の⑥ガスボンベの缶《かん》(ガス缶)を持ち込《こ》んで，鍋《なべ》料理をつくって食べることにしました。このガス缶はゆするとポチャポチャと音がするので液体が入っていることがわかりました。「ガス缶なのに燃料は液体なの？」とお父さんに聞いたら，「使い捨てのガスライターと同じように，常温でも圧力を高くして液体でいられるようにしてあるんだよ」と教えてもらいました。

(1)　下線部①について。次の絵(ア)～(キ)の中で，雪の結晶《けっしょう》はどれですか。１つ選んで記号で答えなさい。

(ア)

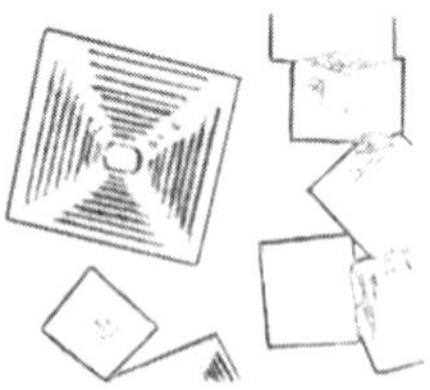

(イ)

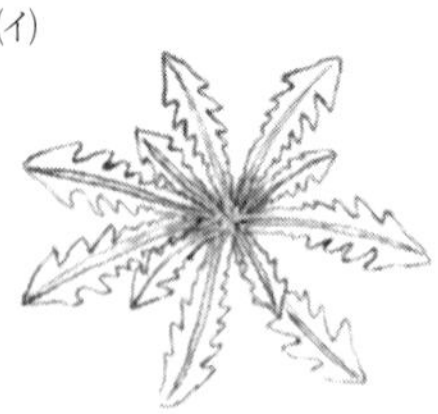

(ウ)

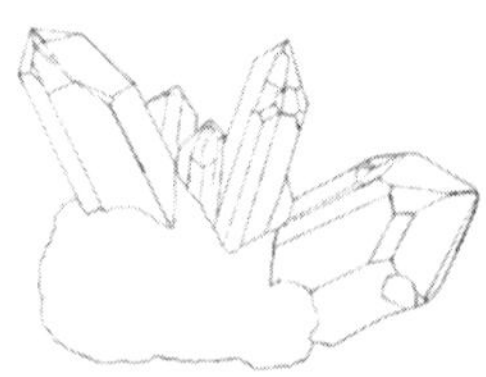

(エ)

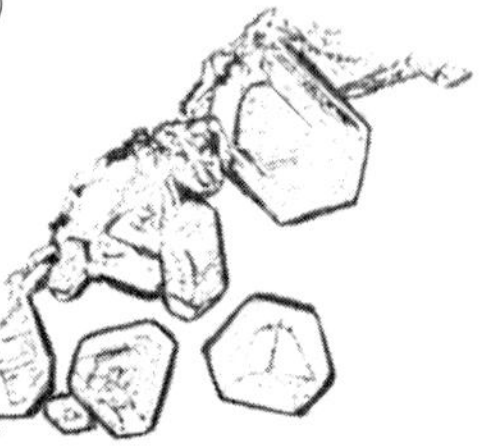

(オ)

(カ)

(キ)

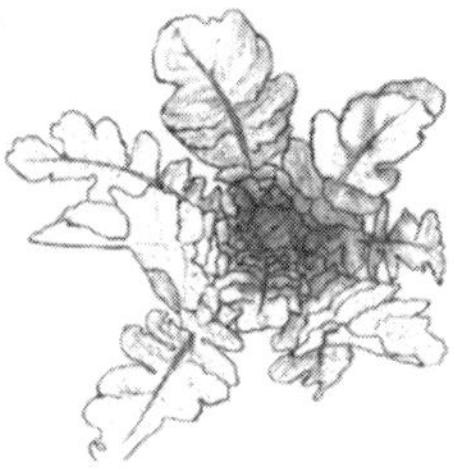

(2)　下線部②について。この辺りの山では，標高が変わると表1の樹林帯A～Dのように木の種類が変化することがわかっています。これは標高が高くなると，気温が下がっていくことによります。

表1

	標高	樹林帯の様子
樹林帯A	2000m～3000m	背の低い木，お花畑など
樹林帯B	1500m～2000m	マツ，シラカンバなどの針葉樹
樹林帯C	500m～1500m	ブナなどの落葉する広葉樹
樹林帯D	0m～500m	シイノキ，クスノキなど冬も葉をつけている広葉樹

日本列島を東側から眺《なが》めた模式図(横軸《じく》は緯《い》度，縦軸は標高)をかくとき，この樹林帯A～Dの分布はどのようになりますか。次の(ア)～(オ)の中から最も適するものを1つ選んで，記号で答えなさい。

(ア)

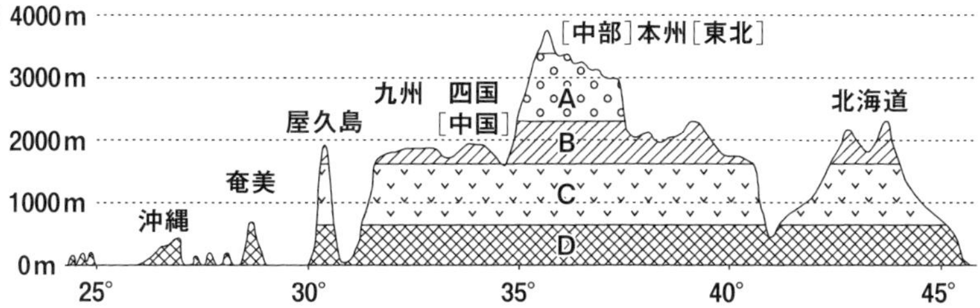

(イ)

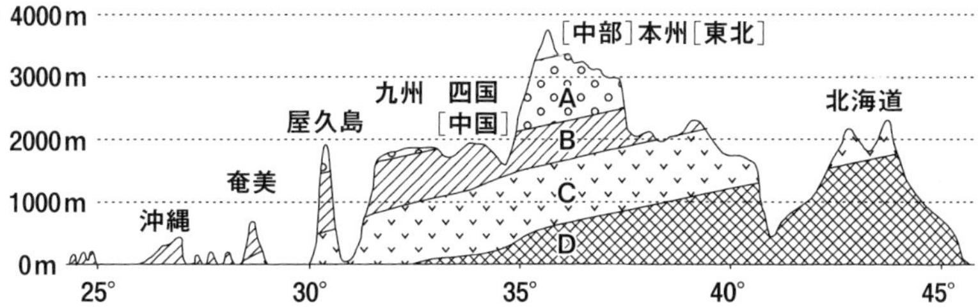

(ウ)

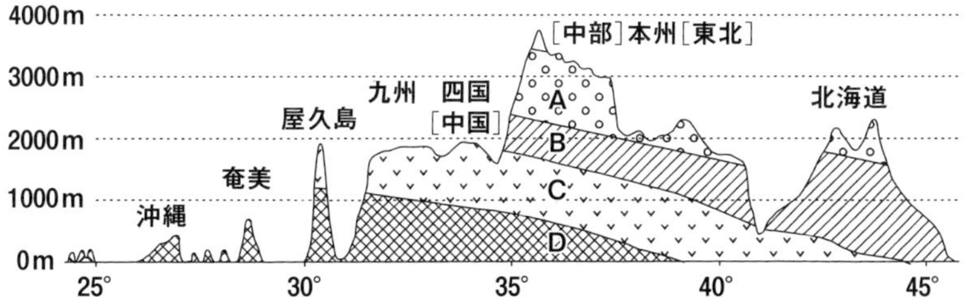

(エ)

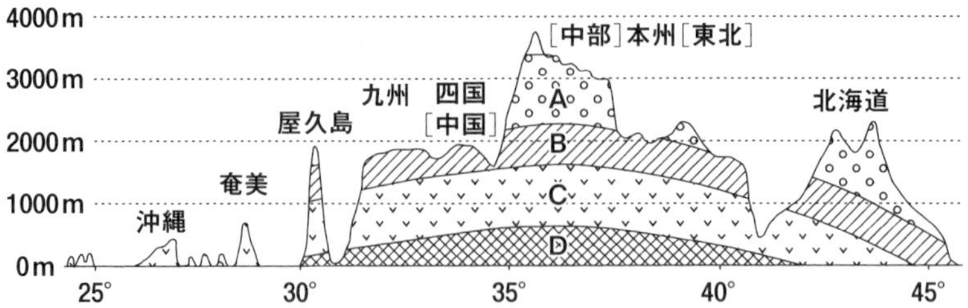

(オ)

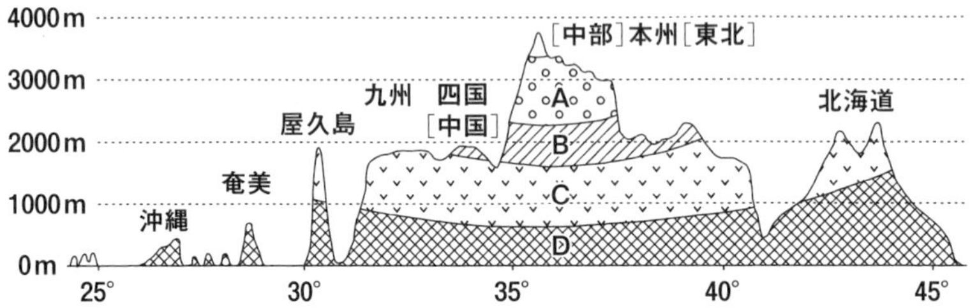

(3) 下線部③について。この辺りの動物の生活を調査した結果，冬の時期に冬眠する動物と冬眠しない動物がいることがわかりました。表2はその結果をまとめたものです。

表2

冬眠する	カエル	コウモリ	ザリガニ	クマ	ヘビ
冬眠しない	サル	ワシ	シカ	ウグイス	ウサギ

表2からわかることとして正しいものを，次の(ア)～(キ)からすべて選んで，記号で答えなさい。

(ア) 翼《つばさ》で空中を飛ぶことのできる動物は冬眠しない

(イ) 恒温《こうおん》動物であれば，冬眠はしない

(ウ) 冬眠する動物は体重が1kg以下の小型の動物に限られる

(エ) この辺りにいるほ乳類には，冬眠する動物としない動物両方がいる

(オ) この辺りにいる鳥類には，冬眠する動物としない動物両方がいる

(カ) 水の中で生活をする動物は，冬眠しない

(キ) 変温動物であれば，冬眠する

(4) 下線部④について。物質への熱の伝わり方として，下線部と最も近いものを次の中から1つ選んで，記号で答えなさい。

(ア) 飲み物に氷を入れて冷たくした。

(イ) 水の入ったビーカーを下からガスバーナーで加熱したら，水の対流する様子が見られた。

(ウ) アイスクリームをスプーンにのせたとき，木製のスプーンより金属製のスプーンの方がはやくとけた。

(エ) 電熱線を用いた電気ストーブに顔を近づけたら熱かった。

(オ) いれたてのお茶が熱かったので，息をふきかけて冷ました。

(5) 下線部⑤について。物質どうしを混ぜ合わせたとき，化学反応などによって熱が発生することがあります。熱が発生しない物質の組み合わせを次の中から1つ選んで，記号で答えなさい。

(ア) 食塩と水　　(イ) 水酸化ナトリウムと水

(ウ) 石灰水と塩酸　　(エ) 亜鉛《あえん》とりゅう酸

(オ) アルミニウムと水酸化ナトリウム水よう液

(6)　下線部⑥について。ガス缶には図のように金具を取り付け，その上に水を入れたなべを置いて，加熱します。ガス缶には用途《ようと》によって異なる燃料が混合されています。ここでは，以下の沸点《ふってん》の異なる３種類の燃料(ブタン，イソブタン，プロパン)について考えることにします。

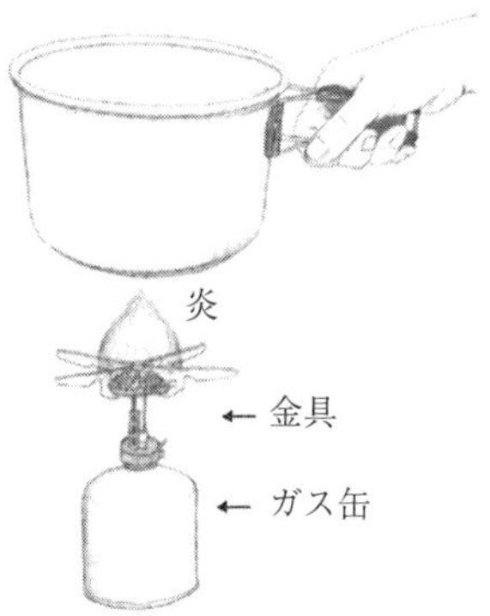

ブタンの沸点：−0.5℃
イソブタンの沸点：−10℃
プロパンの沸点：−44℃

これらの燃料が以下の３つの割合で配合されているガス缶Ⅰ，Ⅱ，Ⅲがあります。

ガス缶Ⅰの燃料比：イソブタン95%，プロパン５%
ガス缶Ⅱの燃料比：イソブタン70%，ブタン30%
ガス缶Ⅲの燃料比：ブタン100%

実際に野外で使用した場合，燃料の配合による性能の違いが現れます。そこで性能を次のＡ，Ｂ，Ｃに分類しました。

性能Ａ：夏には使えるが，冬には使えない
性能Ｂ：夏には使えるが，冬は火力が弱い
性能Ｃ：夏も冬も十分に使える

ガス缶Ⅰ，Ⅱ，Ⅲの性能はどのような性能だと考えられますか。右の表３の(ア)～(カ)から１つ選んで，記号で答えなさい。

表３

記号	ガス缶Ⅰ	ガス缶Ⅱ	ガス缶Ⅲ
(ア)	性能Ａ	性能Ｂ	性能Ｃ
(イ)	性能Ａ	性能Ｃ	性能Ｂ
(ウ)	性能Ｂ	性能Ａ	性能Ｃ
(エ)	性能Ｂ	性能Ｃ	性能Ａ
(オ)	性能Ｃ	性能Ａ	性能Ｂ
(カ)	性能Ｃ	性能Ｂ	性能Ａ

2　人の体内には，体に不要な物を体外へはい出するためにいくつもの器官がはたらいています。体にとって有害な物質Ｘを，体に害の無い物質Ｙにつくり変えて体外へはい出するはたらきについて，次の【問題Ａ】，【問題Ｂ】を読んで後の問いに答えなさい。ただし【問題Ａ】，【問題Ｂ】にでてくる物質Ｙは共通のものとします。

【問題Ａ】　右の図１のア，イ，ウは，物質Ｘのはい出に関係する３つの器官を表しています。また，図２は物質Ｘを物質Ｙにつくりかえて体外へはい出する流れを簡単な図で表しています。

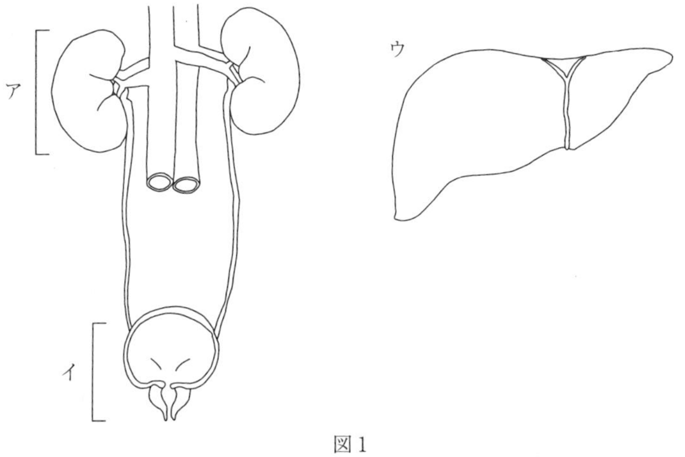

図１

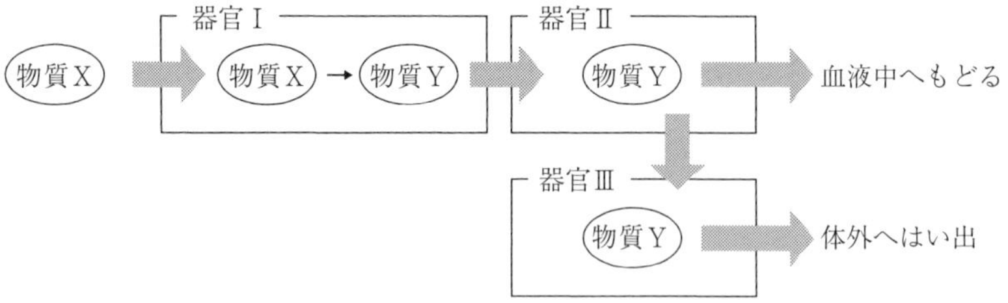

図2

(1) 物質Xは，タンパク質からエネルギーを取り出した後にできる，水にとけやすい物質です。物質Xは何ですか，物質名をカタカナで答えなさい。

(2) 物質Xは図2の器官Ⅰで，物質Yにつくりかえられます。物質Yは何ですか，物質名をひらがなで答えなさい。

(3) 図1のア，イ，ウは，図2の器官Ⅰ，Ⅱ，Ⅲのどれに当たりますか。正しい組み合わせを(あ)～(か)から1つ選んで，記号で答えなさい。

	(あ)	(い)	(う)	(え)	(お)	(か)
器官Ⅰ	ア	ア	イ	イ	ウ	ウ
器官Ⅱ	イ	ウ	ア	ウ	ア	イ
器官Ⅲ	ウ	イ	ウ	ア	イ	ア

【問題B】　じん臓では，流れこむ血液の一部(原にょうといいます)から，にょうをつくっています。健康な人の場合，1日にじん臓を流れる原にょうは100Lをこえますが，つくられるにょうは1日に約1.5Lだけです。つまり，原にょうのほとんどはまた血液として体内にもどり，体に不要な物質だけが集められて，にょうとしてはい出されます。

下の表は，健康な人の原にょう1Lと，つくられたにょう1L中の主な成分の重さ(g)を示しています。ただし物質Zは，実験的に人の体に注射したもので，本来人の体内では必要ないため，全てがにょうの成分としてはい出される物質です。

この表にある，にょう1Lにふくまれる重さ(g)を，原にょう1Lにふくまれる重さ(g)で割った値を濃縮率《のうしゅくりつ》と呼ぶことにします。

物質名	原にょう1Lにふくまれる重さ(g)	にょう1Lにふくまれる重さ(g)
ブドウ糖	1	0
ナトリウム	3.0	3.5
物質Y	0.3	20
物質Z	1	120

(4) 物質Yの濃縮率を求めなさい。割り切れない場合は小数第一位を四捨五入して整数で答えること。

(5) 物質Zの濃縮率を求めなさい。割り切れない場合は小数第一位を四捨五入して整数で答えること。

(6) 1日に1.5Lのにょうがはい出されるとします。じん臓を流れる原にょうは1日当たり何Lになりますか，下線部と**(5)**の答えを参考にして求め，整数で答えなさい。

(7) 1日に1.5Lのにょうがはい出されるとします。物質Yについて，次の①，②の量は1日当たりそれぞれ何gですか。下の(あ)～(こ)からそれぞれ1つ選んで，記号で答えなさい。

① にょうの成分として体外にはい出される量。

② 原にょう中にふくまれていたが，にょうの成分としてはい出されずに血液にもどった量。

(あ) 54　(い) 50　(う) 44　(え) 40　(お) 34

(か) 30　(き) 24　(く) 20　(け) 14　(こ) 10

3 次の文を読み図を見て，後の問いに答えなさい。

図1は日本のある場所で見た，ある日の真夜中12時の南の空を示しています。中央の縦の線には高度を表す目盛が入っていますが，数値は入っていません。このとき，北の空には北極星が高度35°に見えていました。

図2は地球が太陽の周りをまわる様子を表します。それぞれの矢印の方向には黄道12星座と呼ばれる星座が見られます。

図3は，地球と太陽を図2のおとめ座の方向から見た様子です。地球の自転軸は23.4°かたむいていますが，月の公転軌道《きどう》は地球の公転軌道からかたむいていないものとします。

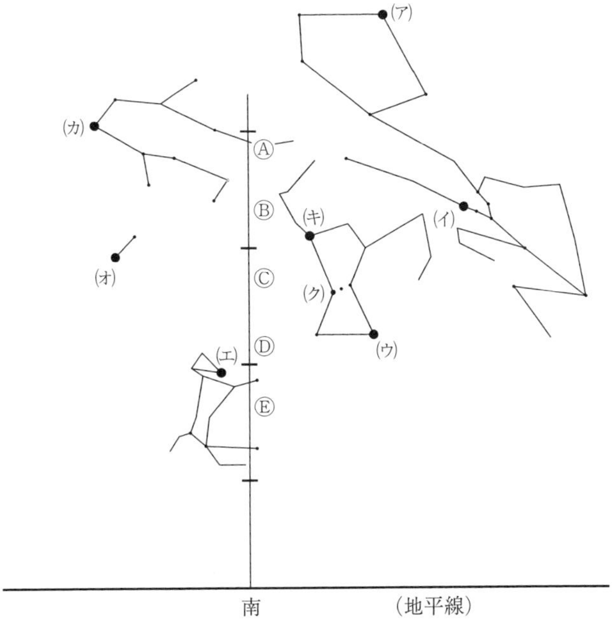

図1

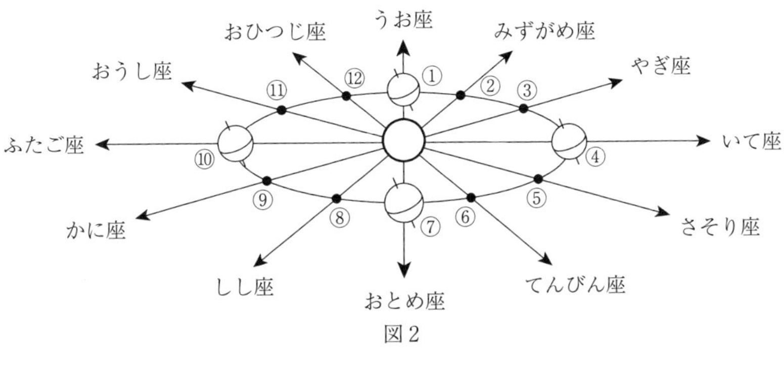

図2

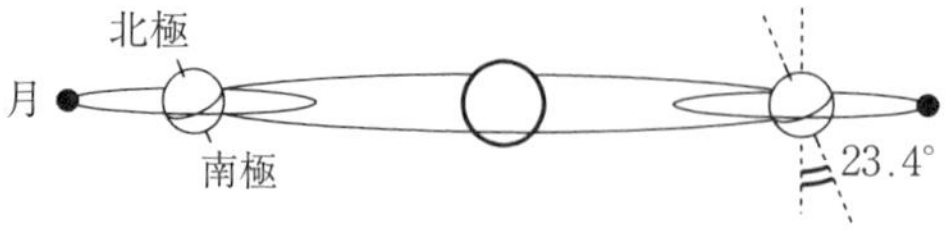

図３

(1)　図１の(ア)～(ク)の中から最も明るく見える星を選び，その記号と星の名前を答えなさい。

(2)　図１の(ア)～(ク)の中から最も表面温度が低い星を選び，その記号と星の名前を答えなさい。

(3)　この日の地球の位置に最も近いものを図２の①～⑫の中から１つ選んで，記号で答えなさい。

(4)　図１の(ク)の星は，この後ちょうど真西にしずみました。このことから，図１の高度を表す線の一目盛が何度かを求め，次の中から１つ選んで記号で答えなさい。

(あ)　5°　　(い)　10°　　(う)　15°　　(え)　20°　　(お)　25°　　(か)　30°

(5)　この日はちょうど満月でした。この日に太陽が南中する高度と月が南中する高度を図のⒶ～Ⓔの中から選んだ時，正しい組み合わせを下の表の(あ)～(く)から１つ選んで，記号で答えなさい。

	(あ)	(い)	(う)	(え)	(お)	(か)	(き)	(く)
太陽	Ⓑ	Ⓑ	Ⓓ	Ⓓ	Ⓓ	Ⓔ	Ⓔ	Ⓔ
月	Ⓐ	Ⓑ	Ⓒ	Ⓓ	Ⓔ	Ⓐ	Ⓒ	Ⓔ

(6)　ある日，うお座が真夜中に南中しました。同じ日の同じ時刻に東からのぼってくる星座の名前を，図２の中から１つ選んで答えなさい。

(7)　図１と同じ星空が午後８時に見える地球の位置を図２の①～⑫の中から１つ選んで，記号で答えなさい。

4　金属Ａ，Ｂ，Ｃ，Ｄ，Ｅの金属板について【実験Ⅰ】～【実験Ⅳ】を行いました。金属Ａ，Ｂ，Ｃ，Ｄ，Ｅは銀，鉄，アルミニウム，マグネシウムのいずれかです。【実験】の内容を読んで，後の問いに答えなさい。

【実験Ⅰ】　金属Ａ～Ｅのそれぞれにうすい塩酸または水酸化ナトリウム水よう液を加え，反応を観察すると，次の表のような結果となりました。

金属	うすい塩酸	水酸化ナトリウム水よう液
Ａ	気体を発生しながらとけた	とけなかった
Ｂ	とけなかった	とけなかった
Ｃ	気体を発生しながらとけた	とけなかった
Ｄ	気体を発生しながらとけた	気体を発生しながらとけた
Ｅ	気体を発生しながらとけた	とけなかった

【実験Ⅱ】　金属Ａ～Ｅの重さと体積の関係を調べるために，それぞれの金属板の一部を切り取って重さをはかり，次にその金属板を水を入れたメスシリンダーに入れて体積の増加分をはかり，金属板の体積を求めました。それぞれの金属板の重さと体積について図１の結果が得られました。

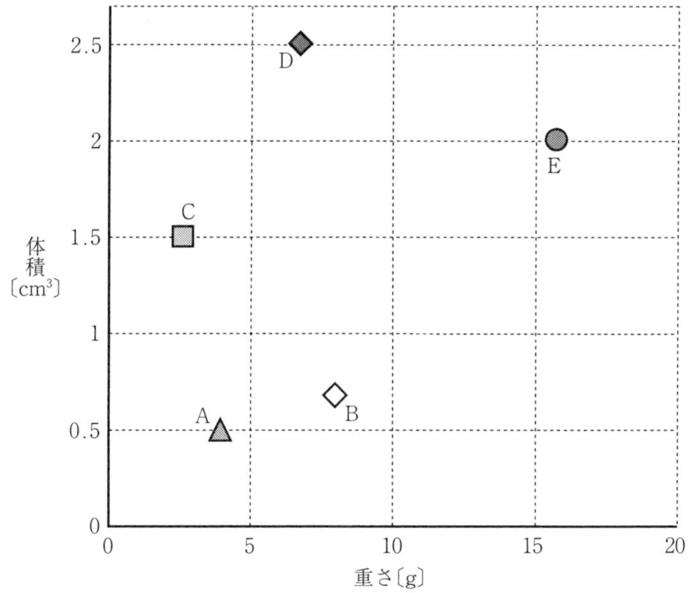

図1

問1　【実験Ⅰ】,【実験Ⅱ】について。金属はその種類によって重さと体積の比が決まっています。金属A～Eには同じ金属が1組だけあります。金属A～Eの組み合わせとして最も適切なものを下の(ア)～(コ)から1つ選んで，記号で答えなさい。

	A	B	C	D	E
(ア)	鉄	マグネシウム	鉄	アルミニウム	銀
(イ)	鉄	アルミニウム	鉄	マグネシウム	銀
(ウ)	銀	鉄	マグネシウム	アルミニウム	銀
(エ)	銀	アルミニウム	鉄	マグネシウム	銀
(オ)	鉄	アルミニウム	銀	マグネシウム	鉄
(カ)	鉄	銀	マグネシウム	アルミニウム	鉄
(キ)	マグネシウム	銀	マグネシウム	アルミニウム	鉄
(ク)	マグネシウム	鉄	マグネシウム	銀	アルミニウム
(ケ)	マグネシウム	鉄	アルミニウム	銀	アルミニウム
(コ)	マグネシウム	銀	アルミニウム	鉄	アルミニウム

【実験Ⅲ】　数本の試験管にあるこさの塩酸10 cm^3を入れ，それぞれにいろいろな重さの金属Aを入れて，そのときに発生する気体の体積をはかりました。図2は実験結果をグラフにまとめたものです。

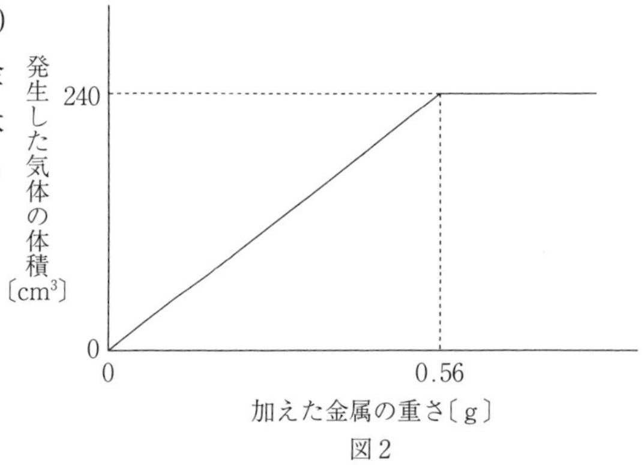

図2

問2　【実験Ⅲ】について次の(1)～(4)に答えなさい。計算値が割り切れない場合は，指示に従って四捨五入をすること。

(1)　【実験Ⅲ】で発生した気体は何ですか。ひらがなで答えなさい。

(2)　【実験Ⅲ】の２倍のこさの塩酸 10 cm^3 で同様の実験を行った場合，加えた金属Ａの重さが 0.28 g のときに発生する気体の体積は何 cm^3 ですか。整数で答えなさい。

(3)　【実験Ⅲ】の塩酸と金属Ｄを用いて同様の実験をすると，加えた金属Ｄが 0.12 g のときに発生した気体の体積は 160 cm^3 でした。加えた金属の重さと発生する気体の体積の関係はどのようになりますか。解答用紙にグラフをかきなさい。発生した気体の体積が 240 cm^3 になるときの金属の重さを小数第二位まで求め，図２にならって点線で示し，グラフの横じくに数値をかきこむこと。加えた金属Ｄの重さは 0.70 g までとする。

(4)　【実験Ⅲ】で金属Ａを加えて気体が発生した後の各試験管のよう液を加熱し，水をじょう発させた後に残った固体の重さをそれぞれはかりました。加えた金属Ａが 0.28 g のときに残った固体の重さは 0.635 g でした。加えた金属の重さと水をじょう発させた後に残った固体の重さの関係はどのようになりますか。解答用紙にグラフをかきなさい。加えた金属Ａの重さが 0.56 g のときと 0.70 g のときに残った固体の重さを小数第二位まで求め，図２にならって点線で示し，グラフの縦じくに数値をかきこむこと。加えた金属Ａの重さは 0.70 g までとする。

【実験Ⅳ】　①　5.0 g の金属Ａをガスバーナーで加熱しました。

②　加熱後の金属Ａに【実験Ⅲ】で使用した塩酸を十分に加えると，すぐには気体が発生しませんでしたが，しばらくすると気体が発生し始めました。金属Ａがすべてとけるまでに発生した気体の体積は 1200 cm^3 でした。

問３　【実験Ⅳ】について次の(1)，(2)に答えなさい。

(1)　金属Ａを加熱した後の重さの変化について，正しい説明を次の中から１つ選んで，記号で答えなさい。

(ア)　金属Ａが気体となって空気中にでていくため 5.0 g より軽くなる。

(イ)　結合した酸素の分だけ 5.0 g より重くなる。

(ウ)　金属Ａよりも軽い酸素と結合しているため 5.0 g より軽くなる。

(エ)　酸素と結合するが，5.0 g のまま変わらない。

(オ)　酸素と結合して発生した二酸化炭素の分だけ 5.0 g より軽くなる。

(2)　酸化されたＡは塩酸に気体を発生させずにとけます。加熱した後のＡを塩酸に加えたときに，しばらくして気体が発生したのは，酸化しきれなかったＡがあったためです。最初のＡのうち，酸化されたＡは何％ですか。割り切れない場合は四捨五入をし，整数で答えなさい。

5　図1のように，正方形の厚紙を水平に置き，正方形の各頂点に4本の長い金属線A，B，C，Dを平行に配置しました。金属線は厚紙と垂直で，厚紙の中心に方位磁石を置いてあります。金属線に様々な向きに電流を流して方位磁石の指す向きを観察しました。

図2は，図1の装置を真上から見たもので，矢印①～⑧は方角を示しています。4本の金属線に電流を流していないとき，方位磁石のN極は①(北)を指しました。以下では電流の向きを表す記号として，装置を真上から見た場合，金属線に上向きの電流を流したとき「⊙」，金属線に下向きの電流を流したとき「⊗」，電流を流していないとき「○」を用いることにします。また，金属線A～Dに電流を流すために用いた導線を流れる電流の影響《えいきょう》は考えないものとします。

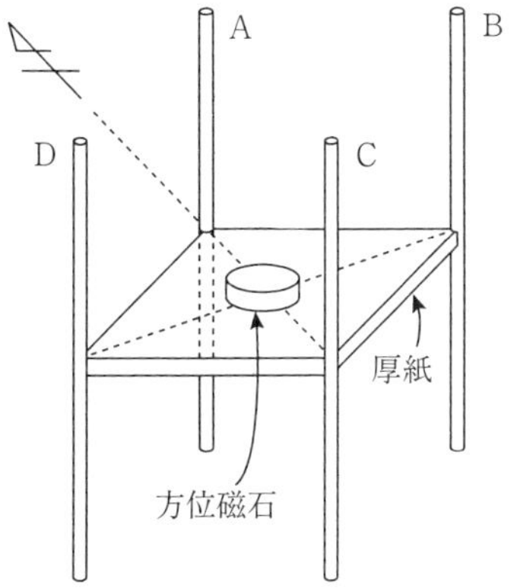

図1

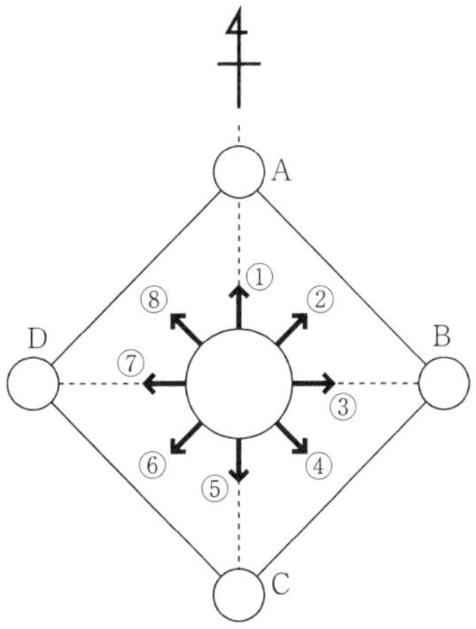

図2

図3－1のように電源装置を用いて金属線Aに電流を流しました。金属線Aに流す電流を強くしていくと，方位磁石のN極の指す向きは図2の①から②を経て③に近づきましたが，電流をいくら強くしても③より先へ行くことはありませんでした。

次に，図3－1の実験で方位磁石のN極が図2の②(北東)を指すようにしました。このとき方位磁石は，二つの同じ大きさの力「地球による磁力」と「Aの電流による磁力」を受けています。図3－2は，この二つの力と方位磁石のN極の指す向きの関係を示しています。以下では，金属線に電流を流すときの強さは，図3－2で金属線Aに流した値と同じとします。

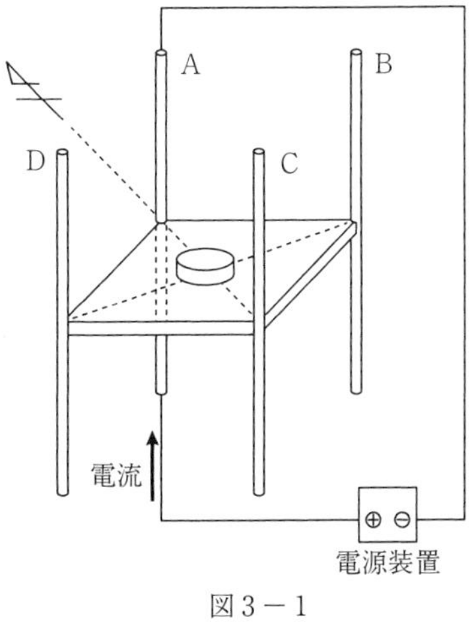

図3－1

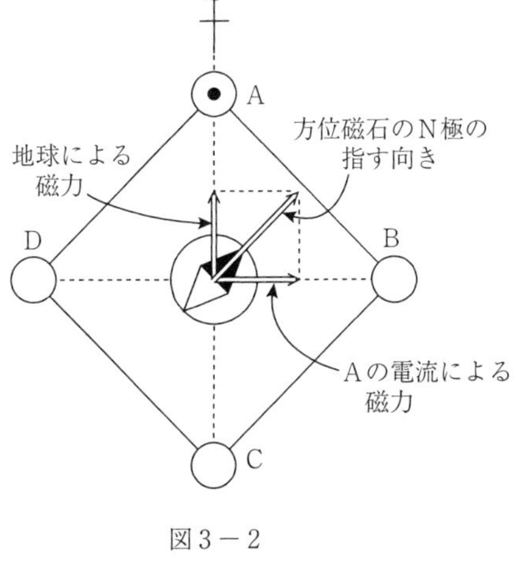

図3－2

図４－１のように電源装置を用いて金属線C，Dに電流を流すと，方位磁石のN極は図２の③(東)を指しました。図４－２は，電流の向きと方位磁石のN極の指す向きの関係を示しています。

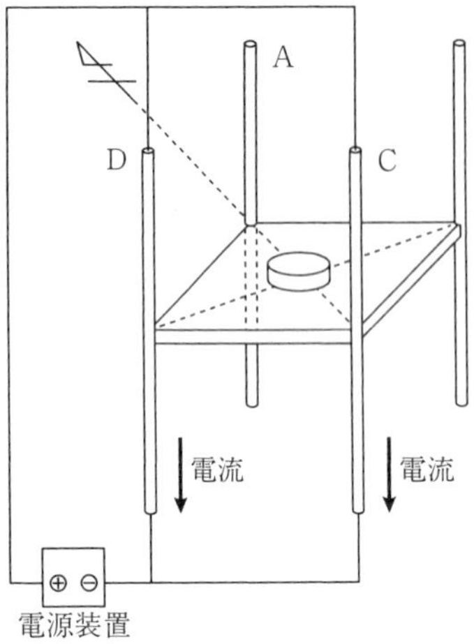

図４－１

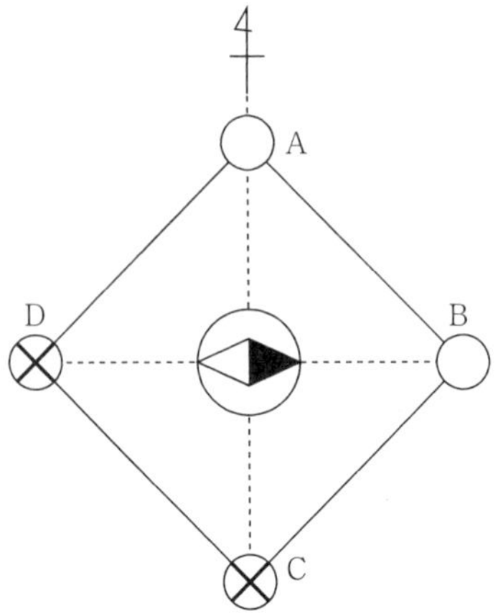

図４－２

次に，(1)～(4)のように金属線に電流を流すと，方位磁石のN極はどの向きを指しますか。図中の①～⑧よりそれぞれ１つ選んで，記号で答えなさい。

(1)

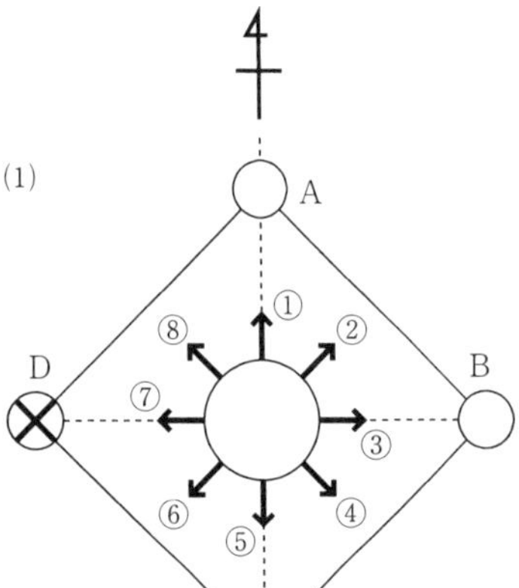

(2)

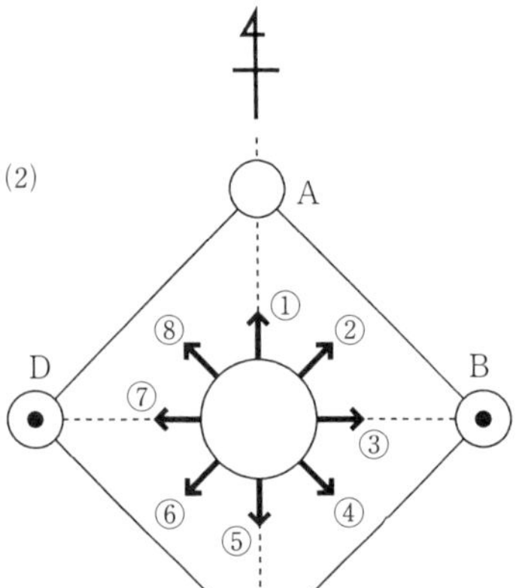

(3)

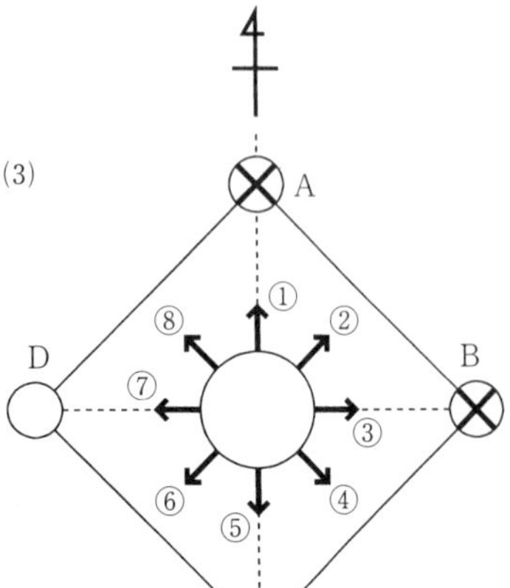

(4)

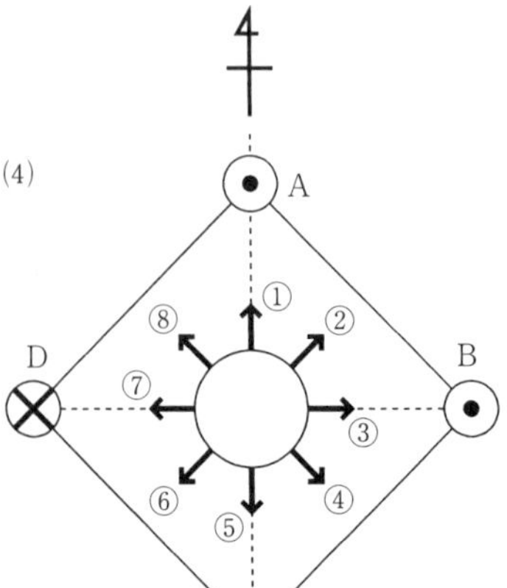

6　図１のように２個直列につないだかん電池に電熱線をつなぐと電流計に100mAの電流が流れました。図１の電熱線と同じものを用いて図２～４の装置をつくり，それぞれ電流計に流れる電流の値を測定しました。後の問いに整数で答えなさい。

(1)　図２の電流計に流れる電流は何mAですか。

(2)　図３の電流計に流れる電流は何mAですか。

(3)　図４の電流計(あ)に流れる電流は何mAですか。

(4)　図４の電流計(い)に流れる電流は何mAですか。

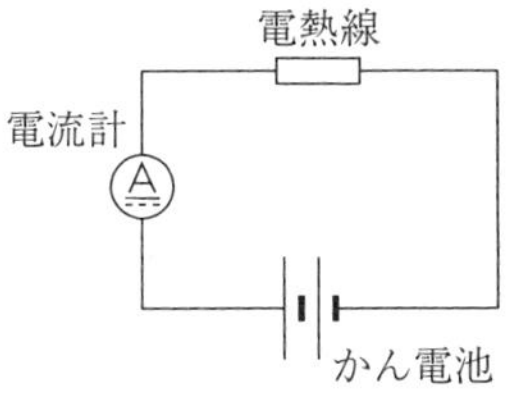

図１

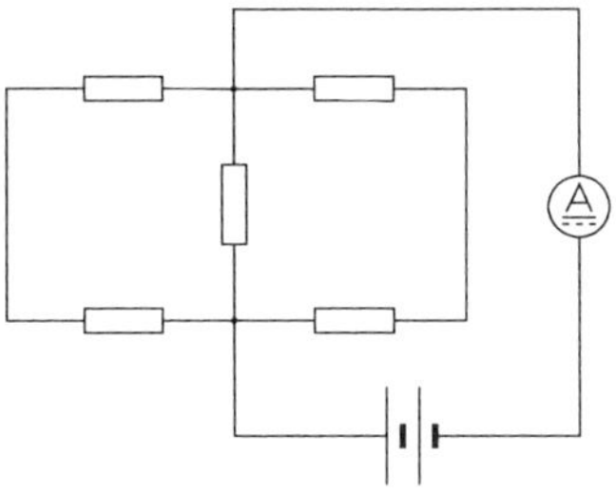

図２

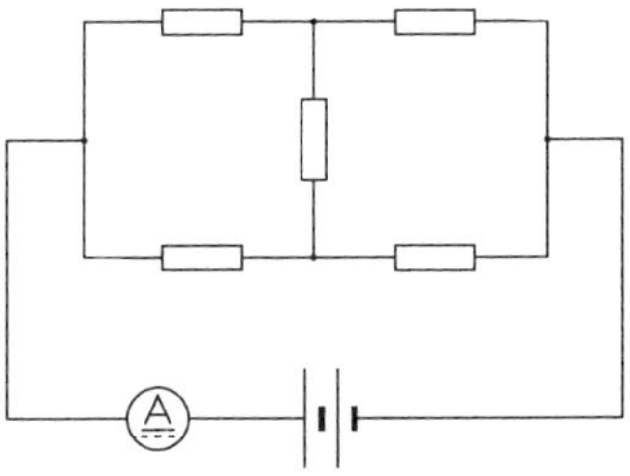

図３

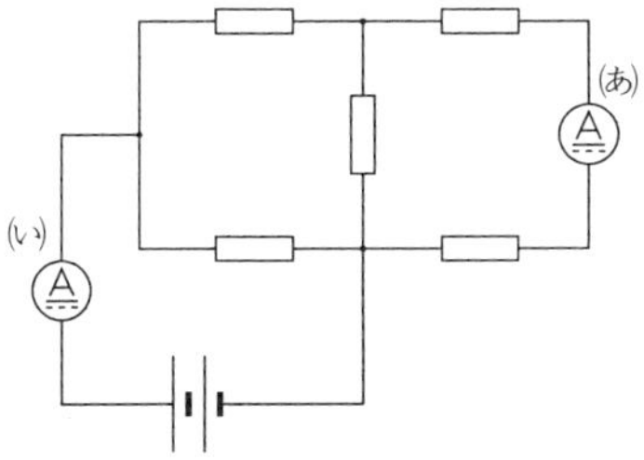

図４

眼鏡の奥の瞳に、かすかな悲哀の色を見せたまま、つぶやくように語を継《つ》いだ。

「もしかしたら」

そっと窓外に目を向けた。

「小幡先生は自分にはできなかったことを、あなたならやってくれると思ったのかもしれませんね」

③ふいにまた、冷たい風が流れた。

私はいまだ落ち着く先を見いだせない動揺《どうよう》を抱《かか》えたまま、先生の視線を追うように、窓外を眺めやった。

いつのまにか日は暮れはじめ、空は鮮《あざ》やかな紅に染められつつある。夕景の空を、ゆったりと旋回《せんかい》しつつ昇《のぼ》っていく一羽《わ》の鳶《とび》が見えた。

④上昇気流を捉《つか》まえたのであろう。鳶は羽ばたきもせぬのに、高度をあげ、やがてかなたの空へと溶《と》けて行った。

（夏川草介『神様のカルテ3』より）

注1　冬将軍―厳しい冬の寒さを人にたとえていう語。
注2　信州―現在の長野県のこと。
注3　日和―穏やかに晴れた日。
注4　医局長―病院の部署の一つである医局を取り仕切る人。
注5　雲之上先生―本名不明。板垣先生のかつての部下。
注6　准教授―大学において教授に次ぐ地位にある人。
注7　在野―ここでは大学組織に属さないこと。
注8　古狐先生―一止のかつての上司で、亡くなった内藤医師のこと。
注9　板垣先生―一止の上司（部長）。大狸先生の本名。
注10　カンファレンス―会議のこと。
注11　壮年―元気盛んで働き盛りの年頃。少壮はその手前。
注12　症例―具体的な病気や症状の例。
注13　限局型のＡＩＰ―とても珍しい自己免疫《めんえき》型膵炎のこと。
注14　諄々と―相手が十分理解できるようていねいに。
注15　胆膵班―医局における胆のうと膵臓を中心に研究するグループ。
注16　膵嚢胞―膵臓の内部や周囲にできる様々な大きさの「袋」のこと。時に悪化して癌になることがある。
注17　嘆息―ため息のこと。
注18　疾患―病気のこと。
注19　苛烈―厳しく激しいさま。

問一　――線部①〈まだ底冷えのする冷気の中に、なぜか私は春の気配を汲み取った気がした〉とありますが、これは比喩です。一止はなぜ〈雲之上先生〉の言葉に〈春の気配〉を感じ取ったのでしょうか。〈冷気〉と〈春の気配〉が意味するものを含めて**55**字以上**65**字以内でわかりやすく答えなさい。

問二　――線部②〈余計なこと〉とありますが、誰が何をしたことが〈余計〉だというのですか。**45**字以上**55**字以内で答えなさい。

問三　――線部③〈ふいにまた、冷たい風が流れた〉とありますが、ここには一止の心に生じた気持ちが喩《たと》えられています。それはどのような気持ちですか。**20**字以上**30**字以内で答えなさい。

問四　――線部④〈上昇気流を捉まえたのであろう。鳶は羽ばたきもせぬのに、高度をあげ、やがてかなたの空へと溶けて行った〉とありますが、ここには一止の新しい職場に向き合う気持ちが喩えられています。それはどのような気持ちですか。この情景が〈冬将軍〉の中のものだということに注意しながら**60**字以上**70**字以内で答えなさい。

おおかたを察したのであろう。

私はただ静かに頷くしかない。

「彼女《かのじょ》のような優秀《ゆうしゅう》な人材には、ぜひとも大学で後進の育成に当たってほしいと思って、声はかけたのですがね。にべもなく拒絶《きょぜつ》されました。彼女の気持ちを考えれば、無理もないことかもしれませんが……」

雲之上先生は、そっと遠くを眺《なが》めやるような目をして、ため息をついた。

「悠々と構えているように見えても、十年前の自分のミスに、まだ決着をつけられずにいるのかもしれません」

何気ない雲之上先生の言葉を、私はあやうく聞き流すところであった。

短い言葉の中に紛《まぎ》れ込《こ》んだ異質な一言を、私はかろうじて引きあげることができた。

「自分のミス、ですか？」

「夫の診断のことです。膵癌を注16膵嚢胞《すいのうほう》と診断してしまった自分の……」

言いかけた雲之上先生がふいに口をつぐんだ。

そっと私を見返す瞳《ひとみ》に、問いかけるような色がよぎり、やがて注17嘆息《たんそく》が漏れた。

「どうやら、②余計なことを言ったかもしれませんね」

「小幡先生のご主人が、診断が遅《おく》れたために亡《な》くなったという話は聞いていましたが……」

私はその先に続く問いを、発することはできなかった。

その発することのできなかったものを、しかし雲之上先生は正確に汲み取ったのだろう。目を閉じ、それからゆっくりと開くと、黙《だま》っていてもいずれわかることでしょうから、と断った上で、静かに告げた。

「小幡先生の夫の主治医は小幡先生自身だったのです」

電撃《でんげき》のような一言であった。

「胆膵班として膵臓を学んでいた小幡先生は、自分の夫の検査を自分で進め、自分で判断をしていたのですよ」

「では、膵嚢胞と診断して半年後に再検と決めたのは……」

「小幡先生自身です」

言葉を失ったのは、私の方であった。

「膵嚢胞の多くは確かに小幡先生の判断で問題なく経過します。あの結果は、きわめて特異なものと言ってよいでしょう。しかし、膵嚢胞がきわめて難しい注18疾患《しっかん》で、注意を要するということを充分に理解していなかったことは、確かと言わざるを得ません」

雲之上先生の述べる言葉が、どこか遠くを通りすぎて行くような心《ここ》地《ち》がした。

にわかに事態を了解《りょうかい》することができなかった。

心中には、あの言葉が鳴《な》り響《ひび》いていた。

〝いまだにそのときの主治医が許せないの〟

小幡先生が吐《は》き捨てるように告げたその言葉は、ほかでもない自分自身に向けたものであったのだ。凍《い》てつくようなあの怜悧《れいり》な瞳は、自身に対する悔《く》いと憤《いきどお》りと悲哀《ひあい》そのものであった。

過去に決着をつけるどころではなかった。小幡先生は、今も十年前の自分の影と全身全霊《ぜんしんぜんれい》で闘《たたか》い続けているのである。

なんと注19苛烈《かれつ》な道を歩んできた人であろうか。

「栗原先生、どうかしましたか？」

雲之上先生の気遣う声に、私はなんとか自制を得た。

絶句したままそれでも何か返答をした私の態度は、お世辞にも自然であったとは言い難《がた》い。にも拘《かか》らず、雲之上先生は多くを問わぬまま、ただうなずいただけであった。

しょう。医師として、その限界を充分《じゅうぶん》に理解しておくことも、大切な役割です」

　コーヒーカップに手を添《そ》えたまま、注14諄々《じゅんじゅん》と説く声が続いた。

「誰《だれ》もが最先端の医療《いりょう》を身に付けるためだけの大学ではありません。最先端の限界を知り、無理なものは無理であると、自信を持って言える医師になれば、それは意味があることではありませんか？」

　眩《まぶ》しい言葉であった。

　新鮮《しんせん》と言ってもよかった。

　ふいに冷たい外気が流《なが》れ込《こ》んできたのは、事務の女性が換気《かんき》のために窓を少し開けたからだ。①まだ底冷えのする冷気の中に、なぜか私は春の気配を汲《く》み取《と》った気がした。

「実はね、栗原先生」

　雲之上先生の声に、いつのまにか若干《じゃっかん》の楽しげな空気が混じっている。

「先生のことは、板垣先生からだけでなく、小幡先生からも頼《たの》まれていましてね」

「小幡先生から？」

　意外の感がある。

「もしかしたら、面白《おもしろ》い男が行くかもしれないから、面倒《めんどう》を見てやってくれと。六年目の医師を捕《つか》まえて、面白い男という表現はどうかと思いますが」

「先生は小幡先生と懇意《こんい》なのですか？」

　問えば、ああ、それも知りませんでしたか、と頷《うなず》いて説明を加えた。

「小幡先生が研修医だったころの注15胆膵《たんすい》班の班長が板垣先生で、副長が私だったんです。胆膵班は三人しかいませんでしたから、それで全員です」

　いくつかの風景が急に明らかになっていく。

　つまりは大狸《おおだぬき》先生、雲之上先生、小幡先生は三人でひとつのチームを組んで働いていたということだ。

　ふいに小幡先生の言葉が蘇《よみがえ》った。

〝班長は鬼《おに》の板垣先生だったが、副長はいつでもにこにこ笑って見守るばかりの人だった〟と。その副長が、眼前の雲之上先生ということである。

　これはなかなか濃《こ》いメンバーであったと言わざるを得ない。

「その板垣先生から引《ひ》き継《つ》いだのが、今の胆膵班です。そこに板垣先生の弟子《でし》とも言える栗原先生が加わってくれるということは、私としても嬉《うれ》しい限りです」

　できうるなら、と雲之上先生がほのかに苦笑《くしょう》を浮かべた。

「ここに小幡先生も戻《もど》ってきてくれれば、すべてが安泰《あんたい》なのですが、こればかりは厳しいようでしてね……」

　当方が戸惑《とまど》うような言葉が漏《も》れた。

　と同時に、先生の苦笑の中に、複雑な感情が含《ふく》まれていることを私は聞き逃《のが》さなかった。

　なるほど、雲之上先生の立場からすれば、小幡先生に戻ってきてほしいと考えることは当然の発想かもしれない。しかし……、

　脳裏《のうり》をよぎったのは、大晦日《おおみそか》の夜に見た、小幡先生の険しい横顔であった。

　小幡先生にとっては、大学は辛《つら》い過去を思い出させる場所でもあろう。その過去が今でも先生にとって過去になっていない以上、大学病院に戻るとは考えにくい話であった。

「その様子では、小幡先生が大学を出て行った時の事情は聞いているようですね」

　ふいの言葉に顔をあげれば、雲之上先生が、凪《なぎ》のように静まった目を向けていた。いささか難しい顔で思案に沈《しず》んでいた私の表情から、

ある。

三月に入っても、寒さはわずかもほころびを見せず、時に注3日和《ひより》が続いたかと思うと雪がちらつき、まだまだ冬だと囁《ささや》くような北風が町中を吹《ふ》き抜《ぬ》けて行った。

その寒空の中、大学病院を訪ねて行った私を出迎《でむか》えてくれたのは、注4医局長を務める注5雲之上《くものうえ》先生であった。

雲之上先生は、信濃《しなの》大学消化器内科の注6准教授《じゅんきょうじゅ》でもある先生で、注7在野の私のような医者からしてみれば、雲の上のような人だから、雲之上先生と呼んでいる。昨年、注8古狐《ふるぎつね》先生が私を大学病院の見学へと導いてくれたとき、深い気遣《きづか》いとともに迎《むか》えてくれたのも、雲之上先生であった。

先生は昨年と変わらぬ穏《おだ》やかな笑顔《えがお》で私を迎え、「消化器内科医局」の表札がさがった広々とした部屋へと導いた。

医局と言っても、室内はまことに整然としたもので、本庄《ほんじょう》病院のように、飲みかけのコーヒーカップや食べかけの林檎《りんご》の芯《しん》が転がっているということもない。壁際《かべぎわ》の本棚《ほんだな》には多彩《たさい》な学会誌が隙間《すきま》なく並び、窓際《まどぎわ》のポットからは湯気が立ち上っている。事務員らしき女性が、起立して私に軽く会釈《えしゃく》した。

「ここに来るのは、一年ぶりですね。たしかあの時は内藤《ないとう》先生の紹《しょう》介《かい》でしたか……」

テーブルに腰《こし》を落ちつけながら、雲之上先生がふいに口をつぐんだのは、古狐先生の喪《も》を思い出したからであろう。一瞬《いっしゅん》視線を落としたが、すぐに対面に腰を下ろす私に続けた。

「あの時とは、結論が変わったようですね、栗原先生」

うなずいた私は、堅苦《かたくる》しい口上を述べてのち、深く頭をさげた。

雲之上先生は眼鏡の奥《おく》の目を細めて微笑《ほほえ》んだ。

「注9板垣《いたがき》先生から聞いていています。心配はいりませんよ」

その穏やかな声が、返答のすべてであった。

もう一度、深々とさげた頭の中に、つい先刻見学してきたばかりの医局注10カンファレンスの様子が思い出された。

薄暗《うすぐら》い会議室で、スクリーンに向かってずらりと席を並べた、二十人を越《こ》える白衣の影《かげ》。

気難しい顔でスクリーンを睨《にら》みつけている男性や、いかにも切れ者めいた女医の姿がある。腕組《うでぐ》みをして涼《すず》しげな目を向ける注11壮年《そうねん》の医師もいれば、いささか場違《ばちが》いな茶髪《ちゃぱつ》の下に悠々《ゆうゆう》たる笑《え》みを浮《う》かべた少壮《しょうそう》の医師もいる。それらの視線の中央で、青白い顔でたどたどしく注12症例《しょうれい》を提示していた青年は、研修医であろう。

まことに多様な人々の集団であった。

その多様な集団の中に、私も加わるということなのだ。

事務員の女性が持ってきてくれたコーヒーを、雲之上先生は、ありがとう、と変わらぬ丁重《ていちょう》さで受け取りつつ、いくらかくだけた口調で会話を再開した。

「それにしても、あの板垣先生から目をかけられるというのは、栗原先生も隅《すみ》には置けませんね。預かる私の方が、身が引《ひ》き締《し》まる思いがしますよ」

あくまでにこやかに告げる雲之上先生に対して、当方は笑うどころではない。

「部長先生にはご迷惑《めいわく》をおかけするばかりでした。ただ恐縮《きょうしゅく》するばかりです」

「AIPと膵癌の鑑別のことであれば、ひとつ言っておきましょう」

雲之上先生は、目もとの笑みを少し抑《おさ》えて、

「注13限局型のAIPの診断はきわめて困難です。時に術前診断は不可能と言ってもよいこともあり、大学病院でも確定ができぬままに手術になる症例もあります。それが今の医学の限界だと言ってもよいで

姿であり、職業的科学者だけでなく、④すべての人がその生き様を通して参加できる〝人類の営み〟ではないかと思うのである。

（中屋敷　均『科学と非科学　その正体を探る』より。
作問の都合上、表現を改めた部分があります。）

注1　内包—内部にもつこと。
注2　漸進的—順を追って徐々《じょじょ》に目的を実現しようとするさま。
注3　玉石混交—すぐれたものと劣ったものとが入りまじっていること。
注4　有用性—役にたつ。
注5　適者生存—生存競争において、ある環境に最も適した生物が生存しうるという考え。
注6　教条主義—事実を無視して、融通《ゆうずう》が利かない態度。
注7　可塑性—変化に適応して形や質をさまざまに変化させる性質。
注8　峻別—きびしく区別すること。
注9　指向性—ある特定の方向に向かおうとする傾向。
注10　神託—神のお告げ。
注11　倒錯—さかさまになること。
注12　寓言—たとえ話。
注13　妄信—それが正しいかを考えず、むやみやたらと信じてしまうこと。
注14　伽藍—おごそかな寺院のこと。ここでは、寺院、教会などの象徴的な建物をさす。
注15　バザール—さまざまな人々が、さまざまなものを持ち寄ってできた市場。
注16　真摯—まじめでひたむきなこと。
注17　ランダム—偶然《ぐうぜん》にまかせること。

問一　——線部①〈科学と生命は、実はとても似ている〉とありますが、筆者は〈科学と生命〉の〈似ている〉性質を二つの段階で説明しています。それは、どのような性質ですか。**15**字以上**20**字以内で答えなさい。

問二　——線部②〈それはまるで生態系における生物の「適者生存」のようである〉とありますが、生物のように〈適者生存〉できた科学は、なぜ生き残ってきたのですか。「社会」という言葉を用いて、**15**字以上**20**字以内で答えなさい。

問三　——線部③〈こういった人の不安と権威という構図〉とありますが、筆者は、この構図が、人々に〈安易に「正解」を得〉ようとさせる原因だと主張しています。では、私たちがどのような行動をとれば、〈科学〉を生かすことができますか。**30**字以上**40**字以内で答えなさい。

問四　——線部④〈すべての人がその生き様を通して参加できる〝人類の営み〟〉とありますが、〈科学〉は、どのような存在で、どうして〈人類の営み〉だと言えるのですか。**85**字以上**95**字以内で答えなさい。

四

次の文章は、夏川草介《なつかわそうすけ》『神様のカルテ3』の一節である。主人公の栗原一止《くりはらいちと》は、診断《しんだん》ミスから夫を失った経験を持つ先輩《せんぱい》医師の小幡奈美《おばたなみ》から医師としての無力さを指摘《してき》され、その後膵臓《すいぞう》の炎《えん》症《しょう》（ＡＩＰ）を膵癌《すいがん》と鑑別《かんべつ》した診断ミスで自分の限界を思い知らされた。もう一度学び直そうと決意した彼《かれ》は、一度は断った大学病院への転職を志願する決意をし未来の職場へ挨拶《あいさつ》に訪《おとず》れる。その後に続く以下の場面を読んで後の問に答えなさい。**なお、この部分最初の〈冬将軍〉は彼が抱《いだ》いた自責の念や医師としての迷いの比喩《ひゆ》である。**

今年の注1冬将軍は容易に注2信州を立ち去るつもりはないようで

でいる。権威主義は、そこに忍び込む。

そして行き過ぎた権威主義は、科学そのものを社会において特別な位置に置くことになる。「注10神託《しんたく》を担《にな》う科学」である。注11倒錯《とうさく》した権威主義の最たるものが、科学に従事《じゅうじ》している研究者の言うことなら正しい、というような誤解《ごかい》であり（それはこのエッセイの信頼性《しんらいせい》もまた然《しか》りなのだが……）、また逆に科学に従事する者たちが、非専門家からの批判は無知に由来するものとして、聖典《せいてん》の注12寓言《ぐうげん》のような専門用語や科学論文の引用を披露《ひろう》することで、高圧的かつ一方的に封《ふう》じ込めてしまうようなことも、「科学と社会の接点」ではよく見られる現象である。これまで何度も書いてきたように、科学の知見は決して100％の真実ではないにもかかわらず、である。

③こういった人の不安と権威という構図は、宗教《しゅうきょう》によく見られるものであり、「科学こそが、最も新しく、最も攻撃的《こうげきてき》で、最も教条的な宗教的制度」というポール・カール・ファイヤアーベントの言は、示唆《しさ》に富んでいる。「権威が言っているから正しい」というのは、本質的に注13妄信《もうしん》的な考え方であり、いかに美辞を弄《ろう》しようと、とどのつまりは何かにしがみついているだけなのだ。

また、もう一つ指摘《してき》しておかなければならないことは、権威主義が〝科学の生命力〟を蝕《むしば》む性質を持っていることだ。権威は人々の信頼から成り立っており、一度間違えるとそれは失墜《しっつい》し、地に落ちてしまう。権威と名のつくものは、王でも教会でも同じなのだろうが、この失墜への恐怖《きょうふ》感が〝硬直《こうちょく》したもの〟を生む。「権威は間違えられない」のだ。また、権威主義者に見られる典型的な特徴が、それを構築する体系《たいけい》から逸脱《いつだつ》するものを頑《かたく》なに認めない、という姿勢《しせい》である。それは権威主義が本質的に人々の不安に応えるために存在しているという要素があるからであり、権威主義者はその世界観が瓦解《がかい》し、その体系の中にある自分が信じた価値《かち》が崩壊《ほうかい》する恐怖に耐《た》えられないのである。

現代の民主主義国家では、宗教裁判《さいばん》にかけられたガリレオ・ガリレイの地動説のような、権威主義による強権《きょうけん》的な異論《いろん》の封じ込めはもう起こらないと信じたいが、特定の分野において「権威ある研究者」の間違った学説が、その人が存命《ぞんめい》の間はまかり通っているというようなことは、今もしばしば見られるようには思う。権威主義に陥ってしまえば、科学の可塑性、その生命力が毒されてしまうことは、その意味で、今も昔も変わらない。科学が「生きた」ものであるためには、その中の何物も「不動の真実」ではなく、それが修正され変わり得る可塑性を持たなければならない。権威主義はそれを蝕んでしまう。

そして、何より妄信的な権威主義と、自らの理性でこの世界の姿を解き明かそうとする科学は、その精神性において実はまったく正反対のものである。科学を支える理性主義の根底にあるのは、物事を先入観なくあるがままに見て、自らの理性でその意味や仕組みを考えることである。それは何かに頼って安易に「正解」を得ることとは、根本的に真逆の行為《こうい》だ。

だから、科学には注14伽藍《がらん》ではなく、注15バザールが似合う。権威ではなく、個々の自由な営為《えいい》の集合体なのだ。〝科学的に生きる〟ことにとっては、〝信頼に足る情報を集め、注16真摯《しんし》に考える〟、そのことが唯一《ゆいいつ》大切なことではないかと思う。その考えが正しいか間違っているかは、厳密《げんみつ》に言えば答えのない問いのようなものである。それが真摯な営みである限り、様々な個性を持った個々人の指向のまま、生物の遺伝子変異《いでんしへんい》のように、注17ランダムな方向を持ったものの集合体で良いのだ。

そういった様々な方向で進む人々の中から、より適したやり方・仮説が生き残り、次の世界を担っていく。それが生きている「科学」の

「注5適者生存《てきしゃせいぞん》」のようである。ある意味、科学は「生きて」おり、生物のように変化を生み出し、より適応していたものが生き残り、どんどん成長・進化していく。それが最大の長所である。現在の姿が、いかに素晴《すば》らしくとも、そこからまったく変化しないものに発展はない。注6教条主義に陥《おちい》らない注7〝可塑性《かそせい》〟こそが科学の生命線である。

（中略）

では、我々《われわれ》はそのような「原理的に不完全な」科学的知見をどう捉《とら》えて、どのように使っていけば良いのだろうか？　一体、何が信じるに足るもので、何を頼《たよ》りに行動すれば良いのだろう？　優等生《ゆうとうせい》的な回答をするなら、より正確な判断のために、対象となる科学的知見の確からしさに対して、正しい認識《にんしき》を持つべきだ、ということになるのだろう。

「科学的な知見」という大雑把《おおざっぱ》なくくりの中には、それが基礎《きそ》科学なのか、応用科学なのか、成熟《せいじゅく》した分野のものか、まだ成長過程にあるような分野なのか、あるいはどんな手法で調べられたものなのかなどによって、確度が大きく異《こと》なったものが混在している。ほぼ例外なく現実を説明できる非常に確度の高い法則のようなものから、その事象を説明する多くの仮説のうちの一つに過ぎないような確度の低いものまで、幅広《はばひろ》く存在している。それらの確からしさを正確に把握《はあく》して注8峻別《しゅんべつ》していけば、少なくともより良い判断ができるはずである。

（中略）

こういった科学的知見の確度の判定という現実的な困難さに忍《しの》び寄《よ》って来るのが、いわゆる権威《けんい》主義である。たとえばノーベル賞を取ったから、『ネイチャー』に載《の》った業績だから、有名大学の教授が言っていることだから、といった権威の高さと情報の確度を同一視《どういつし》して判断するというやり方だ。この手法の利点は、なんと言っても分かりやすいことで、現在の社会で「科学的な根拠《こんきょ》」の確からしさを判断する方法として採用されているのは、この権威主義に基《もと》づいたものが主であると言わざるを得ないだろう。

もちろんこういった権威ある賞に選ばれたり、権威ある雑誌《ざっし》に論文が掲載《けいさい》されるためには、多くの専門家の厳《きび》しい審査《しんさ》があり、それに耐えてきた知見はそうでないものより強靭《きょうじん》さを持っている傾向《けいこう》が一般《いっぱん》的に認《みと》められることは、間違いのないことである。また、科学に限らず、音楽家であろうが、塗師《ぬりし》であろうが、ヒヨコ鑑定士《かんていし》であろうが、専門家は非専門家よりもその対象をよく知っている。だから、何事に関しても専門家の意見は参考にすべきである。それも間違いない。多少の不具合はあったとしても、どんな指標も万能《ばんのう》ではないし、権威主義による判断も分かりやすくある程度、役に立つなら、それで十分だという考え方もあろうかと思う。

しかし、なんと言えばよいのだろう。かつてアインシュタインは「何も考えずに権威を敬《うやま》うことは、真実に対する最大の敵である」と述べたが、この権威主義による言説の確度の判定という手法には、どこか拭《ぬぐ》い難《がた》い危《あや》うさが感じられる。それは人の心が持つ弱さと言えばいいのか、人の心理というシステムが持つバグ、あるいはセキュリティーホールとでも言うべき弱点と関連した危うさである。端的《たんてき》に言えば、人は権威にすがりつき安心してしまいたい、そんな心理をどこかに持っているのではないかと思うのだ。拠《よ》りどころのない「分からない」という不安定な状態でいるよりは、とりあえず何かを信じて、その不安から逃《のが》れてしまいたいという注9指向性が、心のどこかに潜《ひそ》ん

二〇二〇年度 芝中学校

【国語】〈第二回試験〉（五〇分）〈満点：一〇〇点〉

一　次の①～⑤の□に当てはまる言葉を語群から選び、漢字で答えなさい。

① お世話になった先生に□中見舞いを出した。
② □極大陸にすむペンギン。
③ なべに入っている□厚のしいたけ。
④ □断をしないで、もう一度、見直しをしよう。
⑤ あまいもので□分を補給して、もうひとがんばりする。

《語群》　ニク　トウ　ショ　ナン　ユ

二　次の①～⑤の□に当てはまる漢字一字を自分で考えて答えなさい。

① 夜空に流れ□をみたら、決まって同じ願い事をする。
② つかれているのか、きょうの母はなんだか□の居所が悪い。
③ 恐竜《きょうりゅう》のトリケラトプスは頭に三本の□を持つ。
④ リコーダーや尺□のことを「たてぶえ」という。
⑤ 小□粉でおいしそうなパンを焼いた。

三　次の文章を読んで後の問いに答えなさい。

①科学と生命は、実はとても似ている。それはどちらも、その存在《そんざい》を現在の姿《すがた》からさらに発展《はってん》・展開《てんかい》させていく性質を注1内包しているという点においてである。その特徴的《とくちょうてき》な性質を生み出す要点は二つあり、一つは過去の蓄積《ちくせき》をきちんと記録する仕組みを持っていること、そしてもう一つはそこから変化したバリエーションを生み出す能力が内在していることである。この二つの特徴が注2漸進《ぜんしん》的な改変を繰《く》り返すことを可能にし、それを長い時間続けることで、生命も科学も大きく発展してきた。

だから、と言って良いのかよく分からないが、科学の歴史を紐解《ひもと》けば、たくさんの間違《まちが》いが発見され、そして消えていった。科学における最高の栄誉《えいよ》とされるノーベル賞を受賞した業績でも、後に間違いであることが判明した例もある。

（中略）

ノーベル賞を受賞した業績でも、こんなことが起こるのだから、多くの「普通《ふつう》の発見」であれば、誤《あやま》りであった事例など、実は枚挙《まいきょ》にいとまがない。誤り、つまり現実に合わない、現実を説明していない仮説が提出されることは、科学において日常茶飯事《にちじょうさはんじ》であり、２０１３年の『ネイチャー』誌《し》には、医学生物学論文《ろんぶん》の70％以上で結果を再現できなかったという衝撃《しょうげき》的なレポートも出ている。

しかし、そういった注3玉石混交の科学的知見と称《しょう》されるものの中でも、現実をよく説明する「適応度の高い仮説」は長い時間の中で批《ひ》判《はん》に耐《た》え、その注4有用性や再現性故《ゆえ》に、後世に残っていくことになる。そして、その仮説の適応度をさらに上げる修正仮説が提出されるサイクルが繰り返される。②それはまるで生態系《せいたいけい》における生物の

2020年度

芝 中 学 校　▶解説と解答

算 数　＜第２回試験＞（50分）＜満点：100点＞

解 答

[1] (1) $\frac{25}{42}$ (2) 8　[2] 4組，56と120　[3] 12000個，毎日120個，9月18日
[4] (1) 45個以上47個以下 (2) 1427個　[5] (1) 72.56cm，290.24cm^2 (2) 40cm^2
[6] (1) 5：4 (2) 39cm^2　[7] (1) PとR，4.5cm (2) 48秒後　[8] (1) 13.5cm^2 (2) 40.5cm^2　[9] あ 300円　い 110円

解 説

[1] 四則計算，逆算

(1) $\left(\frac{5}{8}-0.5\right)\div\frac{1}{4}+\left(\frac{4}{7}-0.4\right)\div\frac{1}{5}-\left(\frac{5}{6}-0.3\right)\times1\frac{3}{7}=\left(\frac{5}{8}-\frac{1}{2}\right)\div\frac{1}{4}+\left(\frac{4}{7}-\frac{2}{5}\right)\div\frac{1}{5}-\left(\frac{5}{6}-\frac{3}{10}\right)\times\frac{10}{7}=\left(\frac{5}{8}-\frac{4}{8}\right)\div\frac{1}{4}+\left(\frac{20}{35}-\frac{14}{35}\right)\div\frac{1}{5}-\left(\frac{25}{30}-\frac{9}{30}\right)\times\frac{10}{7}=\frac{1}{8}\times\frac{4}{1}+\frac{6}{35}\times\frac{5}{1}-\frac{16}{30}\times\frac{10}{7}=\frac{1}{2}+\frac{6}{7}-\frac{16}{21}=\frac{21}{42}+\frac{36}{42}-\frac{32}{42}=\frac{25}{42}$

(2) $100-2\frac{2}{3}\times\left(2\frac{1}{4}-1\frac{1}{2}\right)=100-\frac{8}{3}\times\left(\frac{9}{4}-\frac{3}{2}\right)=100-\frac{8}{3}\times\left(\frac{9}{4}-\frac{6}{4}\right)=100-\frac{8}{3}\times\frac{3}{4}=100-2=98$，$50-45\div5=50-9=41$より，$98-3\times(7+1.5\times\square)=41$，$3\times(7+1.5\times\square)=98-41=57$，$7+1.5\times\square=57\div3=19$，$1.5\times\square=19-7=12$　よって，$\square=12\div1.5=8$

[2] 整数の性質

２つの整数のうちの小さい方をA，大きい方をBとし，AとBの最大公約数をGとする。さらに，AとBをGで割ったときの商をそれぞれ□と△とする。このとき，右の図のように表すことができ，AとBの最小公倍数が840なので，アのような式を作ることができる。また，$A=G\times\square$，$B=G\times\triangle$であり，AとBの積が6720だから，イのような式を作ることができる。次に，イの式をアの式で割ると，$G=6720\div840=8$とわかり，これをアの式にあてはめると，$\square\times\triangle=840\div8=105$と求められる。ここで，$A<B$より，$\square<\triangle$であり，□と△の間には１以外の公約数がないから，(□，△)＝(1，105)，(3，35)，(5，21)，(7，15)とわかる。よって，２つの整数の組は４組ある。また，差が最も小さいのは＿の場合であり，$A=8\times7=56$，$B=8\times15=120$となる。

$G\times\square\times\triangle=840$ …ア
$G\times\square\times G\times\triangle=6720$…イ

[3] ニュートン算

１日に作る商品の個数を①個とする。１日に600個ずつ出荷する場合，25日間で，①×25＝㉕(個)を作り，その間に，600×25＝15000(個)を出荷して，商品がなくなる。同様に，１日に720個ずつ出荷する場合，20日間で，①×20＝⑳(個)を作り，その間に，720×20＝14400(個)を出荷して，商品がなくなる。よって，上

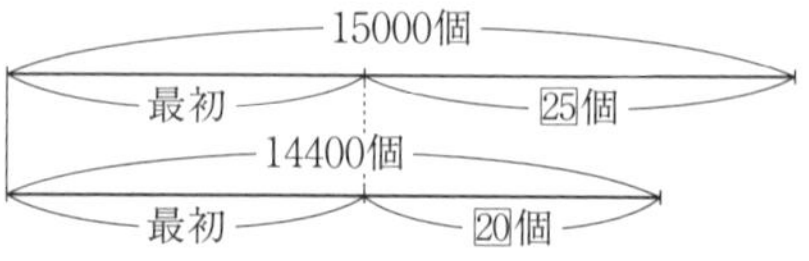

の図のように表すことができ，$\boxed{25}$－$\boxed{20}$＝$\boxed{5}$(個)にあたる個数が，15000－14400＝600(個)とわかるから，$\boxed{1}$＝600÷５＝120(個)となる。つまり，１日に作る商品の個数は120個である。また，最初にあった商品の数は，15000－$\boxed{25}$＝15000－120×25＝12000(個)と求められる。次に，１日に270個ずつ出荷すると，１日に，270－120＝150(個)ずつ減っていくので，商品がなくなるのは，12000÷150＝80(日目)とわかる。これは，80－(31＋31)＝18(日)より，９月18日となる。

4 周期算

(1)　12個買うと，３個買うごとの分が，12÷３＝４(個)もらえ，12個買うごとの分が１個もらえる。つまり，12個買うごとに，４＋１＝５(個)もらえるから，おまけが18個になるのは，18÷５＝３余り３より，12個買うことを３回繰《く》り返し，さらに３個もらったときとわかる。12個買うことを３回繰り返すと，買う個数は，12×３＝36(個)となる。また，残りの３個をもらうには，３×３＝９(個)以上買う必要があるが，３×４＝12(個)買うと１個多くなるので，３個だけもらうのは９個以上11個以下のアメを買ったときである。したがって，おまけが18個になるのは，買った個数が，36＋９＝45(個)以上，36＋11＝47(個)以下のときとわかる。

(2)　12個買うごとに，12＋５＝17(個)のアメが手に入る。よって，手に入る個数が2020個になるのは，2020÷17＝118余り14より，12個買うことを118回繰り返し，さらに14個を手に入れたときとわかる。12個買うことを118回繰り返すと，買う個数は，12×118＝1416(個)となる。また，３個買うごとに，３＋１＝４(個)手に入るから，14÷４＝３余り２より，残りの14個を手に入れるには，３個買うことを３回繰り返し，さらに２個買えばよい。つまり，３×３＋２＝11(個)買えばよい。したがって，買ったアメは全部で，1416＋11＝1427(個)と求められる。

5 平面図形—図形の移動，長さ，面積

(1)　円の中心は右の図の太線部分を通る。曲線部分を集めると半径２cmの円になるから，曲線部分の長さの合計は，２×２×3.14＝12.56(cm)である。また，直線部分の長さの合計は，10×６＝60(cm)である。よって，円の中心が動いた長さは，12.56＋60＝72.56(cm)とわかる。次に，円が通過した部分は，斜線《しゃせん》部とかげをつけた部分である。斜線部を集めると半径が，２×２＝４(cm)の円になるので，斜線部の面積の合計は，４×４×3.14＝50.24(cm^2)となる。また，かげをつけた部分はいずれも，たての長さが４cm，横の長さが10cmの長方形であり，

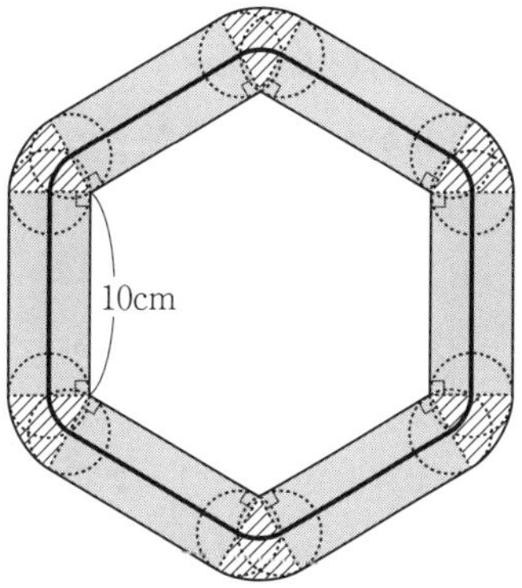

この長方形が６個あるから，かげをつけた部分の面積の合計は，(４×10)×６＝40×６＝240(cm^2)である。したがって，円が通過した部分の面積は，50.24＋240＝290.24(cm^2)と求められる。

(2)　正八角形と正九角形の周の外側を円が一周するときも，(1)と同様に，斜線部を集めると１つの円になる。また，何角形であっても，かげをつけた部分の長方形は合同であり，正八角形には８個，正九角形には９個ある。よって，正八角形と正九角形での円が通過した部分の面積の差は，長方形１個分の40cm^{2}とわかる。

6 平面図形—相似，辺の比と面積の比

(1)　下の図で，ABとDCとFEは平行だから，三角形GLE，三角形GJC，三角形GHBは相似である。このとき，相似比は，EG：CG：BG＝１：２：３なので，LEの長さを１とすると，JC＝２，HB＝

3となる。すると，AH＝HBより，AHの長さも3だから，AB＝AC＝DC＝DE＝FE＝FG＝3＋3＝6となり，FL＝6－1＝5，DJ＝6－2＝4とわかる。次に，ACとDEとFGも平行なので，三角形AHI，三角形DJK，三角形FLGも相似である。このとき，相似比は，AH：DJ：FL＝3：4：5だから，DK＝6×$\frac{4}{5}$＝4.8と求められる。よって，AB：DK＝6：4.8＝5：4とわかる。

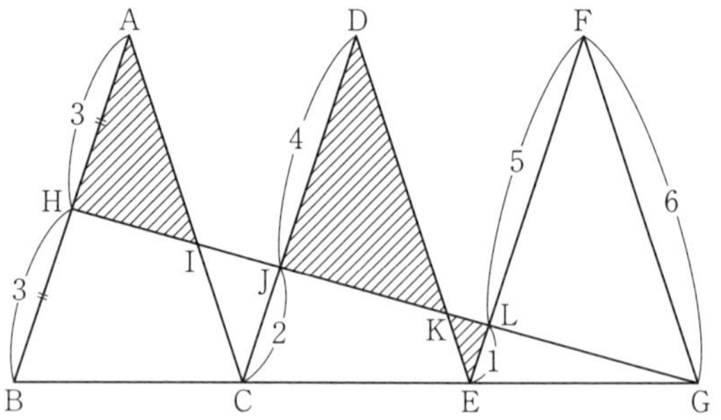

(2)　AI＝6×$\frac{3}{5}$＝3.6なので，IC＝6－3.6＝2.4となる。よって，AH：HB＝1：1，AI：IC＝3.6：2.4＝3：2だから，三角形AHIの面積は，三角形ABCの面積の，$\frac{1}{1+1}\times\frac{3}{3+2}=\frac{3}{10}$(倍)であり，45×$\frac{3}{10}$＝13.5($cm^2$)と求められる。同様に，DJ：JC＝4：2＝2：1，DK：KE＝4.8：(6－4.8)＝4：1なので，三角形DJKの面積は，$45\times\frac{2}{2+1}\times\frac{4}{4+1}$＝24($cm^2$)となる。また，三角形DJKと三角形ELKは相似であり，相似比は，DJ：EL＝4：1だから，面積の比は，(4×4)：(1×1)＝16：1であり，三角形ELKの面積は，24×$\frac{1}{16}$＝1.5(cm^2)とわかる。したがって，斜線部の面積の和は，13.5＋24＋1.5＝39(cm^2)と求められる。

7　グラフ―図形上の点の移動，速さ，調べ

(1)　右のグラフのように，Pを実線，Qを点線，Rを太実線で表すと，点Sは実線と太実線の交点なので，点SはPとRがAから同じ長さのところにいることを表している。PはAB間を，54÷6＝9(秒)で動き，Aで1秒間止まるから，アの時間は，9×3＋1×2＝29(秒)，エの時間は，29＋9＝38(秒)である。さらに，RはAD間を，54÷18＝3(秒)で移動し，Aで3秒間止まるので，ウの時間は，3×6＋3×3＝27(秒)，イの時間は，27＋3＝30(秒)となる。次に，かげをつけた2つの三角形は相似であり，底辺の比は，(30－29)：(38－27)＝1：11だから，高さの比も1：11になる。よって，点SはAから，54×$\frac{1}{1+11}$＝4.5(cm)のところとわかる。

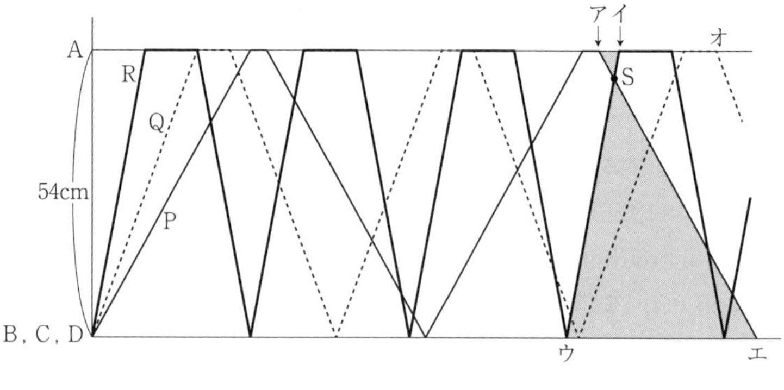

(2)　(1)のグラフで，QはAB間を，54÷9＝6(秒)で動き，Aで2秒間止まるから，オの時間は，6×5＋2×3＝36(秒)である。よって，出発してから0～36秒後は，P，Q，Rのグラフが3つ同時にAで重なることはないとわかるので，P，Q，Rが初めてAで出あうのは36秒後以降である。Pは，29秒後以降は，29＋9×2＝47より，47～48秒後にAにいる。Qは，36秒後以降は，36＋6×2＝48より，48～50秒後にAにいる。Rは，30～33秒後以降は，33＋3×2＝39，39＋3＋3×2＝48より，39～42秒後，48～51秒後にAにいる。したがって，P，Q，Rが初めてAで出あうの

は，出発してから48秒後とわかる。

8 立体図形―分割，表面積

(1) 切り口は下の図１の三角形GIJになる。ここで，三角すいG－CIJを展開図に表すと，下の図２のような正方形になる。図２で，正方形全体の面積は，６×６＝36(cm^2)であり，三角形CJIの面積は，３×３÷２＝4.5(cm^2)，三角形JCGと三角形ICGの面積はどちらも，６×３÷２＝９(cm^2)だから，切り口の三角形GIJの面積は，36－(4.5＋９×２)＝13.5(cm^2)と求められる。なお，このことから，三角形GIJの面積は正方形全体の面積の，13.5÷36＝$\frac{3}{8}$(倍)にあたることがわかる。

(2) 切り口は下の図３の台形IFHJになる。図３で，FI，HJ，GCを延長して交わる点をＯとすると，三角形OICと三角形FIBは合同だから，OC＝FB＝６cmとわかる。よって，OG＝６＋６＝12(cm)なので，三角すいO－GFHを展開図に表すと，下の図４のような正方形になる。三角形OFHは図２の三角形GIJと相似だから，(1)より，三角形OFHの面積は，12×12×$\frac{3}{8}$＝54(cm^2)となる。また，三角形OFHと三角形OIJは相似であり，相似比は，OF：OI＝２：１なので，面積の比は，(２×２)：(１×１)＝４：１となり，台形IFHJの面積は三角形OFHの面積の，$\frac{4-1}{4}$＝$\frac{3}{4}$(倍)とわかる。したがって，切り口の台形IFHJの面積は，54×$\frac{3}{4}$＝40.5(cm^2)と求められる。

図１

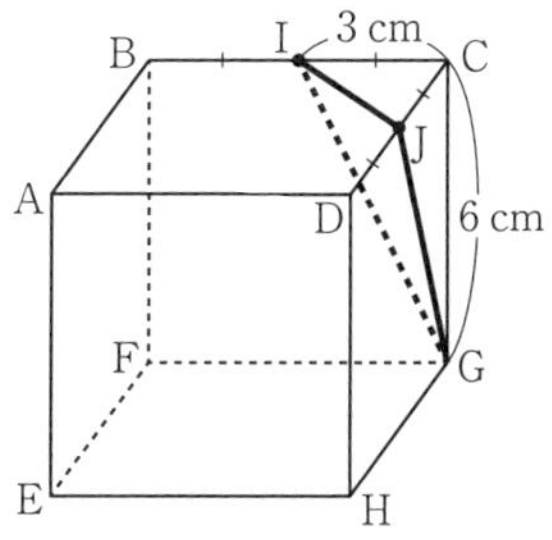

図２

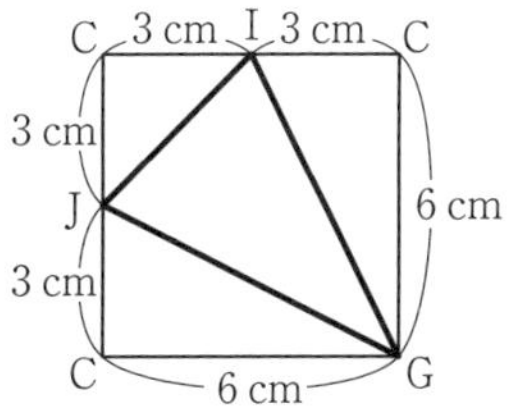

図３

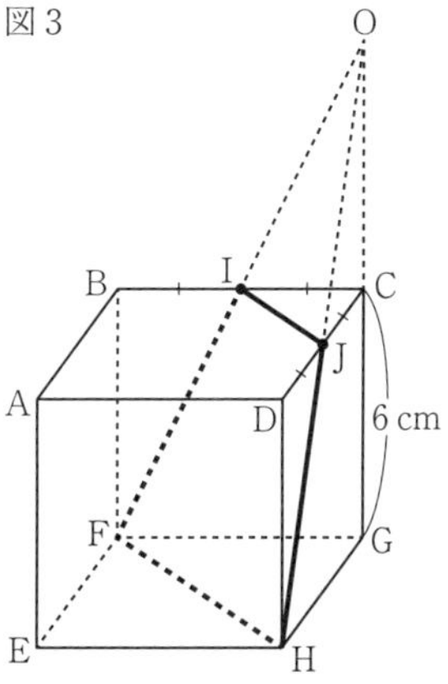

図４

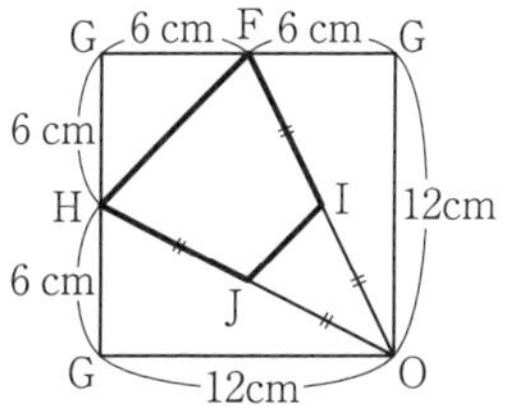

9 条件の整理

セットを３つ買うと，テイクアウトの方がイートインよりも24円安くなるから，セットを１つ買うと，テイクアウトの方がイートインよりも，24÷３＝８(円)安くなる。これはセット１つ分の税抜《ぬ》き価格の，10－８＝２(％)にあたるので，セット１つ分の税抜き価格は，８÷0.02＝400(円)とわかる。また，これは単品で１つずつ買う合計金額から10円引いたものなので，単品で１つずつ買う合計金額は，400＋10＝410(円)となる。次に，３つずつ買う場合について考える。３セットをテイクアウトする場合，３セット分の税抜き価格は，400×３＝1200(円)なので，８％の消費税をふくめた支払い額は，1200×(１＋0.08)＝1296(円)になる。よって，イートイン限定割引の場合の支《し》払《はら》い額は，1296－９＝1287(円)であり，これは10％の消費税をふくめたものだから，限定割引の税抜き価格は，1287÷(１＋0.1)＝1170(円)と求められる。もし，単品で３つずつ買うと，410×３＝1230(円)になるので，限定割引の税抜き価格はそれよりも，1230－1170＝60(円)安いことがわかる。これは３個目のハンバーガーが20％引きになった結果だから，**あ**×0.2＝60(円)より，**あ**＝60÷0.2

＝300(円)と求められる。さらに，**あ**＋**い**＝410(円)なので，**い**＝410－300＝110(円)とわかる。

社　会　＜第２回試験＞（40分）＜満点：75点＞

解　答

1 問１　A　房総(半島)　B　信濃(川)　C　阿武隈(川)　D　四万十(川)　問２　イ　問３　ア　問４　ウ　問５　カ　問６　オ　問７　ナショナルトラスト(運動)　問８　(1)　イ　(2)　ウ　**2** 問１　エ　問２　ウ　問３　日英同盟　問４　鉄　問５　オ　問６　エ　問７　白河(上皇)　問８　法然　問９　イ　問10　ウ　問11　ウ　問12　ア　問13　エ　問14　ウ　問15　(1)　《Ｈ》　(2)　《Ｅ》　**3** 問１　国土交通省　問２　エ　問３　(1)　華族　(2)　中江兆民　問４　(1)　ウ　(2)　オランダ　問５　地場産業　問６　法人(税)　問７　マニュファクチュア　問８　増上(寺)　**4** 問１　山上憶良　問２　太平洋　問３　イ　問４　(例)　はたらくことは人間にとって根源的な営みであり，お金を得ることだけに意義があるのではないから，技術の進歩は，人手不足の解消や重労働を機械に肩代わりさせるだけでなく，人が生きがいや充実感を持ってはたらける場をつくることに用いられるべきである。

解　説

1 自然災害を題材とした問題

問１　**A**　2019年に関東地方を襲《おそ》った台風15号は，強風と大雨により特に千葉県に大きな被害をもたらし，房総半島の各地では長期にわたって停電や断水が続いた。　**B**，**C**　2019年に伊豆半島に上陸し，東日本を縦断した台風19号は，大雨により各地で河川が氾濫《はんらん》する被害をもたらした。なかでも，信濃《しなの》川の上流にあたる長野県の千曲《ちくま》川流域や，福島県と宮城県を流れて太平洋に注ぐ阿武《あぶ》隈《くま》川の流域では，多くの住宅などが浸水の被害を受けた。　**D**　四国最長の河川は高知県西部を流れる四万十川で，橋の上に欄干《らんかん》のないコンクリート製の沈下《ちんか》橋が多くみられる。これは，大雨で川の水が増水して橋が水面の下に沈んだとき，流木や土砂が欄干に引っかかって橋が壊されたり流されたりすることを防ぐためである。

問２　海岸線の総延長距離は世界第１位がカナダで，以下，ノルウェー，インドネシア，ロシア，フィリピン，日本，オーストラリアの順となっている。このうち，カナダ，ロシア，オーストラリアは広大な国土を持つ国，ノルウェーは出入りの多い海岸線を持つ国，インドネシア，フィリピン，日本は多くの島からなる島国である。

問３　鳥取市は日本海側の気候に属するため，冬の降水量(降雪量)が多い。また，和歌山市は瀬戸内の気候に属しており年間を通して降水量は少ないが，夏の降水量は比較《ひかく》的多い。よって，②は鳥取市，③は和歌山市と判断でき，残った①が釧路《くしろ》市(北海道)となる。

問４　北海道が生産量第１位である④はだいこん，宮崎県と関東地方の各県が上位を占《し》める⑤はきゅうり，茨城県と長野県で全国生産量の半分以上を占める⑥ははくさいである。

問５　森林率が最も高い⑨は，県の面積の大半が四国山地に属している高知県。森林率が⑨のつぎに高い⑦は，県北部に山地が広がる兵庫県。森林率が最も低い⑧は，平地が多い佐賀県である。なお，乗用車の100世帯あたりの保有台数は，一般に公共交通機関が発達している大都市で少なく，地方都市や農村部で多くなるので，その点も判断材料になる。

問６　1992年，ブラジルのリオデジャネイロで国連環境開発会議（地球サミット）が開かれた。この会議では「持続可能な開発」をスローガン（標語）としてさまざまな話し合いが行われ，「環境と開発に関するリオ宣言」が採択《さいたく》された。そのほかにも，気候変動枠組《わくぐみ》条約（地球温暖化防止条約）や生物多様性条約なども調印され，署名が開始された。

問７　自然環境や古い街並みなどの歴史的遺産を保護するため，広く国民から資金を集め，そのお金で周辺の土地を買い取って保全・管理する運動を，ナショナルトラスト（運動）という。19世紀にイギリスで始まり，20世紀後半に世界各地に広まった。

問８　(1)　実際の距離を縮めた割合を縮尺といい，２万５千分の１の縮尺の地形図では，等高線の主曲線（細い線）は10ｍごと，計曲線（太い線）は50ｍごとに引かれている。Ｘ地点の南東に標高（海抜高度）20.2ｍを示す水準点（⊡20.2）があるので，そこから等高線の数を数えればよい。　(2)　川沿いに城跡（⛫）はないから，ウが誤っている。

2　各時代の歴史的なことがらについての問題

問１　701年，文武《もんむ》天皇によって大宝律令が定められ，これにより律令政治のしくみが整った。ア　公地公民の方針がはじめて示されたのは，中大兄《なかのおおえの》皇子（のちの天智天皇）が646年に出した改新の詔《みことのり》によってである。　イ　最初の全国的な戸籍とされるのは，670年に天智天皇がつくらせた庚午年籍《こうごねんじゃく》である。　ウ　租《そ》は男女とも負担したが，調，庸《よう》および雑徭《ぞうよう》や兵役は男子だけに課された。

問２　鎌倉幕府が元寇《げんこう》（元軍の襲来《しゅうらい》）に備えて博多湾沿岸などに石塁《せきるい》（石を積み上げてつくった防御《ぼうぎょ》用の土手）を築かせたのは，１回目の襲来である文永の役（1274年）の後であるから，Ｘは誤り。なお，この石塁は２回目の襲来である弘安の役（1281年）のさいに元軍の上陸を防ぐのに役立った。

問３　1914年にヨーロッパで第一次世界大戦が始まると，日本は1902年に結ばれた日英同盟を理由として連合国側に立って参戦し，ドイツの根拠《こんきょ》地であった中国の山東《シャントン》半島やドイツ領の南洋諸島などを占領した。

問４　弥生時代から古墳時代にかけての日本では，鉄器が農具や武具などとして広く使われるようになったが，当時の日本では鉄は生産できず，多くは朝鮮半島からもたらされたものが使用されていた。大和《やまと》王権が朝鮮への進出を図ったのも，鉄を確保することが目的の１つであったと考えられている。

問５　Ⅰは672年の壬申《じんしん》の乱，Ⅱは694年の藤原京（奈良県）への遷都《せんと》（都を遷《うつ》すこと），Ⅲは663年の白村江《はくすきのえ》の戦いについて述べたものである。よって，年代の古い順にⅢ→Ⅰ→Ⅱとなる。

問６　大宝律令の完成は701年，藤原道長が摂政《せっしょう》となったのは1016年のできごと。アは935～940年，イは894年，ウは712年，エは1051～1062年のできごとなので，エだけが《Ｃ》の時期にあてはまらない。

問７　天皇が位を譲《ゆず》って上皇となったあとも院とよばれる上皇の住まいにおいて，政治の実権を握《にぎ》り続けることを院政といい，1086年より白河上皇が行ったのが最初である。

問８　平安時代末期から鎌倉時代はじめにかけて，法然《ほうねん》は浄土《じょうど》宗を開き，ひたすら「南無阿弥陀《なむあみだ》仏《ぶつ》」と念仏を唱えることでみなが平等に極楽浄土に往生できると説き，武士や庶民《しょみん》に広く受け入れられた。

問９　アは1392年，イは1429年，ウは1334年，エは1404年，オは1488年のできごと。よって，年代の古い順にウ→ア→エ→イ→オとなる。

問10　鉄砲の伝来は戦国時代(1543年)，徳川綱吉《つなよし》が江戸幕府の第５代将軍となったのは江戸時代前半である。アは室町時代中期に栄えた東山文化，イは江戸時代後半に栄えた化政文化，ウは安土桃山時代に栄えた文化である。

問11　ラクスマンが根室《ねむろ》(北海道)に来航したのは1792年で，江戸幕府の老中松平定信による寛政の改革(1787～93年)が進められていた時期にあてはまる。

問12　X　1870年代後半，自由民権運動の高まりに対し，政府は新聞紙条例や集会条例などの法律を定め，これをおさえようとした。演説を行う民権派の弁士とこれを差し止めようとする警官を描いた①の絵があてはまる。　　Y　1880年代前半，条約改正交渉《こうしょう》を進める政府は，鹿鳴館《ろくめいかん》で毎晩のように舞踏《ぶとう》会や音楽会を催《もよお》すなど，欧化政策を進めた。こうした表面的な近代化を急ぐ日本人の姿を風刺した③の絵(ビゴーの作品)があてはまる。　　なお，②は1890年に行われた第１回衆議院議員総選挙のようすを描いたもの。④は日清戦争直前の東アジアのようすを描いたビゴーの風刺画である。

問13　近衛文麿《このえふみまろ》は日中戦争(1937～45年)の開戦当時の首相であるから，ａは誤り。1941年，アメリカとの交渉が不調に終わり，近衛内閣は1941年10月に総辞職。代わって首相となった東条英機《ひでき》の下で，日本は太平洋戦争(1941～45年)に突入した。また，国家総動員法は日中戦争の長期化により1938年に制定されたから，ｃも誤りである。

問14　Ⅰは1965年，Ⅱは1956年，Ⅲは1972年のできごと。よって，年代の古い順にⅡ→Ⅰ→Ⅲとなる。

問15　(1)　五箇条《ごかじょう》の御誓文《ごせいもん》が出されたのは1868年。戊辰《ぼしん》戦争は1868～69年のできごとなので，《Ｈ》の時期にあてはまる。　　(2)　平清盛が太政《だいじょう》大臣になったのは1167年。平治の乱は1159年，文永の役は1274年のできごとであるから，《Ｅ》の時期にあてはまる。

3　芝中学校周辺地域の再開発を題材とした問題

問１　国土の総合的な利用や運輸・通信などにかかわる業務を担当する行政機関は国土交通省。外局に観光庁や気象庁などが置かれている。

問２　ア～ウはいずれもかつての国営事業，あるいは公社が民営化されてできた企業。アのJRはかつての日本国有鉄道(国鉄)が1987年に分割・民営化されてできた６つの旅客鉄道株式会社と１つの貨物会社などからなるグループの略称。イのJT(日本たばこ産業株式会社)はかつての日本専売公社が1985年に民営化されたもの。ウのNTT(日本電信電話株式会社)はかつての日本電信電話公社(電電公社)が1985年に民営化されたものである。エのANAは民間の航空会社である全日本空輸株式会社(全日空)の略称である。

問３　(1)　明治政府はいわゆる四民平等の方針を示したが，旧大名や公家を華族という特別な身分とした。その後，1884年に制定された華族令により，功績のあった政治家や軍人なども華族とされるようになった。　　(2)　フランスの政治思想家ルソーを日本に紹介《しょうかい》したことで知られるのは中江兆民《ちょうみん》。ルソーの著書『社会契約《けいやく》論』の日本語訳である『民約論』の出版にかかわるなど，西洋の民主主義の思想を日本に伝え，自由民権運動にも大きな影響をあたえた。『民約訳解』は，兆民が『社会契約論』を漢文に翻訳《ほんやく》し，解説をつけたものである。

問４　(1)　重い刑事事件の第一審を行うのは地方裁判所。北海道に４か所，ほかの都府県に１つずつの計50カ所に置かれている。　(2)「扇形《おうぎがた》」「江戸時代に日本とこの国が貿易をしていた人工島」から，オランダと判断できる。江戸時代の鎖国中，長崎を唯一《ゆいいつ》の貿易港としてオランダと清(中国)にかぎり，幕府と貿易することが認められた。しかし，オランダ人は出島(扇形の埋《う》め立て地)に居住区が限定され，中国人は長崎郊外の唐人屋敷《とうじんやしき》に収容されて，自由な行動は許されなかった。

問５　地域の特性をいかし，特定の業種が集中して立地している産業は，地場産業とよばれる。伝統工業と重なる場合も多いが，伝統工業が江戸時代(あるいはそれ以前)から続いているものを指すのに対し，地場産業は近代工業として発展してきたものもふくめる。燕《つばめ》市(新潟県)の金属洋食器や鯖江《さばえ》市(福井県)の眼鏡フレームなどは，その代表的な例である。

問６　会社(企業)の利益に対して課され，直接税として国に納める税は法人税。個人の収入に対して課される所得税，商品やサービスに対して課される消費税とともに，国税収入の中心となっている。

問７　作業場に労働者が集まり，分業によって生産が進められる手工業は，マニュファクチュア(工場制手工業)とよばれる。17～18世紀ごろのヨーロッパで発達したしくみで，日本でも江戸時代に同様のものが各地でみられた。

問８　空欄《くうらん》Ｘにあてはまるのは増上寺。港区の芝地区にある浄土宗の寺院で，上野の寛永寺とともに徳川家の菩提《ぼだい》寺(先祖の墓や位牌《いはい》のある寺)となっており，第２代将軍秀忠《ひでただ》など６人の将軍の墓があることで知られる。

4　未来社会における労働を題材とした問題

問１　奈良時代，山上憶良《やまのうえのおくら》は「貧窮問答歌《ひんきゅうもんどうか》」という和歌で貧しい農民のようすを詠《よ》んだ。この歌は『万葉集』に収録されている。

問２　TPP(環太平洋パートナーシップ協定，環太平洋経済連携《れんけい》協定)は，日本をふくむ太平洋沿岸の12カ国の間で話し合いが進められてきた自由貿易を推進するための協定である。2016年２月に基本合意が成立したが，その後，アメリカのトランプ政権が離脱《りだつ》を表明したため，内容を一部変更したうえで残る11カ国による協定が調印され，2018年12月に発効した。

問３　日本国憲法第15条２項には，「すべて公務員は，全体の奉仕者であって，一部の奉仕者ではない」と規定されている。

問４　筆者は，人間がはたらくことは，お金を得て生活を維持するためのものであるとともに，「生きがいや充実感を得たり，ともにはたらく仲間との結びつきを感じたりと，はたらくことそのものによろこびを感じる」ことのできる「根源的な営み」であると述べている。また，おとずれつつある社会は，技術の進歩・発達により人間の生活を便利で豊かなものにするかもしれないが，それは「人手不足を解消したり，重労働を機械に肩代わりさせたり」することだけが目的ではないはずであり，「過疎《かそ》化の問題にしても，便利さを求めるだけでなく，人びとが生きがいや充実感をもって生きていける場を用意してこそ，人を呼び込むことができる」のであり，「その場をどのようにつくるのがよいか」を考えることが重要であるとも述べている。以上の点をふまえてまとめればよい。

理　科　＜第２回試験＞（40分）＜満点：75点＞

解　答

1 (1) (オ)　(2) (ウ)　(3) (エ), (キ)　(4) (エ)　(5) (ア)　(6) (カ)　**2** (1) アンモニア　(2) にょうそ　(3) (お)　(4) 67　(5) 120　(6) 180Ｌ　(7) ① (か)　② (き)　**3** (1) (エ), シリウス　(2) (キ), ベテルギウス　(3) ⑩　(4) (え)　(5) (か)　(6) ふたご座　(7) ⑧　**4** **問１** (カ)　**問２** (1) すいそ　(2) 120cm³　(3) 下の図Ａ　(4) 下の図Ｂ　**問３** (1) (イ)　(2) 44%　**5** (1) ⑦　(2) ②　(3) ⑧　(4) ⑤　**6** (1) 200mA　(2) 100mA　(3) 20mA　(4) 160mA

図Ａ

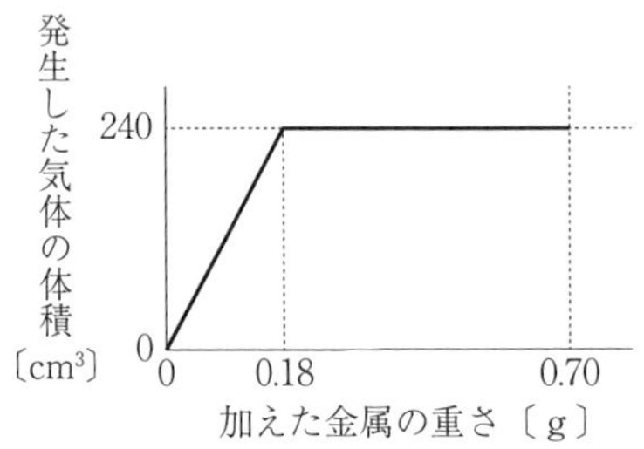

図Ｂ

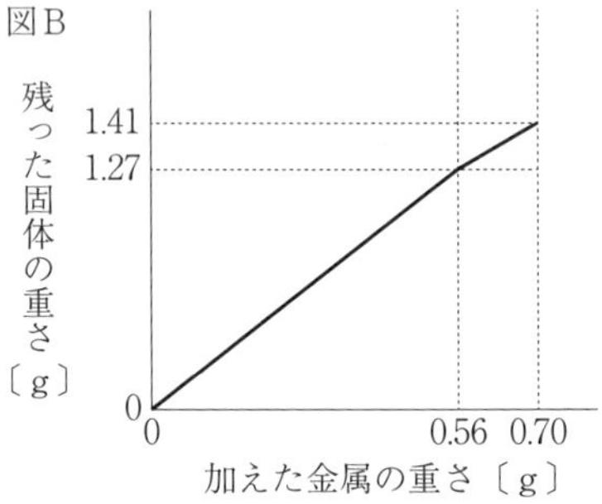

解　説

1 **冬の家族旅行をテーマにした問題**

(1)　雪の結晶《けっしょう》にはさまざまな形のものがあるが，代表的なものは，正六角形の各頂点から木の枝のように結晶がのびた形のものである。

(2)　気温は標高が高くなるにつれて下がる。また，気温は北にいくほど低くなる。そのため，ある植物が低緯度《いど》地方と高緯度地方で見られる場合，高緯度地方では低緯度地方よりも低い標高で見られるので，(ウ)が選べる。

(3)　ほ乳類（コウモリ，クマ，サル，シカ，ウサギ）について述べている(エ)と，変温動物（カエル，ザリガニ，ヘビ）について述べている(キ)が正しい。なお，(ア)はコウモリ，(イ)はコウモリとクマ，(ウ)はクマ，(カ)はカエルとザリガニがあてはまらない。また，(オ)で，鳥類（ワシとウグイス）はどちらも冬眠しない。

(4)　離《はな》れたものを直接あたためるような熱の伝わり方を放射といい，下線部④や(エ)はその例にあたる。なお，熱が物質内を順々に伝わることを伝導といい，(ア)，(ウ)，(オ)はその例にあたる。また，あたためられて膨張《ぼうちょう》した物質が軽くなって上昇《じょうしょう》し，かわりにまわりの物質が下に流れこんで，ぐるぐると循環《じゅんかん》しながら全体があたたまっていく現象を対流といい，(イ)はその例にあたる。

(5)　食塩と水を混ぜ合わせると，食塩が水にとけるときにまわりから熱をうばうので，温度が下がる。

(6)　沸点《ふってん》が低い燃料は，気温が低い冬でもじょう発しやすい。よって，沸点が低いほうの２種類の燃料が入っているガス缶《かん》Ⅰは，冬でも十分に使える（性能Ｃ）と考えられる。逆に，沸点が最も高い燃料が入っているガス缶Ⅲは，雪が降るような気温であると火がつかない（性能Ａ）と考えられる。

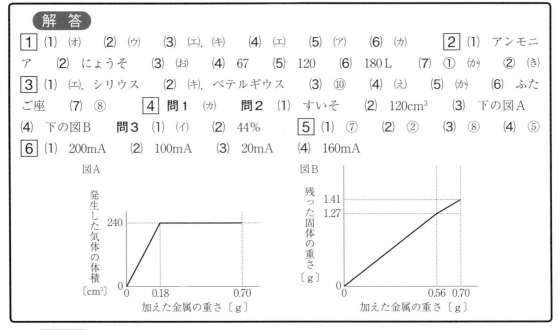

2 肝臓《かんぞう》，じん臓，ぼうこうのはたらきについての問題

⑴ 体内でタンパク質を分解してエネルギーを取りだすときには，タンパク質にふくまれるちっ素からアンモニアができる。アンモニアは水に非常にとけやすい物質で，その水よう液(アンモニア水)はアルカリ性を示す。

⑵，⑶ 図１のアはじん臓，イはぼうこう，ウは肝臓で，図２の器官Ⅰは肝臓，器官Ⅱはじん臓，器官Ⅲはぼうこうである。アンモニアは肝臓でにょう素につくり変えられ，にょう素は血液によってじん臓に送られる。じん臓では血液からにょう素がこしとられ，にょうとともにぼうこうに送られて体外へはい出される。

⑷ 20÷0.3＝66.6…より，物質Ｙの濃縮《のうしゅく》率は67と求められる。

⑸，⑹ 物質Ｚの濃縮率は，120÷１＝120である。よって，じん臓を流れる原にょうの量は，にょうの量の120倍なので，1.5×120＝180(Ｌ)である。

⑺ ① にょう１Ｌに20ｇの物質Ｙがふくまれているので，20×1.5＝30(ｇ)となる。 ② 原にょう１Ｌに0.3ｇの物質Ｙがふくまれているので，１日につくられる原にょう180Ｌにふくまれている物質Ｙは，0.3×180＝54(ｇ)である。したがって，血液中にもどる物質Ｙの量は，54－30＝24(ｇ)である。

3 冬の星座についての問題

⑴ 図１は，(ウ)，(キ)，(ク)をふくむオリオン座が「真夜中12時の南の空」にあることから，冬の夜空とわかる。冬の夜空では，こいぬ座のプロキオン(…(オ))，おおいぬ座のシリウス(…(エ))，オリオン座のベテルギウス(…(キ))がひときわ明るく見え，これらを結ぶと冬の大三角ができる。シリウスは，星座をつくる星の中で最も明るい。なお，(ア)はぎょしゃ座のカペラ，(イ)はおうし座のアルデバラン，(ウ)，(ク)はそれぞれオリオン座のリゲル，アルニタク，(カ)はふたご座のポルックス。

⑵ 星の色は，星の表面温度によって変わる。青白い星は表面温度が最も高く，白色，黄色，橙《だいだい》色，赤色の順に低くなる。(ア)～(ク)のうちで最も表面温度が低い星は，赤く光るベテルギウスである。

⑶ 図１では，ポルックス(…(カ))をふくむふたご座が真南に見えているので，太陽とふたご座を結んだ直線上に地球がある⑩があてはまる。このとき，日本は太陽のちょうど反対側の位置にあって真夜中12時をむかえているので，日本からはふたご座が真南に見える。

⑷ 日本が位置している北半球では，観測地点の緯度は北極星の高度と等しいので，図１の観測地点は北緯35度とわかる。また，(ク)がこの後ちょうど真西にしずんだことから，(ク)の南中高度は，太陽がちょうど真西にしずむ春分の日や秋分の日の太陽の南中高度と同様に，90－(観測地点の緯度)で求めることができる。よって，図１の(ク)の高度は，南中高度である，90－35＝55(度)より少し低く，これが図１の高度を表す線のおよそ2.7目盛にあたるので，55÷2.7＝20.3…(度)より，(え)が選べる。

⑸ 図２で，地球が⑩の位置にあるとき，地軸《ちじく》の北極側が太陽の反対側にかたむいているので，⑩は冬至《とうじ》の日のころとわかる。また，冬至の日のころの太陽の南中高度は，春分の日や秋分の日に比べて地軸のかたむき(23.4度)のぶんだけ低くなるので，⑷より，⑩の日の太陽の南中高度は，55－23.4＝31.6(度)となり，Ⓔがあてはまる。次に，「月の公転軌道《きどう》は地球の公転軌道からかたむいていないものとします」とあるので，春分の日や秋分の日の満月の南中高度は，太陽の南中高度と等しく55度となる。そして，冬至の日のころの満月の南中高度は，春分の日や秋分の日に比べて地軸の

かたむき(23.4度)のぶんだけ高くなるので，⑩の日の太陽の南中高度は，55＋23.4＝78.4(度)となり，Ⓐがあてはまる。

⑹　図２で，うお座が真夜中に南中するのは，地球が①の位置にある日である。このとき，日本は太陽のちょうど反対側の位置にあって真夜中12時をむかえているので，日本からはうお座が真南に見え，ふたご座が真東に見える。

⑺　南の空では，星は日周運動により１時間に，360÷24＝15(度)ずつ，年周運動により同じ時刻に観察すると１か月に，360÷12＝30(度)ずつ，それぞれ時計まわりに位置がずれる。図２で，地球は太陽の周りを北極星側から見て反時計まわりに公転しているので，地球が⑩から⑨の位置まで１か月ぶん公転すると，図１と同じ星空が見える時刻は午後12時よりも，30÷15＝２(時間)早くなる。したがって，図１と同じ星空が午後８時に見えるとき，つまり，午後12時よりも，12－８＝４(時間)早くなるときの地球の位置は⑧とわかる。

4　金属の性質についての問題

問１　実験Ⅰで，うすい塩酸と水酸化ナトリウム水よう液のどちらにもとけなかったＢは銀で，どちらにもとけたＤはアルミニウムである。次に，図１で，原点(左下の重さ０ｇ，体積０cm^{3}の点)からＡ～Ｅのそれぞれの点を通る直線を引くと，密度《みつど》(１cm^{3}あたりの重さ)の大きい金属ほど直線が下側になるので，密度について，Ｃ＜Ｄ＜Ａ＝Ｅ＜Ｂとなる(つまり，ＡとＥは同じ金属である)。よって，(カ)がふさわしい。

問２　⑴　塩酸に鉄を加えると，水素を発生しながらとける。　⑵　図２より，実験Ⅲでは，塩酸10cm^{3}と鉄0.56ｇがちょうど反応して水素が240cm^{3}発生するので，鉄の重さが0.28ｇのときには，塩酸が，$10\times\frac{0.28}{0.56}=5$(cm^3)反応して水素が，$240\times\frac{0.28}{0.56}=120$(cm^3)発生する。このときの塩酸の量は，２倍のこさの塩酸では，５÷２＝2.5(cm^3)にあたるので，実験Ⅲの２倍のこさの塩酸10cm^{3}を使って実験Ⅲと同様の実験を行うと，鉄0.28ｇがすべて反応して水素が120cm^{3}発生し，反応しなかった塩酸が残る。　⑶　塩酸にアルミニウムを加えると，鉄を加えたときと同様に，水素を発生しながらとける。アルミニウム0.12ｇが反応すると水素が160cm^{3}発生するので，水素を240cm^{3}発生させるのに必要なアルミニウムの重さは，$0.12\times\frac{240}{160}=0.18$(ｇ)である。そして，アルミニウムを0.18ｇより多く加えても，発生する水素は240cm^{3}より増えない。したがって，グラフは解答の図Ａのようになる。　⑷　塩酸は気体の塩化水素の水よう液で，塩酸を加熱すると，塩酸にとけている塩化水素は空気中に逃《に》げていくので，水をじょう発させた後には何も残らない。実験Ⅲで，鉄を0.28ｇ加えたときには，鉄はすべて反応して塩化鉄という物質になり，反応しなかった塩酸が残る。このよう液を加熱して水をじょう発させた後に残った0.635ｇの固体は，すべて塩化鉄である。よって，鉄を0.56ｇ加えたときには，水をじょう発させた後に残った固体の重さは，$0.635\times\frac{0.56}{0.28}=1.27$(ｇ)になる。また，鉄を0.56ｇ以上加えたときには，反応する塩酸がなくなっているので，水をじょう発させた後に残った固体は塩化鉄と鉄の混合物になり，鉄を0.70ｇ加えたときの重さは，1.27＋(0.70－0.56)＝1.41(ｇ)となる。

問３　⑴　空気中で鉄を加熱すると，空気中の酸素と鉄が結合して酸化鉄になるので，鉄と結合した酸素の重さのぶんだけ重くなる。　⑵　塩酸と反応した鉄は，$0.56\times\frac{1200}{240}=2.8$(ｇ)なので，酸素と結びついた鉄は，5.0－2.8＝2.2(ｇ)とわかる。その割合は，2.2÷5.0×100＝44(％)である。

5　電流と方位磁針についての問題

金属線に電流が流れると金属線の周りに磁界(磁石の力がはたらく空間)ができ，この磁界の向き(磁針のＮ極が振《ふ》れる向き)は，右の図のような右ねじの法則によって知ることができる。図３―２では，地球による磁力(北向き)の大きさと，Ａの電流による磁力(東向き)の大きさが等しいため，これらを合わせた力により，方位磁針のＮ極が北東を指している。図４―２では，地球による磁力(北向き)の大きさと，Ｄの電流による磁力(南向き)の大きさが等しいため，これらの力は打ち消し合う。そして，Ｃの電流による磁力(東向き)により，方位磁針のＮ極が東を指している。

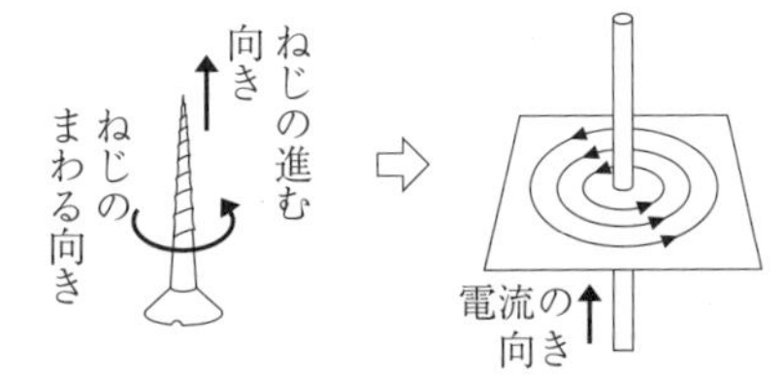

電流の向きを右ねじの進む向きに合わせると，右ねじをまわす向きが磁界の向きになる。

⑴　地球による磁力(北向き)とＤの電流による磁力(南向き)は打ち消し合う。そして，Ｃの電流による磁力(西向き)により，方位磁針のＮ極は西(⑦)を指す。

⑵　地球による磁力(北向き)とＢの電流による磁力(南向き)が打ち消し合い，Ｃの電流による磁力(東向き)とＤの電流による磁力(北向き)を合わせた力により，方位磁針のＮ極は北東(②)を指す。

⑶　地球による磁力とＢの電流による磁力はどちらも北向きで，Ａの電流による磁力とＣの電流による磁力はどちらも西向きである。これらを合わせた力により，方位磁針のＮ極は北西(⑧)を指す。

⑷　地球による磁力(北向き)とＢの電流による磁力(南向き)は打ち消し合う。また，Ａの電流による磁力(東向き)とＣの電流による磁力(西向き)は打ち消し合う。よって，Ｄの電流による磁力(南向き)により，方位磁針のＮ極は南(⑤)を指す。

6　電熱線の回路と電流の大きさについての問題

⑴　図２では，「２本の電熱線が直列につながっている部分」２つと，１本の電熱線が，並列につながっている。また，「２本の電熱線が直列につながっている部分」を通る電流は，100÷２＝50(mA)である。したがって，電流計に流れる電流は，50＋50＋100＝200(mA)と求められる。

⑵　図３では，「２本の電熱線が直列につながっている部分」が２つ並列につながっていて，その中央に１本の電熱線がつながっている。そして，中央の電熱線では，上から下の向きに電流を流そうとする電圧と，下から上の向きに電流を流そうとする電圧が等しいため，電流が流れない。よって，電流計に流れる電流は，50＋50＝100(mA)とわかる。

⑶，⑷　図４の回路を右の図のようにかきかえ，電熱線１本の抵抗《ていこう》(電流の流れにくさ)の大きさを$\boxed{1}$とする。Ｂ，Ｃの合計の抵抗は，$\boxed{1}+\boxed{1}=\boxed{2}$なので，電流計㋐に流れる電流はＤに流れる電流の，１÷２＝0.5(倍)であり，Ｐに流れる電流はＤに流れる電流の，１＋0.5＝1.5(倍)になる。よって，Ｐの合計の抵抗は，$\boxed{1}\div 1.5=\boxed{\frac{2}{3}}$であり，これにＡを直列につないだＱの合計の抵抗は，$\boxed{\frac{2}{3}}+\boxed{1}=\boxed{\frac{5}{3}}$となるので，Ｑに流れる電流はＥに流れる電流の，$1\div\frac{5}{3}=\frac{3}{5}$(倍)とわかる。また，図１の回路では100mA流れているので，Ｅに流れる電流は100mAである。したがって，Ｑに流れる電流は，$100\times\frac{3}{5}$＝60(mA)，Ｄに流れる電流は，60÷1.5＝40(mA)，電流計㋐に流れる電流は，40×0.5＝20(mA)と求められる。さらに，電流計㋑に流れる電流は，100＋60＝160

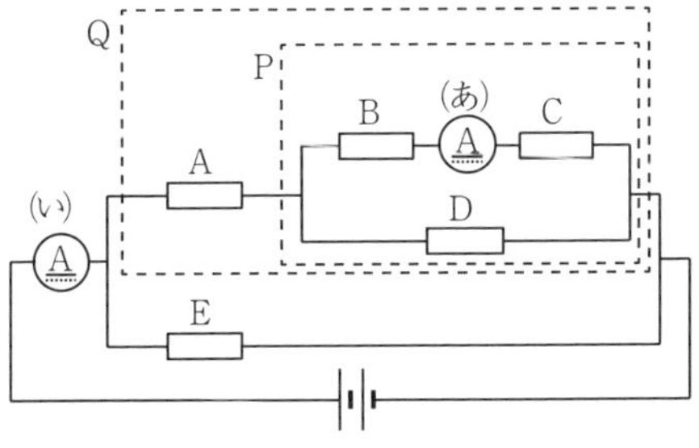

(mA)となる。

国 語 ＜第２回試験＞（50分）＜満点：100点＞

解 答

一 下記を参照のこと。　二 下記を参照のこと。　三 **問１** （例） 過去の蓄積から新たなものを生み出す性質。　**問２** （例） 社会への適応度が修正ごとに高くなるから。　**問３** （例） 権威にすがりつくのではなく，先入観なく物事を見て，自らの理性で考えていく行動。　**問４** （例） 科学は「不動の真実」ではなく，それが修正され変わり得る可塑性を持たなければならない存在で，権威ではなく，個々の自由な営為の集合体として行われる人類の営みと同じようにして発展すべきものだから。　四 **問１** （例） 最先端の限界を知り，無理なものは無理だと自信を持って言えれば意味があるという言葉が新鮮で，心に抱いた自責の念を和らげてくれたから。　**問２** （例） 小幡先生が，夫の死は自分の診断ミスが原因だと考えて苦しんでいることを，雲之上先生が私に話したこと。　**問３** （例） 自分に小幡先生の代わりがつとまるだろうかという不安な気持ち。　**問４** （例） 診断ミスに対する自責の念や医師としての迷いは残るものの，雲之上先生の優しさや小幡先生の期待に応えるためにも前向きに進んでいこうとする気持ち。

●漢字の書き取り

一 ① 暑　② 南　③ 肉　④ 油　⑤ 糖　二 ① 星　② 虫　③ 角　④ 八　⑤ 麦

解 説

一 熟語の完成

①「暑中見舞い」は，夏の暑い時期に，相手の健康などをたずねて，家を訪問したり，手紙を出したりすること。　②「南極」は，地球の南のはし。　③「肉厚」は，ものの厚みがあるようす。　④「油断」は，気をゆるめ，注意をおこたること。　⑤「糖分」は，食べ物にふくまれている甘《あま》み成分。

二 漢字の書き取り

①「流れ星」は，宇宙空間などにただよう物体が，地球の引力に引かれて落ちるとき，燃えて光を放つ現象。燃えつきずに落ちたものは隕石《いんせき》となる。　②「虫の居所が悪い」は，なんとなくきげんが悪くて，いらいらしているようす。　③「角」は，動物の頭部につき出ている，かたくとがったもの。　④「尺八」は，竹でつくった縦笛。　⑤「小麦粉」は，小麦の実をひいてつくった粉。うどんやパスタなどの原料にもなる。

三 出典は中《なか》屋《や》敷《しき》 均《ひとし》の『科学と非科学―その正体を探《さぐ》る』による。科学とはどのようなことなのかということを語っている。

問１ 科学と生命が似ている点として，筆者は「その存在を現在の姿からさらに発展・展開させていく性質を内包しているという点」であることを示したうえで，その性質を生み出す要点として二つのことをあげている。「一つは過去の蓄積《ちくせき》をきちんと記録する仕組みを持っていること」であり，もう一つは過去の蓄積の記録から「変化したバリエーション」，つまり，新たなものを「生み出す能力が内在していること」の二つである。この二つの内容をまとめる。

問2　筆者は，「玉石混交の科学的知見」の中で生き残っているのは「社会」という「現実をよく説明する『適応度の高い仮説』」であり，「その仮説の適応度をさらに上げる修正仮説が提出されるサイクルが繰《く》り返される」ことで「後世に残っていく」と説明している。このことが「より適応していたものが生き残り，どんどん成長・進化していく」という「生物の『適者生存』」と同じだと述べているのである。

問3　「こういった人の不安と権威《けんい》という構図」とは，「拠《よ》りどころのない『分からない』という不安定な状態でいる」ときに，人が「権威にすがりつき安心してしまいたい」という心理になるということ。この構図と同じようなことが「科学的知見」を判断する場合でも起こっていると，筆者は述べている。それは「権威の高さと情報の確度を同一視して判断するというやり方」であり，筆者はこのような判断のしかたに対して，「『権威が言っているから正しい』というのは，本質的に妄信《もうしん》的な考え方」であると批判している。そのうえで，「自らの理性でこの世界の姿を解き明かそうとする」ことや，「物事を先入観なくあるがままに見て，自らの理性でその意味や仕組みを考える」ことが必要だと述べている。

問4　筆者は，「科学が『生きた』ものであるためには，その中の何物も『不動の真実』ではなく，それが修正され変わり得る可塑《かそ》性を持たなければならない」と述べたうえで，「科学」は「バザール」と似たものであることを示している。「バザール」は，「権威ではなく，個々の自由な営為《えいい》の集合体」として行われる「人類の営み」であり，それと同じように，「科学」も「真摯《しんし》な営みである限り，様々な個性を持った個々人の指向のまま，生物の遺伝子変異のように，ランダムな方向を持ったものの集合体」として発展し，「次の世界を担《にな》っていく」ものであるといえる。

四　出典は夏川草介《なつかわそうすけ》の『神様のカルテ３』による。診断《しんだん》ミスをしてしまったことに対する自責の念や医師としての迷いを心にいまだ抱《いだ》いている栗原一止《くりはらいちと》は，新しい勤務先となる信濃《しなの》大学消化器内科を訪《おとず》れ，上司となる雲之上《くものうえ》先生と話をする。

問1　膵臓《すいぞう》の炎症《えんしょう》(AIP)と膵癌《がん》との鑑別《かんべつ》で診断ミスをしてしまったことで「私」が「自責の念」を強く感じていることを，前書きの部分からおさえる。そんな「私」に対して雲之上先生は，「限局型のAIPの診断はきわめて困難」で「それが今の医学の限界だ」と指摘《してき》したうえで，「最先端《せんたん》の限界を知り，無理なものは無理であると，自信を持って言える医師になれば，それは意味があることではありませんか？」と問いかけている。いつまでも自分を苦しめている「白責の念」，つまり「冷気」が少し和《やわ》らぐような「眩《まぶ》しい」「新鮮《しんせん》」な言葉だったため，暖かさを感じる「春の気配」を「私」は汲《く》み取った気がしたのだと考えられる。

問2　「余計なこと」を言ったのは雲之上先生で，すぐ前の部分で話していたことがその内容にあたる。雲之上先生が話そうとしたことは，小幡《おばた》先生が自分の夫を診断したときに「膵癌を膵嚢胞《のうほう》と診断してしまった」ことであり，その診断ミスに「まだ決着をつけられずにいる」ということである。雲之上先生は，「小幡先生の夫の主治医は小幡先生自身だった」ことを「私」が知っていると思って話し始めたが，そうではないことが「私」の反応からわかったため，「余計なこと」を言ったかもしれないと話している。

問3　すぐ前で雲之上先生が，「小幡先生は自分にはできなかったことを，あなたならやってくれると思ったのかもしれませんね」と言っているので，「私」は自分に小幡先生の代わりがつとまるだろうかと，不安に感じていると推測できる。「冷たい風」が，「冬将軍」と同様に「自責の念や医師としての迷い」の比《ひ》喩《ゆ》であることをふまえてまとめる。

問４　設問に「この情景が〈冬将軍〉の中のものだということに注意しながら」とあり，「冬将軍」は「自責の念や医師としての迷い」の比喩である。そのような迷いを抱いている「私」が，ここでは「鳶《とび》」に喩《たと》えられている。「上昇《じょうしょう》気流」は，雲之上先生の優《やさ》しさや小幡先生の期待の比喩と推測できる。また，「高度をあげ」という表現からは，もう一度医師として前向きに進んでいこうとする「私」の気持ちがうかがえる。

2025年度用

中学スーパー過去問

■編集人 声の教育社・編集部
■発行所 株式会社 声の教育社
〒162-0814 東京都新宿区新小川町8-15
☎03-5261-5061(代) FAX03-5261-5062
https://www.koenokyoikusha.co.jp

※本書の内容についての一切の責任は当社にあります。内容・解説・解答・その他は当社ホームページよりお問い合わせ下さい。

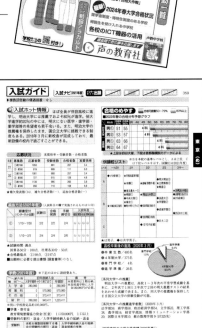

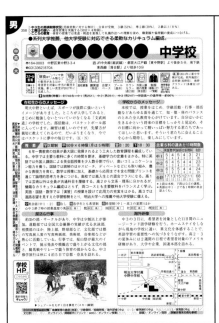

よくある解答用紙のご質問

01

実物のサイズにできない

拡大率にしたがってコピーすると，「解答欄」が実物大になります。配点などを含むため，用紙は実物よりも大きくなることがあります。

02

A3用紙に収まらない

拡大率164％以上の解答用紙は実物のサイズ（「出題傾向＆対策」をご覧ください）が大きいために，Ａ３に収まらない場合があります。

03

拡大率が書かれていない

複数ページにわたる解答用紙は，いずれかのページに拡大率を記載しています。どこにも表記がない場合は，正確な拡大率が不明です。

04

１ページに２つある

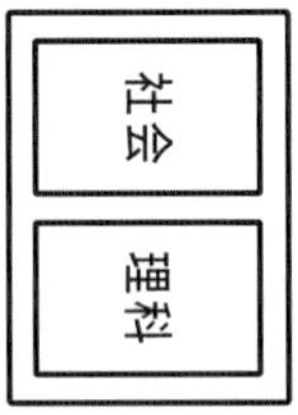

１ページに２つ解答用紙が掲載されている場合は，正確な拡大率が不明です。ほかの試験回の同じ教科をご参考になさってください。

芝中学校

【別冊】入試問題解答用紙編

解答用紙は本体からていねいに抜きとり、別冊としてご使用ください。

※　実際の解答欄の大きさで練習するには、指定の倍率で拡大コピーしてください。なお、ページの上下に小社作成の見出しや配点を記載しているため、コピー後の用紙サイズが実物の解答用紙と異なる場合があります。

●入試結果表

年度	回	項目	国語	算数	社会	理科	4科合計	合格者
2024	第１回	配点(満点)	100	100	75	75	350	最高点
		合格者平均点	64.4	65.9	46.8	36.7	213.8	274
		受験者平均点	58.1	51.9	42.3	30.9	183.2	最低点
		キミの得点						196
	第２回	配点(満点)	100	100	75	75	350	最高点
		合格者平均点	72.6	67.0	50.7	47.9	238.2	290
		受験者平均点	66.4	53.9	45.3	41.4	207.0	最低点
		キミの得点						226
2023	第１回	配点(満点)	100	100	75	75	350	最高点
		合格者平均点	60.8	59.3	43.9	47.6	211.6	256
		受験者平均点	54.1	48.5	40.2	42.2	185.0	最低点
		キミの得点						195
	第２回	配点(満点)	100	100	75	75	350	最高点
		合格者平均点	62.8	55.9	44.2	47.7	210.6	264
		受験者平均点	53.9	38.8	38.8	41.8	173.3	最低点
		キミの得点						190
2022	第１回	配点(満点)	100	100	75	75	350	最高点
		合格者平均点	76.1	66.9	42.2	43.7	228.9	299
		受験者平均点	71.2	52.1	37.9	36.7	197.9	最低点
		キミの得点						210
	第２回	配点(満点)	100	100	75	75	350	最高点
		合格者平均点	75.9	63.1	41.2	43.7	223.9	312
		受験者平均点	67.7	48.2	36.7	36.3	188.9	最低点
		キミの得点						203
2021	第１回	配点(満点)	100	100	75	75	350	最高点
		合格者平均点	48.7	68.6	47.1	50.4	214.8	269
		受験者平均点	43.6	53.3	42.4	45.0	184.3	最低点
		キミの得点						194
	第２回	配点(満点)	100	100	75	75	350	最高点
		合格者平均点	71.7	53.5	44.6	42.7	212.5	266
		受験者平均点	66.2	42.8	40.1	37.6	186.7	最低点
		キミの得点						195
2020	第１回	配点(満点)	100	100	75	75	350	最高点
		合格者平均点	58.6	67.1	42.5	38.2	206.4	258
		受験者平均点	54.5	54.2	38.8	33.5	181.0	最低点
		キミの得点						189
	第２回	配点(満点)	100	100	75	75	350	最高点
		合格者平均点	57.1	69.8	46.2	43.3	216.4	283
		受験者平均点	51.4	54.1	40.3	36.0	181.8	最低点
		キミの得点						197

※　表中のデータは学校公表のものです。ただし、４科合計は各教科の平均点を合計したものなので、目安としてご覧ください。

声の教育社

２０２４年度　芝中学校

算数解答用紙　第１回

番号		氏名		評点	／100

1　(1)　　　　(2)

2　(1)　　人　(2)　　人　(3)　　人

3　(1)　　：　　　(2)　　cm²

4　　　通り　３個入り　　袋　５個入り　　袋

5　(1)　少ない場合　　個　多い場合　　個

(2)　　本

6　(1)　　分　　秒後　(2)　　分後　(3)　　分後

7　(1)　　通り　(2)　　通り

8　(1)　毎秒　　cm　(2)　　cm²　　秒

(3)　最初に　　秒後　次に　　秒後

(注) この解答用紙は実物を縮小してあります。Ｂ５→Ａ３(163%)に拡大コピーすると、ほぼ実物大の解答欄になります。

〔算　数〕100点(推定配点)

1～8　各５点×20＜4, 5の(1)は完答＞

２０２４年度　芝中学校

社会解答用紙　第１回

番号		氏名	

評点	／75

1

問1	A	平野
	B	平野
	C	半島
	D	海
問2		
問3		県

問4	
問5	
問6	
問7	
問8	
問9	

2

問1	
問2	
問3	
問4	
問5	
問6	

問7	
問8	
問9	
問10	
問11	
問12	
問13	

3

問1	(1)	
	(2)	
問2		
問3		
問4	I	
	II	

問5	合計特殊出生率	
	男性の育児休業取得率	
問6		
問7	(1)	
	(2)	
問8		

4

問1	
問2	
問3	
問4	

5　10　15　20

（注）この解答用紙は実物を縮小してあります。Ｂ５→Ａ３(163%)に拡大コピーすると、ほぼ実物大の解答欄になります。

〔社　会〕75点(推定配点)

1　問１　各１点×４　問２～問９　各２点×８　2　問１～問５　各１点×５　問６～問13　各２点×８　3　問１～問３　各１点×４　問４～問８　各２点×８　4　問１～問３　各２点×３　問４　８点

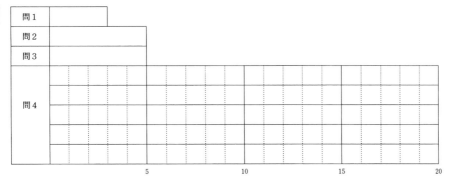

２０２４年度　芝中学校

理科解答用紙　第１回

番号		氏名		評点	／75

1

(1)	(2)		(3)	(4)
	(a)	(b)		

(5)	(6)

2

(1)－(a)	(1)－(b)	(2)
岩		

(3)			(4)-(a)	(4)－(b)	(5)
(a)	(b)	(c)			

3

(1)	(2)	(3)

(4)			
(a)-②	(a)-③	(a)-④	(b)
			L

4

(1)	(2)		
	(ア)	(イ)	(ウ)

(3)			(4)	
(ア)	(イ)	(ウ)	電流	水温
			mA	℃

5

(1)	(2)	(3)
	g	

(4)　水	(4)　エタノール	(5)
cm^3	cm^3	cm^3

(6)	(7)
	%

（注）この解答用紙は実物を縮小してあります。Ｂ５→Ａ３(163%)に拡大コピーすると、ほぼ実物大の解答欄になります。

〔理　科〕75点(推定配点)

1～3　各２点×23<1の(2)の(ａ)，(4)，(5)，2の(2)，3の(3)は完答>　4　(1)　２点<完答>　(2)　(ア)　２点　(イ)・(ウ)　２点<完答>　(3)　(ア)　２点　(イ)・(ウ)　２点<完答>　(4)　各２点×２
5　(1)～(3)　各２点×３<(1)は完答>　(4)　３点<完答>　(5)～(7)　各２点×３

２０２４年度　芝中学校

国語解答用紙　第一回

番号		氏名		評点	/100

一　① ② ③ ④ ⑤

二　① ② ③ ④ ⑤

三

問一　30　35

問二　25　30

問三　30　40

問四　80　100

四

問一　30　40

問二　50　60

問三　25　35

問四　80　100

（注）この解答用紙は実物を縮小してあります。Ｂ５→Ａ３（163％）に拡大コピーすると、ほぼ実物大の解答欄になります。

〔国　語〕100点（推定配点）

一，二　各２点×10　三　問１～問３　各８点×３　問４　15点　四　問１　８点　問２　10点　問３　８点　問４　15点

２０２４年度　芝中学校

算数解答用紙　第２回

番号		氏名	

評点	／100

1　(1) ［　　］　(2) ［　　］

2　Aは［　　］個　Cは［　　］個

3　［　　］cm^2

4　(1) ［　　］分後　(2) 分速［　　］m　(3) ［　　］m

5　(1) ［　　］通り

(2) Aを［　　］個　Bを［　　］個　Cを［　　］個

6　(1) ［　　］：［　　］　(2) ［　　］：［　　］：［　　］　(3) ［　　］：［　　］

7　(1) ［　　］cm　(2) ［　　］cm^2　(3) ［　　］回

（注）この解答用紙は実物を縮小してあります。Ｂ５→Ａ３（163%）に拡大コピーすると、ほぼ実物大の解答欄になります。

〔算　数〕100点(推定配点)

1～3　各６点×４＜2は完答＞　4　(1)　６点　(2)，(3)　各７点×２　5～7　各７点×８＜5の(2)は完答＞

２０２４年度　　芝中学校

社会解答用紙　第２回

番号		氏名		評点	／75

1

問1	A	半島
	B	湾
	C	川
	D	岬
問2		
問3		

問4	
問5	
問6	
問7	プラスチック
問8	
問9	

2

問1		
問2	P	
	Q	
問3		
問4	2番目	5番目
問5		

問6		
問7		
問8	2番目	5番目
問9		
問10		
問11		

3

問1			
問2	(1)	A	
		B	
	(2)		
	(3)		
問3			

問4	(1)	
	(2)	
問5	E	追求
	F	の福祉
問6		
問7	(1)	財産権
	(2)	

4

問1		権
問2		
問3		
問4	(a)	にもとづいた企業努力と、
		消費者の　や　が一致したこと。
	(b)	するものである規制が　となり、
		が起こるから。

（注）この解答用紙は実物を縮小してあります。Ｂ５→Ａ３(163%)に拡大コピーすると、ほぼ実物大の解答欄になります。

〔社　会〕75点(推定配点)

1　問1　各1点×4　問2～問9　各2点×8　2　問1～問3　各1点×4　問4～問11　各2点×8<問4, 問8は完答>　3　問1, 問2　各1点×5　問3～問7　各2点×8　4　問1～問3　各2点×3　問4　(a)　3点　(b)　5点

２０２４年度　　芝中学校

理科解答用紙　第２回

番号		氏名	

評点	／75

1

(1)	(2)	(3)
層		

(4)-(a)	(4)—(b)	(5)

(6)—(ア)	(6)—(イ)	(6)—(ウ)

2

(1)	(2)		(3)	(4)
	(a)	(b)		

(5)	(6)
化石	

3

(1)	(2)	(3)			(4)
		①	③	⑤	
					g

(5)	(6)
%	

4

(1)	(2)	(3)

(4)		(5)			
けんび鏡Ⅰ	けんび鏡Ⅱ	あ	い	う	え

5

(1)	(2)	(3)
g	g	cm^3

6

(1)	(2)	(3)

（注）この解答用紙は実物を縮小してあります。Ｂ５→Ａ３(163%)に拡大コピーすると、ほぼ実物大の解答欄になります。

〔理　科〕75点(推定配点)

1　(1)～(5)　各２点×6＜(3)，(4)の(ｂ)は完答＞　(6)　(ア)　２点　(イ)・(ウ)　３点＜完答＞　2　各２点×7＜(1)，(2)の(ｂ)，(6)は完答＞　3　(1)，(2)　各２点×2　(3)　各１点×3　(4)，(5)　各２点×2　(6)　３点　4～6　各２点×15＜4の(2)，(3)，6の(1)，(2)は完答＞

2024年度　芝中学校

国語解答用紙　第二回

番号　　氏名　　評点　／100

一　①　②　③　④　⑤

二　①　②　③　④　⑤

三
問一
問二
問三
問四

四
問一
問二　ぼくがランナーになってしまったら、
問三
問四

（注）この解答用紙は実物を縮小してあります。B5→A3（163%）に拡大コピーすると、ほぼ実物大の解答欄になります。

〔国　語〕100点（推定配点）

一，二　各2点×10　三　問1　6点　問2　7点　問3　10点　問4　15点　四　問1　7点　問2，問3　各10点×2　問4　15点

２０２３年度　芝中学校

算数解答用紙　第１回

番号		氏名		評点	／100

1	(1)				(2)			
2	(1)		%		(2)			
3	ア		本		イ		本	
4	(1) ア		個	イ		(2)		
5	(1)		：		(2)		倍	
6	(1)		m	(2)		：		(3) 　分後
7	ア		通り		イ		通り	
	ウ		通り		エ		通り	
8	(1) 時速		km	(2) ア		分間	イ	分
	(3)		km					

（注）この解答用紙は実物を縮小してあります。Ｂ５→Ａ３（163%）に拡大コピーすると、ほぼ実物大の解答欄になります。

〔算　数〕100点（推定配点）

1　各４点×２　2～6　各５点×12　7，8　各４点×８

2023年度　芝中学校

社会解答用紙　第1回

番号		氏名		評点	／75

1

問1	①	海
	②	川
	③	山地
	④	平野
問2		
問3		

問4	
問5	
問6	
問7	
問8	空港
問9	

2

問1	①	
	②	
問2		
問3		
問4		
問5		

問6		
問7		
問8		
問9		
問10	2番目	5番目

3

問1	I	ア	
		イ	
	II		
問2			
問3	1		議会
	2		
	3		歳
	4		

問4	I		
	II	エ	歳
		オ	法
問5			
問6			
問7			

4

問1		
問2		
問3		
問4	(1)	
	(2)	（20字×4行）5　10　15　20

(注) この解答用紙は実物を縮小してあります。B５→A３(163%)に拡大コピーすると、ほぼ実物大の解答欄になります。

〔社　会〕75点(推定配点)

1　問1　各1点×4　問2～問9　各2点×8　2　問1，問2　各1点×3　問3～問10　各2点×8＜問10は完答＞　3　問1～問3　各1点×8　問4～問7　各2点×6　4　問1～問3　各2点×3　問4　(1)　2点　(2)　8点

2023年度　　芝中学校

理科解答用紙　第1回

番号		氏名		評点	／75

1

(1)	(2)	(3)
cm³		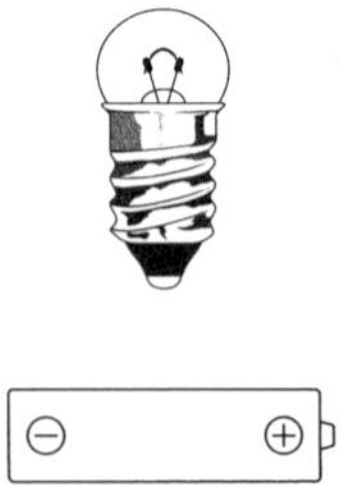

(4)	(5)	(6)

(7)	
(ア)	(イ)

2

(1)	(2)	(3)	(4)	(5)	(6)	(7)
m					cm	

3

(1)	(2)	(3)	(4)	(5)	(6)

4

(1)	(2)	(3)	(4)	(5)		
				(A)-(あ)	(A)-(い)	(B)

5

(1)	(2)	(3)

(4)

(5)	
(a)	(b)
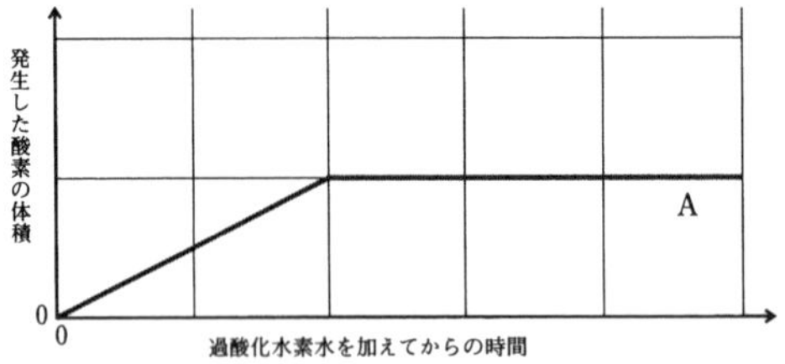	体積　倍 時間　倍

(注)　この解答用紙は実物を縮小してあります。B5→A3(163%)に拡大コピーすると、ほぼ実物大の解答欄になります。

〔理　科〕75点(推定配点)

1, 2　各2点×14＜1の(2), (7)は完答＞　3　各3点×6＜(5)は完答＞　4　各2点×7＜(5)のBは完答＞　5　(1)～(3)　各2点×3＜(2)は完答＞　(4)　3点　(5)　各2点×3

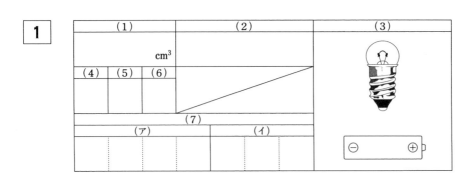

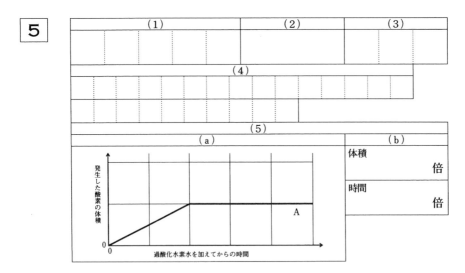

二〇二三年度　芝中学校

国語解答用紙　第一回

番号　　氏名　　評点 ／100

一　①　②　③　④　⑤

二　①　②　③　④　⑤

三

問一

問二

問三

問四

四

問一

問二

問三

問四

年長の車掌は、男の死を、

（注）この解答用紙は実物を縮小してあります。B５→A３（163%）に拡大コピーすると、ほぼ実物大の解答欄になります。

〔国　語〕100点（推定配点）

一，二　各２点×10　三　問１，問２　各９点×２　問３　８点　問４　15点　四　問１　５点　問２　10点　問３　９点　問４　15点

２０２３年度　芝中学校

算数解答用紙　第２回

番号		氏名	

評点	／100

1	(1)		(2)
2	ア　　人		イ　　個
3	(1)　　倍		(2)　　倍
4	(1)　　回	(2)　　時　　分	(3)　　回
5	(1)　　cm²		(2)　　cm²
6	(1)		(2)
7	(1)　　分　　秒		(2)　　分　　秒
8	(1)　　通り		(2)　　通り
9	(1) 毎秒　　cm		(2)　　秒
	(3)　　秒		(4)　　cm

（注）この解答用紙は実物を縮小してあります。Ｂ５→Ａ３(163%)に拡大コピーすると、ほぼ実物大の解答欄になります。

〔算　数〕100点(推定配点)

1～3　各５点×６　4　(1)　４点　(2)，(3)　各５点×２　5～8　各５点×８　9　各４点×４

２０２３年度　芝中学校

社会解答用紙　第２回

番号		氏名	

評点	／75

1

問1	①	島
	②	平野
	③	湾
	④	湖
問2		
問3		
問4		
問5		
問6		
問7		
問8		
問9		

2

問1		
問2		
問3		
問4	①	
	②	
問5		
問6		
問7		
問8		
問9		会談
問10	2番目	5番目
問11		
問12		

3

問1		
問2	(1)	
	(2)	
問3	(1)	と
	(2)	
問4		
問5	(1)	
	(2)	
問6		
問7		
問8		

4

問1		
問2		
問3		制度
問4	(a)	生地をぬい合わせる難しさをこえる、　　　　　があったから。
	(b)	児島は
		という強みをいかし、
		と考えている。

5　10　15　20

（注）この解答用紙は実物を縮小してあります。B5→A3（163%）に拡大コピーすると、ほぼ実物大の解答欄になります。

〔社　会〕75点(推定配点)

1　問1　各1点×4　問2～問9　各2点×8　2　問1～問5　各1点×6　問6～問12　各2点×7＜問10は完答＞　3　問1，問2　各1点×3　問3～問8　各2点×8＜問3の(1)は完答＞　4　問1～問3　各2点×3　問4　(a)　2点　(b)　8点

2023年度　　芝中学校

理科解答用紙　第2回

番号		氏名		評点	／75

1

(1)	(2)	(3)	(4)		(5)	(6)
			(い), (ろ)	(は), (に)		
		kg				

2

問1			問2				
(1)	(2)	(3)	(1)	(2)	(3)	(4)	(5)
						分	

3

(1)		(2)
クエン酸	重曹	

(3)

(4)	(5)	
	クエン酸	重曹
g	g	g

4

(1)			(2)	(3)			

(4)		(5)		
		(A)	(B)	(C)
				℃

5

(1)		
P	Q	R

(2)		
①	②	③

(3)	
図5	図6
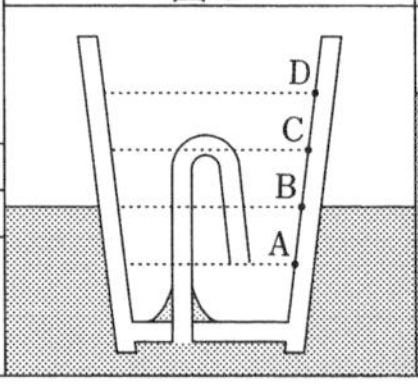	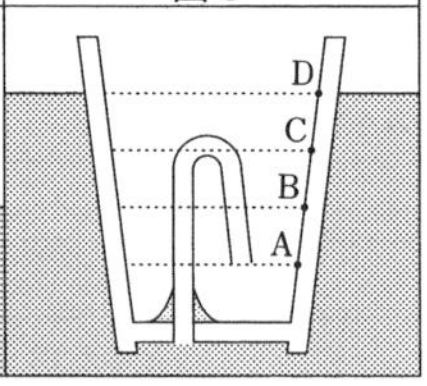

（注）この解答用紙は実物を縮小してあります。Ｂ５→Ａ３（163%）に拡大コピーすると、ほぼ実物大の解答欄になります。

〔理　科〕75点（推定配点）

1，2　各２点×15　3　(1)，(2)　各２点×３　(3)～(5)　各３点×３＜(5)は完答＞　4　各２点×７＜(1)，(2)，(4)は完答＞　5　(1)　３点＜完答＞　(2)　①　３点＜完答＞　②，③　各２点×２　(3)　各３点×２

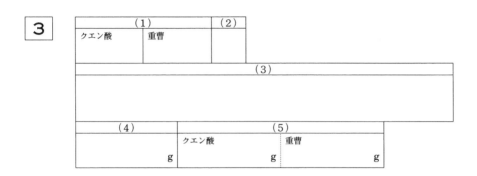

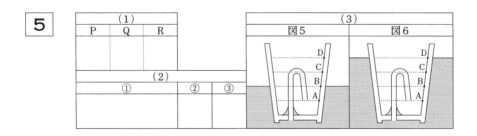

二〇二三年度　芝中学校

国語解答用紙　第二回

番号		氏名		評点	/100

一　①　②　③　④　⑤

二　①　②　③　④　⑤

三

問一　15

問二　65　75

問三　50　60

問四　80　100

四

問一　25　35

問二　45　55

問三　30　40

問四　80　100

（注）この解答用紙は実物を縮小してあります。Ｂ５→Ａ３（163%）に拡大コピーすると、ほぼ実物大の解答欄になります。

〔国　語〕100点(推定配点)

一, 二　各２点×10　三　問１　６点　問２　12点　問３　10点　問４　14点　四　問１　７点　問２　９点　問３　８点　問４　14点

２０２２年度　　芝中学校

算数解答用紙　第１回

番号		氏名	

評点	／100

1　(1)　　　(2)

2　　g

3　(1)　cm^2　(2)　cm

4　(1)　　　(2)　人

5　(1)　通り　(2)　通り

6　　cm

7　(1)　か所　(2)　分後

8　(1)　回反射した後，　にあたります。

(2)　m

9　(1)　分　秒

(2)　分　秒

（注）この解答用紙は実物を縮小してあります。Ｂ５→Ａ３（163%）に拡大コピーすると、ほぼ実物大の解答欄になります。

〔算　数〕100点(推定配点)

1～7　各６点×12　8，9　各７点×4＜8の(1)は完答＞

２０２２年度　　芝中学校

社会解答用紙　第１回

番号		氏名		評点	／75

1

問１	（１）	a	川
		b	山脈 川
		c	山脈
		d	灘
		e	湾
	（２）		

問２	
問３	
問４	
問５	
問６	
問７	
問８	

2

問１	
問２	
問３	
問４	
問５	

問６		
問７		
問８	２番目	５番目
問９		
問10		

3

問１	①	法
	②	宣言
問２		
問３	（１）	
	（２）	
問４		制度

問５	（１）	
	（２）	
	（３）	
問６	（１）	
	（２）	
	（３）	

4

問１	大陸
問２	
問３	
問４	

5　10　15　20

（注）この解答用紙は実物を縮小してあります。Ｂ５→Ａ３（163％）に拡大コピーすると、ほぼ実物大の解答欄になります。

〔社　会〕75点（推定配点）

1　問１　各１点×６　問２～問８　各２点×７<問２は完答>　2，3　各２点×22<2の問８は完答>

4　問１～問３　各１点×３　問４　８点

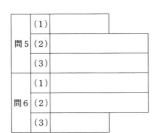

２０２２年度　　芝中学校

理科解答用紙　第１回

番号		氏名		評点	／75

1

(1)		(2)	(3)	(4)	(5)	(6)
			mL			

2

(1)	(2)	(3)	(4)	(5)

(6)	(7)
	通り

3

(1)			(2)	(3)			(4)	(5)	(6)

(7)									

4

(1)	(2)

(3)

(4)
mL

(5)	
体積　mL	記号

(7)
%

(6)

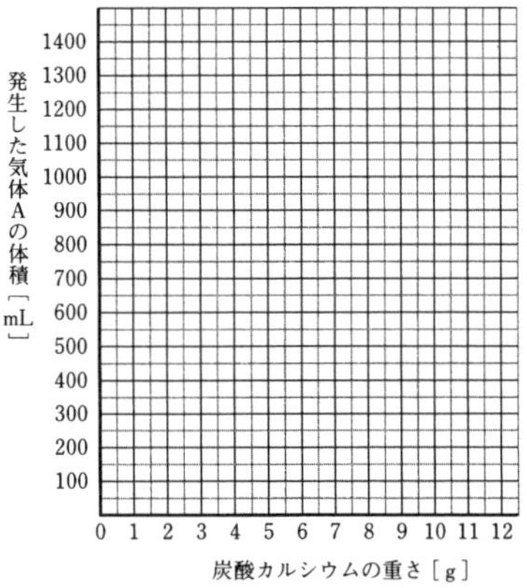

5

(1)	(2)		(3)		(4)			(5)	(6)	

(7)

（注）この解答用紙は実物を縮小してあります。Ｂ５→Ａ３(163%)に拡大コピーすると、ほぼ実物大の解答欄になります。

〔理　科〕75点(推定配点)

1～3　各２点×20＜1の(1)，2の(4)，(5)，3の(3)は完答＞　4　各３点×７＜(2)，(5)は完答＞　5　各２点×７＜(2)，(3)，(6)，(7)は完答＞

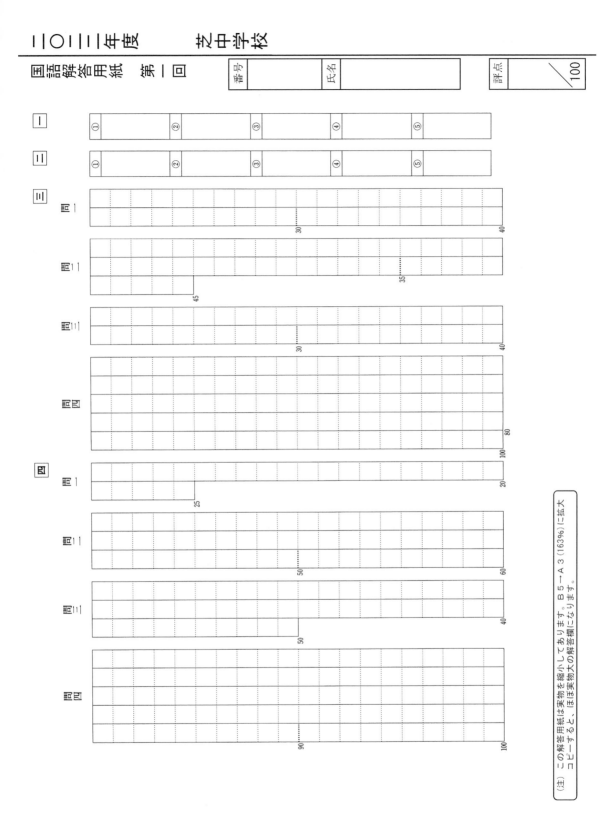

二〇二三年度　芝中学校

国語解答用紙　第一回

番号		氏名		評点	/100

一　①　②　③　④　⑤

二　①　②　③　④　⑤

三

問一

問二

問三

問四

四

問一

問二

問三

問四

（注）この解答用紙は実物を縮小してあります。Ｂ５→Ａ３（163％）に拡大コピーすると、ほぼ実物大の解答欄になります。

〔国　語〕100点（推定配点）

一，二　各２点×10　三　問１　８点　問２　10点　問３　８点　問４　14点　四　問１　５点　問２　11点　問３　10点　問４　14点

２０２２年度　　芝中学校

算数解答用紙　第２回

番号		氏名		評点	／100

1　(1) [　　]　(2) [　　]

2　[　　] 個

3　(1) [　　] 倍　(2) [　　] 倍

4　毎時 [　　] L

最初に等しくなるのは [　　] 分後　２回目に等しくなるのは [　　] 分後

5　[　　] 才

6　(1) [　　] 分　(2) [　　] 分

7　(1) [　　] 回　(2) [　　] 回

8　(1) [　　] cm　(2) 毎秒 [　　] cm

(3) ア は [　　] 秒，イ は [　　] 秒

（注）この解答用紙は実物を縮小してあります。Ｂ５→Ａ３(163%)に拡大コピーすると、ほぼ実物大の解答欄になります。

〔算　数〕100点(推定配点)

1～7　各６点×13　8　(1)，(2)　各６点×2　(3)　各５点×2

２０２２年度　　芝中学校

社会解答用紙　第２回

番号		氏名		評点	／75

1

問1	あ	川
	い	川
	う	市
	え	川 丘陵
問2		
問3		
問4		

問5		現象
問6		
問7		
問8		
問9	さけ・ます	
	国名	

2

問1	
問2	
問3	
問4	
問5	

問6	の戦い
問7	
問8	
問9	
問10	

3

問1	X	
	Y	
問2		
問3		
問4		

問5	(1)	・	
	(2)		
問6	(1)	アメリカ	
		日本	
	(2)		
問7			

4

問1		
問2		市
問3		
問4	(a)	安全とは　　　　　であり、安心とは私たちの　　　　　である。
	(b)	安全と安心は　　　なので、
		と考えている。

5　10　15　20

（注）この解答用紙は実物を縮小してあります。B５→A３(163%)に拡大コピーすると、ほぼ実物大の解答欄になります。

〔社　会〕75点(推定配点)

1 問1～問4　各1点×7　問5～問9　各2点×6　2, 3　各2点×21＜3の問5の(1)は完答＞　4 問1～問3　各1点×3　問4　(a)　2点　(b)　9点

２０２２年度　芝中学校

理科解答用紙　第２回

番号		氏名		評点	／75

1

(1)		(2)	(3)	(4)
A	B			

2

(1)	(2)	(3)	
cm	cm	① g	② cm
(4)	(5)		(6)
cm	① cm	② cm	cm

3

(1)	(2)	(3)	(4)	(5)	(6)

4

(1)	(2)	(3)	(4)

(5)
① g
③ g
④ g

(5) の ②

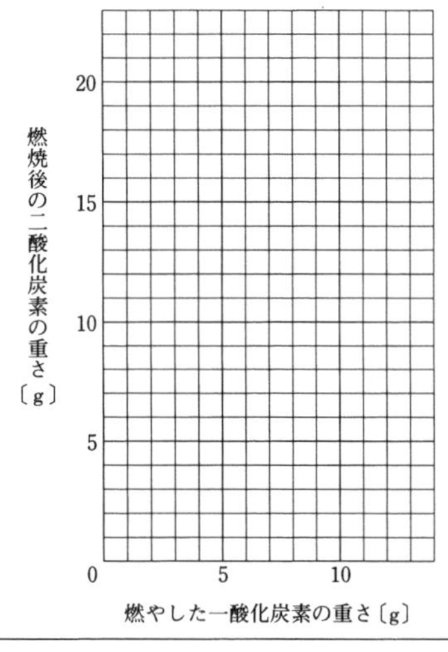

5

(1)	(2)	(3)	(4)		(5)	(6)
			ア	イ		

（注）この解答用紙は実物を縮小してあります。Ｂ５→Ａ３（163％）に拡大コピーすると、ほぼ実物大の解答欄になります。

〔理　科〕75点（推定配点）

1　(1)〜(3)　各２点×4＜(2)は完答＞　(4)　３点　2　各２点×8　3　各３点×6＜(2)は完答＞　4，5　各２点×15＜5の(6)は完答＞

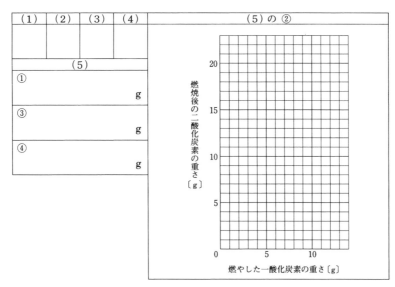

二〇二二年度　芝中学校

国語解答用紙　第二回

番号　　氏名　　評点　/100

一　①　②　③　④　⑤

二　①　②　③　④　⑤

三

問一　30　40

問二　50　60

問三　70　80

問四　70　80

四

問一　20　30

問二　20　30

問三　50　60

問四　80　100

（注）この解答用紙は実物を縮小してあります。Ｂ５→Ａ３（163%）に拡大コピーすると、ほぼ実物大の解答欄になります。

〔国　語〕100点(推定配点)

一, 二　各２点×10　三　問１　８点　問２　10点　問３, 問４　各12点×２　四　問１, 問２　各７点×２　問３　10点　問４　14点

２０２１年度　芝中学校

算数解答用紙　第１回

番号		氏名		評点	／100

1　(1)　　(2)

2　　g

3　(1)　　(2)

4　　箱

5　(1)　　cm^2　(2)　　cm^2

6　(1)　　(2)

7　(1)　　個　(2)　　通り

8　(1)　　人　(2)　　人

9　(1)　　分後　(2)　　分間

10　(1)　　倍　(2)　　倍　(3)　　倍

（注）この解答用紙は実物を縮小してあります。Ｂ５→Ａ３(163%)に拡大コピーすると、ほぼ実物大の解答欄になります。

〔算　数〕100点(推定配点)

1～8　各５点×14　9,　10　各６点×５

２０２１年度　　芝中学校

社会解答用紙　第１回

番号		氏名	

評点	／75

1

問1	
問2 A	
問2 B	
問3	
問4	
問5	
問6	
問7	
問8	
問9	島
問10	
問11	

2

問1	
問2	県　　島
問3	
問4	
問5	
問6	
問7	
問8	
問9	
問10	
問11	
問12	
問13	

3

問1	
問2	制度
問3	と
問4	
問5	法人
問6	
問7	
問8	マップ
問9	
問10	

4

問1	
問2	
問3	
問4	（5　10　15　20）

（注）この解答用紙は実物を縮小してあります。Ｂ５→Ａ３（163%）に拡大コピーすると、ほぼ実物大の解答欄になります。

〔社　会〕75点（推定配点）

1　問1～問5　各1点×5＜問2，問3は完答＞　問6～問11　各2点×6　2　問1～問5　各2点×5　問6～問9　各1点×4　問10～問13　各2点×4　3　各2点×10＜問3は完答＞　4　問1～問3　各2点×3　問4　10点

２０２１年度　芝中学校

理科解答用紙　第１回

番号		氏名		評点	／75

1

(1)	(2)	(4)	(5)

(3)

2

(1) あ	(1) い	(1) う

(2)	(3)	(4)	(5)

(6) (i)	(6) (ii)

3

(1)	(2)	(3)	(4)
kg	m	kg 以下	kg 以下

(5)	(6)	(7)
kg	kg	m

4

(1)	(2)	(3)	(4) (あ)	(4) (え)	(5) 3番目	(5) 7番目	(5) 9番目

(6)	(7)
(あ) の地層のつぶの形の方が	
その理由は	

5

(1) A	(1) B	(2)	(3)	(4)	(5)	(6)	(7)
		g	g				

（注）この解答用紙は実物を縮小してあります。Ｂ５→Ａ３（163％）に拡大コピーすると、ほぼ実物大の解答欄になります。

〔理　科〕75点(推定配点)

1 (1), (2)　各2点×2　(3)　3点　(4), (5)　各2点×2　2　各2点×9＜(3), (4)は完答＞　3　(1)～(5)　各2点×5　(6), (7)　各3点×2　4　各2点×7＜(4), (5), (6)は完答＞　5　(1)　2点＜完答＞　(2), (3)　各3点×2　(4)～(7)　各2点×4

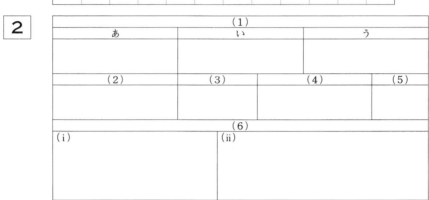

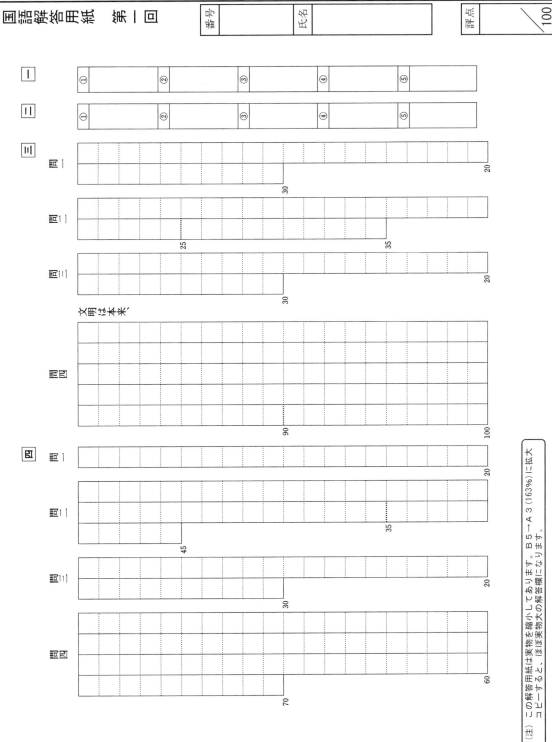

二〇二二年度　芝中学校

国語解答用紙　第一回

番号　　氏名　　評点　/100

一　①　②　③　④　⑤

二　①　②　③　④　⑤

三

問一　20　30

問二　25　35

問三　20　30

問四　文明は本来、　90　100

四

問一　20

問二　35　45

問三　20　30

問四　60　70

（注）この解答用紙は実物を縮小してあります。Ｂ５→Ａ３（163%）に拡大コピーすると、ほぼ実物大の解答欄になります。

〔国　語〕100点(推定配点)

一, 二　各２点×10　三　問１～問３　各８点×３　問４　16点　四　問１　８点　問２　10点　問３　８点　問４　14点

２０２１年度　　芝中学校

算数解答用紙　第２回

番号		氏名		評点	／100

1　(1) ［　　］　(2) ［　　］

2　［　　］g

3　(1) ［　　］　一の位の数 ［　　］　(2) ［　　］個

4　［　　］分　［　　］km

5　［　　］分間

6　(1) ［　　］cm　(2) ［　　］cm

7　(1) ［　　］通り　(2) ［　　］通り

8　［　　］cm

9　(1) ［　　］番目　(2) ［　　］番目

10　(1) ［　　］cm　(2) ［　　］秒後　(3) ［　　］

(4)　①→②→［　］→［　］→［　］→［　］→［　］→［　］→［　］→［　］

（注）この解答用紙は実物を縮小してあります。Ｂ５→Ａ３(163%)に拡大コピーすると、ほぼ実物大の解答欄になります。

〔算　数〕100点(推定配点)

1～8　各５点×13＜3の(1)は完答＞　9　各６点×２　10　(1)～(3)　各６点×３　(4)　５点＜完答＞

２０２１年度　　芝中学校

社会解答用紙　第２回

番号		氏名		評点	／75

1

問１	(1)	
	(2)	
	(3)	
問２		
問３		
問４		
問５		
問６		
問７		
問８		
問９		
問10		

2

問１	下線部１	記号	
		人物名	
	下線部３	記号	
		人物名	
問２			
問３			
問４			
問５			
問６			
問７			
問８			
問９			
問10			
問11			
問12			
問13			
問14			

3

問１		
問２	(1)	
	(2)	
問３	(1)	
	(2)	
	(3)	
	(4)	
	(5)	
問４		
問５		

4

問１	と、
問２	
問３	
問４	（20字×6行のマス目）

5　10　15　20

（注）この解答用紙は実物を縮小してあります。Ｂ５→Ａ３（163%）に拡大コピーすると、ほぼ実物大の解答欄になります。

〔社　会〕75点（推定配点）

1　問１～問５　各２点×５＜問１は完答＞　問６～問10　各１点×５　2　問１～問５　各１点×８　問６～問14　各２点×９　3　問１～問３　各２点×８　問４，問５　各１点×２　4　問１～問３　各２点×３＜問１は完答＞　問４　10点

２０２１年度　　芝中学校

理科解答用紙　第２回

番号		氏名		評点	／75

1

(1)	(2)	(3)	(4)	(5)

2

(1)	(2)
類	

(3)

(4)	(5)	(6)	(7)

3

(1)	(2)	(3)	(4)
		倍	

(5)		(6)	(7)
①	②		
℃	g		倍

4

(1)	(2)	(3)	(4)	(5)	(6)	
					A	B

5

(1)	(2)	(3)	(4)	(5)	(6)	
					値	気体の種類

(7)	(8)
cm^3	cm^3

（注）この解答用紙は実物を縮小してあります。Ｂ５→Ａ３(163%)に拡大コピーすると、ほぼ実物大の解答欄になります。

〔理　科〕75点(推定配点)

1 各２点×5　2 (1)，(2)　各２点×2　(3)　３点　(4)～(7)　各２点×4＜(7)は完答＞　3 各２点×8＜(1)，(6)は完答＞　4 (1)～(3)　各２点×3＜(2)は完答＞　(4)～(6)　各３点×3＜各々完答＞　5 (1)～(5)　各２点×5　(6)～(8)　各３点×3＜(6)は完答＞

二〇二二年度　芝中学校

国語解答用紙　第二回

番号　　氏名　　評点　/100

一　①　②　③　④　⑤

二　①　②　③　④　⑤

三
問一　15
問二　15　25
問三　禅の世界では、　20　30
問四　60　70

四
問一　10　と考えること。
問二　お兄さんの言葉が、　15　25
問三　50　60
問四　70　80

（注）この解答用紙は実物を縮小してあります。Ｂ５→Ａ３（163％）に拡大コピーすると、ほぼ実物大の解答欄になります。

〔国　語〕100点(推定配点)

一，二　各２点×10　三　問１～問３　各８点×３　問４　14点　四　問１　６点　問２　８点　問３　12点　問４　16点

２０２０年度　芝中学校

算数解答用紙　第１回

番号　　氏名　　評点　／100

1　（1）　　（2）

2　（1）　　（2）

3　　円　　4

5　　通り

6　　円　　個

7　（1）　倍　　（2）　倍

8　（1）　分　　秒　　（2）　分間

9　（1）　cm^2　　（2）　cm^2

10　特急の速さは時速　　km　　Ｓ駅で　　分間停まる

時速　　km 以上で走った

（注）この解答用紙は実物を縮小してあります。Ａ３用紙に147％拡大コピーすると、ほぼ実物大で使用できます。（タイトルと配点表は含みません）

〔算　数〕100点（推定配点）

1　各５点×２　2～10　各６点×15＜6は完答＞

２０２０年度　　芝中学校

社会解答用紙　第１回

番号		氏名		評点	／75

1

問1	A	水道
	B	盆地
	C	平野
問2		
問3		
問4		台地

問5	
問6	
問7	
問8	
問9	
問10	

2

問1	古墳群
問2	
問3	
問4	
問5	
問6	

問7	
問8	を重んじたから
問9	
問10	
問11	
問12	
問13	

3

問1	税率
問2	%
問3	
問4	
問5	・

問6	
問7	
問8	
問9	
問10	景気

4

問1	
問2	
問3	
問4	

5　10　15　20

(注)　この解答用紙は実物を縮小してあります。Ａ３用紙に154%拡大コピーすると、ほぼ実物大で使用できます。(タイトルと配点表は含みません)

〔社　会〕75点(推定配点)

1　問1，問2　各１点×4　問3～問10　各２点×8　2　問1～問4　各１点×4　問5～問13　各２点×9　3　問1～問3　各１点×3　問4　２点　問5　各１点×2　問6～問10　各２点×5　4　問1～問3　各２点×3　問4　10点

２０２０年度　　芝中学校

理科解答用紙　第１回

番号		氏名		評点	／75

1

(1)	(2)	(3)	(4)	(5)

(6)	(7)
%	

2

(1)	(2)	(3)	
		A	B

(4)	(5)	(6)	(7)

3

(1)	(2)	(3)	(4)	(5)

(6)	(7)	(8)	
		安山岩	砂岩
	m^3		

4

問1	問2			
	(1)	(2)	(3)	(4)
cm^3				

問3	問4

5

(1)	(2)	(3)	(4)
			度

(5)	(6)	
	体重計	ロープ
kg	kg	m

(注) この解答用紙は実物を縮小してあります。Ａ３用紙に143%拡大コピーすると、ほぼ実物大で使用できます。(タイトルと配点表は含みません)

〔理　科〕75点(推定配点)

1　(1)　1点　(2)～(7)　各２点×6＜(5)は完答＞　2～5　各２点×31＜2の(4)，(5)，4の問３，5の(1)，(3)は完答＞

二〇二〇年度　芝中学校

国語解答用紙　第一回

番号		氏名		評点	/100

一　①　②　③　④　⑤

二　①　②　③　④　⑤

三

問一　15　25

問二　25　35

問三　25　35

問四　80　90

四

問一　20　30　という気持ち。

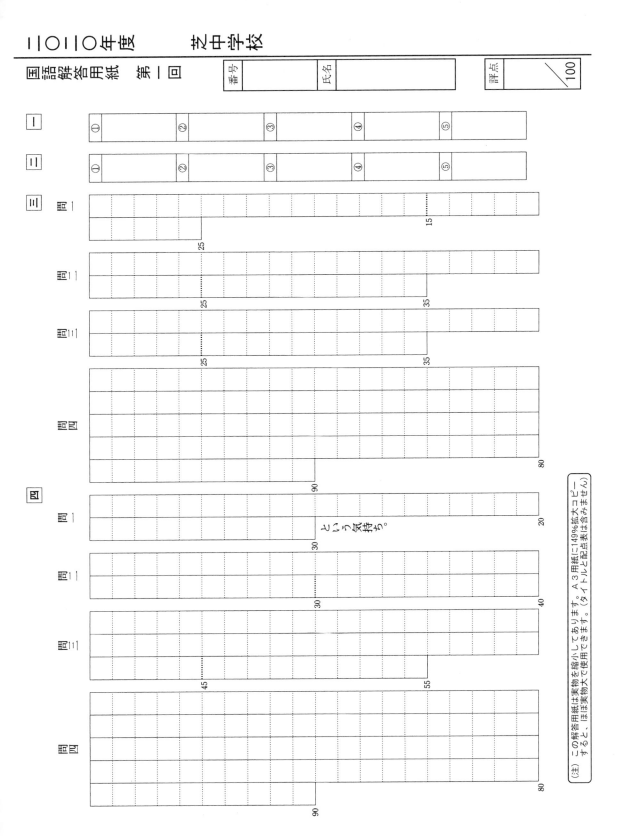

問二　30　40

問三　45　55

問四　80　90

(注) この解答用紙は実物を縮小してあります。A３用紙に149%拡大コピーすると、ほぼ実物大で使用できます。(タイトルと配点表は含みません)

〔国　語〕100点(推定配点)

一, 二　各２点×10　三　問１　８点　問２, 問３　各９点×２　問４　13点　四　問１, 問２　各９点×２　問３　10点　問４　13点

２０２０年度　　芝中学校

算数解答用紙　第２回

番号		氏名	

評点	／100

1　（１）［　　］　（２）［　　］

2　［　　］組　［　　］と［　　］
（どちらを先に書いてもかまいません。）

3　［　　］個入っています　毎日［　　］個
［　　］月［　　］日

4　（１）［　　］個以上［　　］個以下　（２）［　　］個

5　（１）［　　］cm　面積［　　］cm^2　（２）［　　］cm^2

6　（１）［　　］：［　　］　（２）［　　］cm^2

7　（１）［　　］と［　　］　［　　］cm　（２）［　　］秒後
（どちらを先に書いてもかまいません。）

8　（１）［　　］cm^2　（２）［　　］cm^2

9　あ［　　］円　い［　　］円

（注）この解答用紙は実物を縮小してあります。Ａ３用紙に147%拡大コピーすると、ほぼ実物大で使用できます。（タイトルと配点表は含みません）

〔算　数〕100点（推定配点）

1　各５点×2　2　各５点×2　3〜9　各５点×16＜4の(1)，7の(1)は完答＞

２０２０年度　芝中学校

社会解答用紙　第２回

番号		氏名		評点	／75

1

問1	A	半島
	B	川
	C	川
	D	川
問2		
問3		
問4		
問5		
問6		
問7		運動
問8	(1)	
	(2)	

2

問1		
問2		
問3		
問4		
問5		
問6		
問7		上皇
問8		
問9		
問10		
問11		
問12		
問13		
問14		
問15	(1)	
	(2)	

3

問1		
問2		
問3	(1)	
	(2)	
問4	(1)	
	(2)	
問5		
問6		税
問7		
問8		寺

4

問1	
問2	
問3	
問4	5 10 15 20

〔社　会〕75点(推定配点)

1　問1，問2　各1点×5　問3～問8　各2点×7　2　問1～問7　各1点×7　問8～問15　各2点×9　3　問1～問3　各1点×4　問4　(1)　1点　(2)　2点　問5～問8　各2点×4　4　問1～問3　各2点×3　問4　10点

２０２０年度　芝中学校

理科解答用紙　第２回

番号		氏名		評点	／75

1

(1)	(2)	(3)	(4)	(5)	(6)

2

(1)	(2)	(3)	(4)

(5)	(6)	(7) ①	(7) ②
	L		

3

(1) 記号	(1) 星の名前	(2) 記号	(2) 星の名前

(3)	(4)	(5)	(6)	(7)
			座	

4

問1	問2 (1)	問2 (2)
		cm³

(3)

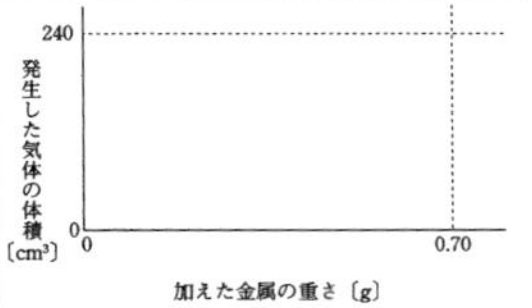

問3

(1)	(2)
	%

(4)

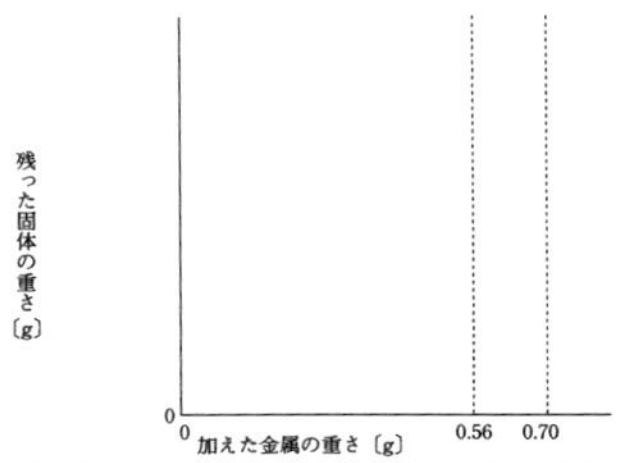

5

(1)	(2)	(3)	(4)

6

(1)	(2)	(3)	(4)
mA	mA	mA	mA

〔理　科〕75点(推定配点)

1　(1)　1点　(2)～(6)　各2点×5<(3)は完答>　2～6　各2点×32

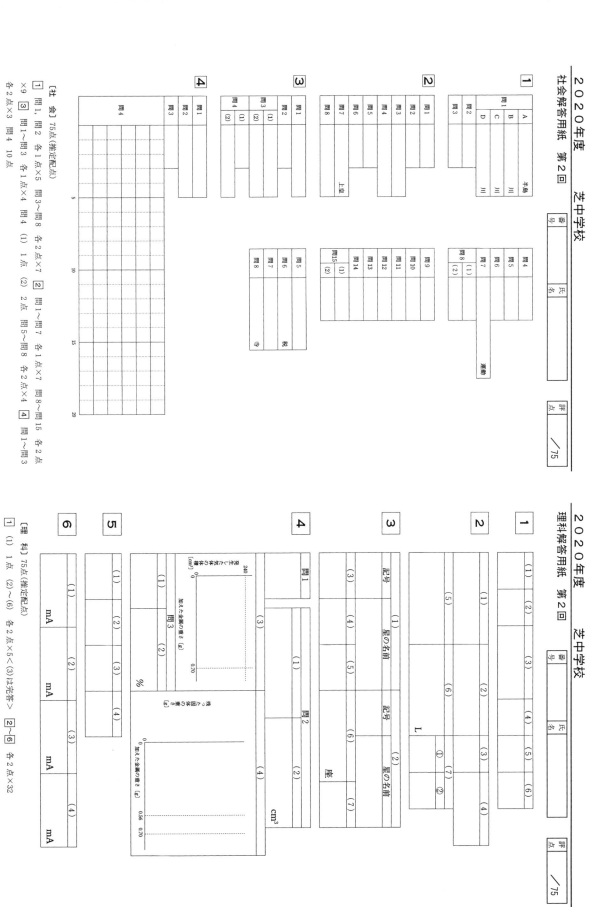

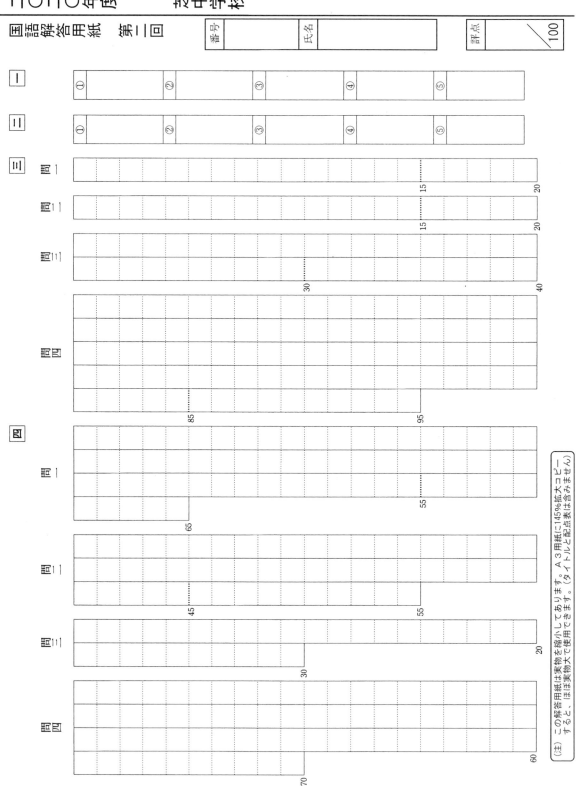

二〇二〇年度　芝中学校

国語解答用紙　第二回

番号		氏名		評点	/100

一　① ② ③ ④ ⑤

二　① ② ③ ④ ⑤

三

問一　15　20

問二　15　20

問三　30　40

問四　85　95

四

問一　55　65

問二　45　55

問三　20　30

問四　60　70

(注) この解答用紙は実物を縮小してあります。Ａ３用紙に145%拡大コピーすると、ほぼ実物大で使用できます。(タイトルと配点表は含みません)

〔国　語〕100点(推定配点)

一，二　各２点×10　三　問１，問２　各８点×２　問３　９点　問４　13点　四　問１　11点　問２　10点　問３　９点　問４　12点